말과 사물

LES MOTS ET LES CHOSES

말과 사물

미셸 푸코

이규현 옮김

민음사

차례

서문

　이 책의 탄생 장소는 보르헤스의 텍스트이다. 보르헤스의 텍스트를 읽을 때, 우리에게 존재물의 무질서한 우글거림을 완화해 주는 정돈된 표면과 평면을 모조리 흩어뜨리고 우리의 매우 오래된 관행인 동일자와 타자(他者)의 원리에 불안정성과 불확실성을 오래도록 불러일으키고 급기야는 사유, 우리의 사유, 즉 우리의 시대와 우리의 지리(地理)가 각인되어 있는 사유의 친숙성을 깡그리 뒤흔들어 놓는 웃음이다. 보르헤스의 텍스트에 인용된 "어떤 중국 백과사전"에는 "동물이 a) 황제에게 속하는 것, b) 향기로운 것, c) 길들여진 것, d) 식용 젖먹이 돼지, e) 인어(人魚), f) 신화에 나오는 것, g) 풀려나 싸대는 개, h) 지금의 분류에 포함된 것, i) 미친 듯이 나부대는 것, j) 수없이 많은 것, k) 아주 가느다란 낙타털 붓으로 그린 것, l) 기타, m) 방금 항아리를 깨뜨린 것, n) 멀리 파리처럼 보이는 것"으로 분류되어 있다는 것이다. 이 경이로운 분류에서 누구에게나 난데없이 다가오는 것, 교훈적인 우화의 형식 덕분으로 우리에게 또 다른 사유의 이국적인 매력처럼 보이는 것은 우리의 사유가 갖는 한계, 즉 그것을 사유할 수 없다는 적나라한 사실이다.

　도대체 무엇을 사유하는 것이 불가능하고, 어떤 불가능성이 문제일까? 이 특이한 항목들 각각에는 분명한 의미와 정확한 내용을 부여할 수 있고, 몇몇 항목은 명백히 환상적인 존재물, 이를테면 신화적인 동물이나 인어로 채워져 있지만, 중국 백과사전은 바로 이것들에 별도의 자리를 마련해 줌으로써 이것들의 확산을 차단하고, (미친 듯이 나부대거나 방금 항아리를 깨뜨린) 정말로 실재하는 동물과 상상의 영역에만 존재하는 동물을 세심하게 구분한다. 위험한 혼합이 철저히 배제되고, 상징적인 표지와 지어낸 이야기가 제각기 높은 정점에 이르며, 상상할 수 없는 양서(兩棲) 동물도, 발톱 달린 날개도, 비늘 덮인 보기 흉한 피부도, 악마 같은 다형(多形)의 얼굴도, 불꽃의 입김도 없다. 여기에서 기괴성(奇怪性)은 실제의 어떤 육체도 변화시키지 않고, 상상 속의 동물 우화집에 어떤 변모도 일으키지 않으며, 기이한 힘이 꿈틀대는 어떤 심층 속에 감춰져 있지도 않다. 심지어는 빈 공간 전체로, 존재물들을 서로 **분리하는** 공백의 간극으로 스며들지 않는다면, 이 분류의 어느 곳에도 존재하지 않을 것이다. '전설상의' 동물은 그 자체로 지칭되므로 있을 수 없는 것이 아니다. 불가능한 것은 전설상의 동물이 아니라, 풀려나 싸대는 개 또는 멀리 파리처럼 보이는 동물과 전설상의 동물이 나란히 놓일 때의 좁은 간격이다. 모든 상상, 모든 가능한 사유를 벗어나는 것은 그저 이 각각의 범주를 서로 연결하는 알파벳순의 계열(a, b, c, d)이다.

엉뚱하고 기묘한 마주침이 일어나는 것도 아니다. 알다시피 극단적인 것들의 근접이나 관계가 없는 사물들의 느닷없는 인접만 해도 우리를 당혹하게 하는 것이 없지 않고, 그런 것들을 서로 마주치게 하는 열거만 해도 독특한 마력이 있다. 가령 외스텐[1]의 말에 귀를 기울여 보자. "이제 나는 배고프지 않다. 아스픽스, 암피스베네스, 아네루두테스, 아베데시몬스, 아이아르트라즈, 암모바테스, 아피나오스, 알라트라반스, 아락테

스, 아스테리온스, 알카라테스, 아르게스, 아라이네스, 아스칼라베스, 아
텔라베스, 아스칼라보테스, 아에모로이데스……[2]가 내일까지는 내 침으
로부터 안전할 것이다.” 그러나 이 모든 벌레와 뱀, 이 모든 끈적끈적하
고 썩은 동물은 이 명칭들의 음절처럼[3] 외스텐의 침 속에서 우글거린다.
이 모든 것의 **공통의 장소**[4]는 수술대 위의 우산과 재봉틀처럼[5] 바로 그의
침 속이고, 이것들의 야릇한 마주침이 확연히 드러나는 것은 확고하고
자명해서 병치(並置)의 가능성을 보장하는 와 및 안에 그리고 위에[6]라는 어
휘를 토대로 해서이다. 물론 독사, 거미, 사막의 뱀이 어느 날 외스텐의
입속에서 뒤섞이게 되지는 않았을 것이지만, 요컨대 뭐든지 게걸스럽게
삼켜 대는 그러한 입안에서 이것들이 자리를 차지하고, 공존의 궁전[7]을
발견할 여지는 있었다.

이와는 반대로 보르헤스의 열거에 감도는 기괴성은 항목들을 서로 연
결할 공통의 바탕 자체가 무너져 있다는 점에서 비롯한다. 불가능한 것
은 사물들의 근접이 아니라, 사물들이 인접할 수 있을 장소이다. 이 세상
의 것이 아닌 듯한 열거하는 목소리 속에서가 아니라면, 열거의 항목들
이 기입되는 종이 위가 아니라면, 과연 어디에서 “i) 미친 듯이 나부대는
듯한 동물, j) 수없이 많은 동물, k) 아주 가느다란 낙타털 붓으로 그려진

---

2) (옮긴이 주) 라블레의 『제4서』에 나오는 대목으로, 이것들은 다음에 나오듯이 모두 벌레와 뱀(가령
   살무사, 도마뱀, 사막의 뱀, 꿀벌, 메뚜기, 얼룩도마뱀 등등)의 명칭이다.

3) (옮긴이 주) 나열된 모든 낱말은 A로 시작된다.

4) (옮긴이 주) lieu commun. 영어로는 commonplace, 독일어로는 Gemeinplatz로서 공유의 장소,
   공통의 문구를 뜻한다. 수사학에서는 논거가 들어 있는 곳(저장소)의 의미를 띤다. 푸코는 이 개념을
   질서의 토대로 이해한다. 이것이 존재해야만 어떤 것이 인식될 수 있고 질서가 규정된다는 것이다.
   참고로 이것의 반의어는 ‘다른 장소’를 의미하는 ‘헤테로토피아’(예컨대 보르헤스의 중국 백과사전식
   분류)이다.

5) (옮긴이 주) 로트레아몽의 『말도로르의 노래』에 나오는 유명한 구절.

6) (옮긴이 주) 접속사 et와 전치사 en 및 sur이다. 우리말에서는 ‘와’나 ‘에’ 모두 조사이다.

7) (옮긴이 주) palais. 입천장의 의미도 있다.

동물"이 서로 마주칠 수 있을 것인가? 언어의 비(非)-장소[8]가 아니라면 과연 어디에 이것들을 나란히 놓을 수 있을까? 그런데 언어는 이것들을 늘어놓으면서, 오로지 사유할 수 없는 공간을 열어 놓을 따름이다. '현재의 분류에 포함된' 동물이라는 중심의 범주는 앞뒤에 이미 나열된 항목들 사이의 부조리에 명시적으로 의거하는 만큼, 이 집합들 각각과 이 집합들을 통합하는 집합 사이의 안정된 포함 관계가 결코 규정될 수 없으리라는 것을 충분히 보여 준다. 분류된 동물이 분류 항목들 중의 하나에 예외 없이 놓이는 것은 다른 모든 동물이 이 항목에 들어 있지 않기 때문일까? 그리고 이 항목은 어떤 공간에 존재할까? 이처럼 분명한 부조리로 말미암아, 열거된 사물들이 분류될 안에라는 전치사에 불가능성의 충격이 가해지면서, 열거의 접속사 와도 훼손된다. 보르헤스는 불가능한 것들의 지도첩(地圖帖)에 어떤 형상도 덧붙이지 않고, 어떤 곳에서도 시적 마주침의 섬광을 번득이게 하지 않으며, 단지 가장 은밀하고 가장 끈질긴 필연성을 회피할 뿐이고, 존재물들이 병치될 수 있는 자리, 무언(無言)의 토대를 없애 버린다. 중국 백과사전에 나오는 열거에서 (유일하게 가시적으로) 길잡이 구실을 한다고 여겨지는 우리의 알파벳순 계열에 의해 가려진 소멸, 더 정확히 말해서 미미하게 드러난 소멸……. 물러나는 것은 한마디로 유명한 "수술대"인데, 나는 루셀[9]에게 늘 빚지고 있는 것을 조금이나마 갚으려는 마음에서, 대(臺) 또는 탁자라는 의미의 낱말 '테이블'[10]을 두 가지 중첩된 의미로 사용하고 싶다. 하나는 어둠을 삼키는 유리 태양[11] 아래 반짝거리고 니켈 도금이 되어 있으며 방수포와 하얀 면직

---

8) (옮긴이 주) non-lieu. 원래 법률 용어로서 '기소 면제'를 뜻한다. 그러나 여기에서는 언어의 공간이 현실의 공간에 직접 연루되지 않는다는 뜻을 함축하고 있다. 이를테면 '장소 아닌 장소'이다.

9) (옮긴이 주) Raymond Roussel(1877~1933). 초현실주의의 선구자로 추앙받는 프랑스 작가. 푸코는 이 책(『말과 사물』)을 펴내기 직전에 『레이몽 루셀』이라는 책을 썼다.

10) (옮긴이 주) table. 탁자나 대(臺) 및 목록이나 표의 의미를 갖는다.

11) (옮긴이 주) 전구를 말한다.

포로 싸여 있는 수술대이다. 거기에서는 어느 순간, 우산이 재봉틀과 마주치고 어쩌면 계속해서 마주칠 것이다. 다른 하나는 사유로 하여금 존재물의 정돈과 종류별 분할, 존재물의 유사점과 차이점이 지정되는 명목적(名目的)인 분류를 실행하게 해 주는 도표이다. 거기에서는 아득히 먼 옛날부터 언어가 공간과 교차한다.

나는 보르헤스의 텍스트를 읽고서 오랫동안 웃었지만, 떨쳐 버리기 어려운 불편함을 느낀 것도 사실이다. 아마 엉뚱함이나 서로 어울리지 않는 것들의 근접보다 더 심한 무질서가 있다는 의심이 웃음의 여운 속에서 생겨났기 때문일 것인데, 그것은 많은 수의 가능한 질서를 법칙도 기하학도 없는 기묘한 것들의 차원에서 단편적으로 반짝거리게 할 무질서일 것이고, 따라서 이 낱말을 어원에 가장 가까운 의미로 이해할 필요가 있다. 즉 거기에서는 사물들이 몹시 상이한 자리에 '머물러' 있고 '놓여' 있고 '배치되어' 있어서, 사물들을 위한 수용 공간을 찾아내거나 이런저런 자리들 아래에서 **공통의 장소**를 규명하는 것이 불가능하다. **유토피아**는 위안을 준다. 왜냐하면 유토피아는 실재하는 장소를 갖지 못한다 해도, 고르고 경이로운 공간에서 펼쳐지며, 비록 공상을 통해 접근할 수 있을 뿐이지만, 넓은 도로가 뚫려 있는 도시, 잘 가꾼 정원, 살기 좋은 나라를 보여 주기 때문이다. **헤테로토피아**[12]는 불안을 야기하는데, 이는 아마 헤테로토피아가 언어를 은밀히 전복하고, 이것과 저것에 이름 붙이기를 방해하고, 보통 명사들을 무효가 되게 하거나 뒤얽히게 하고, '통사법'을, 그것도 문장을 구성하는 통사법뿐만 아니라 말과 사물을 (서로 나란히 마주보는 상태로) '함께 붙어 있게' 하는 덜 명백한 통사법까지 사전에 무너뜨

---

12) (옮긴이 주) 어원적으로 유토피아(utopie)는 '없는 공간'을, 헤테로토피아(hétérotopie)는 '다른 (이질) 공간'을 뜻한다. 병리학에 의하면 헤테로토피아는 그 자체로는 정상적인 해부 요소, 연골, 피부 요소가 존재하지 않아야 할 부위에 현존하는 현상이다. 여기에서는 유토피아의 유형적인 국지(局地), 상상 세계가 일시적으로 구현된 공간, 사회의 내부에서 사회의 음화(陰畵)를 이루거나 적어도 주변부에 자리하는 장소를 가리킨다. 요컨대 '무-질서'의 온상 같은 곳이다.

리기 때문일 것이다. 그래서 유토피아는 이야기와 담론을 가능하게 하는 반면에, 즉 유토피아는 언어와 직결되고 기본적으로 **파불라**[13]의 차원에 속하는 반면에, 헤테로토피아는 (보르헤스에게서 그토록 빈번하게 발견되듯) 화제(話題)를 메마르게 하고 말문을 막고 문법의 가능성을 그 뿌리에서부터 와해하고 신화를 해체하고 문장의 서정성을 아예 없애 버린다.

어떤 실어증 환자들은 탁자 위에 올려놓은 다양한 색깔의 털실 타래들을 일관성 있게 분류하지 못한다고들 한다. 마치 장방형의 평탄한 탁자가 동질의 객관적 공간으로 구실하지 못하는 것과 같은데, 동질의 객관적 공간에서라면 사물은 동일성이나 차이의 연속된 질서와 명칭의 의미장(場)을 동시에 드러내게 될 것이다. 그들은 사물이 정상적으로 분류되고 명명되는 고른 공간을 다수의 덩어리진 단편적 소(小)영역으로 나누어 생각하고, 이에 따라 사물은 말로 형용할 수 없는 유사점에 의거하여 불연속적인 작은 섬들에 들러붙는다. 그들은 한구석에 가장 밝은 색의 실타래를 놓고, 또 다른 구석에는 붉은 실타래를 놓으며, 다른 곳에는 더 부들부들한 실타래를, 또 다른 곳에는 가장 긴 실타래나 보라색에 가까운 실타래 또는 공 모양으로 둥글게 감긴 실타래를 놓는다. 그러나 이 분류는 시작되자마자 곧바로 흐트러진다. 왜냐하면 이 분류를 떠받치는 동일 평면이 아무리 협소해도 실어증 환자에게는 너무 넓어서 불안정할 수밖에 없기 때문이다. 그래서 실어증 환자는 한없이 모으고 분리하고 다양한 유사성을 늘어놓고 가장 명백한 유사성을 무효화하고 동일성을 깨뜨리고 서로 다른 기준들을 겹쳐 놓고 심적 동요를 내보이고 다시 시작하고 불안해하고 마침내 원인 모를 공포로 빠져든다.

보르헤스를 읽을 때 웃음을 자아내게 하는 거북함은 아마 언어가 손상

---

13) (옮긴이 주) fabula. 신화나 전설 등의 지어낸 이야기, 일반 사람들의 말이나 대화, 우화 등을 의미하는 라틴어. 어쨌든 유토피아는 아무리 공상적일지라도 어떤 질서(여기에서는 이야기의 구성적 질서)를 전제한다는 뜻이다.

된 사람의 깊은 불안과 유사할 것이다. 다시 말해 장소와 이름의 "공통성"을 상실한 탓일 것이다. 아토피아, 아파지아.[14] 그렇지만 보르헤스의 텍스트는 또 다른 방향으로 나아간다. 우리로 하여금 분류를 사유하지 못하도록 방해하는 이 분류상의 왜곡, 균질의 공간이 없는 이 도표에다가 보르헤스는 이름만으로 서양에 대해 커다란 유토피아 저장고가 되는 하나의 구체적인 지역을 가공의 나라로 지정한다. 우리의 꿈속에서 중국은 바로 **공간**이 특히 중시되는 **장소**가 아닐까? 우리의 상상 체계에 의하면 중국 문화는 가장 면밀한 것, 가장 위계화된 것, 시간의 현상에 가장 둔감한 것, 넓이의 순수한 전개에 가장 충실한 것이다. 우리는 중국 문화를 생각할 때마다 영원한 모습의 하늘 아래 펼쳐지는 둑과 장성(長城)의 문명을 떠올리고, 중국 문화를 성벽으로 둘러싸인 대륙의 지표면 전체에 퍼져 굳어 버린 모습으로 상상한다. 중국어의 문자는 덧없는 목소리의 비상(飛翔)을 수평의 행으로 나타내지 않는다. 중국어의 문자에서는 변하지 않고 쉽게 알아볼 수 있는 사물 자체의 이미지가 수직으로 세워진다. 그래서 보르헤스가 인용하는 중국 백과사전과 거기에 제시된 분류법은 공간 없는 사유로, 의지할 데 없는 말과 범주로 이르지만, 이 말과 범주는 사실상 복잡한 모양, 뒤얽힌 길, 이상한 지형, 비밀 통로, 뜻밖의 소통으로 넘치는 장엄한 공간에 기초를 두고 있다. 이처럼 우리가 살고 있는 지구의 다른 쪽 끝에는 전적으로 넓이의 정돈을 지향하는 문화가 존재할 터이지만, 이 문화에서 존재물이 확산되고 배치되는 공간은, 명명하고 말하고 사유하는 것이 우리에게 가능한 공간들 중의 어떤 것과도 동일하지 않을지 모른다.

---

14) (옮긴이 주) atopie는 "자기 자리에 있지 않음"의 뜻으로서 사물의 기묘한 성질을 가리키기도 하는데, 여기에서는 무(無)장소 또는 "장소 자체가 없음"을 뜻한다. 그리고 aphasie는 말하는 능력의 상실, 곧 실어증(失語症)을 뜻한다. 이에 비추어 아토피아를 실소증(失所症)이라고 옮길 수도 있겠다. 요컨대 이 두 용어의 병치는 (질서의 바탕인) 공간과 언어, '장소'와 '이름' 사이의 뭔지 모를 밀접한 관계를 반증한다.

우리가 하나의 숙고된 분류를 정립할 때, 고양이와 개가 비록 둘 다 애완용으로 길들여진다 해도, 미친 듯이 달린다 해도, 방금 항아리를 깨뜨렸다 해도, 두 마리의 그레이하운드보다는 서로 덜 닮았다고 우리가 말할 때, 이를 사실로 확증하게 해 주는 토대는 도대체 무엇일까? 어떤 "도표" 위에, 어떤 동일성, 유사성, 유비의 공간에 따라, 우리는 서로 다르고 비슷한 그토록 많은 사물을 관례적으로 배치하게 되었을까? 선험적이고 필연적인 연쇄에 의해 결정되지도 않고 직접적으로 감지될 수 있는 내용에 의해 부과되지도 않는 이 일관성은 무엇일까? 실제로 결과들을 연결하는 것이 아니라 구체적인 내용들을 비교하고 분리하고 분석하고 조정하고 끼워 맞추는 것이 문제인데, 사물들 사이에 질서를 정립하는 것보다 (적어도 겉보기에는) 더 애매하고 더 경험적인 것도 없고, 더 명철한 눈이나 더 충실하고 더 잘 들어맞는 언어를 요구하는 것도 없으며, 어떤 특성과 형태의 확산으로 향하기를 더 끈질기게 요구하는 것도 없다. 의식적으로 대비(對備)하지는 않는다 해도 몇몇 유사한 형상을 비교하고 이런저런 차이에 따라 다른 것과 구별하는 것은 분명히 가능할 것이다. 그렇지만 사실은 가장 순진한 경험의 경우에도 정밀한 조작과 선결 기준의 적용에서 유래하지 않는 유사성이나 구분은 결코 없는 법이다. 아무리 단순한 것일지라도 질서를 확립하는 데에는 '요소들의 체계'가 필수 불가결하다. 가령 유사성과 차이가 나타날 수 있을 선분(線分)의 규정, 이 선분에 영향을 미칠 수 있을 변이의 유형, 끝으로 위로는 차이가 있고 아래로는 유사성이 있게 되는 문턱이 절대로 필요하다. 질서는 사물들 사이에 사물들의 내적 법칙으로 주어지는 것이자, 사물들을 이를테면 서로 마주보게 하는 은밀한 망(網)이고, 이와 동시에 시선, 관심, 언어의 격자를 통해서만 존재할 뿐인 것이며, 오직 이 격자의 빈칸들에서만 표명의 순간을 말없이 기다리면서 이미 거기에 존재하는 듯이 심층적으로 드러난다.

한 문화의 기본 코드, 하나의 문화에서 언어, 인식의 도식(圖式), 교환, 기술, 가치 체계, 실천의 위계 등을 지배하는 코드는 각자가 상대하게 되고 다시 처하게 되는 경험적 질서를 처음부터 결정한다. 사유의 다른 극단에서, 과학 이론이나 철학자들의 해석은 왜 일반적으로 질서가 존재하는가, 질서에 어떤 일반 법칙이 작용하는가, 어떤 원리에 의해 질서가 해명되는가, 무슨 이유 때문에 다른 질서가 아니라 바로 이 질서가 확립되는가를 설명해 준다. 그런데 서로 멀리 떨어진 이와 같은 두 영역 사이에 또 하나의 영역이 가로놓여 있는데, 이 영역은 특히 매개의 역할을 하지만 그래도 역시 기본적인 것이다. 그런 만큼 더 혼란스럽고 더 막연하고 아마 분석하기가 더 어려울 것이다. 바로 거기에서 하나의 문화는 일차적 코드에 의해 규정되는 경험적 질서로부터 조금씩 빠져나오고 경험적 질서에 대해 최초로 거리를 두게 되면서, 경험적 질서로 하여금 애초의 투명성을 잃게 만들고, 더 이상 경험적 질서에 수동적으로 젖어 들지 않고, 경험적 질서의 직접적이고 비가시적인 영향력에서 벗어나고, 적어도 이 질서가 어쩌면 유일하게 가능하지도, 가장 좋지도 않을지 모른다는 것을 확증할 수 있을 정도로는 자유롭게 되고, 그래서 그 자체로 정리될 수 있고 어떤 무언의 차원에 속하는 사물들이 자연의 차원 아래 존재한다는, 요컨대 질서가 존재한다는 있는 그대로의 사실에 마주하게 된다. 마치 문화가 언어, 지각, 실천의 격자들에서 부분적으로 벗어나면서, 이 격자들을 약화시키고 중복에 의해 나타나게 함과 동시에 배제하는 이차적인 격자를 이 격자들에 적용하고, 바로 이와 같은 과정을 통해 순수한 질서의 존재를 마주 대하기라도 하는 듯하다. 언어, 지각, 실천의 코드들이 비판되고 부분적으로 무효화되는 것은 바로 이 질서의 이름으로이다. 사물의 배열에 관한 일반 이론과 사물의 배열에 의해 요구되는 해석이 세워지는 데에는 바로 확고한 토대로 간주된 이 질서가 배경으로 작용한다. 이처럼 이미 코드화된 시선과 반성적 인식에 질서의 존재 자체가 드러나는 중간 영역이 있다. 바로 이 지점에서 질서는 문화와 시대에 따라, 연속적이고 점진적인 것 또는 분산적이고 불연속적인 것으로, 공간과 깊은 관계가 있는 것 또는 시간의 압력에 의해 매 순간 구성되는 것으로, 변수(變數)들의 도표와 유사한 것 또는 개별적인 일관성의 체계에 의해 규정되는 것으로, 점점 차례로 이어지거나 거울에 비치듯 서로 대칭을 이루는 것 또는 증가하는 차이를 중심으로 조직되는 것 등으로 보이게 된다. 그래서 이 '중간' 영역은 질서의 존재 양태를 드러냄에 따라, 가장 기본적인 것으로, 즉 이 영역을 어느 정도 정확하게 또는 성공적으로 해석한다고 여겨지는 말과 지각 그리고 행위보다 선행하는 것으로,(그래서 투박하고 근본적인 질서의 존재에 대한 이와 같은 경험은 언제나 결정적인 역할을 한다.) 말과 지각 그리고 행위에 분명한 형태나 철저한 적용 또는 철학적 토대를 부여하려는 이론보다 더 견실하고 더 근원적이고 덜 의심스럽고 언제나 더 '참된' 것으로 제시될 수 있다. 그렇기 때문에 어떤 문화에서건 질서 확립의 코드라 불릴 수 있을 것과 질서에 관한 성찰 사이에는 질서와 질서의 존재 양태에 대한 맨 경험이 존재한다.

　이 연구에서 우리가 분석하고자 하는 것은 바로 이 경험이다. 이 연구는 16세기부터 우리의 것과 같은 문화의 한가운데에서 이 경험이 어떻게 변화할 수 있었는가를 보여 주려는 것이다. 가령 말해진 그대로의 언어, 지각되고 분류되는 그대로의 자연, 실행된 그대로의 교환을 마치 흐름에 역행하기라도 하는 듯이 거슬러 올라가면서, 질서가 존재한다는 것을, 그리고 교환의 법칙, 생물의 규칙성, 말의 연쇄와 말이 갖는 재현의 가치가 질서의 양태에서 유래한다는 것을 우리의 문화는 어떤 방식으로 드러냈는가, 질서의 어떤 양태가 인정되고 상정되고 공간 및 시간과 엮였길래, 문법과 문헌학에서, 자연사[15]와 생물학에서, 부(富)에 관한 연구

---

15) (옮긴이 주) histoire naturelle. 생물학이 탄생하기 전에 수행된 자연의 탐구로서 "자연계의 조직적 기술(記述)"을 뜻한다.

와 정치경제학에서 전개되는 그러한 인식의 실증적 기반이 형성되었는가를 보여 주려는 것이 이 연구의 목적이다. 이와 같은 분석은 알다시피 사상사나 과학사의 영역에 속하지 않는다. 오히려 무엇으로부터 인식과 이론이 가능했는가, 어떤 질서의 공간에 따라 지식이 구성되었는가, 역사상의 어떤 선험적 여건을 바탕으로, 어떤 실증성의 조건 속에서 사상이 출현하고 과학이 구성되고 경험이 철학에 반영되고 합리성이 형성되고는 아마 오래지 않아서일 터이지만 뒤이어 해체되고 사라질 수 있었는가를 찾아내려는 연구이다. 그러므로 오늘날의 과학을 마침내 공인해 줄지 모르는 객관성 쪽으로 인식이 진보하는 과정을 기술(記述)하려는 것이 아마 아닐 것이다. 우리가 명백히 드러내고자 하는 것은 인식론적 영역, 즉 인식이 합리적 가치나 객관적 형태에 대한 모든 기준과 무관하게 검토되고 인식의 실증성이 파묻히며 이런 식으로 인식의 완벽성이 증대하는 역사보다는 오히려 인식을 위한 가능 조건의 역사가 드러나는 에피스테메[16]인데, 이 이야기에서 반드시 나타나게 마련인 것은 지식의 공간에서 경험적 인식의 다양한 형태를 야기한 지형이다. 우리의 시도는 전통적인 의미에서의 역사라기보다는 오히려 '고고학'[17]이다.

이 고고학적 탐구는 서양 문화의 에피스테메에 두 차례의 중대한 불연속이 있다는 것을 보여 주었는데, 하나는 (대략 17세기 중엽에) 고전주의 시대의 막을 여는 불연속이고, 다른 하나는 19세기 초엽에 우리의 근대

---

16) (옮긴이 주) épistémè. 푸코의 이 개념은 어느 주어진 시대에 특정 학문 분야의 등장을 가능하게 하는 담론의 양태들을 연결하는 관계 전체를 뜻한다. 예컨대 18세기 말엽에 형성되었다고 하는 근대의 '에피스테메'는 인간의 특수한 존재 방식과 인문과학을 가능하게 했다. 푸코는 이 에피스테메가 종언을 고하면 지식의 주체 겸 대상으로서의 인간도 사라질 것이라고 말한다. 그리고 지식은 일련의 대상에 관한 일관성 있는 담론을 실행하려는 주체가 자리 잡을 수 있는 언술의 영역, 이를테면 담론 실천의 장소이자 가능 조건이다. 그렇다면 어느 특정한 시대의 학문 분야나 지식을 대상으로 하여 추출할 수 있는 "담론의 질서" 또는 사상사나 과학사의 선험적 여건이 바로 에피스테메라고 말할 수 있다.

17) 이러한 고고학에 의해 제기되는 방법의 문제는 다음에 출간될 저서(『지식의 고고학』 — 옮긴이)에서 검토될 것이다.

성의 문턱을 가리키는 불연속이다. 우리의 사유에 토대가 되는 질서의
존재 양태는 고전주의적 질서의 존재 양태와 동일하지 않다. 아무리 우
리가 르네상스 시대에서 오늘날까지 유럽적 **라티오**[18]의 거의 끊임없는 움
직임을 감지하더라도, 린네[19]의 분류법은 어느 정도 수정되긴 했지만 전
체적으로는 여전히 일종의 타당성을 지닐 수 있고 콩디야크[20]에게서 찾아
볼 수 있는 가치론은 어느 정도 19세기의 한계효용설(效用說)에서 재발
견되고 케인즈[21]는 자신의 분석과 캉티용[22]의 분석 사이에서 정말로 친화
력을 느꼈고 (포르루아얄[23]의 저자들이나 보제[24]에게서 발견되는 그러한) **일반
문법**은 오늘날의 언어학과 그렇게 동떨어진 것이 아니라고 생각한다 할
지라도, 사상과 주제의 차원에 속하는 이 모든 준(準)연속성은 아마 표면
효과에 지나지 않을 것이다. 고고학의 차원에서는 누구나 알다시피 실증
성들의 체계가 18세기와 19세기의 전환기에 대대적으로 변했다. 이는 이
성이 진보를 거듭했기 때문이 아니라, 사물의 존재 양태와 사물을 분류

---

18) (옮긴이 주) ratio. 기지(旣知)로부터 미지(未知)로의 추이(推移)를 수반하는 인식이나 이러한 인
　식을 지탱해 주는 존재론적 또는 논리적 근거라는 폭넓은 의미를 갖는다. 전자의 경우는 추론(推論),
　추리력, 이성 등으로 번역하고, 후자의 경우에는 이유, 근거, 조리, 규칙, 학설 등으로 번역할 수 있
　다. 또한 수학 개념으로서는 계산이나 비율의 의미가 있다.
19) (옮긴이 주) Carl von Linné(1707~1778). 스웨덴의 자연사학자 겸 작가. 진화론과 대립하는 종
　의 불변을 확신했으면서도, 생물의 분류법을 창안함으로써 근대 생물학의 길을 열었다. 또한 뛰어난
　산문가로서 많은 여행기를 쓰기도 했다.
20) (옮긴이 주) Etienne de Condillac(1715~1780). 프랑스의 철학자. 플룩스 수도원에 머물면서 집
　필한 일종의 정치경제학 개론에서 이자와 가치에 관한 이론을 피력했다.
21) (옮긴이 주) Keynes(1883~1946). 영국의 경제학자 겸 금융가. 1929년의 경제 위기 직후에 산
　업 사회에서 심각한 실업이 창궐했을 때, 자유주의적 거시경제학의 관점에서 불완전 고용을 설명하
　기 위해 『화폐론』(1931)과 『고용, 이자, 화폐에 관한 일반 이론』(1936)을 펴냈다.
22) (옮긴이 주) Richard Cantillon(1680~1734). 아일랜드 출신의 프랑스 경제학자, 인구통계학자.
　토지와 노동이 부의 원천이라고 주장했다. 중농주의자들과 애덤 스미스에게 영감을 주었다.
23) (옮긴이 주) "포르루아얄의 작은 학교들"을 가리킨다. Selles, Bascle, Lancelot, Nicole이 선생
　이었다. 이들은 여러 권의 주목할 만한 교과서를 남겼다.
24) (옮긴이 주) Nicolas Beauzée(1717~1789). 프랑스의 문법학자로서, 문장과 보어의 분류에 공
　헌했다.

하고 지식의 대상으로 정립하는 질서의 존재 양태가 크게 바뀌었기 때문이다. 투른포르,[25] 린네, 뷔퐁[26]의 자연사가 외부의 다른 것과 관계가 있다 해도, 이때의 다른 것이란 생물학이나 퀴비에[27]의 비교해부학 또는 다윈의 진화론이 아니라 보제의 일반 문법, 화폐와 부에 대한 로[28]나 베롱 드 포르보네[29] 또는 튀르고[30]의 분석이다. 아마 인식들은 서로를 야기하기에, 생각들은 서로를 변화시키고 상호적으로 영향을 주고받기에 이를 것이다.(그러나 어떻게? 역사가들은 이 문제를 아직도 명확히 해명하지 못했다.) 어쨌든 한 가지는 분명하다. 즉 고고학은 지식의 일반적 공간, 지식의 전체적 지형, 그리고 지식의 공간에 나타나는 사물의 존재 양태를 겨냥하는 만큼, 새로운 실증성의 문턱을 명확히 하는 데 요구되는 충분한 변동의 계열뿐만 아니라 동시성의 체계들도 규명하는 것이다.

이처럼 우리의 분석은 고전주의 시대를 가로질러 재현(再現)[31]의 이론과 언어, 자연계(自然界)의 범주, 부 및 가치의 이론 사이에 존재하는 일

---

25) (옮긴이 주) Joseph de Tournefort(1656~1708). 프랑스의 식물학자 겸 여행가. 식물 분류법으로 린네의 선구자로 평가된다.

26) (옮긴이 주) Buffon(1707~1788). 프랑스의 자연사학자 겸 작가. 과학적 인식의 토대를 경험적 사실에서 찾으면서, 종에 관한 린네의 분류법을 지나치게 체계적이라고 비판했다.

27) (옮긴이 주) Georges Cuvier(1769~1832). 프랑스의 자연사학자로서 비교해부학과 고생물학의 창시자로 여겨진다. 말년에 진화에 관한 생틸레르와 라마르크의 견해를 강력하게 반박했다.

28) (옮긴이 주) John Law(1671~1729). 스코틀랜드의 금융가. 한 국가의 부는 국가의 책임이라고 확신하여, 국가 은행과 신용 제도의 설립 및 지폐의 유통을 권장하고, 프랑스 섭정기(1715~1723)에 이러한 생각을 실천에 옮겼다. 1716년에는 지폐를 발행하는 사설 은행을, 1717년에는 서양 회사를 설립하고, 뒤이어 '은행, 회사, 국가를 결합시킨' 제도를 시행하지만, 무분별한 지폐 발행과 투기 열풍, 반대자들의 음모로 말미암아 결국 파산했다.

29) (옮긴이 주) Véron de Fortbonnais(1722~1800). 프랑스의 경제학자.

30) (옮긴이 주) Anne Robert Jacques Turgot(1727~1781). 프랑스의 정치가. 1774년 루이 16세의 부름을 받아 국무경에 임명되고 뒤이어 재정 총감독관 겸 재무 대신이 된다. 계몽주의 철학자들과 중상주의자들의 영향을 받아 많은 자유주의 정책을 시행한다.

31) (옮긴이 주) représentation. 일반적으로 기호나 그림 등을 통한 나타냄 또는 표시의 의미이고 그 결과로 생겨난 작품이나 그림 또는 기호를 의미하기도 한다. 또한 인식론이나 심리학에서는 이미지가 감각에 제시되는 과정, 이미지 또는 이미지들의 결합, 비현실적이거나 부재하는 사물의 이미지를

관성을 보여 줄 수 있었다. 19세기부터 완전히 변하는 것은 바로 이 지형인데, 모든 가능한 영역의 토대로 작용한 재현의 이론이 사라지고, 그러자 사물에 대한 자연발생적인 도표 겸 최초의 격자이자 재현과 존재물 사이의 필수적인 중계 지점으로 간주된 언어가 자취를 감추고, 깊은 역사성이 사물의 중심으로 침투하고 사물을 분리하고 사물을 고유한 일관성에 따라 규정하고 시간의 연속성에 함축되어 있는 질서의 형태를 사물에 부과하고, 교환과 화폐의 분석이 생산에 대한 연구로 대체되고, 유기체의 분석이 분류학상의 특징에 관한 탐구보다 우세해지고, 특히 언어가 특권적인 지위를 상실하고는 어김없이 두터운 과거를 지닌 일관성 있는 역사의 형상이 된다. 그러나 사물에 대한 이해 가능성의 원리가 사물의 생성에서만 모색되고, 사물이 재현의 공간을 떠나 버리면서, 사물이 오그라듦에 따라, 이번에는 서양에서 역사상 처음으로 인간이 지식의 영역으로 들어온다. 기이하게도 인간은 순진한 시각으로 보자면 소크라테스 이래 가장 유구한 탐구의 대상으로 간주되지만, 아마 사물의 질서에 생겨난 어떤 균열, 어쨌든 지식의 영역에서 최근에 사물의 질서가 새롭게 배치되면서 모습을 드러낸 형상에 지나지 않을 것이다. 새로운 인본주의를 둘러싼 온갖 환상, 인간에 관한 반쯤 실증적이고 반쯤 철학적인 일반적 성찰로 이해된 '인간학'[32]의 온갖 안이함은 이로부터 움텄다. 그렇지만 인간은 최근의 발견물이자 출현한 지 두 세기도 채 안 되는 형상이며

뜻하기도 한다. 그러므로 이미지와 매우 유사한 개념이긴 하지만, 사유 행위의 구체적인 내용을 형성한다는 점이 이미지와는 다르다. 이처럼 마음속에 그려 보는 것과 동시에 그러한 행위 및 과정을 의미할 때는 표상이라는 번역어가 들어맞지만, 이 책에서는 (무언가를 이미 나타내는 기호나 그림 또는 도표 따위에 의한) '다시 나타냄'이라는 더 넓은 의미로 사용되고 있다. 그러니까 꼭 마음속이 아니더라도, 즉 외부적으로 어떤 것이 다른 어떤 것을 다시 나타내는 경우에도 이 용어가 폭넓게 사용된다. 따라서 이 용어를 의식 또는 정신 내부의 재현인 표상으로만 이해한다면, 일종의 범주 오류를 범하는 셈이 될 것이다.

32) (옮긴이 주) anthropologie. 흔히 인류학으로 번역되는 용어이나, 지식의 주체 겸 대상이 된 '인간에 대한 분석론'이란 의미에서 '인간학'으로 옮긴다.

우리의 지식에서 찾아볼 수 있는 단순한 주름일 뿐이라고, 우리의 지식이 새로운 형태를 띠자마자 인간은 사라질 것이라고 생각하는 데서 오는 위안과 깊은 안도감도 역시 이로부터 싹텄다.

이 연구는 고전주의 시대의 광기의 역사를 기술하는 작업과 어느 정도 메아리처럼 호응하는 것이 사실이다. 르네상스 시대 말기를 출발점으로 하여 우리가 여전히 머물러 있는 근대성의 문턱을 19세기로의 전환기에서 찾아내는 이 연구는 광기의 역사와 시대 구분이 동일하다. 그렇지만 광기의 역사는 하나의 문화를 한정하는 차이가 이 문화에 의해 전반적인 덩어리의 형태로 설정될 수 있는 방식의 검토였던 반면에, 이 연구는 하나의 문화가 사물들의 근접을 터득하는, 사물들의 친근성에 관한 도표와 이 친근성을 검토하는 데 반드시 필요한 질서의 확립 방식을 관찰하려는 것이다. 요컨대 이 연구는 닮음의 역사이다. 어떤 조건에서 고전주의적 사유는 말, 분류, 교환의 근거이자 이것들을 밑받침하는 유사 또는 동등 관계를 사물들 사이에 반영할 수 있었을까? 흐릿하고 막연하고 정체불명이고 사소한 것 같은 차이들의 바탕 위에 확립되는 동일성의 광범위한 격자를 규정하는 것은 역사상의 어떤 선험적 여건으로부터 가능했을까? 광기의 역사는 타자의 역사, 하나의 문화에 대해 내부적이고 동시에 생소한 것, 따라서 (내부의 위험을 몰아내기 위해) 배제해야 하지만 (타자성을 축소하기 위해) 감금해야 하는 것의 역사라고 한다면, 사물의 질서에 관한 역사는 동일자의 역사, 하나의 문화에서 분산되고 동시에 서로 유사한 것, 따라서 표지(標識)에 의해 식별해야 하고 동일성을 특기해야 하는 것의 역사일지 모른다.

그리고 질병이 인간의 육체와 생명의 핵심에까지 도사리고 있는 무질서나 위험한 타자성일 뿐만 아니라 이와 동시에 일정한 규칙성, 유사성 및 유형을 지닌 자연 현상이라고들 생각한다면, 의학적 시선의 고고학이 어떤 위치를 차지할 수 있을지는 누구에게나 분명하다. 타자에 대한 한계-경험에서부터 의학 지식을 구성하는 형태들까지, 그리고 이 형태들에서부터 사물의 질서와 동일자의 사유까지, 고고학적 분석의 대상이 되는 것은 고전주의 시대의 지식 전체, 더 정확히 말하자면 우리를 고전주의적 사유로부터 분리하고 우리의 근대성을 구성하는 문턱이다. 인간이라 불리면서 인문과학의 고유한 공간을 열어 놓은 이 기이한 지식의 형상은 근대성의 문턱에서 역사상 처음으로 출현했다. 서양 문화의 가장 깊은 지층을 파헤치려는 우리의 시도는 바로 잠잠하고 겉보기에는 움직이지 않는 듯한 우리의 밑바탕에 단절, 불안정성, 균열을 되돌려주려는 것인데, 우리의 발아래에서 다시 뒤흔들리는 것은 바로 이 밑바탕이다.

1부

벨라스케스, 「시녀들」(1656)

1 시녀들

1

  화가는 그림에서 약간 뒤로 물러나 있다. 그는 모델을 힐끗 쳐다보고 있는데, 어쩌면 마지막 붓질을 하는 중이거나, 아니면 아직 한 번도 붓질을 안 한 것인지 모른다. 붓을 들고 있는 팔이 왼손의 팔레트 방향으로 약간 접힌 채, 캔버스와 팔레트 사이에서 순간적으로 멈춰 있다. 이 숙련된 손은 시선에 매달려 있고, 반대로 시선은 멈춘 동작에 달려 있다. 이제 곧 광경의 부피가 가느다란 붓끝과 굳은 시선 사이에서 생겨나게 된다.

  은밀한 회피의 미묘한 장치가 없지는 않다. 화가는 작업 중인 작품에서 약간의 거리를 두고 그 옆에 자리를 잡았다. 다시 말해 현재 그를 바라보는 관람자의 시점(視點)에서 보자면, 그는 자신이 그리고 있는 그림의 오른쪽에 위치하고, 이 그림은 맨 왼쪽을 차지하고 있다. 동일한 관람자에 대해 이 그림은 뒷면을 보이고 있다. 관람자에게는 그림을 지탱하는 큼직한 틀과 함께, 그림의 이면(裏面)만이 감지될 수 있을 뿐이다. 반면에 화가는 몸 전체가 온전히 보이고, 어쨌든 높다란 캔버스에 의해 가려지지 않는데, 그가 한 걸음 다가서서 작업을 다시 시작할 때면, 캔버스는 아마 그를 곧장 가려 버릴 것이며, 아마 화가는 자신이 그리고 있는 표면이 한 면을 이루는 일종의 커다란 상자에서 빠져나오는 순간에 관람자의 눈에 띄었을 것이다. 이 주기적 움직임이 중간의 정점(定點)에서 정지한 순간에 그가 보이게 된 것이다. 그의 어두운 몸통과 밝은 얼굴은 가시적인 것과 비가시적인 것의 경계이다. 그는 우리가 볼 수 없는 캔버스에서 벗어나면서 우리의 시야에 들어오지만, 이윽고 오른쪽으로 한 걸음 내딛게 될 때에는 우리의 시선에서 벗어나, 자신이 그리고 있는 캔버스의 정면에 놓일 것이고, 그림이 한순간 자신의 시야 밖으로 빠져나갔다가 곧바로 자신의 눈에 온전히 가시적이게 될 그러한 영역 안으로 들어가게 될 것이다. 마치 화가는 자신이 재현되어 있는 그림에서 보일 수 없고 이와 동시에 자신이 무언가를 재현하기에 열중하고 있는 그림을 볼 수 없는 듯하다. 그는 이 양립할 수 없는 두 가지 가시성(可視性)의 문턱에 군림한다.

화가는 얼굴을 살짝 돌리고 머리를 어깨 쪽으로 기울인 채 바라본다. 그는 보이지 않는 지점을 응시하지만, 그가 바라보는 지점은 바로 우리 자신, 즉 우리의 육체, 우리의 얼굴, 우리의 눈이므로, 관람자인 우리는 그의 응시 지점을 쉽게 지정할 수 있다. 그러므로 그가 주시하는 광경은 이중으로 비가시적인데, 이는 그 광경이 그림의 공간에 표현되어 있지 않기 때문이고, 우리가 바라보는 순간에 우리의 시선이 우리 자신에 대해서는 닿지 못하는 바로 그러한 맹점, 본질적인 사각(死角) 지점에 그 광경이 위치하기 때문이다. 그렇지만 이 비가시성의 지각할 수 있는 등가물 또는 봉인된 형상이 그림 자체에 있으므로, 어떻게 우리가 이 비가시성을 면전에서 알아차리지 않을 수 없겠는가? 화가가 몰두하고 있는 캔버스에 눈길을 던지는 것이 가능하다면, 실제로 화가가 무엇을 바라보는지 짐작할 수 있을 것이지만, 캔버스의 천, 캔버스를 팽팽하게 고정시키는 수직 및 수평 막대기, 작업대의 비스듬한 다리만이 보일 뿐이다. 실제의 그림에서 왼쪽 부분 전체를 차지하고 캔버스의 이면을 나타내는 길고 단조로운 장방형은 미술가가 응시하는 것, 즉 우리가 있는 곳이자, 우리 자신인 그러한 공간의 심층적 비가시성을 표면의 형태로 나타낸다. 화가의 눈에서 그가 바라보는 것까지 당연히 하나의 선이 그려지는데, 바라보는 우리는 이 선을 피할 수 없을지 모른다. 왜냐하면 이 선은 실제의 그림을 가로지르고, 그림의 표면에서 떠올라, 우리를 주시하고 있는 화가가 우리에 의해 주시되는 그 장소에 이르기 때문이다. 이 점선(點線)은 어김없이 우리에게 도달하고 우리를 그림의 재현에 연결한다.

겉보기에 그 장소는 단순하고 전적으로 상호적이다. 우리는 그림을 바라보고, 그림 속의 화가는 우리를 응시한다. 더도 덜도 아닌 대면(對面), 갑자기 서로 마주친 눈길, 서로 교차되면서 겹치는 곧은 시선. 그렇지만 이 상호적 가시성의 가느다란 선에는 불확실성, 교환, 회피하는 시선을 포괄하는 복잡한 망 전체가 내포되어 있다. 화가의 시선은 우리가 소재(素材)의 자리에 있는 경우에만 우리에게로 향한다. 관람자로서 우리는 추가 요소일 뿐이다. 우리는 화가의 시선에 받아들여지지만 또한 화가의 시선에 의해 축출되고 우리보다 먼저 언제나 거기에 있던 것, 즉 모델로 교체된다. 그러나 역으로 화가의 시선은 그림의 바깥으로, 화가와 마주 대하는 허공을 겨냥하는 것으로서, 관람자들이 오는 그만큼 많은 모델을 받아들이는 셈이며, 그 명확하나 중립적인 장소에서 주시하는 자와 주시되는 자는 끊임없는 교환에 가담한다. 어떤 시선도 안정적이지 않다. 더 정확히 말해 캔버스를 수직으로 관통하는 시선의 중립적 궤적 속에서 주체와 객체, 관람자와 모델의 역할이 한없이 뒤바뀐다. 그리고 그림의 왼쪽 끝에서 뒷면만이 보이는 넓은 캔버스는 두 번째 기능을 수행한다. 끈질기게 비가시적인 캔버스는 시선들의 관계가 발견되지도, 결정적으로 확립되지도 못하게 방해한다. 한쪽에서 캔버스 때문에 퍼지게 되는 불변의 어둠은 관람자와 모델 사이에서 확립되는 변환 작용을 영원히 불안정하게 만든다. 우리는 캔버스의 이면만을 볼 수 있을 뿐이므로 우리가 누구인지도 우리가 무엇을 하는지도 알지 못한다. 보이는가 아니면 보는가? 화가는 내용, 형태, 양상, 동일성이 순간적으로 끊임없이 바뀌는 장소를 응시하고 있다. 그러나 우리는 주의 깊게 고정되어 있는 화가의 눈을 따라 다른 방향에 주목하게 되는데, 화가의 눈은 이미 빈번히 쫓아간 이 다른 방향, 즉 다시는 사라지지 않을 초상이 그려져 있는, 어쩌면 오래전부터 영원토록 그려져 있었을지 모르는 움직이지 않는 캔버스를 가리키며, 이윽고 다시 거기로 향할 것이 틀림없다. 그래서 화가의 당당한 시선은 잠재적 삼각형을 내려다보게 되는데, 그림 안의 그림은 이 삼각형에 의해 명확하게 규정된다. 눈에 보이는 유일한 지점인 꼭대기에는 화가의 눈이 있고, 밑변의 한쪽에는 모델의 비가시적인 자리가 있으며, 다른 한쪽에는 아마 캔버스의 비가시적 표면에 소묘되어 있을 형상이 있다.

　화가의 눈은 관람자를 포착하자마자, 관람자를 사로잡아 그림 속으로 들어가도록 강요하고, 그에게 특권적이고 의무적인 장소를 지정하며, 그로부터 빛나는 가시적 형질을 선취하여, 이것을 돌아선 캔버스의 표면에 투사한다. 관람자는 자신의 비가시성이 화가에게 가시적이게 되고 자기 자신에게 영원히 비가시적인 이미지 안으로 옮겨지는 것을 본다. 부차적인 기교에 의해 늘어나고 훨씬 더 불가피해지는 놀라움. 그림의 오른쪽 끝에는 매우 명확한 원근법에 따라 창문이 그려져 있고, 그곳으로부터 빛이 들어와 그림을 비추고 있다. 보이는 것이라고는 창문의 구멍뿐이고, 그래서 창문을 통해 쏟아져 들어오는 빛의 흐름은 겹쳐지나 서로 환원될 수는 없는 두 인접 공간으로, 즉 캔버스에 의해 재현되는 입체적 공간(다시 말해서 화가의 작업실 또는 그가 작업대를 세워 놓은 거실)과 함께 캔버스의 표면으로, 그리고 이 표면 앞에서 관람자가 차지하는 실제의 입체적 공간(또는 모델의 비실제적 자리)으로 동시에 퍼져 나간다. 그리고 넓게 퍼지는 이 황금빛의 흐름은 오른쪽에서 왼쪽으로 방을 가로지르면서, 관람자를 화가 쪽으로, 이와 동시에 모델을 캔버스 쪽으로 데려가고, 화가를 비추어 관람자가 볼 수 있게 하며, 모델의 모습이 옮겨져 갇히게 될 수수께끼 같은 캔버스의 테두리를 모델의 눈에 황금빛 선으로 빛나게 하는 것도 역시 이 빛의 흐름이다. 그림의 한쪽 끝에 위치하고 부분적이나마 가까스로 표시된 이 창문으로 재현에 대해 공통의 장소로 구실하는 온전한 자연광이 쏟아져 들어온다. 이 창문은 그림의 다른 쪽 끝에 놓여 있는 비가시적인 캔버스와 균형을 이루고 있다. 비가시적인 캔버스가 관람자의 눈에 뒷면만을 보이면서, 비가시적인 캔버스를 재현하는 그림과 맞대어 접혀 있고, 전형적인 이미지[1]가 빛나고 있는 장소, 다시 말해 우리로서는 접근이 불가능한 장소를 캔버스의 비가시적 표면이 그림의 표면과 캔버스의 가시적 이면의 중첩에 의해 형성하는 것과 마찬가지로, 순수한 통로인 창문은 하나의 공간을 새로 확립하는데, 이 공간은 다른 공간[2]이 감추어지는 만큼이나 뚜렷하고, 다른 공간이 고립되는 만큼이나(왜냐하면 아무도, 심지어 화가조차도 그곳을 바라보지 않기 때문이다.) 화가, 그림 속 인물들, 모델, 관람자가 공통적으로 속하는 곳이다. 오른쪽으로는 모든 재현을 가시적이게 만드는 빛의 순수한 부피가 비가시적 창문[3]을 통해 넘쳐 들어오고, 왼쪽으로는 너무나 가시적인 뒷면의 다른 쪽에서 재현을 교묘히 모면하면서 지탱하는 표면이 펼쳐진다. 빛은 장면(이는 캔버스일 뿐만 아니라 방, 즉 캔버스 위에 표현된 방과 캔버스가 놓여 있는 방을 의미하기도 한다.)으로 쏟아져 들어와 인물들과 관람자들을 둘러싸고, 그들로 하여금 화가의 시선을 쫓아, 화가의 붓에 의해 그들이 곧 재현될 장소 쪽으로 향하게 한다. 그러나 이 장소는 우리에게 감추어

---

1) (옮긴이 주) Image par excellence. 문맥상 왕과 왕비가 비쳐 보이는 거울상을 뜻한다. 따라서 이 것이 "빛나고 있는 장소"는 바로 모델로서의 왕과 왕비가 자리하고 있는 곳이다.
2) (옮긴이 주) 캔버스의 비가시적 표면을 가리킨다.
3) (옮긴이 주) 빛이 강해서 창문의 형태 자체는 눈에 보이지 않는다.

져 있다. 우리는 우리 자신이 화가에 의해 관찰되고 또한 우리가 화가를 볼 수 있도록 하는 이 빛으로 인해 화가의 눈에 가시적이게 되는 것을 바라본다. 그리고 우리 자신이 거울에 비치듯 화가의 손에 의해 캔버스 위로 옮겨진다는 것을 파악하게 되는 순간에도, 우리는 단지 거울의 흐릿한 이면만을 감지할 수 있게 될 뿐이다. 체경(體鏡)의 뒷면.

그런데 정확히 우리 자신에 해당하는 관람자의 정면에, 방의 깊숙한 안쪽에 자리 잡고 있는 벽에, 작가[4]는 일련의 그림을 그려 놓았는데, 벽에 걸린 유화들 중의 하나가 특이한 광채로 빛나고 있다. 이 유화의 액자는 다른 것들보다 더 크고 빛깔이 더 어둡지만, 액자의 안쪽 가장자리를 따라 가느다랗게 그려진 무색(無色)의 선을 따라 액자의 내부 공간에서가 아니라면 어디에서 새어나오는지 가늠하기 어려운 빛이 표면 전체로 퍼진다. 이 이상한 빛 속에서 두 사람의 실루엣이 나타나고, 그들 위로는 약간 뒤로 무거운 느낌을 주는 자주색 커튼이 보인다. 다른 그림들은 멀리 어두운 평면의 끝자락에 파묻힌 더욱 희미한 몇몇 흔적만을 겨우 내보일 뿐이다. 반면에 이 특별한 그림은 원근법적 공간으로 열려 있는데, 거기에서는 식별 가능한 형태들이 이 공간에만 속할 뿐인 빛 속에서 층을 이루고 있다. 재현을 드러내도록 예정되어 있으면서도 위치나 거리에 의해 재현을 부인하고 감추고 교묘하게 회피하는 이 모든 요소 사이에

---

4) (옮긴이 주) 푸코가 분석하고 있는 그림 「라스 메니나스」의 작가 벨라스케스. "라스 메니나스"는 이 장(章)의 제목인 "시녀들"이란 뜻이다. 왕실 생활의 장면을 순간적으로 잡아낸 스냅 사진을 연상시키는 이 그림에는 작업대 왼쪽 앞에서 에스파냐 왕과 왕비의 초상을 그리고 있는 화가 자신의 모습이 포함되어 있는데, 정작 왕과 왕비는 관람자의 위치에 있다. 이 사실은 원경의 거울 속에 그들의 반영이 비치어 있는 것으로 알아차릴 수 있다. 전경의 중앙에는 시녀들, 난쟁이들, 개를 동반한 마르그리트 공주가 그려져 있다. 절정기의 벨라스케스는 이 그림에서 현실과 현실의 재현(화가가 표현하는 것은 실제의 장면인가 아니면 상상에서 끌어온 관념적인 장면인가?)뿐만 아니라 예술과 예술가의 힘(화가가 자기 자신을 정면으로 표현한 것은 벨라스케스가 역사상 처음으로 시도한 것이다.)에 관한 성찰을 제안한다. 이 그림은 이 주제에 관해 44가지 변이형을 그린 피카소를 비롯하여 수많은 미술가에게 영감을 주었다.

서, 이것은 그럭저럭 작동하는 유일한 요소, 즉 멀리 떨어져 있고 어둠에 둘러싸여 있는데도 보여 주게 되어 있는 것을 볼 수 있게 하는 유일한 요소이다. 그런데 이것은 그림이 아니라 거울이다. 그러니까 이것은 멀리 떨어져 있는 유화들에서와 마찬가지로 얄궂은 캔버스가 있는 전경(前景)의 빛 속에서도 찾아볼 수 없었던 분신의 마법을 우리로 하여금 알아차리게 한다.

이 그림에 의해 재현되는 모든 재현 중에서 이것이 유일하게 가시적인 것이지만, 이것을 바라보는 사람은 아무도 없다. 캔버스 옆에 서서 모델에게 온통 관심을 기울이는 화가는 자기 뒤에서 은은하게 반짝이는 이 거울을 볼 수 없다. 그림 속의 다른 인물들 역시 대부분이 앞에서 일어나는 사태 쪽을 향하고 있다. 말하자면 그들이 묘사되어 있는 방을 마감하는 어둡고 움푹한 쪽으로가 아니라, 명백히 캔버스에 의해 가려져 있는 곳 쪽으로, 그들을 보는 사람들이 그들의 시야 안으로 들어오게 되어 있는 환한 발코니 쪽으로 시선을 돌리고 있다. 몇 사람이 얼굴의 옆모습을 보이는 것은 사실이지만 그들 중 어느 누구도 방의 안쪽에 고립된 가시성 그 자체인 거울, 이 반짝이는 작은 직사각형을 볼 수 있을 만큼 얼굴을 돌리고 있는 것은 아니며, 어떤 시선도 거울을 실재하는 것으로 포착하여 거울 속 광경을 갑작스레 무르익은 열매처럼 향유할 수는 없다.

우리는 이와 같은 무관심에 필적할 만한 것은 거울 자체의 무관심이라는 것을 인정해야 한다. 실제로 거울은 동일한 공간에 있는 것을 하나도 비추지 않는다. 거울은 거울에 등을 돌리고 있는 화가도, 방의 중앙에 있는 인물들도 비추지 않는다. 거울의 환한 심연 속에 비치는 것은 가시적인 것이 아니다. 네덜란드 회화의 전통에서는 거울이 이중화의 역할을 했다. 변형되고 축약되고 가운데가 오목한 비현실적 공간의 내부에서, 거울은 화가가 본래 그리고자 했던 그림의 내용을 나타내는 것이었다. 누구나 거울에서 보는 것은 그림을 처음 볼 때와 동일하지만 또 다른 법칙에 따라 해체되고 재구성된 것이었다. 여기에서 거울은 이미 말해진 것에 관해 어떤 것도 말하지 않는다. 그렇지만 거울의 위치는 거의 중앙이다. 즉 거울의 상부 가장자리는 그림을 상하로 양분하는 선과 정확하게 일치하고, 거울은 안쪽 벽(적어도 이 벽에서 눈에 보이는 부분)에서 중간 위치를 차지하며, 그러므로 그림 자체와 동일한 원근법적 선들이 거울을 가로지르게 되어 있을 것이고, 동일한 화실(畵室), 동일한 화가, 동일한 캔버스가 동일한 공간을 따라 거울 속에 배치되어 있으리라고 누구나 기대할 수 있을 것이며, 거울은 완벽한 분신일지 모른다.

그런데 거울은 그림 자체가 재현하는 것을 전혀 보여 주지 않는다. 거울의 움직이지 않는 시선은 그림 앞으로, 그림의 겉면을 형성하는 필연적으로 비가시적인 영역으로, 거기에 자리하고 있는 인물들로 곧 이르게 된다. 이 거울은 가시적인 대상들을 중심으로 돌기는커녕, 재현의 영역에서 포착할 수 있을 것을 무시하면서, 재현의 영역 전체를 가로지르고, 모든 시선의 바깥에 머물러 있는 것에 가시성을 되돌려준다. 그러나 이런 식으로 거울에 의해 극복되는 비가시성은 숨겨진 것의 비가시성이 아니다. 거울은 장애물을 우회하지 않고, 원근법을 왜곡하지 않으며, 그림의 구조 때문에, 이와 동시에 그림이 회화 작품으로서 존재해야 하기 때문에 비가시적인 것을 반영의 대상으로 갖는다. 거울에 비치는 것은 유화(油畵) 속의 모든 인물이 응시하고 있는 것, 그들 앞의 곧은 시선이다. 따라서 유화가 더 앞쪽으로 연장되고 밑단이 더 아래로 내려와서 화가에게 모델의 구실을 하는 인물들이 그림에 포함되기에 이르면, 누구나 거울 속에 비치는 것을 볼 수 있을 것이다. 그러나 화가와 그의 작업실만이 보이는 데서 유화가 끝나므로, 유화가 그림인 한, 다시 말해 어떤 관람자에게건 그림이 어떤 것을 묘사하는 선과 색으로 이루어진 직사각형 조각으로 간주되는 한, 거울 속에 비치는 것은 그림 바깥에 있는 것이다. 방의 안쪽에서 모두가 무시하고 있는 이 뜻밖의 거울은 화가(작업 중인 화가라는 재현된 객관적 실체로서의 화가)가 바라보는 얼굴뿐 아니라(선과 색으로 캔버스 위에 구현된 물질적 실체로서의) 화가를 바라보는 얼굴을 반짝이게 한다. 이 두 가지 범주의 얼굴은 다같이 접근 불가능하지만 접근 불가능한 이유가 서로 다르다. 전자의 경우에는 그림의 고유한 구성 효과 때문이고, 후자의 경우에는 모든 그림 일반의 존재 자체를 주재(主宰)하는 법칙 때문이다. 여기에서 재현의 작용은 비가시성의 이 두 가지 형태를 불안정한 중첩 속에서 서로에게로 이끌고, 그림의 다른 극단으로, 이를테면 재현의 참된 절정인 그 극점(極點), 즉 그림 안쪽의 깊숙한 곳에 자리한 입체적 반영(反影)의 공간이라는 극점으로 두 가지 형태의 비가시성을 곧장 되돌려주는 데 있다. 거울은 가시성의 전환[5]을 보장하는데, 이 전환은 그림 안에 재현된 공간과 동시에 그림이 재현으로서 갖는 성격을 잠식하며, 이 유화의 중심에서 거울은 당연하게도 그림에서 두 번에 걸쳐 필연적으로 비가시적인 것을 보게 한다.

늙은 파체로[6]가 세비야의 화실에서 작업 중인 제자에게 했다는 조언, 즉 "이미지는 액자의 경계를 넘어서야 한다."라는 말을 문자 그대로이지만 뒤집어 적용하는 이상한 방식.

2

이제는 아마 거울의 안쪽에 나타나는 이미지, 즉 화가가 그림을 앞에 두고서 응시하는 이미지를 명명해야 할 때일 것이다. '화가', '그림 속 인

---

5) (옮긴이 주) métathèse. 원래는 언어학 용어로서, 한 단어나 한 단어군(單語群)의 내부에서 음소나 철자의 이동 또는 개입으로 인해 단어나 단어군이 변질되는 현상을 뜻한다.

6) (옮긴이 주) Pachero. 황금 세기(에스파냐의 16세기) 초엽에 세비야에서 활동한 화가. 벨라스케스는 한때 그의 제자였다.

물', '모델', '이미지'처럼 다소 추상적일 뿐만 아니라 늘 애매하고 이중적일 수 있는 가변적 호칭으로 인해 길을 잃지 않으려면, 그림에 나타나 있거나 그림이 보여 주고 있는 인물들의 정체를 확실히 밝히는 것이 아마 더 나을 것이다. 가시적인 것에 필연적으로 부적합할 수밖에 없는 언어를 끝없이 추구하기보다는 오히려 벨라스케스가 그림을 하나 그렸는데, 그가 자신의 화실 혹은 에스코리알 궁[7]의 한 거실에서 두 인물을 그리다가 자기 자신을 그림에 포함시켰고, 마르가리타 공주가 수행시녀와 시녀 및 궁신, 난쟁이를 대동하고 두 인물을 보러 왔으며, 이 사람들의 정확한 이름을 밝힐 수 있다고, 즉 전승(傳承)에 의하면 이 사람은 마리아 아구스티나 사르미엔타 양이고 저 인물은 니에토이며 전경에는 이탈리아 광대 니콜라소 페르투사토가 있다고 말하는 것으로 충분할지도 모른다. 또 모델의 역할을 하고 있는 두 인물은 직접 보이지는 않지만 적어도 거울을 통해서는 알아차릴 수 있다고, 그들은 의심할 여지없이 국왕 펠리페 4세와 왕비 마리아나라고 덧붙이는 것으로 충분할지 모른다.

이 고유 명사들은 유용한 지표(指標)가 될 것이고, 애매한 호칭을 사용하지 않아도 되게 해 줄 것이며, 어쨌든 화가가 바라보는 대상과 그림 속 인물들 대부분이 누구인지 일러 줄 것이다. 그러나 회화(繪畵)에 대해 언어는 무한한 관계를 맺는다. 이는 말이 불완전하기 때문도 아니고, 가시적인 것에 비해 말이 결함을 지니고 있으며 이 결함을 극복하려는 말의 노력이 헛될 것이기 때문도 아니다. 언어와 회화는 서로 환원될 수 없다. 보는 것을 말한다 해도, 보는 것은 결코 말하는 것 속에 존재하지 않고, 말하고 있는 것을 이미지, 은유, 직유에 의해 본다 해도, 이것들이 반짝이는 장소는 우리의 눈앞에 펼쳐지는 장소가 아니라 통사법의 연속에 의

---

7) (옮긴이 주) 16세기 에스파냐의 펠리페 2세에 의해 건축된 궁전 및 수도원과 스페인 왕들의 묘가 안치되어 있는 판테온 전체를 지칭한다. 마드리드 북서쪽 산 로렌소 데 엘 에스코리알 마을 근처에 위치해 있다.

해 규정되는 장소이다. 그런데 이 작용에서 고유 명사는 단지 하나의 기교일 뿐이다. 고유 명사는 손가락으로 가리키게 해 준다. 다시 말해 고유 명사는 말하는 공간에서 바라보는 공간으로 슬그머니 넘어가게 하는 것, 달리 말하자면 이 두 공간이 마치 상호 부합하듯 서로 겹치는 것을 가능하게 해 준다. 그러나 언어와 가시적인 것의 관계를 열려 있는 상태로 유지하고 싶다면, 이 양자의 양립 불가능성을 장애물이 아닌 출발점으로 삼아 이 양자로부터 가장 가까운 곳에 머물러 있으려면, 고유 명사를 지우고 무한한 작업에 매달려야 한다. 회화 작품이 조금씩 밝혀지게 되는 것은 아마도 너무나 폭넓기 때문에 언제나 면밀하고 반복적인 익명의 잿빛 언어를 매개로 해서일 것이다.

그러므로 거울의 안쪽에 누가 비칠 것인지 알지 못하는 척하면서 거울 속 반영을 존재하는 그대로 검토할 필요가 있다.

거울은 무엇보다 왼쪽에 묘사되어 있는 커다란 캔버스의 이면이다. 캔버스의 위치 때문에 감춰져 있는 것을 정면으로 온전히 보여 주므로 이면이라기보다는 오히려 표면이다. 게다가 거울은 창문과 대비를 이루고 창문을 더욱 돋보이게 한다. 창문과 마찬가지로 거울 역시 그림과 그림에 속하지 않는 것에 공통되는 장소이다. 그러나 창문은 오른쪽에서 왼쪽으로 흐르면서 무언가에 집중하고 있는 인물들, 화가, 그림과 그들이 응시하는 광경을 연결하는 빛의 연속적인 분출 운동을 통해 작용하는 반면에 거울은 격렬하고 순간적인 움직임, 순수한 놀람의 움직임을 통해, 응시되지만 가시적이지 않은 것을 찾게 하여 이것을 허구적인 깊이의 끝에서는 가시적이지만 모든 시선과는 무관한 것으로 만든다. 반영과 거울이 실제로 반영하고 있는 것 사이에 불가피하게 그어지는 점선은 빛의 횡적인 흐름을 수직으로 가른다. 끝으로, 거울은 방의 안쪽 벽에서 거울처럼 어떤 통로를 형성하는 출입문과 인접해 있는데, 거울의 세 번째 기능은 바로 여기에 있다. 출입문 역시 부드러운 빛이 방 안으로 흘러드는 장소는 아니지만 환한 직사각형을 형성한다. 출입문은 조각된 문짝, 커튼의 곡선, 계단의 음영에 의해 입체감이 생겨나지 않는다면 단지 황금빛 평판에 지나지 않을 것이다. 그곳으로부터 회랑이 시작되지만 회랑은 어둠 속으로 자취를 감추기는커녕 들어오지 못한 빛이 제자리에서 감돌다가 가라앉은 듯한 폭발적인 황금색 속으로 사라진다. 가까우면서 동시에 끝이 없는 이 배경 앞에 한 남자의 전신 실루엣이 확연하게 보인다. 그는 옆모습을 내보이고서, 한 손으로는 살짝 옆으로 밀어 올려진 벽걸이 천을 붙잡고 있고, 두 발로 계단의 서로 다른 두 단을 디디고 있으며, 한쪽 무릎을 굽히고 있다. 아마 이제 막 방 안으로 들어가려는 듯한데, 어쩌면 방 안에서 벌어지고 있는 사태를 들키지 않은 채 불시에 엿보는 것으로 만족하고 있는지도 모른다. 거울처럼 그의 눈 역시 장면의 이면을 향하고 있다. 어느 누구도 거울에 대해서와 마찬가지로 그에게 관심을 기울이지 않는다. 그가 어디에서 오는 길인지는 알 수 없다. 다만 잘 모르는 회랑을 따라 헤매다가 사람들이 모여 있는 화가의 작업실에 이르렀다고 추정할 수 있을 뿐이다. 어쩌면 조금 전까지 그도 역시 그림 속 인물들 모두가 응시하고 있는 비가시적 영역의 장면 전방에 있었을 것이다. 거울 속에 언뜻 보이는 이미지들처럼 그도 이 명백하고 감춰진 공간의 밀사(密使)일지 모른다. 그렇지만 차이가 있다. 그는 자신의 육체 그 자체로 그곳에 있고, 묘사 범위의 문턱에 갑자기 출현한다. 그는 의심할 여지없이 있을 법한 반영이 아니라 뜻하지 않게 나타난 사람이다. 거울은 화실의 벽조차 넘어 그림 앞에서 일어나는 사태를 보여 줌으로써, 자체의 수직면에서 내부와 외부의 경계를 흔들리게 한다. 한 발을 앞으로 내디디고 있으며 옆모습을 내보이는 이 애매한 방문자는 부동의 균형 상태에서 들어갈 듯하면서 동시에 나갈 듯하다. 방을 가로지르고 거울을 뚫고 들어가며 거울에 비치고 새로우면서도 동일한 가시적 형상처럼 거울에서 다시 솟아오르는 이미지의 순간적 움직임을 그는 움직이지 않고

서, 그렇지만 어두운 색조의 자기 육체로 실감 나게 되풀이한다. 거울 속의 흐릿하고 매우 작은 실루엣들은 열려 있는 문 쪽에서 갑자기 나타난 그의 크고 건장한 모습에 밀려난다.

그러나 그림의 안쪽에서 장면의 앞쪽으로 다시 내려와야 하며, 방금 나선형의 순서로 훑어본 주변을 떠날 필요가 있다. 우리는 왼쪽에서 어긋난 중심 같은 것을 이루는 화가의 시선에서 출발하여, 우선 캔버스의 이면, 다음으로 벽에 걸린 그림들, 이것들의 중앙에 자리한 거울, 뒤이어 열린 문, 매우 좁은 각의 원근법 때문에 액자의 가장자리만 보일 뿐인 더 많은 그림들, 마지막으로 오른쪽 끝의 창문, 더 정확히 말하자면 빛이 쏟아져 들어오는 벽의 홈을 지각한다. 이 조가비 모양의 나선 구조는 재현의 전 과정을 온전히 드러낸다. 시선, 팔레트와 붓, 기호들(재현의 물질적 도구들)의 순수한 캔버스, 그림들, 반영들, 실재하는 사람(완결되어 있지만, 나란히 놓여 있는 환각적이거나 진실한 내용으로부터 벗어나 있는 것 같은 재현)을 보여 준다. 그리고 이제 재현은 다시 단절된다. 액자들과 외부로부터 그림들 위로 퍼지는 빛만이 보일 뿐이지만, 마치 이 빛이 다른 곳에서 흘러 들어와 그림의 어두운 나무 액자에 스며드는 듯이, 그림들은 고유한 형색(形色)으로 이 빛을 재구성하게 되어 있다. 실제로 이 빛은 그림 위에서 보이고 액자 사이의 틈에서 솟아나는 것 같으며, 그곳으로부터 화가의 이마, 광대뼈, 눈, 시선으로 이른다……. 따라서 나선 구조가 닫힌다. 더 정확히 말하자면 이 빛에 의해 나선 구조가 열린다.

이 열린 부분은 이제 안쪽 배경에 있는 것처럼 누군가가 당겨 열어 놓은 출입문이 아니라 그림의 폭 자체이고, 그곳으로 지나가는 시선은 멀리 떨어져 있는 방문자의 것이 아니다. 그림의 전경(前景)과 중경(中景)을 차지하는 마루판에는 화가를 포함한다면 여덟 명의 인물이 묘사되어 있다. 그들 중 다섯은 머리를 약간 숙인 채 고개를 돌리거나 기울인 자세로 그림과 직각이 되게 바라본다. 이 다섯 사람의 한가운데에는 풍성한 회색과 장밋빛 드레스를 입은 어린 공주가 서 있다. 공주는 오른쪽으로 고개를 돌린 모습인데, 공주의 상반신과 드레스의 장식 밑단은 살짝 왼쪽으로 돌아가 있으나, 공주의 시선은 그림의 정면에 있는 관람자 쪽을 똑바로 향하고 있다. 이 회화 작품을 좌우 양면으로 똑같이 나누는 중간선을 긋는다면, 그것은 공주의 두 눈 사이로 지나갈 것이다. 그림의 높이를 삼등분할 때 공주의 얼굴은 위에서 3분의 1쯤 되는 위치에 있다. 구성의 주요한 주제는 틀림없이 여기에 있을 것이고, 작품의 오브제 자체도 바로 여기에 있을 것이다. 작가는 이 점을 입증하고 더 분명히 강조하기 위해서인 듯, 전통적인 형상을 동원했다. 가령 그는 무릎을 꿇고 중심인물을 바라보는 다른 인물을 그 옆에 배치했다. 무릎을 꿇은 여자 가정 교사는 기도 중인 기부자(寄附者)처럼, 동정녀 마리아에게 경의를 표하는 천사처럼, 공주에게 두 손을 내밀고 있다. 그녀의 얼굴은 완벽한 윤곽을 따라 뚜렷이 드러나 있다. 또한 공주의 얼굴과 같은 높이에 위치하고 있다. 이 수행 시녀는 공주를, 오직 공주만을 바라본다. 약간 더 오른쪽으로는 또 다른 시녀가 역시 공주 쪽으로 얼굴을 돌리고 공주 위로 살짝 고개를 숙인 모습으로 서 있으면서도, 눈은 분명히 화가와 공주가 이미 바라보고 있는 전방을 주시하고 있다. 끝으로 각각 두 인물씩 쌍을 이룬 두 무리가 있는데, 한 무리는 뒤로 물러나 있고, 난쟁이가 포함된 다른 무리는 바로 전경에 배치되어 있다. 각 쌍에서 한 인물은 전방을 쳐다보고 다른 인물은 오른쪽이나 왼쪽을 쳐다본다. 이 두 무리는 위치와 키 때문에 서로 대칭을 이루고, 두 명씩 한 쌍을 형성한다. 뒤쪽에는 궁정 신하들(여자는 왼쪽에서 오른쪽을 바라본다.)이 있고, 앞쪽에는 난쟁이와 소년(오른쪽 끝에 있는 소년의 시선은 그림의 내부를 향하고 있다.)이 있다. 이렇게 배치된 인물들의 집합은 그림에 대한 관심이나 선택된 중심 기준에 따라 두 가지 도형을 구성한다. 하나는 커다란 X자 모양일 것이다. 이 경우에 왼쪽 상부의 지점에는 화가의 시선이 있을 것이고, 오른쪽에는 궁정 신하의 시선이 있을 것이다. 왼쪽의 하부 끝단에는 이면만 보일 뿐인 캔버스의 구석(더 정확하게는 작업대의 하단)이 있고, 오른쪽으로는 소년(개의 등에 놓인 그의 신발)이 있다. 이 두 선의 교차 지점, 즉 X자의 중심에는 공주의 눈이 있다. 다른 도형은 오히려 하나의 긴 곡선일 것이다. 이것의 양쪽 끝은 왼쪽의 화가와 오른쪽의 궁정 신하에 의해, 이를테면 멀리 떨어진 상부의 양 극단에 의해 결정될 것이고, 전방에 훨씬 더 가까워진 중앙의 오목한 부분은 공주의 얼굴 및 공주 쪽을 바라보는 수행 시녀의 시선과 일치할 것이다. 이 부드러운 곡선은 수반(水盤) 모양을 형성하는데, 그림의 중앙에서 이 모양은 거울의 자리를 좁게 에워싸면서 돋보이게 한다.

그러므로 그림을 조직할 수 있는 두 개의 중심이 있는 셈인데, 그림은 관람자의 관심이 이리저리 유동하다가 이곳과 저곳 중 어디로 쏠리느냐에 따라 각각 다른 방식으로 조직될 수 있다. 공주는 성 안드레아 십자가[8]의 한가운데에 서 있고, 이 십자가는 공주를 중심으로 궁정 신하들, 시녀들, 동물, 광대들을 지나는 소용돌이와 함께 돈다. 그런데 이 회전은 갑자기 움직이지 않게 된 동일한 인물들이 술잔의 움푹한 부분에서처럼 거울의 안쪽에서 그들의 응시 대상의 분신을 뜻밖에 바라볼 가능성을 제공하지 않는다면 절대적으로 비가시적일 광경으로 인해 정지된다. 깊이의 방향에서 공주는 거울과 겹치고, 높이의 방향에서 공주의 얼굴은 바로 거울 속의 반영과 겹친다. 그러나 이것들은 원근법 때문에 매우 가까이 인접하게 된다. 그런데 이것들 각각으로부터 하나의 선이 필연적으로 솟아나는데, 거울에서 나오는 선은 그림의 깊이 전체를 가로지르고,(이는 거울이 안쪽의 벽에 구멍을 내고 이에 따라 거울 뒤로 또 다른 공간이 생겨나므로 더욱 그러하다.) 이보다 더 짧은 다른 선은 어린 공주의 시선에서 시작되어 단지 전경만을 가로지른다. 화살 모양의 이 두 가지 선은 매우 좁은 각을

---

8) (옮긴이 주) croix de Saint-André. X자 모양의 십자가.

이루면서 한 점으로 모이고, 이 두 직선이 만나는 지점은 캔버스로부터 떨어져 나온 그림의 전방, 그림을 바라보는 우리의 위치와 거의 동일한 부분에 고정된다. 이 지점은 우리에게는 보이지 않으므로 의심스럽지만, 동시에 이 두 중심 형상에 의해 결정되고 더 나아가 그림에서 생겨나 역시 그림 밖으로 빠져나가는 다른 인접한 점선들에 의해 확증되므로 완벽하게 규명되는 필연적인 것이기도 하다.

요컨대 그림의 외부에 있으므로 완전히 접근이 불가능하면서도, 그림을 구성하는 모든 선에 의해 결정되는 이 장소에는 무엇이 있을까? 이 장소의 광경은 무엇일까? 우선 공주의 눈동자에, 다음으로는 궁정 신하들과 화가의 눈에, 끝으로 멀리 반짝이는 거울에 비치는 두 얼굴의 주인공은 누구일까? 그런데 문제가 곧장 둘로 나누어진다. 거울에 비치는 얼굴은 또한 거울을 응시하는 자의 얼굴이고, 그림 속 모든 인물이 바라보는 두 인물의 눈에 응시할 장면으로 제시되는 것은 또한 그림 속의 모든 인물이다. 그림은 전체적으로 하나의 장면과 관계가 있는데, 이 장면에 대해서 그림은 그 자체로 하나의 장면이다. 주시하고 주시되는 거울에 의해 순수한 상호성이 드러나고, 이 상호성의 두 가지 계기는 그림의 두 귀퉁이에서 단절된다. 다시 말해 왼쪽에는 뒷면만 보이는 캔버스가 있고, 이것에 의해 외부 지점은 순수한 광경이 되며, 오른쪽에는 몸을 길게 뻗고 앉은 개가 있고, 이 개는 그 뚜렷한 입체감과 고운 털을 세세하게 드러내는 빛으로 인해 바라볼 대상일 뿐이기 때문에 그림에서 무언가를 바라보지도 않고 움직이지도 않는 유일한 요소이다.

우리는 그림을 처음 보는 순간에 이 시선으로서의 광경이 무엇으로 이루어져 있는가를 알아차렸다. 그것은 두 군주이다. 주위 사람들의 공손한 시선, 어린아이와 난쟁이의 놀란 모습에서 이미 그들이 있다는 것을 간파할 수 있다. 그림 끝의 거울에 비친 두 사람의 작은 실루엣에서 그들을 알아볼 수 있는 것이다. 한곳을 주의 깊게 바라보는 모든 얼굴, 성장

(盛裝)을 한 모든 사람 가운데에서 왕과 왕비는 가장 흐릿하고 가장 비현실적이며 가장 손상되기 쉬운 이미지이다. 가령 한 번의 움직임, 약간의 빛만으로도 그들은 쉽게 사라질 수 있다. 그들은 또한 그림 안의 모든 인물 중에서 가장 소홀히 취급되는 자들이다. 왜냐하면 모든 사람 뒤로 교묘하게 끼어들고 생각지도 않은 공간을 조용히 차지하고 있는 이 반영에는 아무도 관심을 기울이지 않기 때문이다. 가시적인 범위 내에서 왕과 왕비는 가장 덧없고 가장 비현실적인 형태이다. 역으로 그들은 그림의 외부에 있음으로써 본질적 비가시성 속으로 물러남에 따라, 재현 전체에 질서를 부여하는 중심이 된다. 누구나 그들과 대면하고 누구나 그들 쪽으로 고개를 돌리며 공주 역시 그들에게 보이기 위해서 나들이옷을 입고 나선 것이다. 뒷면만 보이는 캔버스에서 공주까지, 그리고 공주로부터 오른쪽 끝에서 연기(演技)하는 난쟁이까지 하나의 곡선이 그려지고,(또는 X자형의 하부가 열리고) 이에 따라 그림의 배치는 왕과 왕비의 시선에 맞춰 이루어지며, 공주의 시선과 거울 속의 이미지가 결국 따르게 되는 구성의 진정한 중심은 바로 이런 식으로 나타나게 된다.

그림에 관한 일화(逸話)에 따르면 이 중심은 상징적으로 최상의 자리이다. 왜냐하면 펠리페 4세와 왕비가 이 중심을 차지하기 때문이다. 게다가 이 중심은 특히 그림과 관련하여 3중의 기능을 수행하기 때문에 최상의 지점이 된다. 그려지는 모델의 시선, 장면을 바라보는 관람객의 시선, 그리고 그림(재현되는 그림이 아니라 우리 앞에 있고 우리가 논의하는 그림)을 그리는 화가의 시선은 정확히 이 중심에서 서로 겹친다. 이 세 가지 '바라보는' 기능은 그림 외부의 지점에서, 즉 재현되는 것에 비해서는 관념적이지만 또한 재현이 가능해지기 시작하는 출발점이므로 전적으로 실재적인 지점에서 합쳐진다. 이 실재 자체 속에서, 이 지점은 비가시적이지 않을 수 없다. 그렇지만 이 실재는 그림 내부로 투사된다. 말하자면 이 관념적이고 실재적인 지점의 세 가지 기능에 상응하는 세 명의 인물로 투사되고 회절(回折)된다. 그들은 각각 손에 팔레트를 들고 있는 왼쪽의 화가(벨라스케스의 자화상), 한 발로 계단을 디디고 막 방으로 들어오려 하면서, 장면 전체의 배후에서 들이닥치지만 광경 그 자체인 왕과 왕비를 정면으로 보는 오른쪽의 방문자, 끝으로 중앙에서 성장(盛裝)을 하고 참을성 있는 모델의 태도로 움직이지 않고 있는 왕과 왕비의 반영이다.

모든 사람이 전경에서 바라보는 것을 꾸밈없이 어렴풋한 형체로 보여 주는 거울의 반영. 이것은 각 시선에 결여되어 있는 것, 즉 화가의 시선에는 화가의 재현된 분신이 그림 속에서 그리고 있는 모델을, 국왕의 시선에는 그가 자기 자리에서 전혀 볼 수 없는 캔버스의 사면(斜面) 위에서 완성되어 가는 자신의 초상을, 관람자의 시선에는 자신이 일종의 불청객으로서 차지하고 서 있는 장면의 실재적 중심을 마치 요술처럼 되찾게 해 준다. 그러나 거울이 베푸는 아량은 완전히 허위일 것이고, 어쩌면 거울은 보여 주는 만큼, 심지어는 보여 주는 것보다 더 많이 감출 것이다. 국왕이 왕비와 함께 당당히 자리하고 있는 장소는 미술가와 관람자의 자리이기도 하다. 거울의 안쪽에는 또한 익명의 과객(過客)과 벨라스케스의 얼굴이 나타날 수 있거나 틀림없이 나타날 것이다. 실제로 이 반영의 기능은 심층적으로 그림과 무관한 것, 즉 그림을 구상한 시선과 그림의 전개를 바라보는 시선을 그림의 내부로 끌어들이는 것이다. 그러나 국왕이 그림에 속하지 않기 때문에 거울의 안쪽에 나타나는 것처럼, 미술가와 방문자는 그림의 오른쪽과 왼쪽에 현존하기 때문에 거울 속에 드러날 수 없다.

화가의 시선과 그의 팔레트와 멈춘 손으로부터 완성된 그림들까지 화실의 둘레를 스쳐 지나가는 커다란 소용돌이 속에서, 재현은 발생하여 완결되고는 빛 속으로 다시 흐트러지며, 순환은 완벽하다. 반면에 그림의 깊이를 가로지르는 선들은 불완전하고, 예외 없이 궤적의 일부분이 결여되어 있다. 이 빈틈은 국왕의 부재(不在) 탓인데, 이는 화가의 인위적인 기교에 의한 것이다. 그러나 이 기교는 직접적인 공석(空席), 즉 그림을 바라보거나 창작하는 관람자와 화가의 공석을 감추면서 동시에 가리킨다. 이는 모든 재현에서와 마찬가지로, 이를테면 모든 재현의 명백한 정수(精髓)인 이 그림에서도, 온갖 거울, 반영(反影), 모조(模造), 초상에도 불구하고 누군가가 보는 것의 비가시성은 아마도 보는 이의 비가시성과 긴밀하게 연계되어 있을 것이다. 장면의 주위로 재현의 기호들과 연이은 형태들이 배치되지만, 재현의 모델과 재현의 지배자에 대한, 재현의 대상이 되는 사람뿐만 아니라 재현하는 작가에 대한 재현의 이중관계, 이 관계는 필연적으로 끊어진다. 설령 하나의 광경으로 제시될 재현 내에서일지라도 이 관계는 온전히 현존할 수 없다. 캔버스에 스며든 심연과 캔버스의 허구적 깊이, 그리고 캔버스가 전방으로 투사되는 입체적 공간 속에서도, 묘사하는 대가(大家)와 묘사되는 군주(君主)를 순전히 이미지의 행운에 힘입어 확연하게 제시하는 것은 결코 가능하지 않다.

벨라스케스의 이 그림에는 아마도 고전주의적 재현의 재현 같은 것, 그리고 고전주의적 재현에 의해 열리는 공간의 정의(定義)가 들어 있을 것이다. 실제로 재현은 여기에서 자체의 모든 요소, 자체의 이미지들, 가령 재현이 제공되는 시선들, 재현에 의해 가시적이게 되는 얼굴들, 재현을 탄생시키는 몸짓들로 스스로를 재현하고자 한다. 그러나 재현이 모으고 동시에 펼쳐 놓는 이 분산으로 인해, 어쩔 수 없이 본질적인 공백이 뚜렷이 드러난다. 즉 재현에 근거를 제공하는 것, 달리 말하자면 재현과 닮은 사람, 그리고 재현이 닮음으로만 비치는 사람이 사방에서 자취를 감춘다. 이 주체 자체, 즉 동일 존재[9]는 사라졌다. 그리고 재현은 얽매어 있던 이 이해 방식으로부터 마침내 풀려나 순수 재현으로 주어질 수 있다.

---

9) (옮긴이 주) le même. 대문자로 쓰면 흔히 '동일자'로 번역된다. 전통적으로 동일성이나 자기에 대한 자기의 동일성은 존재론적 실체를 구성하는 원리인데, 이 문맥에서 '동일성'이나 '동일한 것'으로도 이해할 수 있는 '동일 존재'의 사라짐은 고전주의 시대에 이르러 재현이 닮음의 관점에서 이해되지 않게 된다는 것(순수 재현의 출현)을 의미한다.

2 세계의 산문

1 네 가지 유사성

16세기 말엽까지 서양 문화에서 닮음의 역할은 지식을 구축하는 것이었다. 텍스트에 대한 주석과 해석을 대부분 이끈 것은 바로 닮음이다. 닮음에 의해 상징 작용이 체계화되었고 가시적이거나 비가시적인 사물의 인식이 가능하게 되었으며 사물을 나타내는 기법(技法)의 방향이 결정되었다. 세계는 안으로 접혀 포개어졌다. 대지는 하늘을 반영했고 별에는 얼굴이 비치었으며 풀의 줄기에는 인간에게 유용할 비밀이 숨어 있었다. 회화(繪畵)는 공간을 모방했다. 그리고 재현은 축제이건 지식이건 간에 반복으로, 즉 삶의 무대 또는 세계의 거울로 설정되었다. 재현은 바로 모든 언어의 호칭, 언어가 말해지고 언어의 말할 권리가 표명되는 방식이었다.

이제 우리는 닮음이 지식에 속하지 않게 되고 적어도 부분적으로나마 인식의 지평에서 사라지게 되는 시기에 어느 정도 주의를 집중할 필요가 있다. 16세기 말엽과 17세기 초엽에 유사성은 어떻게 사유되었을까? 어떻게 유사성은 지식의 형상들을 체계적으로 배치할 수 있었을까? 그리고 서로 닮은 사물들의 수가 무한했다는 것이 사실이라면 적어도 사물들이 어떤 양상에 따라 서로 유사할 수 있었는지 확증할 수 있을까?

16세기에 닮음의 의미 조직은 매우 풍부하다. 가령 "아미키티아, 아이쿠알리타스,(콘트락투스, 콘센수스, 마트리모니움, 소키에타스, 팍스, 시밀리아) 콘소난티아, 콘케르투스, 콘티누움, 파리타스, 프로포르티오, 시밀리투도, 콘준크티오, 코풀라"[1]를 예로 들 수 있다. 그리고 이보다 훨씬 더 많은 다른 개념도 있는데, 이것들은 사유의 표면에서 서로 교차하거나 뒤얽히고, 서로 강화하거나 한정한다. 지금으로서는 닮음과 지식의 맞물림을 결정하는 주요한 형상들을 개관하는 것으로 충분할 것이다. 확실히 네 가지 기본적인 것이 있다.

우선 콘베니엔티아.[2] 사실을 말하자면 이 낱말은 유사성보다는 오히려 장소들의 인접을 지칭한다. 서로 근접하여 나란히 놓이게 되는 사물들은 '서로 부합한다.' 이러한 사물들은 가장자리가 서로 닿고 그 여백이 서로 겹치며 한 사물의 말단이 다른 사물의 발단을 가리킨다. 움직임뿐만 아니라 영향과 정념 그리고 속성 역시 이런 방식으로 전달된다. 닮음은 사물들의 이 연결 지점에서 출현한다. 이 닮음은 누군가가 꿰뚫어 보려고 시도하자마자 이중적이 된다. 두 사물이 자연적으로 놓인 장소 또는 자리의 닮음과 이에 따른 속성의 유사성이 드러나는데, 실제로 세계는 자연의 용기(容器)이고, 세계라는 자연의 용기에서 근접은 사물들 사이의 외적 관계가 아니라, 적어도 불명료한 친근성의 기호이다. 그리고 또 이러한 접촉으로부터 새로운 닮음이 서로 간의 교환에 의해 생겨나고, 필

---

1) P. Grégoire, *Syntaxeon artis mirabilis*(Cologne, 1610), 28쪽. 나열된 라틴어 낱말의 의미는 순서대로 '우정(Amicitia), 평등(Aequalitas), 계약(contractus), 합의(consensus), 혼인(matrimonium), 사회(societas), 평화(pax), 유사(similia), 일치(Consonantia), 협력(Concertus), 연속(Continuum), 등가(Paritas), 비율(Proportio), 유사성(Similitudo), 결합(Conjunctio), 연결(Copula)'이다. ——옮긴이

2) (옮긴이 주) 이 라틴어 convenientia는 프랑스어로 convenance이고, 사전적 의미는 '완벽한 일치, 조화, 공감, 적합'이다. 원서에 프랑스어로 되어 있는 경우에는 '부합'으로 옮긴다.

연적으로 하나의 공통된 체재가 형성되며, 인접의 은밀한 근거로서의 유사성에 근접의 가시적 효과인 닮음이 겹쳐진다. 예컨대 영혼과 육체는 서로에게 이중으로 부합한다. 신이 영혼을 물질의 중심부에 집어넣기 위해서는 영혼이 죄로 인해 무겁고 둔감하며 세속적이 되어야 했다. 그러나 이 인접을 통해 영혼이 육체의 움직임을 받아들이고 육체에 동화되는 사이에 "육체는 영혼의 정념에 의해 변질되고 타락한다."[3] 세계의 광범위한 통사법에 따라, 각기 다른 존재물들이 서로에게 순응하는데, 가령 식물은 짐승과, 대지는 바다와, 인간은 주위의 모든 것과 통한다. 닮음은 불가피하게 인접을 야기하고 인접은 닮음을 보장해 준다. 장소와 유사성이 서로 얽힌다. 가령 조개껍질의 등에서 이끼가, 수사슴의 뿔에서 식물이, 사람의 얼굴에서 일종의 풀이 자라나며, 기이한 식충류를 동물만큼이나 식물과 유사하게 만드는 속성들도 서로 뒤섞여 나란히 놓인다.[4] 그만큼 많은 기호가 서로 부합하게 된다.

콘베니엔티아는 '점진적 근접'의 양상으로 인해 공간과 깊은 관계가 있는 닮음이다. 그것은 결합과 적응의 범주에 속한다. 따라서 그것은 사물 자체보다는 오히려 사물이 놓여 있는 세계에 속하는 것이다. 세계는 사물들의 보편적 '부합'인데, 물속에 물고기들이 있는 그만큼 대지 위에는 동물들 또는 자연적으로나 인위적으로 생겨난 대상들이 있고, (에피스코푸스라 불리는 물고기, 카테나나 프리아푸스[5]로 불리는 물고기도 있지 않는가?) 물속과 대지의 표면에는 하늘에 있는 것만큼 많고 하늘에 있는 것과 대응하는 존재물들이 있으며, 끝으로 창조된 것 전체에는 "존재, 권능, 인식, 사랑의 파종자(播種者)"[6]인 신 속에 명백히 들어 있다고들 생각할 수 있

---

3) G. Porta, *La physionomie humaine*, trad. française(1655), 1쪽.

4) U. Aldrovandi, *Monstrorum historia*(Bononiae, 1647), 663쪽.

5) (옮긴이 주) Episcopus는 시장 감독관이나 주교, Catena는 사슬이나 끈 또는 연쇄의 뜻이고, Priapus는 바쿠스와 베누스의 아들로서 남근의 뜻을 함축한다.

6) T. Campanella, *Realis philosophia*(Francfort, 1623), 98쪽.

을 만큼 많은 존재물이 있다. 이처럼 닮음과 공간의 연쇄에 의해, 유사한 사물들을 한데 모으고 인접한 사물들을 유사하게 만드는 이 부합에 의해, 세계는 내부적으로 사슬을 형성한다. 각 접촉 지점에서 선행하는 것과 유사하고 바로 다음의 것과도 유사한 고리가 시작되고 끝나며, 그래서 양 극단(신과 물질) 사이의 거리가 유지되는 가운데, 전능한 신의 의지가 가장 활기 없는 구석까지 스며들도록 양 극단이 근접하면서 고리에서 고리로 유사성이 이어진다. 포르타가 『자연 마법』의 한 대목에서 환기하는 것은 바로 이처럼 팽팽하게 당겨져 진동하는 거대한 사슬, 부합의 끈이다.

> 식물은 생장(生長)의 측면에서 들짐승과 상응하고, 난폭한 동물은 감각의 측면에서 인간과 일치하며, 인간은 지능의 측면에서 별과 부합한다. 이러한 관련은 매우 엄밀하게 맺어져서, 최초의 원인에서부터 가장 빈약하고 미미한 사물까지 상호적이고 연속적인 방식으로 팽팽하게 연결된 끈처럼 보인다. 따라서 빛을 발산하는 탁월한 미덕은 끄트머리만 건드려도 전체가 자극을 받아 진동하게 된다.[7]

유사성의 두 번째 형태는 일종의 부합이지만, 장소의 법칙에서 풀려나 부동의 상태로 거리를 두고 작용할 아이물라티오[8]이다. 어느 정도는 공간적 부합이 깨지고, 사슬의 고리들이 제각기 떨어져 나가고는 멀리 떨어진 채로 어떤 접촉도 필요로 하지 않는 닮음에 따라 재생되기라도 하는 듯하다. 경합에는 반영 및 거울과 상응하는 측면이 있다. 세계에 흩어져 있는 사물들은 경합을 통해 서로 어울린다. 멀리에서 인간의 얼굴은 하

---

7) G. Porta, *Magie naturelle*, trad. française(Rouen, 1650), 22쪽.
8) (옮긴이 주) aemulatio는 경쟁이나 경쟁 심리 또는 적대 관계나 경합을 의미하는 라틴어. 프랑스어 émulation에 해당하는 용어이다. 원서에 프랑스어로 되어 있는 경우에는 '경합'으로 옮긴다.

늘과 경합하고, 인간의 지성이 불완전하게나마 신의 지혜를 반영하는 것
과 마찬가지로, 눈은 그렇게 밝지는 않지만 하늘에서 해와 달이 발산하
는 강한 빛을 반사하고, 입은 입맞춤과 사랑의 말이 통과하는 장소라는
점에서 베누스 여신이고, 코는 유피테르의 홀(笏)이나 메르쿠리우스의
지팡이가 축소된 이미지이다.[9] 이러한 경합으로 인해 사물들은 우주의
한쪽 끝에서 다른 쪽 끝까지 연쇄도 근접도 없이 서로 닮을 수 있다. 세
계에 고유한 간격은 거울 속에서의 중복에 의해 사라지고, 이를 통해 세
계의 각 사물은 자신에게 주어지는 장소를 넘어선다. 공간에 퍼지는 이
반영들 중에서 최초의 것은 무엇일까? 실재는 어디에 있고, 투사된 이미
지는 어디에 있을까? 이러한 물음에 대답하기란 흔히 불가능하다. 왜냐
하면 경합은 사물이 갖는 일종의 자연적 상사성(相似性)이기 때문이다.
경합은 두 측면이 직접적으로 마주하고 있는 존재의 접힌 부분에서 일어
난다. 파라켈수스[10]는 세계의 이 근본적 이중화를 "둘 중에서 어떤 것이
다른 하나에 대해 유사성을 보이는지 아무도 말할 수 없을 정도로 서로
완벽하게 닮은"[11] 쌍둥이의 이미지에 비유한다.

그렇지만 경합에 의해 서로 마주하게 된 두 개의 반영된 형상이라고
해서 그저 움직이지 않는 대립 상태에 놓이는 것은 아니다. 어느 하나가
더 약해서 다른 하나의 더 강한 영향을 받아들일 수 있고, 그렇게 되어
후자가 전자의 수동적 거울에 비치게 된다. 별은 대지의 풀보다 우세하
기 때문에, 풀의 한결같은 형태이자 불변하는 전형이고, 장구한 세월 동
안 은밀한 영향력을 풀에 행사하게 마련이지 않을까? 어두운 대지는 별
이 총총한 하늘의 거울이지만, 이 싸움에서 두 경쟁자의 위엄과 품격은

---

9) U. Aldrovandi, *Monstrorum historia*, 3쪽.

10) (옮긴이 주) Paracelse(1493~1541). 신비 의학의 아버지로서, 그의 치료학은 외부 세계(대우
주)와 인체(소우주) 사이의 상응에 바탕을 두고 있다.

11) Paracelse, *Liber Paramirum*, trad. Grillot de Guvry(Paris, 1913), 3쪽.

동등하지 않다. 다소곳한 초목의 빛은 하늘의 순수한 형태를 나타낸다. 크롤리우스[12]의 말을 들어 보자.

> 별은 모든 초목의 모태(母胎)이고, 하늘의 별 하나하나는 초목의 영적 표지일 뿐만 아니라 초목의 전조일 정도이며, 각각의 초목이 하늘을 바라보는 지상의 별인 것처럼, 각각의 별은 또한 물질의 측면에서만 지상의 초목과 다를 뿐인, 영적 형태를 띠는 천상의 식물이다. …… 천상의 초목은 대지 쪽을 향해 스스로 낳은 초목을 직접 바라보면서 어떤 특별한 힘을 초목에 불어넣는다.[13]

그러나 싸움은 끝나지 않고 잔잔한 거울은 "두 격분한 병사"의 이미지만을 반영하는 일도 있다. 그러면 유사성은 한 형태와 또 다른 형태 사이의 투쟁, 더 정확히 말하자면 물질의 무게 때문에, 또는 장소들 사이의 간격 때문에 둘로 분리된 한 가지 동일한 형태의 투쟁이 된다. 파라켈수스가 말하는 인간은 창공처럼 "별이 총총히 박혀" 있지만, 인간과 창공 사이에 "도둑과 갤리선, 살인자와 형차(刑車), 물고기와 어부, 사냥감과 사냥꾼" 사이처럼 깊은 관계가 맺어져 있는 것은 아니다. "자유롭고 강력하다."는 것, "어떤 질서에도 굴복하지 않는다."는 것, "다른 어떤 피조물의 지배도 받지 않는다."는 것은 인간의 창공에 고유한 속성이다. 인간에게서 내면의 하늘은 자율적이며 그 자체로 가만히 놓여 있는 것일 뿐인지 모른다. 그러나 여기에는 조건이 따른다. 지식이기도 한 지혜에 의해 인간은 세계의 질서와 유사하게 되고, 마음속으로 세계의 질서를 답습하며, 눈에 보이는 별들이 반짝이는 실제의 창공을 이러한 방식으로 내면의 창공에서 회전하게 한다. 그러면 세계 안에 놓여 있던 이 지혜의

---

12) (옮긴이 주) Crollius(1580~1609). 독일의 연금술사, 화학자. 파라켈수스의 제자로서, *Bacilica Chymica*(1608)를 펴냈다.

13) Crollius, *Traité des signatures*, trad. française(Lyon, 1624), 18쪽.

거울은 이제 반대로 세계를 감싸고, 이 거울의 커다란 고리는 하늘의 안쪽까지, 심지어 그 너머로 이르며, 인간은 "자신의 내부에 별이……" 내포되어 있다는 것, 그리고 "이처럼 온갖 영향력을 행사하는 창공이 자신에게 있다."[14]라는 것을 알아차리게 된다.

경합은 우선 은밀하고 희미한 반영의 형태로 나타나고 세계의 공간으로 조용히 퍼진다. 그러나 경합이 극복한 거리는 이 미묘한 은유로 무효가 되지 않고 여전히 가시적인 것으로 남아 있다. 그리고 이 결투에서 맞선 두 형상은 서로 붙잡는다. 유사한 것은 유사한 것을 감싸고, 이 과정은 아마 무한히 계속될 수 있는 중복에 의해 반복될 것이다. 경합의 고리는 부합의 요소와는 달리 사슬을 형성하지 않는다. 오히려 상호적 반영 및 경쟁의 동심원을 형성한다.

세 번째 형태의 유사성, 유비(類比). 용법은 달라졌을지 모르지만 고대 그리스의 과학과 중세의 사유에서 이미 잘 알려진 유구하고 친숙한 개념. 이 유비 속에서 **콘베니엔티아와 아이물라티오**가 서로 겹친다. 후자의 경우처럼 유비도 공간을 통한 유사점들의 놀라운 대면을 보장하지만, 전자의 경우처럼 유비의 경우에도 조절, 연결, 이음새라는 말이 쓰인다. 유비의 힘은 막대하다. 왜냐하면 유비에 의해 다루어지는 유사성은 사물들 자체의 가시적인 유사성만이 아니기 때문이다. 유비는 관계들의 더 미세한 유사성으로도 충분히 성립할 수 있다. 이처럼 가벼워진 유비에 의해 무한히 많은 친근성이 하나의 동일한 지점으로부터 나올 수 있다. 예컨대 별이 반짝이는 하늘과 별의 관계는 대지에 대한 초목의 관계, 생물이 살고 있는 지구에 대한 생물의 관계, 광물과 다이아몬드가 암석에 대해 맺는 관계, 감각 기관에 의해 생기를 띠는 얼굴에 대한 감각 기관의 관계, 반점이 눈에 잘 띄지 않게 피부에 퍼져 있는 육체에 대한 반점의

---

14) Paracelse, *Loc. cit.*

관계에서도 발견된다. 유비는 또한 변경될 수 있지만, 그렇다고 해서 부인되지는 않는다. 체살피노[15]는 동물에 대한 식물의 오랜 유비 관계(식물은 머리가 아래쪽에 있고 입 또는 뿌리가 땅속에 파묻혀 있는 동물이다.)를 비판하지도 일소하지도 않는다. 반대로 그는 식물이란 서 있는 동물이어서 머리, 이를테면 열매나 꽃 또는 잎의 다발로 끝나며 몸통처럼 길게 뻗은 줄기를 따라 영양소가 아래에서 꼭대기로 올라간다고 밝힘으로써, 동물과 식물의 유비 관계를 강조하고 저절로 늘어나게 한다. 본래의 유비와 방향이 반대이지만 모순되지는 않는 이 관계에 의하면 "식물에서 뿌리는 하부에, 줄기는 상부에" 놓인다. "왜냐하면 동물의 경우에도 혈관의 망(網)은 하복부(下腹部)에서 시작되고, 주요 혈관은 심장과 머리 쪽으로 올라가기 때문이다."[16]

이러한 가역성과 다면성 때문에 유비는 보편적인 적용 범위를 부여받는다. 세계의 모든 형상은 유비에 의해 서로 연관될 수 있다. 그렇지만 모든 방향으로 통하는 이 공간에도 하나의 특권적인 지점이 존재한다. 이 지점은 유비로 포화되어 있고,(각 유비의 받침점들 가운데 하나가 이 지점에서 발견될 수 있다.) 관계들은 이 지점을 거치면서 방향이 거꾸로 바뀌지만 변질되지는 않는다. 이 지점은 바로 인간이다. 인간은 동물과 식물에 대해서처럼, 대지나 금속 또는 종유석이나 오렌지에 대해서처럼 하늘에 대해서도 비례 관계를 맺는다. 세계의 면면들 사이에서 몸을 곧추세우는 인간은 창공과 관련된다.(인간의 얼굴에 대한 육체의 관계는 하늘의 외양에 대한 대기의 관계와 같고, 별이 고유한 행로를 따라 순환하듯 인간의 맥박은 혈관 속에서 뛰며, 인간의 얼굴에 나 있는 일곱 구멍은 하늘의 일곱 행성에 대응한다.) 인간은 이 모든 관계가 다른 곳으로 옮아가게 하고, 그래서 인

---

15) (옮긴이 주) Cesalpino(1519~1603). 이탈리아의 철학자이자 의사로서, 형태학적 특징들에 바탕을 둔 분류법을 창안했다.
16) Cesalpino, *De plantis libri XVI*(1583).

간이라는 동물과 인간이 살고 있는 대지 사이의 유비에서도 이 모든 관계가 유사한 모습으로 발견된다. 가령 인간의 살은 흙이고, 인간의 뼈는 암석이고, 인간의 혈관은 커다란 강이고, 인간의 방광은 바다이고, 인간의 주요한 일곱 가지 구성 요소는 광산의 바닥에 묻혀 있는 일곱 가지 금속이다.[17] 인간의 육체는 언제나 보편적인 어떤 도해(圖解)의 가능한 반쪽이다. 잘 알다시피 피에르 블롱[18]은 인간의 골격과 새의 골격에 관한 비교 도판을 매우 상세하게 작성했다. 그에 의하면 "돌기라 불리는 날개 상부는 날개에서 손에 대해 엄지손가락이 차지하는 것과 같은 위치를 차지하고, 날개 상부의 끝은 우리의 몸에서 손가락과 같으며 …… 새의 다리로 통하는 뼈는 우리의 발뒤꿈치에 해당한다. 우리의 발가락이 네 개이듯 새도 발가락이 넷인데, 그것들 중에서 뒤쪽의 발가락은 우리의 엄지발가락에 대응한다."[19] 이와 같은 상세한 설명은 19세기의 인식으로 무장된 시선에만 비교해부학적인 것으로 보일 뿐이다. 닮음의 형상을 우리의 지식에 포함되게 해 주는 격자와 16세기의 지식이 사물에 부과한 격자는 이 지점에서(거의 이 지점에서만) 일치한다.

그러나 사실 블롱의 묘사는 오직 블롱의 시대에 블롱의 묘사를 가능하게 한 실증성의 지배만을 받을 뿐이다. 블롱의 묘사는 인간의 몸에서 아래의 부위를 세계의 불결한 장소, 지옥, 그곳의 암흑, 우주의 찌꺼기와 같은 저주받은 영혼에 빗대는[20] 알드로반디[21]의 관찰보다 더 합리적이지도 더 과학적이지도 않다. 블롱의 묘사는 크롤리우스의 시대에 뇌출혈과 폭풍우 사이에 이루어진 전통적 비교와 동일한 유비적 우주 형상지(形狀

---

17) Crollius, *Traité des signatures*, 88쪽.

18) (옮긴이 주) Pierre Belon(1517~1564). 프랑스의 박물학자 겸 의사.

19) P. Belon, *Histoire de la nature des oiseaux*(Paris, 1555), 37쪽.

20) Aldrovandi, *Monstrorum historia*, 4쪽.

21) (옮긴이 주) Aldrovandi(1522~1605). 이탈리아의 의사 겸 박물학자로서, 모든 약전(藥典)의 원형인 *Antidotarii Bononiensis epitome*을 비롯한 많은 저서를 남겼다.

誌)에 속한다. 가령 뇌우는 공기가 무거워지고 요동칠 때 시작되고, 발작은 생각이 무겁고 불안해지는 순간에 시작된다. 그리고 구름이 뭉게뭉게 일어나면 복부가 부풀어 오르고, 천둥이 치면 방광이 찢어진다. 또한 번개가 번쩍이는 사이에는 안광(眼光)이 끔찍하게 번뜩이고, 비가 쏟아지는 동안에는 입에 거품이 일며, 벼락이 떨어질 때에는 살갗이 정기(精氣)로 인해 파열된다. 그러나 마침내 날씨가 다시 맑게 갤 때면 환자에게 이성이 다시 깃든다.[22] 사실상 유비의 공간은 방사(放射)의 공간이다. 인간은 사방에서 유비의 공간으로 둘러싸이지만, 거꾸로 세계로부터 받아들이는 닮음을 전파하기도 한다. 인간은 비례의 중요한 지렛대, 이를테면 관계의 근거인 동시에 관계에 대한 성찰의 출발점이 되는 중심이다.

끝으로, 네 번째 형태의 닮음은 감응(感應)의 작용에 의해 확보된다. 감응의 작용에서는 어떤 경로도 사전에 결정되어 있지 않고 어떤 거리도 전제되어 있지 않으며 어떤 연쇄도 규정되어 있지 않다. 감응은 세계의 심층에서 자유로운 상태로 작용한다. 감응은 한순간에 가장 드넓은 공간을 가로지른다. 감응은 행성에서 행성의 지배를 받는 인간까지 멀리에서 벼락 치듯 일어나기도 하고, 이와는 반대로 "장례식에서 사용되어" 다만 죽음과 인접했다는 사실만으로 향기를 들이마시는 모든 사람을 "슬프고 기력 없게" 만들 "애도(哀悼)의 장미"[23]처럼 접촉만으로 생겨날 수도 있다. 그러나 감응의 힘은 매우 커서 단지 접촉만으로 솟아나거나 공간을 가로지르는 것으로 그치지 않으며, 세계 내에 사물의 움직임을 초래하고 아무리 멀리 떨어져 있는 사물들이라도 가까이 접근시킨다. 감응은 운동성의 원리이다. 예를 들어 무거운 것을 무거운 땅 쪽으로, 가벼운 것을 무게 없는 대기 쪽으로 끌어당기고, 뿌리를 물 쪽으로 밀어내며, 커다랗고 노란 해바라기 꽃을 태양의 곡선 행로에 따라 선회하게 한다. 게다가

---

22) Crollius, *Traité des signatures*, 87쪽.
23) G. Porta, *Magie naturelle*, 72쪽.

54

사물들을 외부의 가시적 움직임에 의해 서로 끌어당기게 함으로써, 내부의 움직임, 이를테면 잇따른 특성들의 전위(轉位)를 은밀히 불러일으킨다. 가령 불은 뜨겁고 가볍기 때문에 공중으로 올라가고 불꽃은 공중으로 피어 오르지만, (불과 대지의 친근성을 뒷받침하는) 건조함을 잃고 (불을 물과 공기에 연결하는) 습기를 얻은 불은 가벼운 수증기, 푸른 연기, 구름이 되어 사라진다. 불은 공기가 된다. 감응은 **동일자**의 몹시 강하고 집요한 심급(審級)이기 때문에, 유사성의 형태들 중의 하나로 그치지 않고, 사물들을 서로 동일하게 하고 뒤섞고 사물의 개체성을 사라지게 하고, 따라서 사물을 이전의 상태와 무관하게 만드는 위험한 **동화**의 힘을 지니고 있다. 감응은 변형시킨다. 감응은 변질시키지만, 동일성의 방향으로 그렇게 한다. 그래서 감응의 힘이 균형을 이루고 있지 않다면, 감응은 세계를 한 지점, 하나의 동질적 덩어리, 동일자의 특징 없는 형태로 끌어내릴 것이다. 이를테면 하나의 자석에 이끌려 줄줄이 매달리게 되는 금속 사슬처럼, 세계의 모든 부분이 감응에 의해 단절도 거리도 없이 서로 끌어당기며 소통할 것이다.[24]

그래서 감응의 쌍둥이 형상, 즉 반감(反感)에 의해 감응이 보완된다. 반감은 사물을 고립된 상태로 유지하고 동화를 방해한다. 반감으로 인해 각각의 종(種)은 끈질긴 차이와 현재의 상태에 머무르려는 성향을 지니게 된다. "식물들이 서로 증오한다는 것은 널리 알려진 사실이다. ……올리브 나무와 포도나무는 배추를 싫어한다고들 한다. 오이는 올리브 나무를 멀리한다. …… 식물이 태양의 열기와 대지의 수분에 의해 성장하는 것은 당연한 것이므로, 잎이 무성하고 줄기가 굵은 나무와 뿌리가 여럿인 나무는 필연적으로 다른 나무에 해를 끼친다."[25] 이처럼 무한히 시간을 가로질러 세계의 존재물들은 서로 미워하게 되고, 모든 감응을 거

---

24) G. Porta, *Magie naturelle*, 72쪽.
25) J. Cardan, *De la subtilité*, trad. française(Paris, 1656), 154쪽.

슬러 맹렬한 식욕을 계속 내보이게 된다. "인도 쥐는 악어의 천적이다. 대자연이 그렇게 정해 놓았기 때문이다. 그래서 사나운 악어가 느긋하게 햇볕을 쬐고 있을 때 쥐는 위협적인 술책을 숨기고 가만히 기회를 엿보다가, 악어가 따뜻한 햇볕 아래 입을 벌린 채 잠든 것을 감지하고는, 악어의 아가리로 들어가 넓은 목구멍을 따라 뱃속으로 기어들어 내장을 갉아먹은 후, 마침내 숨이 끊어진 악어의 배를 뚫고 밖으로 나온다." 그러나 이번에는 쥐의 천적이 쥐를 노린다. 실제로 쥐는 거미와 앙숙이며, "흔히 독사에 몰려 죽는다." 사물, 짐승, 세계의 모든 형상은 반감 작용에 의해 분산되면서도, 그런 만큼 서로 싸움을 벌이고 서로에게 위협적이 되며 차례로 죽음의 위험에 노출됨으로써, 현재의 모습으로 남아 있는 것이다.

사물의 동일성, 즉 사물들이 서로 가까워지고 닮을 수 있지만 서로에게 흡수되거나 각각의 특이성을 잃지 않는다는 사실을 보증하는 것은 바로 감응과 반감의 끊임없는 균형이다. 감응과 반감의 균형은 사물들이 증대하고 성장하고 서로 뒤섞이고 사라지면서도 끝없이 재발견된다는 사실, 요컨대 (경계도 반복도 유사성의 안식처도 없는) 공간과 (그렇지만 동일한 형상, 동일한 종류, 동일한 요소의 무한한 재출현을 허용하는) 시간이 있다는 사실의 이유가 된다.

비록 네 가지 물질(물, 공기, 불, 대지)이 그 자체로 단순할뿐더러 개별적 특성을 지니고 있다 해도, 창조주의 섭리에 의해 기초적인 물질이 기본 요소들의 혼합에 의해 구성된 만큼, 네 가지 물질은 각각의 특성에서 알 수 있듯이 조화와 부조화가 매우 두드러진다. 불이라는 원소는 뜨겁고 건조하며, 따라서 차갑고 습한 물에 대해 반감을 갖는다. 따뜻한 공기는 습하고, 차가운 대지는 건조하며, 따라서 공기와 대지 사이에는 반감이 있다. 불과 물, 공기와 대지가 조화를 이루도록 공기는 불과 물 사이에 놓였고, 물은 대지와 공기

사이에 자리를 잡았다. 공기가 따뜻한 한, 공기와 불은 서로 인접하고, 공기의 수분과 물의 습기는 서로 화합한다. 물의 습도가 다시 낮아지는 점으로 보아, 물은 불의 열기를 줄이고 불에 의해 습도가 낮아진 것이며, 다른 한편으로 불의 약화된 열기는 물의 습한 냉기를 누그러뜨린다. 물의 습한 기운은 공기의 열기에 의해 누그러지고 대지의 차가운 건성(乾性)을 완화한다.[26]

감응-반감이라는 짝패의 절대적인 힘, 이 짝패에 의해 촉발되는 움직임과 분산은 모든 형태의 닮음을 야기한다. 앞서 나온 세 가지 유사성은 이 짝패에 의해 재검토되고 설명된다. 세계의 부피 전체, 부합의 모든 인접, 경합의 모든 반향, 유비의 모든 연쇄는, 사물들을 접근시키고 사물들 사이의 거리를 유지하는 감응과 반감의 공간에 의해 지탱되고 유지되며 두 겹이 된다. 이 상호 작용 때문에 세계는 동일한 모습을 유지한다. 유사한 것들은 계속 현재의 모습을 유지하고 서로 닮아 간다. 동일한 것은 여전히 동일한 것으로 남고, 외부에 대해 빗장을 지른 채 자기에게로 틀어박힌다.

2 표징

그렇지만 체계는 닫혀 있지 않다. 어떤 열린 부분이 남아 있다. 유사성의 새로운 형상에 의해 고리가 완결되지 않는다면, 즉 고리가 완전하고 명백하게 되지 않는다면, 닮음의 작용 전체는 이 열린 부분을 통해 새어나가거나 어둠에 묻힐 위험이 있을 것이다.

콘베니엔티아, 아이물라티오, 유비, 감응은 사물들이 서로 닮을 수 있으려

---

26) S. G. S., *Annotations au Grand Miroir du Monde de Duchesne*, 498쪽.

면 세계가 어떻게 움츠러들거나 이중화되어야 하는지 또는 반영되거나 연쇄되어야 하는지를 말해 준다. 이것들은 우리에게 유사성의 경로와 이 경로가 어디를 통과하는지에 관해 말해 주지만, 유사성이 어디에 있는지, 어떻게 유사성을 알아볼 수 있는지, 어떤 표지(標識)로 유사성을 식별할 수 있는지에 관해서는 말해 주지 않는다. 그런데 아마도 우리는 경이로울 정도로 많은 닮음이 오래전부터 세계의 질서에 의해 갖추어졌다는 사실을 짐작하지도 못하면서, 우리에게 돌아올 더 큰 이익을 위해 그 많은 닮음을 가로지르는 일이 있을지 모른다. 바꽃이 안질(眼疾)을 치유한다거나 주정(酒精)을 섞어 빻은 호두 가루가 두통에 좋다는 것을 알기 위해서는 우리에게 이 사실을 알려 줄 표지가 필요하다. 그렇지 않으면 비밀은 언제까지나 묻혀 있을 것이다. 한 사람이 화성과 적대적이라거나 토성과 밀접한 관계를 맺고 있다는 표시를 그의 몸이나 얼굴의 주름살에서 찾아볼 수 없다면, 그와 행성 사이에 상사(相似) 관계 또는 적대 관계가 있다는 것을 과연 알 수 있을까? 묻혀 있는 유사성이 사물의 표면에 표시되어야 한다. 비가시적 유비에 대한 가시적 표지가 있어야 하는 것이다. 모든 닮음은 가장 명백한 것이면서 동시에 가장 깊이 감춰지는 것이 아닐까? 사실 닮음은 그 일부는 동일하고 나머지는 서로 다른, 병치된 조각들로 구성되지 않는다. 닮음은 보이거나 보이지 않는 한 덩어리의 유사성이다. 그러므로 닮음의 의심스러운 반짝거림을 명백한 확실성으로 변화시키는 결정 요소가 닮음의 위쪽에건 옆에건 존재하지 않는다면 닮음은 근거가 없을 것이다.

표징(表徵) 없는 닮음은 없다. 유사한 것들의 세계는 표시가 있는 세계일 수밖에 없다. 파라켈수스는 다음과 같이 말한다. "신이 인간을 위해 창조한 것과 신이 인간에게 베푼 것이 감추어져 있다는 것은 신의 의지에 따른 것이 아니다. …… 설령 신이 어떤 것들을 감추었다 해도, 보물을 땅속에 파묻은 사람이 나중에 다시 찾을 수 있도록 보물의 위치를 표시하듯, 신도 역시 모든 것에 특별한 표지를 해 두어 눈에 보이는 외부 표적을 남겨 놓았다."[27] 유사성에 대한 지식은 이러한 표징의 발견과 해독에 근거한다. 식물의 본성을 알기 위해 식물의 표피에 유의하는 것은 부질없는 일인 만큼 식물에 새겨진 표지로, 이를테면 "식물이 지닌 신의 그림자와 반영, 하늘이 식물에 내린 자연의 지참금 같은 효력…… 뭐랄까, 오히려 표징에 의해 분간되는 효력으로"[28] 곧장 나아갈 필요가 있다. 표징들의 체계는 비가시적인 것에 대한 가시적인 것의 관계를 뒤바꾸어 놓는다. 닮음은 세계의 깊은 곳으로부터 사물을 가시화하는 것의 비가시적 형태였다. 그러나 이 비가시적인 형태를 밝히기 위해서는 그것을 깊은 비가시성에서 끌어낼 가시적 형상이 필요하다. 그래서 세계의 모습은 문장(紋章), 특징, 지표, 모호한 말, 이를테면 터너[29]가 말한 "상형 문자"로 뒤덮여 있다. 그래서 직접적 닮음의 공간은 방대한 책이 펼쳐진 것과 같아지는데, 그 책은 표기 기호로 온통 덮여 있고, 매 쪽마다 기이한 형상들이 교차하고 때로는 되풀이된다. 그것들을 해독하기만 하면 된다. "대지의 내장에서 생겨나는 모든 풀, 초목, 나무 등이 그만큼의 신기한 책과 기호라는 것은 사실 아닌가."[30] 안쪽에 사물이 비치고 또 사물의 이미지를 반사하는 거울은 사실 말의 속삭임으로 가득 채워져 있다. 말없는 반영은 모두 상응하는 말을 지니고 있다. 그리고 말은 말없는 반영을 가리킨다. 그래서 다른 모든 것을 포괄하고 단일한 순환 속으로 끌어들이는 닮음의 최종적 형태 덕분으로 세계는 말하는 사람에 비교될 수 있다. "지성의 비밀스러운 움직임이 목소리에 의해 겉으로 드러나듯, 풀도 자연의 침묵이라는 장막 아래 감춘 내부의 효력을…… 호기심 많은 의

---

27) Paracelse, *Die 9 Bücher der Natura Rerum, Oeuvres*, éd. Suhdorff, t. IX, 393쪽.
28) Crollius, *Traité des signatures*, 4쪽.
29) (옮긴이 주) William Turner(1510/1515~1568). 영국의 식물학자.
30) Crollius, *Ibid.*, 6쪽.

사에게 드러내면서, 그에게 표징을 통해 말하는 것 같지 않는가."[31]

그러나 이 언어 자체, 이 언어를 형성하는 기호, 이 기호가 대상을 가리키는 방식을 다소 자세히 살펴볼 필요가 있다.

바꽃과 눈 사이에는 감응이 있다. 만약 바꽃이 안질에 좋다는 것을 일러 주는 표징, 표지, 그리고 말 같은 것이 이 식물에 없다면 이 뜻밖의 친화력은 계속 어둠 속에 묻혀 있을 것이다. 이와 같은 기호는 바꽃의 씨앗에서 완벽하게 읽어 낼 수 있다. 바꽃의 씨앗은 흰 껍질에 싸인 작고 거무스름한 구체(球體)로, 눈을 덮고 있는 눈꺼풀과 아주 비슷하다.[32] 호두와 사람의 머리 사이에 존재하는 친화력의 경우도 이와 마찬가지인데, "두개골막의 상처"를 치유하는 것은 이 열매의 딱딱한 씨를 싸고 있는 두껍고 푸른 과육이다. 그러나 머릿속의 질병을 예방하는 것은 "뇌와 형태가 완전히 똑같은" 견과(堅果) 자체의 복용이다.[33] 친화력의 기호, 그리고 친화력을 가시적이게 하는 것은 바로 유비이며, 감응의 암호는 비례에 있다.

그런데 비례를 알아보는 것이 가능하려면 비례 자체는 어떤 표징을 지녀야 하는 것일까? 감응에 의해 육체와 하늘이 소통하고 행성의 운동이 인간사의 우여곡절로 전달되기 때문이 아니라면, 또한 짧은 손금이 단명(短命)의 이미지를, 두 손금의 교차가 장애물에 봉착할 것임을, 주름살의 상향 곡선이 성공으로의 상승을 나타내기 때문이 아니라면, 손금이나 이마의 주름살이 삶의 광대한 조직 속에서 생겨나는 쇠퇴나 사고 또는 난관을 인간의 몸에 드러낸다는 것을 어떻게 알 수 있을 것인가? 넓이는 부와 신망의 표시이고, 연속은 행운의 표시이며, 불연속은 불운의 표시이다.[34] 육체와 운명의 광범위한 유비는 거울들과 인력(引力)들의 체계

---

31) Crollius, *Traité des signatures*, 6쪽.

32) *Ibid*., 33쪽.

33) *Ibid*., 33~34쪽.

전체를 따라 표시된다. 유비의 신호가 되는 것은 감응과 경합이다.

경합으로 말하자면 유비에 비추어 알아낼 수 있다. 가령 어둠 속에서 빛나는 별처럼 눈도 얼굴에서 빛을 발산하기 때문에, 또한 이 세계에 존재하는 맹인들은 가장 짙은 어둠 속에 존재하는 초감각적 투시자와 같기 때문에 눈은 별이다. 그리고 부합에 비추어 경합을 알아볼 수도 있다. 가령, 고대 그리스 시대 이래로 널리 알려져 있듯, 강하고 용맹한 동물은 마치 몸통에서 가장 멀리 떨어진 부위까지 활력이 전달되는 듯이 사지(四肢)의 말단부가 넓게 잘 발달해 있다. 이와 마찬가지로 인간의 얼굴과 손은 영혼과 결합되어 영혼을 닮게 된다. 그러므로 가장 가시적인 유사성은 사물들이 서로 부합한다는 일반적 사실의 발견을 토대로 식별된다. 그리고 부합이 언제나 실재적인 위치에 의해 확정되는 것은 아니며, 공간 안에서 분리된 많은 존재물이 (병과 치료제, 인간과 별, 식물과 토양 사이에서처럼) 서로 화합한다는 점을 고려할 경우, 재차 부합의 기호가 필요하게 된다. 그런데 두 사물이 태양과 해바라기처럼, 또는 물과 오이의 새싹처럼 서로 끌어당기지 않는다면,[35] 또 두 사물 사이에 친화력과 감응 같은 것이 있지 않다면, 두 사물이 서로 긴밀히 연결되어 있음을 알려 주는 어떤 다른 표지가 존재할 수 있을까?

이런 식으로 고리가 닫힌다. 그렇지만 어떤 이중화의 체계에 의해 고리가 닫히는가는 누구나 알 수 있다. 닮음은 표징을 요구한다. 왜냐하면 표징이 해독될 수 있도록 표시되지 않는다면, 어떤 닮음도 관찰될 수 없을 것이기 때문이다. 그런데 이러한 기호는 무엇일까? 세계의 모든 양상과 그만큼 많은 서로 교차하는 형상 사이에서, 비밀스럽고 본질적인 닮음을 가리키는 것, 세심한 주의를 기울여야 할 특징이 여기에 있음을 인지하게 하는 것은 무엇일까? 어떤 형태가 기호의 독특한 기호 가치일까? 그것은

<hr>

34) J. Cardan, *Métoposcopie*(éd. de 1658), III~VIII쪽.

35) Bacon, *Histoire naturelle*, trad. française(1631), 221쪽.

바로 닮음이다. 기호는 기호가 가리키는 것과 기호 사이에 닮음이 어느 정도 있는가에 따라(다시 말해 유사성의 정도에 따라) 무언가를 의미하게 된다. 그렇지만 기호가 보여 주는 것은 상동 관계가 아니다. 왜냐하면 기호가 갖는 분명한 표징으로서의 실체는 기호가 표시하는 양상 속으로 사라질지도 모르기 때문이다. 기호는 **또 다른** 닮음이다. 기호는 첫 번째 유사성의 식별에 소용되지만, 세 번째 유사성에 의해 드러나는 또 다른 유형의 인접한 유사성이다. 모든 닮음은 표징을 부여받는다. 그러나 이 표징은 동일한 닮음의 중간 형태일 뿐이다. 그래서 표지들 전체는 유사성들의 고리에 두 번째 고리를 슬쩍 끼어들게 하는데, 만일 이 작은 간격으로 인해 감응의 기호가 유비에, 유비의 기호가 경합에, 경합의 기호가 부합에 있지 않다면, 뒤이어 부합이 식별되는 데에 감응의 표지가 요구되지 않는다면, …… 두 번째 고리는 첫 번째 고리와 정확히 일대일로 중복될 것이다. 표징과 이것이 가리키는 것은 확실히 동일한 성질의 것이고, 상이한 배치 법칙을 따를 뿐, 마름질의 측면에서는 동일하다.

표시하는 형태와 표시되는 형태는 유사하지만 서로의 옆에 놓인다. 16세기의 지식에서 닮음이 가장 보편적인 것이자, 동시에 가장 가시적이지만 가장 깊이 감춰져 있기에 드러내야 할 어떤 것이며, 인식의 형식을 결정하는(닮음은 유사성의 경로를 따라서만 인식되므로) 것이고, 인식의 풍요로운 내용을 보장하는(기호가 따로 떨어져 나가게 되고 기호에 의해 지시되는 것이 주시되자마자, 닮음 자체가 훤히 드러나고 스스로 반짝거리게 되기 때문에) 것인 이유는 아마 여기에 있을 것이다.

기호로 하여금 말하게 하고 기호의 의미를 발견하게 하는 인식과 기법 전체를 해석학이라 부르고, 기호가 어디에 있는가를 판별하고 기호를 기호로 성립시키는 것을 규정하며 기호들 사이의 관계와 기호들의 연쇄 법칙을 알게 하는 인식과 기법 전체를 기호학이라고 하자. 16세기에는 기호학과 해석학이 유사성의 형태 속에 겹쳐 있었다. 의미를 찾아낸다는 것은 서로 닮은 것을 드러낸다는 것이다. 기호의 법칙을 찾아낸다는 것은 유사한 사물을 발견한다는 것이다. 존재물의 문법은 존재물의 주석이다. 그리고 존재물이 말하는 언어는 존재물들을 연결하는 통사법 이외의 다른 어떤 것도 이야기하지 않는다. 사물들의 본성, 사물들의 공존, 사물들을 연결하고 서로 소통하게 하는 연쇄는 사물들의 닮음과 다르지 않다. 그리고 닮음은 세계를 끝에서 끝까지 가로지르는 기호들의 망 속에서만 나타날 뿐이다. '자연'은 기호학과 해석학이 겹쳐 있는 얇은 두께 사이에 붙들려 있다. 오직 닮음들의 경미한 간격이 반드시 이 중첩에 수반됨에 따라서만, 자연은 불가해하고 가려져 있으며, 때로는 인식을 엉뚱한 방향으로 이끌어 가면서도 인식의 대상이 된다. 따라서 격자는 분명하지 않고, 투명성은 처음부터 흐려져 있다. 점차적으로 밝혀야 할 어두운 공간이 출현한다. '자연'은 바로 그곳에 존재하고, 인식하고자 해야 하는 것은 바로 이 사실이다. 만일 닮음의 해석학과 표징의 기호학이 그야말로 정확히 일치한다면 모든 것은 직접적이고 명백할 것이다. 그러나 표기 기호를 형성하는 유사성과 담론을 형성하는 유사성 사이에 '골'이 있기 때문에, 거기에서 무한하고 고된 지식의 작업은 고유한 공간을 부여받는다. 따라서 무한히 구불구불한 경로를 따라 유사한 것에서 또 그것과 유사한 것으로 나아가면서 이 간격을 누빌 필요가 있게 된다.

3 세계의 한계

이것이 가장 일반적인 방식으로 개괄한 16세기의 에피스테메이다. 이 지형은 몇 가지 결과를 수반한다.

우선 이러한 지식의 과다하고 동시에 절대적으로 궁핍한 성격이 있다. 무한하므로 과다하다. 닮음은 결코 그 자체로 안정적이지 않고, 스스로 또 다른 유사성을 불러들이고 뒤이어 이 유사성이 새로운 유사성을 요구하는 경우에만 고정되며, 그래서 각각의 닮음은 다른 모든 닮음의 축적에 의해서만 유효하고, 아무리 하찮은 유비일지라도 그 타당성을 입증하려면 세계 전체를 탐사해야 한다. 그러므로 이러한 지식은 서로 의존하는 확증들이 한없이 축적되는 식으로 작용할 수 있고 또한 그렇게 되게 마련이며, 그렇기 때문에 기초부터 불안정하게 된다. 지식의 요소들 사이에서 유일하게 가능한 연결의 형태는 추가이다. 축적의 거대한 기둥들, 그 단조로움은 이로부터 유래한다. 16세기의 지식은 (표지와 내용에 동일한 방식으로 자리하므로 제3의 힘인 동시에 독특한 힘인) 닮음을 기호와 기호에 의해 지시되는 것 사이의 연결 고리로 설정함으로써, 언제나 동일한 사물만을 인식하게끔, 특히 한없는 행로의 결코 도달할 수 없는 끝에서만 인식하게끔 되어 있었다.

이에 따라 소우주라는 너무나 유명한 범주가 작용한다. 이 오래된 개념은 아마 신(新)플라톤 철학의 어떤 전통에 의해 중세를 거쳐 초기 르네상스 시대부터 되살아났을 것이다. 그러나 지식의 영역에서 이 개념이 마침내 중요한 역할을 맡게 된 것은 16세기 무렵에 이르러서였다. 이 개념이 예전에 주장되곤 했던 것처럼 세계관, 즉 **벨트안샤웅**[36]이냐 아니냐는 그다지 중요하지 않다. 사실 이 개념은 그 시대의 인식론적 지형에서 매우 명확한 하나의 기능 또는 더 정확히 말해 두 가지 기능을 맡는다. 이 개념은 **사유의 범주**로서, 이중화된 닮음의 작용이 자연의 모든 영역에 적용되도록 하고, 탐구를 통해 각 사물의 거울과 거시적 정당성이 더 넓은 차원에서 발견되리라는 것을 보장하며, 역으로 가장 높은 창공의 가시적 질서가 대지의 가장 어두운 심층에 반영되리라는 것을 분명하게 내보인다. 그러나 이 개념은 자연의 **일반적 지형**으로 이해될 경우, 서로 교대하

---

36) (옮긴이 주) Weltanschauung. 독일어로 '세계관'이라는 뜻이다.

는 유사성들의 수그러들지 않는 전진에 실제적이고 말하자면 촉지할 수 있는 한계를 설정한다. 이 개념은 더 큰 세계가 존재하고 이 세계의 둘레가 모든 창조된 사물의 한계라는 것, 하늘, 별, 산, 강, 뇌우의 거대한 질서를 제한된 차원에서 온전히 구현하는 하나의 특별한 피조물이 다른 극단에 존재한다는 것, 그리고 바로 이 구성적 유비의 실질적 한계들 사이에서 닮음의 작용이 일어난다는 것을 가리킨다. 이 사실 자체 때문에, 소우주와 대우주 사이의 거리는 아무리 광대하다 해도 무한하지 않고, 거기에 놓인 존재물은 아무리 많다 해도 종국에는 셀 수 있게 되며, 따라서 기호의 작용을 요구하고 기호의 작용을 통해 언제나 서로 의존하는 유사성들은 이제 한없이 달아날 우려가 없다. 완벽하게 닫힌 공간 안에서 유사성들이 서로 의존하고 상호적으로 강화된다. 자연은 기호와 닮음의 상호 작용으로서, 우주의 이중화된 형상에 따라 스스로 다시 닫힌다.

그러므로 관계를 뒤집지 않도록 유의해야 한다. 소우주의 관념이 16세기에 이른바 '중요하다'는 것은 의심할 나위가 없다. 조사로 집계할 수 있을 당시의 모든 용어 중에서 이 관념은 아마 빈도수가 가장 높은 것들 중의 하나일 것이다. 그러나 문서 자료의 통계학적 분석으로만 가능할 조사가 중요한 것은 아니다. 반면에 16세기의 지식을 고고학의 층위에서, 다시 말해 그 가능 조건의 견지에서 검토한다면, 대우주와 소우주의 관계는 단순한 표면 효과인 것으로 보인다. 세계의 모든 유비를 탐색하기 시작한 것은 이 관계가 신뢰의 대상이었기 때문이 아니다. 사실 16세기 지식의 핵심에는 어떤 필요가 자리하고 있었다. 즉 기호와 기호의 의미 사이에 제3항으로서 도입된 닮음의 무한한 풍요로움, 그리고 닮음의 동일한 마름질을 의미하는 것과 이것이 가리키는 것에 부과하는 단조로움을 조정할 필요가 있었다. 기호와 유사성이 끝없는 나선을 따라 상호적으로 휘감기는 에피스테메에서, 소우주와 대우주의 관계는 지식의 보증으로 생각됨과 동시에 지식의 확장에 대한 한계로 이해되었을 것이 틀림없다.

동일한 필요 때문에, 16세기의 지식은 마법과 동시에 박학(博學)을 동일한 차원으로 받아들이지 않을 수 없었다. 우리가 보기에 16세기의 인식은 합리적인 지식, 마법의 실행에서 파생된 관념, 그리고 고대 텍스트의 재발견으로 권위가 증대된 문화유산 전체가 불안정하게 혼합되어 성립된 듯하다. 이런 식으로 이해된 16세기 과학의 구조는 취약한 것으로 보이며, 단지 고대인들의 것을 충실히 답습하는 태도, 경이로운 것에 대한 취향, 그리고 우리를 사로잡고 있는 지고한 합리성에 대한 이미 일깨워진 관심이 폭넓게 마주치는 장소에 지나지 않을지 모른다. 그리고 이러한 3열(裂)의 시대는 각 작품과 각 공유된 정신의 거울에 반영될지 모른다……. 사실 16세기의 지식에 타격을 주는 것은 구조의 결핍이 아니다. 반대로 16세기 지식의 공간을 확정하는 지형이 얼마나 면밀한가는 우리가 이미 살펴본 바이다. 바로 이 엄밀성 때문에 16세기의 지식에는 마법과 박학에 대한 이해 방식이 불가결하다. 16세기의 지식에서 마법과 박학은 이를테면 수용된 내용이 아니라 요구되는 형식이다. 세계는 해독해야 할 기호로 뒤덮여 있고, 닮음과 친화력을 드러내는 기호 자체는 단지 유사성의 형태일 뿐이다. 그러므로 인식은 해석이 된다. 다시 말해 인식은 가시적 표지에서 출발하여, 가시적 표지를 통해 말해지는 것으로, 가시적 표지가 없다면 사물에 무언의 말처럼 잠들어 있을 것으로 나아가는 것이 된다. "우리 인간은 산에 감춰져 있는 모든 것을 기호와 외부의 상응에 의해 발견할 것이고, 바로 이러한 방식으로 풀의 모든 속성과 돌 속에 있는 모든 것을 찾아낼 것이다. 깊은 바다나 높은 창공에서 인간이 발견하지 못할 것이란 하나도 없다. 아무리 광활한 산악이라도 그 안에 있는 것이라면 무엇이건 인간의 시선에서 벗어날 수 없다. 어떤 것이건 상응하는 기호를 통해 인간의 시선에 드러난다."[37] 점술(占術)은 인식과 경쟁하는 형태가 아니라, 인식 자체와 일체를 이룬다. 그런데 해석되는 기호는 감춰진 것과 유사한 정도에 따라서만 감춰진 것을 가리키고, 누구나 표지에 의거하여 행동할 때에는 언제나 이와 동시에 표지에 의해 은밀히 지시되는 것에 따라 행동하게 된다. 그래서 머리나 눈, 심장이나 간(肝)을 연상시키는 식물은 연상된 기관에 효능이 있고, 동물을 가리키는 표지에 동물은 반응하게 된다. 파라켈수스의 말을 들어 보자. "도대체 왜 헬베티아,[38] 알고리아,[39] 수에디[40]에서는 뱀이 그리스 말인 오시, 오시아, 오시[41]를 이해하는 것일까. …… 뱀은 어떤 학원(學院)에서 이런 말을 배웠을까? 뱀은 이 낱말을 듣자마자 다시는 듣지 않으려고 꼬리를 감출 뿐만 아니라, 뱀으로서의 본성과 성격에도 불구하고 움직이지도 독니로 물려고도 하지 않는다." 이것이 발음된 말소리의 효과일 뿐이라고 단정하지 말기를 바란다. "적절한 시간에 이 말을 독피지(牘皮紙)나 양피지 또는 종이에 써서 뱀에게 보이기만 해도, 뱀은 이 말을 큰 소리로 분명하게 발음했을 때처럼 움직이지 않을 것이다." 16세기 말엽에 널리 퍼지고 이후 17세기까지 한창 지속되는 "자연 마법"[42]의 기획은 유럽인들의 의식에 희미한 흔적만이 남아 있을 뿐인 현상이 아니라, 당대의 요구로, 즉 지식의 기본적 지형에 의해 표지와 유사성의 상호 참조가 이루어졌기 때문에, 캄파넬라[43]가 분명히 지적했듯,[44] 부활한 것이었다. 마법의 형태는 인식의 방식에 내재했다.

사실상 박학의 경우도 마찬가지였다. 실제로 고대부터 전해진 보고(寶

---

37) Paracelse, *Archidoxis magica*(trad. française, 1909), 21~23쪽.

38) (옮긴이 주) Helvétie. 오늘날의 스위스.

39) (옮긴이 주) Algorie. 스페인의 어느 지방인 듯하다.

40) (옮긴이 주) Suédie. 오늘날의 스웨덴이 아닌가 한다.

41) (옮긴이 주) Osy, Osya, Osy. 뱀을 쫓아버리기 위해 하는 말(의성어)로 보인다.

42) (옮긴이 주) 자연적인 수단에 의한 경이롭거나 초자연적인 효과의 산출을 뜻한다.

43) (옮긴이 주) Campanella(1568~1639). 이탈리아 철학자. 도미니크회 수도사로 마법과 유대교 신비철학을 연구했다.

44) T. Campanella, *De sensu rerum et magia*(Francfort, 1620).

庫)에서 언어는 사물의 기호로서 가치가 있다. 신이 우리로 하여금 대지 내부의 비밀을 알아내도록 하기 위해 대지의 표면에 새겨 놓은 가시적 표지와 숭고한 빛에 의해 계시된 성서 또는 고대의 현자들 덕분으로 전승에 의해 보전된 책들에 기록된 읽어서 이해할 수 있는 말 사이에는 아무런 차이가 없다. 텍스트에 대한 이해 방식은 사물에 대한 이해 방식과 본질적으로 동일하다. 양자(兩者)의 경우에서 다 같이 발견되어야 하는 것은 기호이다. 그러나 신은 우리의 지혜를 시험하기 위해 해독해야 할 형상으로 자연을 가득 채웠을 뿐인 반면,(그리고 바로 이 점에서 인식은 **디비나티오**[45]이기 마련이다.) 고대인들은 우리가 모으기만 하면 되는 해석을 이미 제공했다. 그들의 말을 배우고 그들의 글을 읽고 그들이 말한 바를 이해할 필요가 없다면, 우리는 그들의 해석을 그저 모으기만 해야 할 것이다. 그러나 고대의 유산은 자연 자체와 같은 것이거나, 해석해야 할 방대한 공간인데, 어느 경우에나 기호를 드러내고 점차 기호로 하여금 말하게 해야 한다. 달리 말해 **디비나티오와 에루디티오**[46]는 하나의 동일한 해석학이다. 그러나 이 해석학은 두 가지 상이한 층위에서 유사한 모습들로 전개된다. 하나는 무언(無言)의 표지에서 사물 자체로 나아가고(그리고 자연으로 하여금 말하게 한다.) 다른 하나는 굳어 버린 표기에서 분명한 말로 나아간다.(잠들어 있는 언어에 다시 생기를 부여한다.) 그러나 자연의 기호가 심층의 닮음 관계에 의거하여 스스로 지시하는 것과 연결되는 것처럼, 고대인들의 담론은 스스로 표명하는 것의 이미지와 연결되는데, 고대인들의 담론이 우리에게 귀중한 기호의 가치를 지니는 것은 이 담론이 시초부터 끊임없이 스며든 빛에 의해 본질적으로 사물 자체에 들어맞고 사물에 대해 거울을 형성하고 사물과 경합하기 때문이고, 영원한 진리에 대한 이 담론의 관계는 자연의 비밀에 대한 기호의 관계와 같으며, (이

---

45) (옮긴이 주) Divinatio. '점술, 예언'을 뜻하는 라틴어.
46) (옮긴이 주) Eruditio. '학식, 박학'을 의미하는 라틴어.

담론은 말이 해독될 수 있는 표지이다.) 이 담론은 드러나는 사물에 대해 변함없는 친화력을 갖는다. 그러므로 이 담론에 대해 그 권위의 근거를 묻는 것은 쓸데없는 일이다. 이 담론은 유사성에 의해 자신이 가리키는 것과 깊은 관계를 맺는 기호들의 보고(寶庫)이다. 유일한 차이는 이 담론이 자연의 기호 표기법을 참조하게 하는 암시적인 보고라는 점인데, 자연의 기호 표기법 역시 사물 자체의 순금(純金)을 어렴풋하게만 보여 준다. 이 모든 표지가 자연에 스며들어 있건, 양피지와 도서관에 가지런히 정리되어 있건, 이 모든 표지의 진실은 어디에서나 동일한 것이다. 즉 신의 강요(綱要)만큼 근원적이다.

인정된 권위와 관찰, 또는 전승된 것과 검증 가능한 것 사이와는 달리 표지와 말 사이에는 차이가 없다. 도처에 하나의 동일한 작용, 기호 및 유사한 것의 작용만이 있을 뿐이고, 따라서 자연과 언어는 한없이 교차하면서 읽을 줄 아는 사람을 위한 단 하나의 거대한 텍스트 같은 것을 형성한다.

4 사물의 문자[47]

16세기에 실제의 언어는 거울처럼 사물을 반영하여 특이한 진실을 하나씩 표현할 독립적이고 획일적이고 매끈한 기호들 전체가 아니라, 오히려 불투명하고 불가해하고 자체적으로 닫힌 사물, 즉 철저하게 수수께끼처럼 파편화된 덩어리로서, 여기저기에서 세계의 형상들과 섞이고 뒤얽힌다. 그래서 세계의 형상들은 전체적으로 표지들의 망(網)을 형성하는데, 이 망 속에서 각 형상은 다른 모든 형상에 대해 내용 또는 기호, 비밀

---

47) (옮긴이 주) écriture. 표기 기호에 의한 말이나 사유의 재현(적어서 나타내는 작업인 동시에 그 결과)을 의미한다.

또는 증표(證票)의 역할을 수행할 수 있고 실제로 수행한다. 16세기에 순수한 역사적 실체로서의 언어는 자의적 체계가 아니다. 사물 자체가 언어처럼 수수께끼를 감추고 드러내기 때문에, 이와 동시에 말이 해독해야 할 사물로 제시되기 때문에, 언어는 세계 속에 자리하고 세계의 일부분을 이룬다. 자연을 인식하기 위해 펼치고 한 자씩 더듬거리며 읽는 책이라는 주요한 은유는 언어를 세계 곁에, 가령 나무, 풀, 돌, 동물 사이에 존재하도록 속박하는 훨씬 더 심층적인 또 다른 전이(轉移)[48]의 가시적 이면일 뿐이다.

언어는 유사성과 표징의 광범위한 배치 가운데 일부를 이룬다. 따라서 언어는 자연물처럼 연구되어야 한다. 언어의 요소들은 동물이나 식물 또는 별처럼 친화력과 부합, 불가피한 유비의 법칙을 내포한다. 라뮈스[49]는 자신의 문법책을 두 부분으로 나누었다. 첫 번째 부분은 어원 연구에 할애했는데, 거기서는 낱말의 본래적 의미가 아니라 철자, 음절, 요컨대 낱말 전체의 본질적 '속성'을 탐색했다. 두 번째 부분에서는 통사법을 다루었는데, 이 두 번째 부분의 목적은 "낱말의 속성에 입각한 문장의 구성"을 가르치는 것이었고, 그래서 두 번째 부분은 "단지 속성들의 일치와 상호적 부합, 가령 다른 명사나 동사에 대한 명사의 일치, 부사가 첨가되는 모든 낱말에 대한 부사의 일치, 결합된 사물들의 순서에 따른 접속사의 일치만으로" 구성되었을 뿐이다.[50] 언어는 의미를 갖기 때문에 언어인 것이 아니며, 17세기와 18세기의 문법학자들이 그토록 중요하게 여기고 분석 작업의 길잡이로 삼게 되는 언어의 재현 내용은 여기에서 별다른 역할을 하지 못한다. 정확히 세계에서 표지들이 서로 대립하거나 끌리

---

48) (옮긴이 주) transfert. 어원적으로 '은유(métaphore)'와 동일한 의미이다.

49) (옮긴이 주) Ramus(Pierre de Ramée, 1515~1572). 프랑스의 철학자, 인문주의자. 아리스토텔레스 철학을 공격함으로써 새로운 논리학을 수립하고자 노력했다.

50) P. Ramus, *Grammaire*(Paris, 1572), 3, 125~126쪽.

는 것처럼, 문자들에도 역시 서로 근접하고 떨어지는 힘이 가라앉아 있기 때문에, 낱말은 음절들을 모으고 음절은 문자들을 모을 수 있다. 16세기의 문법 연구는 자연과학이나 비전(秘傳) 분야와 동일한 인식론적 배치에 기초를 두고 있다. 유일한 차이는 하나의 자연과 여러 언어가 있다는 점, 그리고 문법에서는 일상의 낱말과 문장이 스스로 자신의 속성을 표출하는 반면에, 비전 분야에서는 비밀로 남아 있는 또 다른 담론에 의해 낱말, 음절, 철자의 속성이 발견된다는 점이다. 언어는 자연의 가시적 형상과 비의적 담론들의 은밀한 부합 사이에 어중간하게 자리한다. 언어는 혼합 때문에 본래의 투명성을 잃어버린 파손되고 인위적으로 분할되고 변질된 자연이며, 말하고자 하는 것의 해독 가능한 표지를 자신의 표면에 지닌 비밀이다. 언어는 파묻힌 계시임과 동시에 점증하는 빛 속에서 조금씩 다시 드러나는 계시이다.

신이 인간에게 언어를 주었을 때 본디 언어는 사물과 유사했기 때문에 절대적으로 확실하고 투명한 사물의 기호였다. 힘이 사자의 몸통에, 패권(覇權)이 독수리의 시선에 새겨지고, 행성의 영향력이 인간의 이마에 표시되듯이, 명칭은 지칭되는 사물에 유사성의 형태로 놓여 있었다. 이러한 투명성은 인간에 대한 징벌의 일환으로 바벨탑에서 파기되었다. 언어의 일차적 존재 이유였던 사물과의 닮음이 앞서 사라짐에 따라서만, 언어들이 서로 분리되어 양립 불가능해졌을 뿐이다. 우리는 이제 우리가 알고 있는 모든 언어를 이 상실된 유사성의 토대 위에서만, 유사성이 상실된 공백의 공간에서만 말할 뿐이다. 하나의 언어만이 이 유사성의 기억을 간직하고 있다. 왜냐하면 이제는 잊힌 최초의 어휘에서 이 언어가 곧장 파생했기 때문이고, 바벨탑의 징벌이 인간의 기억에서 사라지는 것을 신이 원하지 않았기 때문이며, 신의 선민(選民)과 신 사이의 옛 계약을 이야기하는 데 이 언어가 틀림없이 요긴했을 것이기 때문이고, 끝으로 신이 자신의 말에 귀를 기울이는 사람들에게 이 언어로 말을 걸었기 때문이다. 그러므로 히브리어는 본래적 명명(命名)의 표지를 파편의 형태로 지니고 있다. 그리고 아담이 다양한 동물에 부과한 말의 밀도에는 적어도 부분적으로는 생물의 불변하는 속성이 말없는 지식의 조각처럼 박혀 있었다.

가령 어버이에 대한 사랑이 지극하다고 칭송되는 황새는 히브리어로 샤시다(Chasida)라고 하는데, 이 말은 온후하다, 자비롭다, 연민을 지니고 있다는 뜻이다. 말을 지칭하는 수스(Sus)라는 명사는 솟구치다라는 의미의 하사스(Hasas)라는 동사로부터 생긴 것으로 생각된다. 그렇지 않았다면 동사가 명사에서 파생했을 것이다. 왜냐하면 「욥기」 39장에 묘사되어 있듯이, 네발 달린 짐승 중에서도 특히 말은 매우 당당하고 용감한 동물이기 때문이다.[51]

그러나 이 사례들은 이제 단편적인 자취일 뿐이다. 다른 언어들은 이와 같은 근본적 유사성을 상실했는데, 히브리어만은 이 근본적 유사성을 간직하여 예전에 히브리어가 하느님, 아담, 그리고 최초로 창조된 대지의 동물에게 공통된 언어였다는 것을 보여 준다.

그런데 언어가 이제 사물과 직접적으로 유사하지 않다 해도, 이는 언어가 세계와 분리되어 있음을 의미하지 않는다. 언어는 또 다른 형태로지만 계속해서 계시의 장소이자, 진리가 드러나고 동시에 말해지는 공간의 일부이다. 물론 언어는 이제 자연의 본래적 가시성을 띠지도 않고, 특권을 지닌 몇몇 사람만이 아는 신비하고 강력한 도구도 아니다. 언어는 오히려 죄의 사함을 받으면서 마침내 참된 말에 귀를 기울이기 시작하는 중인 세상의 형상이다. 그래서 신은 교회의 언어인 라틴어가 온 세상에 퍼지기를 원했다. 세상의 모든 언어는 이 정복 덕택에 획득될 수 있

---

51) Claude Duret, *Trésor de l'histoire des langues*(Cologne, 1613), 40쪽.

었던 것으로서, 다 같이 진리의 이미지를 형성한다. 최초의 이름들의 배치가 신에 의해 아담에게 주어진 사물과 유사했듯이, 모든 언어가 전개되는 공간과 모든 언어의 뒤얽힘은 구원받은 세계에서 기호를 풀려 나게한다. 클로드 뒤레[52]가 지적하다시피, 히브리인, 가나안인, 사마리아인, 칼데아인, 시리아인, 이집트인, 페니키아인, 카르타고인, 아랍인, 사라센인, 터키인, 무어인, 페르시아인, 타타르인은 "위대한 아리스토텔레스의견해를 따르면 통일성을 지향하는 첫 번째 하늘의 대단히 완벽한 추이(推移)와 일상적 움직임"을 따라 오른쪽에서 왼쪽으로 글을 쓰고, 라틴인과 모든 유럽인은 물론 그리스인, 그루지아인, 마론교도,[53] 야곱파,[54] 콥트파,[55] 세르비아인, 포츠나니아인[56]은 "두 번째 하늘, 즉 일곱 행성 전체의 순환과 움직임"을 따라 왼쪽에서 오른쪽으로 글을 쓰며, 인디언과 키타이인[57] 그리고 중국인과 일본인은 "인간의 몸에서 머리를 위에, 발을아래에 위치시킨 자연의 질서"에 따라 위에서 아래로 글을 쓰는 반면에, 멕시코인은 "위에 언급된 사람들과는 반대로" 어떤 때는 아래에서 위로, 또 어떤 때는 "태양이 1년을 주기로 황도대(黃道帶)를 지나가는 방식에따라 나선으로" 글을 쓴다. 이런 식으로 "세계의 십자형과 십자가의 형태가 내포하는 비밀과 신비, 하늘과 대지가 지닌 구형(球形)의 통일성은이와 같이 다섯 종류의 다양한 쓰기 방식에 의해 정확히 표시되고 표출된다."[58] 언어들은 세계에 대해 의미 관계보다는 오히려 유비 관계를 맺

---

52) (옮긴이 주) Claude Duret(?~1611). 프랑스의 자연사학자.

53) (옮긴이 주) Maronite. 동방적인 의례를 행하는 시리아와 레바논의 기독교도. 시리아의 전례(典禮)를 지켜 왔다.

54) (옮긴이 주) Jacobite. 6세기에 Jacob Baradée(일명 Zanzale)에 의해 정립된 동방의 이단 종파신도.

55) (옮긴이 주) Cophtite(Copte). 에우튜케스파에 속하는 이집트 출신의 기독교도.

56) (옮긴이 주) Poznanien. Poznanie는 1793년 폴란드의 이차 분할로 인해 러시아로 편입된 지방이다. 1945년에 다시 폴란드 영토가 된다.

57) (옮긴이 주) Cathains. 중국 북부의 퉁구스족.

고 있으며, 더 정확히 말해 기호 가치와 이중화 기능이 서로 겹쳐 있으며, 하늘과 대지의 이미지이면서 하늘과 대지를 말하며, 성서와 말씀에 의해 확증되는 십자가의 도래를 공표하면서 십자가의 가장 물질적인 구조를 나타낸다. 언어에는 상징적 기능이 있다. 그러나 바벨탑의 재앙 이래로는 드문 예외를 제외하고[59] 말 자체에서뿐만 아니라 언어의 존재 자체에서, 세계의 총체에 대한 언어의 전체적인 관계에서, 언어의 공간이 우주의 장소 및 형상과 교차하는 현상에서 언어의 상징적 기능을 찾으려 해서는 안 된다.

16세기 말엽이나 그다음 세기의 초반 몇 년 사이에 출현하는 백과사전의 기획은 이로부터 유래하는데, 이는 알고 있는 것을 언어라는 중립적 요소에 반영하는 것이 아니라 세계의 질서 자체를 말의 연쇄와 그 공간적 배치로 재구성하려는 기획에 해당한다. 알파벳을 자의적이지만 효과적인 순서로 이용하는 현상은 17세기 후반기에야 비로소 나타난다.[60] 그레구아르[61]의 『경이로운 통사법 기예』(1610), 알스테디우스[62]의 『백과전서』(1630)에서 발견되는 것은 바로 이러한 기획이다. 또한 우주적이고 불변하고 완전한 원(圓)의 형태와 함께 현세적이고 소멸하게 마련이고 다수로 분기된 나무의 형태에 따라 지식을 공간화하기에 이르는 크리스토프 드 사비니(『모든 학문의 도표』)에게서도 이러한 기획이 엿보이며, 세계 자체에 의해 결정되는 인접, 친근성, 유비, 종속의 형상에 따라 텍스트를 배열하게 해 줄 백과사전이자 동시에 도서관인 공간을 상상하는 라

---

58) Duret, *loc. cit.*

59) *Mithridates*에서 게네르(Guesner)는 명백한 예외로 의성어를 예로 든다.(2e éd. Tiguri, 1610), 3~4쪽.

60) 알파벳은 언어의 재료이므로, 어휘 사전의 경우는 예외이다. 게네르의 *Mithridates* 2장 참조. 알파벳순으로 구성된 최초의 백과사전은 모레리(Moreri)의 *Grand Dictionnaire historique*이다.

61) (옮긴이 주) Pierre Grégoire(1540~1597). 프랑스의 법률가.

62) (옮긴이 주) Alstedius(Johann Heirich Alsted, 1588~1638). 독일의 철학자이자 신학자.

크루아 뒤멘의 경우에서도 이와 같은 기획을 찾아볼 수 있다.[63] 아무튼 언어와 사물에 공통되는 듯한 공간에서 언어와 사물이 그토록 서로 얽히는 현상은 문자의 절대적인 특권을 전제한다.

문자의 특권은 르네상스 시대 전체를 지배했고, 아마도 서양 문화의 중대한 사건들 가운데 하나였을 것이다. 인쇄술의 발명, 동방 수사본(手寫本)의 유럽 유입, 이제는 목소리나 공연에 적합하지 않은 문학의 출현, 교회의 전통과 권위를 넘어선 종교 텍스트의 해석, 이 모든 것은 원인과 결과를 뚜렷이 구별할 수는 없지만, 서양에서 문자가 중요한 지위를 차지하게 되었음을 예증한다. 이제부터 언어의 으뜸가는 본질은 기록이다. 말소리는 단지 언어의 일시적이고 불확실한 발현일 뿐이다. 신이 세계에 내려 준 것은 글이다. 아담이 동물에 처음으로 이름을 부여했을 때, 신은 단지 가시적이고 말없는 표지를 읽게 했을 뿐이다. 율법 역시 인간의 기억이 아닌 석판에 새겨졌다. 그리고 참된 말씀을 재발견해야 하는 것은 바로 책에서이다. 비주네르[64]와 뒤레는 둘 다[65] 거의 동일한 용어로, 자연에서는 물론이고 어쩌면 인간의 지식에서조차, 글이 말보다 언제나 선행했다고 단언하곤 했다. 실제로 바벨탑 또는 대홍수 이전에는 자연의 표지 자체로 구성된 문자가 있었을지 모르며, 그래서 문자는 사물을 끌어들이건 밀어내건 사물에 직접 작용하고 사물의 속성, 효력, 비밀을 형상화하는 힘을 지녔을지 모른다. 문자는 원래 자연적인데, 몇몇 비의적 지식과 무엇보다도 먼저 히브리 신비 철학은 아마 문자의 흩어진 기억을 보존했을 것이고 오래전부터 잠들어 있는 문자의 힘을 되찾으려고 시도할 것이다. 16세기에 비의적 지식은 말의 현상이 아니라 문자의 현상이다. 어쨌

---

63) La Croix du Maine, *Les cents Buffets pour dresser une bibliothèque parfaite*(1583).

64) (옮긴이 주) Blaise de Vigenère(1523~1596). 프랑스의 문인.

65) Blaise de Vigenère, *Traité des chifrres*(Paris, 1587), 1~2쪽; Claude Duret, *Trésor de l'histoire des langues*, 19~20쪽.

든 말은 힘을 잃고, 비주네르와 뒤레가 말한 대로, 언어의 여성적 부분, 언어의 수동적 지성 같은 것일 뿐이고, 문자는 능동적 지성, 언어의 "남성적 원리"이다. 문자만이 진리를 보유한다.

이와 같은 글의 우월성은 16세기의 지식에서 명백하게 대립하지만 서로 분리할 수 없는 두 가지 형태가 쌍둥이처럼 현존한다는 사실을 설명해 주는데, 우선 하나는 보이는 것과 읽히는 것, 관찰된 것과 이야기된 것 사이의 비(非)구별이고, 따라서 시선과 언어가 한없이 교차하는 단일하고 매끈한 닫힌 표면의 구성이며, 역으로 다른 하나는 확실한 어떤 용어도 없이 주석(註釋)의 부단한 반복에 의해 이분화되는 모든 언어의 즉각적 분열이다.

어느 날 뷔퐁은 정확한 묘사, 덧붙인 인용, 고증되지 않은 이야기와 더불어, 한 동물의 해부학적 구조, 서식지, 신화적 의미, 그 동물이 등장하는 문장(紋章), 의학이나 마법에서 그 동물을 이용할 수 있는 사례가 무차별적으로 언급되는 뒤얽힌 혼합 상태를 알드로반디 같은 자연사학자에게서 찾아볼 수 있다는 사실에 놀라게 된다. 실제로『뱀과 용의 역사』에서「뱀 일반에 관하여」라는 장에는 의미의 애매성,(다시 말해 뱀이라는 낱말의 갖가지 의미) 동의어와 어원, 종류, 형태와 묘사, 해부학적 구조, 본성과 습성, 성질, 교미와 생식, 울음소리, 움직임, 서식처, 먹이, 외관, 싫어하는 것, 좋아하는 것, 포획 방법, 뱀으로 인한 죽음과 상처, 중독의 증상과 징후, 치료제, 부가 형용사, 호칭, 경이와 전조, 괴물, 신화, 뱀이 제물로 바쳐지는 신, 교훈적인 우화, 우의와 신비, 상형 문자, 표징과 상징, 격언, 화폐, 기적, 수수께끼, 명구(銘句), 문장(紋章)의 기호, 역사적 사실, 꿈, 우상(偶像)과 조각상, 음식물로서의 용도, 의료에서의 쓰임새, 그 밖의 다양한 용도 등이 수많은 항목에 따라 서술되어 있다. 이에 대해 뷔퐁은 다음과 같이 말한다. "이 요란한 글에서 얼마만큼의 자연사를 찾아낼 수 있을지 판단해 보라. 이 모든 것은 묘사가 아니라 전설이다." 실제로 알드로반디와 그의 동시대인들에게 이 모든 것은 레겐다,[66] 이를테면 읽을거리이다. 그러나 이러한 사실의 근거는 선입견 없는 시선의 정확성보다 학자들의 권위가 선호된다는 점이 아니라, 자연 자체가 말과 표지, 이야기와 특성, 담론과 형태가 끊기지 않고 이어진 조직이라는 점에 있다. 한 동물의 역사를 기술해야 할 때, 자연사학자의 작업과 편집자의 작업 중 하나를 선택하는 것은 쓸데없을 뿐만 아니라 불가능한 일이다. 주시된 모든 것과 들려온 모든 것, 자연이나 사람, 세계의 언어나 전승된 것 또는 시인에 의해 이야기된 모든 것을 지식의 유일하고 동일한 형태 안으로 모아야 한다. 동물이나 식물 또는 지상의 어떤 사물을 안다는 것은 그것들 안이나 위에 쌓일 수 있었던 기호의 두터운 층 전체를 기록하는 것이고, 또한 기호가 문장(紋章)의 의미를 띠게 되는 모든 형태적 성좌를 재발견하는 것이다. 알드로반디는 관찰자로서 뷔퐁보다 더 우월하지도 더 열등하지도 않았다. 그는 뷔퐁보다 더 경솔하지도 않았고, 시선의 정확성이나 사물의 합리성에 덜 얽매인 것도 아니었다. 다만 그의 시선은 뷔퐁의 시선과 동일한 체계, 에피스테메의 동일한 배치에 따라 사물을 관찰하는 것이 아니었을 뿐이다. 알드로반디 또한 완벽하게 기술된 자연을 세심하게 응시했다.

그러므로 지식은 한 형태의 언어를 또 다른 형태의 언어에 관련짓는 데, 말과 사물의 드넓은 일률적 평원(平原)을 복원하고, 모든 것을 말하게 하는 데, 다시 말해서 모든 표지 위로 주석이라는 이차적 담론을 생겨나게 하는 데 있다. 지식의 속성은 보는 것이나 증명하는 것이 아니라 해석하는 것이다. 성서에 대한 주석, 고대 작가들에 대한 주석, 여행 이야기에 대한 주석, 전설과 우화에 대한 주석. 이러한 형태의 담론들 중에서 어떤 것에 대해서도, 해석되기 전에는, 진실을 표명하고 있다는 주

---

66) (옮긴이 주) legenda. '전설'에 해당하는 라틴어. 여기에서는 '읽히게 되어 있는 것'이라는 본래의 의미로 사용되었다.

장의 타당성을 입증하라고 요구할 수 없다. 이 담론들 각각에 대해 요구할 수 있는 것은 다만 스스로에 관해 말할 수 있는 가능성일 뿐이다. 언어 자체에 내적 증식의 원리가 있다. "사물을 해석하는 것보다는 해석을 해석하는 일이 더 빈번하고, 다른 모든 주제보다도 책에 관한 책이 더 많다. 우리는 서로 헐뜯기만 하고 있을 뿐이다."[67] 이 말은 결코 파탄에 이르러 유적(遺蹟) 아래 묻힌 문화에 관한 조서(調書)가 아니라, 16세기에 언어가 자기 자신과 맺고 있던 불가피한 관계에 대한 규정이다. 한편으로 이 관계는 끊임없이 펼쳐지고 답습되고 연속적인 형태들이 서로 포개지는 언어의 한없는 축적을 가능하게 한다. 이처럼 완전히 열려 있는 언어의 차원은 서양 문화에서 아마 16세기에 역사상 처음으로 드러났을 것인데, 이 언어는 결코 결정적인 말에 담기지 않는다는 점에서, 오직 말할 바를 온전히 말할 미래의 담론을 통해서만 진실을 표명하게 되기 때문에 결코 멈출 수 없을 뿐만 아니라, 미래의 담론 자체도 제자리에 멈춰설 수 없고, 스스로 말하는 바를 또 다른 담론에 다시 전해질 약속처럼 내포하고 있다……. 본디 주석 작업은 결코 완결될 수 없다. 그렇지만 주석은 주해(註解)되는 언어에 감춰져 있는 중얼거리는 듯하고 수수께끼 같은 부분을 전적으로 지향한다. 주석은 기존의 담론 위로 더 기본적이고 마치 '더 근본적인' 듯한 또 다른 담론을 출현하게 하는데, 주석의 임무는 이 담론을 복원하는 것이다. 주석은 지고한 원전(原典)이 읽히고 해독되는 언어 위에 군림할 때에만 존재할 뿐이다. 그리고 원전은 주석의 근거가 되면서, 자신으로부터 최종적인 발견을 이끌어 낼 수 있을 것임을 주석에 대해 보상으로 약속한다. 따라서 주해의 필연적 확산은 원전의 말 없는 지배에 의해 조절되고 관념적으로 제한되면서도 끊임없이 활기를 부여받는다. 언어의 역사에서 찾아볼 수 있는 하나의 일화가 아니라 전

---

67) Montaigne, *Essais*, liv. III, chap. XIII.

반적인 문화의 경험으로 볼 수 있는 16세기의 언어는 아마도 이러한 작용, 즉 기본 텍스트와 무한한 해석 사이의 틈새에 끼어 있었을 것이다. 말하기는 세계와 일체를 이루는 문자를 토대로 이루어지고, 누구나 문자에 관해 한없이 말하며, 문자 기호들 각각은 이제 뒤따르는 새로운 담론을 위한 문자가 되지만, 각 담론은 최초의 문자를 겨냥하고 최초의 문자의 회귀를 약속하면서 동시에 늦춘다.

언어의 경험은 알다시피 자연의 사물에 관한 인식과 동일한 고고학적 망(網)에 속한다. 자연의 사물들을 인식하는 것은 자연의 사물들을 서로 접근시키고 연계시키는 닮음들의 체계를 드러내는 것이었지만, 일단의 기호가 사물의 표면에서 명백한 표시로 텍스트를 형성함에 따라서만 유사성이 부각될 수 있었다. 그런데 이 기호들 자체는 다만 닮음의 작용이었고, 유사한 것의 인식이라는 필연적으로 미완의 작업인 무한한 임무를 촉발시켰다. 언어도 방향만 뒤바뀔 뿐, 자연의 사물을 인식하는 것과 동일한 방식으로, 절대적으로 근본적인 담론의 복원을 임무로 갖지만, 본래의 담론에 접근하고 본래의 담론과 유사한 사물을 말하려고 시도하며 신뢰할 수 있는 인접하고 유사한 해석을 이러한 방식으로 무한히 생겨나게 함으로써만 본래의 담론을 진술할 수 있다. 주석은 주해되기는 하지만 결코 표명할 수는 없는 어떤 것을 한없이 닮는데, 이는 닮음이 그 자체로 인식될 수 없지만 기호가 유사성 이외의 다른 것일 수 없기 때문에, 자연에 관한 지식이 닮음에서 항상 새로운 기호를 발견하는 것과 마찬가지이다. 그리고 자연의 이 무한한 작용이 대우주와 소우주 사이의 관계와 밀접하게 연관되어 있으며 대우주와 소우주 사이의 관계에 의해 형태를 부여받고 제한되는 것과 마찬가지로, 주석의 무한한 임무는 해석에 의해 언젠가는 전모가 밝혀질 실질적으로 기술된 텍스트에 대한 약속으로 다시 분명해진다.

5 언어의 존재

서양 세계에서 기호들의 체계는 스토아 철학 이래 3원적이었다. 왜냐하면 누구나 기호들의 체계에서 의미하는 것, 의미되는 것,[68] 그리고 '상황'(튀그크사논 τύγχανου)을 가려 보았기 때문이다. 반면에 17세기부터 기호들의 배치는 2원적이게 된다. 왜냐하면 포르루아얄에 힘입어 의미하는 것과 의미되는 것의 결합에 의해 기호들의 배치가 정의되기에 이르기 때문이다. 르네상스 시대에는 조직이 다르고 훨씬 더 복잡하며, 표지의 형식적 영역, 표지에 의해 지시되는 내용, 그리고 지칭된 사물에 표지를 연결하는 유사성을 요구하므로 3원적이다. 그러나 닮음이 기호의 내용일 뿐만 아니라 기호의 형식이므로, 이 배치의 세 가지 개별적 요소는 단일한 형상으로 흡수된다.

이러한 배치는 이로써 가능하게 되는 작용에 힘입어 언어의 경험에서도 발견되지만 순서가 반대이다. 사실 언어는 본디 문자, 사물 위의 자국, 세계에 퍼져 있고 세계의 가장 지우기 힘든 형상들 중의 하나인 표지의 단순한 물질적 형태로 존재한다. 어떤 관점에서 보자면 언어의 이 지층은 단일하고 절대적이지만, 곧바로 두 가지 다른 형태의 담론을 낳고 이것들에 의해 틀지어진다. 위로는 주석이 자리하고 아래로는 텍스트가 놓이는데, 주석은 주어진 기호들을 새로운 의도에 따라 이어받고, 가시적인 표지 아래 모든 이에게 감추어진 텍스트의 우위를 전제한다. 오직 문자만의 존재로부터 언어의 세 가지 층위가 비롯되는 것은 이로 인해서이다. 르네상스 시대가 끝나면서 사라지게 되는 것은 바로 이 복합적 상호 작용이다. 여기에는 두 가지 이유가 있다. 우선 하나의 항과 세 가지 항 사이에서 무한히 흔들리는 형상들이 이항 형태로 고정되고 이로써 안

---

68) (옮긴이 주) le signifiant, le signifié. 구조언어학에서는 흔히 '기표'와 '기의'라고 하지만, 여기서는 훨씬 이전의 언어 이론이 다루어지고 있으므로, 이처럼 비전문적인 용어가 역어로 적절하다.

정을 찾게 되기 때문이며, 다음으로 언어가 사물에 대한 물질적 문자로 존재하지 않고, 재현 기호들의 일반 체재에서만 언어의 공간이 발견되기에 이르기 때문이다.

이 새로운 배치로 말미암아 여태까지 알려지지 않은 새로운 문제가 생겨난다. 16세기까지는 실제로 하나의 기호가 의미하는 바를 그 기호가 가리킨다는 것을 어떻게 인정할 것인가가 문제였으나, 17세기부터 문제시되는 것은 어떻게 기호가 스스로 의미하는 것과 연결될 수 있을 것인가이다. 이 문제에 고전주의 시대는 재현의 분석을 통해 대답하게 되고, 근대적 사유는 의미와 의미 작용의 분석을 통해 대답하게 된다. 그러나 이로 말미암아 언어는 (고전주의 작가들에게는) 재현 또는 (우리에게는) 의미 작용의 특별한 경우에 지나지 않게 된다. 이로써 언어와 세계의 깊은 귀속 관계가 흐트러지고, 문자의 우위가 유보된다. 보이는 것과 읽히는 것, 가시적인 것과 언술할 수 있는 것이 무한히 교차하는 균일한 지층도 사라진다. 사물과 말이 서로 떨어지게 된다. 눈은 보는 것, 오직 보는 데에만 쓰이고 귀는 오직 듣는 데에만 쓰이게 된다. 담론의 임무는 존재하는 것을 말하는 데 있게 되지만, 담론은 자신이 말하는 것에 지나지 않게 된다.

문화의 막대한 재편성. 고전주의 시대는 우리를 여전히 사로잡고 있는 새로운 배치에 대해 책임이 있는 만큼(유사한 것의 절대적인 힘에 흡수된 탓으로, 기호의 의미 작용이 존재하지 않았지만, 수수께끼 같고 단조롭고 끈질기고 원초적인 기호의 존재가 한없는 분산 속에서 반짝이던 문화로부터 우리를 갈라놓은 만큼) 이 재편성의 어쩌면 가장 중요할 첫 단계였다.

이제는 우리의 지식에도, 우리의 반성에도, 이 존재에 대한 기억을 환기시키는 것은 전혀 없다. 아마 문학을 제외하면 더 이상 없을 것이다. 문학에서도 이 존재는 직접적이라기보다는 오히려 암시적이고 우회적인 방식으로만 환기될 뿐이다. 어떤 관점에서 보자면, 근대의 문턱에서 성립되고 지칭된 것과 같은 '문학'은 뜻밖에도 언어의 존재가 선명하게 재출현하는 현상을 드러낸다고 말할 수 있다. 17세기와 18세기에는 언어의 고유한 존재 방식, 즉 세계에 새겨지는 유구하고 견고한 사물로서의 언어가 재현의 기능 속으로 사라졌고 모든 언어가 담론으로서만 가치를 지니고 있었다. 언어의 기술은 '알리는' 방식, 이를테면 어떤 것을 의미하고 동시에 그것을 중심으로 기호를 배열하는 방식이었다. 따라서 이름을 붙이고는 지시적이고 장식적인 이중화로 그 이름을 포착하고 둘러싸고 숨기고 그 이름의 연기(延期)된 현존인 이차적 기호, 문채(文彩), 화려한 수사(修辭)에 해당하는 다른 이름들로 그 이름을 나타내는 기술이었다. 그런데 19세기에서 오늘날까지, 횔덜린에서 말라르메, 앙토냉 아르토까지 문학은 자율적으로 존재했으며, 일종의 '대항 담론'을 형성함으로써, 그리고 이러한 방식으로 언어의 재현하는 기능 또는 의미하는 기능에서 16세기 이래로 잊힌 순수한 언어의 존재로 거슬러 올라감으로써만 깊은 균열에 의해 다른 모든 언어와 분리되었다.

이제는 문학이 말하는 것의 차원에서가 아니라 의미하는 형식에 따라 문학을 검토함으로써 문학의 본질 자체에 도달했다고들 생각하는데, 이렇게 생각하는 사람들은 여전히 언어의 고전주의적 지위에서 벗어나지 못하고 있는 셈이다. 근대에 이르러 문학은 언어의 의미 작용을 (확증하는 것이 아니라) 보충하는 것이다. 언어의 존재는 서양 문화의 한계와 핵심부에서 문학을 통해 또다시 반짝인다. 실제로 16세기부터 언어의 존재는 서양 문화에 가장 낯선 것이면서도, 서양 문화가 은폐한 것의 중심에 자리하고 있다. 그래서 문학은 갈수록 사유되어야 할 것으로 보일 뿐만 아니라, 동일한 이유 때문에 의미 작용의 이론으로는 결코 사유될 수 없을 것으로 보인다. 문학을 기의(문학이 뜻하는 것, 문학에 나타난 '사상'이나 문학이 약속하거나 촉구하는 것)의 측면에서 분석하느냐, (언어학이나 정신분석학에서 차용한 도식의 도움으로) 기표의 측면에서 분석하느냐 하는 문제는 그다지 중요하지 않다. 이 문제는 그저 일화(逸話)에 지나지 않는다. 어느 경우에나 사람들은 우리 문화에서 150년 전부터 문학이 끊임없이 태어나 흔적을 남긴 장소 밖에서 문학을 찾는다. 이러한 해독 방식은 고전주의적 언어의 상황(17세기에 기호들의 체제가 이원적이게 되고 의미 작용을 재현의 형식에 비추어 숙고하게 되는 당시의 지배적인 상황)과 밀접한 관련을 맺고 있다. 그때 문학은 의미하는 것과 의미되는 것으로 이루어졌고 그 자체로 분석될 만했다. 그러나 19세기부터는 문학이 언어의 존재를 다시 드러나게 한다. 그렇지만 이 언어의 존재가 르네상스 시대 말기의 경우와 동일한 모습을 띠지는 않는다. 실제로 끝없는 담론의 움직임을 정당화하고 제한했던, 그 절대적으로 최초인 본래의 말이 이제는 존재하지 않는다. 이제 언어는 오래지 않아 시작도 끝도 약속도 없이 증식하게 된다. 문학 텍스트가 나날이 더듬는 것은 바로 이 공허하고 근본적인 공간의 행로이다.

3 재현하기

1 돈키호테

　돈키호테의 모험은 구불구불 이어지면서 한계를 긋는다. 돈키호테의 모험에서는 닮음과 기호가 오랜 상호 작용을 끝내고 벌써 새로운 관계를 맺는다. 돈키호테는 상궤를 벗어난 사람이 아니라 오히려 유사성의 모든 표지 앞에 멈춰 서는 세심한 순례자이다. 그는 동일자의 영웅이다. 그는 자신이 살고 있는 좁은 지방을 벗어나지 못하는 것처럼, 유사한 것을 중심으로 펼쳐지는 친숙한 평원을 떠나지 못한다. 그는 분명한 차이의 경계를 넘지도, 동일성의 핵심으로 돌아가지도 못한 채, 이 평원을 끝없이 돌아다닌다. 그런데 돈키호테 자신이 기호의 형상을 띠고 있다. 살며시 펼쳐진 책에서 방금 벗어난 그는 하나의 문자처럼 길고 가느다란 표기 기호의 모습이다. 그의 존재 전체는 언어, 텍스트, 인쇄된 용지, 이미 전사(轉寫)된 이야기일 뿐이다. 그는 서로 엮이는 말로 이루어져 있고, 세계에서 서로 닮은 사물들 사이를 편력하는 문자이다. 그렇지만 전적으로 그런 것만은 아니다. 왜냐하면 가련한 스페인 귀족인 그로서는 근본 원리를 표명하는 유구한 서사시를 따름으로써만 기사(騎士)가 될 수 있기 때문이다. 책은 그의 생활이라기보다는 오히려 그의 의무이다. 그는 자신이 유래한 텍스트와 자기 자신이 진정으로 동일한 성격이라는 점을 보여 주고자, 무엇을 하고 말할 것인지, 또한 자기 자신과 다른 사람들에게 어떤 기호를 부여할 것인가를 알기 위해 끊임없이 책을 참조해야 한다. 그의 모험은 기사도 소설에 의해 결정적으로 규정되었다. 그리고 그가 겪는 모든 일화, 그의 모든 결정과 공훈은 돈키호테와 그가 충실히 좇은 그 모든 기호가 실제로 유사하다는 징후가 된다.

그러나 그가 모든 기호와 유사하고자 하는 이유는 그가 그 모든 기호를 입증해야 하기 때문이다. 다시 말하면 (읽어서 이해할 수 있는) 기호가 이미 (눈에 보이는) 존재물과 더 이상 유사하지 않기 때문이다. 그 모든 텍스트, 그 모든 괴상한 소설은 정확히 유일무이하다. 세계에서 어떤 것도 그것들을 닮지 않았고, 그것들의 끝없는 언어는 결코 유사성에 의해 충족되지 않은 채 미결 상태로 남아 있으며, 그것들이 모조리 불에 타 버린다 해도 이로 인해 세계의 형상이 바뀌지는 않을 것이다. 텍스트의 증인, 대표자, 유사한 실재인 돈키호테는 텍스트를 닮음으로써, 텍스트가 진실을 말한다는 것, 텍스트가 정말로 세계의 언어라는 것에 대한 증거와 의심할 여지 없는 표지를 제시해야 한다. 책의 약속을 실현하는 것이 그의 몫이다. 서사시를 근본적으로 개혁하는 것이 그의 책무이지만, 그가 실행하려는 서사시 개혁은 이야기를 새롭게 하는 것과는 반대 방향으로 이루어진다. 서사시는 약속된 기억이라 할 수 있는 실제의 공훈을 이야기한(이야기한다고 주장한) 반면에, 돈키호테는 이야기의 내용 없는 기호를 현실로 가득 채워야 한다. 그의 모험은 세계에 대한 독해, 즉 책이 진실을 말하고 있음을 입증하는 형상을 온 세상에서 찾아내려는 세심한 행로가 된다. 공훈은 증거를 제시하는 일이어야 한다. 공훈은 정말로 승리하는 데 있는 것이 아니라 현실을 징후로, 즉 언어의 기호가 사물 자체와 정확히 일치한다는 징후로 변화시키는 데 있고, 그래서 승리하는 것은 사실상 중요하지 않다. 돈키호테는 책의 내용을 증명하기 위해 세계를 읽는다. 그리고 닮음의 번쩍거림만을 증거로 여긴다.

그의 여정 전체는 유사성의 추구이다. 가장 사소한 유비조차도 다시 말하기 시작하도록 일깨워야 할 졸고 있는 기호처럼 그의 관심을 끈다. 가축의 무리, 하녀, 여인숙은 서서히 군대, 귀부인, 성(城)을 닮음에 따라 다시 책의 언어가 된다. 이 닮음은 언제나 어긋나고, 이에 따라 애써 얻어 낸 증거는 웃음거리로 변하며, 책의 말은 한없이 공허한 상태로 남는다. 그런데 비(非)유사성 자체가 맹목적으로 모방하는 전범이 있는데, 그것은 마법사들에 의한 변환에서 발견된다. 그래서 비(非)닮음의 모든 지표, 즉 텍스트가 진실을 말하고 있지 않음을 보여 주는 모든 기호는 술수를 써서 명백한 유사성에 차이를 불러들이는 마법의 작용과 유사하다. 그리고 이 마법은 책에서 이미 예견되고 묘사된 것이므로, 이 마법이 들여오는 허망한 차이는 마법에 걸린 유사성, 따라서 기호가 정말로 진실을 닮았다는 보충적인 징후일 뿐이게 된다.

『돈키호테』는 르네상스 세계의 음화(陰畵)를 보여 주고, 문자는 세계의 산문이기를 멈추었고, 닮음과 기호의 오랜 일치는 무너졌고, 유사성은 기만하고 망상과 정신착란으로 바뀌고, 사물은 가소로운 동일성 속에 끈질기게 머물러 있고, 즉 이제는 현재의 모습일 뿐이고, 말은 채울 내용도 닮음도 없이 이리저리 옮겨 가고, 더 이상 사물을 나타내지 않으며, 먼지에 덮인 책의 지면들 사이에 잠들어 있다. 기호 아래 은밀한 닮음을 발견함으로써 세계에 대한 독해를 가능하게 한 마법은 이제 왜 유비가 언제나 어긋나는지를 비상식적인 방식으로 설명하는 데에만 소용될 뿐이다. 예전에 자연과 책을 단일한 텍스트로 읽어 낸 박학은 공상으로 치부되고, 즉 책의 누런 지면으로 가라앉고, 언어의 기호가 갖는 가치는 기호가 재현하는 것의 빈약한 허구일 뿐이다. 문자와 사물은 더 이상 유사하지 않다. 문자와 사물 사이에서 돈키호테는 발길 닿는 대로 떠돌아다닌다.

　　그렇지만 언어가 완전히 무력해지지는 않았다. 이제 언어는 새로운 힘을 지니게 되는데, 이 힘은 언어에 고유한 것이다. 이 소설의 2부에서 돈키호테는 1부를 읽은 인물들을 만나고, 그들은 실재 인물 돈키호테를 책의 주인공으로 알아본다. 세르반테스의 텍스트는 이중으로 접히고, 텍스트 자체의 두께 안으로 파묻히며, 그 자체로 이야기의 대상이 된다. 모험의 2부에서는 초반에 기사도 소설이 맡았던 역할을 1부가 수행한다. 돈키호테는 실제로 책이 되었고, 따라서 자기 자신으로서의 책에 충실해야 한다. 그는 이 책을 오류, 위작, 의심스러운 속편으로부터 보호하고, 빠져 있는 세부 사항을 첨가해야 하며, 이 책의 진실을 유지해야 한다. 그러나 이 책은 실제로 돈키호테 자신이므로, 정작 돈키호테는 이 책을 읽지 않았고 읽을 필요도 없다. 책을 너무 많이 읽은 나머지 그를 인정하지 않는 세계에서 편력하는 기호가 된 돈키호테는 본의 아니게 자신도 모르는 사이에 한 권의 책이 되었는데, 이 책은 그의 진실을 보유하고, 그가 행하고 말한 모든 것, 그가 보고 생각한 모든 것의 정확한 기록으로서, 그가 자신의 뒤로 지울 수 없는 자국을 남긴 그 모든 기호를 닮은 한, 마침내 누구라도 그를 알아볼 수 있게 해 준다. 소설의 1부와 2부 사이에서, 이 두 권의 간격에서, 그리고 이 두 권의 권위에 의해서만, 돈키호테는 오직 언어에만 빚지고 전적으로 말에만 내재하는 실재성을 얻었다. 돈키호테의 진실은 세계에 대한 말의 관계가 아니라, 언어적 표지들이 서로 엮이면서 생겨나게 하는 그 얇고 일정한 관계에 있다. 영웅적 무훈들의 기만적인 허구는 언어의 재현력이 되었다. 말이 이제 막 기호로서의 성격만을 갖게 된 것이다.

　　『돈키호테』는 최초의 근대적 작품이다. 왜냐하면 이 작품에서는 기호와 유사성이 동일성과 차이의 엄정한 근거에 의해 끊임없이 무시되고, 언어가 사물과의 오랜 친화력을 잃고서 고고(孤高)한 상태에 처하는데, 이 이후로 언어는 오직 문학이 됨으로써만 고립된 처지를 벗어나 생경한 모습으로 재출현하게 되기 때문이며, 닮음의 관점에서 보자면 비(非)이성과 상상력의 시대인 그런 시대로 닮음이 들어서기 때문이다. 일단 유사성과 기호의 매듭이 풀리자, 두 가지 경험이 이루어질 수 있으며, 두 인물이 마주보고 출현할 수 있다. 서양의 경험에서 환자가 아니라 지정되고 부양되는 일탈자로, 불가결한 문화적 기능으로 이해된 광인은 이제 무질서한 닮음의 인간이 되었다. 바로크 시대의 소설이나 연극에서 묘사되고 19세기의 정신의학에 이르기까지 점차로 제도에 의해 관리된 이 인물은 유비 속에서 이성을 잃은 사람이다. 이 인물은 동일자와 타자의 역할을 뒤죽박죽으로 연기하는 자이다. 이 인물은 사물을 실제의 사물이 아닌 다른 것으로, 어떤 사람을 다른 사람으로 착각하고, 친구를 알아보지 못하고, 낯선 사람을 알은체하고, 가면을 벗긴다고 생각하지만 사실은 가면을 씌운다. 이 인물은 매 순간 기호를 해독한다고 생각하기 때문에, 모든 가치와 모든 비례를 뒤집는다. 이 인물이 보기에 가령 요란한 광대옷을 입은 사람은 누구라도 왕이 된다. 18세기 말엽까지 광인에 대해 지녔던 문화적 인식에 따르면, 광인은 차이를 인식하지 못하는 범위 내에서만 다른 존재이고, 도처에서 닮음과 닮음의 기호만을 보는 자이며, 광인에게는 모든 기호가 서로 유사하고 모든 닮음이 기호와 같은 가치를 갖는다. 문화 공간의 다른 극단, 그러나 대칭을 이루기에 바로 인접해 있는 극단에서 시인은 명명되고 언제나 미리 규정된 차이 아래 파묻힌 사물들의 친근성, 흩어져 있는 사물들의 유사성을 다시 찾아내는 사람이다. 기존의 기호들 아래에서, 기존의 기호들에도 불구하고 시인은 말이 사물의 보편적 닮음 속에서 반짝이던 시대를 상기시키는 더 근원적인 또 다른 담론을 듣는다. 시인의 언어에서는 그토록 표명하기 어려운 동일자의 절대성으로 인해 기호들이 특권을 지닐 수 없다.

근대의 서양 문화에서 시와 광기의 대면은 아마도 이로부터 유래했을 것이다. 그러나 이 대면은 이제 고양된 정신착란이라는 오랜 플라톤적 주제가 아니라, 언어와 사물에 대한 새로운 경험의 표지이다. 존재, 기호, 유사성을 분리하는 어떤 지식의 여백에서 광인은 마치 이 지식의 힘을 제한하기 위해서인 듯, **동일 의미 내용**[1]의 기능을 확보한다. 광인은 모든 기호를 모으고 모든 기호 사이에 닮음을 끊임없이 확산시킨다. 시인은 이와 대칭적인 기능을 확보하고, 알레고리의[2] 역할을 맡으며, 기호들의 언어와 기호들의 아주 뚜렷한 특권의 작용 아래에서 '다른 언어'에, 말도 담론도 없는 닮음의 언어에 귀를 기울인다. 시인은 유사성을 말해 주는 기호에까지 유사성을 이르게 하고, 광인은 모든 기호를 결국 없애 버리는 닮음으로 모든 기호를 가득 채운다. 이처럼 광인과 시인은 우리 문화의 외부 가장자리에서, 우리 문화의 본질적인 분할선에 가장 가까이 인접한 곳에서 '한계' 상황(주변적인 자세와 지극히 근원적인 실루엣)을 같이하는데, 거기에서 광인과 시인의 말은 낯섦의 힘과 항의(抗議)의 가능성을 끊임없이 얻는다. 광인과 시인 사이에서 어떤 지식의 공간이 열렸는데, 이 공간에서 문제가 되는 것은 이제 서양 세계에서의 본질적인 단절 때문에 유사성이 아니라 동일성과 차이이다.

2 질서

일반 역사에서 불연속성의 지위는 확정하기가 쉽지 않다. 사유의 역사에서는 아마 더욱 쉽지 않을 것이다. 분할선을 긋고들 싶은가? 어쩌면 모든 경계는 끊임없이 변동하는 전체에서 제멋대로 생겨난 균열에 지나

---

1) (옮긴이 주) homosémantisme. 'homo'는 접두사로서 '유사'나 '동일'을 뜻하고, 'sémantisme'는 '의미 내용' 또는 '하나의 기호나 여러 기호들이 지니는 가치나 의미 전체'를 뜻한다. 여기서는 돈키호테의 광기를 규정하는 신조어(용어)이다.

2) (옮긴이 주) allégorique. '알레고리'는 어원상 '다르게 말하기'이다.

지 않을 것이다. 시기를 구분하고들 싶은가? 그러나 두 시점 사이의 단일한 연속 체계를 출현시키기 위해 대칭적 단절을 두 시점에 설정할 권리가 누구에게나 있는 걸까? 그렇다면 어째서 단일한 연속 체계가 구성되고 또 동요하다가 사라지는 것일까? 단일한 연속 체계의 존속과 소멸은 어떤 방식을 따르는 것일까? 단일한 연속 체계 자체 안에 일관성의 원리가 내포되어 있다면, 이 체계와 어긋날 수 있는 낯선 요소는 어디에서 생겨날 수 있을까? 어떻게 하나의 사유가 다른 사유 앞에서 사라질 수 있을까? 하나의 사유를 더 이상 사유할 수 없다는 것, 그리고 새로운 사유를 정립한다는 것은 일반적으로 무엇을 의미할까?

불연속(때때로 몇 년 사이에 하나의 문화가 그때까지의 방식으로 사유하기를 그치고 다른 것을 다른 방식으로 사유하기 시작한다는 사실)은 아마 바깥으로부터의 침식으로, 사유에 대해 다른 쪽에 있지만 처음부터 사유가 사유하기를 그치지 않은 바깥의 공간으로 열려 있을 것이다. 극단적인 경우에, 문화에 대한 사유의 관계가 문제로 제기된다. 어떻게 사유는 세계의 공간에 자리를 차지하고 기원(起源) 같은 것을 내포하며 여기저기에서 끊임없이 새롭게 시작되는 것일까? 그러나 아마 아직은 이 문제를 제기할 때가 아닐 것이다. 사유를 돌아보고 사유가 자기 자신에게서 벗어나는 방향을 검토하려면, 사유의 고고학이 더 한층 확실히 실행되고, 사유의 고고학에 의해 직접적으로 확실히 묘사될 수 있는 것이 더 정확하게 평가되며, 사유의 고고학이 겨냥하는 특이한 체계와 내부적 연쇄가 명확히 규명되기를 기다려야 할 것이다. 그러므로 지금으로서는 불연속성이 주어지는 명백하고 동시에 모호한 경험의 영역에서 불연속성을 검토하는 것으로 만족하자.

17세기 초엽, 다시 말해 옳건 틀리건 바로크라고 불린 시대에는, 사유가 더 이상 닮음의 원리에 따라 진행되지 않는다. 유사성은 이제 지식의 형식이 아니라, 오히려 오류의 계기이자, 누구라도 불충분하게 밝혀진 혼란의 장소를 조사하지 않을 때 직면하는 위험이다. 데카르트는 『정신 지도를 위한 규칙』의 처음 몇 줄에서 다음과 같이 말한다. "두 사물 사이에서 몇몇 유사점이 발견될 때, 두 사물 중에서 오직 하나에 대해서만 참이라고 인정된 것을, 두 사물이 사실상 서로 다른 지점에서조차, 그 둘 모두에 부여하는 것은 흔히 볼 수 있는 습관이다."[3] 유사한 것의 시대가 막을 내리고 있는 중이다. 이제 유사한 것의 시대는 재미있는 오락만을 뒤에 남길 뿐이다. 오락의 마력은 닮음과 착각의 새로운 친근성으로 인해 증대하고, 유사성의 망상이 도처에서 모습을 드러내지만, 유사성이 망상이라는 것은 이제 누구나 알고 있다. 17세기 초엽은 실물로 착각할 만큼 사실적인 그림, 희극적인 환각, 이중화되고 극중극을 포함하는 연극, 오인(誤認), 꿈과 환영의 시대이고 기만적인 감각의 시대이며 은유와 비유 그리고 우의가 언어의 시적 공간을 결정하는 시대이다. 이 사실 때문에 16세기의 지식은 세계의 모든 사물이 경험이나 전승 또는 맹신과 아무렇게나 연관될 수 있었던 잡다한 무규칙적 인식의 일그러진 기억을 남긴다. 이제 유사성의 엄밀하고 속박하는 아름다운 형상은 곧 잊힌다. 그리고 이 형상을 나타낸 기호는 아직 합리적인 것이 되지 않은 지식의 몽상 및 매력으로 여겨진다.

닮음에 대한 비판은 베이컨에게서 이미 발견된다. 사물들 사이의 순서 관계와 동등 관계가 아니라, 정신의 유형들 및 이것들이 쉽게 빠져들 수 있는 착각의 형태와 관계가 있는 경험의 비판이 그것이다. 이 비판은 오인에 관한 견해이다. 유사성을 베이컨은 자명성과 이것에 관한 규칙에 의해 일소하지 않는다. 눈앞에서 반짝거리고, 누군가가 접근하면 사라지지만, 약간 더 멀리에서 보면 곧바로 재구성되는 유사성을 그는 지적한다. 유사성은 우상이다. 동굴의 우상과 극장의 우상을 통해 우리는 사물이

---

3) Descartes, *Oeuvres philosophiques*(Paris, 1963), t. I, 77쪽.

우리의 학습 내용 및 구상된 이론과 유사하다고 믿게 되고, 다른 우상들을 통해서 우리는 사물들이 서로 유사하다고 믿게 된다. "인간의 정신은 본래 사물들에서 발견하는 것보다 더 많은 질서와 닮음을 사물들에 대해 추정하는 경향이 있고, 그래서 자연에는 예외와 차이가 가득한데도, 도처에서 조화, 일치, 유사성을 발견하려 한다. 모든 천체가 움직이면서 완벽한 원을 그린다는 허구는 이로부터 유래한다." 여기에 부족의 우상, 무의식적인 정신의 기만이 있다. 부족의 우상에 언어의 혼란이 결과로 때로는 원인으로 추가된다. 하나의 동일한 이름이 동일한 성격을 띠지 않는 사물들에 무차별적으로 적용된다. 이것이 시장의 우상이다.[4] 조급함과 본래의 경박함을 떨쳐 버리고 '통찰력을 갖게' 되어 마침내 자연에 고유한 차이를 인식하는 신중한 정신만이 이 우상들을 일소할 수 있다.

닮음에 대한 데카르트의 비판은 또 다른 유형의 것이다. 데카르트의 비판은 이제 자기 앞에서 불안해 하고 자신의 가장 친숙한 형상들을 떨쳐 버리기 시작하는 16세기의 사유가 아니라, 지식의 기본적 경험 및 근본적 형태로 여겨진 닮음을 배제하고 닮음을 동일성과 차이, 크기와 순서의 견지에서 분석해야 하는 불명료한 혼합물이라고 비난하는 고전주의적 사유이다. 데카르트는 합리적 사유에서 비교 행위를 배제하거나 비교 행위를 제한하려고 애씀으로써가 아니라, 반대로 비교 행위를 보편화하고 이러한 방법으로 비교 행위에 가장 순수한 형식을 부여함으로써 닮음을 거부한다. 실제로 우리가 "형상, 연장(延長), 운동 등"을, 다시 말해 단순한 본질들을 이것들이 현존할 수 있는 모든 주체에게서 발견하는 것은 비교를 통해서이다. 다른 한편으로, "모든 A는 B이다. 모든 B는 C이다. 그러므로 모든 A는 C이다."라는 유형의 추론에서 정신은 "주어져 있는 항과 구하고자 하는 항, 즉 A와 C를 B라는 관점에서 서로 비교하는"

---

4) F. Bacon, *Novum organum*(trad., Paris, 1847), liv. I, 111, 119쪽, § 45 및 55.

것이 분명하다. 따라서 고립된 사물에 대한 직관을 별도로 친다면, 모든 인식은 "둘 또는 여러 사물 사이의 비교를 통해 획득된다."[5]라고 말할 수 있다. 그런데 참된 인식은 직관에 의해서만, 다시 말해 순수하고 세심한 지성의 특이한 행위에 의해서만, 그리고 자명한 사실들을 서로 연결짓는 추론에 의해서만 성립한다. 거의 모든 인식에 요구되고 본래 고립된 자명한 사실도 추론도 아닌 비교가 어떻게 진정한 사유를 가능하게 할 수 있을까? "인간의 이성이 행하는 거의 모든 작업은 아마 이 활동을 가능하게 하는 데 있을 것이다."[6]

두 가지 형태의 비교, 치수의 비교와 순서의 비교라는 두 가지 형태의 비교만이 존재한다. 크기 또는 수량, 다시 말해 연속 또는 불연속 변량(變量)은 측정될 수 있다. 그러나 어느 경우에나 측정 작업이 이루어지려면, 요소들에서 전체로 나아가는 계산과는 달리, 우선 전체가 고려되고 전체가 부분들로 나뉘어야 한다. 이 나누기는 단위의 문제로 귀착하는데, 일부의 단위들은 약속으로 정한 것이거나 '다른 데서 빌려 온' 것(연속 변량의 경우)이고 나머지 단위들은 산술의 단위(수량 또는 불연속 변량의 경우)이다. 어쨌든 두 가지 크기나 수량을 비교할 때는 공통의 단위가 분석에 적용되어야 한다. 이처럼 측정에 의해 실행된 비교는 모든 경우에서 동등과 불균등의 산술 관계로 귀착한다. 측정은 유사한 것을 동일성과 차이의 계산할 수 있는 형태에 따라 분석할 수 있게 해 준다.[7]

순서는 외부 단위와 관계없이 확정된다. "실제로 나는 A와 B 사이의 순서가 무엇인지를 이 두 가지 최종의 항 이외에는 어떤 것도 고려하지 않고 알아볼 수 있다." "사물들의 개별적 본질을 통해서는" 사물들의 순서가 인식될 수 없다. 가장 단순한 사물, 다음으로 그것에 가장 가까운

---

5) Descartes, *Regulae*, XIV, 168쪽.
6) *Ibid.*, XIV, 168쪽.
7) *Ibid.*, 182쪽.

사물을 찾아내고, 이로부터 필연적으로 가장 복잡한 사물까지 이를 수 있게 됨으로써, 사물들의 순서가 인식될 수 있다. 측정에 의한 비교에는 우선 나누기가 요구되고, 뒤이어 공통 단위가 적용되어야 하는 반면에, 여기에서는 비교하기와 순서 정하기가 하나의 동일한 활동이다. 순서에 의한 비교는 "절대로 중단되지 않는"[8] 움직임에 따라 하나의 항에서 다른 항으로, 그러고는 제3의 항으로 계속해서 넘어갈 수 있게 해 주는 단순한 행위이다. 이런 식으로 계열이 확정되는데, 계열에서 첫 번째 항은 다른 모든 항과 무관하게 누구라도 직관할 수 있는 본질이고, 다른 항들은 증대하는 차이에 따라 확정된다.

그러니까 이것이 비교의 두 가지 유형이다. 하나는 동등 및 불균등 관계를 확립하기 위해 단위를 통해 분석하는 것이고, 다른 하나는 요소들, 찾아낼 수 있는 가장 단순한 요소들을 확정하고 가능한 한 가장 미약한 정도에 따라 차이들을 배치하는 것이다. 그런데 크기와 수량의 측정은 순서의 확립으로 귀결될 수 있다. 산술의 수치들은 언제나 하나의 계열에 따라 순서가 정해질 수 있다. 그러므로 "측정의 인식과 관련된 난점이 결국 순서에 대한 고려에 달려 있었을 뿐인 것처럼" 다수의 단위도 "하나의 순서에 따라 배치될" 수 있다.[9] 방법과 방법상의 '진전'은 바로 여기에 있다. 모든 측정(동등과 불균등에 의한 모든 결정)을 계열화로 귀착하게 할 수 있는데, 단순한 것에서 출발하는 계열화는 차이를 복잡성의 등급으로 나타나게 한다. 유사한 것들이 단위와 동등 또는 불균등 관계에 의거하여 분석되고 나서, 자명한 동일성과 차이, 즉 **추론**의 영역에서 사유될 수 있는 **차이**에 의거하여 분석된다. 그렇지만 이러한 순서 또는 일반화된 비교는 인식에서의 연쇄에 따라 확정될 뿐이고, 단순한 것에서 인정되는 절대적 특성은 사물의 본질과 관련된 것이 아니라, 사물이 인

---

8) *Regulae*, VI, 102쪽; VII, 109쪽.
9) *Ibid.*, XIV, 182쪽.

식될 수 있는 방식과 관계가 있다. 그래서 사물은 어떤 관점에서는 절대적이고 다른 관점들에서는 상대적일 수 있으며,[10] 하나의 동일한 사물이 검토 방식에 따라 순서의 한 지점이나 또 다른 지점에 놓일 수 있으므로, 순서는 (사유와 관련해서는) 필연적이고 자연스러운 것임과 동시에 (사물과 관련해서는) 자의적인 것일 수 있다.

이 모든 것은 서양의 사유에 중대한 결과를 가져다주었다. 오랫동안 지식의 기본적 범주(인식의 형식이자 내용)였던 유사한 것이 동일성과 차이의 관점에서 분석되면서 해체되기에 이르고, 게다가 비교는 측정의 매개에 의해 간접적으로든지, 마치 동일한 층위의 것인 듯 직접적으로든지 간에 질서와 관련이 있으며, 마침내 비교는 이제 세계의 정연한 배치를 밝히는 역할을 하는 것이 아니라, 사유의 명령에 따라 당연하게도 단순한 것에서 복잡한 것으로 나아가는 식으로 이루어진다. 이로 말미암아 서양 문화에서 에피스테메 전체의 기본 배치가 변한다. 특히 16세기의 인간이 관찰한 바처럼 친근성과 닮음 그리고 친화력이 여전히 하나의 매듭으로 묶여 있고 언어와 사물이 끝없이 교차한 경험의 영역, 이 광범위한 영역 전체가 새로운 지형을 띠게 된다. 원한다면 이 새로운 지형을 '합리주의'라는 이름으로 지칭할 수 있고, 머릿속에 기성(既成)의 개념들밖에 없는 경우라면 17세기에야 비로소 미신적이거나 마술적인 낡은 믿음이 사라졌고 마침내 자연이 과학의 영역에 포함되기에 이르렀다고 말할 수 있다. 그러나 파악하고 복원하려고 시도해야 하는 것은 인식과 인식 대상의 존재 양태를 가능하게 하는 이 근원적인 층위에서 지식 자체를 변질시킨 변화이다.

이 변화는 다음과 같은 방식으로 요약될 수 있다. 우선, 유비에 근거한 위계가 분석으로 대체된다. 16세기에는 무엇보다도 상응(대지와 하늘,

---

10) *Regulae*, VI, 103쪽.

행성과 얼굴, 소우주와 대우주)의 전반적 체계가 일반적으로 인정되었고, 모든 개별적 유사성이 필연적으로 이 총괄적인 관계의 내부에 자리했으나, 이제는 어떤 닮음이건 비교라는 시금석에 따라 판단되기에 이른다. 다시 말해 모든 닮음은 치수, 공통의 단위, 또는 더 근본적으로 질서, 동일성, 차이의 계열에 의해 일단 발견되고 나서야 받아들여지게 된다. 게다가, 예전에는 유사성의 작용이 무한했고, 새로운 유사성을 발견하는 것이 언제나 가능했으며, 유일한 제한은 사물들의 정연한 배치, 대우주와 소우주에 의해 에워싸인 세계의 유한성에서 유래했다. 이제는 완전한 열거가 곧 가능해지게 된다. 고찰 대상 전체를 구성하는 모든 요소에 대해 철저히 조사하거나, 조사의 영역 전체를 유기적으로 구성하여 범주화하거나, 끝으로 계열을 따라 충분히 추출된 일정한 수의 지점들을 분석하는 형태로 열거가 이루어질 수 있게 된다. 따라서 비교는 완벽한 확실성에 이를 수 있다. 결코 완결되지 않고 언제나 새로운 가능성 쪽으로 열린 유사성들의 낡은 체계는 연속적 확증을 통해 점점 더 그럴듯해질 수 있었지만 결코 확실하지는 않았다. 완전한 열거와 다음 지점으로의 필연적 이행을 각 지점에 부여할 가능성은 동일성과 차이에 대한 절대적으로 확실한 인식을 가능하게 한다. 이에 따라 "우리의 관심을 끄는 문제가 무엇이건, 우리는 열거에 의해서만 참되고 확실한 판단을 내릴 수 있다."[11] 그러므로 네 번째 사항이라 할 수 있는 정신의 활동에 대해 말하자면, 그것은 사물들을 서로 **접근시키거나**, 사물들에서 친근성이나 인력(引力) 또는 은밀히 공유된 성질을 나타내는 모든 것을 찾아 떠나는 것이 아니라, 반대로 **식별하는 것**, 다시 말해 동일성을 확립하고 이후 동일성에서 멀어지는 모든 단계에서 일어나는 변화의 필연성을 밝히는 것이 된다. 이 관점에서 볼 때 식별이 이루어지기 위해서는 기본적으로 단순한

---

11) *Regulae*, VII, 110쪽.

비교를 넘어 차이가 탐색되어야 한다. 직관에 의해 사물이 분명하게 재현되어야 하고, 계열의 한 요소에서 바로 다음 요소로 넘어가는 필연적인 이행이 명확하게 파악되어야 한다. 끝으로, 마지막 귀결에 관해 말하자면, 인식한다는 것은 식별한다는 것이므로, 역사와 과학은 서로 별개의 것이 된다. 한편으로는 박학, 저자들에 관한 독서, 저자들이 갖는 견해의 작용이 있게 되는데, 이 작용은 저자들 사이의 합의보다는 오히려 알력에 의해 종종 지시의 가치를 지닐 수 있게 된다. "어려운 문제가 제기될 때, 그것에 관한 진실을 발견하는 자가 많기보다는 오히려 거의 없기 십상이다." 이러한 역사와의 공통된 척도가 없는 그 맞은편에는 우리가 직관들의 연쇄에 의해 내릴 수 있는 확실한 판단이 우뚝 서 있다. 이 판단만이 과학을 구성하고, 그래서 우리가 "플라톤과 아리스토텔레스의 모든 추론을 읽었"을지라도 "우리가 배웠을 법한 것은 결코 과학이 아니라 역사인 듯하다."[12] 이제 텍스트는 진실의 기호와 형태에 속하지 않는다. 언어는 이제 세계의 형상들 가운데 하나도 아니고, 태초부터 사물에 부과된 표징도 아니다. 진실은 자명하고 분명한 지각 속에서 발현되고 표시된다. 말이 진실을 나타낼 수 있다면 진실의 표출은 마땅히 말에 주어져야 하지만, 말은 이제 진실의 표지일 권리가 없다. 언어는 존재물들의 한가운데에서 뒤로 물러나 투명성과 중립성의 시대로 접어든다.

17세기의 문화에서 이것은 바로 일반적인, 데카르트 철학의 유별난 성공보다 더 일반적인 현상이다.

실제로 세 가지 사항을 구별할 필요가 있다. 한편으로는 기계론이 있었는데, 이것은 어느 모로 보나 상당히 짧은 기간 동안(기껏해야 17세기 후반기 동안) 의학이나 생리학 같은 몇몇 지식 분야의 이론에서 전형의 구실을 했다. 또한 경험적인 것을 수학적으로 처리하고자 하는 노력이

---

12) *Regulae*, III, 86쪽.

있었다. 이와 같은 노력은 다양한 형태로 구현되었는데, 가령 천문학 분야와 물리학의 일각에서는 변함없이 계속된 반면에 다른 분야들에서는 산발적이었는가 하면, 때로는 (콩도르세[13]의 경우처럼) 실제로 이루어졌고, 때로는 (콩디야크나 데스튀트[14]의 경우처럼) 탐구의 보편적 이상이자 지평으로 제시되었으며, 또 때로는 (뷔퐁의 경우처럼) 그 가능성 자체가 인정되지 않았다. 그러나 이러한 노력이나 기계론적 시도를 가장 일반적인 형태의 고전주의적 지식 전체와 크기 및 질서에 관한 보편 과학으로 이해된 마테시스[15] 사이의 관계로 혼동해서는 안 된다. 사상사가(思想史家)들은 '데카르트의 영향'이니 '뉴턴의 모델'이니 하는 막연히 주술적이고 공허한 말에 현혹되어, 이 세 가지 사항을 뒤섞고 자연을 기계적이고 계산 가능한 것으로 만들려는 경향을 고전주의적 합리주의로 규정하는 데 익숙해져 있다. 어중간한 재주를 지닌 다른 사상사가들은 이 합리주의 아래에서 '상반되는 힘들'의 상호 작용, 즉 대수학으로도 운동물리학으로도 귀착하지 않고 고전주의의 바탕에 합리적으로 설명할 수 없는 부분으로 남아 있는 자연과 생명의 작용을 찾아내려고 애쓴다. 이 두 가지 유형의 분석은 모두 불충분하다. 실제로 고전주의 시대의 에피스테메에서 근본적인 것은 기계론의 성공이나 실패, 자연에 대한 수학적 설명의 권리

---

13) (옮긴이 주) Condorcet(1743~1794). 달랑베르, 볼테르, 튀르고와 교류한 프랑스의 철학자, 수학자, 정치가. 18세기 사상가들의 계승자이고 이른바 '철학당'의 우두머리인 그는 입법의회와 국민의회 의원이 된다. 저서로는 *Essai sur le calcul intégral*(1765), 말년에 인류의 기원으로부터 과학과 문명이 진보해 온 과정을 서술한 *Esquisse d'un tableau historique des progrès de l'esprit humain* 등이 있다.

14) (옮긴이 주) Destutt(1754~1836). 스코틀랜드 명문가의 후손인 프랑스의 철학자. 이른바 관념학파의 대표자 격으로서, *Eléments d'idéologie*(1801), *Grammaire Général*(1803), *Logique*(1805) 등의 저서를 남겼다.

15) (옮긴이 주) mathesis. 그리스어에서 유래한 라틴어로서 원래는 배움, 인식, 전형적인 과학의 의미이지만, 수학과 관련되면서 대상 영역이 아니라 사유 과정의 특수성, 모든 과학의 핵(데카르트), 논리학과 수학의 합류점, 판단의 형식과 대상의 추상적인 속성에 관한 공통 이론(라이프니츠)을 나타내기에 이른다.

나 불가능성이 아니라, 바로 18세기 말엽까지 변함없이 지속되는 마테시스에 대한 이해 방식이다. 이 이해 방식은 두 가지 본질적인 특성을 갖는다. 첫 번째 특성은 크기의 문제를 언제나 질서의 문제로 귀착시킬 수 있다는 점에서 근본적인 불균형이 실재하는데도, 존재물들 사이의 관계가 질서와 크기의 형식 아래 사유된다는 점이다. 그래서 마테시스에 대한 모든 인식의 관계는 심지어 측정할 수 없는 것까지도 포함하여 사물들 사이에 정연한 연속을 확립할 가능성으로 주어진다. 이러한 관점에 따라 분석은 아주 재빨리 보편적인 방법으로서의 가치를 띠게 된다. 따라서 질적(質的) 질서의 수학을 확립하고자 했던 라이프니츠의 기획은 고전주의적 사유의 핵심 자체에 자리한다. 고전주의적 사유 전체는 바로 라이프니츠의 기획을 중심으로 맴돈다. 그러나 다른 한편으로 질서의 일반 과학으로서의 마테시스에 대한 이와 같은 이해 방식은 지식이 수학에 흡수된다거나 모든 가능한 인식의 바탕이 수학에 있다는 것을 의미하지 않는다. 반대로, 마테시스의 탐구와 관련하여, 그때까지 형성되지도 정의되지도 않았던 여러 가지 경험의 영역이 나타나는데, 이 영역들 중 어떤 것에서도, 또는 거의 전반적으로 기계론이나 수학화의 흔적을 찾아내는 것은 불가능하지만, 이 영역들은 모두 가능한 질서의 과학을 토대로 하여 성립되었다. 이 영역들이 정말로 분석 일반에 속한다면, 이 영역들의 특별한 도구는 대수학적 방법이 아니라 기호들의 체계이다. 이러한 방식으로 말, 존재물, 필요의 영역에서 일반 문법, 자연사, 부(富)의 분석이라는 질서의 과학이 출현했다. 그리고 고전주의 시대에 새롭게 등장하고 고전주의 시대의 지속과 동일한 외연(外延)을 갖는 이 모든 경험성(이것들의 연대기적 지표는 랑슬로[16]와 보프,[17] 레이[18]와 퀴비에, 페티[19]와 리카도[20]인데, 앞의 세 사람은 1660년 무렵에, 뒤의 세 사람은 1800년부터 1810년까지 저술 활동을 한다.)은 당시에 서양 문화의 에피스테메 전체가 보편적인 질서의 과학과 관계를 맺지 않는 한 성립할 수 없었다.

해석에 대한 이해 방식이 르네상스 시대에 본질적이었던 만큼이나 질서에 대한 이와 같은 이해 방식은 고전주의 시대에 본질적이다. 그리고 해석학에 기호학이 겹치는 16세기의 해석이 본질적으로 유사성의 인식이었던 것과 마찬가지로, 기호에 의한 정돈으로 인해 모든 경험적 지식은 동일성과 차이에 관한 지식이 된다. 무한하면서 닫혀 있고, 완전하면서 동어 반복적인 닮음의 세계는 해체되고 한가운데가 벌어진 듯하다. 한편에는 분석의 수단, 동일성과 차이의 표지, 정돈의 원리, 분류를 위한 실마리로 작용하는 기호가 있게 되고, 다른 한편에는 사물들의 경험적이고 소곤거리는 듯한 닮음, 사유 아래에서 분할과 배치의 무한한 동기를 제공하는 은밀한 유사성이 있게 된다. 한편에는 기호, 구분, 분류의 일반 이론이, 다른 한편에는 직접적인 닮음, 상상력의 자율적 움직임, 자연의 반복이 있게 된다. 그리고 이 양자 사이의 열려 있는 간격에 새로운 지식의 공간이 자리를 잡는다.

16) (옮긴이 주) Lancelot(1615~1695). 포르루아얄 소학교들의 설립자들 가운데 한 사람. 간편하고 동시에 명료한 책들, 특히 *Grammaire générale et raisonnée*, 이른바 *Grammaire de Port-Royal*을 씀으로써 포르루아얄을 통해 교육 개혁에 이바지했다.

17) (옮긴이 주) Bopp(1791~1867). 독일의 저명한 언어학자. 비교 문법의 창시자이다. 주저인 *Grammaire comparée des langues indo-europennes comprenant le sanscrit, le zend, l'armanien, le grec, le latin, le lituanien, l'ancien slave, le gothique et l'allemand*(1833~1852, 6vol., 1866~1872에 M. Brêal이 프랑스어로 번역함)을 통해 조사 영역을 확장한다.

18) (옮긴이 주) Ray(1627~1705). 영국 자연사를 정립한 자연사학자. John Wray로 표기하기도 한다. 뛰어난 분류학자로 *Historia plantarum*(1686~1704), *Synopsis methodica animalium*(1693), *Methodus insectorum*(1705)을 남겼다.

19) (옮긴이 주) Petty(1623~1687). 영국의 외과의사, 사업가, 경제학자. 경제 순환에 대한 분석으로 중상주의의 선구자일 뿐만 아니라, 가치 이론에 의해 고전 경제학의 선구자가 된다.

20) (옮긴이 주) Ricardo(1772~1823). 영국의 금융가, 경제학자. 증권거래 중개인으로 큰돈을 벌고 1807년 지리학회 회원이 되면서부터는 경제 및 금융 문제로 관심을 돌린다. 그는 부의 생산보다는 오히려 부의 분배에 관심을 갖고, 말더스의 연구를 기초로 지대의 법칙을 확립하며, 가치의 이론을 표명하기 이른다. 자유 교환을 지지하고, 국제 무역의 유용성을 역설하며, 금속 화폐보다는 지폐의 우위를 확신한 그는 당시의 경제 사상에 상당한 영향을 미친다.

3 기호의 재현

고전주의 시대에 기호는 무엇일까? 실제로 17세기 전반기에, 그리고 오랫동안, 어쩌면 오늘날까지 변화해 온 것은 기호들의 체재 전체, 기호의 기이한 기능이 실행되는 조건이고, 누구나 알고 있으며 바라보는 그토록 많은 다른 사물 사이에서 기호를 기호로서 우뚝 서게 하는 것이며, 기호의 본질 자체이다. 고전주의 시대의 문턱에서 기호는 이제 세계의 형상이 아니며, 기호가 나타내는 것은 이제 닮음이나 친화력의 견고하고 은밀한 끈에 의해 기호와 연결되지도 않는다.

고전주의에 의하면 기호는 세 가지 변수에 의해 규정된다.[21] 우선 관계의 기원에 의해서이다. 기호는 (거울 속의 반영이 거울에 비치는 것을 가리키듯이) 자연적이거나 (인간 집단에서 한 낱말이 하나의 관념을 의미할 수 있듯이) 관습적일 수 있다. 다음으로 관계의 유형에 의해서이다. 기호는 (좋은 안색이 건강하다는 표시이면서 건강의 일부분을 이루듯이) 지시 대상에 속하거나 (구약 성경의 형상들이 그리스도의 강림과 대속을 미리 보여 주는 먼 징후이듯이) 지시 대상으로부터 분리될 수 있다. 끝으로 관계의 확실성에 의해서이다. 기호는 매우 일정해서 누구나 그 충실성을 확신할 수 있지만,(바로 이런 식으로 호흡은 생명을 나타낸다.) (창백함이 임신에 대해 그렇듯이) 그저 개연적일 수도 있다. 이러한 관계의 양상들 중 어떤 것도 유사성을 필연적으로 내포하지는 않으며, 자연적인 기호 자체도 유사성을 요구하지 않는다. 가령 비명은 자연 발생적인 공포의 기호이지만 공포와 유사하지 않다. 또는 버클리[22]가 말하듯 시각은 신에 의해 최초로 확립된

---

21) *Logique de Port-Royal*, Ire partie, chap. IV.

22) (옮긴이 주) Berkeley(1685~1753). 아일랜드의 주교, 철학자. 그는 유물론과 무신론에 반대한다. 감각을 출발점으로 삼지만 이는 감각을 통해서는 지각만이 인식된다는 것을 확증하기 위해서이다. 그에 의하면 물질 세계는 현상들로만 이루어져 있고, 실체나 영속성은 실재하지 않고, 감지될 수 있는 변모들의 원인은 물질적인 대상이나 우리가 아니라 신에게 있을 뿐이고, 자연 현상들은 신이 우

촉각의 기호이지만 결코 촉각과 유사하지 않다.[23] 이 세 가지 변수는 경험적 인식의 영역에서 닮음을 대신하여 기호의 실효성을 결정한다.

1. 기호는 언제나 확실하거나 개연적이므로, 인식의 내부에 놓이게 되어 있다. 16세기에는 인간이 사물의 비밀이나 본질 또는 효력을 밝힐 수 있도록 기호가 사물에 놓여 있다고들 생각했을지 모르지만, 이 발견은 기호의 최종 목적, 기호의 현존에 대한 정당화 이상의 어떤 것도 아니었고, 가능하고 아마도 가장 적절할 기호의 활용이었으며, 기호는 인식되지 않을 경우에도 존재했다. 즉 기호가 침묵하고 아무도 기호를 알아보지 못해도 기호는 전혀 흔들리지 않고 꿋꿋하게 존재했다. 기호의 의미 기능을 정립하는 것은 인식이 아니라 사물의 언어 자체였다. 17세기부터 기호의 영역 전체는 확실한 것과 개연적인 것 사이에 놓인다. 다시 말해 이제는 미지의 기호, 말없는 표지가 결코 존재할 수 없을 것이다. 이는 인간이 모든 가능한 기호를 소유하고 있기 때문이 아니다. 이미 알려진 두 요소 사이에서 대체 관계의 가능성이 인식되는 순간부터야 비로소 기호가 존재하기 때문이다. 기호는 자신을 알아볼 수 있는 사람이 오기를 조용히 기다리지 않는다. 기호는 오직 인식 행위에 의해서만 구성된다.

바로 이 점에서 지식은 **디비나티오와**의 오랜 친근성을 잃어버린다. 후자는 언제나 선행하는 기호를 전제로 했다. 그래서 인식은 발견되거나 명확히 드러나거나 비밀리에 전달되는 기호의 빈틈에 놓여 있었을 뿐이다. 인식의 과제는 신이 세계에 미리 나누어 배치한 언어를 찾아내는 것이었으며, 바로 이러한 관점에서 인식은 본질적 함의를 꿰뚫어 보고 신적인 것을 간파하는 활동이었다. 이제 기호가 의미하기 시작하는 것은 바로 인식의 내부에서이다. 기호가 확실성이나 개연성을 얻게 되는 것은 바로

리에게 말하고 우리의 의지를 이끄는 수단으로 구실하는 언어이다.

23) Berkeley, *Essai d'une nouvelle théorie de la vision, Oeuvres choisies*, trad. Leroy(Paris, 1944), t. I, 163~164쪽.

인식으로부터이다. 그리고 신은 자연을 통해 우리에게 말하기 위해 여전히 기호를 활용하면서도, 우리의 정신 속에 의미 관계를 정립하기 위해, 인상들 사이에 확립되는 관계와 우리의 인식을 이용한다. 이상과 같은 것이 말브랑슈[24]의 저서에서 제시된 감정 또는 버클리에게서 찾아볼 수 있는 감각의 역할이다. 모든 이에게 공통된 판단, 감정, 시각적 인상, 3차원에 대한 지각에서 성급하고 혼란스럽지만 절박하고 불가피하고 커다란 구속력을 갖는 인식은 추론적 인식에 대해 기호의 구실을 하는데, 우리의 정신은 완전무결하지 않기에, 우리 자신에게는 정신의 힘에만 의거해서 추론적 인식에 도달할 여유나 여지가 없다. 말브랑슈와 버클리의 경우, 신에 의해 마련된 기호는 이 두 가지 인식의 교묘하고 신중한 중첩이다. 이들의 경우에는 이제 **디비나티오**(불가사의하고 열려 있으며 신성한 기호의 공간으로 인식이 편입되는 현상)가 아니라, 간결하고 스스로에게로 움츠러든 인식, 즉 일련의 많은 판단이 기호의 날렵한 형상 속으로 틀어박히는 현상이 있다. 자신의 고유한 공간으로 기호를 끌어들였던 인식이 이제는 역방향의 움직임에 의해 곧장 개연성을 향해 개방된다는 것 또한 확연히 드러난다. 하나의 인상과 또 다른 인상 사이의 관계는 의미되는 것에 대한 기호의 관계, 다시 말해 연속 관계의 방식에 따라 가장 낮은 개연성에서 가장 높은 확실성으로 전개될 관계가 된다. "관념들의 결합이 내포하는 것은 원인과 결과 사이의 관계가 아니라, 다만 의미되는 사물에 대한 지표 또는 기호의 관계일 뿐이다. 눈에 보이는 불은 내가 불에 가까이 접근할 경우에 느끼는 고통의 원인이 아니라 이 고통을 나에게 예

---

24) (옮긴이 주) Malebranche(1638~1715). 성 아우구스티누스에서 빌려 온 몇몇 관념을 데카르트 철학으로 끌어들인 프랑스의 철학자. 그는 스콜라 철학을 이단 철학으로, 데카르트 철학을 진정한 기독교 철학으로 본다. 그에 의하면, 인간의 이성은 신의 말씀 이외의 다른 것이 아닌, 영원한 이성에의 참여이다. 신은 우리의 육체에서 일어나는 것을 계기로 우리의 관념을 직접 산출한다. 그는 이처럼 물질적인 사물에 대한 인식의 근거를 신에 둠으로써, 역설적으로 과학의 객관성을 온전히 확립하는 데 이바지한다.

고하는 지표이다."[25] 인식보다 더 오래된 절대적 기호를 **되는대로** 간파하던 인식은 개연적인 것의 인식에 의해 조금씩 구축된 기호들의 망(網)으로 대체되었다. 흄[26]이 등장할 수 있게 된 것이다.

2. 기호의 두 번째 변수, 즉 기호가 의미하는 것과 기호 사이에 맺어지는 관계의 형태. 16세기의 유사성에서는 공간과 시간이 부합과 경합과 특히 감응의 작용에 의해 극복되었다. 실제로 끌어 모으고 결합하는 일은 마땅히 기호에 주어져야 하는 것이었다. 반면에 고전주의가 도래하면서부터는 본질적 분산(分散)이 기호를 특징 짓는다. 한 점으로 모이는 기호들의 순환적 세계가 무한한 전개로 대체된다. 이러한 공간에서는 기호가 두 가지 입장에 놓일 수 있다. 즉 기호는 구성 요소로서 기호에 의해 지시되는 것의 일부분을 이루거나, 기호에 의해 지시되는 것과 실제로 그리고 현실적으로 분리되거나 한다. 사실을 말하자면 이 양자택일은 근본적이지 않다. 왜냐하면 기호가 작용하려면, 기호가 의미하는 것에 기호가 포함되어야 하고, 이와 동시에 기호가 의미하는 것으로부터 기호가 분리되어야 하기 때문이다. 기호가 참으로 기호이려면, 기호가 의미하는 것과 동시에 기호 역시 인식되어야 했다. 콩디야크가 지적하듯, 어린이에게 하나의 사물이 지각되는 순간에 하나의 소리가 최소한 한 번이라도 들리지 않았다면, 그 소리는 결코 그 사물의 언어 기호가 되지 않을 것이다.[27] 그러나 지각(知覺)의 한 요소가 지각의 기호로 설정되기 위해서는 그 요소가 지각의 일부분을 이루는 것만으로는 충분하지 않다. 그 요소

---

25) Berkeley, *Principes de la connaissance humaine, Oeuvres choisies*, t. I, 267쪽.

26) (옮긴이 주) Hume(1711~1776). 스코틀랜드의 철학자, 역사가, 경제학자. 말브랑슈, 로크, 버클리의 계승자이고 데카르트에 적대적인 그는 뉴턴의 학설을 모델로 인간성의 과학을 구축할 것을 제안하고, 완화된 회의주의에 가까운 입장을 도덕, 정치학, 경제학, 특히 종교에 적용한다. 그의 인과성 비판은 칸트에게 커다란 영향을 미치고, 그의 경제학 저서는 애덤 스미스의 발상으로 직접 이어진다. 저서로는 『인성론』(1739~1740), 『도덕 정치 철학』(1741~1742) 등이 있다.

27) Condillac, *Essai sur l'origine des connaissances humaines, Oeuvres*(Paris, 1798), t. I, 188~208쪽.

가 요소로서 눈에 띄어야 하고, 전반적인 인상과 막연히 연결된 상태에서 벗어나야 한다. 따라서 전반적인 인상이 분할되어야 하고, 전반적인 인상을 구성하는 뒤얽힌 부분들 중의 하나에 관심이 쏠려야 하며, 그 부분이 전반적인 인상으로부터 분리되어야 한다. 그러므로 기호의 성립은 분석과 불가분의 것이다. 분석이 없다면 기호가 출현할 수 없을 터이므로 기호는 분석의 결과이다. 기호는 또한 분석의 수단인데, 그 이유는 일단 결정되고 고립된 기호가 새로운 인상으로 옮겨질 수 있기 때문이다. 이 경우에 기호는 새로운 인상에 대해 격자의 역할 같은 것을 수행한다. 정신이 분석하기 때문에 기호가 출현한다. 정신이 기호를 사용하기 때문에 분석이 끊임없이 계속된다. 여기에서 우리는 왜 콩디야크에서 데스튀트 드 트라시와 제랑도[28]까지 기호에 관한 일반 학설과 사유의 분석력에 관한 규정이 인식에 관한 하나의 동일한 이론 속에서 그토록 정확히 중첩되었는가를 이해할 수 있다.

기호에 의해 지칭되는 것과 기호가 불가분의 것이거나 서로 분리될 수 있다고 『포르루아얄의 논리』에서 주장되었을 때, 이 주장이 드러내는 것은 기호의 책무가 고전주의 시대에는 이제 세계를 기호와 유사하고 기호의 형태와 불가분의 것으로 만드는 데 있지 않고, 반대로 세계를 늘어놓고, 한없이 열린 표면을 따라 세계를 나란히 놓고, 세계에 대한 사유를 매개하는 대체물의 끝없는 전개를 세계로부터 추구하는 데 있다는 점이었다. 바로 이러한 점 때문에 세계는 분석과 동시에 조합의 대상이 되며 처음부터 끝까지 정연하게 배열될 수 있게 된다. 고전주의적 사유에서 기호는 간격을 지우지 않고 시간을 없애지 않는다. 반대로 간격과 시간을 늘어놓고 조금씩 가로지르는 것이 기호에 힘입어 가능해진다. 기호에 의해 사물들은 개별적이게 되고 동일성을 유지하고 서로 나뉘고 또 관계

---

28) (옮긴이 주) Gerando(1772~1842). 프랑스의 언어학자, 교육자, 박애주의자로서 프랑스 인류학의 정립자로 간주된다.

를 맺는다. 서양의 이성이 판단의 시대로 들어선다.

3. 세 번째 변수, 즉 자연과 관습이라는 두 가지 의미를 띨 수 있는 변수가 남아 있다. 기호가 자연에 의해 주어지거나 인간에 의해 구성될 수 있다는 것은 오래전부터, 『크라튈로스』[29]보다 훨씬 이전부터 알려져 있었다. 16세기 역시 이 사실을 모르지 않았으며, 인간의 언어에서 인위적인 기호를 알아보았다. 그러나 인위적인 기호의 작용력은 자연적인 기호에 대한 충실성으로부터만 생겨났을 뿐이다. 17세기부터는 자연과 관습에 반대의 의미가 부여된다. 자연적인 기호는 사물에서 추출된 하나의 요소에 불과할 뿐이며, 인식에 의해 기호로 성립되는 것이다. 따라서 자연적인 기호는 고정된 것이고 탄력성이 없으며 비실용적이다. 그리고 정신은 자연적인 기호를 뜻대로 지배할 수 없다. 반대로 관습적인 기호가 확립될 경우에는, 기호가 단순하고 상기하기 쉽고 무한한 요소에 적용되고 분할되고 합성될 수 있도록, 기호를 선택하는 일이 언제나 가능하다. (그리고 실제로 이러한 선택이 이루어지기 마련이다.) 인위적인 기호는 완전하게 작용하는 기호이다. 인간과 동물이 나뉘는 것은 바로 인위적인 기호에 의해서이다. 인위적인 기호는 상상을 의지적인 기억으로, 무의식적인 관심을 반성으로, 본능을 합리적인 인식으로 변화시킨다.[30] 이타르[31]가 '아베롱의 미개한 어린아이'에게는 결여되어 있다고 밝힌 것도 바로 인위적인 기호이다. 자연적인 기호는 이 관습적인 기호의 불완전한 실마리, 자의성(恣意性)의 정립에 의해서만 완성될 막연한 소묘일 뿐이다.

그런데 자의성은 기능에 의해 평가되며, 자의성의 규칙은 매우 정확히 기능에 의해 정해진다. 자의적인 기호 체계는 틀림없이 사물을 가장

---

29) (옮긴이 주) *Cratyle*. 플라톤의 저서로 주로 언어의 기원이 논의된다.

30) Condillac, *Essai sur l'origine des connaissances humaines*, 75쪽.

31) (옮긴이 주) Itard(1775~1838). 프랑스의 의사. 5년 동안 빅토르라는 '아베롱의 미개한 어린아이'를 집중적으로 재교육했던 경험에 힘입어, 정신장애아의 재교육과 교육심리학 분야의 선구자가 된다.

단순한 요소들로 분석하게 해 줄 것이고, 기원까지도 분해할 것이고, 이 요소들의 조합이 어떻게 가능한가를 또한 보여 줄 것이고, 사물들의 복잡성에 대한 관념의 생성을 허용할 것이다. '자의적'이라는 용어는 기호가 확립된 방식을 지칭하고자 할 경우에만 '자연적'이라는 용어와 대립한다. 그러나 자의성은 또한 분석의 격자이자 조합의 공간인데, 이 격자와 공간을 가로질러 자연은 있는 그대로, 본래의 인상들에 밀착된 상태로, 또한 본래의 인상들이 조합될 온갖 형태로 나타나게 된다. 기호들의 체계는 완벽한 상태일 경우 기본적인 것을 명명할 수 있는 단순하고 절대적으로 투명한 언어이며, 또한 모든 가능한 결합을 결정하는 연산(演算)들 전체이다. 우리의 시선에는 기원의 탐색과 집합의 계산이 양립할 수 없는 것으로 보이며, 우리는 이 탐색과 계산을 17세기와 18세기의 사유가 지닌 모순성으로 서둘러 해석한다. 마찬가지로 체계와 자연 사이의 상호 작용 또한 그렇게 해석한다. 사실 17세기 및 18세기 사유의 관점에서는 여기에 어떤 모순도 없다. 더 정확히 말해 고전주의 시대의 **에피스테메** 전체를 관통하는 필연적이고 독특한 배치가 존재한다. 그것은 보편적 계산과 기본적인 것의 탐구가 하나의 인위적인 체계에 속한다는 사실인데, 이 체계는 바로 인위적이라는 점 때문에, 자연의 본래적 요소들에서 이 요소들의 모든 가능한 조합의 동시성까지 나타낼 수 있다. 고전주의 시대에 기호를 이용한다는 것은 결코 이전 세기들의 경우처럼 기호 아래에서 행해지고 기억되는 담론의 일차적 텍스트를 발견하려고 애쓰는 것이 아니라, 자연의 전개가 가능해질 공간으로서의 자의적인 언어, 이 언어의 분석에 쓰이는 최상의 용어, 그리고 이 언어의 구성 법칙을 찾아내고자 시도하는 것이다. 이제 지식은 옛 명언이 감추어져 있을지 모르는 미지의 장소에서 옛 명언을 끌어낼 필요가 없고, 언어를 만들어 내야 하는데, 그 언어는 잘 만들어진 것, 다시 말해 분석하고 조합하는 언어로서 실질적으로 계산의 언어여야 한다.

이제 우리는 기호들의 체계가 고전주의적 사유에 할당하는 도구를 명확하게 규명할 수 있다. 개연성, 분석과 조합, 체계의 당연한 자의성을 인식 속으로 끌어들이는 것은 바로 기호들의 체계이다. 기호들의 체계는 기원의 탐구와 동시에 계산 가능성, 가능한 구성을 결정하는 도표의 설정, 가장 단순한 요소에 입각한 발생의 복원을 유발하고, 모든 지식을 언어에 접근시키며, 모든 언어를 인위적인 상징 체계와 논리적인 성격의 연산 체계로 대체하고자 한다. 사상사의 차원에서는 이 모든 것이 아마 여러 가지 복잡한 영향의 결과로 보일 것인데, 그렇다면 아마도 홉스, 버클리, 라이프니츠, 콩디야크, 관념학파가 차지하는 개별적인 몫을 드러내야 할 것이다. 그러나 고전주의적 사유를 고고학적 가능 조건의 차원에서 검토한다면, 17세기 초에 기호와 닮음이 분리됨으로써 개연성, 해석, 조합, 체계, 보편 언어라는 새로운 형상들이 서로를 야기하거나 배척하는 연속적 주제들처럼 보이기보다는 오히려 불가피한 것들의 통합 조직망으로 드러나게 되었다는 것을 누구나 알아차릴 수 있다. 우리가 홉스나 버클리 또는 흄이나 콩디야크라고 부르는 그러한 개별성들을 가능하게 한 것은 바로 이 조직망이다.

4 이중화된 재현

그렇지만 고전주의 시대의 에피스테메와 관련하여 기호의 가장 기본적인 속성은 아직 표명되지 않았다. 사실 기호가 다소간 개연성을 지닐 수 있다는 것, 즉 기호에 의해 의미되는 것과 기호의 관계가 다소간 소원할지 모른다는 것, 기호가 자연적이거나 혹은 자의적일 수 있지만 이 사실이 기호의 본질 또는 기호로서의 가치에 아무런 영향을 미치지 않는다는 것, 이 모든 것은 기호의 내용에 대한 기호의 관계가 사물들 자체의 질서에 의해 보장되지 않는다는 것을 분명히 일러 준다. 의미되는 것에 대한 의미하는 것의 관계가 놓이게 되는 공간에서는 이제 의미되는 것과 의미하는 것의 마주침이 어떤 매개 형상에 의해서도 보장되지 않는다. 의미되는 것에 대한 의미하는 것의 관계는 인식의 내부에서 한 사물의 관념과 또 다른 사물의 관념 사이에 맺어지는 관계이다. 『포르루아얄의 논리』는 다음과 같이 말한다. "기호는 두 가지 관념, 재현하는 사물의 관념과 재현되는 사물의 관념을 내포한다. 기호의 본질은 후자에 의해 전자를 유발하는 데 있다."[32] 기호에 관한 이원적인 이론, 이것은 르네상스 시대의 더 복잡한 조직과 분명하게 대립한다. 르네상스 시대에 기호의 이론은 완전히 별개인 세 가지 요소, 즉 표시되는 것, 표시하는 것, 후자에서 전자의 표지를 알아볼 수 있게 해 주는 것을 전제로 했다. 여기에서 이 마지막 요소는 닮음이었다. 기호에 의해 지시되는 것과 기호가 '거의 동일한 사물'인 범위 내에서 기호는 어떤 것을 표시했다. 바로 이 삼중의 단일한 체계가 '닮음에 의한 사유'와 동시에 사라지고 엄밀한 이항 구조로 대체된다.

그러나 기호가 이와 같은 순수한 이원성이기 위해서는 하나의 조건이 충족되어야 한다. 의미하는 요소는 또 다른 관념이나 이미지 또는 지각과 결합하거나 이것들을 대신하는 관념이나 이미지 또는 지각이라는 것만으로는 기호가 될 수 없다. 의미하는 요소는 자신이 의미하는 것에 자신을 연결하는 관계를 추가적으로 드러낸다는 조건에서만 기호가 된다. 의미하는 요소는 무언가를 재현해야 하지만, 그렇게 되려면 의미하는 요소 안에 이 재현이 들어 있어야 한다. 이것은 기호의 이항 조직에 필수적이고, 『포르루아얄의 논리』가 기호란 무엇인가를 말하기에 앞서 표명하는 조건이다. "어떤 하나의 대상이 또 다른 대상을 재현하는 것으로서만

---

32) *Logique de Port-Royal*, 1re partie, chap. IV.

간주될 때, 이 하나의 대상에 대한 관념은 기호의 관념이고, 이 최초의 대상은 기호라고 불린다."[33] 또 다른 관념을 대체하는 관념에 재현하는 힘의 관념이 겹치는 만큼, 의미하는 관념은 양분된다. 세 가지 항목, 즉 의미되는 관념과 의미하는 관념 그리고 후자에 내포된 재현하는 역할의 관념이 있지 않을까? 그렇지만 이는 3항 체계로의 은밀한 회귀가 아니다. 오히려 2항 형상의 불가피한 괴리 현상인데, 이 형상은 스스로에 대해 뒤로 물러나, 의미하는 요소의 내부에 온전히 놓인다. 사실 의미하는 것의 모든 내용, 모든 기능, 모든 한정은 의미하는 것이 재현하는 것일 뿐이지만, 즉 의미하는 것은 스스로 재현하는 것에 대해 전적으로 정연하고 투명하지만, 이 내용은 그 자체로 주어지는 재현 속에서만 지정되고, 의미되는 것은 기호에 의한 재현의 내부에 어떠한 나머지도 불투명성도 없이 자리 잡는다. 『포르루아얄의 논리』가 제시하는 기호의 기본적인 표본이 말도 소리도 상징도 아니라, 선이나 도형으로 된 공간상의 재현, 지도나 그림 같은 도안(圖案)이라는 것은 주목할 만한 사실이다. 이는 그림이 실제로 스스로 재현하는 것만을 내용으로 하면서도 이 내용은 재현이 나타낸 것으로만 보이기 때문이다. 17세기에 출현하는 바와 같은 기호의 이항 배치는 스토아학파 이래, 심지어는 최초의 그리스 문법학자들 이래 양태가 서로 다르긴 하지만 언제나 3원적이었던 구조를 대신하는데, 이 배치는 기호가 그 자체로 이분화되고 이중화되는 재현이라는 것을 전제로 한다. 하나의 관념이 또 다른 관념의 기호일 수 있는 것은 두 관념 사이에 재현의 관계가 확립될 수 있기 때문일 뿐만 아니라, 재현하는 관념의 내부에서 이 재현이 언제나 표시될 수 있기 때문이기도 하다. 또는 본질적으로 재현이 스스로에 대해 언제나 수직을 이루기 때문이다. 재현은 **지시**이자 동시에 **출현**이며, 대상에 대한 이해 방식이자 자

---

33) *Lagique de Port-Royal*, 1ʳᵉ partie, chap. IV.

기 발현이기도 하다. 고전주의 시대부터 기호는 재현이 **재현 가능한** 범위 내에서 재현의 **재현성이다.**

이는 중대한 결과를 초래한다. 우선 고전주의적 사유에서 기호가 중요성을 띠게 된다. 예전에는 기호가 인식의 수단이자 지식을 위한 실마리였을 뿐이나, 이제는 기호가 재현, 다시 말해 사유와 완전히 동일한 외연(外延)을 갖고, 재현 안에 놓이면서도 재현의 전(全) 범위를 가로지른다. 하나의 재현이 또 다른 재현과 관련되고 이 관련성을 스스로 나타낼 때 비로소 기호는 존재하게 된다. 가령 추상적인 관념은 그것을 형성한 구체적인 지각을 의미하고(콩디야크), 일반적인 관념은 다른 특별한 관념들에 대해 기호의 구실을 하는 특별한 관념일 뿐이고(버클리), 상상은 상상을 낳은 지각의 기호이고(흄, 콩디야크), 감각들은 서로에 대해 기호이며(버클리, 콩디야크), 요컨대 감각 자체는 (버클리의 경우처럼) 신이 우리에게 말하고자 하는 것의 기호일 수 있는데, 이 경우에 감각은 거의 일군의 기호에 대한 기호가 될지 모른다. 재현의 분석과 기호의 이론은 서로 침투하여 완전히 뒤섞인다. 그리고 18세기 말에 관념학이 관념과 기호 중에서 어느 것에 우위를 둘 것인가 하는 문제를 제기할 때, 데스튀트가 관념을 정의하기 전에 기호의 이론을 만들었다고 제랑도를 비난할 때,[34] 관념과 기호 사이의 직접적인 포함 관계는 이미 불분명해지기 시작하고, 관념과 기호는 이제 서로에 대해 완전히 투명하지 않게 된다.

두 번째 결과. 이처럼 기호가 재현의 영역으로 확장되는 보편적인 현상으로 인해 의미 작용에 관한 이론의 가능성까지도 배제된다. 실제로 의미 작용이 무엇이냐에 관해 묻는 것은 의미 작용이 의식 속에서 결정된 형상이라는 점을 전제로 한다. 그러나 만일 고유한 재현 가능성 때문에 그 자체로 온전히 기호인 재현 속에서만 현상이 주어질 뿐이라면, 의

---

34) Destutt de Tracy, *Eléments d'Idéologie*(Paris, an XI), t. II, 1쪽.

미 작용은 문제되지 않을 수 있다. 게다가 의미 작용이 나타나지도 않는다. 모든 재현은 기호들처럼 서로 연결되고 전체적으로 거대한 망을 형성하며, 각 재현은 스스로 재현하는 바의 기호로 주어지지만, 더 정확히 말하면 바로 이 사실 때문에, 의식의 어떤 특정한 활동도 결코 의미 작용을 수행할 수 없다. 의미 작용에 입각해서만 기호에 대해 사유할 뿐인 우리로서는 말브랑슈에서 관념학에 이르기까지 고전주의 시대의 철학이 철저하게 기호의 철학이었다는 명백한 사실을 인정하기가 대단히 어려운데, 이는 아마 재현에 대한 고전주의적 사유가 의미 작용의 분석을 배제했기 때문일 것이다.

기호 바깥의 의미 또는 기호 이전의 의미는 없고, 사물의 본래적 의미를 밝히기 위해 복원해야 할 사전(事前)의 담론은 암묵적으로도 현존하지 않는다. 이제는 의미 작용을 구성하는 행위도, 의식 내부의 기원도 없다. 기호와 기호의 내용 사이에 그야말로 어떤 매개 요소도 어떤 불투명성도 없다. 그러므로 기호는 기호의 내용을 지배할 수 있는 법칙 이외의 다른 법칙을 갖지 않는다. 기호의 분석은 동시에 그리고 당연히 기호가 의미하는 것의 해독이다. 역으로 의미되는 것의 해명은 의미되는 것을 가리키는 기호에 관한 성찰에 지나지 않게 된다. 16세기의 경우처럼 '기호학'과 '해석학'이 서로 겹친다. 그러나 이 겹침의 양상은 다르다. 고전주의 시대에는 이제 기호학과 해석학이 닮음이라는 제3의 요소 안에서 서로 합쳐지지 않고, 스스로를 재현하는 재현의 고유한 힘에 의해 서로 연결된다. 따라서 의미의 분석과 상이한 기호의 이론이란 존재하지 않게 된다. 그렇지만 이러한 체계는 의미의 분석에 대한 어떤 특권을 기호의 이론에 부여하는데, 기호의 이론은 스스로 기호에 부여하는 것과 다른 성격을 의미되는 것에 부여하지 않으므로, 의미는 연쇄적으로 전개되는 기호들 전체일 수밖에 없게 되고, 기호들의 완전한 **도표**로 주어지게 된다. 그러나 다른 한편으로 기호들의 완전한 망은 의미에 고유한 마름질에 따라 짜이고 유기적으로 구성된다. 기호들의 도표는 사물들의 이미지가 된다. 의미의 존재가 전적으로 기호 쪽에 있다면, 의미의 작용은 전적으로 의미되는 것 쪽에 자리한다. 그래서 랑슬로에서 데스튀트 드 트라시까지 언어의 분석은 추상적인 언어 기호의 이론에 입각하여 일반 문법의 형태로 이루어지지만, 언제나 말의 의미를 길잡이로 삼고, 그래서 또한 자연사는 생물의 특성에 대한 분석으로 제시되지만, 분류법은 비록 인위적일지라도 언제나 자연의 질서와 합류하거나 자연의 질서를 가능한 한 손상하지 않으려고 하며, 부(富)의 분석은 화폐와 교환에 입각하여 이루어지지만, 가치는 언제나 필요를 근거로 한다. 고전주의 시대에 기호의 순수 과학은 의미되는 것에 대한 직접적인 담론의 가치를 갖는다.

끝으로, 아마 우리에게까지 영향을 미칠 마지막 결과. 기호의 이항 이론, 17세기부터 기호의 일반 과학 전체의 근거가 되는 이 이론은 기본적으로 재현의 일반 이론과 깊은 관계가 있다. 기호가 의미하는 것과 의미되는 것 사이의 무조건적인 관계(자의적이거나 자의적이지 않은, 자발적이거나 강제적인, 개인적이거나 집단적인 관계)라 해도, 이 관계는 재현이라는 일반적인 요소 안에서만 확립될 수 있다. 의미하는 요소와 의미되는 요소는 둘 다 재현됨에 따라서만,(또는 재현되었거나 재현될 수 있음에 따라서만) 그리고 어느 하나가 다른 것을 실제로 재현함에 따라서만 서로 연결된다. 그러므로 고전주의적 기호의 이론이 '관념학'(다시 말해 단순한 감각에서 추상적이고 복잡한 관념까지 재현의 모든 형태에 대한 일반적인 분석)의 근거와 철학적 정당화로 자처하는 것은 필연적이었다. 또한 소쉬르[35]가

---

35) (옮긴이 주) Saussure(1857~1913). 스위스의 언어학자. 신문법학파가 비교 문법의 방법을 일신하고 있던 독일의 라이프치히에서 산스크리트어를 연구하고, 1880년 "Emploi du génitif absolu en sanskrit"로 박사 학위를 받는다. 그러나 1879년에 이미 문헌학적 재구축의 근거를 음성의 묘사가 아니라 체계의 요소들 사이의 기능적 관계에 두었다는 점에서 혁명적인 저서라 할 수 있는 *Mémoire sur le système primitif des voyelles dans les langues indo-europennes*로 유명해졌다. 1880~1881년 파리에서 M. Bréal의 비교 문법 강의를 듣고 스위스 제네바로 돌아가 죽을 때까

일반 기호학의 수립을 시도하면서 '심리주의적인' 것(개념과 이미지의 결합)으로 보일 수 있는 정의를 기호에 부여한 것도 당연한 일이었다. 이는 소쉬르가 사실상 기호의 이항적 성격을 사유하기 위해 고전주의의 조건을 재발견했기 때문이다.

5 닮음의 상상력

그러므로 기호가 사방으로 분산되어 우글거리는 예전의 르네상스 세계로부터 기호가 풀려난다. 이제 기호는 재현의 내부에, 관념의 틈새에, 관념이 해체되고 재구성되면서 자율적으로 작용하는 좁은 공간에 놓인다. 유사성으로 말하자면 그것은 이제 인식의 영역 밖으로 다시 떨어지는 수밖에 없다. 유사성은 경험적인 것의 가장 조잡한 형태이다. 유사성에서 닮음의 부정확성이 일소되지 않고, 유사성이 지식에 의해 동등 관계 또는 순서 관계로 변하지 않는 한, 어느 누구도 이제는 "유사성을 철학의 일부분으로 고려할"[36] 수 없다. 그렇지만 인식에 대해 유사성은 불가결한 테두리이다. 실제로 동등 또는 순서 관계는 두 사물에서 닮음이 적어도 비교의 계기였을 경우에만 확립될 수 있다. 가령 흄은 닮음이 자연스러운 관계, 즉 '고요'하지만 불가피한 '힘'에 따라 우리의 정신을 속박하는 관계에 속한다고 생각했으면서도, 반성을 전제로 하는 '철학적' 관계들 사이에 동일성의 관계를 놓았다.[37]

지 산스크리트어, 비교 문법, 그리고 말년에는 일반언어학을 가르친다. 그가 죽은 후 그의 제자들이 1916년에 펴낸 그의 강의록 『일반 언어학 강의』는 사실상 구조주의의 출발점이다.

36) Hobbes, *Logique*(trad. Desttut de Tracy, *Eléments d'Idologie*, Paris, 1805), t. III, 599쪽.

37) Hume, *Essai sur la nature humaine*(trad. Leroy, Paris, 1946), I, 75~80쪽.

철학자가 아무리 정확성을 뽐낸다 해도 …… 나는 그에게 닮음의 도움 없
이는 단 한 걸음도 진전을 이룰 수 없으리라고 말해 줄 수 있다. 누구라도 과
학, 심지어 가장 덜 추상적인 과학의 형이상학적 측면에 잠깐이나마 눈길을
던져 보라. 그러고 나서 개별 사실로부터 끌어내는 일반적 귀결이, 더 정확히
말해 유(類) 자체와 종(種) 그리고 모든 추상적 관념이 닮음 이외의 다른 수
단을 통해 형성될 수 있는지 내게 말해 보라.[38]

지식의 외부 가장자리에서 유사성은 이처럼 가까스로 윤곽이 드러나
는 형태, 전체적으로 인식에 포함되어야 하지만 지울 수 없는 무언의 필
연성처럼 인식 아래에 한없이 머물러 있는 관계의 기초이다.

16세기의 경우처럼 닮음과 기호는 필연적으로 서로를 필요로 한다. 그
러나 이 상호적 필요의 양태는 16세기의 경우와 다르다. 이제 유사성은
자신의 비밀이 드러나도록 표지를 필요로 하기는커녕, 인식의 관계, 척
도, 동일성이 확립될 수 있는 유동적이고 불안정하며 분화되지 않은 토
대이다. 따라서 이중의 전도(顚倒)가 일어난다. 왜냐하면 유사성이라는
토대를 요구하는 것은 바로 기호와 함께 추론적 인식 전체이기 때문이
며, 이제는 인식의 사전(事前) 내용을 표명하는 것이 아니라 인식의 형식
에 적용의 장소를 제공할 수 있는 내용을 마련하는 것이 문제되기 때문
이다. 16세기에는 닮음이 존재 자체에 대한 존재의 기본 관계이자 세계
의 주름진 부분이었던 반면, 고전주의 시대에 닮음은 인식 자체로부터
가장 멀리 떨어져 있고 인식되어야 할 것이 띠는 가장 단순한 형태이다.
바로 이러한 닮음 때문에 재현은 인식될 수 있다. 다시 말해, 재현은 자
신과 유사할지 모르는 재현들과 비교될 수 있고, 요소들(다른 재현들과 공
통된 요소들)로 분석될 수 있고, 부분적인 동일성을 내보일 수 있는 재현

---

38) Merian, *Réflexions philosophiques sur la ressemblance*(1767), 3~4쪽.

들과 결합될 수 있고, 최종적으로 정연한 도표 안에 배치될 수 있다. 고전주의 철학에서(다시 말하면 분석의 철학에서) 유사성이 하는 역할은 비판적 사유와 판단의 철학에서 다양한 것[39]이 맡는 역할과 대칭을 이룬다.

이러한 한계와 조건의 입장(없거나 충족되지 않을 경우에는 인식을 불가능하게 만드는 것)에서, 닮음은 상상력 쪽에 위치하거나, 더 정확히는 상상력의 효력에 의해서만 나타나고, 역으로 상상력은 닮음에 기대서만 작용한다. 실제로 재현의 끊임없는 연쇄에서 가능한 한 가장 단순하고 서로 조금도 닮지 않은 듯이 보이는 인상들을 가정한다면, 닮음이 재현을 다시 불러들이고 다시 나타나게 하며 이런 식으로 상상적인 것 속에서 재현의 재-현을 가능하게 할 어떤 가능성도 없을지 모르고, 하나의 재현이 꼼짝없이 고정되고 이전의 재현을 되살리며 이전의 재현과 병치되어 비교를 야기할 계기를 결코 갖지 못할 것이므로, 인상들은 가장 완전한 차이, 너무나 완전해서 지각될 수조차 없을 차이에 따라 차례로 이어질지 모르며, 모든 구별에 필요한 하찮은 동일성은 주어지지도 않을 것이다. 끝없는 변화가 영원한 단조로움 속에서 지표 없이 펼쳐질지 모른다. 그러나 어떤 인상도 지나간 인상을 다시 현존하게 할 애매한 힘을 갖지 않는다면, 결코 이전의 인상과 유사하거나 다른 것으로 보이지 않을 것이다. 이러한 환기(喚起)의 힘은 적어도 하나는 현존하는 반면 다른 하나는 어쩌면 오래전부터 더 이상 실재하지 않는 두 가지 인상을 거의 유사한 것으로(인접하고 동시적인 것으로, 거의 동일하게 실재하는 것으로) 보이게 할 가능성을 내포한다. 상상력이 없다면, 사물들 사이의 닮음은 존재하지 않을 것이다.

이중의 요건이 눈에 띈다. 재현된 사물에는 닮음의 끈질긴 속삭임이

---

39) (옮긴이 주) le divers. 독일어로는 Verschieden(다른 것)뿐만 아니라 Mannichfaltige(다양한 것)를 가리키는데, 후자는 칸트 철학에서 감성과 관계가 있으며, 공간에서 자아를 벗어나 있는 것 또는 인식이나 재현과도 관련될 수 있다.

있어야 하고, 재현에는 언제나 가능한 상상력의 꿈틀거림이 있어야 한
다. 그리고 이 요건들 중 어느 하나도 보충하고 마주보는 다른 하나 없이
는 성립할 수 없다. 이로부터 두 가지 방향의 분석이 유래하는데, 그것들
은 고전주의 시대를 가로질러 지속되고 끊임없이 서로 연관되었으며, 마
침내 18세기 후반기의 관념학에 이르러 둘 사이의 공통된 진실이 표명
되었다. 한편으로 비현실적이지만 동시적인 비교 도표에서 일련의 재현
이 뒤집히는 현상을 설명하려는 분석, 즉 인상, 상기(想起),[40] 상상, 기억,
요컨대 시간 속에서 이미지의 역학 같은 것이라 할 수 있는 비의지적 바
탕 전체에 대한 분석이 있다. 다른 한편으로는 사물들의 닮음(사물들을
정돈하고 동일하고 상이한 요소들로 분해하며 사물들의 무질서한 유사성을 도
표로 분류하기 이전에 드러나는 사물들의 닮음)을 설명하려는 분석이 있다.
사물들의 본질적인 질서가 분명하지 않은 상태에서, 그러나 활기찬 기
억에 대해서는 닮음, 막연한 유사성, 암시적 정황의 형태로 투명하게 비
쳐 보일 만큼 충분히 가시적으로 사물들이 서로 겹치고 뒤섞이며 교차하
는 것은 도대체 무슨 이유 때문일까? 첫 번째 계열의 문제는 대체로 **상상
력의 분석론**에 상응하는데, 여기에서 상상력은 재현의 단선적 시간을 잠재
적 요소들의 동시적 공간으로 변화시키는 긍정적인 힘으로 간주되며, 두
번째 계열은 대체로 **자연의 분석**에 상응하는데, 여기에서 자연은 존재물의
도표를 혼란시키고 멀리에서 서로 어렴풋이 유사한 일련의 재현으로 분
산시키는 무질서나 빈틈을 지니고 있다.

그런데 이 두 가지 대립적 계기(하나는 부정적인 것으로서 인상에서 찾아
볼 수 있는 자연의 무질서와 관련되고, 다른 하나는 인상으로부터 질서를 재구
성하는 힘과 관련된다.)는 '기원'의 관념에서 두 가지 가능한 방식으로 일
치하게 된다. 우선 부정적 계기(무질서, 막연한 닮음의 계기)는 상상력 자

---

40) (옮긴이 주) réminiscence. 기억으로 확인되지 않는 이미지가 정신에 다시 떠오르는 현상으로서,
작가의 무의식적 차용을 뜻하기도 한다.

체에서 유래하는 것으로 여겨지는데, 이때 상상력은 홀로 이중의 기능을 실행한다. 이중화된 재현에 의해서만 상상력이 질서를 회복할 수 있다면, 이는 바로 사물들의 동일성과 차이의 분석적 진실에 대한 직접적인 인식을 상상력이 방해하는 정도에 따라서이다. 상상력의 권능은 상상력이 지니고 있는 결함의 이면 또는 다른 측면일 뿐이다. 인간에게서 상상력은 영혼과 육체의 접합부에 존재한다. 데카르트, 말브랑슈, 스피노자가 실제로 상상력을 오류의 장소와 동시에 수학적 진리에 도달하는 힘으로 분석한 것은 바로 이 때문이다. 그들은 상상력에서 이해 가능한 범위를 벗어나는 전락의 징후로건, 한계를 지닌 자연의 표지로건 유한성의 낙인을 알아보았다. 이와 반대로 상상력의 긍정적 계기는 분명하지 않은 닮음, 유사성의 어렴풋한 속삭임에서 나오는 것으로 여겨질 수 있다. 상상력은 자연 자체의 역사나 파국 또는 어쩌면 그저 뒤얽힌 다수에서 유래하는 서로 닮은 사물들만을 재현할 수 있는 자연의 무질서이다. 그래서 재현은 서로 매우 비슷한 내용들에 언제나 얽매어 있는 만큼, 되풀이되고 상기되고 당연히 외부 세계와 단절되고 거의 동일한 인상들을 다시 생겨나게 하고 상상을 야기한다. 콩디야크와 흄이 닮음과 상상력의 관련성을 탐색한 것은 바로 다양하면서도 이유 없이 막연하게 되살아나는 이러한 자연의 기복(起伏), 모든 질서에 앞서 자기 자신과 닮아 가는 수수께끼 같은 자연의 진실을 고려했기 때문이다. 이 둘의 해답은 각각 서로 엄밀하게 대립하지만 동일한 문제에 대응하는 해결책이었다. 어쨌든 우리는 두 번째 유형의 분석이 최초의 인간(루소)이나 깨어나는 의식(콩디야크) 또는 세계에 내던져진 외부의 목격자(흄)라는 신화적인 형태로 쉽게 전개되었음을 이해할 수 있다. 이와 같은 발생은 정확히 「창세기」의 역할을 대신했다.

한 가지만 더 지적하자. 고전주의 시대에 자연과 인간의 관념이 상당한 중요성을 갖는 것은 자연이라 불리는 한없이 풍부하고 숨겨진 잠재력이 갑자기 경험적 연구의 영역으로 드러났기 때문도 아니고, 인간일지 모르는 특이하고 복잡한 소(小)영역이 방대한 자연의 내부에서 분리되었기 때문도 아니다. 사실상 이 두 관념은 상상력과 닮음의 귀속, 상호 관련성을 보장하기 위한 것이다. 아마 상상력은 겉보기에 인간을 구성하는 속성들 가운데 하나에 지나지 않을 것이고, 닮음은 자연의 효력들 가운데 하나에 불과할 것이다. 그러나 고전주의적 사유에 법칙을 부여하는 고고학적 망(網)에 주의를 기울인다면, 인간은 인간의 재-현을 가능하게 하는 재현의 얇은 돌출부에 자리한다는 것,(인간 전체는 거기에, 즉 인간이 다시 출현하도록 그저 웬만큼 재현의 외부에, 현존을 재현으로부터 떼어 놓고 접두사 '재-'를 재현의 반복으로부터 갈라놓는 공백의 공간에 존재한다.) 그리고 자연은 동일성들의 질서가 가시적이기 전에 닮음이 감지될 수 있게 하는 재현의 포착할 수 없는 혼란에 불과하다는 것을 분명히 알아차릴 수 있다. 자연과 인간은 에피스테메의 일반적 지형에서 닮음과 상상력의 조정을 가능하게 하는데, 질서의 모든 경험과학은 이 조정에 의해 정당화되고 가능해진다.

16세기에는 닮음이 기호 체계와 밀접하게 연관되었고, 따라서 구체적 인식의 장을 열어 놓은 것은 기호의 해석이었다. 17세기부터는 닮음이 지식의 변경(邊境)으로, 지식의 가장 낮고 보잘것없는 경계 쪽으로 밀려난다. 거기에서 닮음은 상상력, 불확실한 반복, 흐릿한 유비와 연관된다. 그래서 닮음은 해석의 과학 쪽으로 진행되기는커녕, 조잡한 동일자의 조잡한 형태에서 동일성, 차이, 질서라는 형태에 따라 전개된 광범위한 지식의 도표로 거슬러 올라가는 발생을 내포한다. 17세기에 성립된 것과 같은 질서의 과학이라는 기획은 로크에서 관념학까지 실질적으로 부단히 그러했던 것처럼, 인식의 발생을 겸한다는 것을 전제로 했다.

6 '마테시스'와 '탁시노미아'

질서의 일반 과학을 위한 기획, 재현을 분석하는 기호의 이론, 정돈된 도표에 의한 동일성과 차이의 배치. 이러한 것들을 통해 어떤 경험성의 공간이 고전주의 시대에 형성되었는데, 이 공간은 르네상스 시대 말까지는 존재하지 않았고 19세기 초부터는 결정적으로 사라지게 된다. 우리에게 그것은 이제 복원하기가 매우 어렵고, 우리의 지식이 속해 있는 실증성들의 체계에 의해 매우 두텁게 뒤덮여 있어서 오랫동안 주목받지 못했다. 그것은 변형되거나 우리의 범주 또는 분할에 의해 감추어진다. 17~18세기에 '생명'이나 '자연' 또는 '인간'에 관한 '과학'이 과연 어떤 모습이었는지를 재구성하려는 시도가 겉보기에는 이루어지고 있는 듯하지만, 인간도 생명도 자연도 호기심 어린 지식에 저절로나 수동적으로 드러나는 영역이 아니라는 사실은 한결같이 무시되고 있다.

고전주의 시대의 에피스테메 전체를 가능하게 하는 것은 우선 질서의 인식에 대한 이해 방식이다. 단순한 자연물을 정돈하는 것이 문제일 때는 대수학을 보편적인 방법으로 갖는 **마테시스**가 원용된다. 복잡한 자연물(경험에 주어지는 그대로의 재현 일반)을 정돈하는 것이 문제일 때는 **탁시노미아**[41]를 구성해야 하고, 이를 위해서는 기호 체계를 정립할 필요가 있다. 복잡한 자연물의 질서에 대한 기호의 관계는 단순한 자연물의 질서에 대한 대수학의 관계와 같다. 그러나 경험적 재현이 단순한 자연물로서 분석될 수 있어야 함에 따라, **탁시노미아**는 전적으로 **마테시스**와 관련되는 반면에, 명백한 사실의 인식은 재현 일반의 특별한 경우일 뿐이므로, **마테시스**는 탁시노미아의 특별한 경우일 뿐이라고 말할 수도 있다. 이

---

41) (옮긴이 주) taxinomia. 분류 법칙의 과학을 지칭한다. 19세기부터 학술 용어를 만드는 데 많이 이용된 taxi-(배열, 순서의 의미를 갖는다.)와 -nomie 또는 -nomia(학이나 술 또는 법의 의미를 갖는다.)가 결합된 용어이다.

와 마찬가지로 사유 자체에 의해 확립되는 기호는 복잡한 재현의 대수학 같은 것을 구성하며, 역으로 대수학은 단순한 자연물에 기호를 부여하고 이 기호에 효력을 미치기 위한 방법이다. 그러므로 다음과 같은 배치가 얻어진다.

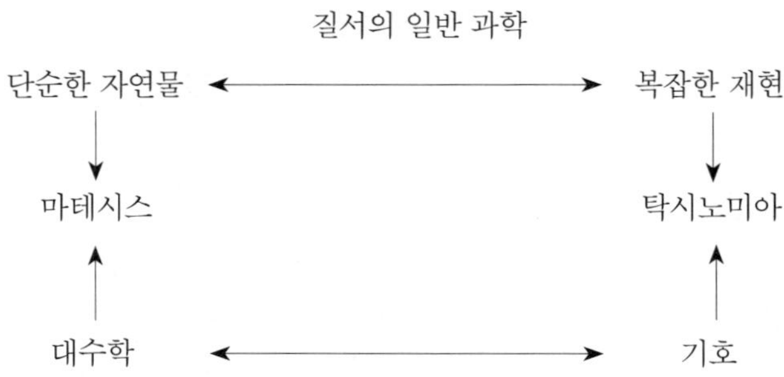

그러나 이것이 전부는 아니다. 탁시노미아는 또한 사물들의 어떤 연속(존재의 비-불연속 또는 충만)과 상상력의 어떤 잠재력을 전제로 하는데, 상상력은 존재하지 않는 것을 나타나게 하지만, 바로 그렇기 때문에 사물들의 연속을 드러나게 해 준다. 따라서 경험적 질서의 과학이 가능하려면 인식의 분석, 어떻게 존재의 감춰진(그리고 분명치 않은 듯한) 연속성이 불연속적 재현들에서 드러나는 시간의 속박을 가로질러 재구성될 수 있는가를 보여 주어야 할 분석이 요구된다. 이로부터 인식의 기원을 검토할 필요성이 생겨나는데, 이 필요성은 고전주의 시대를 가로질러 변함없이 표면화된다. 회의주의가 합리주의와 대립하지 않듯이, 확실히 이 경험적 분석들은 보편적 마테시스[42]와 대립하지 않으며, 더 이상 동일자의 경험으로서가 아니라 질서의 확립으로서 제시되는 어떤 지식의 요건

---

42) (옮긴이 주) mathesis universelle. 라이프니츠에 연원을 두고 후설로 이어지는 용어로, 전통적인 삼단논법과 형식 분석의 종합을 뜻한다. '마테시스 유니베르살리스(mathesis universalis)'라고도 한다.

들로 에워싸여 있었다. 그러므로 고전주의 시대의 **에피스테메**에서 양극
단에는 계산 가능한 질서의 과학으로 간주되는 **마테시스**와 경험의 결과
에 입각한 질서의 구성에 대한 분석으로 여겨지는 **발생**이 있다. 한편으
로는 동일성과 차이에 관한 가능한 연산의 부호들이 활용되고, 다른 한
편으로는 사물들 사이의 닮음과 상상력의 부침(浮沈)에 의해 점차적으로
쌓이는 표지들이 분석된다. **마테시스**와 **발생** 사이에서 기호(경험적 재현
의 분야 전체를 가로지르지만 결코 이 분야 밖으로 넘쳐나지 않는 기호)의 영역
이 확장된다. 계산과 발생에 의해 경계가 설정되는 기호의 영역은 바로
도표의 공간이다. 이러한 지식에서는 우리의 재현이 우리에게 제공할 수
있는 모든 것, 즉 지각, 사유, 욕망에 기호를 붙이는 것이 중요한데, 이
기호들은 특징으로서 가치를 지니게, 즉 재현 전체를 분명한 선(線)에 의
해 서로 분리된 별개의 범위들로 분절하게 마련이다. 이에 따라 재현들
의 근접과 격리, 인접과 분리를 나타나게 하는 동시적 체계, 따라서 역사
와 무관한 재현들의 친근성을 드러내고 영속적 공간에서 재현들의 순서
관계를 복원하는 망(網)이 가능해진다. 이러한 방식으로 동일성과 차이
의 도표가 그려질 수 있다.

　우리가 자연사(자연의 연속성과 자연의 뒤얽힘이 맞물리는 특징의 과학)와
마주치는 것은 바로 이 영역에서이다. 우리가 화폐와 가치에 관한 이론
(교환을 가능하게 하고 여러 가지 필요나 욕망 사이의 등가를 확립하게 해 주는
기호의 과학)과 마주치는 것도 역시 이 영역에서이다. 끝으로 일반 문법
(특이한 지각들을 분류하고 사유의 연속적 움직임을 분할하는 기호의 과학)이
자리하는 곳 역시 이 영역이다. 고전주의 시대에 이 세 가지 분야는 상호
간의 차이점에도 불구하고, 동등의 계산과 재현의 발생 사이에 기본적인
도표의 공간이 정립됨에 따라서만 실재했을 뿐이다.

　마테시스, 탁시노미아, 발생이라는 이 세 가지 관념은 별개의 분야들보
다는 오히려 고전주의 시대에 지식의 일반적인 지형을 명확히 결정하는

굳건한 귀속의 망을 보여 준다. 탁시노미아는 마테시스와 대립하지 않는다. 전자는 후자 안에 자리하고 후자와 구별된다. 실제로 전자 또한 질서의 과학, 질적 마테시스이다. 그러나 엄밀한 의미에서 마테시스는 동등의 과학, 따라서 귀속과 판단의 과학이고 진리의 과학인 반면에, 탁시노미아는 동일성과 차이를 다루는 분절과 등급의 과학이자 존재물에 관한 지식이다. 이와 마찬가지로 발생은 탁시노미아의 내부에 자리하거나 적어도 거기에서 본래의 가능성을 얻는다. 그러나 탁시노미아는 가시적 차이들의 도표를 확립하고, 발생은 연속적 계열을 전제로 하며, 전자는 통사법처럼 기호들의 공간적 동시성을 다루고, 후자는 연대기처럼 시간의 유사물[43]에 따라 기호들을 나누어 배치한다. 탁시노미아는 마테시스에 대해서는 판단논리학[44]과 맞서는 존재론처럼 기능하고, 발생에 대해서는 역사학에 맞서는 기호학처럼 기능하며, 따라서 존재물의 일반 법칙과 동시에 존재물이 인식될 수 있는 조건을 결정한다. 고전주의 시대에 자연 자체의 인식을 위해 제안된 독단론적 양상의 과학과 동시에 시간의 흐름에 따라 점점 더 명목론적이고 회의론적이게 된 재현의 철학이 기호의 이론으로 나타날 수 있었다는 사실은 이로부터 유래한다. 이후 시대에는 이와 같은 배치가 사라져 이것이 존재했다는 사실에 대한 기억조차 상실되었다는 점 또한 이로부터 유래한다. 이는 칸트의 비판론과 18세기 말에 서양 문화에서 일어난 모든 것 이후로 새로운 유형의 분할이 성립되었기 때문이다. 한편으로는 마테시스가 판단논리학과 존재론을 구성하면서 재편성되었는데, 오늘날까지 형식 위주의 분야를 지배한 것은 바로 그것이고, 다른 한편으로는 역사학과 기호학이 해석의 분야에서 서로 합쳐졌는데,(어떤 관점에서 보자면 역사학이 기호학을 흡수했는데) 이 분야의 영향력

---

43) (옮긴이 주) analogon. 단순히 시간에 '상당하는 것'이라는 의미이다.
44) (옮긴이 주) apophantique. 판단과 관련된 논리학의 한 분야로서 서술적 판단의 학설을 뜻한다.

은 슐라이어마허[45]에서 니체와 프로이트까지 지속되었다.

어쨌든 고전주의 시대의 에피스테메는 가장 일반적인 배치의 측면에서 **마테시스, 탁시노미아, 발생론적 분석**이 맞물린 체계로 규정될 수 있다. 이 과학들은 비록 막연할지라도 언제나 철저한 정돈의 기획을 지니고 있으며, 즉 단순한 요소들과 이것들의 점진적 조합을 발견하는 방향으로 나아가며, 따라서 기본적으로 이 기획과 동시대적인 체계 안에서 생겨나는 인식들의 도표, 진열이다. 17~18세기에 지식의 중심은 **도표**이다. 평지풍파를 일으킨 커다란 사상 논쟁들의 현장은 매우 당연하게도 이 조직에서 주름진 부분이다.

이 논쟁들을 출발점이나 주제로 삼아 고전주의 시대를 대상으로 사유의 역사를 기술하는 것은 물론 가능하다. 그러나 이렇게 할 경우에는 사상의 역사, 다시 말해서 개인이나 계층 또는 사회 집단에 따라 실행된 선택의 역사를 쓰게 될 뿐인데, 이것은 정말 어수선한 연구 방법이다. 지식 자체의 고고학적 분석을 시도하고자 할 경우에 길잡이 구실을 하고 논의의 중심이 되어야 하는 것은 이 유명한 논쟁들이 아니다. 실증성의 측면에서 동시적이고 겉보기에 모순적인 사상들의 상호 작용을 가능하게 하는 일반적 사유 체계의 망을 재구성해야 한다. 논쟁이나 문제의 가능 조건을 결정하는 것도, 지식의 역사성을 지니고 있는 것도 이 망이다. 생명은 운동일 뿐일까, 또는 자연은 신의 존재를 입증할 만큼 질서 정연할까 하는 문제를 서양 세계가 해결하려고 분투하는 것은 어떤 문제가 대두되었기 때문이 아니라, 서양 문화의 에피스테메가 무한한 범위의 기호와 닮음을 퍼뜨린 다음에, 인과성과 역사의 계열을 조직하기에 앞서, 도표 형태의 공간을 열어 놓았기 때문인데, 서양 문화의 에피스테메는 계산 가능

---

45) (옮긴이 주) Schleiermacher(1768~1834). 감정과 직관에 의거하여 종교 경험의 신학을 세운 독일의 신학자. 그의 사상은 신앙을 앎이라기보다는 삶으로 간주하는 신교 신학의 흐름에 깊은 영향을 미쳤다.

한 질서의 형태로부터 가장 복잡한 재현의 분석까지 이 공간을 끊임없이 가로질렀다. 이러한 행로의 자취는 사상에 관한 주제, 논쟁, 문제, 선호의 역사적 표면에서 감지된다. 인식은, 17세기에 전격적으로 열렸고 150년 후에야 다시 닫히게 될 '지식의 공간'을 처음부터 끝까지 가로질렀다.

이제는 이 도표 형태의 공간이 가장 분명한 모습으로 나타나는 바로 거기에서, 다시 말하자면 언어, 분류, 화폐의 이론에서 이 공간의 분석을 시도할 필요가 있다.

일반 문법, 자연사, 경제학을 기호와 재현의 일반 이론과 관련시키면서 동시에 연속적으로 분석하고자 한다는 사실 하나조차도 우리의 세기에 와서야 비로소 생겨날 수 있는 문제를 전제하고 있는 것이라고들 아마 반박하게 될 것이다. 다른 어떤 문화의 경우에도 그렇겠지만, 고전주의 시대에도 역시 지식의 일반 체계는 필시 한정되거나 명명될 수 없었을 것이다. 그러나 고전주의 시대에 지식의 일반 체계는 마치 지식의 암묵적이나 불가피한 단일성을 결정하는 기본적인 망에 따라 방법, 개념, 분석 유형, 획득된 경험, 정신, 끝으로 인간 자신이 이동하기라도 한 듯이, 가시적 지식의 형태들이 서로 간에 친근성을 어렴풋이 내보일 만큼 속박적인 것이었다. 역사는 이러한 이동의 수많은 사례를 보여 주었다. 우선 인식의 이론, 기호의 이론, 문법의 이론 사이를 그토록 여러 차례 가로지른 노정이 있었다. 가령 포르루아얄은 『논리』의 보완물이자 자연스러운 후속으로 『문법』을 간행했는데, 포르루아얄의 『문법』은 기호에 대한 공통의 분석에 의해 『논리』와 결부되었다. 콩디야크와 데스튀트 그리고 제랑도는 인식의 조건이나 '요소'를 분석하는 작업과 가장 가시적인 적용과 용법만이 언어에 의해 형성되는 기호에 관한 성찰을 서로 맞물리게 했다. 다음으로 재현 및 기호의 분석과 부의 분석 사이의 노정이 있었다. 가령 중농주의자 케네[46]는 『백과전서』를 위해 '명증성' 항목을 기술했고, 콩디야크와 데스튀트는 상업 및 경제의 이론을 인식의 이론에

126

덧붙였는데, 그들에게는 상업 및 경제의 이론이 정치뿐만 아니라 도덕의 의미도 띠었으며, 누구나 알다시피 튀르고[47]는 『백과전서』의 '어원' 항목 및 화폐와 말 사이의 체계적 비교를 기술했고, 애덤 스미스[48]는 위대한 경제학 저서 이외에도 언어의 기원에 관한 시론을 썼다. 끝으로 자연의 분류에 관한 이론과 언어에 관한 이론 사이의 노정이 있었다. 가령 아당송[49]은 식물학의 영역에서 인위적이고 동시에 일관성 있는 명명법을 창안하려고 했으며, 언어의 음성 자료에 따른 온전한 표기법 개편의 포부를 품었고,(게다가 부분적으로 이를 실행했다.) 루소는 식물학 원론과 언어의 기원에 관한 개론을 유작으로 남겼다.

이처럼 경험적 지식들의 광범위한 망, 즉 양적이지 않은 분야들의 망이 마치 점선으로 이은 듯이 모습을 드러냈다. 그리고 감소했지만 지속적으로 존재하는 탁시노미아 유니베르살리스[50]의 단일성은 아마 린네의 경우에서, 그가 자연이나 사회의 모든 구체적 영역에서 동일한 배치와 동일한 질서를 찾아내려는 계획을 구상할 때 아주 분명하게 나타나게 된

---

46) (옮긴이 주) Quesnay(1694~1774). 프랑스의 의사, 경제학자. 베르사유 성에 있는 그의 숙소에는 경제 문제에 관심을 가진 사람들, 예컨대 디드로, 튀르고, 미라보 후작, 뒤퐁 드 느무르 등이 모였는데, 그들은 중농주의자 집단을 형성했다. 그는 『백과전서』를 위해 '소작인'과 '곡물' 항목을 기술하고(1757) 1758년에는 자신의 주저인 *Tableau économique*를 발간한다. 그 책에서 그는 재화와 용역의 유통을 인체 내의 혈액 순환에 비유한다. 케네에게는 토지가 부의 기본적인 원천이다.

47) (옮긴이 주) Turgot(1727~1781). 프랑스의 정치가. 루이 14세의 신뢰를 바탕으로 여러 개혁적인 경제 정책을 펼치나, 귀족의 반발, 1774년의 흉작으로 인한 밀과 빵의 가격 상승에 따른 민중의 빈곤 심화, 왕의 변덕스러움 때문에 좌절을 겪는다.

48) (옮긴이 주) Adam Smith(1723~1790). 스코틀랜드의 경제학자. 1752년부터 흄과 우정을 나누고, 유럽 대륙을 여행하는 동안(1764~1766) 제네바에서 볼테르를 만나고 파리에서 튀르고와 케네를 만난다. 1765년 툴루즈에서 쓰기 시작한 『국부의 본질과 원인에 관한 연구』를 1767~1773년 동안 고향에서 완성하여 경제학의 창시자로 간주되기에 이른다.

49) (옮긴이 주) Adanson(1727~1806). 프랑스의 식물학자. 스무 살에 세네갈로 떠나 5년 동안 식물을 탐사하고, 1795년 과학원 회원이 된다.

50) (옮긴이 주) Taxinomia universalis. '보편분류법'의 뜻이다. 그러나 대상들 전체의 등급별 배열, 생물의 분류를 가능하게 하는 것이라는 단순한 활동을 넘어, 세계의 마름질, 다시 말해 '세계관(Weltanschauung)'까지도 내포하는 개념이다.

다.[51] 지식의 한계는 재현의 질서를 세우는 기호에 대한 재현의 완벽한
투명성일지도 모른다.

51) Linné, *Philosophie botanique*, 155, 256쪽.

4 말하기

1 비평과 주석

고전주의 시대에 언어의 존재는 지고하고 동시에 불연속적이다.
'사유를 재현하는' 임무와 역량이 말에 부여되었으므로, 지고하다. 그러나 재현한다는 것은 번역한다거나 가시적 해석을 제시한다거나 물체의 외부 표면에 사유를 정확히 나타낼 수 있는 물질적 부본(副本)을 만들어 낸다는 것을 의미하지 않는다. 재현한다는 것을 엄밀한 의미로 이해해야 한다. 즉, 사유가 스스로를 재현하듯이, 언어는 사유를 재현한다. 언어를 구성하거나 언어를 내부로부터 북돋우기 위해 의미 작용이라는 본질적이고 본래적인 행위가 있는 것은 아니며, 다만 재현이 지니고 있는 힘, 즉 재현을 나타낼 힘, 다시 말해서 재현을 반성의 시선 아래 부분별로 병치하면서 분석하고 재현의 연장선상에 있는 대체물에 재현을 떠맡길 힘이 재현의 핵심에 있을 따름이다. 고전주의 시대에는 재현에 지정되지 않는 것이라면 어떤 것도 지정되지 않지만, 바로 이 사실 때문에 자기로부터 거리를 두고 이분화되며 스스로와 동등한 또 다른 재현에 반영되는 재현의 작용에 의해서가 아니라면, 어떤 기호도 솟아오르지 않고, 어떤 말도 언술되지 않으며, 어떤 낱말이나 명제도 결코 내용을 갖지 못한다. 재현은 세계로부터 의미를 끌어오지만 세계에 뿌리를 내리지는 않으며, 자체의 고유한 공간으로 통해 있는데, 이 공간 내부의 망상 조직이 의미를 야기한다. 그리고 언어는 바로 거기에, 재현 안에서 확립되는 이 간격에 존재한다. 그러므로 말은 사유를 외부로 이중화하는 얇은 막을 형성하지 않는다. 사유를 다시 불러오고 가리키는 것이 말이지만, 말은 우선 내부 쪽에서, 다른 재현들을 나타내는 그 모든 재현 사이에서 사유를 다시 불러오고 가리킨다. 고전주의 시대의 언어는 자신이 나타내야 할 사유에 우리가 생각하는 것보다 훨씬 더 근접해 있어서, 사유와 평행하기에 그치지 않고, 사유의 망에 사로잡혀, 사유의 전개 자체와 일체를 이룬다. 고전주의 시대에 언어는 사유의 외부적 결과가 아니라 사유 자체이다.

그런데 이런 이유 때문에 고전주의 시대의 언어는 비가시적이거나 거의 비가시적인 것이 된다. 어쨌든 고전주의 시대에는 언어의 존재가 더 이상 문제되지 않을 정도로 언어가 재현에 대해 매우 투명했다. 르네상스 시대에는 언어가 있다는 사실로 그만이었다. 표기 기호가 세계의 두께 안에서 사물과 뒤섞였거나 사물 아래로 퍼졌고, 부호(符號)가 수사본(手寫本)이나 책장 위에 쌓였다. 그리고 이 모든 끈질긴 표지 아래 잠들어 있는 언어를 말하게 만들고 마침내 움직이게 하기 위해서는 이차 언어(주석, 해석, 박학의 언어)가 요구되었으며, 언어에서 읽을 수 있는 것과 언어를 울리게 하는 말보다 언어가 먼저 존재했는데, 언어의 이 선행성은 마치 언어가 말없이 고집을 피우기라도 하는 듯이 끈질긴 것이었다. 17세기부터 사라지는 것은 이 덩어리 같고 미심쩍은 언어의 실재이다. 이제 언어의 실재는 표지라는 수수께끼에 감추어져 있는 것으로, 즉 여전히 의미 작용의 이론에 따라 펼쳐지는 것으로 보이지 않는다. 극단적인 관점에서 보면, 고전주의 시대에는 언어가 존재하지 않는다고 말할 수 있을지 모른다. 그러나 작동한다고는 말할 수 있을 것이다. 왜냐하면 고전주의 시대에 언어의 실재는 언어의 재현하는 역할에 온전히 자리를 잡고, 정확히 이 역할에 한정되며, 이 역할을 다하는 것으로 끝나기 때문이다. 언어는 재현 이외의 다른 장소를 갖지 않으며, 재현에서만, 즉 재현 때문에 생겨날 수 있는 공동(空洞)에서만 가치를 갖는다.

이런 식으로 고전주의 시대의 언어에 대한 어떤 이해 방식이 드러나는데, 이 이해 방식은 그때까지 가능하지도 않았고 심지어 상상할 수도 없었다. 16세기의 언어는 스스로에 대해 영속적인 주석의 입장에 놓여 있었다. 그런데 언어가 있을 경우에만, 언어로 하여금 말하도록 시도하게 하는 담론보다 말없는 언어가 먼저 있을 경우에만 주석이 실행될 수 있고, 주석을 달기 위해서는 텍스트라는 절대적 전제 조건이 필요하다. 역으로 세계가 서로 얽힌 표지와 말이라면, 주석의 형태를 제외하고 어떻게 세계에 관해 말할 수 있겠는가? 고전주의 시대부터는 언어가 재현 속에서, 재현 자체에 빈틈을 내는 것 같은 이분화에 따라 전개된다. 이제는 기본 텍스트가 사라지고, 이와 함께 말의 고갈되지 않는 바탕 전체도 사라지는데, 이전에는 말없이 존재하는 말이 사물에 새겨져 있었다. 재현만 남는데, 재현은 재현을 드러내는 언어 기호에 따라 전개되고 이런 식으로 **담론**이 된다. 재현의 본질적인 담론성(談論性), 즉 아직은 대단치 않고 중립적이지만 담론에 의해 실현되고 결정되어야 할 열린 가능성이 이차 언어에 의해 해석되어야 하는 말의 수수께끼를 대체한 것이다. 그런데, 이번에는 담론이 언어의 대상으로 떠오르지만, 담론은 마치 어떤 것을 말하지 않고도 말하기라도 하는 듯이, 스스로에 묶인 언어이자 닫힌 말인 듯이 검토되지는 않으며, 기호 아래 감추어진 수수께끼 같은 중대한 의도를 밝히려는 시도도 더 이상 이루어지지 않는다. 담론에 대해 제기되는 물음은 그것이 어떻게 작동하는가, 즉 그것이 어떤 재현을 가리키는가, 어떤 요소를 마름질하고 선취하는가, 어떻게 분해하고 합성하는

가, 어떤 대체 작용에 의해 재현으로서의 역할을 확보할 수 있게 되는가
이다. 주석이 비평으로 대체된 것이다.

언어 자체에 대해 언어가 정립하는 이 새로운 이해 방식은 단순하지
도 일면적이지도 않다. 가시적 형태의 분석과 감추인 내용의 발견이 대
립하듯이, 비평은 분명히 주석과 대립한다. 그러나 가시적 형태는 재현
의 형태이므로, 비평은 진리, 정확성, 적절성, 또는 유의미한 표현의 견
지에서만 언어를 분석할 수 있다. 이로 인해 비평과 모호성의 역할이 서
로 뒤섞였고, 비평은 결코 모호성을 떨쳐 버릴 수 없었다. 비평은 마치
언어가 순수한 기능, 메커니즘들의 전체적인 조화, 기호들의 광범위하고
자율적인 상호 작용이기라도 하는 듯이 언어를 검토하지만, 이와 동시에
언어의 진실 또는 기만, 언어의 투명성 또는 불투명성, 따라서 언어에 의
해 말해지는 바가 표현의 수단인 말에 현존하는 방식의 문제를 어김없이
제기한다. 내용과 형식의 대립이 점차 뚜렷이 드러나 마침내 우리가 알
고 있는 자리를 차지하게 된 것은 바로 이러한 이중의 근본적 필요성으
로부터이다. 그러나 내용과 형식의 대립은 아마도 나중에 19세기로 접어
들어 이번에는 비평에 대한 이해 방식이 약화될 때에야 비로소 공고해졌
을 것이다. 고전주의 시대에 비평은 분리되지 않고 마치 덩어리 같은 상
태로 언어의 재현하는 역할에 작용한다. 당시에 비평은 서로 결속되고
맞물려 있으면서도 별개인 네 가지 형태를 띤다. 비평은 우선 반성의 영
역에서 말에 대한 비판으로 전개되는데, 이때 비판이란 바로 공인된 어
휘로 과학 또는 철학을 세우는 일의 불가능성, 재현의 분명한 측면을 혼
란시키는 일반적인 용어 및 여전히 통일되어 있을지 모르는 것을 분리하
는 추상적인 용어에 대한 비난, 완벽하게 분석적인 언어의 보고(寶庫)를
구성할 필요성이다. 비평은 또한 문법의 영역에서 통사론, 어순, 문장 구
성의 재현 가치에 대한 분석으로 나타나는데, 이때에는 다음의 물음들이
제기된다. 하나의 언어는 어미 변화나 전치사 체계가 있을 때 더 완벽한

132

것일까? 어순이 자유로운 경우와 엄격하게 결정된 경우 중 어느 쪽이 더 바람직할까? 연속 관계를 가장 잘 나타내는 시제의 체계는 무엇일까? 비평의 공간은 또한 수사학의 형태에 대한 검토, 즉 문채(文彩)와 비유의 분석에서 확보되는데, 여기에서 문채는 제각기 표현의 가치를 갖는 담론의 유형이고, 비유는 말이 하나의 동일한 재현 내용(부분 또는 전체, 핵심적인 것 또는 부차적인 것, 사건 또는 정황, 사물 자체 또는 사물과 유사한 것에 의한 지시)과 맺을 수 있는 갖가지 관계이다. 끝으로 비평은 이미 기록된 기존의 언어 앞에서, 기존의 언어와 이것이 재현하는 것 사이의 관계를 규정해야 하는데, 바로 이러한 방식으로 17세기부터 종교 텍스트의 해석에 비평적 방법이 갖추어졌다. 실제로 종교 텍스트의 해석은 이제 종교 텍스트가 이미 말한 것을 다시 말하는 것이 아니라, 어떤 문채와 이미지를 통해, 어떤 순서에 따라, 어떤 의미심장한 목적으로, 어떤 진실을 말하기 위해, 그와 같은 담론이 신이나 예언자에 의해 우리에게 전해진 형태로 행해졌는가를 명확하게 규정하는 것이었다.

이것이 비평의 다양한 차원인데, 비평의 차원은 언어가 기능에 입각하여 검토될 때 필연적으로 정립된다. 고전주의 시대부터 주석과 비평은 근본적으로 대립한다. 비평은 재현과 진실의 견지에서 언어에 관해 말하면서 언어를 판단하고 더럽힌다. 뜻밖에 존재하게 되고 자신의 비밀에 의문을 제기하는 언어인 주석은 이제 선결되어야 할 텍스트라는 벼랑 앞에서 멈추고, 텍스트의 탄생을 그 자체로 반복해야 하는 불가능하고 무한한 임무를 부여안는다. 주석은 텍스트를 신성화한다. 언어 자체에 대해 언어가 정립하는 이 두 가지 이해 방식은 이제부터 서로 경쟁하게 되는데, 우리 역시 이 경쟁 관계에서 결코 벗어나 있지 않다. 이 경쟁 관계는 아마 갈수록 강화될 것이다. 이는 비평의 특권적 대상이었던 문학이 말라르메 이후로 끊임없이 언어의 존재가 무엇인가에 접근했고 이로 말미암아 더 이상 비평의 형태가 아니라 주석의 형태를 띠는 이차 언어를 불러일으키기 때문이다. 고전주의 시대에 주해(註解)가 어느 정도 비평의 방법을 떠맡았듯이, 19세기부터 모든 비평의 언어는 실제로 주해의 역할을 수행했다. 그렇지만 언어가 재현에 속한다는 사실이 우리의 문화에서 타당성을 잃거나 적어도 회피되지 않는 한, 모든 이차 언어는 비평이냐 주석이냐 하는 양자택일에 직면한다. 그리고 불분명한 상태로 한없이 급증하게 된다.

2 일반 문법

언어의 실재가 일단 생략되자, 언어에는 재현에서의 기능, 즉 **담론**으로서의 성격과 효력만이 존속한다. 담론은 언어 기호에 의해 재현되는 재현 자체에 지나지 않는다. 그런데 언어 기호의 특수성, 그리고 언어 기호로 하여금 다른 모든 기호보다 더 적절하게 재현을 드러내고 분석하며 재구성하게 해 주는 이 이상한 힘은 도대체 무엇일까? 모든 기호 체계 사이에서 언어의 속성은 무엇일까?

처음 검토하기에는 말을 자의성이나 집합적 성격에 의해 정의하는 것이 가능하다. 언어가 생겨난 본래의 근원을 헤아려 볼 때 언어는 홉스가 말하듯이 개인이 우선 자신을 위해 선택한 표음 체계로 이루어진다. 이 표지에 의해 개인은 재현들을 상기하고 서로 연결하고 서로 떼어 놓고 조작할 수 있다. 바로 이 표지가 합의나 폭력에 의해 집단에 부과되지만,[1] 어쨌든 말의 의미는 각 개인의 재현에만 고유한 것이고, 모든 이에 의해 받아들여진다 해도, 한 사람씩 개별적으로 고려된 개인의 사유 속에서만 존재할 뿐이다. 가령 로크가 말하듯이 "말이란 말하는 사람이 품

---

1) Hobbes, *Logique*, 607~608쪽.

고 있는 관념의 기호이고, 어느 누구도 자기 자신이 정신 속에 지니고 있는 관념 이외의 다른 것에 말을 기호로서 직접 적용할 수는 없다."[2] 그러므로 언어를 다른 모든 기호로부터 구별하고 언어로 하여금 재현에서 결정적 역할을 맡게 하는 것은 언어가 개인적이거나 집단적이고 자연적이거나 자의적이기 때문이라기보다는 오히려 언어가 필연적으로 연속적인 순서에 따라 재현을 분석하기 때문이다. 소리는 실제로 하나씩 차례로 발음될 수밖에 없고, 언어는 사유를 단번에 전체적으로 나타낼 수 없다. 언어는 사유를 단선적 순서에 따라 부분별로 배치하게 마련이다. 그런데 단선적 순서는 재현과 무관하다. 물론 여러 가지 생각이 시간 속에서 차례로 이어지는 것은 사실이지만, 재현의 모든 요소는 한순간에 주어지고 반성만이 재현의 모든 요소를 하나씩 펼쳐 보일 수 있을 뿐이라고 콩디야크와 더불어 인정하건,[3] 재현의 모든 요소가 너무 빠르게 이어져서 그 순서를 관찰하거나 기억하는 것은 실질적으로 가능하지 않다는 점에 데스튀트 드 트라시와 더불어 동의하건,[4] 각각의 사유는 하나의 단위를 형성한다. 명제 안에 놓여야 하는 것은 바로 이처럼 다닥다닥 붙어 있는 재현들이다. 가령 나의 시선에는 "화사한 빛깔이 장미꽃의 내부에 있지만," 나의 담론에서는 어쩔 수 없이 화사한 빛깔이 장미꽃보다 선행하거나 장미꽃 뒤에 위치한다.[5] 관념들을 "알아보듯이" 말로 나타낼 능력이 정신에 있다면, "정신이 관념들을 한꺼번에 말로 나타내"[6]리라는 것은 의심의 여지가 없다. 그러나 이것은 결코 가능하지 않다. 왜냐하면 "사유가 단순한 작용"이라 해도, "사유의 언술은 연속적인 작업"[7]이

---

2) Locke, *Essai sur l'entendement humain*, trad. Coste, 2ᵉ éd.(Amsterdam, 1729), 320~321쪽.

3) Condillac, *Grammaire, Oeuvres*, t. V, 39~40쪽.

4) Destutt de Tracy, *Eléments d'Idéologie*(Paris, an IX) t. I.

5) U. Domergue, *Grammaire générale analytique*(Paris, an VII), t. I, 10~11쪽.

6) Condillac, *Grammaire, Oeuvres*, V, 336쪽.

7) Abbé Sicard, *Eléments de grammaire générale*, 3ed.(Paris, 1808), t. II, 113쪽.

기 때문이다. 바로 여기에 언어의 속성, 언어를 재현으로부터,(그런데 여기에서 언어는 재현의 재현일 뿐이다.) 이와 동시에 기호로부터(언어는 다른 특권 없이 기호에 속한다.) 구별 짓는 것이 있다. 외부와 내부 또는 표현과 반성이 대립하듯이 언어와 사유가 대립하는 것은 아니다. 자의적인 것이나 집합적인 것이 자연적인 것이나 단독적인 것과 대립하듯이 언어가 다른 기호(몸짓, 무언극 배우의 연기, 판본, 그림, 표장[8])와 대립하는 것도 아니다. 그러나 연속적인 것이 동시적인 것과 대립하듯이 언어는 이 모든 것과 대립한다. 사유와 기호에 대한 언어의 관계는 기하학에 대한 대수학의 관계와 같다. 언어는 부분들(또는 크기들)의 동시적 비교를 하나의 순서로 대체하는데, 누구나 이 순서의 단계들을 차례로 거쳐야 한다. 바로 이와 같은 엄밀한 의미에서 언어는 사유의 분석, 즉 단순한 마름질이 아니라, 기본적으로 공간에 질서를 정립하는 활동이다.

고전주의 시대에 '일반 문법'이라 불린 새로운 인식론적 영역은 바로 여기에 자리 잡는다. 이 영역에서 그저 언어의 이론에 대한 논리학의 적용만을 보는 것은 이치에 맞지 않을지 모른다. 또한 이 영역에서 언어학의 전조 같은 것을 읽어 내는 것도 비상식적일지 모른다. 일반 문법은 어순을 동시성에 대한 어순의 관계에 입각하여 연구하는 분야인데, 이 분야의 과제는 동시성을 재현하는 것이다. 그러므로 일반 문법의 고유한 대상은 사유나 언어가 아니라, 언어 기호들의 연쇄로 이해된 **담론**이다. 언어 기호들의 연쇄는 재현의 동시성에 비해 인위적이다. 이 점에 비추어, 반성을 거친 것이 직접적인 것과 대립하듯이 언어는 사유와 대립한다. 그렇지만 언어 기호들의 연쇄는 모든 언어에서 동일한 것이 아니다. 가령 어떤 언어들은 행위를 문장의 한가운데에, 또 어떤 언어들은 문장의 마지막에 놓고, 어떤 언어들은 재현의 주요한 대상을, 또 어떤 언어들은 부차적인

---

8) Destutt, *Eléments d'Idologie*, t. I, 261~266쪽.

상황을 먼저 제시하며, 『백과전서』에 언급되어 있듯이, 외국어들이 서로 불가해하고 그토록 번역하기 어려운 것은 어휘의 차이 때문이라기보다는 오히려 어휘 연쇄의 양립 불가능성 때문이다.[9] 자연과학과 특히 대수학이 재현 안으로 끌어들이는 명백하고 필연적이며 보편적인 질서에 비해 언어는 생득적이고 무의식적이다. 언어는 대략 자연적인 것 같다. 언어에 대한 일반적인 고찰의 관점에 의하면, 언어는 야생 상태에 대한 반성이자 이미 분석된 재현이다. 사실을 말하자면, 언어는 재현과 반성 사이의 구체적인 연결 고리이다. 언어는 사람들 사이의 소통 수단이라기보다는 오히려 재현이 필연적으로 반성과 소통하는 경로이다. 그래서 일반 문법은 18세기 동안 철학에 매우 중요했다. 일반 문법은 과학의 자연 발생적인 형태, 정신에 의해 통제되지 않는 논리학 같은 것이었고,[10] 이와 동시에 사유에 대한 최초의 숙고된 분석, 즉 직접적인 것과의 가장 기본적인 단절 현상들 가운데 하나였다. "아무리 하찮은 형용사라도 그것을 형성하는 데는 굉장한 형이상학이 필수적"[11]이라는 애덤 스미스의 지적에서 알 수 있듯이, 일반 문법은 정신에 내재하는 철학 같은 것이었고, 모든 철학이 그토록 넓은 선택의 폭을 가로질러 재현의 필연적이고 명백한 질서를 찾아내기 위해 재검토해야 하는 것이었다. 모든 반성의 초기 형태, 모든 비평의 기본 주제, 이것이 언어이다. **일반 문법**의 대상은 바로 인식만큼 폭넓지만 언제나 재현의 내부에 존재하는 이 모호한 것이다.

그런데 몇 가지 귀결을 곧장 끌어낼 필요가 있다.[12]

1. 첫 번째 귀결은 언어의 과학이 고전주의 시대에 어떻게 나뉘는가를 분명히 알아차릴 수 있다는 점이다. 한편으로는 문채와 비유를 다루는 수

---

9) *Encyclopédie*, article "langue".

10) Condillac, *Grammaire, Oeuvres*, t. V, 4~5, 67~73쪽.

11) Adam Smith, *Considérations sur l'origine et la formation des langues*, trad. française(1860), 410쪽.

12) Condillac, *Grammaire, Oeuvres*, t. V, 4~5, 67~73쪽.

사학이 있는데, 이것들은 바로 언어 기호에 의해 공간성이 언어에 부여되는 방식이고, 다른 한편으로는 분절(分節)[13]과 순서를 다루는 문법이 있는데, 이것들은 재현의 분석이 연속적 계열을 따라 배열되는 방식이다. 수사학은 재현의 공간성, 언어와 함께 생겨나는 그러한 공간성을 규정하고, 문법은 각 언어에서 재현의 공간성을 시간에 따라 배분하는 순서를 규정한다. 그래서 나중에 누구나 알게 되듯이, 문법은 언어들, 심지어 가장 원시적이고 가장 생득적인 언어들의 수사학적 본질을 전제로 한다.

2. 다른 한편으로 문법은 언어 일반에 관한 성찰로서, 언어가 보편성과 맺는 관계를 드러낸다. 이 관계는 **보편** 언어의 가능성이 고려되느냐 또는 **보편** 담론의 가능성이 고려되느냐에 따라 두 가지 형태를 부여받을 수 있다. 고전주의 시대에 보편 언어로 지칭되는 것은 망각의 징벌을 넘어 재발견된다면 바벨탑 이전의 화합을 복원할 수 있을 손상되지 않은 본래의 순수한 언어가 아니다. 중요한 것은 각 재현과 그 각 요소가 언제나 같은 의미로 표시될 수 있도록 이것들에 기호를 부여할 수 있는 언어인데, 이 언어는 또한 어떤 방식으로 요소들이 재현으로 구성되고 어떻게 요소들이 서로 연결되는가를 보여 줄 수 있을 것이고, 재현의 부분들 사이에서 모든 잠재적 관계를 보이도록 하는 수단을 지니고 있다는 점에서, 바로 이 사실 때문에 모든 가능한 순서를 아우를 수 있을 것이다. 기호법[14]이자 동시에 조합 기법[15]인 보편 언어는 먼 옛날의 질서를 재확립하지 않는다.

---

13) (옮긴이 주) articulation. '분명한 발음' 또는 '조음(調音)'을 의미하는 것으로 시작하여, '하나의 복잡한 체계가 기능적으로 조직되는 방식' 또는 '전체의 작동에 기여하는 별개의 요소들로 된 조직'으로 의미가 확장된 용어이다.

14) (옮긴이 주) Caractéristique(universelle). 라이프니츠의 용어로서, 개념들과 수들을 합성하고 분해하는 추론 작업을 실행하게 해 주는 언어이다. 우리가 사물들 대신에 사용하는 'caractères(문자 또는 기호나 부호)'의 체계로 이해할 수 있다.

15) (옮긴이 주) Combinatoire. 보통은 앞에 art(기술 또는 방법의 의미)가 붙는다. 치환과 결합에 관한 일반 이론, 지식의 일반적 분석을 지적으로 수행하게 해 주는 방법을 뜻하는 라이프니츠의 용어로서, 사유의 완전한 알파벳, 다시 말해 다른 개념들을 정의할 수 있는 기본 개념들의 완전한 목록을 마

보편 언어는 기호, 통사법, 상상할 수 있는 모든 순서가 제자리에 놓이기 마련인 문법을 창안한다. 보편 담론으로 말하자면, 모든 지식의 실마리가 비밀의 암호로 감추어져 있는 유일한 텍스트가 아니라, 오히려 가장 단순한 재현에서 가장 섬세한 분석 또는 가장 복잡한 조합까지 정신의 자연스럽고 필연적인 움직임을 규정할 가능성이다. 보편 담론은 애초부터 불가피하게 독특한 질서 속에 놓여 있는 지식이다. 보편 담론은 재현으로부터 인식의 가능성을 솟아나게 하기 위해, 인식의 탄생을 보여 주고 인식의 자연적이고 단선적이며 보편적인 연결 고리를 생생하게 드러내기 위해, 인식의 영역 전체를 이를테면 은밀하게 가로지른다. 이 공통 분모, 모든 인식의 이 바탕, 연속적인 담론으로 표면화되는 이 기원은 관념학, 즉 인식의 자연 발생적 추이를 전체적으로 이중화하는 언어이다. "천성적으로 인간은 언제나 가장 가깝고 가장 절박한 결과를 지향한다. 인간은 우선 무엇이 필요한가를 생각하고 뒤이어 쾌락을 고려한다. 인간은 철학을 생각하기 전에 농업, 의술, 전쟁, 실제의 정치에, 그러고는 시와 예술에 관심을 기울이며, 자신을 돌아보고 성찰하기 시작할 때 비로소 자신의 판단이나 담론 또는 욕망에 규칙을 정하는데, 판단의 경우에는 논리학에 의해, 담론의 경우에는 문법에 의해, 욕망의 경우에는 도덕에 의해 규칙이 마련된다. 그때 인간은 스스로 이론의 정점에 도달해 있다고 생각하지"만, 이 모든 작업에 "공통의 원천"이 있고 "이 통일적인 중심이 자신의 지적 능력에 대한 인식이라는"[16] 것을 알아차린다.

　　보편기호법과 관념학은 언어 일반의 보편성(언어 일반은 모든 가능한 순서를 유일한 기본 도표의 동시성 속에 펼쳐 놓는다.)과 완벽한 담론의 보편성(완벽한 담론은 연쇄되어 있는 모든 가능한 인식 각각에 대해 단일하고 유효한 발생을 재구성한다.)처럼 서로 대립한다. 그러나 보편기호법과 관념학의

련하는 것이 그 목적이다.

16) Destutt de Tracy, *Eléments d'Idéologie*, t. I, 2쪽.

기획 및 공통의 가능성은 고전주의 시대에 언어가 지니고 있는 것으로 간주되는 힘, 즉 예외 없이 모든 재현에 적절한 기호를 부여하고 모든 재현 사이에 가능한 관계를 확립하는 힘에 있다. 언어는 모든 재현을 나타낼 수 있는 한, 당연히 보편적인 것의 조건이다. 세계 전체를 말로 담아내는 언어가 존재하거나 적어도 존재할 수 있어야 하고, 역으로 재현 가능한 것 전체로서의 세계는 백과사전이 될 수 있어야 한다. 여기에서 샤를 보네[17]의 원대한 꿈은 재현과 관계가 있고 재현에 고유한 것으로서의 언어와 다시 마주친다.

나는 수없이 많은 세계를 그만큼 많은 책으로 즐겨 생각하는데, 이 책들을 한데 모아놓으면, 우주의 거대한 도서관이나 진정한 보편적 백과사전이 마련될 것이다. 이 경이로운 갖가지 세계를 전부 방문하거나 더 정확히 말해 차근차근 읽어 나가는 임무를 부여받은 탁월한 지식인이라면 우주가 포함하는 온갖 종류의 진리를 쉽게 얻고 우주의 주된 아름다움을 빚어내는 질서와 연쇄를 알게 되리라고 나는 생각한다. 그러나 놀랍도록 박식한 사람들 모두가 우주의 백과사전을 동일한 정도로 파악하고 있는 것은 아니다. 어떤 사람들은 몇몇 분야만을 알고 있을 뿐이고, 또 어떤 사람들은 더 많은 분야를 알고 있으며, 훨씬 더 많은 분야를 파악하고 있는 사람들도 있다. 그렇지만 인식을 확대하고 완벽하게 가다듬고 모든 능력을 발휘하기 위한 영원한 시간은 모두에게 있다.[18]

이처럼 완전무결한 백과사전을 배경으로, 인간은 제한된 복합적 보편

---

17) (옮긴이 주) Charles Bonnet(1720~1793). 스위스의 철학자, 자연사학자. 저서로는 *Traité d'insectologie*(1745), *De l'usage des feuilles*(1754), *Considérations sur les corps organisés*(1762), 말브랑슈와 라이프니츠가 주장한 배아의 선(先)존재를 옹호한 *Contemplation de la nature* 등이 있다.

18) Ch. Bonnet, *Contemplations de la nature, Oeuvres complètes*, t. IV, 136쪽, note.

성의 중간 형태들을 설정하는데, 이것들은 가능한 한 많은 양의 인식을 받아들여 문자들의 자의적 순서에 따라 배열하는 알파벳순의 백과사전, 세계의 모든 언어를 하나의 동일한 상형 체계에 따라 옮겨 적는 만국 표기법,[19] 상당히 많은 언어 사이에서 동의어를 확정짓는 다국어 사전, 끝으로 "인간에게 고유한 인식들의 계보와 계통, 틀림없이 인간의 인식들을 생겨나게 했을 원인, 인간의 인식들을 구별짓는 특성"을 검토함으로써 "인간의 인식들에 관해 순서와 연쇄를 가능한 한 설명하고자"[20] 하는 백과사전 등이다. 이 모든 기획의 부분적인 특색이 무엇이건, 또 이 모든 기획을 실행하는 데 따르는 대강의 상황이 무엇일 수 있건, 고전주의 시대의 **에피스테메**에서 이 모든 기획이 이루어질 수 있었던 토대는, 언어가 재현에서 수행하는 작용 쪽으로 언어의 존재가 완전히 귀착한 반면 재현이 언어를 매개로 해서만 보편적인 것과 관련되었다는 점이다.

3. 인식과 언어는 서로 긴밀하게 얽힌다. 재현에서 인식과 언어는 동일한 기원과 작용 원리를 지니고 있다. 인식과 언어는 서로 근거가 되고 서로 보완하며 끊임없이 서로 비판한다. 가장 일반적인 형태의 인식하기와 말하기는 우선 재현을 동시적으로 분석하고, 재현의 요소들을 구별하며, 재현의 요소들을 조합하는 관계 또는 재현의 요소들이 전개될 수 있는 가능한 연속을 확립하는 데 있다. 정신이 말하고 인식하는 것은 동일한 움직임에 따라서이며, "누구나 말하기를 배우고 세계의 조직 원리 또는 정신의 작용 원리, 다시 말해 우리의 인식에 존재하는 숭고한 모든 것을 발견하는 것은 동일한 과정을 통해서이다."[21] 그러나 언어는 반성되지 않은 형태의 인식일 뿐이고, 외부로부터 개인에게 부과되어 개인을 좋건 싫건 구체적이거나 추상적인 관념, 정확하거나 근거가 그다지 확실

---

19) Destutt de Tracy, *Mémoires de l'Académie des Sciences morales et politiques*, t. III, 535쪽.

20) D'Alembert, "Discours préliminaire" de *l'Encyclopédie*.

21) Destutt de Tracy, *Eléments d'Idéologie*, t. I, 24쪽.

하지 않은 관념 쪽으로 이끄는 반면, 인식은 각각의 낱말이 검토되고 각각의 관계가 검증되었을 언어와 같은 것이다. 인식한다는 것은 정신의 확실한 전개 과정에 의해 규정되어 있는 대로 정확히 말한다는 것이고, 말한다는 것은 가능한 한 동일한 시대에 태어난 사람들이 강요하는 전범에 따라 인식한다는 것이다. 언어는 황무지 상태의 과학임에 비해, 과학은 잘 만들어진 언어이다. 그러므로 모든 언어는 일신되어야 한다. 다시 말해 이제 모든 언어는 어떤 언어에도 정확히 들어맞지 않는 정연한 분석에 입각하여 설명되고 판단되어야 하며, 경우에 따라서는 인식의 연쇄가 모호함도 빈틈도 없이 나타날 수 있도록 재조정되어야 한다. 이처럼 언어는 바로 규범 문법의 본질 자체에 속하는데, 이는 결코 문법이 취향의 규칙에 충실한 아름다운 언어의 규범을 부과하려는 시도이기 때문이 아니라, 말하기의 근본적 가능성이 문법에 의한 재현의 정돈과 결부되기 때문이다. 나중에 데스튀트 드 트라시가 지적했듯이, 18세기에 가장 훌륭한 논리학 논고들은 문법학자들이 썼는데, 이는 문법의 규정이 심미적인 것이 아니라 분석적인 것이었기 때문이다.

그리고 언어가 지식에 속한다는 이 사실로 인해, 이전 시대에는 존재하지 않았던 역사의 영역이 열린다. 인식의 역사 같은 것이 가능하게 된다. 이는 언어가 생득적이고 스스로에 대해 모호하며 어설픈 과학이라 해도, 말에 침전될 때는 언제나 흔적을 남기는 인식에 의해 점점 더 완벽해지고, 인식 내용의 비어 있는 주물과도 같은 것이기 때문이다. 불완전한 지식인 언어들은 완전한 지식에 대한 충실한 기억이다. 언어들은 오류를 범하게 하지만, 우리가 배운 것을 수록한다. 언어들은 혼란스러운 질서 때문에 그릇된 관념을 생겨나게 하지만, 참된 관념은 언어들에 지울 수 없는 질서의 표지를 침전하게 하는데, 이 표지는 우연만으로 마련될 수 없었을지 모른다. 여러 문명과 민족이 우리에게 기념비적 사상으로 남기는 것은 텍스트라기보다는 어휘와 통사 규칙이며, 입으로 말한 발언이라기보다는 언어들의 소리, 담론이라기보다는 담론을 가능하게 한 것, 즉 언어의 담론성이다.

한 민족의 경우를 고찰할 때, 언어는 어휘를 제공하고, 어휘는 인식 전체에 관한 매우 충실하고 믿을 만한 기록이며, 어휘를 시대에 따라 비교하기만 해도 진보에 대한 관념을 형성할 수 있을 것이다. 각 과학에는 이름이 있고, 과학에서의 각 관념 또한 이름이 있으며, 자연에서 인식되는 모든 것은 예술에서 창안되는 모든 것, 현상, 손으로 하는 작업, 도구와 마찬가지로 지칭된다.[22]

언어로 자유와 예속에 관해 이야기를 늘어놓거나,[23] 온갖 종류의 억견(臆見), 선입견, 미신, 신념같은 것을 이야기할 가능성은 이로부터 유래하는데, 이것들의 증거는 기록된 글이라기보다는 오히려 말 자체이다.[24] '과학과 예술'의 백과사전을 만들려는 기획 역시 이로부터 기인하는데, 이 기획은 인식들 자체의 연쇄를 따르지 않고 언어의 형식 속에, 말을 통해 열린 공간의 내부에 놓이게 된다. 우리가 알았거나 사유한 것을 다가올 시대가 필연적으로 찾게 되는 것도 바로 거기에서인데, 이는 과학이 지각과 인접하고 반성이 이미지와 인접하는 그러한 중간선 위에 말이 어지럽게 분산되어 있기 때문이다. 말을 사용하는 한 상상하는 것은 아는 것이 되고, 반대로 아는 것은 날마다 마음속에 그려 보는 것이 된다. 르네상스 시대에는 박학이 텍스트에 의해 결정되었으나, 이제는 텍스트에 대한 해묵은 이해 방식이 변했다. 고전주의 시대에 이르러 그것은 언어라

---

22) Diderot, 『백과전서』의 '백과전서' 항목, t. V, 637쪽.

23) Rousseau, *Essai sur l'origine des langues*(Oeuvres, Paris, 1826), t. XIII, 220~221쪽.

24) Michaelis, *De l'influence des opinions sur le langage*(1759; trad. française, Paris, 1762) 참조. 그리스 사람들이 영광과 견해를 동일시했다는 것은 '독사($\delta o \xi a$)'라는 낱말만으로도 알 수 있으며, 독일 사람들이 뇌우에 비옥하게 하는 효력이 있다고 믿었다는 사실을 '소중한 뇌우(das liebe Gewitter)'라는 표현으로 알 수 있다.(24, 40쪽)

는 순수한 요소에 대한 이해 방식이 되었다.

따라서 빛나는 요소가 눈앞에 확연히 드러나는데, 거기에서는 당연하게도 언어와 인식, 올바르게 실행된 담론과 지식, 보편 언어와 사유의 분석, 인간사(人間事)의 역사와 언어의 과학이 소통한다. 르네상스 시대의 지식은 공표(公表)가 예정되어 있을 때조차, 닫힌 공간에 따라 정렬되었다. '아카데미'는 사회 지형의 표면에 본질적으로 비밀스러운 지식의 형식을 투사하는 닫힌 집단이었다. 실제로 르네상스 시대에 지식의 기본 책무는 말없는 기호로부터 말을 끌어내는 것이었다. 르네상스 시대의 지식은 말없는 기호의 형태를 알아보고, 그것을 해석하고, 해독되어야 할 다른 표기 기호들을 이용하여 그것을 옮겨 적어야 했다. 그래서 비밀의 발견조차도 이 지그재그 식 배치에서 벗어나지 못했으며, 이 배치로 인해 비밀의 발견은 매우 어렵고 동시에 아주 귀중한 것이 되었다. 고전주의 시대에는 인식하기와 말하기가 동일한 배치 속에서 서로 얽힌다. 지식과 언어에서 중요한 것은 재현에 기호를 부여하는 일인데, 재현은 기호에 의해 필연적이고 가시적인 순서에 따라 펼쳐질 수 있다. 16세기의 지식은 말해질 때조차도 공유되긴 하나 여전히 비밀이었다. 17~18세기의 지식은 감춰질 때에도 장막이 드리워진 담론이다. 언어적 의사소통의 체계로 들어가는 것은 과학의 가장 근원적인 성격이고,[25] 첫마디부터 인식이 되는 것은 언어의 가장 근원적인 성격인 것이다. 말하기, 가르치기, 알기는 엄밀한 의미에서 동일한 범주에 속한다. 고전주의 시대에 과학에 쏠린 관심, 과학에 관한 쟁점의 공공성(公共性), 과학의 매우 공개적인 특성, 문외한에 대한 과학의 개방성, 퐁트넬 식의 천문학, 볼테르에게 읽

---

25) 고대인, 특히 이집트인들의 지식이 처음에는 비밀이었다가 나중에는 비밀이 아니게 되었다고들 하는데, 이는 잘못된 생각이다. 그것은 우선 공동으로 확립되었다가 뒤이어 사제들에 의해 몰수되고 은폐되었으며 왜곡되었다.(예컨대 Warburton, *Essai sur les hiéroglyphes* 참조) 비의(秘儀)는 지식의 최초 형태와는 거리가 먼, 지식의 타락일 뿐이다.

히는 뉴턴, 이 모든 것은 아마 사회학적 현상에 지나지 않을 것이다. 이 모든 것은 사유의 역사에 일말의 변화도 유발하지 않았고, 지식의 변전에 조금의 변모도 야기하지 않았다. 물론 이 모든 것을 위치시켜야 하는 학설사(學說史)의 차원에서는 예외이지만, 이 모든 것은 어떤 것도 설명해 주지 않는다. 그러나 이 모든 것의 가능 조건은 지식과 언어의 상호적 귀속에 있다. 이후 19세기에는 이 상호적 귀속이 풀리고, 자기 안에 틀어박히는 자폐적 지식과 존재 및 기능의 측면에서 수수께끼 같게 된 순수한 언어(19세기부터 문학이라 불리는 것)가 서로 맞서게 된다. 이 양자 사이에서 작품의 경우와 마찬가지로 지식의 경우에도 부차적인, 굳이 말하자면 전락한 매개 언어가 무한히 펼쳐지게 된다.

4. 언어는 분석 겸 순서가 되었기 때문에, 시간과 여태까지 전례가 없는 관계를 맺는다. 16세기에는 언어들이 역사 속에서 연속적으로 이어지고 서로를 생성할 수 있다고 인정되었다. 가장 오래된 것은 모체가 되는 언어들이었다. 히브리어는 인간에게 말을 거는 신의 언어이기에 모든 언어 중에서 가장 시원적인 언어라는 점에서 시리아어와 아랍어를 낳은 것으로 인정되었고, 다음으로는 그리스어가 생겨났으며, 그리스어로부터는 콥트어와 이집트어가 유래했다. 라틴어에서는 이탈리아어, 스페인어, 프랑스어가 생겨났고, 끝으로 '튜튼어'는 독일어, 영어, 플랑드르어를 파생시켰다.[26] 17세기부터는 시간에 대한 언어의 관계가 역전된다. 이제는 방언들이 시간에 따라 차례로 세계의 역사에 퇴적되지 않는다. 하나의 연속에 따라 재현과 말을 보여 주는 것은 바로 언어인데, 연속의 법칙은 언어 자체에 의해 정해진다. 각 언어의 특수성을 규정하는 것은 이제 연속적인 역사에서 각 언어가 차지하는 자리가 아니라, 내부의 순서와 낱

---

26) E. Guichard, *Harmonie étymologique*(1606); Scaliger, *Diatribe de Europaeorum linguis*에 나오는 동일한 유형의 분류 또는 Wilkins, *An essay towards real character*(Londres, 1668), 3쪽 및 이하 참조.

말에 할당되는 위치이다. 언어에 대해 시간은 내부적 분석의 방식이지, 탄생의 현장이 아니다. 그렇기 때문에 고전주의 시대는 연대기적 계통에 그다지 관심을 기울이지 않았고, 심지어는 모든 '자명성'(중요한 것은 우리의 자명성이다.)을 거슬러 라틴어와 이탈리아어 또는 프랑스어 사이의 친근성을 부인했을 정도이다.[27] 16세기에 실재했고 19세기에 다시 나타나는 그러한 계열들은 유형론으로 대체된다. 그런데 이 유형론은 바로 순서의 유형론이다. 이야기되는 주어를 먼저 놓고 다음으로는 주어에 의해 실행되거나 주어가 겪는 행동, 마지막으로 주어의 행동에 의해 영향을 받는 대상을 위치시키는 언어군(言語群)이 있는데, 이 언어군의 예로는 프랑스어, 영어, 에스파냐어를 들 수 있다. 이와는 대조적으로 "어떤 때는 행동이 먼저 오고, 어떤 때는 대상이 앞서며, 또 어떤 때는 수식이나 상황이 선행하는 언어군이 있는데," 가령 라틴어나 슬라보니아어에서는 낱말의 기능이 위치에 의해서가 아니라 굴절에 의해 지정된다. 끝으로 세 번째 언어군은 (그리스어나 튜튼어 같은) 혼합 언어들로 형성되는데, 이 언어들은 "관사와 격을 지니고 있다는 점에서 다른 두 언어군의 성질을 모두 갖는다."[28] 그러나 각 언어에서 가능하거나 필연적인 어순을 결정하는 것은 굴절 현상의 유무가 아니라는 점을 분명히 이해할 필요가 있다. 선결 조건을 형성하고 어미변화나 관사의 활용을 규정하는 것은 바로 재현들의 분석 및 연속적 정렬로서의 순서이다. '상상력과 관심'의 순서를 따르는 언어들에서는 낱말의 일정한 자리가 결정되지 않는다. 이 언어들은 낱말을 굴절에 의해 표시하게 되어 있다.(이 언어들은 '치환적' 언어이다.) 반대로 언어들이 반성의 일률적인 순서를 따르는 경우에는, 실사(實辭)의 성과 수를 관사에 의해 지시하는 것으로 충분하고, 문장의

---

27) Le Blan, *Théorie nouvelle de la parole*(Paris, 1750). 라틴어는 이탈리아어, 에스파냐어, 프랑스어에 "몇몇 낱말만을 유산으로" 전달했을 것이라고 한다.

28) Abbé Girard, *Les Vrais Principes de la langue française*(Paris, 1747), t. I, 22~25쪽.

146

분석적 배열에 의해 정해지는 자리가 그 자체로 기능의 가치를 갖는다. 이러한 언어들은 '아날로그' 언어[29]이다.[30] 이 언어들은 가능한 연속 유형들의 도표에 의거하여 서로 닮거나 구별된다. 이 도표는 동시적이지만 어떤 언어들이 가장 오래되었는지를 넌지시 보여 준다. 실제로 가장 자연 발생적인 순서(이미지와 정념의 순서)가 가장 의도적인 순서(논리의 순서)보다 틀림없이 선행했으리라고 인정할 수 있다. 다시 말해 분석과 순서라는 내적 형태가 외적 연대 추정을 좌우한다. 시간은 언어에 내재하는 것이 되었다.

언어들의 역사 자체로 말하자면 그것은 점진적인 쇠락이나 우연한 사건, 다양한 요소의 이입과 마주침 그리고 뒤섞임에 지나지 않는다. 언어들의 역사는 고유한 법칙도 움직임도 필연성도 지니고 있지 않다. 예컨대 그리스어는 어떻게 형성된 것일까? "그리스어의 기본적인 바탕에 그토록 많은 종류의 무수한 소사(小辭)와 그토록 많은 방언이 유입된 것은 페니키아 상인들이나 프리기아, 마케도니아, 일리리아, 갈라디아, 스키티아의 모험가들 또는 망명자나 도망자의 무리를 통해서였다."[31] 프랑스어로 말하자면 라틴어 및 고트어 명사, 갈리아어의 어법과 구문, 아랍어의 관사와 수사(數詞), 여행이나 전쟁 또는 교류 협정을 계기로 영어와 이탈리아어에서 차용된 낱말로 형성되어 있다.[32] 언어들은 결코 스스로 보유하고 있는 역사성의 힘에 의해서가 아니라, 이주나 승리와 패배 또는 유행이나 교역의 영향으로 인해 변화하는 것이다. 언어들은 어떤 내부적 전개 원리도 따르지 않는다. 하나의 선을 따라 재현들과 이것들의

---

29) (옮긴이 주) 분석적 언어라고도 한다. 구문 구성법이 논리의 전개와 유사하다고 추정된 언어이다.

30) 이 문제와 이로 인해 유발되는 논의에 관해서는 *Bauzeé, Grammaire générale*(Paris, 1767); Abbé Batteux, *Nouvel examen du préjugé de l'inversion*(Paris, 1767); Abbé d'Olivet, *Remarques sur la langue française*(Paris, 1771) 참조.

31) Abbé Pluche, *La mécanique des langues*(rééd. de 1811), 26쪽.

32) *Ibid*., 23쪽.

요소들을 전개하는 것은 바로 언어들이다. 언어들에 실증적인 시간이 있다 해도, 그것을 외부나 역사 쪽에서가 아니라 말의 배열에서, 담론의 빈 내부에서 찾아야 한다.

17세기 후반에 나타났다가 다음 세기의 마지막 몇 년 사이에 사라진 **일반 문법**의 인식론적 범위를 이제는 한정할 수 있다. 일반 문법은 결코 비교 문법이 아니다. 일반 문법에서는 언어들 사이의 비교가 목적으로 간주되지도, 방법으로 이용되지도 않는다. 문법에 고유한 법칙이 있어서, 그것이 모든 언어의 영역에 공통되고 모든 가능한 언어의 구조를 하나의 이상적이고 강제적인 단위로 나타나게 한다 해도, 일반 문법의 일반성은 그것을 발견하는 데 있지 않다. 일반 문법이 일반적인 것은 담론의 재현하는 기능(재현되는 것을 가리키는 수직적 기능이건, 재현되는 것을 사유와 동일한 양태에 연결하는 수평적 기능이건)을 문법 규칙 아래, 그러나 문법 규칙의 바탕과 동일한 층위에서 나타나게 하는 것이 일반 문법의 요구임에 따라서이다. 일반 문법에 의하면 언어는 또 다른 재현을 분절하는 재현처럼 보이므로, 일반 문법은 당연히 '일반적'이다. 일반 문법이 다루는 것은 재현의 내부적 이분화이다. 그러나 이 분절은 갖가지 방식으로 이루어질 수 있으므로, 역설적이게도 다양한 일반 문법, 가령 프랑스어, 영어, 라틴어, 독일어 등의 일반 문법이 있게 된다.[33] 일반 문법은 모든 언어의 법칙을 명확히 규정하는 것을 겨냥하지 않고, 개별 언어 하나하나를 사유 자체의 분절 방식으로 간주하여 다루는 것을 목표로 한다. 개별적으로 검토되는 모든 언어에서 재현은 스스로 '특징들'을 갖춘다. 일반 문법은 이 자연 발생적인 특징들이 전제하고 활용하는 동일성과 차이의 체계를 규정하게 된다. 일반 문법은 각 언어의 **분류법**을 확립

---

33) 예컨대 Buffier, *Grammaire française*(Paris, 1723, nouvelle dition) 참조. 그래서 18세기 말에는 "모든 언어의 일반 문법일" 일반 문법이라는 표현보다 "철학 문법"이라는 표현이 선호되기에 이른다. D. Thiébault, *Grammaire philosophique*(Paris, 1802), t. I, 6, 7쪽.

하게 되는데, 각각의 언어에서 분류법은 담론을 실행할 가능성에 근거를 제공하는 것이다.

일반 문법이 필연적으로 접어드는 두 가지 방향은 이로부터 유래한다. 재현이 자체의 요소들을 연결하듯이, 담론은 자체의 부분들[34]을 연결하므로, 일반 문법은 반드시 낱말들의 상호적 재현을 연구하게 된다. 이러한 연구에 전제되어 있는 것은 우선 낱말들이 서로 조화롭게 맺는 관계의 분석,(명제와 특히 동사의 이론) 다음으로 다양한 유형의 낱말과 이것들이 재현'을 마름질하고 서로 구별하는 방식의 분석(분절의 이론)이다. 그러나 담론은 하나의 재현하는 전체일 뿐만 아니라 또 다른 재현을 가리키는 이중화된 재현(또 다른 재현을 재현하는 재현)인 까닭에, 일반 문법은 우선 낱말의 본래 의미에 따라,(기원과 어근의 이론) 다음으로 낱말의 점진적 변화, 확장, 재편성의 역량에 따라(수사학적 공간 및 파생 이론) 낱말이 말하는 것을 낱말이 지시하는 방식에 대한 연구이어야 한다.

3 동사의 이론

언어에 대한 명제의 관계는 사유에 대한 재현의 관계와 같다. 명제가 분해되자마자, 담론은 더 이상 존재하지 않고 담론의 요소들은 그만큼 많은 분산된 재료로 발견되는 만큼, 명제는 언어의 가장 일반적이며 동시에 가장 기초적인 형태이다. 명제 아래에는 분명히 낱말이 있지만, 언어가 낱말만으로 완성되는 것은 아니다. 애초에 인간은 단순한 소리만을 외쳤을 것이 사실이나, 소리는 설령 단음절의 내부에서일지라도 명제에 고유한 관계를 내포할 때부터서야 비로소 언어가 되기 시작했다. 발버둥

---

34) (옮긴이 주) 전통 문법에서는 '품사'라고 한다.

치는 원시인의 아우성은 더 이상 고통의 부수적 표현이 아니고 "나는 숨이 막힌다."와 같은 유형의 판단이나 진술과 관계가 있을 때에서야 비로소 진정한 말이 된다.[35] 낱말을 낱말로 승격시키고 낱말을 외침과 소음 이상의 것으로 확립하는 것은 낱말에 감춰진 명제이다. 아베롱의 미개 어린이에게는 낱말이 그저 사물의 음성적 표지, 그의 정신이 사물로부터 받는 인상의 음성적 표지일 뿐이기 때문에, 그는 말하는 데 성공하지 못했고, 낱말은 그에게 있어 결코 명제의 가치를 획득하지 못했다. 그가 우유 그릇 앞에서 '우유'라는 말을 입 밖으로 낼 수 있었다는 것은 사실이지만, 이 낱말은 다만 "우유라는 액체, 이 액체가 담긴 그릇, 이 액체에 대한 욕망의 혼란스러운 표현"[36]에 지나지 않을 뿐, 결코 사물을 나타내는 기호가 되지 않았다. 왜냐하면 그는 결코 우유가 따뜻하다거나 준비되어 있다거나 기대의 대상이라는 것을 의미하지 않았기 때문이다. 실제로 음성 기호에서 직접적 표현 가치를 떼어 내고 음성 기호의 언어적 가능성을 최종적으로 정립하는 것은 명제이다. 고전주의적 사유의 경우에, 언어는 표현이 아니며, 담론이 있는 바로 거기에서 시작된다. 누군가가 "아니오."라고 말할 때, 이 거부의 의미는 소리에 의해 표출되지 않는다. 이 말은 "하나의 온전한 명제, 즉 나는 그렇게 느끼지 않는다 또는 나는 그렇게 생각하지 않는다."[37]라는 뜻이 하나의 낱말로 압축된 것이다.

"명제 및 문법의 본질적 대상으로 바로 넘어가도록 하자."[38] 이 경우에 언어의 모든 기능은 명제를 형성하는 데 필수적인 세 가지 요소로만 귀결하는데, 이는 각각 주어 및 속사 그리고 주어와 속사의 관계이다. 게다가 명제란 주어와 속사 중에서 하나가 다른 하나와 동일하거나 다른 하

---

35) Destutt de Tracy, *Eléments d'Idéologie*, t. II, 87쪽.

36) J. Itard, *Rapport sur les nouveaux développements de Victor de l'Aveyron*(1806); L. Malson, *Les Enfants Sauvages*(Paris, 1964), 209쪽에 재수록.

37) Destutt de Tracy, *Eléments d'Idéologie*, t. II, 60쪽.

38) U. Domergue, *Grammaire générale analytique*, 34쪽.

나에 속한다는 단언인 만큼, 주어와 속사는 동일한 성격의 것이다. 그러므로 몇 가지 조건 아래 주어와 속사의 기능을 맞바꾸는 것이 가능하다. 유일하나 결정적인 차이는 동사의 축소 불가능성에 의해 드러난다. 가령 홉스는 다음과 같이 말한다. "모든 명제에는 고려해야 할 세 가지 사항이 있는데, 그것들은 주어와 술어라는 두 명사 그리고 연결 고리 또는 계사(繫辭)이다. 두 명사는 한 가지 동일한 사물의 관념을 정신에 불러일으키지만, 계사는 두 명사가 하나의 동일한 사물에 부과된 원인의 관념을 생겨나게 한다."[39] 동사는 모든 담론의 필수 조건이며, 잠재적일지라도 동사가 존재하지 않는다면, 언어가 있다고 말할 수 없다. 명사로만 이루어진 명제조차도 동사의 비가시적 현존을 전제로 한다. 애덤 스미스는 언어의 원시적 형태가("비가 내린다." 또는 "천둥이 친다." 같은 유형의) 비인칭 동사로만 구성되었으며, 담론의 다른 모든 부분은 그만큼 많은 상세한 부차적 사항으로서 이 최초의 핵으로부터 떨어져 나왔다고 생각한다.[40] 언어의 문턱은 동사가 솟아오르는 바로 거기에 있다. 그러므로 동사를 혼성의 존재로 다룰 필요가 있다. 동사는 낱말들 사이에서 동일한 규칙에 종속되고, 다른 낱말들처럼 격과 일치의 규칙을 따르는 낱말이면서도, 이와 동시에 모든 낱말로부터 물러나 말해진 것의 영역이 아니라 말이 비롯되는 영역으로 들어가는 낱말로 다루어야 한다. 동사는 담론의 시발점에, 말해진 것과 말해지는 것의 이음새에, 정확히 기호들이 언어로 변하는 중인 바로 거기에 자리한다.

바로 이러한 동사의 기능을 검토할 필요가 있는데, 이를 위해서는 동사로부터 거추장스럽고 모호한 것을 끊임없이 떨쳐 버려야 한다. 아리스토텔레스의 견해에 동의하여 동사가 시제를 의미한다는 사실(부사, 형용사, 명사 등 다른 많은 낱말도 시간을 나타낼 수 있다.)을 강조해서는 안 된다. 또

---

39) Hobbes, *Logique*, 620쪽.
40) Adam Smith, *Considérations sur l'origine et la formation des langues*, 421쪽.

한 스칼리제르[41]처럼 명사는 사물, 그것도 영속하는 사물을 가리키는 반면 동사는 행동이나 감정을 표현한다는 사실에 주목해서도 안 된다.(왜냐하면 당연히 '행위' 명사도 있기 때문이다.) 그리고 뷕스토르프[42]처럼 동사의 갖가지 인칭에 중요성을 부여해서도 안 된다. 왜냐하면 몇몇 대명사에도 역시 인칭을 가리키는 속성이 있기 때문이다. 결국 동사의 본질을 형성하는 것을 분명하게 밝혀야 한다. 동사는 **단언한다.** 다시 말해 "이 낱말이 사용되는 담론은 명사를 이해할 뿐만 아니라 판단하는 사람의 것이라는 점"[43]을 동사는 보여 준다. 두 사물 사이에서 귀속 관계를 단언할 때, 이것은 저것이다라고 말할 때 비로소 명제도 담론도 있는 것이다.[44] 동사의 범주 전체는 에트르[45]라는 단 하나의 동사로 귀착된다. 다른 모든 동사는 이 유일한 기능을 은밀히 이용하지만, 이를 감추는 한정(限定)으로 이 기능을 완전히 뒤덮는다. 가령 속사를 추가하여 "나는 노래하고 있다."라고 말하지 않고 "나는 노래한다."라고 말하며, 시간의 표시를 추가하여 "예전에 나는 노래하고 있었다."라고 말하는 대신에 "나는 노래했다."라고 말하며, 심지어 몇몇 언어에서는 동사에 주어 자체가 통합되었다. 예를 들어 라틴어에서는 "나는 살아 있다."라는 뜻으로 에고 비비트(ego vivit)라고 말하지 않고 비보(vivo)라고 한다. 이 모든 것은 지극히 하찮으면서도 본질적이라 할 수 있는 동사의 기능을 중심으로 이루어진 침전과 퇴적에 지나지 않는다. "이러한 단순성에 머물러 있었을 …… 에트르라는 동사가 있을

---

41) (옮긴이 주) Scaliger(Giuseppe Giusto Sacligero, 1540~1609). 이탈리아 출신의 프랑스 인문주의자. 여러 라틴 작가의 주석서를 펴낸 그는 Juste Lipse 및 Isaac Casaubon과 함께 당시 문예 분야의 세 거두였다.

42) (옮긴이 주) Buxtorf(1564~1629). 스위스의 히브리어 문헌학자.

43) *Logique de Port-Royal*, 106~107쪽.

44) Condillac, *Grammaire*, 115쪽.

45) (옮긴이 주) être. 영어의 'be'에 해당하는 프랑스어 동사. '있다' 또는 '존재하다'라는 의미와 계사로서의 의미, 즉 '~이다'(우리말에서는 조사이다.)의 의미를 갖는다. 여기에서는 후자의 의미로 사용되고 있다.

뿐이다."[46] 언어의 온전한 본질은 이 특이한 낱말로 집약된다. 그것이 없었다면, 모든 것은 침묵의 상태에 머물렀을 것이고, 인간도 몇몇 동물처럼 목소리를 이용할 수 있었을지 모르나, 숲에서 내지르는 그러한 소리들 중 어떤 것도 결코 언어의 위대한 연쇄를 형성하지는 못했을 것이다.

고전주의 시대에는 순수한 언어의 존재(세계에 쌓여 우리에게 검토의 대상이 되는 그러한 기호 더미)가 사라지고, 언어와 존재 사이에 새로운 관계가 맺어졌는데, 이 새로운 관계는 파악하기가 더 어렵다. 언어가 존재를 진술하고 존재와 합류하는 것은 낱말을 통해서이기 때문이다. 언어는 내부로부터 존재를 단언하지만, 낱말이 단독으로 모든 가능한 담론을 사전에 밑받침하지 않는다면, 언어는 언어로서 존재할 수 없을 것이다. 존재를 지칭하는 방식이 없다면 언어도 없지만, 언어가 없다면 언어의 일부분일 뿐인 에트르 동사도 결코 없다. 이 단순한 낱말은 언어로 표시되는 존재일 뿐만 아니라, 언어를 나타내는 존재(언어가 스스로 말하는 것을 단언할 수 있게 함으로써, 언어에 진리나 오류의 가능성이 있게 하는 것)이다. 이러한 관점에서 이 낱말은 어떤 기호와도 같지 않은데, 왜냐하면 기호라는 것은 스스로 지칭하는 것에 일치하고 충실하고 적합할 수 있거나 그렇지 않을 수는 있지만, 결코 참이거나 거짓이지는 않기 때문이다. 언어는 한 낱말의 이 특이한 힘 때문에 전적으로 담론인데, 이 낱말은 기호들의 체계를 뛰어넘어 의미되는 것의 존재 쪽으로 나아가는 것이다.

그런데 이러한 힘은 어디에서 나올까? 그리고 낱말의 한계를 넘어, 명제의 근거가 되는 이러한 관점은 무엇일까? 에트르라는 동사의 의미는 단언하는 데 있다고 『포르루아얄』의 문법학자들은 말했다. 그들의 말은 이 동사의 절대적 특권이 언어의 어떤 영역에 있는가를 분명히 보여 주

---

46) *Logique de Port-Royal*, 107쪽. Condillac, *Grammaire*, 132~134쪽 참조. 「인식의 기원」에서는 동사의 역사가 약간 다르게 분석된다. 그러나 동사의 기능에 대한 분석은 동일하다. D. Thiébault, *Grammaire philosophique*(Paris, 1802), t. I, 216쪽.

었지만, 이 동사가 무엇으로 이루어지는가는 결코 가르쳐 주지 않았다. 이 동사가 단언의 관념을 내포한다고 이해할 필요는 없다. 왜냐하면 단언이라는 낱말 자체와 예라는 어휘도 단언의 관념을 내포하기 때문이다.[47] 이 동사에 의해 확보되는 것은 오히려 관념의 단언이다. 그러나 하나의 관념을 단언하는 것은 그것의 존재를 진술하는 것일까? 이것은 보제가 사유하는 바인데, 그는 시간의 변화가 동사의 형태에 집중된 이유를 발견한다. 사물의 본질은 변하지 않는 가운데, 사물의 존재만이 나타나고 사라지며 과거와 미래를 갖기 때문이라는 것이다.[48] 이에 대해 콩디야크라면 존재가 사물로부터 빠져나갈 수 있는 것은 존재가 하나의 속성에 지나지 않고 동사가 존재와 마찬가지로 소멸도 단언할 수 있기 때문이라고 말할지 모른다. 동사에 의해 단언되는 유일한 것은 두 가지 재현의 공존, 예컨대 초록[49]과 나무, 인간과 삶 또는 죽음의 공존이다. 그래서 동사의 시제는 사물이 절대적으로 존재한 시간이 아니라, 사물들 사이의 상대적인 선행(先行) 또는 동시성의 체계를 보여 준다.[50] 공존은 실제로 사물 자체의 속성이 아니다. 공존은 재현의 형태에 지나지 않는다. 가령 초록과 나무가 공존한다고 말하는 것은 내가 받는 모든 인상 또는 대부분의 인상에서 초록과 나무가 밀접하게 연관되어 있다고 말하는 것이다.

그래서 에트르 동사의 본질적인 기능은 모든 언어를 이 동사가 지정하는 재현과 관련짓는 것이다. 언어가 기호의 한계를 넘어 지향하는 존재는 정확히 사유의 존재이지, 그 이상도 이하도 아니다. 18세기 말의 한 문법학자는 언어를 그림에 비유하는데, 가령 명사는 형태로, 형용사는 색깔로, 동사는 형태와 색깔이 나타나는 화폭 자체로 정의한다. 그에 의

---

47) *Logique de Port-Royal*, 107쪽; Abbé Girard, *Les Vrais Principes de la langue française*, 56쪽 참조.
48) Bauzée, *Grammaire générale*, I, 426쪽 및 이하.
49) (옮긴이 주) 원문의 verdeur(떫은맛)는 verdure의 오자로 보인다.
50) Condillac, *Grammaire*, 185~186쪽.

하면 동사는, 낱말들의 광채와 소묘로 완전히 뒤덮여 있지만 언어에 그림으로서의 성격이 돋보이게 될 장소를 제공하는 비가시적인 캔버스이다. 동사가 가리키는 것은 요컨대 언어의 전형적인 특징, 즉 사유가 언어의 장소라는 사실, 그리고 기호의 한계를 넘어 실제로 기호의 근거가 될 수 있는 이 유일한 낱말만이 재현 자체에 이른다는 사실이다. 따라서 동사의 기능은 언어 전체로 퍼져, 언어의 존재 방식과 동일시된다. 말하기는 기호로 나타내는 것이며, 이와 동시에 동사가 지배하는 종합적인 형태를 기호에 부여하는 것이다. 데스튀트가 말하듯이, 동사는 귀속, 즉 모든 속사의 매체이자 형식이다. "하나의 사물은 ~이다 또는 ~하다[51]라고 말해지지 않으면 이런저런 양태를 띤다고 말해질 수 없기 때문에, 에트르 동사는 모든 명제에서 발견된다. 그런데 모든 명제에 들어 있는 ~이다 또는 ~하다라는 이 에(est)라는 낱말은 언제나 속사의 일부분을 이루고, 언제나 속사의 시초이자 바탕이며, 일반적인 공통의 속사이다."[52]

일반 문법이라는 단일한 영역이 사라지자마자, 어떻게 동사의 기능이 이러한 일반성의 지점에 이르러 해체될 수밖에 없게 되는가를 여기에서 분명히 알아차릴 수 있다. 순수하게 문법적인 것의 차원이 열릴 때, 명제는 통사론적 단위에 지나지 않게 된다. 또한 명제에서 동사는 고유한 일치, 굴절, 보어 체계를 갖추고서 다른 낱말들과 나란히 모습을 보인다. 그리고 다른 극단에서 언어의 표명 능력은 문법보다 더 오래된 독자적인 문제로서 다시 나타난다. 그리하여 19세기 전체를 가로질러 줄곧 검토되는 것은 언어가 갖는 **동사로서의 불가사의한 성격**이다. 언어가 존재와 가장 가까운 바로 거기에서, 언어가 가장 효과적으로 존재를 명명하고 존재의 근본 의미를 전달하거나 반짝거리게 하며 존재를 완전히 드러낼 수

---

51) (옮긴이 주) elle est(être 동사의 3인칭 단수 현재형). 우리말로는 다음에 명사가 오느냐, 형용사가 오느냐에 따라 '~이다'와 '~하다'의 두 가지 뜻이 된다.
52) Destutt de Tracy, *Eléments d'Idéologie*, t. II, 64쪽.

있는 바로 거기에서, 언어에 대한 검토가 이루어진다. 헤겔에서 말라르메까지 존재와 언어의 관계 앞에서 일어나는 그 놀라움은 동사가 문법기능의 동질적인 영역으로 편입되는 현상과 대칭을 이루게 된다.

4 분절

귀속과 단언의 혼합물이자 말하기의 일차적이고 근본적인 가능성과 담론 사이의 접합점인 이다 동사는 명제의 가장 중요하고 기본적인 불변 요소를 규정한다. 이것의 양쪽에는 요소들, 즉 품사들이 있다. 이 가장자리들은 아직 중요하지 않고, 존재를 가리키는 빈약하고 거의 감지할 수 없는 중심 형상에 의해 결정될 뿐이며, 이 '판정하는 것'의 주위에서, 판단해야 할 것(유디칸데[53])과 판단되는 것(유디카트[54])처럼 작용한다.[55] 어떻게 명제의 순수한 소묘가 분명한 문장으로 변형될까? 어떻게 담론이 재현의 내용을 온전히 언술할 수 있는 것일까?

담론은 재현에 주어지는 것을 부분별로 **명명**하는 낱말들로 이루어지기 때문이다.

낱말은 지칭한다. 다시 말해 낱말은 본질적으로 명사이다. 언제나 어느 특정한 재현 쪽으로 뻗어나갈 뿐 어떤 다른 재현도 지향하지 않으므로 고유 명사이다. 그래서 명사는 오로지 귀속의 보편적 언표(言表)일 뿐인 획일적인 동사와는 대조적으로 무한히 급증한다. 명사는 명명해야 할 사물만큼 많아야 할지 모른다. 그러나 이와 같은 경우라면, 각 명사는 명

---

53) (옮긴이 주) judicande. 라틴어 동사 'judicare'(판단하다)의 미래수동분사로서 '판단(판결) 받아야 할'이라는 의미이다.

54) (옮긴이 주) judicat. 'judicare'의 과거분사 형태.

55) U. Domergue, *Grammaire générale analytique*, 11쪽.

사가 지시하는 유일한 재현에 매우 밀접하게 결부되어 있어서, 누구나 최소한의 귀속조차도 표명할 수 없을 것이고, 언어는 언어 이하로 전락할 것이다. "만일 우리가 실사(實辭)로서 고유 명사만을 갖고 있을 뿐이라면, 고유 명사를 한없이 증가시켜야 할 것이다. 너무 많아서 기억력으로 감당할 수 없을 이 낱말들로는 우리의 인식 대상을 정돈할 수 없을 것이고, 따라서 우리의 관념에 어떤 질서도 부여할 수 없을 것이며, 또한 우리의 모든 담론은 이루 말할 수 없을 정도로 혼란스러울 것이다."[56] 명사들은 둘 중의 하나가(적어도 속사가) 여러 재현에 공통된 어느 요소를 가리킬 경우에만 문장 안에서 기능하고 귀속을 가능하게 할 수 있다. 명제의 형식에 존재의 지칭이 필요한 것과 똑같이, 품사들에는 명사의 일반성이 필요하다.

명사의 일반성은 두 가지 방식으로 획득될 수 있다. 우선 몇 가지 동일성을 공유하는 개체들을 모으고 서로 다른 개체들을 분리하는 수평 분절에 의한 방식이 있다. 수평 분절은 점점 더 커지는 (그리고 갈수록 수가 줄어드는) 집합들의 연속적인 일반화를 형성하고, 또한 이 집합들을 거의 한없이 새롭게 세분함으로써 애초의 출발점인 고유 명사와 합류할 수 있으며,[57] 등위와 종속의 범주 전체는 언어에 해당하고, 언어에서 이 지점들 각각은 자신의 이름과 함께 모습을 보인다. 언어는 정확히 개체에서 종(種)으로, 그리고는 종에서 속(屬)과 강(綱)으로 점차 증대하는 일반성의 영역에 의거하여 분절되는데, 언어에서 이 분류학적 기능을 드러내는 것은 바로 실사이다. 가령 우리는 동물, 네발짐승, 개, 복슬강아지라고 분류하여 말한다.[58] 또는 수직 분절에 의한 방식이 있는데, 이것은 첫 번째

---

56) Condillac, *Grammaire*, 152쪽.

57) *Ibid.*, 155쪽.

58) *Ibid.*, 153쪽. 또한 A. Smith, *Considérations sur l'origine et la formation des langues*, 408~410쪽 참조.

분절과 밀접한 관계가 있다. 그 이유는 두 가지 방식이 서로에 대해 불가결하기 때문이다. 이 두 번째 분절에 의해서는 스스로 존속하는 사물과 결코 독립적으로 존재할 수 없는 사물(수식이나 특징 또는 우발적 현상이나 성격)이 구별된다. 심층에는 실체가 있고 표층에는 특성이 있는데, 이 구분, 애덤 스미스가 말했듯이,[59] 이 형이상학은 재현에서 스스로 존속할 수 없는 모든 것을 가리키는 형용사에 의해 담론으로 표면화된다. 그러므로 언어의 기본적 분절은 (담론의 부분이면서도 담론의 조건인 이다 동사를 별도로 친다면) 직각을 이루는 두 축에 따라 이루어지는데, 하나의 축은 단독적인 개체에서 일반적인 것으로 이어지고, 다른 하나의 축은 실체에서 특성으로 이어진다. 이 두 축의 교차 지점에는 보통 명사, 한 극단에는 고유 명사, 다른 극단에는 형용사가 있다.

그런데 이 두 가지 유형의 재현에 의해 낱말들이 서로 구별될 수 있다고는 하지만, 이는 정확히 재현이 이 동일한 유형에 따라 분석됨에 따라서일 뿐이다. 『포르루아얄』의 저자들이 말하듯이, "사물을 의미하는" 말은 "지구나 태양처럼 **실사적인** 명사라 불리고, 양태를 의미하면서 동시에 양태와 어울리는 주어를 표시하는 말은 **착한**이나 **올바른** 또는 **둥근**처럼 **형용사적인** 명사라 불린다."[60] 그렇지만 언어의 분절과 재현의 분절 사이에는 어느 정도 상호 작용이 있다. 우리가 '흰색'이라고 할 때, 하나의 성질이 지시되는 것은 분명하지만, 이때의 성질은 실사에 의해 지칭되고, 우리가 '인간'이라고 할 때는, 스스로 존속하는 개인을 지칭하기 위해 형용사가 사용된다.[61] 이와 같은 불일치는 언어가 재현의 경우와는 다른 법칙을 따른다는 것이 아니라, 반대로 재현의 경우와 동일한 관계가 언어의 고유한 두께 안에 들어 있다는 것을 보여 준다. 실제로 언어는 둘

---

59) A. Smith, *op. cit.*, 410쪽.

60) *Logique de Port-Royal*, 101쪽.

61) (옮긴이 주) 인간이란 뜻의 'humain'은 원래 형용사이다.

158

로 분할된 재현이지 않을까? 그래서 언어는 첫 번째 재현과 분리된 또 다른 재현을, 설령 이것의 기능과 의미가 첫 번째 재현을 나타내는 것일 뿐일지라도, 재현의 요소들로 엮어 낼 수 있지 않을까? 수식을 나타내는 형용사가 담론에 포함되어 문장의 내부에서 명제의 **실체** 자체로서 가치를 갖게 된다면, 형용사는 실사가 되고, 반대로 문장에서 우발적인 현상처럼 작용하는 명사는 비록 이전처럼 실체를 가리킬지라도 형용사가 된다. "실체는 스스로 존속하는 것이기 때문에, 담론에서 스스로 존속하는 모든 낱말은 비록 우발적인 현상을 의미한다 할지라도 실사라고 불렸다. 반대로 실체를 의미하는 낱말이라도 의미하는 방식의 측면으로 보아 담론에서 다른 명사와 결합할 것이 틀림없을 때에는 형용사로 불렸다."[62] 명제의 요소들은 서로 재현의 요소들과 동일한 관계를 맺지만, 모든 실체가 실사에 의해, 모든 우발적인 현상이 형용사에 의해 지칭되도록 이 동일성이 요소별로 정확하게 확보되지는 않는다. 이 동일성은 총괄적이고 정제되지 않은 동일성이다. 명제는 재현이고 재현과 동일한 방식으로 분절되지만, 명제에 의해 담론으로 변하는 재현을 어떻게든 분절할 수 있는 것은 명제이다. 본질적으로 명제는 담론의 자유와 동시에 언어들의 차이를 확립하는 불일치의 가능성에 힘입어 또 다른 재현을 분절하는 재현이다.

이것이 분절의 첫 번째 층위, 즉 가장 피상적이지만 어쨌든 가장 명백한 층위이다. 이제부터 모든 것은 담론이 될 수 있다. 그러나 아직은 그다지 분화되지 않은 언어에서 그럴 수 있다. 아직은 명사들을 연결하기 위해 단조로운 에트르 동사와 이 동사의 귀속 기능만을 이용할 수 있을 뿐이다. 그런데 재현의 요소들은 복잡한 관계망 전체(연속, 종속, 결과)에 따라 분절되는 만큼, 언어가 실제로 무언가를 재현하는 것이 되기 위해

---

62) *Logique de Port-Royal*, 59~60쪽.

서는 이 관계망 전체를 언어 안으로 들어가게 해야 한다. 명사와 동사 사이에서 순환하면서, 『포르루아얄』에서 "부차적인" 것으로 불린[63] 관념들을 지칭하게 되어 있는 모든 낱말, 음절, 심지어 문자는 이로부터 유래하는데, 우선 명제와 접속사가 필요하고, 다음으로 동일성이나 일치의 관계와 종속 또는 격(格)의 관계를 나타내는 통사법상의 기호,[64] 즉 복수와 성의 표지, 어미변화의 격이 필요하며, 끝으로 보통 명사가 가리키는 개체에 보통 명사를 결부시키는 낱말, 이를테면 르메르시에가 "구체화 요소" 또는 "탈(脫)추상화 요소"라고 부른[65] 관사나 지시사가 필요하다. 이처럼 무수히 많은 낱말은 명제의 초보적인 형태에 요구된 그러한 (실사적이거나 형용사적인) 명사의 단위보다 더 낮은 수준의 분절을 구성한다. 그것들 중의 어떤 것도 스스로나 단독으로는 고정되고 결정된 재현의 내용을 보유하지 못하고, 그것들은 일단 다른 말에 연결될 때에야 비로소 비록 부차적인 것일지언정 관념을 내포할 수 있다. 명사와 동사는 "절대적으로 의미하는 것"인 반면에, 그것들은 상대적으로만 의미 작용을 할 뿐이다.[66] 그것들은 아마 재현을 직접적으로 겨냥할 것이고, 재현이 분석되는 과정에서 내부 관계들의 조직망이 재현에 의해 보이게 됨에 따라 실재할 뿐이지만, 문법 전체의 일부분인 만큼 문법에 의해서만 가치를 띤다. 비록 재현과 문법의 두 범주가 서로 정확히 들어맞을 수는 없지만, 그것들은 재현 및 문법에 동시적으로 관련되는 혼합적 성격의 새로운 분절을 언어 안에 확립한다.

 이 단계에서 문장은 명제의 폭넓은 형상들보다 더 세밀하게 마름질된

---

63) *Ibid.*, 101쪽.

64) Duclos, *Commentaires à la Grammaire de Port-Royal*(Paris, 1754), 213쪽.

65) J.-B. Lemercier, *Lettre sur la possibilité de faire de la grammaire un Art-Science*(Paris, 1806), 63~65쪽.

66) Harris, *Hermès*, 30~31쪽. 또한 A. Smith, *Considérations sur l'origine des langues*, 408~409쪽 참조.

통사론적 요소로 가득 찬다. 이 새롭고 더 복잡한 마름질로 말미암아 일반 문법에는 필연적으로 선택이 강요된다. 일반 문법은 명사의 단위보다 더 낮은 수준에서 분석을 계속하고, 의미를 구축하는 무의미한 요소들을 의미 작용 이전에 나타나게 하거나, 역진적(逆進的) 과정에 의해 명사의 단위를 축소하고, 적용 범위를 더 제한된 단위에까지 확대하고, 완전한 말의 수준 아래에서, 즉 소사(小辭), 음절, 심지어 문자에서조차 재현으로서의 효율성을 되찾거나 해야 한다. 이 가능성들은 언어들에 관한 이론의 대상이 담론과 이것의 재현 가치에 대한 분석인 시기부터 생겨나고 더 나아가 한정되며, 18세기의 문법을 분할하는 **비정통적 지점**을 결정한다.

해리스[67]는 다음과 같이 말한다. "어떤 의미 작용이건 육체의 경우처럼 무한히 나눌 수 있는 무수히 많은 다른 의미 작용으로 나뉠 수 있다고 추정해야 할까? 이것은 불합리한 일일 것이고, 그러므로 어떤 부분도 저절로는 의미 작용을 할 수 없으면서도 의미를 갖는 소리의 존재를 부득이 인정해야 한다."[68] 말의 재현 가치가 해체되거나 유보되자마자 의미 작용은 사라지고, 대신에 사유에 따라 조직되지 않는 원재료들이 독립적으로 출현하는데, 이 원재료들의 연결 고리는 담론의 연결 고리로 축소될 수 없다. 일치, 보어(補語), 굴절, 음절, 음성에 고유한 '메커니즘'이 있기는 하지만, 이 메커니즘은 어떤 재현 가치에 의해서도 설명될 수 없다. 그런데 언어는 점차로 완벽해지는 그러한 기계적 구축물로 취급되어야 한다.[69] 가령 문장은 아무리 간단한 형태일지라도 반드시 주어, 동사, 속사로 구성되고, 의미의 추가는 예외 없이 새롭고 완전한 명제를 요구하며, 이와 동일한 방식으로 가장 초보적인 기계일지라도 각 장치마

---

67) (옮긴이 주) Harris(1709~1780). 영국의 문법학자, 철학자. *Hermes, ou Recherche philosophique sur la grammaire universelle*(1751)의 저자이다.

68) Harris, *Hermès*, 57쪽.

69) A. Smith, *Considréations sur l'origine des langues*, 430~431쪽.

다 상이한 움직임의 원리를 전제로 한다. 그러나 기계가 완벽해질 때, 기계에 속하는 모든 장치는 하나의 동일한 원리를 따르고, 매개물, 변형 수단, 적용 지점에 지나지 않으며, 이와 마찬가지로 언어들은 완벽해지면서 명제의 의미를 문법의 도구들에 의해 전달하는데, 이 도구들은 본질적으로 재현의 가치를 지니지 않지만, 그 역할은 명제를 더 명확히 하고 명제의 요소들을 연결하며 명제의 실제적 결정 과정을 보여 주는 것이다. 하나의 문장에서 시제, 결과, 소유, 위치 결정의 관계들이 일제히 표시될 수 있는데, 이 관계들은 주어—동사—속사의 계열 안으로 들어가지만, 이토록 넓은 구분에 얽매일 수는 없다. 이로 말미암아 보제 이후로 보어와 종속의 이론이 중요성을 띤다. 또한 통사론의 역할도 증대하는데, 포르루아얄의 시대에 통사론은 구문과 어순, 다시 말해 명제 내부의 전개와 동일시되었고,[70] 지카르[71]에 힘입어 독립적인 분야가 되었다. "각각의 말에 대해 고유한 형태를 요구하는"[72] 것은 바로 통사론이다. 이상과 같은 내용은 문법적인 것의 자율성에 대한 예비적인 소묘라고 말할 수 있는데, 이 자율성에 대한 명확한 규정은 나중에 그 세기의 막바지에 이르러, 지카르와 함께 실베스트르 드 사시가 최초로 명제의 논리적 분석과 문장의 문법적 분석을 구별할 때 비로소 이루어진다.[73]

담론이 문법의 대상이 됨에 따라 이러한 종류의 분석들이 왜 중단되었는가를 이해할 수 있는데, 재현 가치가 허물어지는 분절의 층위에 대한 접근이 이루어지자마자 문법의 다른 측면에서, 즉 문법이 더 이상 검토되지 않은 곳에서 용법 및 역사 영역으로의 이동이 일어난 것이다. 말하

---

70) *Logique de Port-Royal*, 117쪽 및 이하.
71) (옮긴이 주) Sicard(1742~1822). 프랑스의 사제, 교육자. 보르도의 대주교로 있다가, 1794년 파리 고등사범학교의 일반 문법 교수가 된다.
72) Abbé Sicard, *Eléments de la grammaire générale*, t. II, 2쪽.
73) Sylvestre de Saci, *Principes de grammaire générale*(1799). 또한 U. Domergue, *Grammaire générale analytique*, 29~30쪽 참조.

자면 18세기에 통사론은 각 민족의 관습이 제멋대로 전개되는 자의성(恣意性)의 장소로 간주되었다.[74]

어쨌든 이러한 종류의 분석들은 18세기에 추상적 가능성 이상일 수 없었고, 앞으로 문헌학이 될 것의 전조가 아니라 특별하지 않은 하나의 선택 부문일 뿐이었다. 맞은편에서도 동일한 비정통적 지점으로부터 하나의 성찰이 전개되는데, 그것은 우리가 19세기부터 구축한 언어의 과학과 우리에게는 가치가 없지만, 당시에 담론의 내부에서 언어 기호의 온전한 분석을 유지하게 해 주었고, 이와 같은 정확한 겹침에 힘입어 지식의 실증적 형상들 중의 일부분이 되었다. 모호한 명사의 기능은 명제의 지나치게 느슨한 분석으로는 파악될 수 없는 낱말, 음절, 굴절 현상, 문자와 같은 것으로 둘러싸이고 감추어진다고 여겨짐으로써 탐색의 대상이 되었다. 요컨대 『포르루아얄』의 저자들이 지적했듯이, 모든 연결 소사(小辭)는 대상들이 연결된 방식과 우리의 재현에서 대상들이 연쇄되는 방식을 나타내므로 분명히 어떤 내용을 갖는다는 것이다.[75] 연결 소사도 다른 모든 것처럼 명사였다고 추정할 수 있지 않을까? 그러나 연결 소사는 사물을 대체하는 대신에, 사람들이 사물을 가리키거나 사물들의 관계와 연속을 흉내 내는 행위의 자리를 차지했을지 모른다.[76] 고유한 의미를 점차로 잃거나(고유한 의미는 행위, 육체, 그리고 화자의 상황과 관련된 까닭에, 실제로 언제나 가시적인 것은 아니었다.) 다른 말에 동화되거나 한 것은 바로 이 낱말들인데, 이것들은 다른 낱말에서 안정된 매체를 찾아냈고, 다른 낱말에 온전한 변형의 체계를 제공했다.[77] 그래서 모든 낱말은 어떤 것이건 활동이 중단된 명사이다. 가령 동사는 형용사적 명사를 에트르 동사에 맞붙

---

74) 예컨대 Abbé Girard, *Les Vrais principes de la langue française*(Paris, 1747), 82~83쪽 참조.

75) *Logique de Port-Royal*, 59쪽.

76) Batteux, *Nouvel examen du préjugé de l'inversion*, 23~24쪽.

77) *Ibid.*, 24~28쪽.

였고, 접속사와 전치사는 이제 움직임이 없는 행위 명사이며, 어미변화와 동사변화는 흡수된 명사에 지나지 않는다. 이제 말은 자체 안에 침전된 모든 명사에 비상(飛翔)의 자유를 드러내고 복원할 수 있다. 르 벨이 분석의 근본 원리로 언급했듯이, "어떤 집합에서도 부분들이 결합되기 전에는 따로따로 실재"[78]했는데, 이 원리에 따라 그는 모든 말을 오래전에 잊힌 명사가 마침내 다시 나타나는 음절 요소로 환원할 수 있었다. 예컨대[79] 로물루스[80]는 로마와 몰리리(세우다)[81]에서 나오고, 로마는 힘(로부르)[82]을 가리키는 로(Ro)와 위대함(마그누스(magnus)을 가리키는 마(Ma)에서 생겨난다는 것이다. 이와 동일한 방식으로 티에보는 "포기하다(abandonner)"에서 세 가지 잠재적 의미, 즉 "하나의 사물이 어떤 다른 사물 쪽으로 기울거나 향한다는 관념을 나타내는" 아(a)와 "사회체 전체의 관념을 표명하는" 방(ban) 그리고 "어떤 것을 양도하는 행위"를 가리키는 도(do)를 짚어 낸다.[83]

그리고 개별 음절의 층위 아래로 낱말의 문자까지 내려간다 해도, 초보적 명명의 가치는 여전히 발견될 수 있다. 쿠르 드 제블랭은 실제로 이러한 작업에 몰두하여 가장 훌륭하나 가장 덧없이 사라져 버린 업적을 쌓았는데, 그에 의하면 "가장 소리내기 쉽고 가장 부드러우며 가장 우아한 순음(脣音)은 인간이 경험하는 최초의 존재, 인간을 감싸고 인간에게 모든 것을 주는 존재를 가리키는 데 소용된다."(아빠, 엄마, 입맞춤)[84] 다른 한편으로 "치아는 입술이 생기에 넘치고 유연한 만큼 단단하고, 치

---

78) Le Bel, *Anatomie de la langue latine*(Paris, 1764), 24쪽.

79) *Ibid.*, 8쪽.

80) (옮긴이 주) Romulus. 전설상의 인물로서 로마의 시조(始祖)가 된다.

81) (옮긴이 주) moliri. '건설하다, 세우다'라는 뜻의 라틴어 동사.

82) (옮긴이 주) Robur. 떡갈나무, 참나무, 이 나무들의 굳은 목재라는 의미에서 힘, 능력, 강인함의 의미까지 포괄하는 라틴어.

83) D. Thiébault, *Grammaire philosophique*(Paris, 1802), 172~173쪽.

84) (옮긴이 주) papa, maman, baiser.

아에서 유래하는 억양은 강하고 잘 울리며 요란하다……. 고함치는 듯한 말, 울려 퍼지는 목소리, 깜짝 놀라게 하는 소리는 바로 치음(齒音)에 속하는데, 치음으로 지칭되는 것에는 북, 팀파니, 트럼펫[85] 등이 있다." 모음 역시 단독으로 오래전부터 용법에 깊이 감춰져 있는 명사의 비밀을 펼쳐 보일 수 있다. 가령 A는 소유(아부아르),[86] E는 실재, I는 잠재력, O는 놀람(동그랗게 뜬 눈), U는 습기, 따라서 체액을 나타낼 수 있다.[87] 그리고 아직 모호한 두 범주에 따라서만 구분될 뿐인 자음과 모음은 어쩌면 우리의 가장 오래된 역사의 층위에서 인간의 언어를 분절한 두 가지 유일한 명사 같은 것을 형성했을 것이다. 선율적인 모음은 정념을, 거친 자음은 욕구를 나타냈을 것이다.[88] 아직도 북부의 투박한 어투(후두음(喉頭音), 굶주림, 추위의 숲)를 모음 위주의 남프랑스 언어들과 구별할 수 있는데, 남프랑스 언어들은 "물이 수정처럼 맑은 샘에서 사랑의 첫 번째 불길이 솟아나왔을 때" 아침마다 마주치는 목동들의 만남에 의해 생겨났다는 것이다.

언어의 재현하는 기능은 언어 자체의 두께 전체에, 그리고 최초로 외침에서 떨어져 나왔을 때의 가장 근원적인 소리에도 간직되어 있다. 아득한 옛날부터 언어는 각각의 분절을 통해 언제나 **명명**해 왔다. 본질적으로 언어는 광범위한 명칭들의 살랑거림일 뿐인데, 명칭들은 서로 밀착하고 겹치고 감추고 유지하지만, 이는 가장 복잡한 재현들의 분석이나 구성을 가능하게 하기 위해서이다. 문장의 내부에는, 즉 하찮은 음절에 의미가 말없이 의존하는 것으로 보이는 바로 그러한 심층에는 수면(睡眠) 상태의 명명, 즉 비가시적이지만 지워지지 않는 재현의 반영을 소리

---

85) (옮긴이 주) tambours, timbales, trompettes.

86) (옮긴이 주) avoir. 영어의 have 동사에 해당하는 프랑스어 동사.

87) Court de Gébelin, *Histoire naturelle de la parole*(éd. 1816), 98~104쪽.

88) Rousseau, *Essai sur l'origine des langues*, *Oeuvres*, éd. 1826, t. XIII, 144~151, 188~192쪽.

의 벽들 사이에 붙잡아 놓는 형태가 여전히 존재한다. 19세기 문헌학에서 이와 같은 분석은 문자 그대로 '사문(死文)'이었다. 그러나 언어의 경험 전체, 우선 생마르크, 레베로니, 파브르 돌리베,[89] 에거[90]의 시대에 이루어진 비의적이고 신비적인 경험, 다음으로 말의 불가사의가 말라르메, 루셀, 레리스,[91] 또는 퐁주[92]에 힘입어 덩어리 상태로 재분출할 때의 문학적 경험에서는 결코 사문이 아니었다. 말이 파괴되면서 되찾아지는 것은 소리나 순수한 추상적 요소가 아니라 분쇄된 상태로 또 다른 말을 해방하는 다른 말이라는 관념, 이 관념은 근대적 언어 과학 전체의 음화(陰畵)이자 동시에 언어의 가장 모호하고 가장 실질적인 힘이 전사(轉寫)되는 신화이다. 언어가 과학의 대상이 될 수 있는 것은 아마 언어가 자의적이고 어떤 조건에서 언어는 의미하는 것인가를 규명하는 것이 가능하기 때문일 것이다. 그러나 문학이 탄생하는 그 한없는 속삭임 속에서 우리가 언어로 말할 수 있는 것은 바로 언어가 내부적으로 가장 기초적인 층위에서부터 끊임없이 말했기 때문이고, 고갈되지 않는 가치가 언어에 누구나 도달할 수 있을 만큼이지만 깊이 스며들어 있기 때문이다. 그런데 고전주의 시대에는 관계가 결코 동일한 것은 아니었으나 두 형상이 정확

---

89) (옮긴이 주) Fabre d'Olivet(1767~1825). 프랑스의 작가. *Langue d'oc rétablie dans ses principes constitutifs théoriques et pratiques*, 프로방스어 소설 *Azalaïs et gentil Aimar*(1799), *Troubadour, poésie occitaniques du XIIIe siécle*(1803) 등을 남겼다.

90) (옮긴이 주) G. C. L. Oegger(1790?~1853?). 프랑스의 가톨릭 사제로서 *Le Vrai Messie*(1829) 등의 저서들에서 자연 세계와 영적 세계의 연결 가능성을 강조했고, 영적인 사물들과 상응하는 "자연의 언어"가 존재한다고 믿었다.

91) (옮긴이 주) Leiris(1901~1990). 프랑스의 작가, 민족학자. *Age d'homme*(1939), *Biffures*(1948), *Fourbis*(1955), *Fibrilles*(1966), *Frlêe bruit*(1976),(이상의 네 작품은 *Règle du jeu*로 묶여 발간됨) *Ruban au cou d'Olympia*(1981) 등의 작품을 통해 철저한 자기분석의 글쓰기를 보여 준다.

92) (옮긴이 주) Ponge(1899~1988). 프랑스의 시인. 그의 시는 순수성의 형이상학, '자연의 현상학'(사르트르)으로 규정될 정도로, 언어의 현기증 나는 밀도와 부조리를 보여 준다. *Le parti pris des choses*(1942), *Poèmes*(1949~1950), *Grand Recueil*(1961), *Pour un Malherbe*(1965), *Comment une figue de paroles et pourquoi*(1977) 등의 시집이 있다.

166

히 서로 겹쳐 있었다. 언어가 명제의 일반적 형태에 전적으로 포함될 수 있도록, 각 낱말은 그 가장 작은 미분자(微分子)의 차원에서까지 면밀한 명명이 되어야 했다.

5 지칭(指稱)

그렇지만 '일반화된 명명'의 이론으로 인해 사물과의 어떤 관계가 언어의 말단에서 발견되는데, 이 관계는 명제의 형태와 전혀 다른 성질을 띤다. 근본적으로 언어의 기능이 명명하는 것, 다시 말해 재현을 일으켜 세우거나 손가락으로 지적하는 것이라면, 언어는 판단이 아니라 지시이다. 언어는 표지, 표기, 결합된 형상, 가리키는 행위에 의해, 즉 술어 형성의 관계로 축소될 수 있는 사소한 것에 의해 사물과 연결된다. 기본적인 명명과 말의 기원이라는 원리는 판단의 형식적 우위와 균형을 이룬다. 마치 모든 분절이 실현된 언어의 양쪽에서 귀속이라는 언어의 동사적 역할에 존재가 있고, 기본적인 지칭이라는 언어의 역할에 기원이 있는 듯하다. 기원은 지시되는 것을 기호로 대체할 수 있게 해 주고, 존재는 내용을 다른 내용과 관련지을 수 있게 해 준다. 이처럼 우리는 서로 대립하면서도 유사한 연결과 대체의 두 가지 기능에 다시 마주치는데, 이 두 기능은 재현을 분석할 힘을 지닌 기호 일반에 주어졌다.

언어의 기원을 다시 밝히는 것은 언어가 순수한 지칭이었던 최초의 계기를, 그것도 언어의 자의성(가리키는 행위와 이 행위가 지향하는 대상은 서로 다른 만큼, 지칭하는 것과 이로 인해 드러나는 것도 서로 다를 수 있으므로)과 동시에 언어에 의해 명명되는 것에 대한 언어의 깊은 관계(하나의 특별한 음절이나 말은 언제나 하나의 특별한 사물을 지칭하기 위해 선택되었으므로)가 설명되어야 하는 바로 거기에서 발견하는 것이다. 첫 번째 요구에는 행위 언어의 분석이 대응하고, 두 번째 요구에는 어근(語根)의 연구가 대응한다. 그러나 이것들은 『크라틸로스』에서 찾아볼 수 있는 '자연'에 의한 설명과 '법'에 의한 설명처럼 서로 대립하는 것이 아니라, 첫 번째 것이 기호에 의한 지칭되는 것의 대체를 설명하고 두 번째 것이 기호의 항구적인 지칭 능력을 밑받침하므로, 서로에게 절대적으로 불가결하다.

행위 언어는 육체에 의해 말해지지만, 처음부터 주어진 것은 아니다. 자연이 인간에게 허용하는 것은 다만 다양한 상황에서의 행위이고, 인간의 얼굴은 격한 감정으로 동요되며, 인간은 불분명한 외침, 다시 말해 "혀와도 입술과도 부딪히지"[93] 않는 함성을 내지른다. 이 모든 것은 아직 언어도 기호도 아니라, 우리의 동물성에 기인하는 결과이자 영향이다. 그렇지만 이와 같은 명백한 소란은 육체의 기관이 띠는 형태에 의해서만 좌우되는 만큼 보편적인 존재 가치를 갖는다. 인간이 자기 자신과 자신의 동료에게서 동일성을 알아차릴 가능성은 이로부터 생겨난다. 그러므로 인간은 자기 자신의 외침과 동작에 여러 차례 수반된 재현을 다른 사람에게서 듣는 외침, 다른 사람의 얼굴에서 감지하는 표정과 결합할 수 있다. 인간은 이러한 몸짓이나 표정을 다른 사람이 지닌 생각의 표시와 대체물로, 즉 기호로 받아들일 수 있다. 이로부터 비로소 이해가 시작된다. 인간은 역방향으로 자기 자신이 느끼는 관념, 이런저런 행위와 소리, 가령 다른 사람 앞에서 대상을 향해 일부러 내지른 고함, 순수한 감탄사에 통상적으로 결합되어 있는 감각, 욕구, 고통을 상대방에게 불러일으키기 위해, 기호가 된 이러한 몸짓이나 표정을 이용할 수 있다.[94] 이처럼 합의된 (벌써 표현인) 기호의 사용에 힘입어 언어 같은 것이 탄생하는 것이다.

콩디야크와 데스튀트가 공통적으로 행한 이와 같은 분석을 통해 알 수

---

93) Condillac, *Grammaire*, 8쪽.

94) 그렇게 되면 모든 품사는 이러한 본원적 감탄사의 해체되고 결합된 조각들에 지나지 않을 것이다.(Destitutt de Tracy, *Eléments d'Idéologie*, t. II, 75쪽)

있다시피, 언어는 기원에서부터 행위 언어에 의해 자연과 연관된다. 그러나 이는 언어를 자연에 뿌리내리게 하기 위해서라기보다는 언어를 자연으로부터 떼어 놓는 결과를 초래한다. 또한 언어와 외침 사이의 지울수 없는 차이가 드러나게 되고 언어의 인위성이라는 것에 근거가 마련되기에 이른다. 행위가 육체의 단순한 연장선 위에 있는 한, 행위에는 말할 능력이 전혀 없다. 행위는 언어가 아니다. 행위는 언어가 되지만, 이는 명확히 규정된 복잡한 조작, 즉 관계들의 유비에 관한 묘사,(다른 사람의 외침과 그가 느끼는 미지의 것 사이의 관계는 나의 외침과 나의 욕구나 공포 사이의 관계와 같다.) 시간의 역류와 기호가 가리키는 재현 이전의 의도적인 기호 사용,(나를 고함치게 만들 정도로 충분히 강한 배고픔의 감각을 느끼기 전에, 나는 배고픔의 감각과 결합되어 있는 외침을 내지른다.) 끝으로 다른 사람에게서 외침이나 몸짓에 상응하는 재현을 생겨나게 하려는 의도(그러나 나는 고함을 지르면서, 배고픔의 감각이 아니라 이 기호와 나 자신의 먹고자 하는 욕망이 맺는 관계의 재현을 생겨나게 하고자 한다.)의 끝에서이다. 언어는 이 뒤얽힌 토대 위에서만 생겨날 수 있다. 언어는 이해나 표현의 자연스러운 움직임이 아니라 기호와 재현의 가역적이고 분석 가능한 관계에 토대를 두고 있다. 언어는 재현이 밖으로 드러날 때가 아니라, 합의된 방식으로 재현이 자기로부터 기호를 분리하여 기호에 의해 표시될 때에만 존재한다. 그러므로 인간이 해독하고 다시 들리게 만들어야 할 그만큼 많은 무언의 말과 같을 기호를 자신의 주위에서 발견하는 것은 말하는 주체로서나 이미 성립된 언어의 내부에서가 아니다. 음성 기호의 사후적 조직일 뿐인 언어 전체가 말과 함께 탄생할 수 있는 것은 재현이 스스로 기호를 갖추게 되기 때문이다. '행위 언어'라는 명칭에도 불구하고, 행위 언어는 언어를 행위로부터 분리하는 환원 불가능한 기호들의 망을 솟아오르게 한다.

　이런 이유로 행위 언어는 그 기교의 근거가 자연에 있다. 실제로 이러한 행위 언어를 구성하는 요소(소리, 몸짓, 얼굴 표정)는 자연에 의해 연속적으로 제시되지만, 스스로 가리키는 것에 대해 대부분 내용의 동일성이 아니라 동시성이나 연속의 관계를 우선적으로 갖는다. 외침은 공포와 유사하지 않고, 내민 손은 배고픔의 감각과 유사하지 않다. 일단 합의되기에 이른 이 기호들은 자연에 의해 결정적으로 확립되었으므로, 여전히 "환상과 변덕"[95] 이 없게 되지만, 스스로가 가리키는 것의 본질은 표현하지 않게 되는데, 그 이유는 이 기호들이 결코 지칭 대상의 모습과 일치하지 않기 때문이다. 그런데 이로부터 관습 언어가 확립될 수 있게 된다. 이제 사물을 표시하는 충분히 많은 기호가 자유롭게 이용되고, 따라서 최초의 기호를 분석하고 조합하는 새로운 기호가 결정된다. 『인간 불평등 기원론』에서[96] 루소는 사람들 사이의 합의 자체에 이미 확립되고 인정되고 실천되는 언어가 전제되어 있으므로, 어떤 언어도 사람들 사이의 합의를 토대로 삼을 수 없으며, 따라서 언어를 사람들이 구축한 것이 아니라 받아들인 것으로 생각해야 한다는 점을 강조했다. 사실 행위 언어는 이 필요성을 확증하고, 이 가설을 쓸데없게 만든다. 인간은 자연으로부터 기호의 재료를 얻고, 인간에게 기호는 무엇보다도 기억될 것들, 그것들이 지니고 있다고 인정될 가치, 그것들을 사용하는 규칙의 선택에 관한 다른 사람들과의 합의에 이르는 수단으로 소용되며, 그러고는 최초의 기호를 본보기로 하여 새로운 기호를 만들어 내는 데 쓸모가 있다. 첫 번째 합의 방식은 (멀리에서 알아보기 더 쉽고 유일하게 밤에도 사용할 수 있는) 음성 기호를 선택하는 것이고, 두 번째 합의 방식은 아직 표시되지 않은 재현을 지정하기 위해, 인접한 재현을 가리키는 것과 유사한 소리를 구성하는 것이다. 정확하게 말해 바로 이런 식으로 언어는 행위 언어나 적어도 행위 언어가 갖는 음성적 부분의 측면적 연장(延長)인 일련의

---

95) Condillac, *Grammaire*, 10쪽.

96) Rousseau, *Discours sur l'origine de l'inégalité*.(Condillac, *Grammaire*, 27쪽, n. 1 참조.)

170

유비로 구성된다. 언어는 이 음성적 요소와 유사하고, "언어의 이해를 용이하게 하는 것은 바로 이러한 닮음이다. 우리는 이러한 닮음을 유비라고 명명한다. …… 여러분이 알다시피, 유비는 우리에게 법칙을 부여하므로 기호를 무턱대고 또는 자의적으로 선택할 수 없다."[97]

행위 언어로 설명되는 언어의 발생은 일정 부분 자연의 모방과 자의적 관습 사이의 양자택일에 얽매어 있다. 자연이 존재하는 바로 거기에는, 우리의 육체를 가로질러 자연적으로 탄생하는 기호에는 어떤 닮음도 없고, 유사점이 활용되는 바로 거기에는 사람들 사이의 자발적 합의가 일단 확립되어 있다. 자연은 차이들을 병치하고 억지로 연결하며, 반성은 닮음을 발견하고 분석하고 상술한다. 첫 번째 단계에서는 인위적 조작이 가능하게 되지만, 모든 사람에게 동일한 방식으로 부과된 물질적 여건에 바탕을 두고서 그러한 것이며, 두 번째 단계에서는 자의성이 배제되지만, 모든 사람과 모든 민족에게서 정확히 중첩될 수는 없을 분석의 경로가 열린다. 자연법칙은 말과 사물의 차이, 언어가 지칭할 책임이 있는 언어 이전의 것과 언어 사이의 수직적 분할이고, 관습의 규칙은 낱말들 사이의 닮음, 낱말들을 서로 형성되게 하고 무한히 퍼뜨리는 넓은 수평적 망이다.

왜 어근 이론이 행위 언어의 분석과 전혀 모순되지 않고 행위 언어의 분석에서 발견되는가는 이제 누구나 이해할 수 있다. 어근들은 많은 언어에서, 어쩌면 모든 언어에서 동일하게 발견되는 기초적인 낱말로서, 자연에 의해 무의지적 외침으로 부과되었고 행위 언어에 의해 무의식적으로 사용되었다. 그래서 인간은 어근들을 찾아내어 관습 언어에 자리 잡게 했다. 그리고 모든 풍토에서 모든 민족이 행위 언어의 원재료 중에서 이 기초적인 소리들을 선택한 것은 이차적 반성의 방식을 통해서이지만, 지칭 대상과의 닮음 또는 지칭 대상을 다른 유사한 대상에 적용할 가능성을 이

---

97) Condillac, *Grammaire*, 11~12쪽.

소리들에서 발견했기 때문이기도 하다. 어근에 의해 명명되는 것과 어근 사이의 닮음은 사람들을 통합하고 사람들의 행위 언어를 하나의 언어로 조절하는 관습에 의해서만 언어 기호의 가치를 띤다. 바로 이런 식으로 기호가 재현의 내부로부터 지칭 대상의 본질 자체와 합류하고 말의 일차적 보고(寶庫)가 모든 언어에 동일한 방식으로 부과된다.

어근은 여러 가지 방식으로 형성될 수 있다. 물론 의성어에 의해 형성되는데, 의성어는 자연 발생적인 표현이 아니라 실물과 닮은 기호의 의도적인 분절, 즉 "명명하고자 하는 대상이 내는 동일한 소리를 목소리로 내는 것"[98]이다. 또한 감각으로 경험된 닮음을 활용하는 방식도 있다. 가령 "강하고 생생하고 거친 인상을 시각에 주는 붉은색은 유사한 느낌을 청각에 유발하는 R음으로 매우 적절하게 표시된다."[99] 그리고 의미하고자 하는 움직임과 유사한 움직임을 발성 기관에 부과함으로써 어근을 형성할 수도 있다. "그래서 이러한 상태에 놓인 기관의 형태와 자연스러운 움직임에서 기인하는 소리가 대상의 이름으로 떠오른다." 가령 하나의 물체에 대한 다른 물체의 마찰을 지칭하기 위해 목구멍을 긁어 대고, 오목한 표면을 가리키기 위해 목구멍을 안으로 더 벌린다.[100] 마지막으로 하나의 기관을 지칭하기 위해 그것이 자연적으로 내는 소리를 이용하는 방식이 있다. 가령 성문(聲門) 폐쇄음은 인후(咽喉)에서 나오므로 인후의 이름을 결정하고, 치아를 지칭하는 데에는 치음(d와 t)을 사용한다.[101] 이러한 닮음의 관습적 연관 작용에 힘입어, 각 언어는 기본 어근들의 꾸러미를 갖출 수 있다. 기본 어근들이 거의 모두 단음절이고 그 수가 매우 적으므로, 예컨대 베르지에의 추산에 의하면 히브리어의 경우에는 200개

---

98) De Brosses, *Traité de la formation mécanique des langues*(Paris, 1765), 9쪽.

99) Abbé Copineau, *Essai synthétique sur l'origine et la formation des langages*(Paris, 1774), 34~35쪽.

100) De Brosses, *Traité de la formation mécanique des langues*, 16~18쪽.

101) *Ibid.*, t. I, 14쪽.

이므로,[102] 기본 어근들이 대부분의 언어에 공통적이라는 점(기본 어근들이 갖는 그러한 닮음의 관계 때문에)을 생각한다면, 이 기본 어근들의 꾸러미는 훨씬 더 제한된 규모일 것이다. 가령 드 브로스는 유럽과 동방의 모든 방언에서 기본 어근들을 모두 합친다 해도 "편지지 한 장"을 채울 수 없다고 생각한다. 그러나 각 언어의 특수성이 형성되는 것은 바로 이 기본 어근들로부터이다. "기본 어근들의 전개는 경이롭다. 느릅나무의 씨앗에서 커다란 나무가 생겨나고 느릅나무의 각 뿌리에서 새순이 싹터 마침내 무성한 숲이 형성되는 것과 같다."[103]

언어는 이제 계보 속에서 펼쳐질 수 있다. 드 브로스가 "보편적 고고학자"[104]라고 부르는 연속적 계통들의 공간 속에서 보여 주고자 한 것은 바로 언어의 계보이다. 이 공간의 위쪽에는 유럽과 동방의 언어들에 의해 활용되는 아주 적은 수의 어근이 적힐지 모르고, 각 어근의 아래로는 각 어근에서 파생하는 좀 더 복잡한 말들이 놓일지 모르지만, 각 어근에 가장 가까운 낱말들이 먼저 위치해야 하고, 연속적인 낱말들 사이에 가능한 한 짧은 간격이 유지되도록 충분히 조밀한 순서가 지켜져야 한다. 이런 식으로 완벽하고 철저한 계열, 절대적으로 연속적인 연쇄가 구성될 것인데, 거기에서 단절은 비록 실재한다 해도 오늘날 사라진 말이나 방언 또는 언어의 자리를 부수적으로 표시할지 모른다.[105] 솔기가 없는 이 널따란 면이 일단 구성되면, 가로 좌표나 세로 좌표로 훑어볼 수 있는 2차원 공간이 나타날 것이다. 수직으로는 각 어근의 완전한 계통이 드러날 것이고, 수평으로는 일정한 언어가 사용하는 낱말들이 배열될 것이며, 횡단선에 의해 규정되는 언어들은 기본 어근들에서 멀어질수록 더 복잡하

---

102) Bergier, *Les Eléments primitifs des langues*(Paris, 1764), 7~8쪽.

103) De Brosses, *Traité de la formation mécanique des langues*, t. I, 18쪽.

104) *Ibid.*, p. II, 490~499쪽.

105) *Ibid.*, t. I, 서문, p. L.

고 아마 더 새로울 것이지만, 이와 동시에 낱말들은 재현의 분석에 대해
효율성과 정밀함을 더 많이 갖출 것이다. 그렇게 되면 역사의 공간과 사
유의 격자가 정확히 겹칠 것이다.

이러한 어근의 연구는 고전주의가 한동안 보류한 것 같은 모어(母語)
의 이론과 역사로 회귀하는 현상처럼 보일 수 있다. 사실 어근의 분석은
언어를 언어의 탄생과 변형의 장소 같은 것일 역사로 되돌리지 않는다.
어근의 분석은 오히려 역사를 하나의 여정으로 만드는데, 이 여정은 재
현과 말의 동시적인 마름질을 가로질러 연속적 단계에 따라 완결된다.
고전주의 시대의 언어는 이런저런 시기에 사유와 성찰의 확정된 방식을
가능하게 하는 역사의 파편이 아니라, 시대와 인간의 지식이 전개되는
분석의 공간이다. 그리고 언어가 어근의 이론에 의해 역사적 실체가 되
거나 다시 되지 않았다는 증거는 18세기에 어원이 탐구된 방식에서 매우
쉽게 발견될지 모른다. 어원 탐구에 이용된 길잡이는 말의 물질적 변형
에 관한 연구가 아니라 말이 갖는 의미의 항구성이었다.

어원의 탐구에는 어근의 정의, 어미와 접두사의 분리라는 두 가지 측
면이 있었다. 어근을 정의하는 것은 어원을 연구한다는 것이다. 어근의
정의는 나름대로 체계화된 규칙에 따라 행해지는 기술인데,[106] 결합과 굴
절에 의해 말에 침전될 수 있었던 모든 흔적을 말에서 제거해야 하고, 단
음절 요소에 이르러야 하고, 언어의 과거 전체에서 옛 "문서와 어휘 사
전"을 가로질러 단음절 요소를 추적해야 하고, 더 원시적인 다른 언어로
거슬러 올라가야 한다. 그리고 이 절차가 진행되는 동안, 단음절이 변형
된다는 것을 분명히 인정해야 한다. 가령 모든 모음은 목소리 자체로서
불연속성도 단절도 없는 까닭에, 어근의 역사에서 서로 대체될 수 있는
반면에, 자음은 특별한 경로를 따라 변모하는데, 가령 후두음, 설음(舌

---

106) 특히 Turgot, 『백과전서』의 '어원학' 항목 참조.

音), 구개음(口蓋音), 치음, 순음(脣音), 비음(鼻音)은 동음(同音)의 무리
를 형성하고, 이 무리의 내부에서는 발음의 변화가 우선적으로, 그러나
어떤 필연성도 없이 이루어진다.[107] 어근의 역사적 연속성을 보장하는
유일하고 지울 수 없는 불변 요소는 의미 단위, 즉 무한히 지속하는 재
현의 영역이다. 그러므로 "아마 어떤 것도 귀납적 추리를 제한할 수 없
을 것이고, 완전한 닮음에서 가장 사소한 닮음까지 모든 것은 귀납적 추
리에 바탕의 구실을 할 수 있다." 말의 의미는 "우리가 참조할 수 있는
가장 확실한 빛"[108]이다.

6 파생

처음부터 본질적으로 명사이자 명칭이고 재현 자체가 분석되는 것처
럼 분절되는 말이 어떻게 본래의 의미 작용에서 불가항력적으로 멀어지
고, 더 넓거나 더 한정적인 인접한 의미를 획득할 수 있는 것일까? 어떻
게 형태뿐만 아니라 외연을 변화시킬 수 있을까? 다양한 언어가 어떻게
새로운 소리와 새로운 내용을 획득할 수 있었기에, 아마도 동일할 어근
들의 설비로부터 상이한 소리들과 더 나아가 오늘날 의미가 회복될 수
없는 낱말들을 형성했을까?

형태의 변화는 규칙이 없고 거의 무한하며 결코 안정적이지 않다. 이
변화의 모든 원인은 외적인 것, 즉 발음의 용이함, 풍조(風潮), 풍속, 기
후이다. 가령 추위는 "입술의 휘파람 소리"에 유리하게 작용하고, 더위

---

107) 이것은 몇몇 부차적인 변이형들과 함께, 드 브로스(*De la formation mécanique des langues*,
108~123쪽), 베르지에(*Eléments primitifs des langues*, 45~62쪽), 쿠르 드 제블랭(*Histoire
naturelle de la parole*, 59~64쪽), 튀르고('어원학' 항목)에 의해 인정된 유일한 음성 변이의 법칙
들이다.

108) Turgot, 『백과전서』의 '어원학' 항목. de Brosses, 420쪽 참조.

는 "목구멍의 기음(氣音)"에 유리하다.[109] 반면 의미의 변화는 어원에 관한 절대적으로 확실하지는 않아도 적어도 '있을 법한' 인식을 가능하게 할 정도로는 제한되어 있는 까닭에,[110] 누구나 지정할 수 있는 원칙들을 따른다. 언어들의 내부 역사를 유발하는 이 원칙들은 모두 공간의 범주에 속한다. 어떤 원칙들은 눈에 보이는 닮음이나 사물들 사이의 인접성과 관련이 있고, 다른 원칙들은 언어 및 언어를 보존하는 형태가 침전하는 장소와 관련이 있다. 문채와 문자.

문자의 두 가지 중요한 유형, 즉 말의 의미를 다시 그려 내는 문자와 소리를 분석하고 복원하는 문자가 있다는 것은 누구나 잘 알고 있다. 몇몇 민족의 경우에 진정한 '천재적인 솜씨'의 결과로 후자가 전자를 대체했다고 인정하건,[111] 전자와 후자가 서로 다른 만큼, 전자는 소묘 중심의 민족에게서, 후자는 노래 중심의 민족에게서 거의 동시에 출현했다고 인정하건,[112] 전자와 후자 사이에는 엄밀한 분할이 존재한다. 말의 의미를 소묘로 나타내는 것은 원래 말이 가리키는 사물의 정확한 도면을 그린다는 것이다. 사실 이러한 소묘는 거의 문자가 아니고, 기껏해야 그림에 의한 재현일 뿐인데, 이러한 소묘에 의해 적어 낼 수 있는 것은 가장 구체적인 형태의 이야기밖에 없다. 워버튼에 의하면, 멕시코 사람들은 거의 이런 방법밖에 알지 못했다.[113] 진정한 문자는 더 이상 사물 자체가 아니라, 사물의 구성 요소 가운데 하나, 관례적으로 사물에 따라붙는 상황의 하나, 또는 유사한 다른 사물을 나타내려는 시도가 행해질 때 비로소 등장했다. 이로부터 세 가지 기법이 유래하는데, 우선 이집트인들의 제

---

109) De Brosses, *Traité de la formation mécanique des langues*, t. I, 66~67쪽.
110) Turgot, 『백과전서』의 '어원학' 항목.
111) Duclos, *Remarques sur la grammaire générale*, 43~44쪽.
112) Destutt de Tracy, *Eléments d'Idéologie*, II, 307~312쪽.
113) Warburton, *Essai sur les hiéroglyphes des Egyptiens*(traduction française, Paris, 1744), 15쪽.

유(提喩)적인 문자[114]는 가장 조잡한 것으로서, "모든 것을 대신하기 위해 한 가지 주제의 주요한 상황"(전투에 대해 활, 도시의 포위에 대해 사다리)을 이용하고, 다음으로 약간 더 개량된 "전의(轉義)적인" 상형 문자는 현저히 눈에 띄는 상황을 활용하며,(신은 전능하므로 모든 것을 알고 있으며 인간을 감시할 수 있다. 따라서 신은 눈으로 표기된다.) 마지막으로 상징적인 문자는 어느 정도 감추인 닮음을 이용한다.(떠오르는 태양은 둥근 눈이 수면 바로 위에 위치하는 악어의 머리로 형상화된다.)[115] 여기에서 우리는 수사학의 세 가지 중요한 문채, 즉 제유, 환유, 비유적 전용(轉用)을 알아볼 수 있다. 그리고 상징적인 문자를 갖춘 그 언어들이 변화할 수 있게 되는 것은 바로 이 문채들에 의해 생성된 망상 조직을 따라서이다. 이 문채들은 점차로 시적 작용력을 갖게 되고, 최초의 명명은 오랜 은유의 출발점이 되는데, 은유는 점차 복잡해지고 이윽고 발생 지점에서 너무나 멀어져 되돌아가기가 어렵게 된다. 이런 식으로 태양은 악어라거나 신은 세계를 감시하는 커다란 눈이라고 믿게 하는 미신이 생겨나고, 세대에서 세대로 은유를 전달하는 사람들(사제들)에게서 비전(秘傳)의 지식이 발생하며, 지식은 닮음을 아는 데 있다는 착각, 그리고 (가장 원시적인 문학에서 그토록 빈번한) 담론의 우의(寓意)가 생겨난다.

그러나 상형(象形) 문자를 지닌 언어의 역사는 오래지 않아 끝난다. 그러한 언어에서는 진전이 이루어질 수 없기 때문이다. 기호는 재현의 면밀한 분석에 힘입어서가 아니라, 가장 멀리 떨어진 유비와 함께 늘어난다. 그 결과로 이제는 민족들의 반성적 역량이 아니라 상상력이 조장된다. 과학이 아니라 맹신이 부추겨진다. 게다가 인식은 두 가지 학습, 우

---

114) (옮긴이 주) écriture curiologique. 기의가 그림에 의해 표현되는 상형 문자 표기법. curiologique는 그리스어 kyriologikos에서 유래한 용어로서, '정확한 말'의 형용사형이다. 여기서는 동의어인 synecdoque의 의미로 옮겼다.

115) Warburton, *Essai sur les hiéroglyphes des Egyptiens*, 9~23쪽.

선 말의 학습(모든 언어의 경우에서처럼)과 이후 말의 발음과 관계가 없는 기록된 기호의 학습을 필요로 하는데, 인간의 삶은 이러한 이중의 교육을 충분히 받을 만큼 그렇게 길지 않고, 게다가 무언가를 발견할 여유가 있었다 해도 그것을 마음대로 전달할 기호가 없다. 역으로, 전달된 기호는 말을 나타내면서도 말과 본질적인 관계를 전혀 맺지 않으므로 언제나 불확실하다. 한 시대가 끝나고 다음 시대가 시작되면서부터는, 동일한 소리가 동일한 형상에 귀속한다는 것을 누구도 확신할 수가 없다. 그러므로 혁신은 불가능하고, 전통은 위태로워진다. 그래서 학자들의 유일한 관심사는 조상으로부터 받아들인 지혜에 대해, 조상의 유산을 간직하는 제도에 대해 "미신적인 존중"을 품는 것이다. 즉 "그들은 풍속에서의 모든 변화가 언어를 변화시키고 언어에서의 모든 변화가 자신들의 학식 전체를 혼란시키거나 소멸시킨다고 느낀다."[116] 상형 형태의 문자만을 지니고 있는 민족의 경우에는 정치에 의해 역사가 배제되게 마련이다. 적어도 순수하고 단순한 보존이 아닌 역사는 전부 배제될 것이 틀림없다. 동양과 서양 사이의 본질적인 차이는 볼네[117]에 의하면[118] 바로 여기에, 즉 이러한 언어와 공간의 관계에 있다. 마치 언어의 공간적 배치가 시간의 법칙을 규정하는 듯하고, 언어가 역사를 가로질러 인간에게 오는 것이 아니라, 거꾸로 인간이 기호들의 체계를 통해 역사에 접근하는 듯하다. 민족들의 운명이 말없이 형성되는 것은 바로(말은 전형적으로 재현의 공간이고, 그런 다음에 시간 속에서 다시 모습을 나타내므로) 재현, 말, 공간의 이분기점에서이다.

　　실제로 인간의 역사는 알파벳 문자의 등장으로 완전히 변한다. 인간은

---

116) Destutt de Tracy, *Eléments d'Idéologie*, t. II, 284~300쪽.

117) (옮긴이 주) Volney(1757~1820). 프랑스의 철학자로서 *Voyage en Egypte et en Syrie* (1787), *Ruines ou Méditation sur les révolution des empires*(1791), *Discours sur l'étude philosophique des langues*(1819) 등의 저서가 있다.

118) Volney, *Les Ruines*(Paris 1791), chap. XIV.

관념이 아니라 소리를 공간에 옮겨 적고, 소리에서 공통 요소를 끌어내 적은 수의 독자적 기호를 형성하는데, 이 기호들의 조합은 모든 음절과 모든 가능한 말을 형성할 수 있게 한다. 상징 문자는 재현 자체를 공간화하고자 하면서, 유사 관계의 막연한 법칙을 따르고, 언어를 반성적 사유의 형식 밖으로 미끄러지게 하는 반면, 알파벳 문자는 재현의 소묘를 포기함으로써, 이성 자체에 대해 가치가 있는 규칙을 소리의 분석 속으로 옮겨 놓는다. 그래서 문자들은 관념들을 나타내지 않지만 관념들처럼 서로 결합되고, 관념들은 알파벳의 문자들처럼 서로 맺어지고 분리된다.[119] 재현과 표기 기호 사이에 존재하던 정확한 상응 관계의 단절은 언어, 심지어 기록되는 언어를 전체적으로 분석의 전반적인 영역에 자리 잡게 하고 문자의 발전과 사유의 발전을 함께 도모하도록 허용한다.[120] 동일한 표기 기호가 모든 새로운 말을 분석하고, 발견이 이루어질 때마다 그것을 망각의 두려움 없이 전달할 수 있게 되며, 동일한 알파벳을 사용하여 서로 다른 언어들을 옮겨 적고, 그럼으로써 한 민족의 사상을 다른 민족에게로 전파하는 것이 가능하게 된다. 이러한 알파벳은 구성 요소의 수가 적어서 학습이 매우 용이하므로, 다른 민족들이 문자를 배우는 데 낭비하는 시간을 반성과 관념의 분석에 할애하는 것이 가능해진다. 그렇게 되어 언어의 내부에서, 매우 정확하게는 분석과 공간이 서로 합류하는 말의 주름에서 초보적이거나 무한한 진보의 가능성이 생겨난다. 18세기에 정의되는 그러한 진보는 본질적으로 역사의 내부적 움직임이 아니라, 공간과 언어의 근본적 관계에서 생겨나는 결과이다. "언어와 문자의 자의적 기호들은 관념의 제어를 보장하고 각 세기에 발견된 증가하는 유산처럼 관념을 다른 사람에게 전달하는 수단을 인간에게 제공하며, 그래서 기원으로부터 고찰된 인류는 철학자의 눈에 각 개인처럼 유년기가 있고

---

119) Condillac, *Grammaire*, chap. 2.

120) Adam Smith, *Considérations sur l'origine et la formation des langues*, 424쪽.

진보를 이루는 하나의 거대한 전체인 것으로 보인다."[121] 언어는 시간의 영속적 단절에 공간의 연속성을 부여하고, 그래서 언어가 시간을 가로질러 사물의 인식을 결집할 수 있는 힘을 갖는 것은 바로 언어가 재현을 분석하고 분절하고 재단함에 따라서이다. 언어에 힘입어 연속의 다양성은 단일화되는 반면, 공간의 막연한 단조로움은 파편화된다.

그렇지만 마지막 문제가 남아 있다. 실제로 문자는 분명 이 점차 더 섬세해지는 분석들의 언제나 활발한 매체 겸 보호자이다. 문자는 이 분석들의 원동력이 아니다. 근본적인 움직임도 아니다. 근본적인 움직임은 관심, 기호, 말에 공통된 점진적 변화이다. 하나의 재현에서 정신은 그것의 일부를 이루는 요소, 그것에 수반되는 상황, 그것과 유사하고 그것으로 인해 기억에 떠오르는 또 다른 부재하는 사물에 스스로 결부될 수도 있고 언어 기호를 결부시킬 수도 있다.[122] 명백히 언어는 이러한 방식으로 발전했고, 기본적인 지칭으로부터 조금씩 벗어나기를 계속했다. 애초에 모든 것은 이름, 고유하거나 개별적인 이름을 지니고 있었다. 그 후에 이름은 사물의 유일한 요소에 결부되었고, 역시 그 요소를 내포하는 다른 모든 개별 사물에 적용되었다. 가령 나무라고 불리는 것은 더 이상 어느 떡갈나무가 아니라, 적어도 줄기와 가지를 포함하는 모든 것이다. 이름은 또한 현저한 상황에 결부되었다. 가령 밤은 이날의 끝이 아니라, 모든 석양과 모든 새벽을 갈라놓는 어둠의 부분을 지칭했다. 끝으로 이름은 유비에 결부되었다. 가령 나뭇잎처럼 얇고 매끈한 모든 것은 푀이으[123]라고 불렸다.[124] 여러 사물에 하나의 이름을 부여할 수 있게 하는 언어의 점진적 분석과 더욱 진전된 분절은 수사학에서 널리 알려진 그러한 기본적 문채

---

121) Turgot, *Tableau des progrès successifs de l'esprit humain, 1750*; *Oeuvres*, éd. Schelle, 215쪽.

122) Condillac, *Essai sur l'origine des connaissances*, *Oeuvres*, t. I, 75~87쪽.

123) (옮긴이 주) feuille. 나뭇잎, 꽃잎, 종잇장, 전표, 서류 등을 의미하는 프랑스어.

124) Du Marsais, *Traité des tropes*(édition de 1811), 150~151쪽.

들, 즉 제유, 환유, 비유적 전용(또는 유비가 덜 직접적으로 감지될 경우에는 은유)의 맥락을 따라 이루어졌다. 이것들은 결코 세련된 문체의 결과가 아니라, 반대로 모든 언어가 자연적으로 생겨날 때부터 지니고 있는 고유한 유동성을 드러낸다. "모든 언어는 여러 날 동안의 학술 모임에서보다 중앙 시장의 장날 하루 동안에 더 많은 문채를 얻는다."[125] 심지어 맨 처음에는 언어의 유동성이 지금보다 훨씬 더 심했다는 것은 거의 확실하다. 오늘날은 분석이 매우 정교하고 격자가 매우 촘촘하며 등위와 종속의 관계가 매우 분명히 확립되어 있어서, 말은 자리를 옮길 기회가 거의 없다. 그러나 인류가 최초로 출현하여 드물었을 때, 재현이 아직 막연하고 서투르게 분석되었을 때, 정념이 재현을 변모시켰거나 전체적으로 재현의 근거를 제공했을 때, 말은 더 큰 유동성을 지니고 있었다. 심지어 말은 고유한 것이기 전에 비유적인 것이었다고, 달리 말하면 말은 개별적인 이름의 지위를 갖자마자 벌써 자연 발생적인 수사학의 힘에 의해 재현 위로 흩어졌다고까지 말할 수 있다. 루소가 말하듯이, 우리는 아마 사람을 지칭하기 전에 거인이란 말을 썼을 것이다.[126] 배는 애초에 돛으로 지칭되었고 영혼, 즉 '프시케'는 처음에 나비의 형상을 부여받았다.[127]

그래서 문자의 경우처럼 음성 언어의 바탕에서 발견되는 것도 말의 수사학적 차원, 즉 재현의 분석에 따라 내부 요소에, 인접 지점에, 유사한 형상에 놓이게 될 그러한 기호의 자유이다. 그리고 언어들이 우리의 눈에 드러나는 다양성을 갖는 것, 즉 보편적인 인간의 본성으로 인해 아마도 공통적이었을 기본적인 지칭으로부터 언어들이 갖가지 형태에 따라 끊임없이 전개되는 것, 언어들 각각에 나름대로의 역사, 풍조, 관습, 망각이 있었던 것은 말이 시간 속에서가 아니라, 하나의 공간 안에서 생겨

---

125) Du Marsais, *Traité des tropes*, 2쪽.

126) Rousseau, *Essai sur l'origine des langues*, 152~153쪽.

127) De Brosses, *Traité de la prononciation mécanique*, 267쪽.

나고 사라지기 때문인데, 이 공간에서 말은 본래의 자리를 발견하고 이동하고 다시 스스로에게 돌아가고 하나의 온전한 곡선을 서서히 그릴 수 있다. 그런 만큼 이 공간은 바로 **전의법**(轉義法)의 공간이다. 따라서 언어에 관한 성찰에서 출발점의 구실을 한 것 자체가 다시 거론되는 셈이다. 모든 기호 중에서 언어는 연속적인 존재의 속성이 있었는데, 이는 언어 자체가 연대기에 속하는 것으로 간주되었기 때문이 아니라, 재현의 동시성을 연속적인 소리들로 펼쳐 보였기 때문이다. 그러나 불연속적인 요소들을 분석하고 차례로 나타나게 하는 이 연속은 재현을 통해 정신의 눈에 제공되는 공간을 가로지른다. 따라서 언어는 재현된 분산 요소들을 단선적 순서로 정돈할 뿐이다. 명제는 수사학을 통해 시선에 들어오는 문채(文彩)를 보여 주고 듣게 한다. 이러한 전의법의 공간이 없다면, 귀속 관계를 확립할 수 있게 하는 그 모든 보통 명사로는 언어가 형성되지 않을 것이다. 그리고 이러한 말의 분석이 없었다면, 문채들은 여전히 말이 없고 일시적이며 순간의 작열(灼熱) 속에서 감지될 뿐, 이윽고 시간조차 없는 어둠 속으로 잠겨 들었을 것이다.

명제의 이론에서 파생의 이론까지 언어에 관한 고전주의 시대의 성찰 전체, '일반 문법'이라고 불린 모든 것은 "언어는 분석한다."라는 단순한 문장의 엄정한 주석일 뿐이다. 서양에서 17세기에 언어의 경험 전체, 그때까지 언어는 말한다라고 믿도록 변함없이 유도했던 경험이 무너져 내린 것은 바로 이 지점에서이다.

7 언어의 사변형

결론을 맺기 위한 몇 가지 지적. 명제, 분절, 지칭, 그리고 파생의 네 가지 이론은 사변형의 선분 같은 것을 형성한다. 이것들은 둘씩 맞서고,

또 둘씩 서로 뒷받침한다. 분절은 명제의 아직 비어 있는 순수한 언어 형태에 내용을 부여하는 것이며, 이 형태를 채우지만, 사물들을 구분하는 명명이 사물들을 연결하는 귀속과 맞서듯이, 이 형태와 맞선다. 지칭의 이론은 분절이 마름질하는 모든 명사 형태 사이의 부착점을 드러내지만, 몸짓과 관련된 일시적이고 수직적인 지칭이 일반적인 것들의 마름질과 맞서듯이, 분절과 맞선다. 파생의 이론은 말의 기원으로부터 말의 연속적인 움직임을 보여 주지만, 재현의 표면에서 일어나는 이 점진적 변화는 어근과 재현 사이의 독특하고 안정적인 관계와 맞선다. 마지막으로 파생이 없다면, 지칭은 여전히 자기 안에 틀어박혀 있을 것이고 귀속 관계를 가능케 하는 그러한 일반성을 획득할 수 없을 것이므로, 파생은 명제로 회귀한다. 그러나 명제는 연속적인 순서에 따라 전개되는 반면, 파생은 공간의 형상에 따라 이루어진다.

이 사변형의 마주보는 네 모서리 사이에는 대각선 관계가 있다는 점에 주목해야 한다. 우선 분절과 파생 사이의 관계를 살펴보자. 병치되거나 서로 맞물리거나 순차적으로 이어지는 낱말들과 함께 분절 언어가 가능하게 되는 것은 분절 언어의 낱말들이 애초의 의미로부터, 단순히 말에 근거를 제공하는 지칭 행위로부터 파생 과정에 의해 가변적 외연을 획득하면서 끊임없이 점점 더 멀리 움직인 범위 내에서인데, 언어의 사변형 전체를 가로지르는 축은 이로부터 유래하고, 한 언어의 상태가 결정되는 것은 이 선을 따라서이다. 한 언어의 분절 역량은 그 언어가 도달한 파생의 정도에 의해 명확히 정해지며, 한 언어가 갖는 역사적 형세와 동시에 차별화 역량은 바로 거기에서 결정된다. 다른 대각선은 명제에서 기원으로, 다시 말해 모든 판단 행위에 포함된 단언에서 모든 명명 행위가 내포하는 지칭으로 이어진다. 말이 재현하는 것에 대한 말의 관계가 확립되는 것은 바로 이 축을 따라서이다. 말은 재현의 존재만을 일러 줄 뿐이면서도, 재현된 것을 끊임없이 명명하는 것으로 보인다. 첫 번째 대각선은 언어의 진전된 명시(明示) 역량을 나타내고, 두 번째 대각선은 언어와 재현의 끝없는 맞물림, 이를테면 언어 기호로 하여금 언제나 재현을 나타내게 만드는 이분화를 표시한다. 이 후자의 선 위에서 낱말은 (자체의 재현 역량에 힘입어) 대체물로서 기능하고, 전자의 선 위에서 낱말은 (자체의 구성 및 해체 역량에 힘입어) 구성 요소로서 기능한다.

이 두 대각선의 교차 지점, 사변형의 중앙에는, 재현의 이분화 과정이 분석으로 드러나고 대체물이 분배의 역량을 갖는, 따라서 재현의 일반적인 분류의 가능성 및 원칙이 자리하는 바로 거기에는 **명사**가 있다. 명명한다는 것은 재현의 언어적 재현을 제시함과 동시에 일람표 안에 배치하는 것이다. 고전주의 시대에 언어의 이론 전체는 이 특권적이고 핵심적인 실체를 중심으로 마련된다. 재현이 명제에서 모습을 드러내게 되는 것은 바로 이 실체에 의해서이므로, 언어의 모든 기능은 이 실체 안에서 서로 교차한다. 그러므로 담론이 인식에 연결되는 것도 바로 이 중심에 의해서이다. 물론 판단만이 참이거나 거짓일 수 있다. 그러나 모든 이름이 정확하고, 모든 이름의 기초를 이루는 분석이 완벽하게 숙고된 것이며, 언어가 '잘 만들어진' 것이라면, 참된 판단을 말하는 데에는 어떤 어려움도 없을 것이고, 설령 오류가 발생하더라도, 이때의 오류는 대수(代數) 계산만큼 간파하기 쉽고 명백할 것이다. 그러나 분석의 불완전성과 파생의 모든 점진적 변화로 인해 분석이나 추상화 또는 부당한 결합에 이름이 부과되었다. 이는 낱말이 재현의 재현으로 주어지지 않는다면 (신화 속의 괴물에 이름을 부여하는 것과 마찬가지로) 지장을 초래하지 않을 것이다. 그래서 하나의 낱말이 아무리 추상적이고 일반적이고 공허할지라도, 그것이 재현하는 것의 가능성을 단언하지 않고는 그것을 생각하는 것이 불가능하다. 그렇기 때문에 언어의 사변형 한가운데에서 명사는 언어의 모든 구조가 모이는 지점이자(명사는 언어의 가장 내밀하고 가장 잘 보호된 모습, 언어의 모든 관습, 규칙, 역사의 순수한 내적 결과이다.) 언어 전체가 참과 관계를 맺고 참에 의해 판단될 수 있기 시작하는 출발점인 것으로 보인다.

고전주의 시대에 언어의 경험 전체는 여기서 시작된다. 과학 겸 규정이자 말의 연구 겸 말의 재현하는 기능에 따라 말을 짓고 사용하고 수정하기 위한 규칙인 문법 분석의 가역적 성격, 홉스에서 관념학까지 철학의 근본적 명목론(名目論), 즉 언어에 대한 비판 및 말브랑슈, 버클리, 콩디야크, 흄에서 발견되는 일반적이고 추상적인 말에 대한 그 불신 전체와 분리될 수 없는 명목론, 전적으로 추상적이지만 정확히 숙고된 체계(인공 언어)에 의해서건, 너무나 자연적이어서 정념을 표출하는 얼굴의 표정처럼 사유를 해석할 언어(루소가 『대화록』 중의 첫 번째 권에서 열망한 것은 바로 직접적인 기호들로 이루어진 그러한 언어이다.)에 의해서건 사물 자체가 명확하게 명명될 완벽하게 투명한 언어의 위대한 이상향은 여기서 비롯된다. 고전주의 시대의 모든 담론을 조직하는 것은 바로 명사라고 말할 수 있는데, 말하거나 쓰는 것은 사물을 알려 주거나 자신의 생각을 나타내는 것도, 언어를 가지고 유희하는 것도 아니라, 지고한 명명 행위를 향해 나아가는 것, 사물과 말이 공통의 본질 속에서 서로 맺어지고 사물에 이름을 부여하는 장소 쪽으로 언어를 가로질러 나아가는 것이다. 그러나 일단 사물의 이름이 말해지면, 사물의 이름에 이르렀거나 사물의 이름에 도달하기 위해 가로지른 언어 전체는 사물의 이름에 흡수되어 사라진다. 따라서 고전주의 시대의 담론은 깊은 본질의 측면에서 언제나 이 한계 쪽으로 향하면서도 이 한계를 뒤로 밀어냄으로써만 존속한다. 고전주의 시대의 담론은 명사의 끊임없이 유지되는 박진감 속에서 진전하며, 그래서 가능성의 측면에서 수사학과 깊은 관계가 있는데, 이 경우에 수사학은 명사를 둘러싸고 명사가 나타내는 것을 중심으로 명사를 동요하게 하고 명사가 명명하는 것의 요소나 인접 또는 유비를 드러내는 공간 전체를 의미한다. 담론을 물들이는 문채들은 명사의 지체를 보장하다가, 마지막 순간에 이르러 명사에 의해 충족되고 폐기된다. 명사는 담론의 결말이다. 그리고 고전주의 문학 전체는 아마 이 공간 안에, 말할 가능성을 고갈시키고 소멸시킨다는 점에서 언제나 가공할 만한 것인 명사에 도달하고자 하는 이 움직임 속에 자리하고 있을 것이다.『클레브 공작부인』[128]의 그토록 신중한 고백에서『쥘리에트』[129]의 직접적인 폭력까지 언어의 경험을 가져다준 것은 바로 이 움직임인데, 후자에서 명명은 마침내 가장 적나라하게 제시되고, 그때까지 명명을 보류시킨 수사학의 문채들은 무너져 내려 욕망의 무한한 모습이 되며, 끊임없이 반복되는 동일한 명사들은 욕망의 모습을 한없이 가로지르고자 하는 노력 속에서 고갈되지만 결코 그 끝에 이르지는 못한다.

고전주의 문학 전체는 이전에 동일한 사물을 새로운 문채들로 또 다시 명명하는 작업(이것이 이른바 프레시오지테[130]이다.)에서는 결코 명명되지 않았거나 멀리 떨어진 말의 주름 속에 잠들어 있던 것을 마침내 정확히 명명하는 작업으로 넘어감으로써, 명사의 수식(修飾)에서 명사 자체로 나아가는 움직임 속에 위치하는데, 가령『고독한 산책자의 몽상』에서 "다섯 번째 산책"의 언어는 영혼의 그 비밀들, 사물과 육체의 경계에서 탄생하는 그 인상들에 대해 저절로 투명하게 되었다. 이후 낭만주의는 사물들의 이름에 의해 사물들을 명명하기를 터득하게 되기 때문에 이전의 시대와 결별했다고 생각하게 된다. 사실을 말하자면 고전주의 전체는 이런 식으로 명명하기에 집착했다. 가령 위고는 부아튀르[131]의 약속을

---

128) (옮긴이 주) *Princess de Clèves*. 1678년에 나온 라 파예트 부인의 유명한 소설. 사랑과 미덕, 예절을 갖춘 여주인공을 통해 작가가 활동하던 당대의 풍속을 잘 보여 준다.

129) (옮긴이 주) *Juliette*. 사드의 작품.

130) (옮긴이 주) *préciosité*. 앙리 4세 궁전에 만연한 풍속과 언어의 조야함에 대한 반작용으로 17세기 초부터 생겨난 살롱 현상으로서, 예절 바른 경향과 언어의 기교주의를 특징으로 하는 문화적, 문학적 경향이다. 선도자로는 스퀴데리 부인, 부아튀르 등을 들 수 있다.

131) (옮긴이 주) Voiture(1597~1648). 프랑스의 작가. 프레시오지테 문학의 대표자 중 한 사람으로, *Epitres au prince de Condé*(1648), *Lettres*(1650), 소네트 논쟁을 유발한 *L'Amour d'Uranie*

실현한다. 그러나 바로 이 사실 때문에 명사는 이제 언어의 보상(報償)이 아니고, 언어의 수수께끼 같은 재료가 된다. 명사가 언어의 실현인 동시에 실체이고 약속이자 원료인 유일한 시기, 오랫동안 비밀 속에 파묻힌 지극히 거북한 시기는 사드에 힘입어 명사의 범위 전체에 욕망이 스며들 때였는데, 그때 명사는 욕망의 출현 장소와 충족 그리고 끝없는 되풀이였다. 우리의 문화에서 사드의 작품이 끊임없는 원초적 속삭임의 역할을 한다는 사실은 이로부터 유래한다. 마침내 그 자체로 터져 나오는 명사의 이 폭력성으로 인해, 언어는 사물로서의 잔혹성을 띠고 떠오르며, 이번에는 다른 '품사들'이 자율성을 획득하여 명사의 지고성에서 벗어나고 더 이상 명사 주변에서 부차적 장식을 형성하지 않는다. 그리고 명사를 중심으로 명사의 가장자리에 언어를 '붙잡아 두고' 언어가 말하지 않는 것을 언어로 하여금 드러내도록 하는 것은 이제 특이한 매력이 없으므로, 순수한 언어의 존재를 엿보게 하는 추론적이지 않은 담론이 존재하게 된다. 이 고유한 언어의 존재는 19세기에 (고전주의 작가들의 경우에서 언어를 재현의 존재에 신중하지만 연속적인 방식으로 고정하는 것을 기능으로 갖는 '말'과는 대조적으로) 말씀[132]이라 불리게 되는 것이다. 그리고 언어의 존재를 간직하고 자신을 위해 언어의 존재를 해방하는 담론, 그것은 문학이다.

　고전주의 시대에 명사가 갖는 특권적 지위를 중심으로, 이론적 선분들(명제, 분절, 지칭, 파생)은 당시에 언어의 경험이었던 것의 테두리를 결정한다. 이 선분들에 대한 우리의 단계적 분석은 결코 17세기와 18세기의 문법적 발상을 역사의 시각에서 살펴보기 위한 것도, 언어에 관해 사유될 수 있었던 것의 일반적 윤곽을 확정하기 위한 것도 아니다. 우리의 의

---

avec Philis 등의 작품이 있다.

132) (옮긴이 주) Verbe. 이 낱말에는 크게 두 가지 의미가 있는데, 하나는 실사 또는 명사와 대비되는 동사의 의미이고 다른 하나는 사물이나 관념과 대비되는 말의 의미이다. 여기에서는 소문자로 시작된 것이건 대문자로 시작된 것이건 다같이 '말'의 의미로 쓰이고 있는데, 다만 후자의 경우에는 언어의 존재가 신의 말 또는 신으로까지 격상되어 있을 뿐이다.

도는 언어가 어떤 조건에서 지식의 대상이 될 수 있고, 어떤 한계들 사이에서 이와 같은 인식론의 영역이 전개되는가를 결정하려는 것이었다. 견해들의 공통분모를 산정하려는 것이 아니라, 언어에 관한 이런저런 견해들을 실재할 수 있게 만든 그 무엇을 뚜렷이 규명하려는 것이었다. 그렇기 때문에 우리의 사변형은 내부의 모습을 제공한다기보다는 오히려 주변을 명시하고, 언어에 대해 외적이고 불가결한 것과 언어가 어떻게 뒤얽히는가를 보여 준다. 우리는 명제의 효력에 의해서만 언어가 존재할 뿐이라는 것을 알아차렸다. 즉 에트르 동사와 이 동사에 의해 가능하게 되는 귀속 관계가 적어도 함축적으로나마 현존하지 않는다면, 우리가 다룬 것은 언어가 아니라 평범한 기호들의 집합일 것이다. 명제의 형식은 동일성과 차이의 관계에 대한 단언을 언어의 조건으로 상정한다. 다시 말해 동일성과 차이의 관계가 가능한 범위 내에서만 말하기가 가능하다. 그러나 다른 세 가지 이론적 선분은 전혀 다른 요구를 끌어들인다. 말이 최초의 원천으로부터 파생되려면, 어근의 의미 작용과 어근 사이에 애초부터 친근성이 존재하려면, 끝으로 재현들의 분절된 재단이 이루어지려면, 사물로부터 올라오는 유비의 웅성거림이 가장 직접적인 경험에서조차 감지될 수 있어야 하고 처음부터 닮음이 주어져야 한다. 모든 것이 절대적 다양성이라면, 사유는 필연적으로 특이성을 떨쳐 버릴 수 없을 것이며, 콩디야크가 말한 조각상이 기억과 비교를 시작하기 전에 그랬듯이, 절대적 분산과 절대적 단조로움에서 결코 벗어날 수 없을 것이다. 기억도 상상도 따라서 반성도 가능하지 않을 것이다. 사물들을 서로 비교하고 동일한 특성을 뚜렷이 규정하며 공통의 이름을 확정하는 것도 불가능할 것이다. 또한 어떤 언어도 존재하지 않을 것이다. 언어가 실재하는 것은 동일성과 차이 아래 연속성, 유사성, 반복, 자연스러운 교차의 바탕이 있기 때문이다. 유사성은 17세기 초부터 지식에서 배제되지만, 변함없이 언어의 외부 가장자리, 즉 분석되고 정리되며 인식될 수 있는 것의 영역을 둘러싸는 고리를 구성한다. 담론은 은밀하고 지속적인 속삭임을 없애지만, 중얼거림이 없다면 담론도 있을 수 없을 것이다.

이제 우리는 고전주의 시대의 경험에서 언어의 단일성이 얼마나 굳건하고 긴밀한가를 파악할 수 있다. 분명한 지칭 작용에 의해 닮음을 명제와의 관계 속으로, 즉 에트르 동사에 의해 밑받침되고 **명사들의 망**에 의해 분명하게 드러나는 동일성과 차이의 체계 속으로 들어가게 하는 것은 바로 언어의 단일성이다. 고전주의 시대에 담론의 기본 과업은 사물에 이름을 부여하는 것이자 이 이름으로 사물의 존재를 명명하는 것이다. 두 세기 동안 서양의 담론은 존재론의 장소였다. 모든 재현의 존재 일반이 담론에 의해 명명될 때, 담론은 철학, 즉 인식의 이론 겸 관념의 분석이었다. 담론이 각각의 재현된 사물에 합당한 이름을 부여하고, 잘 만들어진 언어의 망을 재현의 영역 전체에 배치할 때, 그때 담론은 과학(명명법과 분류법)이었다.

5 분류하기

1 역사가들이 말하는 것

사상사나 과학사는 중간의 단면만이 표적일 뿐이지만, 17세기와 18세기에 대해 새로운 호기심을 내보이며 접근하여, 17~18세기에 생명과학이 발견된 것은 아니라 해도, 적어도 그때까지는 기대되지 않았던 범위와 정확성이 생명과학에 부여되었으리라는 것을 입증해 보려고 한다. 전통적으로 몇몇 원인과 몇 가지 중요한 증거가 이 현상과 관련된 것으로 여겨지고 있다.

원인이나 동기 쪽에는 관찰의 새로운 특권, 즉 베이컨 이래 관찰에 부여되었을 힘과 현미경의 발명에 힘입어 이룩되었을 관찰의 기술적 개선이 자리한다. 또한 당시에 합리성의 본보기를 제공한다는 점에서 물리학이 새롭게 갖게 된 특권도 고려된다. 운동의 법칙이나 광선의 반사 법칙을 분석하는 것이 실험과 이론에 의해 가능했으므로, 더 복잡하지만 인접한 생물의 영역을 체계화할 수 있을 법칙 역시 실험이나 관찰 또는 계산에 의해 모색된 것은 당연하지 않을까? 데카르트의 기계론은 나중에는 장애물이었지만, 처음에는 일종의 전파 수단이었을지 모르고, 본래의 취지와는 어긋나게 기계론적 합리성에서 생물의 합리성이라는 또 다른 합리성의 발견으로 이르게 했을지 모른다. 여전히 원인의 측면에서 사상사가(思想史家)들은 다양한 관심, 가령 농업에 대한 경제적 관심을 다소 뒤죽박죽으로 기울이는데, 중농주의는 이 관심의 표시였을 뿐만 아니라 농학의 최초의 노력이었고, 또한 경제와 이론의 중도에서, 투른포르의 중동 탐험이나 아당송의 세네갈 탐험을 비롯한 대규모의 조사 또는 탐험 여행에 의해 소묘, 판화, 표본이 알려지고 새 풍토에 길들이려는 시도의 대상이 된 이국의 동식물에 대한 호기심, 이어서 귀족이건 부르주아건 이전 시대에 오랫동안 방치된 땅에 돈과 감정을 '투입하게' 하는 그러한 동향의 애매한 원칙과 함께 특히 자연에 대한 윤리적 가치의 부여도 사상사가들에게는 관심의 대상이다. 18세기가 한창일 때 루소는 식물을 채집한다.

다음으로 역사가들은 이 새로운 생명과학이 띠는 다양한 형태와 그들에 의하면 생명과학의 새로운 방향을 결정했다고 하는 '정신'을 논거의 목록에 끼워 넣는다. 겉보기에 새로운 생명과학은 우선 데카르트의 영향으로 인해 기계론적이었을 것이고, 이러한 성향은 17세기 말까지 계속되었을 것이며, 당시 막 태동하기 시작한 화학은 최초의 노력을 통해 생명과학에 자취를 남겼을 것이지만, 18세기 동안 생기론적 주제들은 특권적 지위를 얻거나 되찾아서 마침내 단일한 학설, 즉 서로 약간씩 다른 형태로 몽펠리에에서 보르되[1]와 바르테즈[2]가, 독일에서 블루멘바흐[3]가, 파리에서 디드로와 뒤이어 비샤[4]가 주장하는 "생기론"[5]으로 표명되었을 것이다. 이 갖가지 이론 체재 아래 거의 언제나 동일한 문제들이 제기되

---

1) (옮긴이 주) Bordeu(1722~1776). 프랑스의 의사.

2) (옮긴이 주) Barthez(1734~1806). 프랑스의 의사, 철학자. 가장 중요한 저서는 *Nova doctrina de fonctionibus naturae humanae*(1774)이다.

3) (옮긴이 주) Blumenbach(1752~1840). 독일의 자연사학자. 이른바 인류학의 창시자들 가운데 한 사람이다. 인류를 백인종, 황인종, 흑인종 등 다섯 인종으로 나누었다.

어 매번 다르게 해결되었을 것인데, 가령 생물의 분류 가능성으로 말하자면, 린네 같은 사람들은 자연 전체가 분류될 수 있다고 주장하고, 뷔퐁 같은 사람들은 자연이 너무 다양하고 풍요로워서 그렇게 경직된 틀에 들어맞을 수 없다고 역설하고, 전성설(前成說)을 옹호하는 좀 더 기계론적인 사람들과 배아(胚芽)의 특유한 발달을 확신하는 다른 사람들에게는 생식의 과정이 중요하고, 또 어떤 경우에는 작동(하비[6] 이후에 대두된 혈액 순환, 감각, 운동 기능, 그리고 18세기 말에 주목의 대상이 된 호흡)의 분석이 관건으로 떠오르기도 한다.

이 문제들과 이것들이 유발하는 논의를 가로질러, 사람에 따라 견해와 감정뿐만 아니라 추론을 서로 다르게 갈라놓은 것으로 이야기되는 중대한 논쟁들을 재구성하는 것은 역사가들에게는 일도 아니다. 이런 식으로 역사가들은 신의 섭리와 신이 제시한 길의 단순성, 신비, 배려가 각 형태 아래, 모든 동향 속에 깃들어 있다고 보는 신학과 이미 자연의 자율성을 규정하고자 하는 과학 사이에서 발생하는 주요한 갈등의 흔적을 발견할 수 있다고 생각한다. 또한 역사가들은 여전히 천문학, 역학, 광학의 낡은 우선권에 지나치게 얽매인 과학과 생명의 영역에서 모든 축소할 수 없는 특수한 내용을 이미 짐작하기 시작한 또 다른 과학 사이의 모순을 인정한다. 끝으로 역사가들은 자연의 부동성을 투른포르와 특히 린네의 방식에 따라 확신하는 사람들과 보네, 브누아 드 마예, 디드로와 함께 생명의 창조력, 고갈되지 않는 변형력, 탄력성, 그리고 우리 자신을 포함한 모든 생명의 산물이 아무도 지배할 수 없는 시간 속에서 생명 때문에 겪는 그러한 변동을 벌써 예감하는 사람들 사이에 대립이 나타나는 것을 마치

---

4) (옮긴이 주) Bichat(1771~1802). 발생학과 특히 기관 형성론의 발전에 이바지한 프랑스의 해부학자. 저서로는 *Recherches physiologiques sur la vie et la mort*(1799), *Anatomie générale*(1801)이 있다.

5) (옮긴이 주) vitalisme. 기계론(mcanisme)와 반대되는 학설.

6) (옮긴이 주) Harvey(1578~1657). 혈액 순환을 발견하여 대순환과 소순환으로 구분한 영국의 의사.

눈앞에 펼쳐지기라도 하는 듯이 알아본다. 진화론에 관한 커다란 논쟁은 다윈과 라마르크[7]보다 훨씬 이전에 『텔리아메드』,[8] 『반복 발생』,[9] 『달랑베르의 꿈』[10]에 의해 시작된 것으로 보인다. 데카르트와 말브랑슈 쪽에서는 기계론과 신학이 서로에 근거를 두고 서로에 대해 끊임없이 이의를 제기하면서, 고전주의 시대를 본래의 기원에 가능한 한 가까이 얽어 맺을 것이고, 그들의 맞은편에서는 무종교와 생명이 (보네의 경우처럼) 갈등 상태에 놓여 있거나 (디드로의 경우처럼) 공조 관계를 맺고 있는 혼란스러운 직관 전체로 인해 고전주의 시대가 가장 가까운 미래, 즉 19세기 쪽으로 이끌렸을 것인데, 19세기에는 18세기의 아직 모호하고 뒤얽힌 시도들이 실증적이고 합리적인 생명과학으로 실현되었고 이 생명과학은 생물의 특수성, 그리고 우리의 인식 대상인 생물과 이것을 인식하려는 우리 사이에 유포되는 다소 은밀한 열의에 대한 19세기의 의식을 아주 생생하게 유지하기 위해 합리성의 희생을 필요로 하지 않았다고들 추정한다.

이와 같은 방법의 고유한 전제들을 재론하는 것은 무의미하다. 지금으로서는 이 방법의 귀결들을 지적하는 것으로 충분한데, 그것들에는 분류를 정립하고자 하는 시도 및 현미경을 통한 관찰과 같은 다양한 탐구를 서로 연결할 수 있는 조직망을 파악하는 데 따르는 난관, 생물의 불변을 주장하는 자들과 그렇지 않은 자들 또는 실험주의자들과 체계 옹호자

---

7) (옮긴이 주) Lamarck(1744~1829). 프랑스의 자연사학자. *Flore française*(1778), *Recherche sur les causes des principaux phénoménes physiques*(1793), 위대한 책 *Histoire naturelle des animaux sans vertèbres*(1815~1822) 등의 저서를 남겼다.

8) (옮긴이 주) *Telliamed*. Benoît de Maillet(1656~1738)의 주요 저서. 계몽주의 자연사학자들에게 영향을 미친 지구의 변화에 관한 이론이 담겨 있다.

9) (옮긴이 주) *Palingénésie(philosophique)*. Charles Bonnet(1720~1793)의 저서. 동물계의 가능한 돌연변이에 관한 성찰을 포함하고 있다.

10) (옮긴이 주) *Rêve de d'Alembert*. D. Diderot(1713~1784)의 저서. 여기에서 디드로는 자신의 유물론을 최고조로 전개하는데, 물질은 고정되어 있지 않고 변하며 실재하는 각 동식물종도 변모하고 새로운 종을 낳는다는 것이 그 요체이다.

들 사이의 갈등을 관찰 사실로 기록해야 할 필요성, 서로 무관하지만 뒤얽혀 있는 두 가지 바탕, 즉 이미 다른 관점에서 알려져 있는 것(아리스토텔레스 철학이나 스콜라 철학의 유산, 데카르트 철학의 영향력, 뉴턴의 권위)에 의해 결정되는 바탕과 아직 알려지지 않은 것(진화, 생명의 특수성, 유기체의 개념)에 의해 정해지는 바탕으로 지식을 나누어야 할 의무, 그리고 특히 지식에 대한 완전히 시대착오적인 범주들의 적용이 포함된다. 이 모든 것 중에서 가장 중요한 것은 명백히 생명과 관련되어 있다. 역사가들은 18세기의 생물학사를 기술하고 싶어 하지만, 그때에는 생물학이 존재하지 않았다는 것, 150여 년 전부터 우리에게 친숙한 지식의 분할이 그 이전의 시대에는 유효할 수 없다는 것, 그리고 생물학이 미지의 분야인 것은 매우 단순한 이유 때문이라는 것, 즉 생명 자체가 존재하지 않았기 때문이라는 것을 납득하지 못한다. 그때에는 자연사에 의해 구성된 지식의 격자를 통해 모습을 드러낸 생물만이 존재했다.

2 자연사

지금 우리에게 전혀 명증하지도 않고 통일성도 없어 보이는 '자연사'라는 영역을 고전주의 시대는 어떻게 규정할 수 있었을까? 자연에 포함된 개체들이 분류될 수 있을 만큼 자연이 자연 자체에 충분히 밀착된 것으로 보이면서도, 개체들이 분석과 반성에 의해 분류되어야 할 만큼 자연이 자연 자체로부터 멀리 떨어진 것으로 보이기도 하는 이 분야는 무엇일까?

누구나 데카르트의 기계론이 위축되면서 자연의 역사가 출현하지 않을 수 없었다고 느끼며, 또 매우 자주 그렇게 말하곤 한다. 데카르트의 기계론이 결국 세계 전체를 직선적인 운동의 법칙에 들어맞게 할 수는 없는 것으로 밝혀졌을 때, 또 식물과 동물의 복잡성이 넓이를 갖는 실체의 단순한 형태와 크게 어긋나게 되었을 때, 자연은 기이한 풍요로움을 드러냈을 것이 틀림없고, 생물의 세심한 관찰은 데카르트 철학이 막 물러난 빈 자리에서 시작되었으리라는 것이다. 그러나 불행히도 상황은 그렇게 단순하지 않다. 물론 세심한 조사를 요하는 문제이고, 하나의 과학이 또 다른 과학에서 탄생하는 것은 얼마든지 가능한 일이지만, 어떤 과학도 결코 다른 과학의 부재에 의해서나 또 다른 과학의 실패, 심지어는 또 다른 과학이 마주친 장애로부터 탄생할 수는 없다. 사실 레이, 존스턴, 크나우트[11]에게서 자연사의 가능성은 데카르트 철학의 좌절이 아니라 데카르트 철학 자체와 동시대적이다. 데카르트에서 달랑베르까지의 역학뿐만 아니라 투른포르에서 도방통[12]까지의 자연사를 가능하게 한 것은 동일한 에피스테메였다.

자연사가 출현하기 위해 자연이 더 조밀해지거나 더 모호해질 필요는 없었고, 측정될 수도 계산될 수도 설명될 수도 없고 다만 회고되고 기술될 수 있을 뿐인 역사의 불명료한 밀도를 자연이 획득할 수 있을 정도로, 자연의 메커니즘이 증가할 필요도 없었다. 이와는 정반대로 역사는 자연에 관한 것이 되어야 했다. 16세기부터 17세기 중엽까지 존재한 것은 역사였다. 가령 블롱은 『새의 본성에 관한 역사』를, 뒤레는 『식물에 관한 놀라운 역사』를, 알드로반디는 『뱀과 용에 관한 역사』를 쓴다. 1657년에 존스턴은 『네발짐승의 자연사』를 펴낸다. 물론 이 자연사의 탄생 연도는 엄밀한 것이 아니고,[13] 다만 기준을 상징하고 한 사건의 명백한 불가사의

---

11) (옮긴이 주) Knaut. 독일의 식물학자. 산토끼꽃과의 1년생 식물 'knautia'는 그의 이름에서 유래한 명칭이다.

12) (옮긴이 주) Daubenton(1716~1800). 프랑스의 자연사학자. 1778년에 콜레주 드 프랑스의 일반 동물학 교수, 1795년에 파리 고등사범학교의 자연사 교수가 된다. 뷔퐁의 『자연사』 중 포유동물에 관한 부분을 집필했다.

13) 1686년에도 J. 레이가 *Historia plantarum generalis*를 쓴다.

196

를 멀리에서 가리키기 위한 것일 뿐이다. 이 사건은 히스토리아[14]의 영역에서 이제 서로 다른 두 가지 범주에 대한 인식이 갑자기 분리되는 사태이다. 알드로반디에 이르기까지 역사는 사물의 가시적인 모든 것과 사물에서 발견되었거나 사물 위에 놓인 모든 기호가 완전히 단일하게 뒤얽힌 조직이었다. 가령 식물이나 동물에 관해 역사를 쓰는 것은 식물이나 동물의 요소나 기관이 무엇인지를 말하는 것일 뿐만 아니라, 식물이나 동물에서 발견할 수 있는 닮음, 식물이나 동물이 지니고 있다고 생각되는 효능, 식물이나 동물과 관련된 전설 및 이야기, 문장학(紋章學)에서 식물이나 동물이 차지하는 위치, 식물이나 동물의 성분으로부터 제조되는 약제, 동·식물로부터 얻을 수 있는 음식, 식물이나 동물에 관한 고대의 기록, 여행자들이 동·식물에 관해 말했을 것을 기술하는 것이었다. 어느 한 생물의 역사는 그 생물을 세계와 관련짓는 온전한 의미망 내에서 그 생물 자체였다. 우리가 보는 것, 다른 사람들이 관찰하여 전달한 것, 다른 사람들이 상상하거나 순진하게 믿는 것 사이의 구분, 즉 관찰과 **자료** 그리고 **이야기**라는 겉보기에 매우 단순하고 직접적인 삼분법은 우리에게는 명백한 것이지만 당시에는 실재하지 않았다. 그런데 이는 과학이 합리성 추구의 소명과 소박한 전승의 온전한 영향력 사이에서 머뭇거렸기 때문이 아니라, 훨씬 더 분명하고 난처한 이유 때문이다. 즉 기호가 17세기에는 재현의 양상이 되는 반면에 그때에는 사물의 일부를 이루었기 때문이다.

존스턴이 『네발짐승의 자연사』를 썼을 때, 그는 네발짐승에 관해 반세기 전의 알드로반디보다 더 많이 알고 있었을까? 역사가들은 그다지 더 많이 알고 있지 않았다고 단언한다. 그러나 문제는 그것이 아니다. 오히려 우리가 이러한 표현 방식으로 문제를 제기하고자 한다면, 알드로반디

---

14) (옮긴이 주) Histoiria. 프랑스어 histoire 또는 영어 history에 해당하는 라틴어. 이 라틴어에도 '역사'와 '이야기'라는 두 가지 의미가 있다.

가 존스턴보다 훨씬 더 많이 알고 있었다고 대답해야 한다. 알드로반디는 자신이 조사한 모든 동물에 관해 해부학적 구조에 대한 서술과 포획 방법, 우화에서의 활용과 생식 방법, 서식지와 전설상의 궁전, 먹이와 가장 좋은 요리법을 동일한 차원에서 서술했다. 존스턴은 말에 관한 장을 명칭, 해부학적 부위, 서식지, 연령, 생식, 울음소리, 동작, 호감과 반감, 이용 방법, 의료 관행 등 12가지 항목으로 나눈다.[15] 알드로반디의 경우에는 이 모든 것 중 어떤 것도 누락되지 않았을 뿐만 아니라 훨씬 더 많은 것이 포함되었다. 중요한 차이는 존스턴에게서 드러나는 그 결여에 있다. 존스턴의 경우에 동물의 의미론은 망가져서 쓸모가 없게 된 부위처럼 무너졌다. 짐승의 실체 자체와 얽혀 있던 말은 매듭이 풀리고 떨어져 나갔다. 그래서 생물의 해부학적 구조, 형태, 습성, 탄생과 죽음이 생생하게 드러난다. 자연사의 장소는 사물과 말 사이의 이제 막 벌어진 간격, 어떤 언어의 침전도 섞여 들지 않지만 재현의 요소들, 즉 당연히 명명될 수 있게 되는 그 동일한 요소들과 맞물린 무언(無言)의 간격에 있다. 사물은 재현의 빈틈에서 모습을 드러내기 때문에, 담론의 가장자리까지 이른다. 그러므로 계산을 포기하는 시기에 마침내 관찰을 시작하는 것은 아니다. 자연사가 발전하는 경험의 풍토와 함께 자연사의 성립에서 자연의 진실을 다른 식으로 엿보고 있던 인식으로의 접근을 좋든 싫든 간에 강요하는 경험을 보아서는 안 된다. 자연사는 명명 가능성을 예상하는 분석에 의해 재현 속에서 열린 공간이고, 따라서 정확히 그 시기에 출현했으며, 누구나 말할 수는 있지만, 서로 강요하는 말과 사물이 처음부터 재현 속에서 서로 소통하지 않는다면 누구도 차후에 말할 수도 거리를 두고 볼 수도 없을 것을 볼 가능성이다. 존스턴 이후에 린네가 자연사에 제안하게 되는 서술의 순서는 매우 독특하다. 그에 의하면 어떤 동물과 관련되

---

15) Johnston, *Historia naturelis de quadripedidus*(Amsterdam, 1657), 1~11쪽.

건 모든 장(章)은 이름, 이론, 속(屬), 종(種), 특징, 용도, 끝으로 리테라리아[16]의 순서를 따라야 한다. 시간에 의해 사물에 침전된 언어 전체는 발견, 전승, 믿음, 시적 수사(修辭)의 담론이 들어 있을 부록처럼 맨 뒤로 밀려난다. 이 언어의 언어에 앞서 바로 사물 자체가 고유한 특징을 통해, 그러나 이름에 의해 처음부터 마름질된 현실의 내부에서 나타난다. 고전주의 시대에 자연과학의 정립은 다른 곳에서(기하학이나 역학에 관해) 형성된 합리성이 직접적으로나 간접적으로 전이된 결과가 아니라, 비록 기호의 일반 이론과 보편적 **마테시스**의 기획에 관련되어 있음에도 불구하고 (그러나 상관 관계와 동시성의 양태에 의거하여) 고유한 고고학을 갖는 별개의 형성물이다.

그래서 역사라는 오래된 말은 의미가 변하고, 어쩌면 고풍스러운 의미 작용들 중의 하나를 되찾을 것이다. 아무튼 고대 그리스인들의 사유에서는 역사가가 정말로 자신의 시선으로 **보고** 이야기하는 사람이었다 해도, 우리의 문화에서는 사정이 늘 그렇지가 않았다. 역사가가 이 역할을 떠맡거나 되찾은 것은 비교적 늦은 시기, 즉 고전주의 시대의 문턱에서 나타난 현상이다. 17세기 중엽까지 역사가의 임무는 자료와 기호(세계를 가로질러 표지 같은 것을 형성할 수 있는 모든 것)의 대규모 수집을 확립하는 것이었다. 파묻힌 모든 말을 언어로 되돌리는 것이 역사가의 책무였다. 역사가의 삶은 그가 보는 것에 의해서라기보다는 오히려 그가 다시 말하는 것에 의해, 들리지 않게 된 그토록 많은 말을 다시 언명하는 이차적인 말에 의해 규정되었다. 고전주의 시대에는 역사에 전혀 다른 의미, 즉 사물 자체에 대한 세심한 조사를 역사상 처음으로 떠맡고 그런 다음에 수집된 것을 매끄럽고 중성적이며 충실한 말로 옮겨 적는다는 의미가 부여된다. 이러한 '정화(淨化)'의 시기에 최초로 성립된 역

---

16) (옮긴이 주) Litteraria. 프랑스어 'littérature(문학, 참고문헌)'에 해당하는 스페인어이다.

사의 형태는 자연의 역사였다. 실제로 자연의 역사를 구축하는 데는 매개 없이 사물 자체에 적용된 말만이 필요했다. 이 새로운 역사의 자료는 별개의 말이나 원본 또는 사료가 아니라, 사물들이 병치되는 분명한 공간, 가령 식물도감, 표본실, 동·식물원이고, 비시간적 장방형인 이러한 역사의 장소에서 존재물들은 모든 주석과 모든 주변 언어를 박탈당한 상태로 가시적인 표면을 드러내면서 공통의 특질에 따라 가까이 놓이고 그렇기 때문에 이미 실질적으로 분석되고 유일한 이름을 지닌 상태로 나란히 제시된다. 흔히들 말하듯이 식물원과 동물 표본실의 설치는 이국의 동식물에 대한 새로운 호기심에서 비롯된 것이었다. 사실상 매우 오래전부터 이미 이국의 동식물은 관심을 불러일으켰다. 바뀐 것은 이국의 동식물을 볼 수 있고 묘사할 수 있는 공간이다. 르네상스 시대에 기묘한 동물은 구경거리였고 축제, 싸움, 허구적이거나 실제적인 시합, 전설의 재구성과 관련되었으며 이와 같은 경우들에서 늘 새로운 우화를 펼쳐 보였다. 고전주의 시대에 설치된 자연사 전시실과 동물원 또는 식물원은 '볼거리'의 순환적 행렬을 사물들의 '도표'식 진열로 대체했다. 무대의 시대와 목록의 시대 사이에 교묘하게 끼어든 것은 지식의 욕망이 아니라, 사물을 시선과 담론에 동시에 결부시키는 새로운 방식이다. 역사를 기술하는 새로운 방식이다.

우리는 또한 이 공간과 이 '자연의' 배치가 18세기 말에 낱말, 언어, 어근, 자료, 사료의 분류에 대해, 요컨대 (역사 환경이라는 말의 이제는 친숙한 의미에서) 역사 환경 전체의 구성에 대해 띠었던 방법론적 중요성을 알고 있는데, 이러한 역사 환경에서 19세기는 사물의 순수한 도표를 작성한 이후 말에 관해 이야기할, 그것도 더 이상 주석의 방식으로가 아니라 자연사의 방식만큼 실증적이고 객관적이라고 평가될 방식으로 이야기할 수 있는 갱신된 가능성을 되찾게 된다.

갈수록 완전해지는 기록된 것의 보존, 사료의 확정과 분류, 도서관의 재편성, 목록이나 일람표 또는 명세서의 작성, 이 모든 것은 고전주의 시대 말에 시대, 과거, 역사의 밀도에 대한 새로운 이해 방식뿐만 아니라, 이미 사물에 침전된 언어와 이 언어가 남긴 흔적 속으로 생물들 사이에 확립되는 것과 동일한 유형에 속하는 질서를 끌어들이는 방식을 나타낸다. 그리고 19세기의 역사가들이 마침내 '참된' 역사, 다시 말해 고전주의적 합리성으로부터, 이 합리성에 의거한 정돈과 자연신학으로부터 해방된 역사, 즉 격렬하게 몰려드는 시간으로 되돌려진 역사에 대한 서술을 시도하게 되는 것은 바로 이 분류된 시간 속에서, 이 구획되고 공간화된 생성 속에서이다.

3 구조

이와 같이 배치되고 이해되는 자연사의 가능 조건은 사물 및 언어가 재현에 대해 공통적으로 지니는 친화력이지만, 자연사는 사물과 언어가 분리되어 있는 한에서만 과제로서 존재한다. 그러므로 자연사는 사물과 언어 사이의 이 간격을 축소하여, 언어를 시선에 가장 가깝게, 또 관찰된 사물을 말에 가장 가깝게 이끌어야만 하게 된다. 자연사는 가시적인 것의 명명일 뿐이다. 이로부터 자연사의 명백한 단순성과 멀리에서도 드러나는 소박한 모습이 유래하는데, 그만큼 자연사는 단순하며 명백히 사물 자체에 의해 강제된다. 시초부터 언제나 가시적이었지만 인간의 눈이 극복할 수 없는 일종의 부주의 앞에서 말문을 닫고 있었던 것이 투른포르나 린네 또는 뷔퐁에 힘입어 이야기되기 시작했다는 인상을 누구나 지니고 있지만, 사실 이것은 오래전부터 소홀히 취급되어 온 것이 갑자기 정당하게 다루어진 사태라기보다는 새로운 가시성의 영역이 온전한 밀도로 구성된 것이라고 생각해야 한다.

자연사가 가능해진 것은 인간이 더 분명히, 더 자세히 바라보기 때문이 아니다. 엄밀한 의미에서 고전주의 시대는 가능한 한 적게 보려고 한 것은 아닐지라도, 적어도 경험의 영역을 스스로 제한하려고 노력했다고 말할 수 있다. 17세기부터 관찰은 철저하게 부정적인 조건이 동반된 다루기 힘든 인식이다. 소문의 배제는 말할 나위도 없고, 취향과 입맛도 그 불확실성과 가변성 때문에 보편적으로 받아들일 수 있는 뚜렷한 요소들로 분석될 수 없으므로 당연히 배제된다. 촉각은 몇 가지 매우 명백한 대립(가령 반들반들한 것과 꺼칠꺼칠한 것의 대립)의 지칭으로 매우 좁게 한정되고, 명증성과 넓이의 감각인 시각과 따라서 모든 이에 의해 인정된 부분별 분석만이 거의 절대적으로 중시된다. 가령 18세기의 맹인은 기하학자일 수는 있지만, 자연사학자가 될 수는 없게 된다.[17] 게다가 시선에 제공되는 것이라고 해서 모두 다 이용 가능한 것은 아니다. 특히 색깔은 좀처럼 유용한 비교의 근거가 되지 못한다. 관찰이 힘을 발휘하게 되는 가시성의 영역은 이러한 배제의 잉여물일 뿐이다. 왜냐하면 이 경우에 가시성은 다른 모든 감각적 부하(負荷)에서 풀려나고 게다가 단조로운 회색의 풍경으로 넘어가는 것이기 때문이다. 이 가시성의 영역은 마침내 사물 자체에 관심을 돌리는 태도보다 훨씬 더 명료하게, 자연사의 가능 조건과 자연사의 여과된 대상, 즉 선, 표면, 형태, 부피가 출현할 가능 조건을 결정한다.

현미경의 사용은 이와 같은 제한을 보완해 주는 것이라고, 또한 감각적 경험은 가장 의심스러운 가장자리의 방향으로 한정되었지만 그럼에도 불구하고 기술적으로 통제된 관찰의 새로운 대상 쪽으로 확대되었다고들 아마 생각하게 될 것이다. 사실은 바로 동일한 부정적 조건들 전체

---

17) Diderot, *Lettre sur les aveugles*. "식물에서 눈으로 볼 수도 촉각으로 감지되지도 않는 것에 대한 모든 우연한 주석을 …… 거부하지 않으면 안 된다."라는 린네의 언급(*Philosophie botanique*, 258쪽) 참조.

가 경험의 영역을 제한했고 광학 도구의 사용을 가능하게 했다. 렌즈를 통해 더 분명히 관찰하려고 시도하려면 다른 감각들이나 소문에 의해 인식하기를 단념해야 한다. 시각 영역에서의 척도 변화는 인상이나 독서 또는 교습(敎習)이 가져다줄 수 있는 다양한 증거 사이의 상관 관계보다 더 많은 가치를 지닐 것이 틀림없다. 현미경으로 관찰할 수 있는 무한히 작은 것이라도 가시성의 영역을 벗어나는 것은 아니다. 그리고 이 사실의 가장 분명한 증거는 아마 광학 도구가 특히 생식의 문제를 해결하기 위해, 다시 말해 성숙기에 이른 개체와 이 개체가 속한 종의 독특한 형태, 특질, 크기가 어떻게 엄밀한 동일성을 보존하면서, 여러 시기를 가로질러 전달될 수 있는가를 알아내기 위해 사용되었다는 점일 것이다. 현미경은 기본적 가시성의 영역을 넘어서기 위해서가 아니라, 기본적 가시성의 영역에서 제기된 문제의 하나, 즉 가시적인 형태가 어떻게 세대의 흐름을 거슬러 유지되는가 하는 문제를 해결하기 위해 요구되었다. 현미경의 사용은 사물과 눈 사이의 비도구적 관계, 즉 자연사를 규정하는 관계에 근거를 두고 있었다. 린네는 **자연학이 천문학 및 원소론**[18]과는 대조적으로 감각에 직접 전달되도록 정해져 있다고 말하지 않았는가?[19] 그리고 투른포르는 식물을 인식하려면 "종교적 조심성으로 각각의 변이를 세심하게 조사하는 것보다는 오히려" 식물을 "눈에 들어오는 그대로" 분석하는 것이 더 낫다고 생각했다.[20]

그러므로 관찰한다는 것은 보는 것, 그다지 많지 않은 사물을 체계적

---

18) (옮긴이 주) Naturalia, Coelestia, Elementa. 모두 형용사에서 전용된 명사들로 자연, 하늘, 4원소 (또는 자연계의 기본 요소)와 관련된 모든 학문을 의미한다. 따라서 각각 가장 일반적인 의미에서 자연학, 천문학, 원소론으로 옮길 수 있을 것이다. 중요한 것은 린네가 이 세 가지를 구분했다는 사실이다.

19) Linné, *Systema naturae*, 214쪽. 현미경의 제한된 효용성에 관해서는 *Ibid.*, 220~221쪽 참조.

20) Tournefort, *Isagoge in rem herbariam*(1719), 프랑스어 번역본, *Becker-Tournefort*(Paris, 1956), 295쪽. 뷔퐁은 너무 미세한 특징들에 의거해 현미경을 사용하지 않을 수 없게 하는 린네의 방법을 비난한다. 자연사학자들 사이에서 광학 도구의 사용에 대한 비난은 이론적 반론으로서의 가치를 지닌다.

으로 보는 것, 재현의 다소 혼잡한 풍요로움 속에서 분석될 수 있고 모든 이에 의해 인정될 수 있으며 각자가 이해할 수 있을 이름을 부여받을 수 있는 것을 보는 데 그친다. 린네가 말하듯이 "어떤 막연한 유사성이건 끌어들이면 기술(技術)의 수치가 될 뿐이다."[21] 스스로 전개되고 모든 닮음을 떨쳐 버리며 색깔을 일소하기까지 하는 시각적인 재현은 마침내 자연사의 대상을 구성하는 것, 즉 자연사가 잘 만들어진 언어를 구축하여 그것을 통해 전달할 것 자체를 자연사에 부여할 수 있게 된다. 이 대상은 자연의 모든 존재물을 구성하는 연장(延長), 즉 네 가지 변수에 의해서만 영향을 받을 수 있는 넓이이다. 여기에서 네 가지 변수란 요소들의 형태, 요소들의 양, 요소들이 공간 속에서 상관적으로 배치되는 방식, 요소들 각각의 상대적 크기이다. 린네가 극히 중요한 텍스트에서 말했듯이 "모든 주석은 수, 모양, 비율, 상황에서 이끌어내야 한다."[22] 예컨대 식물의 생식 기관을 연구할 경우, 수술과 암술을 하나하나 세고(경우에 따라서는 수술과 암술의 부재를 확인하고) 어떤 기하학적 형상(원, 육각형, 삼각형)에 따라 수술과 암술이 꽃 속에 배치되어 있는지, 수술과 암술의 크기가 다른 기관들에 비해 어떠한지를 살펴봄으로써 수술과 암술이 띠는 형태를 규명하는 것은 충분하고 필수적인 선결 문제가 된다. 식물의 다섯 부위, 즉 뿌리, 줄기, 잎, 꽃, 열매에도 동일한 방식으로 적용될 수 있는 이 네 가지 변수는 식물을 모든 이가 받아들일 수 있는 묘사로 분절할 수 있도록, 재현에 이용될 수 있는 연장(延長)을 명시한다. 따라서 누구나 동일한 개체와 마주쳐 동일한 묘사를 할 수 있게 되고, 역으로 이런저런 묘사로부터 이에 상응하는 개체를 알아볼 수 있게 된다. 가시적인 것의 이 기본적인 분절에 힘입어, 언어와 사물의 첫 번째 대면은 이제 불확실성의 여지를 전혀 허용하지 않는 방식으로 확립될 수 있다.

---

21) Linné, *Philosophie botanique*, §299.
22) *Ibid*., §167, 또한 §327도 참조.

그러므로 네 가지 계열의 가치가 식물이나 동물의 뚜렷이 구분된 각 부위에 적용될 수 있는 한, 각 부위는 묘사될 수 있다. 어느 주어진 기관 또는 요소에 대해 영향을 미치고 그것을 결정하는 이 네 가지 가치는 식물학자들이 **구조**라고 부르는 것이다. "우리는 식물 부위들의 구조를 본체 부분들의 구성과 조합으로 이해한다."[23] 구조는 또한 눈에 보이는 것에 대한 묘사를 서로 모순적이지도 배타적이지도 않은 두 가지 방식으로 가능하게 해 준다. 수와 크기는 언제나 계산이나 측정에 의해 정해질 수 있고, 따라서 양적인 용어로 표현될 수 있다. 반대로 형태와 배열은 기하학적 형태와의 동일시에 의해서건 "가장 확실한 명증성"과 관련될 것이 틀림없는 유비에 의해서건 다른 방식으로 서술되어야 한다.[24] 바로 이런 방식으로 매우 복잡한 몇몇 형태를 인체와의 매우 뚜렷한 닮음 관계에 따라 묘사하는 것이 가능한데, 이 경우에 인체는 가시성의 전형들에 대해 일종의 저장고로서 구실하고, 볼 수 있는 것과 말할 수 있는 것 사이의 자연스러운 연결 고리로 작용한다.[25]

구조는 가시적인 것을 제한하고 걸러 냄으로써, 가시적인 것을 언어로 기록할 수 있게 한다. 구조에 의해 동물이나 식물의 가시성은 담론에 의해 받아들여지고 담론으로 완전히 넘어가게 된다. 그리고 아마 극단적인 경우에 구조는 린네가 열망한 식물 칼리그람처럼,[26] 말에 의해 대략 가시적인 형태로 재구성되기에 이를 것이다. 그는 서술의 순서, 단락 구분, 그리고 인쇄상의 구성 단위까지도 식물 자체의 형상을 재현하는 것이기를, 형태와 배열과 수량이라는 텍스트의 변수들에 의해 식

---

23) Tournefort, *Eléments de botanique*, 558쪽.

24) Linné, *Philosophie botanique*, §299.

25) 린네는 (*Philosophie botanique*, §331에서) 치수에 대해서건 특히 형태에 대해서건 원형의 구실을 할 수 있는 인체 부위들, 즉 머리털, 손톱, 엄지손가락, 손바닥, 눈, 귀, 손가락, 배꼽, 음경, 음부, 유방을 열거한다.

26) *Ibid.*, 328~329쪽.

물의 구조가 그대로 구현되기를 원했다. "자연을 따르는 것, 즉 뿌리에서 줄기로, 잎자루로, 잎으로, 꽃자루로, 꽃으로 넘어가는 것은 아름답다." 식물에 실재하는 부위들만큼 많은 문단으로 서술을 구분해야 하고, 주요 부위와 관련되는 것은 대문자로, '부위들의 일부분'에 관한 분석은 소문자로 인쇄해야 마땅하다는 것이다. 게다가 식물에 대한 인식은 명암의 작용에 의해 소묘를 완성하는 도안가의 방식으로 이루어진다는 언급이 덧붙여진다. "윤곽의 묘사는 이름, 구조, 조화로운 외부, 본질, 용도와 같은 식물의 내력 전체를 포함할 것이다." 식물은 언어로 옮겨지고는 언어의 재료에 새겨지며 독자의 눈앞에 순수한 형태로 재구성된다. 책은 구조들의 식물도감이 된다. 이것을 두고 그저 분류학자의 몽상일 뿐이라고, 이것이 자연사 전체를 대표하지는 않는다고 말하지 않도록 하자. 뷔퐁은 늘 린네의 반대자였지만, 뷔퐁의 저서에도 동일한 구조가 실재하며 동일한 역할을 수행한다. "조사 방법은 형태, 크기, 갖가지 부위, 그 부위들의 수량과 위치, 사물의 실체 자체에 기반을 둘 것이다."[27] 뷔퐁과 린네는 동일한 격자를 제시하고, 그들의 시선은 사물과 격자의 동일한 접촉면에 집중된다. 두 사람 모두에게 격자의 검은 칸은 비가시적인 것을 나타내기 위한 것이고, 비어 있는 별개의 부분은 말을 써넣기 위한 것이다.

재현을 통해 혼란스럽고 동시적인 형태로 마련되는 것이 구조에 의해 분석되고, 따라서 언어의 단선적 전개에 적합하게 된다. 실제로 주시되는 대상에 대한 묘사의 관계는 명제가 표현하는 재현, 즉 재현 요소들의 계열화에 대한 명제의 관계와 같다. 그러나 누구나 기억하다시피 경험적인 형태의 언어는 명제의 이론과 분절의 이론을 내포했다. 본질적으로 명제는 비어 있었고, 분절은 에트르 동사의 명백하거나 은밀한 기능에

---

27) Buffon, *Manière de traiter l'Histoire naturelle*, *Oeuvres complètes*, t. I, 21쪽.

의해 연결된다는 조건에서만 진정한 담론을 형성했다. 자연사는 과학, 다시 말해 언어, 그러나 근거가 확실하고 잘 구축된 언어이다. 자연사의 명제 전개는 당연히 분절이고, 자연사의 요소들이 배열되는 단선적인 계열은 명백하고 보편적인 재현의 모형이다. 명사들은 하나의 동일한 재현을 구현할 때 그 재현을 갖가지 방식에 따라 분절하므로, 하나의 동일한 재현으로부터 상당히 많은 명제가 생겨나는 반면에, 하나의 동일한 동물이나 식물은 재현에서 언어로의 이행이 구조에 의해 제어되는 한, 동일한 방식으로 묘사될 것이다. 고전주의 시대에 자연사의 범위 전체를 가로지르는 **구조**의 이론에 의하면, 언어에서 **명제**와 **분절**에 부여되는 역할이 자연사에서는 하나의 동일한 기능 속에서 중첩된다.

그리고 구조의 이론이 자연사의 가능성을 마테시스에 연결시키는 것은 바로 이러한 방식에 의해서이다. 실제로 구조의 이론에서는 가시적인 것의 영역 전체가 변수 체계로 귀착하는데, 이 체계의 모든 가치는 수량에 의해서가 아니라면 적어도 매우 분명하고 언제나 완결된 묘사에 의해 정해질 수 있다. 그러므로 자연물들 사이에 존재하는 동일성들의 체계와 차이들의 순서를 확립하는 것이 가능하다. 식물학을 언젠가는 엄밀하게 수학적인 학문으로 취급할 수 있을 것이며 식물학의 문제를 대수학이나 기하학의 문제처럼 제기하는 것, 가령 "체꽃과(科)와 인동덩굴과 사이에 분리 또는 논의의 노선이 확립되는 가장 민감한 지점을 발견하거나," 협죽도과와 서양지치과 사이에서 정확히 중간을 차지하는 이미 알려진 종류의 식물(자연적이건 인공적이건 상관없이)을 찾아내는 것도 가능해질 것이라고 아당송은 추정했다.[28] 지표면에서 생물의 증식은 구조의 효력에 의해, 서술 언어의 연속으로, 이와 동시에 질서의 일반 과학이라 할 마테시스의 영역으로 들어갈 수 있다. 그리고 이 정초적 이해 방식

---

28) Adanson, *Famille des plantes*, I, 서문, p. CCI.

은 아무리 복잡할지라도 가시적인 것의 묘사가 갖는 명백한 단순성 속에서 확립된다.

이 모든 것은 자연사의 대상을 규정하는 데 있어 대단히 중요하다. 자연사의 대상은 작용이나 비가시적 조직에 의해서가 아니라 표면과 선에 의해 마련된다. 계통적인 단위에 따라서라기보다는 오히려 기관들의 가시적인 모양에 의해 식물과 동물이 보이는 것이다. 동물과 식물은 호흡이나 내부의 체액이기에 앞서 발과 발굽, 꽃과 열매이다. 자연사는 본질적인 종속 관계 또는 조직 관계가 없는 가시적이고 동시적이며 병존하는 변수들의 공간을 가로지른다. 17~18세기에 해부학은 르네상스 시대에 맡았고 퀴비에의 시대에 되찾게 되는 주도적 역할을 상실했는데, 이는 그동안에 호기심이 약화되었거나 지식이 퇴보했기 때문이 아니라, 가시적인 것과 표명할 수 있는 것의 근본적 배치가 더 이상 기관의 두께를 거치지 않기 때문이다. 여기에서 식물학이 인식론적으로 상위에 놓인다는 사실이 유래한다. 말과 사물에 공통된 공간은 동물보다 식물에 대해 훨씬 더 호의적이고 훨씬 덜 '모호한' 격자를 구성했으며, 동물과는 달리 식물의 경우에는 많은 구성 기관이 눈에 보이므로, 직접적으로 인식할 수 있는 변수에 입각한 분류학적 인식은 동물학의 영역에서보다 식물학의 영역에서 더 풍부하고 더 일관성이 있었다. 그러므로 통상적이라고 이야기되는 것을 뒤집을 필요가 있다. 분류의 방법이 검토된 것은 17~18세기가 식물학에 관심을 기울였기 때문이 아니라, 가시성의 분류학적 공간에서 식물에 관한 인식이 동물에 관한 인식보다 우세하게 되어 있음을 누구나 알고 말할 수 있었기 때문이다.

식물원과 자연사 표본실은 제도의 차원에서 찾아볼 수 있는 이러한 마름질의 필연적 상관 변수이다. 그리고 고전주의 문화에서 식물원과 자연사 표본실의 중요성은 본질적으로 무언가를 볼 수 있게 해 준다는 점이 아니라, 어떤 것을 감춘다는 점, 이 삭제를 통해 또 다른 어떤 것을 솟아나게 한다는 점에서 비롯한다. 식물원과 자연사 표본실은 해부학적 구조와 기능을 감추고, 유기체를 은폐하고, 그 결과로 유기체의 진실을 기대하는 눈앞에 형태의 가시적인 요철을 구성 요소, 분산 방식, 치수와 함께 부각시킨다. 식물원과 자연사 표본실은 구조들을 내포하는 책이자, 특징들이 조합되고 분류법들이 전개되는 공간이다. 18세기 말의 어느 날 퀴비에는 박물관의 표본병을 쓰러뜨리고 깨뜨린 후, 고전주의 시대가 표본병에 보존했던 동물의 모든 가시적 형태를 분석하게 된다. 라마르크라면 결코 감행하지 않았을 이 성상 파괴적 행위는, 관심도 용기도 인식될 가능성도 불러일으키지 못했을 비밀에 대한 새로운 호기심의 결과가 아니다. 훨씬 더 엄정하게도 이 행위는 서양 문화의 자연 공간에서 일어난 변화이다. 다시 말해 투른포르, 린네, 뷔퐁, 아당송이 말한 의미, 또한 부아시에 드 소바주가 가시적인 것의 역사적 인식을 비가시적인 것, 감춰진 것, 그리고 원인의 철학적 인식에 맞세웠을 때의 의미로 이해된 역사의 종언이다.[29] 그것은 또한 분류를 해부로, 구조를 유기체로, 가시적 특징을 내적 종속으로, 도표를 계열로 대체함으로써, 흑백으로 찍어 낸 낡고 평면적인 동식물의 세계 속으로 역사라는 갱신된 이름을 부여받게 되는 심층적인 시간의 덩어리를 온전히 밀어 넣을 수 있게 해 주는 것의 시초가 된다.

4 특징

이처럼 구조는 가시적인 것의 지칭인데, 이 지칭은 일종의 전(前)언어적 선별에 의해 가시적인 것이 언어로 옮겨 적히는 것을 가능하게 한다.

---

29) Boissier de Sauvages, *Nosologie méthodique*, trad. française(Lyon, 1772), t. I, 91~92쪽.

그러나 이런 식으로 얻은 묘사는 일종의 고유 명사에 지나지 않는다. 그것은 각 생물에 대한 엄격하게 개별적인 취급으로서, 각 생물이 속하는 도표도, 각 생물을 둘러싸는 주변도, 각 생물이 차지하는 자리도 말하지 않는다. 그것은 무조건적 지칭이다. 그런데 자연사가 언어로 기록되려면 묘사는 '보통 명사'가 되어야 한다. 자연 언어에서 개별적인 재현과 관련될 뿐인 최초의 지칭이 행위 언어와 본래의 어근에서 유래한 후에, 파생의 힘에 의해 점차 더욱 일반적인 의미를 획득하는 과정은 이미 살펴본 바 있다. 그러나 자연사는 잘 구축된 언어이다. 틀림없이 자연사는 파생과 파생의 형태로 인한 구속을 받아들이지 않을 것이고, 결코 어떤 어원도 신뢰하지 않을 것이다.[30] 자연사는 일상생활의 언어가 따로따로 유지하는 것을 하나의 동일한 작용 속에 통합해야 한다. 자연사는 모든 자연물을 매우 정확히 지칭해야 하며, 이와 동시에 모든 자연물을 서로 접근시키고 다른 것과 구별하는 동일성과 차이의 체계 안에 모든 자연물을 위치시켜야 한다. 자연사는 확실한 **지칭**과 제어된 **파생**을 동시에 보장해야 한다. 그리고 구조의 이론이 분절과 명제를 하나의 동일한 것이 되도록 서로 겹쳐 놓는 것과 마찬가지 방식으로, 특징의 이론도 지칭하는 가치와 이것이 파생하는 공간을 동일시해야 한다. 투른포르는 다음과 같이 말한다. "식물을 인식하는 것은 어떤 부위의 구조와 관련된 명칭을 정확히 아는 것이다. …… 본질적으로 식물들을 서로 구별하는 특징의 관념은 각 식물의 이름에 늘 결합되어 있어야 한다."[31]

특징의 확립은 쉬우면서 동시에 어렵다. 자연사는 분석하기 어려운 재현에 입각하여 명칭 체계를 확립할 필요가 없고 다만 묘사 과정에서 이미 전개된 언어로부터 명칭 체계를 끌어내기만 하면 되므로, 특징의 확립은 쉽다. 명명은 보이는 것에 입각해서가 아니라, 구조에 의해 담론

---

30) Linné, *Philosophie botanique*, §258.

31) Tournefort, *Eléments de botanique*, 1~2쪽.

의 내부로 이미 넘어간 요소에 토대를 두고 이루어지게 된다. 명명은 일차적이지만 확실하고 보편적인 그러한 언어로부터 이차 언어를 구축하는 일이다. 그러나 주요한 난점이 곧장 나타난다. 모든 자연물 사이에 존재하는 동일성과 차이를 확립하려면 어떤 주어진 묘사에서 언급될 수 있는 각 특성을 고려해야 할 것이다. 이 난점을 피하고 그토록 많은 비교의 노고를 제한하기 위한 기법이 존재하지 않았다면, 이 끝없는 임무로 인해 자연사의 도래는 한없이 연기되었을 것이다. 그 기법은 두 가지 유형으로 나뉜다고 선험적으로 인정할 수 있다. 닮은 점이 명백히 너무 많아서 차이의 열거가 오래 걸리지 않을 경험적으로 구성된 집단 안에서일 뿐이지만 완전한 비교를 행하는 식으로 차츰차츰 동일성과 구별을 확보하거나, 모습을 드러내는 모든 개체에서 항구성과 변이를 조사할 유한하고 상대적으로 제한된 특성들의 집합을 선택하거나 할 수 있다. 이 후자의 절차는 체계라고 불린 것이다. 전자의 절차는 이른바 방법이다. 뷔퐁, 아당송, 앙투안로랑 드 쥐시외[32]에 린네가 맞서듯이, 자연의 친근성들에 관한 섬세하고 직접적인 지각이 자연에 관한 엄격하고 분명한 이해와 맞서듯이, 서로 소통하고 섞이며 어쩌면 변형될 생물이 우글거리는 연속성의 관념에 부동의 자연이라는 관념이 맞서듯이, …… 통상적으로 방법과 체계는 서로 맞선다. 그렇지만 핵심은 자연에 관한 많은 직관 사이의 이러한 갈등에 있는 것이 아니라, 오히려 이 지점에서 자연사를 언어로 구성해 내는 두 가지 방식 사이에서 선택을 가능하게 하고 불가결하게 만든 필연성의 망에 있다. 나머지 모든 것은 불가피한 논리적 귀결일 뿐이다.

체계는 묘사에 의해 면밀히 병치되는 요소들 중에서 이런저런 것들을 선별한다. 그것들은 특권적이고 사실을 말하자면 배타적인 구조를 결정

---

32) (옮긴이 주) Antoine-Laurent de Jussieu(1748~1836). 프랑스의 식물학자. 식물의 형태학에 기반을 둔 분류법을 발전시켰다.

하는데, 이 구조에 관해 사람들은 동일성과 차이를 전체적으로 조사하게 된다. 린네의 경우처럼 "결실(結實)에 관여하는 갖가지 부위가 모두"[33] 특징의 표지로 선택된다면, 잎이나 줄기 또는 뿌리나 잎자루의 차이는 철저히 무시될 것이 틀림없다. 이와 마찬가지로 선택된 요소들 중 하나와 관련되지 않는 모든 동일성은 특징을 정의하는 데 가치가 없게 된다. 반대로 두 개체에서 선택된 요소들이 유사할 때, 그것들은 공통의 명칭을 얻는다. 적절한 동일성과 차이로 선택된 구조는 이른바 **특징**으로 불리는 것이다. 린네에 의하면, 특징은 "첫 번째 종의 결실(結實)에 관한 가장 신중한 묘사"로 구성될 것이다. "이 부류에 속하는 다른 종들은 모두 첫 번째 종과 비교되며, 일치하지 않는 모든 표지를 제거하고, 이러한 작업 끝에 마침내 특징이 드러나게 된다."[34]

체계에서는 특권적인 구조를 목표로 하지 않는 모든 차이와 모든 동일성이 의도적으로 제외되는 만큼 체계는 출발점에서부터 자의적이다. 그럼에도 불구하고 이 기법을 통해 언젠가는 자연적일 체계가 당연히 발견될 수 있고, 식물의 일반 구조에서 찾아볼 수 있는 동일한 가치의 차이들이 특징에서의 모든 차이에 상응할 것이며, 역으로 공통의 특징 아래 모인 모든 개체나 모든 종이 부위별로 동일한 닮음 관계를 내보일 것이다. 그러나 적어도 식물 또는 동물 세계의 몇몇 영역에서는 인위적인 체계를 확실히 확립한 이후에야 비로소 자연적인 체계에 접근할 수 있다. 그래서 린네는 자신의 체계에 "적절한 모든 것이 완벽하게 인식되기 전에는"[35] 자연적인 체계를 당장에 확립하려고 하지 않는다. 물론 자연스러운 방법은 "식물학자들의 처음이자 마지막 소원"이고, 린네가 「식물의 강(綱)」에서 실행했듯, 그 모든 "부분이 가장 세심하게 탐구되어야 하지

---

33) Linné, *Philosophie botanique*, §192.
34) *Ibid.*, §193.
35) Linné, *Systema naturae*, §12.

만,"[36] 자연스러운 방법이 확실하고 완성된 형태로 실현될 때까지는 "인위적인 체계가 절대적으로 필요하다."[37]

게다가 체계는 상대적이다. 체계는 누구나 바라는 정확성에 힘입어 작용할 수 있다. 선택된 특징이 다수의 상위 변수와 함께 폭넓은 구조로 형성된다면, 한 개체에서 또 다른 개체로 넘어가자마자, 설령 그것들이 직접적으로 인접해 있어도, 차이는 매우 일찍 나타나게 된다. 이 경우에 특징은 순수한 묘사와 매우 가깝다.[38] 반대로 선택된 구조의 범위가 제한되어 있고 변수를 그다지 많이 포함하지 않는다면, 차이는 드물 것이고, 개체는 촘촘한 덩어리 상태가 될 것이다. 특징은 분류에서 요구되는 섬세함의 정도에 따라 선택된다. 투른포르는 속(屬)을 확립하기 위해 꽃과 열매의 조합을 특징으로 선택했다. 이는 체살피노의 경우처럼 꽃과 열매가 식물의 가장 유용한 부위이기 때문이 아니라, 꽃과 열매가 수적으로 만족스러운 조합을 가능하게 하기 때문이었다. 실제로 나머지 세 부위(뿌리, 줄기, 잎)에서 빌려 온 요소들은 함께 다루기에는 너무 많았고 개별적으로 고찰하기에는 너무 적었다.[39] 린네는 각각 수량, 형상, 상황, 명제라는 네 가지 변수를 포함하는 생식의 38개 기관이 속(屬)을 결정하기에 충분한 5776개의 외형을 가능하게 하리라고 추산했다.[40] 속(屬)보다 더 많은 군(群)을 얻고자 한다면, 더 제한된, 예컨대 수술이나 암술에만 한정된 특징(식물학자들 사이에서 합의된 인위적인 특징)을 고려해야 한다. 이러한 방식으로 강(綱)이나 목(目)도 구별할 수 있게 된다.[41]

식물계나 동물계의 전 영역에도 이런 식의 격자가 놓일 수 있다. 각

---

36) Linné, *Philosophie botanique*, §77.

37) Linné, *Systema naturae*, §12.

38) "종의 자연스러운 특징은 묘사이다."(Linné, *Philosophie botanique*, §193).

39) Tournefort, *Eléments de botanique*, 27쪽.

40) Linné, *Philosophie botanique*, §167.

41) Linné, *Système sexuel des végétaux*, 21쪽.

군은 이름을 부여받을 수 있다. 그래서 어느 종이라도 묘사될 필요 없이, 스스로가 포함되는 갖가지 군의 명칭에 의해 가장 정확히 지칭될 수 있다. 종의 완전한 명칭은 가장 상위의 등급에 이르기까지 확정되는 특징들의 망 전체를 가로지른다. 그러나 린네가 지적하듯이, 이 명칭의 일부분은 편의상 '말이 없어야' 하는 반면에,(강과 목은 명명되지 않는다.) 나머지 다른 부분은 말해져야 한다. 가령 속, 종, 변종을 명명할 필요가 있다.[42] 이렇게 본질적 특징에 따라 식별되고 이로부터 지칭된 식물은 이 식물을 지칭하는 것과 동시에, 이 식물과 닮은 동일한 속(屬)에(따라서 동일한 과와 동일한 목에) 속하는 다른 식물들과 이 식물을 연결하는 친근성을 표명하게 된다. 이 식물은 자체의 고유 명사와 동시에 자신이 속하는 보통 명사의 (드러나 있거나 감추어진) 온전한 계열을 부여받게 된 것이다. "속명(屬名)은 이를테면 식물 공화국의 공식 화폐이다."[43] 자연사는 "배치와 명명"[44]이라는 기본적인 책무를 완수하게 된 것이다.

방법은 동일한 문제를 해결하기 위한 또 다른 기법이다. 방법은 드물건 많건 특징으로 구실하는 요소를 묘사된 전체에 의거하여 마름질하지 않고 점진적으로 연역하는 데 있다. 여기에서 연역은 공제(控除)의 의미로 이해되어야 한다. 아당송이 세네갈 지역의 식물 조사에서 그랬듯이,[45] 누구나 임의로 선택했거나 우연히 마주친 종으로 연역을 시작하며, 그 종의 어떤 부분도 내버리지 않고, 그것으로부터 끌어낸 모든 값을 변수들에 의해 결정하면서, 그것을 전체적으로 묘사한다. 이 과정은 다음 종에 대해서도 반복되는데, 다음 종 역시 재현의 자의성에 의해 주어진 것이다. 이 다음 종의 묘사는 첫 번째 경우만큼 완전해야 하지만, 첫 번째

---

42) Linné, *philosophie botanique*, §212.

43) *Ibid.*, §284.

44) *Ibid.*, §151. 특징에 의해 보증되는 이 두 가지 기능은 언어에서 일반 명사에 의해 보증되는 지칭과 파생의 기능에 정확히 상응한다.

45) Adanson, *Histoire naturelle du Sénégal*(Paris, 1757).

214

묘사에서 언급된 어떤 것도 두 번째 묘사에서 반복되어서는 안 된다. 차이만이 언급된다. 세 번째 묘사의 경우에도 두 차례의 다른 묘사에 대해 이런 식으로 진행되고, 이후로도 무한히 이런 방식으로 묘사가 이루어진다. 그래서 결국 모든 식물의 갖가지 특성은 모두 한 번씩 단 한 차례만 언급된 셈이다. 첫 번째 묘사를 중심으로 그 후에 이루어진 점차적으로 경감되는 묘사들을 모으면서, 처음의 혼돈 상태를 가로질러 친근성들의 일람표가 점점 명확해지는 것을 알아차릴 수 있다. 각각의 종 또는 각각의 속을 구별하는 특징은 말없는 동일성들의 배경으로부터 유일하게 돋보이게 되는 특색이다. 사실상 이 기법은 아마 가장 확실한 것일 터이지만, 실재하는 종의 수가 너무 많아서 그것들 모두를 이 기법으로 처리하는 것은 불가능할 것이다. 그럼에도 불구하고 우리가 마주치는 종들에 대한 조사는 광범위한 '과(科)들'의 존재, 다시 말해 매우 폭넓은 군들의 존재를 드러나게 하는데, 이것들에서 종과 속은 상당히 많은 동일성을 갖는다. 종과 속은 동일성이 상당히 많아서 가장 분석적이지 않은 시선에조차 매우 많은 특성에 의해 두드러져 보이는데, 가령 미나리아재비속(屬)에 속하는 모든 종들 사이의 닮음이나 바꽃류(類)에 속하는 종들 사이의 닮음은 직접적으로 감지된다. 이 지점에서 작업이 무한히 계속되지 않도록 과정의 순서를 뒤바꾸어 놓을 필요가 있다. 누구나 받아들이듯이 광범위한 과들의 존재는 명백히 인식될 수 있고 그것들의 주요한 특성은 최초의 묘사에 의해 바로 명확하게 규명되었다. 이제 실증적으로 확립되는 것은 바로 이 공통의 특색들이고, 그러고는 명백히 이 공통의 특색들에 의해 지배되는 속이나 종에 마주칠 때마다, 그 속이나 종에 대해 일종의 자연스러운 주변으로 구실하는 다른 것들과 그 속이나 종이 어떤 차이에 의해 구별되는가를 보여 주는 것으로 충분하게 된다. 각각의 종에 관한 인식은 이 일반적인 특징짓기를 토대로 하여 쉽게 획득될 수 있다. "세 가지 계(界) 각각을 우리는 서로 현저한 관계를 갖는 그 모든 생물을 한데 모을 여러 과로 나눌 것이고, 과에 포함된 생물의 모든 일반적이고 특별한 특징을 하나하나 검토할 것이며," 이런 방식으로 "이 모든 생물을 자연스럽고도 확실하게 과로 구분할 수 있을 터인 만큼, 흰담비와 늑대, 개와 곰에서부터 시작하여, 동일한 과의 동물인 사자, 호랑이, 하이에나를 충분히 인식할 것이다."[46]

어떤 점에서 방법과 체계가 서로 맞서는가는 곧장 분명해진다. 방법은 단 하나만 존재할 수 있을 뿐이지만, 체계는 상당히 많이 고안되고 응용될 수 있다. 가령 아당송은 65개의 체계를 제시한다.[47] 체계는 전체적인 전개가 자의적이긴 하지만, 처음에 변수들의 체계(특징)가 일단 명확히 규정되면, 체계를 수정하고 하나의 요소를 추가하거나 삭제하는 일은 더 이상 가능하지 않다. 방법은 사물들을 서로 관련시키는 전반적인 닮음에 의해 바깥으로부터 부과되고, 인식을 담론으로 곧장 옮겨 놓으며, 출발점에서 여전히 묘사와 매우 가깝다. 그러나 방법을 통해 경험적으로 결정된 일반적인 특징에 필요불가결한 변형을 가하는 것은 언제나 가능하다. 일단의 식물이나 동물 전체에 본질적인 것이라고 생각된 특성은 이것을 지니지 않으면서도 명백히 동일한 과에 속하는 다른 것들이 발견된다면, 그것들 중 일부의 특수성에 지나지 않을지 모르는 만큼, 방법은 언제나 수정될 수 있는 것이어야 한다. 아당송이 말하듯, 체계는 "계산에서 이용되는 그릇된 설정의 법칙"[48]과 같다. 체계는 최상의 선택 과정의 결과이지만, 어디까지나 일관성이 있어야 한다. 반면에 방법은

어떤 주어진 일치 또는 닮음에 따라 한데 모은 대상들 또는 사실들의 어느

---

46) Adanson, *Cours d'histoire naturelle*, 1772(édition de 1845), 17쪽.

47) Adanson, *Famille des plantes*(Paris, 1763).

48) (옮긴이 주) 임의의 값을 짐짓 미지수로 간주하거나, 문제의 여건을 충족시키는 결과와 그것이 산출하는 결과를 비교하는 식의 처리 방법을 가리킨다.

한 배열인데, 이 일치나 닮음은 그 모든 대상에 적용할 수 있는 일반적인 관념에 의해 표현되지만, 이 기본 관념이나 원칙이 절대적이거나 불변하는 것으로, 또는 예외를 허용하지 않을 만큼 일반적인 것으로 간주되지는 않는다. …… 저자가 자신의 원칙을 방법의 측면에서는 가변적인 것으로, 체계의 측면에서는 절대적인 것으로 간주하는 것과 같이, 방법은 저자가 자신의 원칙에 대해 갖는 소신에서만 체계와 다를 뿐이다.[49]

게다가 체계로는 동식물의 구조들 사이에서 등위 관계만을 알아볼 수 있을 뿐이다. 특징은 기능상의 중요성 때문이 아니라 결합상의 효율성 때문에 선택되므로, 개체의 내부 위계에서 암술의 이런저런 형태, 수술의 이러저러한 배열에 의해 구조가 생겨난다는 증거는 하나도 없다. 가령 아독사[50]의 씨가 꽃받침과 꽃부리 사이에 있다 해도, 아룸[51]에서 수술들이 암술들 사이에 배열되어 있다 해도, 이것들은 그저 '특이한 구조'에 지나지 않는다.[52] 꽃받침과 꽃부리의 구분은 중요하지도 않고 빈도수 이외의 다른 가치를 갖지도 않지만, 꽃받침과 꽃부리가 미미하게나마 중요성을 지니는 것은 오직 희귀성 때문이다.[53] 반대로 방법은 가장 일반적인 동일성과 차이에서 덜 일반적인 것으로 나아가기 때문에, 수직적 종속 관계를 나타낼 수 있다. 실제로 방법은 하나의 주어진 과에서 무엇이 결코 제외할 수 없을 정도로 중요한 특징인가를 알아차릴 수 있게 해 준다. 체계와 관련하여, 이 전도는 매우 중요하다. 가령 투른포르나 린네의 경우에는 속이 본질적인 특징에 의해 결정되는 반면, 가장 중요한 특징은 가장 폭넓고 가장 분명하게 갈라진 과들을 구별하게 해

---

49) Adanson, *Familles des plantes*, t. I, 서문.
50) (옮긴이 주) adoxa. 인동과의 식물, 사향초라고도 한다.
51) (옮긴이 주) arum. 천남성과의 초본 식물.
52) Linné, *Philosophie botanique*, §105.
53) *Ibid.*, §94.

주고, 그래서 자연사학자들의 '관례'에서는 강이나 목을 구별하기 위한 인위적인 특징을 선택하는 것으로 충분했다. 방법에서는 일반적인 조직과 이것의 내부적 의존 관계들이 일정한 변수들의 측면적인 수평 이동보다 더 중요하다.

이러한 차이에도 불구하고 체계와 방법은 동일한 인식론적 토대에 기초를 두고 있다. 이 토대를 간략하게 규정하자면, 고전주의 시대의 지식에서 개체에 대한 경험적 인식은 모든 가능한 차이의 연속적이고 가지런하고 보편적인 도표에 의거해서만 획득될 수 있다고 말할 수 있다. 16세기에 식물들이나 동물들의 동일성은 공통의 (흔히 눈에 보이지만 때로는 감추어진) 실증적 표지에 의해 확보되었다. 예컨대 새들의 다양한 종을 구별하는 것은 결코 새들 사이에 존재하는 차이가 아니라, 어떤 종은 밤에 사냥하고 어떤 종은 물 위에서 살며 또 다른 종은 육식을 한다는 사실이었다.[54] 모든 생물은 표지를 지녔으며, 종은 공통된 표지의 범위에 의해 평가되었다. 그래서 각각의 종은 저절로 식별되었고, 다른 모든 종과 무관하게 자체의 개체성을 표출했다. 오직 가시적인 종으로 남아 있는 경우에만 규정의 기준이 변하지 않았을 것이므로, 다른 모든 종은 충분히 존재하지 않을 수 있었다. 그러나 17세기부터 기호는 동일성과 차이에 따른 재현의 분석에서만 존재할 수 있다. 다시 말해 모든 지칭은 다른 모든 가능한 지칭과의 어떤 관계에 따라 이루어지게 되어 있다. 하나의 개체에만 속하는 것을 인식한다는 것은 분류 또는 다른 것들 전체를 분류할 가능성이 자기 앞에 있다는 것이다. 동일성과 이것의 표지는 남아 있는 차이에 의해 명시된다. 식물이나 동물에 새겨진 것으로 밝혀질 흔적에 의해 식물이나 동물이 지시되거나 드러나는 것은 아니다. 식물이나 동물은 다른 것들의 모습이 아닌 것이고, 다른 것들과 구별되는 것의 경

---

54) Belon, *Histoire de la nature des oiseaux* 참조.

계에서만 스스로 존재한다. 방법과 체계는 단지 차이의 일반적인 격자에 의해 동일성을 규정하는 두 가지 방식일 뿐이다. 나중에 퀴비에부터는 종들의 동일성이 차이의 작용에 의해서도 결정될 것이지만, 그때 차이는 내부의 의존 체계를 갖는 주요한 유기적 단위(골격, 호흡, 혈액순환)를 바탕으로 나타나게 된다. 가령 무척추 동물의 정의는 척추의 부재에 의해서뿐만 아니라, 어떤 호흡 방식에 의해서나 순환 유형의 존재에 의해, 그리고 명확한 통일성을 드러내는 유기적 응집력 전체에 의해 이루어지게 된다. 유기체의 내부 법칙은 차이를 확립하는 특징을 대신하여 자연과학의 대상이 된다. 역사적으로 분류법은 자연사를 구성하는 근본 문제로서 불가피하게 표지의 이론과 유기체의 이론 사이에 자리한다.

5 연속과 파국

자연사는 잘 구축된 언어가 되었지만, 자연사라는 언어의 핵심에는 여전히 문제가 남아 있는데, 그것은 요컨대 구조가 결코 특징으로 변모하지 않을지도 모르고, 보통 명사가 결코 고유 명사로부터 생겨날 수 없을지도 모른다는 점이다. 하나의 개체에서 다음 개체로 또는 하나의 종에서 다음 종으로 너무 다양하게 바뀌어 보통 명사에 근거를 제공하기 위한 모든 시도를 사전에 좌절시킬 요소가 묘사되지 않으리라고 누가 보장할 수 있을까? 각 구조가 다른 모든 구조와 엄격히 분리되지도 개별적 표지로 기능하지도 않으리라고 누가 보장할 수 있을까? 가장 단순한 특징이 나타날 수 있으려면, 처음에 검토된 구조에서 적어도 하나의 요소가 다른 구조에서 반복되어야 한다. 실제로 종들의 배치를 확립할 수 있게 해 주는 차이들의 일반적인 순서에는 유사성이 다소 내포되어 있다. 여기에서 문제는 우리가 이미 언어와 관련하여 마주친 문제와 동형

(同形)을 이룬다.[55] 보통 명사가 가능하려면 사물들 사이에 직접적 닮음이 있어야 했는데, 이 닮음은 의미하는 요소가 재현들을 따라 움직이고 재현들의 표면을 가로질러 미끄러지고 재현들의 유사성에 달라붙음으로써 마침내 집합적 지칭을 형성하게 해 주는 것이었다. 그러나 명사가 점차로 일반적인 가치를 띠는 이 수사학적 공간의 윤곽을 그리기 위해, 닮음의 지위나 닮음이 진실에 근거를 두고 있는가를 결정할 필요는 없었으며, 단지 닮음이 상상력을 넉넉히 불러일으키는 것만으로 충분했다. 그렇지만 상상력과의 이러한 유비는 자연사, 즉 잘 구축된 언어에 대해 보증으로서의 가치를 지닐 수 없고, 자연사는 모든 언어와 마찬가지로 경험에서의 반복 필요성에 대해 흄이 품었던 철저한 의심으로부터 자유로울 수 없는 만큼, 이 의심을 피해 갈 수단을 찾아낼 필요가 있다. 자연에는 연속성이 있어야 한다.

자연이 연속적이어야 한다는 이러한 요구가 체계와 방법에서 정확히 동일한 형태를 띠지는 않는다. 분류학자들에게 연속성은 특징에 의해 뚜렷이 구별할 수 있게 되는 갖가지 영역의 빈틈없는 병치로만 이루어지고, 특징으로 선택된 구조가 종들의 영역 전체에서 띨 수 있는 가치들의 부단한 점증(漸增)으로 충분하며, 이 모든 가치가 설령 인식되지는 않는다 해도 실제의 존재물들에 의해 점유되리라는 것은 이 원칙으로부터 명백하게 된다. "체계는 식물들, 심지어 체계에서 언급되지 않은 식물들까지 보여 주는데, 이는 결코 목록의 열거로 달성될 수 없다."[56] 그리고 범주들은 이 연속적인 병치에 관한 자의적 규약이 될 뿐만 아니라, (올바르게 확립된다면) 자연의 이 부단한 표면에 분명히 실재하는 영역들과 상응할 수 있게 되며, 개체들보다 폭넓지만 개체들만큼 실제적인 영역들이 된다. 린네에 의하면 근거를 의심할 수 없는 속들이 생식기계(生殖器

---

55) supra, 142쪽 참조.
56) Linné, Philosophie botanique, §156.

系)에 힘입어 발견된 것은 바로 이런 식이다. "특징이 속을 구성하는 것이 아니라, 속이 특징을 구성한다는 것, 속이 특징에서 유래하는 것이 아니라, 특징이 속에서 나온다는 것을 명심해야 한다."[57] 반대로 방법의 경우에는 우선 닮음이 완전하고 명백한 형태로 주어지므로, 자연의 연속성은 이 순전히 소극적인 전제(개별 범주들 사이에 공백이 없다.)가 아니라 적극적인 요구 조건이 된다. 자연 전체는 존재물들이 점점 서로 유사해지고 인접한 개체들이 서로 한없이 유사한 광범위한 바탕을 형성하므로, 개체의 미세한 차이가 아닌 폭넓은 범주를 드러내는 모든 재단선은 언제나 비현실적이다. 융합에 의해 생겨나는 이 연속성에서 모든 일반성은 명목적(名目的)인 것이다. 뷔퐁이 말하듯이 우리의 일반 관념은 "대상들의 연속적인 등급과 관련되어 있는데, 우리는 분명히 이 등급의 중간만을 알아볼 뿐이어서, 이 등급의 양 극단은 갈수록 우리의 고찰에서 멀어지고 벗어난다. …… 자연에는 실제로 개체들만이 존재할 뿐이고 속, 목, 강은 우리의 상상 속에서만 존재하므로, 자연물의 분할이 늘어날수록 진실은 더 가까워진다."[58] 또한 보네는 동일한 취지에서 다음과 같이 말했다. "자연에는 비약이 없다. 자연에서 모든 것은 점진적이고 단계적이다. 어느 두 존재물 사이에 빈틈이 있다면, 한 존재물에서 또 다른 존재물로의 이행에 대한 근거는 무엇일 것인가? 그러므로 어느 존재물이건 어떤 특징들에 의해서는 위아래의 다른 존재물과 가까워지고 또 어떤 특징들에 의해서는 위아래의 다른 존재물로부터 멀어진다." 그러므로 식물과 동물 사이의 폴립, 새와 네발짐승 사이의 날다람쥐, 네발짐승과 인간 사이의 원숭이 같은 "중간의 산물"이 언제나 발견될 수 있다. 따라서 우리가 행하는 종이나 강으로의 분류는 "순전히 명목적인 것"이고, "우리의 필요와 인식의 한계에 관련된 수단"이

---

57) Linné, *philosophie botanique*, §169.

58) Buffon, *Discours sur la manière de traiter l'histoire naturelle, Oeuvres complètes*, t. I, 36, 39쪽.

상의 어떤 것도 나타내지 않는다.[59]

18세기에 자연의 연속성은 모든 자연사의 필요조건이다. 다시 말해 자연에 질서를 확립하려는 노력, 그리고 자연에서 실제적이고 명백한 구별에 의해 규정된 것이건, 우리의 상상력에 의해 단순하게 마름질된 간단한 것이건 간에 일반적 범주를 발견하려는 노력에는 반드시 자연의 연속성이 전제되어 있다. 자연은 반복된다는 것, 따라서 구조는 특징이 될 수 있다는 것을 오직 연속성만이 보장할 수 있다. 그러나 이 요구는 곧장 둘로 나뉜다. 실제로 개체, 변종, 종, 속, 강의 연속을 정확히 단계적으로 가로지르는 것이 부단히 경험된다면, 과학을 정립할 필요는 없을 것이고, 묘사를 통한 지칭은 당연히 일반화될 것이며, 사물의 언어는 자연스럽게 과학 담론이 될 것이다. 자연의 동일성은 거의 남김없이 상상력에 포착될 것이고, 수사학적 공간에서 일어나는 말의 점진적 변화는 생물의 증대하는 일반성에 힘입어 생물의 동일성을 완벽하게 나타낼 것이다. 자연사는 불필요해질 것이고, 더 정확히 말해 이미 인간의 일상 언어에 의해 행해질 것이고, 일반 문법은 생물의 보편적 **분류학**이기도 할 것이다. 그러나 말의 분석과 완전히 구별된 자연사가 불가결하다면, 이는 자연의 연속이 있는 그대로 경험되지 않기 때문이다. 경험을 통해 우리에게 나타나는 자연의 연속은 변수들이 실질적으로 갖는 값의 계열에 많은 빈틈이 있으므로(존재한다는 것은 인정되지만 결코 관찰될 기회가 없는 존재물이 있을 수 있다.) 잘게 끊어진 상태이고, 이와 동시에 우리가 살고 있는 실제의 지리적 육상(陸上)의 공간에서 존재물이 **분류**의 광범위한 망에서와는 달리 우연이나 무질서 또는 혼란에 불과한 순서로 아무렇게나 뒤얽힌 것으로 드러나므로 불명료하다. 린네가 지적했듯이, 자연은 (강장 동물의 일종인) 히드라와 (해초인) 녹조류, 또는 해면(海綿)

---

59) Ch. Bonnet, *Contemplation de la nature*, Ire partie, *Oeuvres complètes*, t. IV, 35~36쪽.

과 산호를 동일한 자리에 놓는 점으로 보아, 분류의 범주에 따라 "가장 완전한 식물과 매우 불완전하다는 꼬리표가 붙는 동물"을 연결하지 않고, "불완전한 동물과 불완전한 식물을 조합한다."[60] 그리고 아당송이 인정했듯이, 자연은

> 우연에 의해 서로 가까워진 듯한 존재물들의 어수선한 혼합이다. 가령 여기에서는 금이 다른 금속, 돌, 흙과 섞이고, 저기에서는 제비꽃이 떡갈나무 옆에서 자란다. 이 식물들 사이에서는 또한 네발짐승, 파충류, 곤충이 떠돌아 다니고, 물고기는 이를테면 물과 뒤섞이고 물속에서 수중 식물 사이로 헤엄친다. …… 이러한 혼합은 매우 일반적이고 아주 많아서 자연법칙들 중의 하나인 것으로 보인다.[61]

그런데 이 뒤얽힘은 연대기적 계열을 이루는 사건들의 결과이다. 사건들의 기원 지점과 최초의 적용 장소는 살아 있는 종 자체가 아니라 살아 있는 종이 자리하는 공간이다. 사건들은 지구와 태양의 관계, 기후의 상태, 지각(地殼)의 변형으로 인해 발생하고 우선 바다와 대륙과 지표면에 영향을 준다. 생물은 사건들의 여파에 이차적으로만 영향을 받을 뿐이다. 생물은 열기에 의해 이끌리거나 내몰리고 화산에 의해 소멸하며 붕괴하는 대지와 함께 사라진다. 예컨대 뷔퐁이 추정했듯이,[62] 지구는 애초에 불덩어리였다가 점차 냉각되었을지 모르고, 따라서 온화하거나 차가운 대지에는 그때까지 출현할 기회가 없었던 종이 번식하게 되는 반면, 가장 높은 온도에 익숙해진 동물은 오늘날까지도 여전히 무더운 지방으로만 다시 모여들었다. 지구의 역사에 일어난 이러한 격변으로 인해 분

---

60) Linné, *Philosophie botanique*.

61) Adanson, *Cours d'histoire naturelle*, 1772(éd. Paris, 1845), 4~5쪽.

62) Buffon, *Histoire de la Terre*.

류학의 공간(여기에서 인접은 **생활 양식**이 아니라 **특징**에 따라 이루어진다.)
은 구체적인 공간에 의해 뒤죽박죽 갈라졌다. 게다가 분류의 공간은 아
마 파편화되었을 것이고, 우리가 알고 있는 종과 유사하거나 우리에게
친숙한 분류의 항목들 사이에서 개개의 역할을 하는 많은 종은 틀림없이
해독하기 어려운 흔적만을 남기고 사라졌을 것이다. 어쨌든 이 사건들
의 역사적 계열은 생물의 평면에 부가된다. 이 계열은 생물의 평면에 속
할 뿐만 아니라, 분류법의 분석 공간이 아닌 세계의 실제적 공간에서 전
개된다. 또한 이 계열에서 중요한 것은 살아 있는 존재물의 속성을 갖는
것으로서의 생물이 아니라, 생물을 위한 장소로서의 세계이다. 여기에는
성서의 설명이 상징하는 역사성이 있는데, 이 역사성은 직접적으로는 우
리의 천체 체계에, 간접적으로는 종의 망상(網狀) 분류에 영향을 미친다.
천지 창조와 대홍수는 제쳐놓고라도 "지구에는 우리에게 밝혀지지 않은
다른 격변들이 일어났을" 수도 있다. "지구는 천체의 체계 전체와 밀접
한 관계가 있고, 지구와 다른 천체들, 특히 태양 및 혜성과의 연관 관계
로 인해 많은 격변이 일어났을 수 있는데, 우리에게는 그 격변들의 흔적
이 전혀 남아 있지 않지만, 인접한 세계의 거주자들에게는 아마 그 격변
들에 관한 인식이 어느 정도 있었을 것이다."[63]

그러므로 자연사가 과학으로 존재할 수 있기 위해서는 두 부류가 전제
되어야 한다. 하나는 생물의 연속적인 망에 의해 구성되는데, 이 연속성
은 다양한 공간의 형태를 띨 수 있다. 가령 샤를 보네는 어떤 때는 이 연
속성을 한쪽 끝이 매우 단순하고 다른 쪽 끝이 매우 복잡하며 중심에 좁
은 중간 영역, 즉 유일하게 우리의 눈에 드러나는 영역이 자리하는 커다
란 단선적 등급으로, 또 어떤 때는 한편으로 하나의 분과(보충적인 갈래로
서의 게, 가재와 함께 조개의 분과)가 뻗어 나가고 다른 한편으로는 벌레와

---

63) Ch. Bonnet, *Palingénésie philosophique*, *Oeuvres*, t. VII, 122쪽.

개구리가 분기하는 곤충의 계열이 갈라지는 중심 줄기로 생각한다.[64] 뷔
퐁은 이 동일한 연속성을 "넓은 망상 조직, 더 정확히 말해 일정한 간격
을 두고 옆으로 가지를 뻗쳐 다른 범주의 다발들과 연결되는 다발로 정
의하며,"[65] 팔라스[66]는 그것을 다면체의 형상으로 생각한다.[67] 그리고 J. 헤
르만[68]은 삼차원 모델을 확립하고자 했는데, 그 모델은 공통 지점에서 출
발하여 서로 갈라지고 "측면의 매우 많은 가지를 통해 퍼져 나가고는"
다시 모이는 선들로 구성된다.[69] 그렇지만 사건들의 계열은 분류의 연속
성을 각각 독특한 방식으로 묘사하는 이 공간적 외형들과 매우 다른 것
으로서, 불연속적이고 각각 서로 다른 국면들을 지니지만, 전체적으로
시간의 선이라는 (그리고 똑바르거나 끊어져 있거나 순환적이라고 이해될 수
있는) 단순한 선만을 드러낼 수 있을 뿐이다. 자연의 구체적인 형태, 자
연에 고유한 밀도는 전적으로 **분류**의 표면과 격변의 선 사이에 자리한다.
자연이 인간의 눈앞에 형성하고 과학의 담론이 가로질러야 하는 '도표'
는 시간의 두 가지 격변 사이에서 생물종이 마름질되고 급작스럽게 변화
하며 고정되는 그러한 드넓은 표면의 조각이다.

자연의 존재물을 도표로 분류하는 것에 그치는 '생물불변설'과 자연
의 아득히 오랜 역사를 확신하고 연속성을 통한 모든 생물의 뿌리 깊은
진전을 믿는 일종의 '진화론'을 근본적으로 다르고 적대적인 두 가지 견
해로 맞세우는 것이 얼마나 피상적인지는 누구나 분명히 알아차릴 수 있
다. 종과 속으로 짜인 망의 빈틈없는 지속성과 이 망을 혼란시킨 사건들

---

64) Ch. Bonnet, *Contemplation de la nature*, chap. XX, 130~138쪽.

65) Buffon, *Hisoire naturelle des Oiseaux*(1770), t. I, 396쪽.

66) (옮긴이 주) Pallas(1741~1811). 독일 출신의 러시아 동물학자, 탐험가로서, 린네와 뷔퐁 사이
의 진정한 종합을 실현한다.

67) Pallas, *Elenchus Zoophytorum*(1786).

68) (옮긴이 주) J. Hermann(1738~1800). 프랑스의 의사, 자연사학자.

69) J. Hermann, *Tabulae affinitatum animalium*(Strasbourg, 1783), 24쪽.

의 계열은 동일한 차원에서 인식론적 기반의 일부분을 이루는데, 고전주의 시대에 자연사와 같은 지식이 가능해진 것은 이 기반으로부터이다. 이 두 가지 견해는 모든 과학보다 더 오래되고 더 기본적인 철학적 선택과 맞물려 있는 상황에서 근본적으로 대립하는 자연에 대한 두 가지 이해 방식이 아니라, 자연에 대한 고전주의 시대의 지식을 결정하는 고고학적 망에 따른 두 가지 동시적 요구이다. 그러나 이 두 가지 요구는 서로 보완적이고, 따라서 어느 한 가지로 축소될 수 없다. 시간의 계열은 생물의 단계적 변화에 통합될 수 없다. 자연의 시기들은 생물과 그 연속성이 갖는 내부의 시간을 규정하지 않고, 끊임없이 생물을 분산시키고 소멸시키고 뒤섞고 분리하고 서로 얽히게 하는 악천후를 암시한다. 고전주의적 사유에는 진화론이나 생물변이설의 기미가 없고 있을 수도 없는데, 그 이유는 시간이 생물의 내부 조직에 대해 결코 발달의 원리로 이해되기는커녕, 생물이 살아가는 외부 공간에서 일어날 수 있는 격변으로만 이해되기 때문이다.

6 기형(畸形)과 화석

진화론적 유형의 사유는 라마르크보다 훨씬 이전에 온전한 형태로 존재했으며, 18세기 중엽 퀴비에에 의해 명백히 중단될 때까지 대단히 중요했다고들 반박할 것이다. 또한 보네, 모페르튀,[70] 디드로, 로비네,[71] 브누아 드 마예는 살아 있는 형태들이 서로 뒤바뀔 수 있고 현재의 종이 어

---

70) (옮긴이 주) Maupertuis(1698~1759). 프랑스의 수학자. *Accord des différentes lois de la nature qui avaient jusqu'ici paru incompatibles*(1744)를 통해 "최소 작용의 원리"를 자연의 보편 법칙으로 내세운다.

71) (옮긴이 주) Robinet(1735~1820). 유물론적이고 감각론적인 이론을 세우고자 한 프랑스의 철학자. 저서로는 *De la nature*(1761), *Lettres secrètes*(1765)가 있다.

쩌면 옛 변모의 결과일 것이며 살아 있는 세계 전체가 미래의 시점을 향해 나아갈 것이어서 어떤 살아 있는 형태도 결정적으로 획득되고 영원히 안정된 것이라고는 아무도 단언할 수 없으리라는 관념을 매우 분명히 표명했다고들 반박할 것이다. 사실 이 분석들은 오늘날 우리가 진화에 관한 사유로 뜻하는 바와 양립할 수 없다. 실제로 이 분석들의 의도는 동일성과 차이의 도표를 연속적인 사건들의 계열에 연결하는 것이다. 그리고 이 분석들에서 동일성과 차이의 도표 및 사건들의 계열이 갖는 통일성을 사유하기 위해 자유롭게 이용할 수 있는 수단은 두 가지밖에 없다.

하나는 연속들의 계열을 생물의 연속성과 도표 형태로의 배치에 통합하는 데 있다. 그러면 분류학에 의해 완전한 동시성에 따라 배열된 모든 생물은 시간에 종속된다. 이는 시간의 계열이 다수의 종을 생겨나게 하고 뒤이어 수평적 시선이 다수의 종을 분류의 격자에 따라 배열할 수 있으리라는 점에서가 아니라, 분류학의 모든 지점에 시간의 지수(指數)가 붙고, 그래서 '진화'는 첫 번째 요소에서 마지막 요소까지 맞물려 있는 등급의 일반적인 변위(變位)일 뿐이라는 점에서이다. 이 체계가 바로 샤를 보네의 체계이다. 그는 우선 일련의 수많은 고리에 의해 신의 절대적 완전성 쪽으로 향하는 생물의 연쇄가 현재로서는 그 완전성에 이르지 못했다고,[72] 신과 가장 완전한 피조물 사이의 거리가 여전히 무한한데, 아마 뛰어넘을 수 없을 이 거리 때문에 생물의 연속된 맥락은 끊임없이 더욱 완전한 상태를 향해 나아간다고 넌지시 주장한다. 그는 또한 이러한 '진화'가 서로 다른 종들 사이에 존재하는 관계를 손상되지 않은 상태로 유지한다고 전제한다. 가령 하나의 종이 개량되면서 바로 상위 단계의 종에 의해 미리 성취된 복잡성의 정도에 도달한다고 해서 전자와 후자가 합쳐지는 것은 아닌데, 그 이유는 상위 단계의 종도 역시 동일한 비율로

---

72) Ch. Bonnet, *Contemplation de la nature, Ire partie, Oeuvres complitèes*, t. IV, 34쪽 이하.

개량되게 마련이기 때문이라는 것이다.

상위의 완전성을 향한 모든 종의 연속적이고 다소간 느린 진전이 일어나게 되고, 그 결과 등급의 모든 단계는 연속적으로 변하지만, 확고하고 항구적인 비율을 유지하게 된다. …… 인간은 능력의 탁월성에 더 잘 어울리는 자리로 일단 옮겨 가면, 이전에 우리 행성의 동물들 사이에서 차지한 그 선두의 지위를 원숭이와 코끼리에게 넘겨주게 된다. …… 원숭이들 사이에도 뉴턴 같은 존재가 있게 되고, 비버들 사이에도 보방[73] 같은 존재가 있게 된다. 가장 높은 단계의 종에 대한 굴과 폴립의 관계는 인간에 대한 새와 네발짐승의 관계와 같게 된다.[74]

이와 같은 '진화론'은 생물의 순차적인 출현을 이해하는 방식이 아니라, 사실상 연속성의 원리와 모든 생물이 끊어지지 않은 평면을 형성하기를 요구하는 법칙의 일반화 방식이고, 공간의 연속과 생물의 무한한 다수성에 시간의 연속을 라이프니츠의 방식으로[75] 덧붙인 것이며, 점진적 위계화가 아니라, 완전히 정립된 위계의 항구적이고 전반적인 압력이다. 결국 시간은 분류학의 원리이기는커녕 하나의 요인일 뿐이라고, 또한 다른 모든 변수의 다른 모든 값처럼 시간도 미리 설정되어 있다고 전제하는 주장이다. 그러므로 보네는 기성설(旣成說)[76]의 옹호자, 그것도 우리가 19세기부터 '진화론'으로 뜻하는 바에서 가장 멀리 떨어져 있는 옹

---

73) (옮긴이 주) Vauban(1633~1707). 프랑스의 원수. 루이 14세 시대의 뛰어난 군사 전략가이자 공성술(攻城術)의 대가.

74) Ch. Bonnet, *Palingénésie philosophique, Oeuvres complètes*, t. VII, 149~150쪽.

75) 샤를 보네는 라이프니츠가 생물의 연쇄에 관해 헤르만에게 보낸 편지를 인용한다.(*Oeuvres complètes*, t. III, 173쪽.)

76) (옮긴이 주) préformisme, préformationnisme. 개체는 배아에 모든 부분이 미리 형성되어 있다는 설.

호자임이 틀림없고, 그로서는 생물의 무한한 연쇄가 한없는 개량의 방향으로 나아가도록 하는 그만큼 많은 계기처럼 지구의 급변이나 파국이 미리 배열되었다고 전제하지 않을 수 없다. "이러한 진화는 창조의 첫날부터 동물의 배아에 이미 새겨져 있었고, 실제로 신이 사전에 마련해 놓은 태양계 전체의 격변과 관련되어 있다." 세계 전체는 하나의 애벌레였고, 지금은 번데기 상태이며, 아마 언젠가는 나비가 될 것이다.[77] 그리고 모든 종은 이와 같은 커다란 변화에 동일한 방식으로 이끌리게 된다. 여기에서 분명히 알 수 있다시피, 이러한 체계는 불변성의 신조(信條)를 뒤엎기 시작하는 진화론이 아니라, 시간까지 포괄하는 **탁시노미아**이다. 일반화된 분류법이다.

'진화론'의 다른 형태는 시간이 정반대의 역할을 하도록 하는 데 있다. 시간은 이제 분류표 전체를 유한하거나 무한한 개량의 계통 쪽으로 이동시키는 데 소용되는 것이 아니라, 종들의 연속적인 망을 함께 형성할 모든 칸을 잇달아 나타나게 하는 데 도움이 된다. 시간은 생물의 변수들이 가능한 모든 값을 연속적으로 띠게 한다. 시간은 요소들이 잇달아 이어지듯이 조금씩 이루어지는 특징 표시의 심급이다. 그렇다면 **탁시노미아**의 가능성을 밑받침하는 닮음이나 부분적인 동일성은 하나의 동일한 생물이 현재 드러내 보이는 표지일 것인데, 이 표지는 자연의 급변을 가로질러 존속하고, 그럼으로써 분류표에서 찾아볼 수 있는 모든 공란을 채운다. 브누아 드 마예가 지적하듯이, 물고기에 지느러미가 있듯 새에 날개가 있는 것은, 최초의 바닷물이 대규모로 밀려가는 시기에 새가 건조해진 만새기[78]였거나 영원히 공중으로 옮겨 가 살게 된 돌고래였기 때문이다. "습지로 옮겨간 물고기들은 계속 번식하면서 서식 공간을 바다에서 육지로 바꾸기 시작했을 수도 있다. 수억 마리가 새로운 서식 공간

---

77) Ch. Bonnet, *Palingénésie philosophique*, *Oeuvres complètes*, t. VII, 193쪽.

78) (옮긴이 주) dorade. 금빛이나 은빛이 도는 식용의 바닷물고기.

에 적응하지 못하고 사라졌을지라도, 종을 생겨나게 하는 데에는 두 마리만 적응에 성공해도 충분하다.”[79] 생물의 번식이 가능한 조건의 변화는 진화론의 몇몇 형태에서처럼 새로운 종의 출현을 유발하는 듯하다. 그러나 동물에 대한 공기, 물, 기후, 대지의 작용 방식은 기능에 대해, 그리고 새로운 종의 출현이 구현되는 기관에 대해 환경이 작용하는 방식이 아니며, 외부의 요소는 **특징**을 나타나게 하는 계기로서만 개입할 뿐이다. 또한 새로운 종의 출현은 지구의 이런저런 사건에 의해 연대순으로 결정된다 해도, 생물의 모든 우연적 형태를 결정하는 변수들의 일람표에 의해 **선험적으로** 가능하게 된다. 18세기의 준(準)진화론은 라마르크가 서술하게 되는 것과 같은 실제 환경의 작용뿐만 아니라, 다윈에게서 나타나게 되는 것과 같은 자연 발생적인 특징의 변이도 예고하는 듯하다. 그러나 이것은 회고적 고찰에 수반되는 착각이다. 실제로 이와 같은 사유 방식에서 시간의 연속은 미리 설정된 변수의 모든 가능한 값이 차례로 이어지는 선의 면모만을 드러낼 뿐이다. 따라서 생물이 자연의 대(大)파란을 계기로 새로운 특징을 갖게 해 주는 생물 내부의 변화 원리를 명확하게 규명해야 한다.

이제 우리는 새로운 선택에 마주친다. 형태를 바꿀(또는 적어도 세대가 이어지면서 원래 주어진 특징과 약간 다른 특징을 획득하여 점차로 원래의 특징을 알아보기 힘들게 만들) 생득적 능력이 생물에 있다고 전제하든가, 이전의 모든 종의 특징을 갖되 더 높은 단계의 복잡성과 완전성을 보이는 최종적인 종으로 향해 나가는 막연한 추구의 성향이 생물에 있다고 인정하든가 해야 한다.

첫 번째 체계는 모페르튀에게서 발견되는 것과 같은 무한한 착오의 체계이다. 자연사가 확립할 수 있는 종의 도표는 연속을 보장하는 기억(종

---

79) Benoît de Maillet, *Telliamed ou les entretiens d'un philosophe chinois avec un missionnaire français*(Amsterdam, 1748), 142쪽.

230

들의 시간적 존속과 상호적 닮음)과 역사, 차이, 분산을 동시에 보장하는 일탈적 성향 사이의 균형, 자연에 항구적으로 현존하는 이 균형에 의해 조금씩 획득되었을지 모른다. 모페르튀는 물질 입자가 본래부터 활력과 기억력을 갖는다고 추정한다. 가장 덜 활성적인 입자들은 서로 이끌려 무기물을 형성하고, 가장 활성적인 입자들은 더 복잡한 동물의 몸을 이룬다. 인력(引力)과 우연에 기인하는 이 형태들은 존속할 수 없을 경우 사라진다. 존속하는 형태들은 어버이의 특징을 기억하는 새로운 개체의 원인이 된다. 심지어 입자들의 일탈(우연)은 회상의 끈질긴 힘에 의해 유지되는 새로운 종을 생겨나게 하기도 한다. "동물의 무한한 다양성은 반복된 일탈 덕분으로 나타났을지 모른다."[80] 이처럼 생물은 우리가 생물에 있다고 인식하는 모든 특징을 연속적 변이에 의해 점차 획득하고, 생물을 시간의 차원에서 고찰할 때, 생물이 형성하는 치밀하고 견실한 널따란 층은 훨씬 더 조밀하고 섬세한 연속, 즉 잊혔거나 유산(流産)된 헤아릴 수 없이 많은 작은 차이로 짜인 연속의 단편적 결과일 뿐이다. 우리의 분석에 모습을 드러내는 가시적인 종은, 나타나고 반짝거리고 파멸하고 때때로 보존되는 기형들의 끊임없는 배경으로부터 분리된 것이다. 그런데 이것은 중요한 사항이다. 자연은 연속의 가능성이 있는 범위 내에서만 역사를 지닌다. 자연이 연속의 모습을 띠는 것은 자연이 가능한 모든 특징(모든 변수가 갖는 각각의 값)을 차례로 띠기 때문이다.

원형과 최종적인 종의 전도된 체계에서도 사정은 다르지 않다. 이 경우에 연속성은 기억에 의해서가 아니라, 복잡한 존재물의 기획에 의해 보장된다고 J.-B. 로비네와 더불어 상정할 필요가 있는데, 자연은 단순한 요소들을 점차 조합하고 배열함으로써 복잡한 존재물 쪽으로 나아간다. "우선 요소들이 서로 결합한다. 많지 않은 단순한 원리가 모든 물체에

---

80) Maupertuis, *Essai sur la formation des corps organisés*(Berlin, 1754), 41쪽.

기반의 구실을 하는데,"광물의 조직화를 절대적으로 지배하는 것은 바로 이 원리들이다. 그런 다음에 "자연의 웅장함"은 "지표면에서 움직이는 생물에 이르기까지" 끊임없이 증대하고, "기관들이 수, 크기, 정밀성, 내부 구조, 외부 형상의 측면에서 나타내는 변이는 새로운 배열에 의해 무한히 분할되고 세분되는 종을 낳는다."[81] 이런 식의 논리는 우리가 알고 있는 가장 복잡한 배열에 이르기까지 계속될 수 있다. 그래서 자연의 온전한 연속성은 모든 역사보다 더 깊이 파묻혀 있는 절대적으로 시원적(始原的)인 원형과, 적어도 지구 위에서는 현재의 인간에게서 관찰할 수 있는 이 전형의 지극히 복잡한 형태 사이에 자리한다.[82] 이 양 극단 사이에는 복잡성과 조합의 모든 가능한 단계, 즉 수많은 시도들의 계열 같은 것이 있는데, 이 시도들 중에서 어떤 것들은 항구적인 종의 형태로 존속했고, 다른 것들은 세상에서 잊혀졌다. 기형은 종 자체와 다른 '성격'을 띠지 않는다.

> 겉보기에 아무리 기묘한 형태들일지라도 …… 본질적으로는 당연히 생물의 보편적 차원에 속한다는 것, 그것들은 비록 우리에게 다른 현상을 제공하기는 하지만 다른 형태들만큼 자연스러운 원형의 변형이고, 인접한 형태들로 넘어가는 통로의 구실을 한다는 것, 그것들은 선행하는 조합에 의해 마련된 것처럼 뒤이어 오는 조합을 준비하고 조정한다는 것, 그것들은 사물의 질서를 혼란시키기는커녕 사물의 질서에 기여한다는 것을 생각하자. 아마 기형 생물의 산출에 의해서만 자연은 더 균형 잡힌 구조를 지닌 더욱 반듯한 생물을 산출하는 데 성공할 것이다.[83]

---

81) J.-B. Robinet, *De la nature*(3e éd., 1766), 25~28쪽.

82) J.-B. Robinet, *Considérations philosophiques sur la gradation naturelle des formes de l'être* (Paris, 1768), 4~5쪽.

83) *Ibid.*, 198쪽.

　모페르튀의 경우처럼 로비네의 경우에도 연속과 역사는 자연에서 일어날 수 있는 무한한 변이의 구조를 가로지르기 위한 수단일 뿐이다. 그러므로 환경의 다양성을 가로질러 생물에 대해 연속성과 특징의 결정을 보장하는 것은 시간도 지속도 아니다. 모든 가능한 변이 현상의 연속된 바탕 위에서 시간은 하나의 도정을 그리는데, 거기에서 기후와 지리는 잔존하게 되어 있는 몇몇 특권적인 영역만을 골라낸다. 연속은 하나의 동일한 살아 있는 요소가 변하기 쉬운 환경과 투쟁하는 근본적인 역사의 가시적인 흔적이 아니다. 사실상 연속은 시간에 선행한다. 연속은 시간의 조건이다. 그리고 연속에 비해 역사는 소극적인 역할만을 할 수 있을 뿐이다. 역사는 추출하고 존속하게 하거나 무시하고 사라지도록 내버려 둔다.

　이것은 두 가지 결과를 낳는다. 우선 기형을 개입시킬 필요성이 생겨나는데, 기형은 자연의 배경 잡음, 이를테면 끊임없는 웅성거림을 형성한다. 한정되는 시간이 자연의 연속 전체를 당연히 가로지르거나 혹은 이미 가로질렀다면, 상당히 많은 가능한 변수가 서로 마주쳐 지나갔고 소거되었다는 것을 인정해야 한다. 불분명하고 혼란스럽고 불안정한 경험을 통해 분류표에서 연속으로 거슬러 올라가기 위해서는 지질상의 대재앙이 필요했던 것처럼, 시간의 계열을 통해 연속에서 도표로 다시 내려올 수 있으려면 미래가 없는 기형의 증식이 필요하다. 달리 말하자면 어떤 관점에서는 대지와 대양의 참사로 해독되어야 하는 것이 다른 관점에서는 형태의 명백한 변이로 해독되어야 한다. 기형은 대홍수, 화산, 붕괴한 대륙 때문에 공간 속에서 우리의 일상적인 경험에 명확히 포착되지 않는 연속성을 시간 속에서 우리의 이론적 지식에 대해 보증한다. 두 번째 결과는 이러한 역사를 따라 드러나는 연속성의 징후가 이제는 닮음의 범주에만 속할 뿐이라는 점이다. 이러한 역사는 유기체에 대한 환경의 어떤 영향에 의해서도[84] 명확하게 결정되지 않으므로, 살아 있는 형태는 모든 가능한 변모를 겪게 되고, 유사성이라는 지표 이외에는 가로지른 경로의 어떤 흔적도 뒤에 남기지 않게 된다. 예컨대 자연은 인간이라는 잠정적으로 최종적인 형상을 본래의 원형으로부터 대강이나마 끊임없이 다듬어 나갔다는 것을 무엇으로 알아차릴 수 있을까? 자연의 여정에서 인간의 불완전한 전형을 보여 주는 수많은 형태가 도중에 폐기되었다는 사실에 의해 알아차릴 수 있다. 인간의 귀나 두개골 또는 음부(陰部)의 경우에도 어느 날 주조되었다가 더 완전한 형태를 위해 버려진 석고상과 같은 화석이 얼마나 많은가? "인간의 심장을 닮아 앙트로포카르디트[85]라고 명명되는 종은 …… 특별히 관심을 기울일 만하다. 이 종의 실체는 내부의 조약돌에 있다. 이 종은 거의 완벽한 심장의 형태이다. 대정맥의 기본 줄기가 두 판막 중의 한 부분과 함께 식별된다. 또한 대동맥의 기본 줄기가 아래 부위 또는 하행 부위와 함께 좌심실에서 뻗어 나오는 것을 볼 수 있다."[86] 탁시노미아의 공간이 화석을 엄밀하게 분해하는 반면, 화석은 동물과 광물의 혼합된 특성 때문에, 연속의 역사가가 요구하는 닮음의 특권적인 장소가 된다.

　이러한 지형에서 기형과 화석은 둘 다 매우 분명한 역할을 수행한다. 자연이 보유하는 연속의 힘이라는 바탕 위에서 기형은 차이의 출현을 보증한다. 차이는 여전히 법칙도, 분명히 규정된 구조도 없으며, 기형은 명시(明示)의 근원이긴 하지만, 느리고 끈질긴 역사에서 생겨나는 변종일 뿐이다. 화석은 자연이 가로지르는 모든 일탈 현상을 가로질러 닮음을 존속하게 하는 것이고, 동일성의 아련하고 막연한 형태로서 구실하며, 시간의 변천에 합치하는 준(準)특징의 표지이다. 그렇기 때문에 기형과

---

84) 18세기에 '환경'이라는 생물학의 선험적 개념이 실재하지 않았다는 것에 관해서는 G. Canguilhem, *La Connaissance de la vie*(Paris, 2ᵉ éd., 1965), 129~154쪽 참조.

85) (옮긴이 주) Anthropocardite. 문자 그대로는 '인간의 심장'이라는 뜻으로, 두꺼운 껍질이 있는 판새류(板鰓類)의 연체동물인데, 방사상의 줄무늬가 나 있는 대칭적인 두 판막으로 형성되어 있다.

86) J.-B. Robinet, *Considérations philosophiques sur la gradation naturelle des formes de l'être*, 19쪽.

화석은 **탁시노미아**에서 구조와 특징을 규정하는 차이와 동일성이 뒤쪽으로 투영된 것에 지나지 않는다. 기형과 화석은 도표와 연속 사이에서 어둡고 유동적이며 혼란스러운 영역을 형성하는데, 거기에서 분석에 의해 동일성으로 규정될 것은 여전히 무언의 유비일 뿐이고, 항구적인 차이로 규정될 것은 여전히 독립적이고 불확실한 변이일 뿐이다. 그러나 사실을 말하자면 자연사에서 자연의 역사는 이해하기가 너무나 불가능하고, 도표와 연속이 구체화하는 인식론적 배치는 너무나 근본적이어서, 생성은 전체의 요구에 의해서만 평가되는 중간의 자리를 차지할 수 있을 뿐이다. 그래서 생성은 하나에서 다른 하나로의 필연적인 변화를 위해서만 개입할 뿐이며, 생물과 무관하고 오직 외부에서 생물에 닥치는 일단의 혹독한 기후로 작용하든가, 끊임없이 희미하게 나타나지만 곧 중단되고 단지 소홀히 취급되는 도표의 가장자리에서만 감지할 수 있는 동향(動向)으로 작용하든가 할 뿐이다. 이처럼 연속을 배경으로 기형은 차이의 발생을 마치 풍자화의 방식으로 이야기하고, 화석은 닮음의 불확실성 속에서 동일성에 고유한 애초의 끈기를 환기한다.

7 자연의 담론

자연사의 이론은 언어의 이론과 분리될 수 없다. 그렇다고 해서 방법의 상호적 전이가 일어나는 것은 아니다. 개념이 서로 소통하거나 한쪽에서 '성공했다'는 이유로 인접한 영역에서도 시도될 수 있는 매력적인 모델이 있는 것도 아니다. 또한 문법과 **탁시노미아**의 성찰에 동일한 형식을 부과할 더 일반적인 합리성이 있는 것도 아니다. 존재물을 명사 체계로 나타낼 가능성에 따라 존재물의 인식을 결정하는 지식의 기본적인 배치가 있을 따름이다. 우리가 이제 생명이라 부르는 영역에서는 아마 분류의 노력과 또 다른 많은 탐구, 동일성과 차이의 분석 이외에 다른 많은 분석이 행해졌을 것이다. 그러나 이것들은 모두 역사적으로 한정된 일종의 선험적 여건에 토대를 두고 있었는데, 이것들의 분산과 특이하고 상이한 기획, 그리고 이것들에 관한 온갖 논쟁은 선험적 여건 때문에 가능해졌다. 선험적 여건은 구체적인 현상들이 끊임없이 인간의 호기심에 그만큼 많은 수수께끼로서 제시될 일단의 항구적인 문제로 구성된 것도 아니고, 이전 시대부터 퇴적되어 합리성의 다소 불규칙적이거나 급속한 진전에 대해 밑바탕의 구실을 하는 어떤 상태의 인식들로 이루어진 것도 아니며, 심지어는 우리가 어느 주어진 시대의 정신 구조 또는 '사유의 틀'이라 불리는 것을 사변(思辨)적 관심이나 맹신 또는 중요한 이론적 선택의 역사적 윤곽이란 뜻으로 이해할 수 있다면, 아마 이러한 구조 또는 틀에 의해 결정된 것도 아닐 것이다. 선험적 여건은 어느 특정한 시대에 가능한 지식의 영역을 경험에 맞추어 마름질하고 경험에 모습을 드러내는 대상의 존재 방식을 규정하고 일상의 시선에 이론의 역량을 부여하고 진실한 것으로 인정된 담론을 사물에 관해 행할 수 있는 조건을 확정하는 것이다. 18세기의 역사에서 속의 실재, 종의 안정성, 생식을 통한 특징의 전달에 근거를 제공한 선험적 여건은 자연사의 존재, 즉 어떤 가시적 세계를 지식의 영역으로 조직하기, 묘사의 네 가지 변수를 규정하기, 모든 개체가 어떤 것이건 놓일 수 있는 인접 공간을 설정하기이다. 고전주의 시대에 자연사는 새로운 호기심의 대상을 그저 발견하는 활동과 상응하는 것이 아니라, 항구적인 질서의 가능성을 일단의 재현 속으로 끌어들이는 일련의 복잡한 조작을 포함하는 것으로서, 경험성의 영역 전체를 묘사할 수 있고 동시에 질서 지을 수 있는 것으로 설정하고, 이로 인해 언어의 이론과 관련되고, 우리가 19세기부터 생물학으로 뜻하는 것과는 구별되며, 고전주의적 사유에서 결정적인 역할을 맡게 된다.

자연사는 언어와 동시대적이다. 다시 말해 자연사는 기억 속의 재현들을 분석하고 재현들의 공통 요소를 결정하고 재현들로부터 기호를 확립하고 마침내 명사를 부과하는 생득적 활동과 동일한 차원에 속한다. 분류하기와 말하기가 비롯되는 기원의 장소는 재현이 시간, 기억, 반성, 연속성에서 벗어날 수 없게 되어 있기 때문에 재현 자체의 내부에서 재현에 의해 열리는 그 동일한 공간이다. 그러나 자연사는 잘 구축된 언어, 그리고 보편적으로 타당한 언어가 아니라면, 다른 모든 언어로부터 독립된 언어로서 존재할 수 없고 틀림없이 존재하게 되어 있지도 않을 것이다. '서투르게 구축된' 자연 언어에서는 네 가지 요소(명제, 분절, 지칭, 파생) 사이의 벌어진 틈들이 남는다. 가령 각자의 경험, 요구, 정념, 습관, 편견, 어느 정도 일깨워진 관심으로부터 몇몇 서로 다른 언어, 이를테면 말의 형태에 의해서뿐만 아니라 무엇보다도 말을 통한 재현의 재단 방식에 의해 서로 구별되는 언어들이 구성되었다. 자연사는 작용이 외부에 대해 닫혀 있는 경우에만, 즉 묘사의 정확성에 의해 모든 명제가 현실의 항구적인 모형으로 떠오르는 경우에만,(재현 속에서 **분절**되는 것이 언제나 재현에 **부여될** 수 있는 경우에만) 그리고 전체의 일반적인 **배치**에서 각 존재물이 차지하는 자리를 각 존재물의 **지칭**이 분명하게 가리키는 경우에만 잘 구축된 언어일 수 있다. 언어에서 동사의 기능은 보편적이고 비어 있으며, 명제의 가장 일반적인 형태만을 규정할 뿐이고, 따라서 명사들의 분절 체계가 작용하게 되는 것은 명제의 내부에서이다. 자연사는 존재물에 부여될 수 있는 모든 변수를 서로 연관시키는 **구조**의 단일성 속에 이 두 가지 기능을 통합한다. 그리고 언어에서 지칭의 개별 작용은 보통 명사의 의미 영역을 결정하고 넓히는 우연한 파생의 영향을 받게 마련인 반면, 자연사가 확립하는 것과 같은 **특징**은 개체를 표시하는 동시에 마치 러시아 인형처럼 서로 끼워 넣어지는 일반성들의 공간에 개체를 자리하게 한다. 따라서 사물의 정확한 이름이 마침내 확립되는 두 번째 단계의 언어는 일상의 말 위에(그리고 기본적인 묘사를 위해서는 일상의 말을 사용해야 하므로 일상의 말을 통해) 구축된다.

> 과학의 정수(精髓)라 할 수 있는 방법은 자연의 어떤 물체이건 고유한 이
> 름을 갖도록, 그리고 이렇게 명명된 물체와 관련하여 시간의 흐름에 따라 획
> 득될 수 있었던 모든 인식이 이름에 의해 상기되도록 물체를 처음부터 단번
> 에 지칭한다. 그래서 극단적인 혼란 속에서도 자연의 지고한 질서가 발견되
> 는 것이다.[87]

그러나 이 본질적인 명명, 즉 가시적인 구조에서 분류학상의 특징으로
의 이 이행은 값비싼 대가를 요구한다. 자연 언어는 **에트로** 동사의 단조
로운 기능에서 파생으로, 그리고 수사학 공간의 행로로 나아가는 도식을
실현하고 완결하기 위해 상상력의 작용, 다시 말해 직접적인 닮음만을
필요로 했다. 다른 한편으로 **분류학**이 가능하기 위해서는 자연이 실제로
연속적이어야 하고 충만한 상태로 존재해야 한다. 언어가 인상들의 유사
성을 요구한 바로 거기에서, 분류는 사물들 사이의 가능한 한 가장 사소
한 차이라는 원칙을 요구한다. 그런데 명명의 바탕에서, 묘사와 배치 사
이의 남겨진 틈에서 이런 식으로 나타나는 연속은 언어 이전에 언어의
조건으로 전제된다. 그리고 이는 이 연속이 잘 구축된 언어의 기초를 제
공하기 때문일 뿐만 아니라, 이 연속이 모든 언어 일반의 원인이기 때문
이다. 하나의 재현이 막연하고 분명히 인식되지 않는 어떤 동일성을 통
해 다른 재현을 불러들이고 두 재현 모두에 보통 명사라는 자의적 기호
를 적용할 수 있게 할 때처럼, 기억에 실행의 계기를 부여하는 것은 아마
도 자연의 연속성일 것이다. 상상력을 통해 맹목적인 유사성으로 주어지
는 것은 그저 동일성과 차이의 광범위하고 부단한 짜임의 성찰되지 않은

---

87) Linné, *Systema naturae*(1758), 13쪽.

불분명한 흔적에 지나지 않았다. 상상력(비교하게 함으로써 언어를 가능하게 하는 상상력)은 무너졌지만 끈질기게 존속하는 자연의 연속성과 비어 있으나 주의 깊은 의식의 연속성이 서로 합쳐지는 모호한 장소를 은밀히 형성했다. 그래서 만일 자연이 모든 재현 이전에 사물의 밑바탕에서 연속적이지 않았다면, 말하기는 가능하지 않았을 것이고, 가장 하찮은 이름의 여지도 없었을 것이다. 부단히 이어지는 광범위한 종, 속, 강의 도표를 작성하기 위해서는, 자연사가 하나의 언어를 사용하고 비판하고 분류하고, 새롭게 재구성해야 했는데, 이 언어의 가능 조건은 바로 이 연속에 있었다. 사물과 말은 매우 엄밀하게 교차한다. 즉 자연은 명칭의 격자를 통해서만 제시되고, 그러한 이름들이 없다면 계속해서 말로 표현되지도 눈에 보이지도 않을 자연이 명칭의 격자를 넘어 멀리 이름 뒤에서 끊임없이 현존하면서 반짝인다 해도, 자연을 지식에 제공하는 것은 명칭의 격자이며, 이 격자는 언어가 온전히 스며든 자연만을 가시적이게 만든다.

그래서 아마도 고전주의 시대에 자연사는 생물학으로 확립될 수 없었을 것이다. 실제로 18세기 말까지 생명은 존재하지 않는다. 다만 생물이 존재할 뿐이다. 세계에 이미 존재하는 모든 사물의 계열에서 생물은 하나의 층, 더 정확히 말하자면 여러 층을 형성한다. 그래서 생명에 관해 말할 수 있는 것은 오직 생물의 보편적 분포에 따라 분류학상의 의미로 이해된 특징이라는 용어에 관해 말할 수 있는 것과 같을 뿐이다. 자연 속의 사물은 세 가지 층, 즉 성장이 인정되지만 움직임도 감성도 없는 광물, 성장할 수 있고 감각 능력이 있는 식물, 자발적으로 이동하는 동물로 나뉘는 것이 보통이다.[88] 생명과 생명에 의해 최초로 확립되는 문턱으로 말하자면, 이것들은 채택되는 기준에 따라 이 등급의 한쪽 끝에서 다른 쪽 끝까지 연속적으로 이동할 수 있다. 모페르튀의 경우처럼 요소들

을 서로 끌어당기고 서로 결부되어 있게 하는 친화 관계와 운동 기능으로 생명을 정의한다면, 생명은 물질의 가장 단순한 입자에 위치할 것이 틀림없다. 린네가 (씨나 싹에 의한) 탄생, (소화에 의한) 영양 섭취, 노쇠, 외부의 움직임, 체액의 내부 추진력, 질병, 죽음, 맥관, 선(腺), 표피, 소낭(小囊)의 현존을 생명의 기준으로 정하면서 그러했듯이,[89] 생명을 번잡하고 복잡한 특징에 의해 정의한다면, 생명은 이 계열에서 훨씬 더 높은 곳에 위치하지 않을 수 없다. 생명은 완전히 새로운 지식의 형태가 요구되기 시작하는 명백한 문턱이 아니다. 생명은 분류상의 범주로서 다른 모든 분류상의 범주처럼 일반적으로 정한 기준과 관계가 있고, 경계를 결정하는 것이 문제되자마자 어느 정도 불명확할 수밖에 없다. 식충류가 동물과 식물의 애매한 경계에 놓여 있는 것과 마찬가지로, 화석이나 금속도 생명이 있는지 없는지 말하기 어려운 불확실한 경계에 자리한다. 그러나 생물과 무생물 사이의 단절은 결코 결정적으로 중요한 문제가 아니다.[90] 린네가 말하듯이 자연사학자, 그가 자연의 역사가라고 부르는 사람은 "시각에 의해 자연물의 부분들을 구별하며 수, 모양, 자세, 크기에 따라 자연물의 부분들을 합당하게 묘사하고 명명한다."[91] 자연사학자는 생명이 아니라, 구조화된 가시적 세계와 독특한 명칭을 다루는 사람이다.

그러므로 모호하기도 하고 아직 초보 단계를 벗어나지 못한 생명의 철학을 고전주의 시대 동안 전개된 것과 같은 자연사에 결부시켜서는 안 된다. 사실 고전주의 시대의 자연사는 말의 이론과 교차한다. 자연사는 언어 이전과 동시에 언어 이후에 놓이고, 일상 언어를 해체하지만, 일상

---

89) Linné, *Philosophique botanique*, §133. 또한 *Système sexuel des végétaux*, 1쪽 참조.

90) 보네는 초보적인 무생물, 유기 조직을 지녔으나 움직이지 못하는 생물(식물), 기관을 갖춘 움직이는 생물(동물), 기관을 갖추고 움직이며 이성을 지닌 생물(인간)이라는 자연의 네 분할을 받아들였다. *Contemplation de la nature*, II\ :sup:`e` partie, chap. I 참조.

91) Linné, *Systema naturae*, 215쪽.

언어를 근본적으로 변화시키기 위해, 그리고 상상력의 맹목적인 닮음을 통해 일상 언어를 가능하게 만든 것을 발견하기 위해 그러는 것이며, 일상 언어를 비판하지만, 일상 언어의 토대를 발견하기 위해서 그러는 것이다. 자연사가 일상 언어를 재검토하고 완벽하게 만들고자 하는 것은 자연사 또한 자기 기원으로 돌아가기 때문이다. 자연사는 자연사의 직접적인 토대가 되는 일상의 어휘를 뛰어넘고, 자연사의 존재 이유일 수 있었던 것을 일상의 어휘 이쪽에서 찾으려고 하지만, 역으로 자연사는 합의된 이름의 사용이고 참된 명칭을 사물에 부여하는 것을 최종 목적으로 삼는다는 점에서 전적으로 언어의 공간에 자리한다. 그러므로 언어와 자연의 이론 사이에는 결정적인 유형의 이해 방식이 존재하며, 자연을 인식하는 것은 사실상 모든 언어가 어떤 조건에서 가능하고 어떤 한계 내에서 유효할 수 있는가를 드러낼 참된 언어를 언어로부터 구축하는 것이다. 이 결정적인 문제는 18세기에 분명히 존재했지만, 일정한 지식의 형태에 연결되어 있었고, 이러한 이유 때문에 철저한 질문으로서의 가치와 자율성을 획득할 수 없었다. 다시 말해 18세기에 이 문제는 닮음, 상상의 힘, 자연과 인간, 일반적이고 추상적인 관념의 가치, 요컨대 유사성의 인식과 개념의 타당성 사이의 관계가 관건인 영역에서 끊임없이 맴돌았다. 로크와 린네, 뷔퐁과 흄이 증언하듯이, 고전주의 시대에 이 문제는 닮음의 근거 및 유개념(類槪念)의 실재에 관한 것이다.

18세기 말에는 새로운 지형이 나타나는데, 이 지형은 자연사라는 오래된 공간에 대한 현대인들의 시선을 결정적으로 흐려 놓게 된다. 한편으로는 비평이 자리를 바꾸고 본래의 토양에서 떨어져 나간다. 흄은 인과성의 문제를 닮음에 관한·일반적인 질문의 한 가지 경우로 만든 반면,[92] 칸트는 인과성을 따로 다룸으로써 문제를 뒤집고, 유사성의 연속적인 바

---

92) Hume, *Essai sur la nature humaine*(trad. Leroy), t. I, 80쪽 및 239쪽 이하.

탕 위에 동일성과 구별의 관계를 확립하는 것이 관건이었던 바로 거기에서, 다양한 것의 종합이라는 반대 방향의 문제를 나타나게 한다. 이와 동시에 이 결정적인 문제는 개념에서 판단으로, (재현들의 분석에 의해 획득된) 유개념의 실재에서 재현들을 서로 연결할 가능성으로, 명명할 권리에서 귀속의 근거로, 명사의 분절에서 명제 자체와 명제를 확립하는 에트르 동사로 옮아가게 된다. 따라서 이 문제는 완전히 일반화되기에 이른다. 이 문제는 자연과 인간의 관계에 관해 유효하지 않고, 그 대신 모든 인식의 가능성 자체에 관한 검토가 된다.

다른 한편으로 동일한 시대에 생명이 분류법의 개념들에 대해 자율성을 획득한다. 생명은 18세기에 자연의 지식을 구성한 그 결정적인 이해 방식에서 벗어난다. 여기에서 벗어난다는 것은 두 가지 사항을 의미한다. 즉 생명은 다른 것들 사이에서 인식의 대상이 되고, 이러한 이유로 모든 비평 일반의 소관(所管)이지만, 이와 동시에 이 결정적인 권한을 나름대로 이어받고 자기 자신의 이름으로 모든 가능한 인식에 관련지으면서, 이 권한에 저항한다. 그래서 19세기에 칸트로부터 딜타이와 베르그손까지 중요한 사상과 생명의 철학은 상호적인 차용과 계쟁(係爭)의 입장에 놓이게 된다.

6 교환하기

1 부의 분석

　고전주의 시대에는 생명도, 생명과학도, 문헌학도 없다. 그러나 자연사가 있고 일반 문법이 있다. 이와 마찬가지로 지식의 차원에 생산이 존재하지 않기 때문에 정치경제학도 없다. 반면에 17~18세기에는 우리가 보기에 본질적으로 정확성은 상실했을지라도 여전히 우리에게 친숙한 관념이 존재한다. 그러나 이것을 두고 '관념'이라고 할 것까지는 없을지 모른다. 왜냐하면 경제학 개념들의 작용 내에 자리를 잡지 못하고, 기껏해야 경제학 개념들로부터 약간의 의미를 탈취하거나 경제학 개념들의 외연을 조금씩 침범하면서 경제학 개념들의 작용을 살짝 빗나가게 할지도 모르기 때문이다. 문제되는 것은 오히려 일반적인 영역이다. 즉 가치, 가격, 무역, 유통, 금리, 이자의 관념을 그만큼 많은 부분적인 대상으로 포함하고 수용하는 매우 일관성 있고 아주 복합적인 지층이다. 고전주의 시대에 '경제학'의 토대이자 대상인 이 영역은 부의 영역이다. 예컨대 생산이나 노동을 중심으로 체계화된 다른 유형의 경제학에서 생겨난 문제를 이 영역에서 제기하는 것은 쓸데없는 일이며, 이 영역의 다양한 개념에 실증성을 부여하는 체계를 고려하지 않고 이 영역의 개념들을 분석하는 것(특히 그것들의 명칭이 어느 정도 유사한 의미를 띠고서 다음 시대에 영속했을지라도) 역시 무익한 일이다. 린네의 유개념을 자연사의 영역 밖에서 분석하고자 하거나, 보제의 시제 이론을 그것의 역사적 출현 조건인 일반 문법에 대한 고려 없이 분석하려고 하는 것과 다름이 없다.

그러므로 대중없이 성립하는 중인 정치경제학이 차후에나 갖게 될 단일성을 굳이 고전주의 시대의 부의 분석에 부여하려는 회고적 해석은 피해야 한다. 그런데도 사상사 연구자들은 서양의 사유에서 리카도와 J.-B. 세[1]의 시대에 벌써 완전무장을 하고 이미 미묘한 양상을 띠고서 솟아올랐을 이 지식의 수수께끼 같은 탄생을 으레 이런 식으로 재현한다. 그들은 이윤과 금리에 대한 도덕적 문제의식(정당한 가격에 관한 이론, 이자에 대한 정당화 또는 비난) 때문에, 또한 화폐와 부, 가치와 매매 가격 사이의 심각한 혼동 때문에 과학적 경제학이 오랫동안 불가능하게 되었다고 추정한다. 가령 중상주의는 이러한 동일시의 주된 요인들 가운데 하나이자 가장 명백한 증거였으리라는 것이다. 그러나 조금씩이지만 18세기에는 중요한 구별들이 확실히 이루어졌고 나중에 실증 경제학에서 더 적절한 수단으로 끊임없이 다루게 될 중요한 문제들 중 몇 가지가 명확하게 파악되었으리라고 추정된다. 가령 화폐는 비록 자의성은 아닐지라도 협약의 성격을 갖게 되었을 것이고,(그것도 금속주의자들과 반금속주의자들 사이의 오랜 논쟁을 통해. 전자에는 차일드,[2] 페티, 로크, 캉티용, 갈리아니[3]를, 후

---

1) (옮긴이 주) Say(1767~1832). 애덤 스미스를 대중화한 프랑스의 경제학자. 그의 이론은 세 가지 사항으로 요약될 수 있다. ① 가치의 원리는 노동이 아니라 유용성이다. ② 기계는 일시적으로 실업을 초래하지만, 물가를 하락시킴으로써 생산의 확대, 고용의 촉진을 유발하고, 생산물은 열린 돌파구이므로(이른바 돌파구의 법칙), 산업화는 한계도 위험도 없다. ③ 영국의 자유주의자들이 확신하고 자본가 또는 중농주의자들이 주장했듯이 토지 소유자가 아니라, 기업가가 경제에서 핵심적인 역할을 한다. 저서로는 *Traité d'économie politique*(1803), *Cours complet d'économie politique pratique*(1828~1830)이 있다.

자에는 바번,[4] 부아기으베르,[5] 그리고 특히 로, 다음으로 1720년의 재앙 이후로는 더 조심스럽긴 하지만 몽테스키외와 믈롱[6]을 포함시켜야 할 것이다.) 또한 교환 가격의 이론과 고유 가치의 이론을 구별하는 작업도 캉티용의 저서에서 시작되었을 것이고, 우리의 삶에 필수적이나 값싼 물과 비싸지만 쓸모없는 다이아몬드가 대비된 점으로 미루어보건대, 중요한 '가치의 역설'이 분명히 간파되었을 것이고, (갈리아니가 정확히 표명했던 이 문제를 찾아내는 것은 실제로 가능하다.) 더 나아가 제번스[7]와 멩거[8]가 예고되면서 (갈리아니, 그라슬랭,[9] 튀르고에게서 개략적으로 나타나는) 일반적인 효용 이론에 가치가 결부되기 시작했을 것이고, 상업의 발전으로 인한 가격 상승의 중요성이 이해되었을 것이고,(이것은 프랑스에서 부아기으베르와 케네가 이어받은 '베허의 원리'이다.) 끝으로 생산의 메커니즘이 분석되기 시작했을 것인데, 이는 중농주의자들의 등장을 알리는 신호였을 것이다. 그리고 애덤 스미스가 증대하는 분업 과정을, 라카도가 자본의 역할을, J.-B. 세가 시장 경

---

2) (옮긴이 주) Child(1630~1699). 영국의 상인, 경제학자. 1686년 동인도회사를 맡아 전제적으로 경영하고, *A new discourse of Trade*(1690)을 통해 이자율 인하와 무역 중재재판소의 설립을 주창한다.

3) (옮긴이 주) F. Galiani(1728~1787). 튀르고와 디드로에게 영향을 준 이탈리아의 경제학자, 외교관. 효용과 희소성을 가치의 근거로 주장했고 중농주의와 자유무역론을 비판했다.

4) (옮긴이 주) Barbon(1596~1680). 영국의 과격한 당파주의자. 런던의 부유한 모피 상인으로, 열렬한 설교와 '예언들'로 유명해지는데, 1653년 크롬웰에게 발탁되어 의회 의원이 된다.

5) (옮긴이 주) Boisguillebert(1646~1714). 프랑스의 경제학자. 상업과 농업으로 막대한 부를 축적한 후 대신의 지위까지 오른다. 중농주의의 선구자로 간주될뿐더러, 경제 위기는 소비의 불충분 때문이라고 강조했기 때문에, 수요에 관한 제반 이론의 선구자로 간주되기도 한다.

6) (옮긴이 주) Melon(1680~1738). 프랑스의 경제학자. 때로는 신중상주의자로, 때로는 중농주의의 선구자로 간주된다. *Essai politique sur le commerce*(1734)의 저자이다.

7) (옮긴이 주) Jevons(1835~1882). 영국의 경제학자, 논리학자. *Pure Logic*(1863), *Theory of political Economy*(1871), *The Principles of Science*(1874) 등의 저서가 있다.

8) (옮긴이 주) Menger(1840~1921). 오스트리아의 경제학자. 재화의 가치를 유용성 및 상대적인 부족과 관련시키는 그는 1871년 L. Walras, S. Jevons와 함께 '한계효용설 학파'를 창시한다.

9) (옮긴이 주) Graslin(1727~1790). 프랑스의 경제학자. *Essai analytique sur la richesse et sur l'impôt*(1767)를 통해 중농주의자들의 견해를 비판하고 세금의 이론을 제시했다.

제의 몇몇 기본 법칙을 밝히면서 생산의 분석을 다른 관점에서 다시 시작할 때까지, 이처럼 통일성 없는 잡다한 정치경제학의 주요한 주제들이 조용히 확립되었을지 모른다. 그때부터 정치경제학은 고유한 대상과 내부의 일관성을 갖추고 존재하기 시작했으리라고 짐작된다.

사실 17~18세기에 화폐, 가격, 가치, 유통, 시장의 개념은 어둠에 묻힌 미래에 입각해서가 아니라 엄밀하고 일반적인 인식론적 배치의 일부분으로서 사유되었다. '부의 분석'을 전반적인 필연성에 따라 밑받침하는 것은 바로 이 배치이다. 부의 분석과 정치경제학의 관계는 일반 문법과 문헌학의 관계, 자연사와 생물학의 관계와 같다. 그리고 일반 문법을 가로질러 동사와 명사의 이론, 행위 언어의 분석, 어근의 파생과 어근의 분석을 가능하고 필연적이게 하는 이 고고학적 망을 참조하지 않고서는 이것들을 이해할 수 없고, 자연사의 영역을 탐구하지 않고서는 고전주의 시대의 묘사, 특징의 부여, 분류학도, 체계와 방법 사이 또는 '생물불변설'과 '진화' 사이의 대립도 이해할 수 없는 것처럼, 화폐, 가격, 가치, 상업의 동시적 장소인 이 부의 영역을 명확히 밝히지 않는다면, 이것들에 대한 분석을 연결하는 필연성의 고리를 찾아내는 것은 불가능할 것이다.

아마 부의 분석은 일반 문법이나 자연사와 동일한 굴곡이나 동일한 리듬에 따라 이루어지지 않았을 것이다. 이는 화폐, 상업, 교환에 관한 성찰이 실천과 제도에 연결되어 있기 때문이다. 그러나 실천과 순수한 사변(思辨)이 서로 대립한다 할지라도, 이 양자의 토대는 어쨌든 단 하나의 기본적인 지식에 있다. 화폐의 개혁, 은행의 관습, 상업의 관행은 고유한 형식에 따라 합리화되거나 발전하거나 유지되거나 사라지거나 할 수 있으며, 이것들의 토대는 언제나 어떤 지식, 즉 담론을 통해 저절로 드러나지는 않지만 추상적인 이론 또는 현실과 분명한 관계가 없는 사변의 경우에서와 마찬가지로 불가피하게 요구되는 모호한 지식이다. 하나의 문화에서 어느 특정한 시기에는 하나의 에피스테메만이 있을 뿐인데, 그것은 이론으로 나타나는 지식이건 실천에 조용히 스며들어 있는 지식이건 간에 모든 지식의 가능 조건을 결정한다. 1575년의 삼부회에 의해 발효된 화폐 개혁이나 중상주의적 조치 또는 로의 시도와 좌절은 다반자티나 부트루, 페티 또는 캉티용의 이론과 동일한 고고학적 기반을 갖는다. 따라서 논해야 하는 것은 바로 지식의 이 근본적인 불가피성이다.

2 화폐와 물가

16세기에 경제 사상은 가격의 문제와 화폐 물질의 문제에 한정되어 있거나 거의 그러하다. 가격의 문제는 물가의 상승이 갖는 절대적이거나 상대적인 성격과 아메리카산(産) 금속의 부단한 평가절하 또는 대량 유입이 물가에 미칠 수 있었던 영향과 관련이 있다. 화폐 물질의 문제는 본위(本位)의 성격, 사용된 서로 다른 금속들 사이의 가격 비율, 화폐의 무게와 명목가치 사이의 불균형에 관한 것이다. 그러나 금속은 자체가 부(富)임에 따라서만 기호로서, 그리고 부를 측정하는 기호로서 나타나므로, 이 두 가지 계열의 문제는 서로 밀접하게 관련되어 있다. 금속이 기호일 수 있었던 것은 금속이 실질적인 표지였기 때문이다. 그리고 말이 스스로 나타내는 것과 동일한 실재성을 지녔던 것처럼, 생물의 표지가 가시적이고 명확한 표지인 양 생물의 몸에 새겨졌던 것처럼, 부를 가리키고 측정하는 기호도 부의 실질적인 표지를 자체 안에 지니고 있어야 했다. 부의 기호는 귀중한 것이어야만 가격을 나타낼 수 있었으며, 따라서 희귀하고 유용하며 탐나는 것이어야 했다. 게다가 부의 기호에 의해 물품에 부과되는 표지가 보편적으로 해독할 수 있는 진정한 기준이려면, 이 모든 특성이 안정적이어야 했다. 이로부터 가격의 문제와 화폐의 성격 사이의 상관 관계가 유래하는데, 이 상관 관계는 코페르닉에

서 보댕과 다반자티까지 부에 관한 모든 성찰의 대상으로서 유난히 중
시되었다.

상품들 사이의 공통된 척도와 교환 메커니즘에서의 대체물이라는 화
폐의 두 가지 기능은 화폐의 물질적 실체에 근거가 있다. 척도는 측정 대
상인 사물의 다양성과 비교할 수 있는 지정 가능한 실체를 기준으로 할
때에야 비로소 안정화되고 모든 이에 의해 인정되며 모든 장소에서 유효
하게 된다. 가령 코페르닉이 말하듯이 투아즈[10]와 부아소[11]의 길이와 용
량은 단위의 구실을 한다.[12] 따라서 화폐는 단위가 실제로 존재하는 실체
일 경우에만 진정한 측정의 도구가 되고, 어떤 상품이건 이 실체를 기준
으로 평가된다. 이 점에서 중세에 적어도 한동안은 인정된 이론이 16세
기에 재론되는데, 화폐의 **상정된 가치**를 정하거나 화폐의 공정 금액을 변
경하거나 어느 한 범주의 주화 또는 어느 특정한 금속의 유통을 중단시
킬 권리는 그 이론에 따라 왕 혹은 인민의 동의에 맡겨졌다. 화폐의 가치
는 화폐가 함유하는 금속의 질량에 의해 결정되어야 하는데, 다시 말해
화폐는 왕이 아직 금속 조각에 자신의 초상이나 인감(印鑑)을 새겨 넣지
않았던 예전의 상태로 돌아가야 하는데, 그 시대에는 "구리도 금도 은
도 화폐로 주조되지 않았고 다만 무게에 따라 추정되었고,"[13] 임의의 기
호가 실제의 표지로서 유효성을 지니지 않았고, 화폐가 부로서의 물질적
실재성에 입각하여 부를 표준에 맞추어 추정하는 역량만을 의미하므로
적절한 척도였다.

16세기에 개혁이 실행되고 당시에 벌어진 논쟁이 특유의 중요성을 띠

---

10) (옮긴이 주) toise. 옛날의 길이 단위로서 약 2미터에 해당한다.

11) (옮긴이 주) boisseau. 곡물을 재는 옛 용량 단위로서 약 13리터에 해당한다.

12) Copernic, *Discours sur la frappe des monnaies*(in J.-Y. Le Branchu, *Ecrits notables sur la monnaie*, Paris, 1934), I, 15쪽.

13) Anonyme, *Compendieux ou bref examen de quelques plaintes*(in J.-Y. Le Branchu, *op. cit.*), II, 117쪽.

게 된 것은 바로 이러한 인식론적 바탕 위에서이다. 누구나 화폐 기호를 정확한 척도로 귀착시키고자 하는데, 즉 주화의 명목가치는 기준으로 선택되고 각 주화로 구체화된 금속의 양과 일치해야 하는데, 그러면 화폐는 자체의 계량(計量) 가치 이상의 어떤 것도 의미하지 않게 된다. 이 점에서 『콤펜디어스』[14]를 쓴 익명의 저자는 명목가치의 '폭등'으로 인해 오래전부터 화폐의 계량 기능이 손상되었으므로 "현행의 화폐 전체가 어느 시기부터는 더 이상 유통되지 않아야" 한다고 주장하는데, 그렇게 되면 이미 주조된 화폐는 "함유된 금속에 대한 평가"에 따라서만 승인되어야 할 것이고, 새로운 화폐로 말하자면 무게를 명목가치로 갖게 될 것이다. 즉 "이 순간부터는 동일한 가치, 동일한 무게, 동일한 명칭을 따르는 옛 화폐와 새로운 화폐만이 일상적으로 사용될 것이고, 따라서 화폐는 과거의 공정 금액과 정당성을 되찾을 것이다."[15] 1581년 이전에는 출판되지 않았지만 30여 년 전부터 확실히 실재했고 원고 상태로 유포되었던 『콤펜디어스』라는 텍스트가 엘리자베스 여왕 치하의 화폐 정책을 이끌었는지는 분명하지 않다. 한 가지 확실한 것은 1544년과 1559년 사이에 발생한 일련의 '과대평가'(평가절하) 이후로 1561년 3월의 포고령에 의해 화폐의 명목가치가 '낮아지고' 금속의 함유량으로 귀착한다는 점이다. 이와 마찬가지로 프랑스에서 1575년의 삼부회는 계산 단위의 철폐를 요구하고 이를 관철시키며,(이로 인해 화폐에 대한 제3의 정의, 즉 순전히 산술적인 정의가 도입되어, 무게에 의한 정의와 명목가치에 의한 정의에 덧붙여졌다. 즉 이러한 보충적인 관계를 이해하지 못한 사람들은 화폐에 관한 조작의 의미를 간파하지 못했다.) 1577년 9월의 칙령은 에퀴 금화를 실제의 화폐 및 계산 단위로 확정하고 다른 모든 금속, 특히 채무 변제의 가치를 지니지만 합법적 불변성을 상실하는 은이 금에 종속되도록 할 것을 공포한다. 이처

---

14) (옮긴이 주) *Compendious*. 영어로 '간추린'이라는 뜻이다.
15) *Ibid*., 155쪽.

럼 금속의 무게에 입각하여 화폐의 주조가 다시 표준화된다. 화폐가 지니는 기호, 즉 상정된 가치는 그저 화폐가 구성하는 척도의 정확하고 투명한 표지에 지나지 않는다.

그러나 이러한 회귀가 요구되고 때때로 실현되면서 몇 가지 현상이 동시적으로 밝혀지는데, 화폐-기호에 고유한 이 현상들은 아마 화폐-기호가 실행하는 척도로서의 역할을 결정적으로 위태롭게 했을 것이다. 우선 금속 함유량이 많은 주화는 모습을 감추고 거래에 사용되지 않는 반면에, 나쁜 화폐일수록 많이 유통된다는 사실이 드러나는데, 이것은 코페르닉[16]과 『콤펜디어스』의 저자[17]가 이미 알고 있었던 이른바 그레샴의 법칙[18]이다. 다음으로 특히 화폐의 실상과 가격의 동향 사이에 관계가 맺어지는데, 바로 이 관계 때문에 화폐는 다른 상품들 사이에서 하나의 상품으로, 이를테면 모든 등가물의 절대적 기준이 아니라, 공급 과잉과 품귀 현상에 따라 교환 역량이 변하고 따라서 교환에서의 대체 가치도 변하는 물품처럼 보였다. 즉 화폐도 가격이 있다. 말레트루아[19]는 겉보기와는 달리 16세기 동안 가격 상승이 일어나지 않았다고 지적했다. 다시 말해서 상품은 언제나 있는 그대로의 것이고 화폐는 본질적으로 변함없는 기준이므로, 물품의 가격 상승은 동일한 금속 질량이 지니는 명목가치의 상승으로부터만 기인할 수 있지만, 동일한 양의 밀을 구입하는 데에는 여전히 동일한 무게의 금과 은이 지불된다. 그래서 "어떤 것도 가격이 오르지는 않는다." 가령 에퀴 금화는 회계 화폐로서 필립 6세 치하에 투르에서 주조된 솔[20]로 환산하면 20솔에 해당했고 이제는 50솔의 가치

---

16) Copernic, *Discours sur la frappe des monnaies, op. cit.*, I, 12쪽.

17) Anonyme, *Compendieux, op. cit.*, II, 156쪽.

18) Gresham, *Avis de Sir Th. Gresham, op. cit.*, t. II, 7, 11쪽.

19) Malestroit, *Le Paradoxe sur le fait des monnaies*(Paris, 1566).

20) (옮긴이 주) sol. sou의 다른 낱말인데, sou는 20분의 1리브르에 상당하는 주화였다.

가 있으므로, 예전에 4리브르[21]였던 벨벳 1온[22]의 가격이 오늘날 10리브르인 것은 지극히 당연하다. "모든 물건의 가격 상승은 이전의 관례보다 더 많은 양의 금과 순은(純銀)을 넘겨주는 것에서가 아니라 더 적은 양을 받는 것에서 유래한다." 그러나 화폐의 역할과 화폐가 유통시키는 금속의 양 사이에 이러한 동일시가 일단 확립되면, 화폐가 다른 모든 상품과 동일한 변동을 따른다는 것은 매우 명백해진다. 그리고 금속의 양과 매매 가치가 안정적이라는 것을 말레트루아가 암묵적으로 인정한다 해도, 몇 해 지나지 않아[23] 보댕은 신대륙으로부터 수입된 금속 총량의 증가를, 따라서 상품의 실질적인 가격 상승을 확인하는데, 그 이유는 왕들이 더 많은 양의 금괴를 소유하거나 개인들로부터 거두어들여 순도가 더 높은 화폐를 더 많이 주조했기 때문이며, 따라서 동일한 상품을 구입하는 데 더 많은 금속이 지불된다. 그러므로 가격의 상승은 "지금까지 아무도 포착하지 못한 거의 유일한 주요 원인" 때문인데, 그것은 "금과 은의 풍부함", "물건을 평가하고 물건에 가격을 부여하는 금속의 풍부함"이다.

등가의 기준 자체는 교환 체계에서 벗어날 수 없고, 화폐의 구매력은 금속의 상품 가치만을 말해 줄 뿐이다. 그러므로 화폐를 특징짓고 결정하며 모두가 받아들일 수 있는 확실한 것으로 만드는 표지는 가역적인데, 이 표지는 두 가지 방향에서 해석될 수 있다. 즉 이 표지는 변함없는 척도인 금속의 양을 가리킬 뿐만 아니라(말레트루아는 바로 이런 방식으로 이 표지를 해독한다.) 양과 가격이 변할 수 있는 금속이라는 상품을 가리키기도 한다.(이것은 보댕의 독법이다.) 전자의 경우에서는 16세기에 기호들의 일반 체재를 특징짓는 것과 유사한 배치가 엿보이는데, 앞에서 말했다시피 그 당시에는 기호들이 닮음에 의해 확립되었고, 닮음이 식별되

---

21) (옮긴이 주) livre. 혁명 전의 화폐 단위로서 3리브르는 1에퀴이고 24리브르는 1루이이다.

22) (옮긴이 주) aune. 길이의 단위, 1.18미터였다가 1.2미터가 되었다.

23) Bodin, *La Réponse aux paradoxes de M. de Malestroit*(1568).

기 위해 기호가 필요했다. 후자의 경우에서는 화폐 기호가 금속의 질량에 의거해서만 교환 가치를 지정받고 표지로서 확립될 수 있을 뿐인데, 금속의 질량으로 말하자면 다른 상품들의 범주 안에서 가치가 정해진다. 필요한 것들의 체계에서 일어나는 교환이 인식들의 체계에서 찾아볼 수 있는 유사성에 상응한다는 것을 인정한다면, 에피스테메의 유일하고 동일한 지형이 르네상스 시대 동안 자연에 관한 지식과 화폐에 관련되는 성찰 또는 실천을 지배했다는 것을 알아차릴 수 있다.

그리고 대우주에 대한 소우주의 관계가 닮음과 기호의 한없는 변동을 중단하는 데 불가결했던 것처럼, 금속과 상품 사이의 어떤 관계를 상정할 필요가 있었는데, 금속과 상품 사이의 관계는 극단적인 경우에 모든 귀금속의 완전한 상품 가치를 결정하고 뒤이어 모든 물품의 가격을 확실하고 결정적인 방식으로 표준화하게 해 주었다. 금속과 상품 사이의 관계는 신이 대지에 금광과 은광을 묻어 두고는 대지에서 식물이 자라고 동물이 번식하듯이 금광과 은광이 서서히 불어나게 하는 바와 같은 신의 섭리에 의해 확립된 관계이다. 인간이 필요로 하거나 바라는 모든 것과, 금속이 알게 모르게 증가하고 있는 감춰져 있지만 반짝거리는 광맥 사이에는 절대적인 대응 관계가 있다. 다반자티가 말하듯이,

자연은 지상의 모든 사물을 유용하게 만들었고, 사람들이 맺는 합의에 따라 지상의 사물 전체는 가공되는 황금 전체에 상당하며, 따라서 사람은 누구나 모든 사물을 획득하고자 모든 것을 바라는 법이다. …… 물건들 사이에서, 그리고 물건과 금 사이에서 찾아볼 수 있는 규칙과 수학적 비율을 날마다 확인하기 위해서는 실재하거나 지상에서 만들어지는 물건, 더 정확히 말하면 깨끗한 거울에 비치듯이 하늘에 재현되고 반영되는 물건의 이미지를 하늘 높은 곳에서나 매우 높은 어떤 관측소에서 응시할 수 있어야 할 것이다. 그렇게 되면 우리는 우리의 모든 계산을 포기할 것이고 속으로 다음과 같이, 즉 지상에는 금, 물건,

사람, 욕구가 그토록 많지만, 각 물건이 욕구를 충족시킴에 따라, 각 물건의 가치는 그만큼의 다른 물건이나 금의 가치와 동등하리라고 말할 것이다.[24]

이 경이롭고 철저한 계산은 신만이 할 수 있다. 즉 이 계산은 소우주의 각 요소를 대우주의 상응하는 요소와 관련짓는 또 다른 계산과 상응하지만, 이 양자 사이의 유일한 차이점은 후자가 사물이나 동물 또는 인간으로부터 별로 나아가면서 지상의 것을 천상의 것에 연결한다는 사실이다. 전자의 계산은 지상을 동굴과 광산에 연결하는 반면, 후자는 인간의 솜씨로 생겨나는 물건과 세계가 창조되었을 때부터 파묻혀 있는 보물을 상응하게 한다. 유사성의 표지는 인식을 이끌기 때문에 하늘의 완전성을 향하고, 교환의 기호는 욕망을 충족시키기 때문에 금속의 어둡고 위험하고 저주받은 반짝임에 의거한다. 이 반짝임은 밤의 극단에서 노래하는 반짝임을 깊은 땅속에서 재현하는 만큼 애매한 반짝임이고, 즉 땅속에서 행복의 전도된 약속으로 존재하고, 금속도 별과 유사하기 때문에, 이 모든 위험한 보물에 대한 지식은 세계에 대한 지식이기도 하다. 이처럼 부에 관한 성찰은 우주에 관한 폭넓은 사변으로 옮아가는데, 이는 역으로 세계의 질서에 대한 깊은 인식이 금속의 비밀과 부의 소유로 귀착하게 되어 있는 것과 같다. 16세기에 지식의 모든 요소를 함께 연결하는 필연성들의 망이 얼마나 촘촘하게 짜여 있는가, 즉 어떻게 기호들의 우주론이 물가 및 화폐에 관한 성찰과 겹치고 이 성찰을 밑받침하는가, 또한 어떻게 기호들의 우주론이 금속에 관한 이론적이고 실천적인 사변을 가능하게 하는가, 금속과 별이 은밀한 친화력에 의해 서로 대응하고 연관되는 것과 동일한 방식으로 욕망의 전조(前兆)와 인식의 가능성이 어떻게 기호들의 우주론에 의해 소통하게 되는가는 명약관화하다. 지식의

---

24) Davanzatti, *Leçon sur les monnaies*(in J.-Y. Le Branchu, *op. cit.*), 230~231쪽.

극한에서, 즉 지식이 매우 설득력 있고 거의 완벽하게 되는 지점에서 사제-왕, 철학자, 대장장이[25]라는 세 가지 주요한 기능이 서로 합쳐진다. 그러나 이 지식이 디비나시오의 미묘한 섬광 속에서 단편적으로만 주어지는 것과 마찬가지로 물건과 금속, 욕망과 가격의 특이하고 부분적인 관계에 대해서도 완벽한 인식이나 '어떤 높은 관측소에서'라면 획득할 수 있을지도 모르는 인식은 인간에게 주어지지 않는다. 이와 같은 인식은 숨어 노릴 줄 아는 정신의 소유자들, 즉 상인들에게 마치 우연인 듯이 예외적으로 이따금 주어질 뿐이다. 점쟁이들이 닮음과 기호의 무한한 작용에 대해 맺었던 관계를 상인들은 앞의 작용과 마찬가지로 교환과 화폐의 작용에 대해 맺는다.

이 세상에서 우리는 주변의 얼마 안 되는 물건들을 지각하는 데 어려움을 겪고, 그것들이 각 장소와 각 시기에 다소간 요구된다고 생각함에 따라 그것들에 가격을 부여한다. 상인들은 이러한 요구의 정도를 신속하고도 매우 정확하게 파악하고, 그래서 물건들의 가격에 놀랍도록 정통하다.[26]

3 중상주의

고전주의적 사유에서 부의 영역이 성찰의 대상으로 성립하기 위해서는 16세기에 확립된 지형이 바뀌어야 했다. 르네상스 시대의 '경제학자들'의 경우에, 그리고 다반자티에 이르기까지, 상품의 가치를 나타내는 화폐의 기능 및 교환 가능성은 화폐의 실질 가치에 달려 있었다. 즉 그들

---

25) (옮긴이 주) Basileus, Philosophos, Métalicos. 각각 제정일치 시대의 사제-왕, 철학자, 대장장이(금속을 다루는 자)를 의미하는 것으로 추정된다. 이 세 가지는 조르주 뒤메질의 삼원 체계를 연상시킨다.
26) Davanzatti, *Leçon sur les monnaies*, 231쪽.

은 귀금속이 화폐 주조 이외의 다른 유용성이 별로 없다는 것을 알고 있었지만, 귀금속이 척도로 선택되고 교환에 사용되며, 따라서 귀금속의 가격이 상승하는 것은 귀금속 자체가 자연의 영역 안에서 다른 어떤 것보다 높은 절대적이고 기본적인 가치를 지녔고, 누구나 귀금속을 각 상품의 가격에 대한 기준으로 삼을 수 있었기 때문이다.[27] 아름다운 금속은 그 자체로 부의 표지였고, 귀금속의 파묻힌 광채는 귀금속이 세계에 존재하는 모든 부의 감춰진 현존이자 동시에 가시적인 보증이라는 것을 충분히 보여 주었다. 바로 이러한 이유 때문에 귀금속은 값이 나갔고, 또한 모든 가격의 척도였으며, 끝으로 값이 나가는 모든 것과 교환될 수 있었다. 귀금속은 전형적으로 값진 것이었다. 17세기에도 변함없이 화폐에는 이 세 가지 속성이 있다고 여겨지지만, 이 세 가지 속성의 근거는 이제 첫 번째 속성(값이 나간다는 것)이 아니라 마지막 속성(값이 나가는 것을 대신한다는 것)에 놓이게 된다. 르네상스 시대에는 화폐로 주조된 금속이 고유한 특징(귀중하다는 사실)의 이중화로 인해 두 가지 기능(척도와 대체물)에 대해 근거의 구실을 한 반면, 17세기에는 분석이 뒤집히게 되는데, 이 두 가지 상이한 특성에 대해 토대의 구실을 하는 것은 바로 교환의 기능이다.(그렇게 되면 측정할 자격과 가격을 부여받을 역량은 이 기능에서 파생하는 특성처럼 보인다.)

이 전도 현상은 17세기 동안 줄곧(시피옹 드 그라몽에서 니콜라스 바번까지) 이루어지고 흔히 '중상주의'라는 다소 막연한 용어로 요약되는 성찰 및 실천 전체의 소산이다. 이 전도를 성급하게도 절대적 '통화주의(通貨主義)'로, 다시 말해서 부와 화폐의 일관된 (또는 집요한) 혼동으로 특징짓는 것이 일반적이다. 그러나 사실 부와 화폐 사이의 다소간 혼란스러

---

27) 17세기에도 앙투안 드 라피에르의 다음과 같은 명제가 말해졌다는 것을 참조할 것. "금화와 은화의 본질적인 가치는 그것들이 함유하는 귀중한 물질에 근거를 둔다."(*De la nécessité du pèsement*) (s. l. n. d.)

운 동일성이 아니라, 화폐를 부의 재현 및 분석의 수단이 되게 하고 거꾸로 부를 화폐가 표시하는 내용으로 만드는 의도적인 연관성이 '중상주의'로 인해 처음으로 확립된다. 유사성과 표지의 오랜 순환적 지형이 느슨해지고 재현과 기호라는 두 가지 상관적인 평면에 따라 전개된 것처럼, 중상주의 시대에는 '귀금속'의 고리가 해체되고 부가 필요와 욕망의 대상으로 전개되며, 부를 표시하는 주화(鑄貨)의 작용에 의해 부가 나뉘고 서로 대체되며, 화폐와 부의 상호 관계가 유통과 교환의 형식으로 확립된다. 중상주의는 부와 화폐를 혼동한다는 일반적인 생각이 가능했던 것은 아마 화폐가 모든 가능한 부를 나타낼 수 있기 때문일 것이며, 화폐가 부를 분석하고 나타내기 위한 보편적 수단으로서 부의 영역 전체를 온전히 포괄하기 때문일 것이다. 모든 부는 화폐로 환산될 수 있고, 따라서 유통되기 시작한다. 동일한 방식으로 어떤 자연물이건 특징을 부여받을 수 있었고 분류의 대상이 될 수 있었으며, 모든 개체는 명명될 수 있었고 분명한 언어로 말해질 수 있었으며, 모든 재현은 의미할 수 있었고 동일성과 차이의 체계에 포함되어 인식될 수 있었다.

그러나 이 점은 더 자세한 검토가 필요하다. 세계에 실재하는 모든 사물 중에서 중상주의가 '부'라고 부를 수 있게 된 것은 무엇일까? 재현할 수 있으므로 욕망의 대상이기도 한 모든 물건이다. 다시 말해 "필요성이나 유용성 또는 쾌락이나 희소성"이 두드러진 물건이다.[28] 그런데 주화(여기에서는 몇몇 지방에서 잔돈의 구실을 하는 구리 합금의 보조 화폐가 아니라, 대외 무역에서 사용되는 주화이다.)를 만드는 데 쓰이는 금속이 부의 일부분을 이룬다고 말할 수 있을까? "가정에서의 쓰임새라는 측면에서 보자면" 금과 은은 유용성이 거의 없고, 아무리 희귀하다 해도 가정에서 사용하는 데 요구되는 양보다는 훨씬 더 풍부하다. 누구나 금과 은

---

28) Scipion de Grammont, *Le Denier royal, traité curieux de l'or et de l'argent*(Paris, 1620), 48쪽.

을 추구하고 금과 은이 언제나 부족하다고 생각하고 광산을 개발하고
금과 은을 탈취하고자 전쟁도 불사하는 것은 금과 은이 그 자체로는 지
니고 있지 않은 유용성과 희소성을 금화와 은화의 주조로 인해 부여받았
기 때문이다. "화폐의 가치는 결코 화폐를 구성하는 물질로부터가 아니
라 군주의 초상이나 표지라는 형태에 기인한다."[29] 금이 귀중한 것은 금
이 화폐이기 때문이다. 이것의 역은 성립하지 않는다. 16세기에 그토록
긴밀하게 결정된 관계가 단번에 뒤집힌 것이다. 즉 화폐는(그리고 화폐
를 이루는 금속까지) 순수한 기호로서의 기능 때문에 가치를 부여받는다.
이것은 두 가지 결과를 유발한다. 우선 물건의 가치가 이제는 금속에서
생겨나지 않는다. 물건의 가치는 화폐라는 준거 없이도 유용성이나 쾌
락 또는 희소성의 기준에 따라 저절로 확정되고, 물건이 가치를 갖는 것
은 물건들 사이의 상호 관계에 의해서이며, 이름이 이미지나 관념을 나
타낼 뿐 구성하지는 않는 것처럼, 금속은 다만 이 가치를 나타낼 수 있게
해 주는 것이 된다. "금은 물건의 가치를 실제로 통용되게 하기 위한 기
호이자 통상적인 수단일 뿐이고, 물건의 가치에 대한 참된 추정은 인간의
판단과 이른바 평가하는 능력에서 유래한다."[30] 우리의 관념이 관념인 까
닭은 우리가 관념을 재현하기 때문인 것처럼, 부가 부인 것은 우리가 부
를 평가하기 때문이다. 화폐 기호 또는 언어 기호는 여기에 여분으로 부
가되는 것이다.

그러나 왜 금과 은은 그 자체로 거의 부라고 할 수 없는데도 이처럼 기
호로 기능하는 힘을 부여받거나 갖게 되었을까? 어쩌면 또 다른 상품이
"비록 싸구려이고 비천할지라도" 이 목적에 이용될 수 있을지 모른다.[31]

---

29) *Ibid.*, 13~14쪽.

30) Scipion de Grammont, *Le Denier royal, traité curieux de l'or et de l'argent*(Paris, 1620),
   46~47쪽.

31) *Ibid.*, 14쪽.

많은 나라에서 값싼 물질로 취급되는 구리가 몇몇 나라에서는 화폐의 재료로 쓰임에 따라 귀중하게 된다.[32] 그러나 일반적으로는 금과 은이 사용되는데, 이는 금과 은 자체가 '고유한 완전성,' 즉 가치의 범주에 속하는 것이 아니라 무한한 재현 역량의 차원에 속하는 완전성을 내포하고 있기 때문이다. 금과 은은 단단하고 오래 가고 변질되지 않고, 매우 작은 조각들로 나눌 수 있고, 부피는 작아도 무게가 많이 나가고, 쉽게 운반할 수 있고, 구멍을 뚫기도 쉽다. 이 모든 특성 덕분에 금과 은은 다른 모든 부를 나타내고 분석에 의해 정확히 비교하기 위한 특별한 수단이 된다. 부에 대한 화폐의 관계는 이런 식으로 규정된다. 물건에 가격을 부여하는 것은 금속의 본질적인 가치가 아니므로 자의적인 관계이고, 따라서 어떤 물품이건 값이 나가지 않을지라도 화폐의 구실을 할 수 있지만, 그럴 경우에는 갖가지 부 사이에 동등과 차이의 관계를 확립하게 하는 재현으로서의 고유한 특성과 분석의 역량을 지니고 있어야 한다. 따라서 금과 은의 사용은 정당한 근거를 갖는 것으로 보인다. 부트루가 말하듯이 화폐는 "공권력으로부터 무게와 확실한 가치를 부여받아 가격의 구실을 하고 거래에서 모든 물건의 불균등을 없애는 일부의 물질이다."[33] '중상주의'는 금속의 고유한 가치라는 전제로부터, "돈을 일반적인 상품으로 간주하는 사람들의 어리석음"[34]으로부터 화폐를 해방했고, 화폐와 부 사이에 엄밀한 재현 및 분석의 관계를 확립했다. "누구나 화폐에서 보는 것은 화폐가 함유하는 은의 양이라기보다는 오히려 화폐가 통용된다는 사실"이라고 바번은 말한다.[35]

　'중상주의'라 부르기로 합의한 것에 대한 통상적인 태도는 이중으로

---

32) Schoeder, *Fürstliche Schatz und Rentkammer*, 111쪽. Montanari, *Della moneta*, 35쪽.

33) Bouteroue, *Recherches curieuses des monnaies*(Paris, 1666), 8쪽.

34) Josuah, *Considérations sur le commerce*(trad. 1749), 13쪽.

35) N. Barbon, *A discourse concerning the new memory lighter*(Londres, 1696), 쪽번호가 매겨져 있지 않음.

불공정하다. 즉 중상주의가 끊임없이 비판한 것(부의 원리로서 간주된 금속의 본질적인 가치)을 중상주의에 내포되어 있는 것으로 비난하거나, 다음과 같은 일련의 직접적인 모순을 중상주의에서 발견하거나 한다. 중상주의는 화폐의 축적을 상품의 축적처럼 요구하면서도 화폐를 순수한 기호로서의 기능이라는 측면에서 규정하지 않았는가? 중상주의는 통화의 양적인 변동이 중요하다는 것을 인정하면서도 물가에 대한 이 양적 변동의 작용을 무시하지 않았는가? 중상주의는 부의 증가 메커니즘을 교환에 의거하여 정당화하면서도 보호무역주의에 가깝지 않았는가? 사실 이러한 모순 또는 망설임은 중상주의에 대해 의미가 없는 해결하기 어려운 문제, 즉 상품으로서의 화폐냐 기호로서의 화폐냐라는 문제를 중상주의에 제기할 경우에만 발생할 뿐이다. 성립하는 중인 고전주의적 사유에서 화폐는 부를 표시하게 하는 것이다. 이와 같은 기호가 없다면, 부는 여전히 움직이지 않을 것이고 쓸데없을 것이며 대략 말이 없을 것이다. 이 점에서 금과 은은 인간이 탐내는 모든 것의 근원이다. 그러나 화폐가 이처럼 재현으로서의 역할을 수행할 수 있으려면, 화폐를 화폐의 역할에 적합하고 따라서 귀중하게 만드는 (경제적이지 않고 물질적인) 속성을 화폐가 내보여야 한다. 화폐는 바로 보편적인 기호로서 희귀하고 고르지 않게 분산된 상품이 된다. 즉 "모든 화폐의 참되고 본질적인 타당성은 모름지기 화폐라면 갖기 마련인 유통 및 가치에서 비롯된다."[36] 재현의 영역에서 재현의 자리를 차지하고 재현을 분석하는 데 이용되는 기호도 재현이기 마련인 것처럼, 화폐는 그 자체로 부이지 않고서는 부를 표시할 수 없다. 그러나 재현은 우선 표시되어야 뒤이어 기호가 되는 반면, 화폐는 기호이기 때문에 부가 된다.

이로 말미암아 축적의 원리와 유통의 규칙 사이에 명백한 모순이 생겨

---

36) Dumoulin(Gonnard, *Histoire des théories montaires*, I, 173쪽에서 재인용).

난다. 어느 특정한 시기에 실재하는 경화(硬貨)의 수는 결정되어 있는데, 콜베르[37]는 광산 개발에도 불구하고, 아메리카산 금속에도 불구하고 "유럽에서 유통되는 금속 화폐의 양은 일정하다."라고까지 생각했다. 그런데 부를 나타내는 데, 다시 말해 외국으로부터 부를 들여오거나 현장에서 부를 만들어 냄으로써 부를 끌어들이고 나타나게 하는 데 필요한 것은 바로 이러한 금속 화폐이며, 교환 과정에서 부를 손에서 손으로 옮겨 가게 하는 데 필요한 것도 바로 이러한 금속 화폐이다. 그러므로 인접 국가들에서 금속을 입수하여 들여올 필요가 있다. 부연하자면 "무역만이, 그리고 무역에 속하는 모든 것만이 이와 같은 커다란 효과를 낳을 수 있다."[38] 따라서 법률을 제정할 때 두 가지 사항에 유의해야 한다. 즉 "금속을 해외로 유출하거나 금속을 화폐 주조 이외의 목적에 사용하는 것을 금해야 하며, 무역 수지가 언제나 흑자이게끔 관세를 정하고 원자재의 수입을 장려하고 완제품의 수입을 가능한 한 방지하고 없어지면 결핍을 초래하거나 물가의 상승을 유발하게 되는 물품보다는 가공 상품을 수출해야 한다."[39] 그런데 축적되는 금속은 언제나 공급이 부족하고 늘 유통되기 마련이며, 한 국가에서 금속은 교환에 의해 소비되기 위해서만 수입될 뿐이다. 베허가 말했듯이, 두 무역 상대국 중에서 한 나라의 모든 지출은 다른 나라의 수입이고[40] 그래서 토머스 먼[41]은 현금을 자산과 동일시했다.[42] 금속 화폐는 정확히 재현의 기능을 실현함에 따라서만, 즉 상품

---

37) (옮긴이 주) Colbert(1619~1683). 프랑스의 정치가, 재정가. 루이 14세 시대에 재무총감 등을 역임하면서 중상주의 정책으로 재정 개혁을 단행하고, 산업의 장려, 동인도회사의 설립, 해군력의 강화, 학예의 장려에 힘쓴다.

38) Clément, *Lettres, instructions et mémoires de Colbert*, t. VII, 239쪽.

39) *Ibid.*, 284쪽; Bouteroue, *Recherches curieuses*, 10~11쪽 참조.

40) J. Becher, *Politischer Diskurs*(1668).

41) (옮긴이 주) Thomas Mun(1571~1641). 17세기의 영국 사업가, 경제학자, 동인도회사의 고위 임원. 중상주의를 옹호했다.

42) Th. Mun, *England Treasure by foreign trade*(1664), chap. II.

을 대신하고 상품의 이동이나 대기(待機)를 가능하게 할 때, 원료가 소비될 기회를 제공할 때, 노동에 대한 보수로 쓰일 때에만 실질적인 부가 된다. 그러므로 한 국가에서 금속 화폐의 축적으로 인해 물가가 상승하리라고 걱정할 필요는 없고, 아메리카산 금의 유입이 16세기에 고물가(高物價)를 초래했다는 보댕의 대전제는 타당하지 않고, 통화량의 증가로 인해 무엇보다 물가가 오른다는 것은 사실이라 해도, 통화는 상업과 제조업을 촉진하고, 부의 양은 증가하고, 현금이 분배되는 활동 영역의 수도 그만큼 늘어난다. 물가의 상승은 두려워할 필요가 없다. 반대로 이제 귀중한 물품들이 증가했으므로, 시피옹 드 그라몽이 말하듯이, 부르주아들이 "새틴과 벨벳으로 만든 옷"을 입을 수 있으므로, 아무리 희소하더라도 물건의 가치는 다른 것 전체에 비해 하락할 수밖에 없었고, 이와 마찬가지로 각 금속 조각은 통화량이 증가함에 따라 다른 것에 비해 가치를 상실한다.[43]

그러므로 부와 금속 화폐 사이의 관계는 이제 금속의 '귀중함'에 의해서가 아니라 유통과 교환 속에서 확립된다. 재화가 유통될 수 있을 때(그것도 화폐에 힘입어) 재화가 증가하고 부가 늘어나며, 적절한 유통과 무역 흑자의 영향으로 현금이 더 많아질 때, 상품에 대한 새로운 수요가 생겨날 수 있고 농업과 제조업이 발전할 수 있다. 그러므로 금과 은은 "우리의 피 중에서도 가장 순수한 것, 우리의 힘 중에서도 정수(精髓)"이자 "인간의 활동과 우리의 생활에 가장 불가결한 수단"이라고 호르네크와 함께 말해야 한다.[44] 여기에서 육체에 대한 혈액의 관계는 사회에 대한 화폐의 관계와 같다는 오래된 은유가 재발견된다.[45] 다반자티의 경우만 보더라도 현금은 국가의 다양한 부문에 혈액을 보내는 것 이외의 다

---

43) Scipion de Grammont, *Le Denier royal*, 116~119쪽.

44) Horneck, *Oesterreich über alles, wenn es will*(1684), 8, 188쪽.

45) Davanzatti, *Leçon sur la monnaie*(J.-Y. Le Branchu, *op. cit.*), t. II, 230쪽 참조.

른 역할을 하지 않았다. 이제 화폐와 부는 둘 다 교환과 유통의 공간 내부에 붙들려 있으므로, 중상주의의 분석은 하비가 얼마 전에 제시한 모델에 덧붙여질 수 있다. 홉스에 의하면,[46] 화폐의 정맥 회로는 운반되거나 매매된 상품에 대해 금속의 양을 어느 정도 선취하는 세금 및 관세의 회로이고, 이 선취된 금속의 양은 인간-리바이어던의 심장까지, 다시 말해 국고(國庫)까지 이른다. 바로 거기에서 금속은 '생명의 원동력'을 부여받는다. 즉 국가는 실제로 금속을 녹이거나 다시 유통할 수 있다. 어쨌든 국가의 권력만이 금속을 유포하게 되고, 개인에게 (연금이나 급여 또는 국가의 구입 용품에 대한 보수의 형태로) 재분배된 금속은 이제 동맥과 같은 두 번째 회로에서 교환, 제조, 경작을 증진하게 된다. 이런 식으로 유통은 분석의 기본 범주들 가운데 하나가 된다. 그러나 이 생리학 모델의 전용(轉用)은 화폐와 기호, 부와 재현에 공통된 공간의 더 폭넓은 개방에 의해서만 가능하게 되었을 뿐이다. 서양에서 그토록 부단히 이어져 온 국가와 육체의 은유는 17세기에 고고학적으로 불가결한 훨씬 더 근본적인 것들의 토대 위에서만 상상적 작용력을 획득했다.

　중상주의의 경험을 통해 부의 영역은 재현의 영역과 동일한 방식으로 성립한다. 이미 살펴보았듯이 재현에는 스스로에 입각하여 스스로를 재현하는 힘이 있었다. 즉 스스로 분석되는 공간을 자기 안에 마련하고 기호 체계와 동시에 동일성 및 차이의 일람표를 확립하게 하는 대체물을 자신의 요소들로 형성하는 힘이 있었다. 이와 마찬가지로 부에는 교환되고, 동등이나 부등 관계를 가능하게 하는 부분들로 분석되고, 귀금속이라는 완벽하게 비교할 수 있는 이 부의 요소에 의해 상호적으로 표시될 수 있는 힘이 있다. 그리고 재현들을 부단한 연쇄처럼 재현하는 이차 단계의 재현들로 재현의 세계 전체가 뒤덮이듯이, 세계에서 온갖 종

---

46) Th. Hobbes, *Leviathan*(éd. 1904, Cambridge), 179~180쪽.

류의 부는 교환 체계의 일부를 이룸에 따라 서로 연결된다. 하나의 재현에서 다른 재현까지에는 자율적인 의미 작용의 절차가 아니라 단순하고 무한한 교환 가능성이 있다. 중상주의의 경제적 한정과 결과가 무엇이었건, 중상주의를 에피스테메의 차원에서 검토할 때, 중상주의는 재현의 분석이라는 방침에 맞춰 물가와 화폐에 관해 성찰하기 위한 더디고 오랜 노력인 것으로 보인다. 중상주의는 '부'의 영역을 솟아오르게 했는데, 이 영역은 거의 동일한 시대에 자연사 앞에 열린 영역, 또한 일반 문법 앞에 펼쳐진 영역과 밀접한 관계가 있다. 그러나 자연사와 일반 문법에서는 변화가 급작스럽게 이루어진 반면,(언어의 어떤 존재 방식은 『포르루아얄의 문법』에서 갑자기 모습을 드러내고, 자연 속 개체의 어떤 존재 방식은 존스턴 및 투른포르의 등장과 더불어 거의 단번에 드러난다.) 화폐와 부의 존재 방식은 프락시스 전체, 제도 전체에 연결되기 때문에, 역사적 점착성의 징후가 훨씬 더 두드러졌다. 자연물이나 언어가 재현의 영역으로 들어가고 재현의 법칙을 따르며 재현으로부터 기호와 분류의 원칙을 부여받는 데에는 중상주의의 경우처럼 오랜 기간이 필요하지 않았다.

4 담보와 가격

고전주의 시대에 화폐 및 물가의 이론은 누구나 잘 알고 있는 역사적 경험을 통해 생성되었다. 이 이론은 우선 16세기의 유럽에서 매우 일찍 시작된 화폐 기호의 폭넓은 검토이다. 유럽의 금속 총량은 안정적이고 아메리카로부터 유입되는 금속의 양은 무시될 수 있다는 콜베르의 단언에서 이 이론에 대한 아직 주변적이고 암시적인 최초의 자각을 보아야 할까? 어쨌든 17세기 말에 이르면 화폐로 주조된 금속이 실제로 매우 희귀해진다. 그 결과로 상업의 퇴보, 물가의 하락, 채무를 갚고 지대(地代)와 세금을 내기 어려운 상황, 토지의 가치 하락이 초래된다. 18세기의 처음 15년 동안 프랑스에서 통화량의 증가를 위해 취해진 일련의 평가절하, 감추어져 있는 금속을 다시 유통할 목적으로 1713년 12월 1일에서 1715년 9월 1일까지 일정한 간격으로 실행되지만 실패로 끝나는 열한 차례의 '하락'(재평가), 이자율을 낮추고 명목 자본을 줄이는 일련의 조치 전체, 1701년에 등장했다가 곧장 국채로 대체된 지폐의 출현은 이로부터 유래한다. 다른 많은 결과 중에서 로의 시도는 금속의 재출현, 물가의 상승, 토지의 재평가, 상업의 회복을 가능하게 했다. 18세기 전체에 걸쳐 안정적으로 통용될 금속 화폐가 1726년 1월 및 5월의 칙령에 의해 새로 만들어진다. 즉 1789년 대혁명까지 투르에서 주조된 금속 화폐로 24리브르의 가치를 유지할 루이 금화의 주조가 포고된다.

누구나 이 경험, 이 경험의 이론적 맥락, 이 경험이 불러일으킨 논쟁을 화폐-상품 옹호자들에 대한 화폐-기호 옹호자들의 대결로 보는 경향이 있다. 한편으로 로는 물론이고 테라송,[47] 뒤토,[48] 몽테스키외,[49] 조쿠르 기사(騎士)[50]가 함께 묶이고, 맞은편에는 파리뒤베르네[51] 외에도 다그소 대법관,[52] 콩디야크, 데스튀트가 자리하며, 이 두 집단 사이의 중간 경계선 같은 곳에라면 믈롱[53]과 그라슬랭[54]을 놓아야 할 것이다. 물론 견해들의 정확한 명세를 작성하고 어떻게 견해들이 서로 다른 사회 집단들에 따라 배치되었는가를 결정하는 것은 흥미로울 것이다. 그러나 견해들을 동시에 가능하도록 만든 지식을 검토한다면, 이 견해들 사이의 대립

---

47) Terrasson, *Trois lettres sur le nouveau système des finances*(Paris, 1720).

48) Dutot, *Réflextions sur le commerce et les finances*(Paris, 1738).

49) Montesquieu, *L'Esprit des lois*, liv. XXII, chap. II.

50) 『백과전서』, '화폐' 항목.

51) Paris-Duverney, *Examen des érflexions politiques sur les finances*(La Haye, 1740).

52) D'Aguesseau, *Considérations sur la monnaie, 1718*(*Oeuvres*, Paris, 1777, t. X).

53) Melon, *Essai politique sur le commerce*(Paris, 1734).

54) Graslin, *Essai analytique sur les richesses*(Londres, 1767).

이 피상적이라는 것, 그리고 대립이 당연하다 해도, 단지 불가결한 선택의 분기점을 하나의 결정된 지점에 마련할 뿐인 독특한 배치로부터 대립이 시작된다는 것을 알아차릴 수 있다.

바로 이 독특한 배치에 의해 화폐는 담보로 규정된다. 이 규정은 로크에게서, 그리고 로크보다 약간 앞서 본에게서[55] 발견되고, 뒤이어 "일반적인 관례에 의하면 금과 은은 인간에게 소용되는 모든 것에 대한 담보나 등가물 또는 공통의 척도"[56]라고 말하는 믈롱, "신용할 수 있거나 각자의 주관적인 판단이 개입하는 부는 금, 은, 청동, 구리처럼 무언가를 나타내는 것일 뿐이다."[57]라고 단언하는 뒤토, 관습적으로 이해된 부에서 "요점은 돈과 물품을 원할 때면 언제든지 관례에 의해 확정된 비율로 교환할 수 있다는 소유주의 확신"[58]에 있다고 주장하는 포르보네에게서도 발견된다. 화폐가 담보라고 말하는 것은 화폐가 단지 공동의 동의를 나타내는 공인된 증표(證票), 따라서 순수한 허구일 뿐이라고 말하는 것이고, 또한 화폐는 동일한 양의 상품이나 등가물로 교환될 수 있으므로, 누구나 화폐를 지불하고 구입한 것과 정확히 동일한 가치가 화폐에 있다고 말하는 것이다. 재현에서 기호가 나타내는 것이 기호에 의해 사유로 귀착하는 것과 마찬가지로, 화폐와 교환된 것은 언제나 화폐에 의해 화폐 소유자의 수중으로 넘어갈 수 있다. 화폐는 확실한 기억, 이중화된 재현, 연기된 교환이다. 르 트론이 말하듯이, 화폐를 사용하는 거래는 "불완전한 거래,"[59] 보완해 줄 거래를 한동안 중단하는 행위, 담보가 실질적

---

55) Vaughan, *A discourse of coin and coinage*(Londres, 1675), 1쪽; Locke, *Considerations of the lowering of interests*(*Works*, Londres, 1801), t. V, 21~23쪽.

56) Melon, *Essai politique sur le commerce* (in Daire, *Economistes et financiers du XVIIIe siècle*), 761쪽.

57) Dutot, *Réflexions sur le commerce et les finances*, 905~906쪽.

58) Véron de Fortbonnais, *Eléments de commerce*, t. II, 91쪽. 또한 *Recherches et considérations sur les richesses de la France*, II, 582쪽 참조.

59) Le Trosne, *De l'intérêt social*(in Daire, *Les Physiocrates*), 908쪽.

인 내용물로 재(再)전환되도록 할 반대 방향의 교환을 약속하고 기다리는 절반(折半)의 매매이다.

그러나 어떻게 담보로서의 화폐가 이러한 보증을 제공할 수 있을까? 담보로서의 화폐는 가치 없는 기호냐 또는 다른 모든 상품과 유사한 상품이냐 하는 궁지에서 어떻게 벗어날 수 있을까? 고전주의 시대에 화폐의 분석에서 정통적인 생각과 비정통적인 생각을 가르는 지점, 로의 옹호자들과 반대자들 중에서 어느 쪽을 선택할 것인가 하는 양자택일의 지점은 바로 여기에 놓여 있다. 화폐를 담보로 하는 매매는 실제로 화폐를 구성하는 물질의 상품 가치에 의해서나 반대로 화폐와 무관하지만 집단의 동의 또는 군주의 의지에 따라 화폐와 관련될 다른 상품에 의해 보증된다고 이해할 수 있다. 로는 금속의 희소성과 금속이 갖는 상품 가치의 변동성 때문에 바로 이 두 번째 해결책을 선택한다. 그는 토지 소유권에 의해 보증될 지폐를 유통할 수 있다고 생각한다. 즉 "토지를 담보로 하여 보증되고 매년 지불되는 금액에 의해 소멸되어야 하는 증서"를 발행하기만 하면 되는데, "이 증서는 주조된 화폐처럼 표시 가치로 유통될 것이다."[60] 알다시피 로는 프랑스에서 이 방법을 시도하다가 단념하지 않을 수 없었고, 무역 회사로 하여금 화폐의 담보를 확보하게 했다. 이 시도는 실패로 돌아갔지만, 이 시도를 가능하게 했을 뿐만 아니라 로의 이해 방식에 대립하는 성찰을 포함하여 화폐에 관한 모든 성찰을 가능하게 만든 화폐-담보의 이론은 이 시도의 실패에 전혀 영향을 받지 않았다. 그리고 1726년 안정된 금속 화폐가 새로 만들어질 때, 담보는 주화의 물질 자체에서 구해야 하는 것이 되었다. 화폐의 교환 가능성을 보장하는 것은 화폐에 들어 있는 금속의 상품 가치가 되고, 그래서 튀르고는 로에 대해 "화폐를 군주의 검인(檢印)에 신용의 토대를 둔 기호로서의 부에

---

60) Law, *Considérations sur le numéraire*(in Daire, *Economistes et financiers du XVIIIe siécle*), 519쪽.

불과한 것"이라 생각했다고 비판하게 된다. "이 검인은 다만 무게와 함유량을 보증하기 위한 것일 뿐이다. …… 그러므로 상품으로서의 화폐는 기호가 아니라 다른 상품들의 공통된 척도이다. …… 금의 값은 희소성에서 나오고, 금이 상품과 동시에 척도로서 사용된다는 것은 결코 해악이 아닐뿐더러, 이 두 가지 용도는 금의 가격을 밑받침한다."[61] 로는 자신을 지지하는 사람들과 함께, 신용 화폐의 천재적인 혹은 무분별한 선구자로서 자신의 시대와 맞서는 것이 아니라, 자신의 반대자들과 동일한 방식으로 화폐를 담보로 규정한다. 그러나 그는 화폐의 종류 자체와 무관한 상품이 화폐의 토대를 더 확실히 다지리라고(더 풍부하고 동시에 더 안정적일 것이라고) 생각하는 반면, 그의 반대자들은 화폐의 물질적 실체를 구성하는 금속 물질이 화폐의 토대를 더 잘 확보하리라고(더 확실하며 투기의 영향을 덜 받으리라고) 생각한다. 로와 그를 비판하는 사람들 사이의 대립은 단지 보증하는 것과 보증되는 것 사이의 거리와 관련될 뿐이다. 한편으로 화폐는 그 자체로 어떤 상품 가치도 없지만 외부의 가치에 의해 보증되므로, 상품의 교환을 위한 '수단'이고,[62] 다른 한편으로 화폐는 가격을 갖기 때문에, 부의 교환을 위한 '수단'인 동시에 '목적'이다. 그러나 어느 편에서건 화폐는 부에 대한 어떤 비례 관계와 부를 유통하게 하는 어떤 힘 덕분으로 물건의 가격을 결정하게 해 준다.

화폐는 담보로서 어떤 부(실재적이건 아니건)를 가리킨다. 즉 화폐는 부의 가치를 확정한다. 그러나 화폐와 상품 사이의 관계, 따라서 가격 체계는 어느 시점에서 화폐의 양이나 상품의 양이 변하자마자 함께 변한다. 화폐가 재화에 비해 소량이면, 화폐는 커다란 가치를 갖게 되고 물가는 낮아지지만, 화폐의 양이 부에 비해 넘칠 정도로 증가하면, 화폐는 그다지 가치가 없을 것이고 물가는 상승할 것이다. 화폐가 갖는 재현 및 분석

---

61) Turgot, *Seconde lettre à l'abbé de Cice*, 1749(*Oeuvres*, éd. Schelle), t. I, 146~147쪽.

62) Law, *Considérations sur le numéraire*, 472쪽 이하.

의 힘은 한편으로는 통화량에 따라, 다른 한편으로는 부의 양에 따라 변화한다. 즉 이 두 가지 양이 안정적이거나 동일한 비율로 함께 변할 경우에만 일정할지 모른다.

화폐의 '수량 법칙'은 로크에 의해 '발견되지' 않았다. 16세기에 이미 보댕과 다반자티는 금속의 유통량이 증가하면 상품의 가격이 상승한다는 것을 잘 알고 있었지만, 그들은 이 메커니즘을 금속의 실질적인 가치 하락과 관련된 것으로 보았다. 17세기 말에는 "화폐의 양이 거래 전체와 비례하는 만큼"이 동일한 메커니즘이 화폐의 재현 기능에 따라 규정된다. 더 많은 금속과 이에 따라 세계에 존재하는 각 상품이 약간 더 많은 재현의 요소를 이용할 수 있게 되고, 더 많은 상품과 각 금속 단위가 약간 더 확실한 보증을 확보하게 된다. 어떤 물품이건 안정된 지표로 간주하는 것으로 충분하고, 그러면 변동 현상이 아주 분명하게 드러난다. 로크가 말하듯이,

밀을 불변의 척도로 간주하면, 은화의 가치 역시 다른 상품들과 동일하게 변동했다는 것을 알아차리게 되는데, …… 그 이유는 분명하다. 인도 제국이 발견된 이래 세계에는 당시보다 주화가 10배나 많아졌고, 또한 그 가치가 10분의 1로 줄어들었다. 다시 말해 동일한 양의 상품을 구입하기 위해 200년 전보다 10배 많은 주화를 지불해야 한다.[63]

여기에서 인용되고 있는 금속의 가치 하락은 금속에만 속하는 어떤 귀중한 특성이 아니라 금속이 갖는 일반적인 재현의 역량과 관계가 있다. 화폐와 부를 필연적으로 상응하는 쌍둥이 같은 총량으로 간주할 필요가 있다. "전자의 총계가 후자의 총계와 대응함에 따라, 전자의 일부분은

---

63) Locke, *Considerations of lowering of interests*, 73쪽.

후자의 일부분과 대응할 것이다. …… 금처럼 나눌 수 있는 하나의 상품만이 있을 뿐이라면, 그 상품의 절반은 화폐 전체의 절반에 해당할 것이다."[64] 세계에 하나의 재화만이 있을 뿐이라고 가정한다면, 지상의 모든 금은 그 재화를 재현하기 위해 존재할 것이고, 역으로 하나의 화폐만이 사용된다면, 자연적으로 생겨나거나 인위적으로 만들어지는 모든 부는 그 화폐의 세분된 부분들을 서로 나누어 가질 것이다. 이러한 한계 상황의 견지에서, 물품의 양에 변함이 없는 가운데 화폐가 대량으로 유입된다면, "통화의 각 부분이 갖는 가치는 그만큼 감소할 것이고," 반대로,

산업, 기술, 과학에 힘입어 새로운 물건이 교환의 영역 안으로 들어온다면, …… 가치를 재현하는 기호들의 일부분을 이 새로운 생산물의 새로운 가치에 할당해야 할 것인데, 이처럼 기호들의 총량에서 일부분이 빠져나가는 까닭에, 기호들 전체의 상대적 수량은 그만큼 감소할 것이고, 또한 더 많은 가치를 빠짐없이 합당한 비율로 재현하는 것이 기호들 전체의 기능이므로, 가치의 증가에 대처하기 위해 기호들 전체의 재현 가치는 그만큼 더 늘 것이다.[65]

그러므로 공정 가격은 없다. 즉 어느 상품의 경우에도 대가로 지불해야 할 화폐의 양을 가리키는 어떤 본질적인 특징은 결코 없다. 싼 가격이라고 해서 높은 가격보다 더 공정하거나 덜 공정한 것은 아니다. 그렇지만 부를 나타내기에 바람직한 화폐의 양을 정할 수 있는 편리한 규칙이 있다. 극단적으로 말하자면 각각의 교환 가능한 물건은 화폐 형태의 등가물, 이를테면 "그것의 지칭"을 갖게 마련일 텐데, 이 경우 사용 화폐가 지폐라면 지장이 없을 것이지만,(로의 구상에 의하면 지폐는 교환의 필요에 따라 제조될 것이고 파기될 것이다.) 금속 화폐가 쓰이는 경우에는 불편이

---

64) Montesquieu, *L'Esprit des lois*, liv. XXII, chap. VII.

65) Graslin, *Essai analytique sur les richesses*, 54~55쪽.

따르거나 심지어 사용 자체가 불가능할 것이다. 그런데 하나의 동일한 화폐 단위가 통용되면서 여러 물건을 재현할 힘을 획득한다. 그것은 이 사람 저 사람의 손을 거치면서 어떤 때는 기업가에게 물품 대금으로, 또 어떤 때는 노동자에게 급료로, 상인에게 물건값으로, 소작농에게 소출의 대가로, 또는 지주에게 지대로 지불된다. 보통 명사가 여러 사물을 나타낼 수 있듯이, 또는 분류학상의 특징이 여러 개체, 여러 종, 여러 속 등을 나타낼 수 있듯이, 단 하나의 금속 덩어리가 시간의 흐름에 따라, 또한 지불받는 개인에 따라 여러 등가물(물건, 노동, 밀 한 되, 소득의 일부)을 나타낼 수 있다. 그러나 특징은 더 단순해짐으로써만 더 폭넓은 일반성을 충족하는 반면, 화폐는 더 빠르게 유통됨으로써만 더 많은 부를 나타낸다. 특징의 외연은 규합되는 종의 수에 의해(따라서 도표에서 차지하는 공간에 의해) 정해지고, 화폐의 유통 속도는 원래의 출발점으로 되돌아가기 전까지 거치는 사람 수에 의해 결정된다.(그래서 통상적으로 농업에서 소출에 대한 대금 지불이 원점으로 선택된다. 왜냐하면 농업은 한 해 동안의 절대적으로 확실한 순환을 따르기 때문이다.) 그러므로 정해진 시기 동안에 일어나는 화폐의 변동 속도는 도표의 동시적 공간에서 분류학상의 특징이 차지하는 외연에 상응한다는 것을 알 수 있다.

화폐의 변동 속도에는 두 가지 극한이 있다. 즉 무한히 빠른 속도에서는 직접적인 교환이 이루어질 것인데, 이 경우에 화폐는 어떤 역할도 하지 못할 것이고, 한없이 느린 속도에서는 부의 각 요소가 화폐를 짝패로 갖게 될 것이다. 이 두 극단 사이에 여러 가지 속도가 있는데, 화폐의 양은 여러 가지 속도에 상응하면서 그것들 각각을 가능하게 한다. 그런데 유통의 주기는 농작물의 수확이 1년마다 이루어진다는 사실이 좌우한다. 그러므로 이 사실로부터, 그리고 한 국가에 거주하는 인구수를 감안하여, 모든 사람의 손을 거치고 적어도 각자의 생계를 나타내는 데 필요하고 충분한 통화량을 결정하는 것이 가능하다. 여기에서 18세기에 농업 소득에 입각한 유통의 분석, 인구 증가의 문제, 그리고 주화의 최적정량에 대한 계산이 어떻게 서로 연관되었는가를 이해할 수 있다. 규범의 형태로 제기되는 삼중의 문제. 실제로 이 문제는 어떤 메커니즘에 의해 화폐가 유통되거나 정체되는가, 어떻게 돈이 지출되거나 축적되는가를 아는 것이 아니라,(이 물음들은 생산과 자본의 문제가 제기될 경제 체제에서만 가능할 뿐이다.) 어느 한 나라에서 유통이 아주 많은 사람의 손을 거치면서 매우 빠르게 이루어지는 데 필요한 통화량을 아는 것이다. 그러면 물가는 본질적으로 '정당한' 것이 아니라 정확히 조절되는 것이 된다. 즉 화폐량의 분할은 너무 느슨하지도 너무 조밀하지도 않은 분절에 따라 부를 분석하는 것이 된다. '도표'가 잘 만들어지게 된다.

고찰의 대상이 고립된 국가이거나 그 국가의 대외 무역 활동인 경우라도 이 최적의 비율은 동일한 것이 아니다. 자급자족할 수 있는 국가를 가정할 때, 유통해야 하는 통화량은 여러 변수, 즉 교환 체계에 포함되는 상품의 양, 물물교환 체계에 의해 분배되지도 대가가 제공되지도 않으므로 유통 과정의 어느 순간에 화폐에 의해 표시되기 마련인 이 상품들의 일부분, 문서로 대체될 수 있는 금속의 양, 끝으로 지불이 실행되어야 하는 리듬에 달려 있다. 이 리듬만 해도 캉티용이 지적하듯,[66] 노동자가 일주일마다 급료를 받느냐, 매일 급료를 받느냐, 또는 금리가 연말에 지불되느냐, 아니면 관례대로 각 분기마다 지불되느냐에 따라 달라진다. 어느 한 나라에서 이 네 가지 변수의 값이 명확히 정해진다면, 금속 화폐의 최적정량이 결정될 수 있다. 이러한 종류의 계산을 하기 위해 캉티용은 토지의 산물에서 출발하는데, 모든 부는 직접적으로나 간접적으로 토지의 산물에서 비롯하기 때문이다. 토지의 산물은 소작인의 수중에서 세 가지 지대로, 즉 지주에게 지불되는 지대, 소작인의 생계 및 가족의 부양

---

66) Cantillon, *Essai sur la nature du commerce en général*(édition de 1952), 73쪽.

과 말의 사육에 사용되는 지대, 마지막으로 "소작인에게 남겨져 그의 계획에 일조하는 세 번째 지대"로 나뉜다.[67] 그런데 첫 번째와 세 번째 지대의 약 절반은 현금으로 지불되어야 하고, 나머지는 직접적인 교환의 형식으로 지불될 수 있다. 인구의 절반이 도시에 거주하고 농부보다 더 높은 생계비를 부담한다는 사실을 감안할 때, 유통되는 화폐량은 생산물의 3분의 2와 거의 동등해야 함을 알 수 있다. 적어도 모든 지불이 1년에 한 번 이루어진다면 그래야 하겠지만, 사실 지대는 분기마다 정산되고, 따라서 생산물의 6분의 1에 상당하는 통화량으로 충분하다. 게다가 많은 지불이 날마다 또는 일주일마다 이루어지므로 요구되는 통화량은 대략 생산물의 9분의 1, 다시 말해 지주가 받는 지대의 3분의 1이다.[68]

　그러나 이와 같은 계산은 고립된 국가를 전제로 할 때만 정확할 뿐이다. 대부분의 국가는 무역을 지속적으로 행하므로, 무역에서의 유일한 지불 수단은 물물교환, (명목 가치를 갖는 주화가 아니라) 무게로 추산하는 금속, 그리고 경우에 따라서는 은행의 유가증권이다. 이 경우에도 유통하는 것이 바람직한 상대적 통화량을 계산할 수 있다. 그렇지만 이러한 추정의 기준은 토지 생산물이 아니라, 외국의 임금과 물가에 대한 자국 임금과 물가의 특정한 비율이게 되어 있다. 실제로 (빈약한 통화량 때문에) 물가가 상대적으로 그다지 높지 않은 나라에서는 폭넓은 구매 가능성으로 인해 외국의 돈이 유입된다. 즉 금속의 양이 증가한다. 이 경우에 국가는 이른바 '부유한 강국'이 되며, 함대와 군대를 유지하고 정복을 실행함으로써 더욱 부유해질 수 있다. 유통 중인 화폐의 양은 개인에게 물가가 더 싼 외국에서 구매할 능력을 부여함으로써 물가를 상승시키고, 금속은 점차로 사라지며, 국가는 다시 가난해진다. 이것은 캉티용이 다음과 같이 일반 원칙이라고 표명하는 주기이다. "너무나 많은 화폐는 지

---

67) *Ibid.*, 68~69쪽.

68) *Ibid.*, 페티는 10분의 1이라는 이와 유사한 비율을 제시한다. (*Anatomie politique de d'Irlande*)

속적으로 유통되는 동안 국가를 강하게 만들고, 느낄 수 없을 정도로 자연스럽게 국가를 다시 빈곤 상태로 빠뜨린다."[69]

이미 가난한 국민의 빈곤을 끊임없이 심화시키고 반대로 부유한 국가의 번영을 계속 증대시키는 전도된 경향이 사물의 차원에 실재한다면, 이러한 변동을 피하는 것은 아마도 불가능할 것이다. 이는 인구가 통화와 반대되는 방향으로 움직이게 되기 때문이다. 통화는 번영하는 국가에서 물가가 낮은 지역으로 흘러가고, 사람들은 높은 임금 쪽으로, 따라서 풍부한 통화를 소유한 나라 쪽으로 이끌린다. 그러므로 가난한 나라는 인구가 감소하는 경향이 있으며, 농업과 공업의 상황이 악화되고 빈곤이 증대한다. 반대로 부유한 나라에서는 노동력의 유입으로 말미암아 새로운 부를 개발하는 것이 가능하게 되고, 이에 따라 금속의 유통량이 새로운 부의 판매로 인해 증가한다.[70] 그러므로 정책은 인구와 통화의 이 두 가지 대립적인 동향을 조화롭게 엮으려고 애써야 한다. 공장에서 언제나 풍부한 노동력을 확보할 수 있으려면, 주민의 수가 부단히 증가해야 하고, 그러면 임금이나 물가가 부보다 더 빠르게 상승하지는 않을 것이며, 무역 수지는 여전히 흑자를 기록할 수 있을 것이다. 인구 증가에 찬성하는 주장의 근거는 바로 여기에 있다.[71] 그러나 다른 한편으로 통화의 양은 언제나 조금씩 증가해야 하는데, 이는 농산물이나 공산품이 적절한 가격으로 팔리고 임금이 적절하며 국민이 부의 생산 속에서 비참해지지 않기 위한 단 하나의 수단이다. 대외 무역을 촉진하고 흑자 수지를 유지하기 위한 모든 조치는 이로부터 기인한다.

그러므로 결정적으로 부와 빈곤 사이의 균형을 보장하고 심각한 변동

---

69) *Ibid.*, 76쪽.

70) Dutot, *Réflexions sur le commerce et les finances*, 862, 906쪽.

71) Véron de Fortbonnais, *Eléments du commerce*, t. I, 45쪽과 특히 Tucker, *Questions importantes sur le commerce*(trad. Turgot, *Oeuvres*, I), 335쪽 참조.

을 막아 주는 것은 결정적으로 획득된 어떤 지위가 아니라 두 가지 동향 사이의 자연스러우면서도 동시에 계산된 조화이다. 한 국가는 통화가 많거나 물가가 높을 때가 아니라, 물가가 여전히 상승하지 않는 가운데 통화가 증가의 단계로 접어들어 임금의 수준이 유지될 때 번영을 구가하며, 따라서 이 통화량 증가의 단계를 무한히 연장할 수 있어야 한다. 그러면 인구는 일정하게 증가하고, 노동생산성은 갈수록 높아지며, 이로 말미암아 증가하는 통화량은 그다지 많지 않은 자원 사이에 (재현성의 법칙에 따라) 분산되므로, 이러한 나라의 물가는 외국의 물가에 비해 상승하지 않는 셈이다. 금과 은의 양적 증가가 산업에 도움이 되는 것은 오직 "금의 양적 증가와 물가의 상승 사이에서"이다. "통화가 감소하는 추세에 있는 국가는, 더 많은 통화를 보유하고 있지는 않지만 통화가 증가하는 추세에 있는 다른 국가보다 상대적으로 더 무력하고 빈곤하다."[72] 에스파냐의 파탄은 바로 이런 식으로 설명된다. 즉 광산의 소유로 말미암아 실제로 통화가 대대적으로 증가했고, 그 결과로 물가 또한 상승했지만, 이에 비례하여 공업이나 농업 또는 인구는 증대하지 않았던 것이다. 아메리카의 금이 유럽에 퍼지면서 물품의 구매력이 늘어났고 공장의 수가 증가했으며 농장이 부유해졌는데도 에스파냐만이 예전보다 더 빈곤해진 것은 불가항력이었다. 반대로 영국이 금을 들여온 것은 언제나 주민의 사치를 위해서가 아니라 임금을 상승시키지 않기 위해, 다시 말해 모든 물가 상승 이전에 노동자의 수와 생산품의 양을 증가시키기 위해서였다.[73]

이러한 분석은 진보의 관념을 인간 활동의 영역으로 도입하기 때문에, 더 나아가 기호와 재현의 작용에 진보의 가능 조건을 규정하는 시간적

---

72) Hume, *De la circulation monétaire*(*Oeuvres économiques*, trad. française), 29~30쪽.
73) Véron de Fortbonnais는 *Eléments du commerce*, t. I, 51~52쪽에서 영국 무역의 여덟 가지 기본 규칙을 제시한다.

274

지표를 덧붙이기 때문에 중요하다. 이 지표는 질서에 관한 이론의 어떤 다른 영역에서도 발견되지 않는 지표이다. 실제로 부에 대한 화폐의 재현 역량이 자연 발생적인 주기를 따라 감소하고 이후 증가하건, 정부의 정책에 의한 노력 덕분으로 화폐의 변함없는 재현성이 유지되건, 고전주의적 사유에서 이해되는 것과 같은 화폐는 재현의 역량이 시간에 따라 내부로부터 변화해야만 부를 재현할 수 있다. 자연사의 영역에서 **특징**(여러 종이나 속을 나타내고 구별하기 위해 선택된 동일성의 다발)은 자연의 연속 공간의 내부에 자리한 뒤, 자연의 연속 공간을 분류표로 마름질했으며, 시간은 가장 하찮은 차이들의 연속성을 뒤엎고 그것들을 들쭉날쭉한 지리적 공간들로 분산하기 위해 외부로부터만 개입했을 뿐이다. 이와 반대로 여기에서 시간은 재현들의 내부 법칙에 속하고, 이 법칙과 일체를 이루며, 화폐 제도에 따라 재현되고 분석되는 부의 영향력을 부단히 뒤따르면서 변화시킨다. 자연사가 차이에 의해 분리된 동일성의 권역을 밝힌 바로 거기에서, 부의 분석은 '변동을 결정하는 것'(증가와 감소의 경향)을 밝혀 낸다.

화폐가 담보로서 규정되고 대출금과 동일시되는 시기에(즉 17세기 말에) 부에 대한 시간의 이러한 작용이 나타나는 것은 당연한 일이었다. 그래서 채권의 지속 기간, 채권이 만기에 이르게 되는 속도, 일정 기간 동안 채권이 거쳐 가는 사람들의 수는 화폐의 재현 역량을 특징짓는 변수가 된다. 그러나 이 모든 것은 화폐 기호를 부와 관련하여 완전히 **재현**의 사태로 보는 성찰 방식의 결과였을 뿐이다. 따라서 부의 분석에서 **화폐-재현**의 이론에 대해 근거가 되고 자연사에서 **특징-재현**의 이론을 뒷받침하는 것은 바로 동일한 고고학적 망이다. 특징은 자연물을 주변에 위치시킴으로써 지칭하고, 화폐의 가격은 부를 증가와 감소의 움직임에 입각하여 가리킨다.

5 가치의 형성

화폐와 거래의 이론은 다음과 같은 물음에 대한 응답이다. 교환의 동향 속에서 가격은 물건을 어떻게 특징지을 수 있을까? 화폐는 부와 관련하여 기호 및 지칭의 체계를 어떻게 확립할 수 있을까? 가치의 이론은 교환이 한없이 실행되는 수평적 범위를 수직으로 깊이 검토한다는 점에서 이 물음과 교차하는 문제, 즉 왜 모두가 물건을 교환하려고 하는가, 다른 물건은 필수적인 것임에도 불구하고 아무런 가치가 없는 반면에, 몇몇 물건은 쓸모가 없는데도 높은 가치를 갖는 이유는 무엇인가라는 문제에 대답하고자 한다. 그러므로 가치의 이론은 부가 어떤 메커니즘에 따라 상호적으로(그리고 보편적 재현의 속성을 갖는 귀금속이라는 부에 의해) 재현되는가를 아는 것이 아니라, 왜 욕망과 필요의 대상은 재현되게 마련인가, 물건의 가치는 어떻게 정해지는가, 그리고 왜 물건에 대해 이런저런 가치를 갖는다고 단언할 수 있는가에 답하는 것이다.

고전주의적 사유의 관점에서 가치가 있다는 것은 우선 어떤 것을 가져다준다, 교환 과정에서 어떤 것을 대신한다는 것이다. 화폐는 발명되지 않았으며, 가격은 정해지지 않았고 교환이 일어남에 따라서만 변할 뿐이다. 그런데 교환은 겉보기에만 단순한 현상이다. 실제로 물물교환은 두 사람이 각각 상대방이 보유하는 것의 가치를 인정할 경우에만 이루어진다. 그러므로 어떤 관점에서 보면, 이중의 양도와 이중의 획득이 마침내 발생하기 위해서는, 고유한 가치가 있는 교환 가능한 물건을 각자가 사전에 소유하고 있어야 한다. 그러나 다른 한편으로 각자가 먹고 마시는 것, 살아가는 데 필요로 하는 것은 양도되지 않는 한 가치가 없고, 각자가 필요로 하지 않는 것도 역시 필요할지 모르는 어떤 물건을 획득하는 데 소용되지 않는 한 가치가 없다. 달리 말하면 교환 과정에서 하나의 물건이 다른 물건에 상당할 수 있으려면, 그것들이 이미 가치를 갖는 상태로 존재해야 하지만, 가치는 (실재적이건 잠재적이건) 재현의 내부에서만, 다시 말해 교환 또는 교환 가능성 내에서만 실재할 뿐이다. 이로부터 두 가지 동시적 해석 가능성이 유래하는데, 하나는 교환의 행위 자체에 입각하여, 주는 것과 받는 것의 교차점에 초점을 맞추어 가치를 분석하는 것이고, 다른 하나는 가치를 교환보다 선행하는 것으로, 교환이 일어나기 위한 기본 조건으로 분석하는 것이다. 이 두 가지 해석 중에서, 전자는 언어의 온전한 본질을 명제의 내부에만 위치시키는 분석에, 후자는 기초적인 지칭의 측면에서, 이를테면 행위 언어나 어근에서 언어의 동일한 본질을 발견하는 분석에 상응한다. 실제로 전자의 경우에는 언어가 귀속 관계에 따라 비로소 존재할 수 있게 되는데, 이 귀속 관계는 동사에 의해, 다시 말해서 모든 말로부터 뒤로 물러나 있지만 모든 말을 서로 관련짓는 언어 요소에 의해 보장되며, 언어의 모든 말이 서로 연결되어 명제를 이루게 하는 동사는 교환되는 물건의 가치와 양도 가격에 근거를 제공하는 가장 기본적인 행위, 즉 교환에 상응한다. 반면, 후자의 분석 방식에서 언어는 외부에, 그리고 자연이나 사물들의 유비 같은 데에 뿌리를 내리고, 어근은 언어가 생겨나기 전에 말을 유발하는 최초의 외침 같은 것으로서, 필요에 대한 상호적 평가 및 교환 이전에 형성되는 가치에 상응한다.

그렇지만 문법은 언어와 관계가 있기 때문에, 다시 말해 지칭과 판단의 기능을 맡거나 대상과 동시에 진실을 겨냥하는 재현 체계를 다루기 때문에, 문법의 경우에는 명제의 관점에서 보느냐 어근의 관점에서 보느냐에 따라 갈라지는 두 가지 분석 방식이 완전히 별개의 것이다. 경제의 영역에서는 이 구분이 존재하지 않는다. 왜냐하면 욕망의 관점에서는 욕망의 대상에 대한 이해 방식과 그것이 바람직하다는 단언이 동일한 것이기 때문이다. 욕망의 대상을 지칭하는 것은 이미 이 관련성을 상정하는 것이다. 그래서 문법은 우선 명제(또는 판단)의 분석을, 다음으로 지칭(행위나 어근)의 분석을 형성하면서, 두 부분으로 분리되고 조정되는 이론을 이용하는 반면, 경제학은 반대 방향으로 행해지는 두 가지 해석이 동시적으로 가능한 단 하나의 이론적 선분만을 인정한다. 하나는 욕구의 대상, 즉 유용한 물건의 교환에 입각하여 가치를 분석하고, 다른 하나는 교환됨으로써 뒤이어 가치를 규정하게 되는 대상의 형성과 탄생, 즉 자연의 풍요로움에 입각하여 가치를 분석한다. 이 두 가지 가능한 해석 사이에서 우리는 이제 우리에게 친숙한 분기점을 알아볼 수 있다. 콩디야크, 갈리아니, 그라슬랭의 '심리 이론'이라 불리는 것과 케네 및 그의 학파에 힘입은 중농주의 이론은 바로 이 분기점에서 갈라진다. 19세기 전반기에 경제학자들이 정치경제학의 정립을 찾아보고자 중농주의에 부여한 중요성을 중농주의 자체는 필시 지니고 있지 않을 것이지만, 한계효용설의 지지자들이 그랬듯이, '심리학파'에 동일한 역할을 부여하는 것도 아마 무의미하기는 마찬가지일 것이다. 이 두 가지 분석 방식 사이에는 여전히 동일한 필수적 망을 훑어보기 위해 선택된 원점과 방향 이외의 다른 차이가 없다.

중농주의자들이 말하듯이 가치와 부가 있으려면 교환이 가능해야 한다. 다시 말해 다른 사람이 필요로 하는 여분을 자유롭게 처분할 수 있어야 한다. 내가 갈망하고 따서 먹는 열매는 자연이 나에게 제공하는 재화일 뿐이고, 부는 나의 나무에 열린 열매가 나의 식욕을 초과할 정도로 많은 경우에만 존재하게 된다. 또한 다른 사람이 허기를 느끼고 내 열매를 요구해야 한다. 케네는 다음과 같이 말한다. "우리가 들이마시는 공기, 우리가 시냇가에서 긷는 물, 그리고 모든 이가 공유하는 풍부한 여타의 모든 것은 거래될 수 없다. 즉 그것들은 재화이지 부가 아니다."[74] 교환 이전에는 자연이 마련한 드물거나 풍부한 물질만이 있을 뿐이고, 한

---

74) Quesnay, '인간' 항목(in Daire, *Les Physiocrates*), 42쪽.

사람의 요구와 다른 사람의 포기만이 가치를 나타나게 만들 수 있다. 그런데 교환의 목적은 정확히 초과분이 없는 사람에게 초과분을 배분하는 것이다. 그러므로 초과분은 어떤 사람에게는 있고 다른 사람에게는 없는 상태에서, 소비자에게 이르러 재화라는 본래의 성격을 되찾게 되는 과정을 시작하고 완결하는 동안만 잠정적으로 '부'이다. 메르시에 드 라 리비에르가 말하듯이 "교환의 목적은 향유와 소비이다. 따라서 거래는 소비자들 사이의 배분에 이르기 위한 일용 물건의 교환으로 간략하게 정의할 수 있다."[75] 그런데 거래에 의한 이와 같은 가치의 설정[76]은 필연적으로 재화의 감소를 초래한다. 실제로 거래는 물건의 운반, 보존, 변형, 판매에 따르는 비용을 유발한다.[77] 요컨대 **재화**가 부로 변하려면 어느 정도 **재화**의 손실이 불가피하다. 어떤 비용도 들지 않는 유일한 거래는 무조건적 물물교환일 것인데, 무조건적 물물교환에서 재화는 번개처럼 빠른 시간, 교환의 순간에만 부와 가치일 뿐이다. "아무런 비용도 들지 않는 상태에서 직접적으로 교환이 이루어질 수 있다면, 교환은 두 교환 당사자에게 한층 더 유리해질 수밖에 없을 것이다. 그러므로 거래 자체를 상업에 도움이 되는 중개 활동으로 간주하는 것은 매우 잘못된 생각이다."[78] 중농주의자들은 오직 재화의 물질적 실재만을 감안한다. 그래서 중농주의자들에 따르면 거래를 통한 가치의 형성에는 희생이 따르고 기존의 재화가 공제되지 않을 수 없다. 그러므로 가치를 형성한다는 것은 더 많은 욕구를 충족한다는 것이 아니라, 재화를 희생하여 다른 것과 교환한다는 것이다. 가치는 재화의 음화(陰畵)와 같은 것이다.

---

75) Mercier de La Rivière, *L'Ordre naturel et essentiel des sociétés politiques*(in Daire, *Les Physiocrates*), 709쪽.

76) "거래할 수 있는 부로 간주하는 밀, 철, 황산염, 다이아몬드 또한 가격에만 그 가치가 있을 뿐인 부이다."(Quesnay, '인간' 항목, *op. cit.*, 138쪽.)

77) Dupont de Nemours, *Réponse demandée*, 16쪽.

78) Saint-Péravy, *Journal d'agriculture*, 1765년 12월.

그러나 가치가 이런 식으로 형성되는 것은 어디에서 유래할까? 재화가 부로 바뀌지만 연속적인 교환과 유통의 과정에서 잊히거나 사라지지는 않게 하는 이 초과분의 기원은 무엇일까? 이 끊임없는 가치의 형성이 요구하는 대가에도 불구하고 누구나 쓸 수 있는 재화가 고갈되지 않는 것은 무슨 까닭일까?

이 필연적인 추가분은 거래 자체에서 발견될 수 있는 것일까? 결코 그렇지 않다. 왜냐하면 거래의 목적은 가치와 가치를 가능한 한 가장 동등하게 교환하는 것이기 때문이다. "많이 받기 위해서는 많이 주어야 하고, 많이 주기 위해서는 많이 받아야 한다. 바로 여기에 거래의 기술이 온전히 내포되어 있다. 본래 거래는 동등한 가치의 물건들을 조화롭게 교환하기만 하는 것이다."[79] 상품은 멀리 떨어진 시장에 이르러, 어쩌면 원래의 자리에서 획득했을 가격보다 더 높은 가격으로 교환될지 모르지만, 이러한 상승은 실제의 운반비에 상응하는 것이다. 그리고 상품에서 어떤 것도 상실되지 않았다면, 이는 그 상품과 교환되는 현지 상품의 가격이 실제 운반비를 벌충했기 때문이다. 상품이 세계의 끝에서 끝으로 운반된다 해도, 교환의 비용은 언제나 교환되는 재화에서 선취된다. 이 여분을 낳은 것은 거래가 아니다. 거래가 가능하려면 이 과잉이 미리 존재해야 한다.

산업 역시 가치의 형성에 따른 비용을 벌충해 주지 않는다. 실제로 공장의 생산물은 두 가지 방식에 따라 판매할 수 있다. 가격이 자유롭게 정해진다면, 가격은 경쟁으로 인해 낮아지는 경향이 있고, 그래서 원료와 노동자의 노동만을 포함하는 최저 가격이 형성된다. 캉티용의 규정에 따라 임금은 노동자가 일하는 시간 동안의 생계에 상응하고, 아마 기업가의 생계와 이윤도 추가되어야 할 것이지만, 어쨌든 제조에 의한 가치의

---

79) Saint-Péravy, *Journal d'agriculture*, 1765년 12월.

280

증가는 제조 활동으로 보수를 받는 사람의 소비에 상당하며, 부를 만들어 내기 위해서는 이에 앞서 재화를 희생할 필요가 있다. 가령 "장인은 자신의 노동으로 생산하는 만큼을 생계로 없앤다."[80] 독점 가격이 형성되어 있을 때에는 물건의 판매 가격이 상당히 높아질 수 있다. 그러나 이 경우에도 노동자의 노동에 더 많은 보수가 주어지지는 않는다. 다시 말해 노동자들 사이에 작용하는 경쟁 때문에 임금은 생계에 꼭 필요한 만큼의 수준으로 유지되는 경향이 있다.[81] 기업가의 이윤으로 말하자면, 시장에 내놓은 물건의 가치가 높아짐에 따라, 독점 가격은 기업가의 이윤을 증대시키지만, 이러한 가치의 상승은 다른 상품의 교환 가치가 상대적으로 하락하는 현상일 뿐이다. 즉 "모든 기업가는 오직 다른 이들이 많은 지출을 하기 때문에만 큰돈을 벌어들인다."[82] 산업은 겉보기에 가치를 증가시키는 듯하지만, 사실은 교환에서 한 사람 또는 여러 사람의 생계비를 선취한다. 가치는 생산에 의해서가 아니라, 자신의 생계를 확보하는 노동자의 소비이건, 이윤을 얻는 기업가의 소비이건, 일을 하지 않고 재산 수익만으로 물건을 구입하는 사람의 소비이건, 소비에 의해 형성되고 증가한다. 부연하자면 "생산에 종사하지 않는 계층에 의한 시장 가치의 증가는 노동자의 노동이 아니라 노동자의 지출에서 기인하는 결과이다. 실제로 일하지 않고 지출만 하는 한가한 사람도 이 점에서는 동일한 결과를 낳는다."[83] 가치는 재화가 사라진 곳에서만 나타나고, 노동은 지출처럼 작용한다. 즉 노동은 노동 자체에 의해 소모된 생계의 가격을 형성한다.

이것은 농업 노동에도 들어맞는다. 경작하는 노동자는 직조하거나 운

---

80) *Maximes de gouvernement*(in Daire, *op. cit.*), 289쪽.

81) Turgot, *Réflexion sur la formation des richesses*, §6.

82) *Maximes de gouvernement* (in Daire, *op. cit.*), 289쪽.

83) Mirabeau, *Philosophie rurale*, 56쪽.

반하는 노동자와 다른 지위를 갖지 않고, "노동 또는 경작의 도구"[84]일 뿐이며, 이러한 도구로서 생계비를 필요로 하고 토지의 산물에서 생계비를 선취한다. 다른 모든 경우처럼 농업 노동의 보수도 이러한 생계비와 정확히 일치하는 경향이 있다. 그렇지만 농업 노동은 특권을 갖는데, 그것은 교환 체계에서의 경제적 특권이 아니라, 재화 생산의 영역에 속하는 물질적 특권이다. 이는 경작되는 토지에서 경작자에게 필요한 것을 훨씬 상회하는 양의 식량이 산출될 수 있기 때문이다. 그러므로 농업 노동자의 노역은 보수가 주어지는 노동으로서 공장 노동자의 노역만큼 부정적이고 희생이 따르지만, 자연과의 '물질적 거래'로서[85] 자연의 막대한 풍요를 유발한다. 그리고 이러한 증산(增産)에 대한 보수가 밭갈이, 파종, 가축 사료에 의해 미리 지불되는 것은 사실이라 해도, 씨앗을 뿌린 곳에서 이삭이 나온다는 것은 누구나 분명히 알고 있는 바이며, 가축은 "가게에 진열된 비단이나 모직물과는 달리, 휴식하고 있을 때에도 날마다 살이 찐다."[86] 농업은 생산에 의한 가치의 증가가 생산자의 생계와 동등하지 않은 유일한 영역이다. 이는 사실 어떤 보수도 필요로 하지 않는 비가시적 생산자가 있기 때문인데, 농민은 부지불식간에 이 비가시적 생산자와 일체가 되어 있고, 그가 일할 때만큼이나 소비할 때에도, 그의 노동은 비가시적인 공동 경작자 덕분으로 모든 재화를 산출하는데, 가치의 형성은 모든 재화에서 선취될 것이다. 요컨대 "농업은 신이 창조한 제조업으로서, 이 제조업에서 제조자는 자연의 창조자, 즉 모든 재화와 모든 부의 생산자를 협력자로 갖는다."[87]

누구나 이해할 수 있듯이 중농주의자들은 농업 노동이 아니라 지대에

---

84) *Ibid.*, 8쪽.

85) Dupont de Nemours, *Journal agricole*, 1766년 5월.

86) Mirabeau, *philosophie rurale*, 37쪽.

87) *Ibid.*, 33쪽.

이론적이고 실제적인 중요성을 부여했다. 왜냐하면 농업 노동은 소비에 의해 보수가 주어지는 반면, 지대는 순수한 산물, 즉 자연이 노동자에게 보장하는 생계와 자연 자체가 지속적으로 생산하기 위해 요구하는 보수를 넘어 자연이 마련해 주는 재화의 양을 나타내거나 나타내야 하기 때문이다. 이처럼 재화를 가치나 부로 변하게 해 주는 것은 바로 지대이다. 지대는 다른 모든 노동과 이에 상응하는 모든 소비에 보수를 제공한다. 여기에서 두 가지 주요한 관심사가 유래하는데, 하나는 노동, 상업, 산업을 북돋울 수 있을 많은 통화량을 자유롭게 사용하는 것이고, 다른 하나는 토지로 되돌려져서 토지의 계속적인 생산을 틀림없이 가능하게 할 운영 자본의 몫을 보존하는 것이다. 그러므로 중농주의자들의 경제 계획 및 정치 강령은 필연적으로 토지를 경작하는 사람의 임금이 아니라 농산물 가격의 상승, 지대 자체에 대한 온갖 세금의 징수, (경쟁이 산업과 상업을 통제하여 공정 가격을 반드시 유지하도록 하기 위한) 독점 가격과 모든 상업적 특권의 철폐, 그리고 미래의 수확에 필요한 투자를 위해 화폐를 광범위하게 토지로 돌리는 활동을 포함하게 된다.

교환 체계 전체, 값비싼 가치 형성 전체는 지주의 투자와 자연이 베푸는 아량 사이에 확립되는 이 근본적이고 일차적인 불균형한 교환으로 거슬러 올라간다. 이 교환만이 절대적으로 이익을 창출하며, 각 교환에, 따라서 부를 이루는 각 요소의 출현에 필요한 비용은 바로 이 순이익에서 선취될 수 있다. 자연이 저절로 가치를 산출한다고 말하는 것은 잘못일지 모른다. 자연은 지출과 소비가 없지 않지만 교환에 의해 가치로 변하는 재화의 무궁무진한 원천이다. 케네와 그의 제자들은 교환을 통해 주어지는 것, 다시 말해 어떤 가치도 없이 존재하지만 대체의 경로로 들어감으로써 가치가 되는 여분에 입각하여 부를 분석하는데, 대체의 경로에서 이 여분이 이동하거나 변할 때마다 이에 대한 보수는 임금, 식량, 생계비로, 요컨대 이 여분 자체가 속하는 잉여의 일부분으로 지불되어야 할 것이다. 중농주의자들은 가치에 따라 지칭되지만 부의 체계에 앞서 존재하는 사물 자체로 분석을 시작한다. 어근, 소리와 사물을 하나로 맺어 주는 직접적인 관계, 그리고 하나의 언어에서 어근을 명사로 만드는 일련의 추상화 작업으로부터 말을 분석하는 문법학자들의 경우에도 사정은 마찬가지이다.

6 유용성

콩디야크, 갈리아니, 그라슬랭, 데스튀트의 분석 작업은 명제에 관한 문법 이론에 상응한다. 그들의 분석 작업이 출발점으로 선택하는 것은 교환을 통해 주어지는 것이 아니라, 받아들여지는 것, 즉 실제로는 동일한 것이지만, 필요로 하고 요구하며 더 유용하다고 평가하여 더 많은 가치를 부여하는 다른 물건을 획득하기 위해 자신이 소유하고 있는 것을 자발적으로 포기하는 사람의 관점에서 고찰된 것이다. 중농주의자들과 그들의 반대자들은 사실상 동일한 이론적 선분을, 그러나 서로 반대되는 방향으로 통과한다. 즉 전자는 어떤 조건에서, 어떤 비용으로 재화가 교환 체계 안에서 가치로 바뀌는가를, 후자는 어떤 조건에서 추정상의 가치에 대한 판단이 동일한 교환 체계 안에서 가격으로 변할 수 있는가를 자문한다. 그러므로 중농주의자들의 분석과 공리주의자들의 분석은 대체로 매우 유사하고 때로는 상호 보완적이라는 점, 왜 캉티용을 중농주의자들은 세 가지 토지 소득의 이론과 토지에 부여되는 중요성의 견지에서, 이와 동시에 공리주의자들은 유통의 분석과 화폐에 부여된 역할의 견지에서 끌어들일 수 있었는가,[88] 왜 튀르고가 『부의 형성과 분배』에

---

88) Cantillon, *Essai sur le commerce en général*, 68, 69, 73쪽.

서는 중농주의에 충실하면서, 『화폐와 가치』에서는 갈리아니와 매우 유사할 수 있었는가를 비로소 이해할 수 있다.

가장 초보적인 교환의 상황을 가정해 보자. 가령 옥수수나 밀만을 갖고 있을 뿐인 사람과 그의 맞은편에 포도주나 장작만을 갖고 있는 다른 사람이 있다고 하자. 아직은 어떤 정해진 가격도, 어떤 등가 관계도, 어떤 공통의 척도도 없다. 그렇지만 두 사람은 이 물건들에 대해 어떤 판단을 내렸기 때문에, 장작을 모았고, 옥수수나 밀을 심어 수확했으며, 밀이나 장작을 어떤 것에도 비교할 필요는 없었지만, 밀이나 장작이 그들의 필요를 충족할 수 있다고, 그들에게 **유용할** 것이라고 판단했다. 즉 "하나의 물건이 가치를 갖는다고 말하는 것은 그것이 어떤 쓰임새에 적합하다거나 그렇게 추정한다고 말하는 것이다. 그러므로 물건의 가치는 유용성에, 또는 동일한 의미가 되겠지만, 우리가 물건을 사용할 수 있다는 점에 근거하고 있다."[89] 이러한 판단은 튀르고가 물건의 "추산 가치"라고 부르는 것의 근거가 된다.[90] 이 가치는 각 상품을 어떤 다른 것과도 비교하지 않고 개별적으로 추정하는 것이므로 절대적이지만, 인간의 욕구나 욕망 또는 필요와 함께 변하므로 상대적이고 가변적이다.

그렇지만 이 여러 가지 일차적 유용성에 근거를 두고 실현되는 교환은 유용성을 단순히 공통분모로 귀착시키는 것이 아니다. 이러한 교환은 한 사람에게 그때까지 그다지 가치가 없던 것을 다른 사람에게 추산의 대상으로 제공하는 까닭에 그 자체로 유용성을 창출한다. 이 순간에 세 가지 가능성이 나타난다. 첫 번째로, 콩디야크가 말하듯이[91] "각자의 잉여분"(각자가 사용하지 않았거나 곧장 사용하지 않을 것)은 양과 질의 측면에서 다른 사람의 필요에 부합한다. 가령 밀을 소유하고 있는 사람의 여분

---

89) Condillac, *Le Commerce et le gouvernement*(*Oeuvres*), t. IV, 10쪽.

90) Turgot, *Valeur et monnaie*(*Oeuvres complètes*, éd. Schelle), t. III, 91~92쪽.

91) Condillac, *Le Commerce et le gouvernement*(*Oeuvres*), t. IV, 28쪽.

은 교환의 상황에서 포도주 소유자에게 유용한 것으로 밝혀지고, 이것의 역도 성립하는데, 그때부터 양쪽에서 동시적이고 동등한 가치가 창출됨으로써 쓸데없던 것이 완전히 유용하게 되고, 한편의 평가에서 무가치했던 것이 다른 편의 추산에서 실리적이게 된다. 상황이 대칭적이므로, 이렇게 창출된 추산 가치들은 자동적으로 동등한 상태가 되고, 유용성과 가격은 정확히 맞아떨어지며, 평가는 당연히 추산에 들어맞는다. 또는 두 번째로 한 사람의 여분이 다른 사람의 필요에 충분하지 않으면, 다른 사람은 자신이 소유하고 있는 모든 것을 다 내놓으려 하지 않을 것이고, 자신의 필요에 불가결한 보충적인 부분을 제3자로부터 획득하기 위해 일부분을 남겨 놓을 것이다. 가격은 이 남겨 놓은 부분으로 인해 발생하게 된다. 한편 다른 사람의 여분 전체를 필요로 하는 상대방으로서는 가능한 한 이 부분을 축소하고자 할 것이다. 가령 여분의 포도주와 여분의 밀은 더 이상 교환되지 않고, 홍정의 결과로 몇 스티에[92]의 밀에 대해 몇 뮈[93]의 포도주가 지불된다. 교환의 대가로 가장 많이 지불하는 사람이 소유하고 있던 것은 가치가 떨어진다고 말할 수 있을까? 결코 그렇지 않다. 왜냐하면 그 여분은 그에게 유용성이 없기 때문이거나, 아무튼 그는 자신이 소유하고 있는 여분을 다른 것으로 교환하고자 했으므로, 자신이 내놓는 것보다 자신이 받는 것에 더 많은 가치를 부여하기 때문이다. 끝으로 세 번째 가설로 말하자면 누구에게나 어떤 것도 절대적으로 불필요하지 않다. 왜냐하면 쌍방이 각자 자신의 소유물 전체를 다소간 오랜 기간 후에 사용할 수 있음을 알고 있기 때문이다. 즉 **결핍** 상태는 일반적이고 소유물의 각 부분은 부가 된다. 그때부터 쌍방은 그야말로 어떤 것도 교환할 수 없지만, 각자 다른 사람이 갖고 있는 상품의 일부가 자기 자신이 갖고 있는 상품의 일부보다 자신에게 더 유용하리라고 평가할 수도

---

92) (옮긴이 주) setier. 곡류의 옛 용량 단위로 약 150~300리터에 상당한다.
93) (옮긴이 주) Muid. 옛 용량 단위로 술의 경우 268리터이다.

있다. 두 사람 다 각자 자기를 위해, 그러므로 서로 다른 계산에 따라 최소한의 불균등을 확정한다. 가령 한편에서는 내가 갖고 있지 않는 옥수수 몇 되가 나에게는 그만큼의 내 장작보다 약간 더 가치가 있을 것이라고 말하고, 다른 편에서는 그만한 양의 장작이 그만큼의 옥수수보다 자신에게 더 귀중할 것이라고 말한다. 이러한 평가의 불균등은 각자가 소유하고 있는 것과 보유하고 있지 않는 것에 부여하는 상대적 가치를 결정한다. 이 불균등을 조정하는 수단으로는 이 두 가지 불균등 사이에 두 가지 관계의 동등함을 확립하는 것밖에 없다. 즉 한 사람의 장작에 대한 옥수수의 관계가 다른 사람의 옥수수에 대한 장작의 관계와 동등하게 될 때, 교환이 이루어진다. 추산 가치는 필요와 대상의 작용에 의해서만, 따라서 고립된 개인의 독특한 이해관계에 의해서만 정해질 뿐인 반면, 이제 나타나는 평가 가치에는 "비교하는 두 사람이 있고, 비교되는 네 가지 이해관계가 있지만, 계약을 맺는 두 사람 각자의 두 가지 특별한 이해관계가 우선 별도로 비교되고, 뒤이어 이 비교의 결과가 함께 비교되어, 평균의 추산 가치가 형성된다." 이러한 관계의 동등성에 따라 예컨대 옥수수 네 되와 장작 다섯 아름은 동등한 교환 가치를 갖는다고 말할 수 있게 된다.[94] 그러나 이 동등성은 두 가지 유용성이 균등하게 교환된다는 것을 의미하지 않는다. 교환되는 것은 불균등이다. 다시 말해, 비록 거래의 각 요소가 본질적인 유용성을 지녔다 할지라도, 어느 쪽이건 처음에 소유하고 있던 것보다 더 많은 가치를 획득한다. 두 가지 직접적인 유용성 대신에, 더 커다란 필요를 충족하는 것으로 여겨지는 두 가지 다른 유용성이 손에 들어오는 셈이다.

이러한 분석은 가치와 교환의 교차를 보여 준다. 즉 직접적인 가치가 존재하지 않는다면, 다시 말해 "결과가 원인에 달려 있듯이 인간의 필

---

94) Turgot, *Valeur et monnaie*(*Oeuvres*), t. III, 91~93쪽.

요에만 달려 있는 우발적인 속성"[95]을 물건이 지니고 있지 않다면, 교환은 일어나지 않을 것이다. 그러나 교환은 일단 이루어지면 가치를, 그것도 두 가지 방식으로 창출한다. 교환은 우선 교환되지 않을 경우 유용성이 미약하거나 아마 거의 없을 물건을 유용한 것으로 만든다. 가령 다이아몬드는 굶주리거나 헐벗은 사람에게 아무런 가치도 없겠지만, 보석이 "보석을 필요로 하지 않는 소유자에게 간접적인 부"로 간주되는 데에는 아름답게 보이기를 갈망하는 여자와 다이아몬드를 그녀의 수중에 가져다줄 수 있는 거래가 존재하는 것으로 충분하고,…… "이 소유자에게 물건의 가치는 교환 가치이며,"[96] 따라서 그는 빛나기만 할 뿐인 것을 팔아먹고살 수 있게 되는데, 이로부터 사치품의 중요성이 유래하고,[97] 이로부터 부의 관점에서는 필요, 안락, 쾌감 사이에 차이가 없다는 사실이 드러난다.[98] 다른 한편으로 교환은 '평가'와 관련된 새로운 유형의 가치를 생겨나게 한다. 즉 교환에 의해 유용성들 사이에 상호 관계가 맺어지는데, 이 상호 관계는 단순한 필요에 대한 관계에 병행한다. 특히 이 관계를 변화시키는데, 왜냐하면 평가의 영역에서는, 즉 각 가치가 모든 가치와 비교되는 영역에서는 아무리 사소한 새로운 가치의 창출도 이미 존재하는 유용성의 상대적 가치를 줄이기 때문이다. 욕구를 충족할 수 있는 새로운 물건의 출현에도 불구하고, 부의 총량은 증가하지 않고, 모든 생산은 단지 "부의 총량과 관련하여 가치들의 새로운 질서"만을 생겨나게 할 따름이며, "욕구의 일차적 대상은 가치가 감소하고, 이에 따라 안락이나 즐거움을 주는 물건들의 새로운 가치가 부의 총량에 포함될 수 있게 된

---

95) Graslin, *Essai analytique sur la richesses*, 33쪽.

96) Graslin, *Easai analytique sur la richesses*, 45쪽.

97) Hume, *De la circulation monétaire*(*Oeuvres économiques*), 41쪽.

98) 그라슬랭은 욕구를 "필요성, 유용성, 취향, 멋"으로 이해한다.(*Essai analytique sur la richesse*, 24쪽.)

다."[99] 그러므로 교환은 (적어도 간접적으로 욕구를 충족하는 새로운 유용성을 나타나게 함으로써) 가치를 늘리는 것일 뿐만 아니라, 가치를 (각 가치에 대한 평가에 따라 상호적으로) 줄이는 것이기도 하다. 교환에 의해 무용한 것이 유용하게 되고, 가장 유용한 것이 동일한 비율로 덜 유용하게 된다. 이것이 가치의 작용을 구성하는 교환의 역할이다. 즉 교환은 모든 물건에 가격을 부여하고, 그럼으로써 각 물건의 가격을 낮춘다.

여기에서 중농주의자들이나 그들의 반대자들이나 이론적 요소들은 동일하다는 것이 드러난다. 기본 명제들의 핵심은 양편에 공통적이다. 즉 모든 부는 토지에서 생겨나고, 물건의 가치는 교환과 관련되어 있으며, 화폐는 유통되고 있는 부의 재현으로서 가치를 갖는다. 따라서 유통은 가능한 한 단순하고 완전해야 한다. 그러나 이 이론적 선분들은 중농주의자들과 '공리주의자들'에 의해 서로 역순으로 배치되는데, 이 배치들의 상호 작용으로 말미암아, 전자에서 긍정적인 역할을 하는 것이 후자에서는 부정적인 역할을 하게 된다. 콩디야크, 갈리아니, 그라슬랭은 모든 가치의 주관적이고 현실적인 근거로 간주되는 유용성의 교환에서 출발하고, 따라서 그들에게서 욕구를 충족하는 모든 것은 가치를 지니며, 더 많은 욕구를 충족하게 하는 모든 변형이나 운반은 가치의 증가를 유발한다. 바로 이러한 가치의 증가로 인해, 증가된 가치에서 공제되고 노동자의 생계비에 상당하는 것이 노동자에게 보수로 주어지게 된다. 그러나 가치를 구성하는 이 모든 긍정적인 요소는 사람들이 처한 어떤 결핍 상태, 따라서 자연의 다산성이 갖는 유한한 성격에 기초를 두고 있다. 중농주의자들의 경우에도 동일한 계열이 발견되지만 방향은 반대이다. 즉 토지의 생산물에 대한 모든 변형과 모든 노동에 대한 보수는 노동자의 생계비로 지불되고 따라서 토지의 생산물은 총 재화의 감소로 이어지게

---

99) Graslin, *op. cit.*, 36쪽.

되며 가치는 소비가 발생하는 곳에서만 생겨난다. 그러므로 가치가 출현
하려면 자연은 무한한 다산성을 갖추고 있어야 한다. 두 가지 해석 중의
하나에서 거의 분명하게 긍정적으로 인식되는 모든 것이 다른 하나에서
는 은연중에 부정적으로 인식된다. '공리주의자들'은 교환 현상의 분절을
토대로 물건에 대한 어떤 가치의 귀속을 정당화하고, 중농주의자들은 부
의 **실재**로 가치의 점진적인 **마름질**을 설명한다. 그러나 어느 경우이건 가
치의 이론은 자연사에서의 **구조**의 이론처럼 귀속의 계기와 **분절**의 계기를
서로 연결한다.

중농주의자들은 지주를 대변하고 '공리주의자들'은 상인과 기업가를
대변한다고, 따라서 공리주의자들은 자연의 산물이 변형되거나 이동할
때 가치가 상승하리라는 것을 믿었다고, 그들은 욕구와 욕망이 지배하는
시장 경제에 어쩔 수 없이 관심을 쏟았다고, 반대로 중농주의자들은 농업
생산만 신뢰했고, 농업 생산을 위해 더 나은 보수를 요구했으며, 지주였
으므로 당연히 지대를 근거로 삼았다고, 그들은 정치 권력을 요구하면서
세금을 내야 하는 유일한 주체였으며, 따라서 세금 납부에서 비롯되는 권
리의 보유자이기를 바랐다고 말하는 것이 아마 더 간단했을지 모른다. 그
리고 이익의 일관성을 통해 누구라도 양자의 중요한 경제적 선택을 알아
볼지도 모른다. 그러나 이런저런 사람이 특정한 사유 체계를 선택했다는
것을 그가 하나의 사회 집단에 속한다는 사실로 충분히 설명할 수 있다
해도, 특정한 사유 체계가 사유되기 위한 조건은 결코 귀속 집단의 내부
에서 찾아볼 수 있는 것이 아니다. 연구의 두 가지 방식, 즉 두 가지 차원
을 세심하게 구별할 필요가 있는데, 하나는 18세기에 누가 중농주의자였
고 누가 반(反)중농주의자였는가, 문제로 대두된 이익은 무엇인가, 쟁점
과 논거는 무엇이었는가, 권력 투쟁은 어떻게 전개되었는가를 알기 위해
견해들을 조사하는 것이고, 다른 하나는 인물들이나 그들의 내력을 고려
하지 않고 '중농주의적인' 지식과 '공리주의적인' 지식을 일관성 있는 동

시적 형태로 사유하는 것이 가능해지기 시작한 조건을 규정하는 데 있다. 첫 번째 분석은 찬양의 소관일지 모른다. 고고학은 두 번째 분석만을 인정하고 실행할 수 있을 뿐이다.

7 일람표

이제 경험 영역들의 전반적인 조직이 전체적으로 소묘될 수 있다.[100]
우선 확인되는 것은 부의 분석이 자연사 및 일반 문법과 동일한 배치를 따른다는 사실이다. 가치의 이론은 실제로 일부의 물건들이 어떻게 교환 체계 안으로 들어갈 수 있는가, 어떻게 하나의 물건이 물물교환의 원시적 행위를 통해 다른 물건과 동등한 것으로 특정될 수 있는가, 어떻게 하나의 물건에 대한 평가가 동등(A와 B는 동일한 가치를 갖는다.)이나 유비(상대방이 보유하고 있는 A의 가치와 나의 필요 사이의 관계는 내가 소유하고 있는 B의 가치와 상대방의 필요 사이의 관계와 같다.)에 따라 다른 물건에 대한 평가와 관련될 수 있는가를 (결핍과 필요에 의해서건, 만물의 과잉에 의해서건) 설명할 수 있게 해 준다. 그러므로 가치는 귀속의 기능에 상응하는데, **일반 문법**에서 동사에 의해 확보되는 귀속의 기능은 명제를 나타나게 하면서, 언어가 존재하기 시작하는 최초의 문턱을 구성한다. 그러나 평가 가치가 추산 가치로 변할 때, 다시 말해 모든 가능한 교환에 의해 성립된 체계의 내부에서 평가 가치가 규정되고 한정될 때, 각 가치는 다른 모든 가치에 의해 위치가 정해지고 마름질된다. 즉 그때부터 가치는 **일반 문법**에서 동사를 제외한 명제의 모든 요소에 (다시 말해 명사에, 그리고 명백하게나 은밀하게 명사의 기능을 보유하는 각각의 낱말에) 있다고 인정

---

100) 304쪽의 도식 참조.

된 분절의 역할을 맡는다. 교환 체계에서, 즉 부의 각 부분이 다른 부분들을 의미하거나 다른 부분들에 의해 의미를 갖게 하는 작용에서 가치는 동사이자 명사이고, 연결하는 힘이자 분석의 원리이며, 귀속이자 절단이다. 그러므로 부의 분석에서 가치는 정확히 자연사에서의 구조와 동일한 자리를 차지하며, 구조처럼 가치도 하나의 기호를 또 다른 기호에, 하나의 재현을 또 다른 재현에 할당하도록 해 주는 기능과 재현들 전체를 구성하는 요소들이나 재현들 전체를 분석하는 기호들의 상호 연계를 가능하게 해 주는 기능을 하나의 동일한 작용으로 결합한다.

다른 한편으로 화폐 및 거래의 이론은 어떻게 하나의 물질이 어떤 것이건 물건과 관련되고 물건에 대해 영속적인 기호의 구실을 하면서 의미하는 기능을 맡을 수 있는가를 설명해 주고, 또한 어떻게 의미되는 것에 대한 기호의 관계가 결코 사라지지 않으면서 변할 수 있는가, 어떻게 동일한 화폐 요소가 다소간 부를 의미할 수 있는가, 어떻게 동일한 화폐 요소가 나타내야 할 가치와 관련하여 서서히 변화하고 확대되고 축소될 수 있는가를 (거래의 작용과 통화의 증가 및 감소 작용으로) 설명해 준다. 그러므로 화폐 가격[101]의 이론은 일반 문법에서 어근과 행위 언어의 분석이라는 형태로 나타나는 것(지칭의 기능), 그리고 비유와 점진적인 의미 변화의 형태로 나타나는 것(파생의 기능)에 상응한다. 화폐는 낱말처럼 지칭하는 역할을 맡지만, 그 수직 축을 중심으로 끊임없이 변화한다. 즉 금속과 부 사이의 관계가 최초로 정립되는 현상과 가격 변동의 관계는 언어 기호의 기본 의미와 수사학적 변이의 관계와 같다. 게다가 화폐는 부의 지칭, 가격의 확정, 명목 가치의 변화, 국가의 빈곤화와 국부의 증대를 보장할 가능성이 있으므로, 자연의 존재물에 대해 특징이 맡는 기능을 부에 대해 떠맡는다. 다시 말해 화폐는 부에 특이한 표지를 부과할 수 있

---

101) (옮긴이 주) prix monétaire. 화폐로 나타낸 상품의 교환 가치.

게 해 주고, 이와 동시에 누구나 사용하는 물건 및 기호 전체에 의해 실질적으로 확정되는 공간에서 부가 차지할 잠정적인 자리를 지정할 수 있게 해 준다. 부의 분석에서 화폐 및 가격의 이론이 차지하는 위치는 자연사에서 특징의 이론이 차지하는 위치와 동일하다. 특징의 이론처럼 화폐 및 가격의 이론도 사물에 기호를 부여할, 하나의 사물을 또 다른 사물로 재현하게 할 가능성과, 하나의 기호를 그것이 지칭하는 것과 관련하여 서서히 변화하게 할 가능성을 하나의 동일한 기능으로 결합한다.

그러므로 언어 기호의 특이한 속성들을 규정하고 언어 기호를 재현이 스스로에게 부여할 수 있는 다른 모든 기호와 구별하는 네 가지 기능은 자연사의 이론적 표지 전체와 화폐 기호의 실제적 사용에서도 발견된다. 재현들의 상호적 지칭, 의미되는 재현에 대한 의미하는 재현의 파생, 재현되는 것의 분절, 다른 재현에 대한 또 다른 재현의 귀속이 욕구의 대상들 사이에서, 가시적인 개체들 사이에서 확정됨에 따라, 부의 영역과 자연물의 영역이 자리 잡고 드러난다. 이 점에 비추어 고전주의적 사유에서 자연사의 체계와 화폐 또는 거래의 이론은 언어 자체와 동일한 가능 조건을 갖는다고 말할 수 있다. 이것은 두 가지 사항을 의미한다. 우선 고전주의 시대의 경험에서 자연에서의 질서와 부에서의 질서는 말에 의해 드러나는 것과 같은 재현의 질서와 동일한 존재 양태를 갖는다는 것, 다음으로 사물의 질서를 밝히는 것이 문제일 때, 적절하게 조직될 경우의 자연사와 적절하게 조절될 경우의 화폐가 언어의 방식으로 작용하도록, 말은 상당히 특권적인 기호 체계를 형성한다는 것을 의미한다. 마테시스에 대한 대수학의 관계는 사물의 질서를 구성하고 명백히 드러내는 탁시노미아에 대한 기호, 특히 말의 관계와 같다.

그렇지만 분류를 자연에 관한 자연 언어가 되지 못하게 하고 가격을 부에 관한 자연적 담론이 되지 못하게 하는 주요한 차이가 실재한다. 더 정확히 말하자면 두 가지 차이가 실재하는데, 하나는 언어 기호의 영역을 부나 생물의 영역과 구별하게 해 주고, 다른 하나는 자연사의 이론과 가치 또는 가격의 이론을 구별하게 해 준다.

언어의 본질적 기능(귀속, 분절, 지칭, 파생)을 규정하는 네 가지 계기는 서로 견고하게 연결되어 있다. 왜냐하면 언어에서 실재의 문턱이 동사에 힘입어 돌파되는 순간부터 이 기능들이 서로 요구되기 때문이다. 그러나 언어들에서 실제적인 생성의 과정은 똑같이 엄정하지도 않고 방향이 동일하지도 않다. 즉 인간의 상상력은 단순한 지칭으로부터 (살고 있는 풍토, 생활 조건, 감정, 정념, 경험에 따라) 파생을 야기하는데, 파생은 민족마다 다르고, 아마도 언어의 다양성을 넘어 각 언어의 상대적 불안정성을 설명해 줄 것이다. 이러한 파생의 어느 특정한 시기에, 어느 특정한 언어 내에서, 서로 맞물리고 재현들을 마름질하는 일단의 낱말과 명사 전체가 자유롭게 이용되지만, 이 분석은 매우 불완전하고, 매우 많은 불분명함과 혼란의 존속을 허용하므로, 동일한 재현에 대해 다양한 낱말이 사용되고 갖가지 명제가 표명된다. 즉 인간의 성찰에는 오류의 가능성이 늘 따라붙는다. 지칭과 파생 사이에서는 상상력의 전환이 급격히 늘어나고, 분절과 귀속 사이에서는 반성의 오류가 급증한다. 그래서 아마도 한없이 뒤로 미루어질 언어의 지평에 보편 언어의 관념이 투사되는데, 보편 언어의 관념에서라면 말의 재현 가치는 어떤 명제에 관해서건 진실이 반성을 통해 아주 분명히 결정될 정도로 상당히 명확하게 고정되고 제법 확실한 근거를 갖추며 꽤 명백하게 식별될 것이고, 보편 언어에 의해서라면 "사물의 진실에 대해 지금 철학자들이 판단하는 것보다 농부들이 더 잘 판단할 수 있을 것이며,"[102] 전적으로 명료한 언어라면 완전히 명확한 담론을 가능하게 할 것이다. 요컨대 이 언어는 그 자체로 아르스 **콤비나토리아**[103]일지 모른다. 그래서 또한 모든 실재 언어의 실행에는 백과사전이

---

102) Descartes, *Lettre à Mersenne*, 1629년 11월 20일(*A. T.*, I, 76쪽).

103) (옮긴이 주) ars combinatoria. 가능한 조합들에 대한 체계적인 분석을 뜻하는 라틴어로서 라이

병행하게 되어 있는데, 백과사전은 말의 발전 방향을 명시하고 말이 접어들 가장 자연스러운 길을 규정하고 지식의 정당한 변동을 밝히고 인접 관계 및 닮음 관계를 코드화한다. 판단을 표명할 때 적절하게 확립된 분절을 기초로 하여 반성의 오류를 통제하기 위해 보편 언어가 만들어지는 것처럼, 백과사전은 말의 근본적인 지칭을 기초로 파생의 작용을 통제하기 위해 만들어진다. 아르스 **콤비나토리아**와 백과사전은 양자 모두 실재 언어들의 불완전성에 대한 대응이다.

자연사는 과학이어야 하므로, 그리고 부의 유통은 인간에 의해 고안되고 통제되는 제도이므로, 자연사와 부의 유통은 자연 언어에 내재하는 그 위험들에서 벗어나게 되어 있다. 자연사의 영역에서는 구조가 즉각적으로 가시화되므로 분절과 귀속 사이에 오류가 있을 수 없고, 체계의 일관성에 의해서건 방법의 정확성에 의해서건 특징이 분명하게 확정되므로 상상적 변동도, 그릇된 유사성도, 정확하게 지칭된 자연물을 어긋난 공간에 놓을 엉뚱한 병치도 없다. 언어에서 여전히 열려 있고 언어의 경계에서 본질상 미완성인 예술의 기획을 낳는 것이 자연사에서는 구조와 특징에 의해 이론적으로 확실히 봉쇄된다. 이와 유사하게 부의 영역에서는 추산적인 것이다가 자동적으로 평가적인 것이 되는 가치, 그리고 양의 증가 또는 감소에 의해 가격의 변동을 유발하면서도 언제나 제한하는 화폐에 의해 귀속과 분절의 일치, 그리고 지칭과 파생의 일치가 보장된다. 언어에서 여전히 열려 있는 이 선분들이 가치와 가격에 의해 실질적으로 확실히 닫힌다. 자연사는 구조에 힘입어 조합의 기본 원리 속에 곧장 자리하고, 특징에 힘입어 존재물들과 이것들의 닮음에 관해 정확하고 결정적인 시학(詩學)을 확립한다. 가치는 부의 형태들을 서로 배합하고, 화폐는 부의 실제적인 교환을 가능하게 한다. 혼란스러운 언어의 영역이

프니츠의 개념이다.

예술 및 그 무한한 과제와의 연속적인 관계를 내포하는 바로 거기에서, 자연의 영역과 부의 영역은 단순히 구조와 특징, 가치와 화폐의 실재를 통해 표면화된다.

그렇지만 자연의 영역은 실제의 계열이나 도표에 대한 올바른 해석으로서 가치가 있는 이론으로 표명된다는 사실에 유의해야 한다. 더구나 존재물의 구조는 가시적인 것의 직접적인 형태이자 가시적인 것의 분절이고, 이와 마찬가지로 특징은 지칭과 배치를 동시에 실행한다. 다른 한편으로 추정 가치는 변형에 의해서만 평가 가치가 되고, 금속과 상품 사이의 관계는 처음부터 점진적으로만 변동 가격이 된다. 자연의 영역에서는 귀속과 분절, 지칭과 파생의 중첩이 중요하고, 부의 영역에서는 사물의 성질 및 인간의 활동과 밀접하게 관련된 변이(變移)가 관건이다. 언어와 더불어 기호들의 체계는 그 불완전성 때문에 소극적으로 받아들여지며, 예술만이 기호들의 체계를 교정할 수 있다. 즉 언어의 이론은 직접적으로 규정적이다. 자연사에서는 존재물을 나타내기 위한 기호 체계가 저절로 정립되고, 그래서 자연사는 이론이다. 부는 인간에 의해 창출되고 증가하며 변모하는 기호이고, 부의 이론은 처음부터 끝까지 정치와 연계된다.

그렇지만 기본 사변형의 다른 두 변은 여전히 열려 있다. 어떻게 지칭(개별적이고 일회적인 행위)이 자연, 부, 재현의 맞물림을 가능하게 할 수 있을까? 일반적으로 말해서, 어떻게 마주 보는 두 변(언어의 경우에는 판단과 의미 작용, 자연사의 경우에는 구조와 특징, 부의 이론에서는 가치와 가격)이 서로 관련되고 이런 식으로 언어, 자연의 체계, 부의 끊임없는 변동을 가능하게 할 수 있을까? 바로 여기에서 재현들은 상상력으로 인해 서로 유사하고 서로를 불러들인다고, 자연물들은 서로 인접 관계와 닮음 관계를 맺고 있다고, 인간의 욕구들은 서로 상응하고 충족되는 방법을 찾아낸다고 상정할 필요가 있다. 언어가 존재하려면, 자연사가 존재하려면,

그리고 부가 존재하고 사용되려면, 재현들의 연쇄, 존재물들의 부단한 평면, 자연의 확산이 여전히 요구된다. 재현과 존재의 연속, 무의 부재라고 부정적으로 규정되는 존재론, 존재의 일반적인 재현 가능성, 그리고 재현의 현존에 의해 표면화되는 존재, 이 모든 것은 고전주의 시대의 에피스테메가 띠는 전체적인 지형의 일부분을 이룬다. 누구나 이 연속의 원리에서 17~18세기 사유의 형이상학적으로 유력한 계기(명제의 형식이 실질적인 의미를 갖고 구조가 특징으로 정돈되며 물건의 가치가 가격으로 계산되게끔 해 주는 것)를 알아볼 수 있게 되는 반면, 분절과 귀속, 지칭과 파생 사이의 관계(한편으로는 판단과 다른 한편으로는 의미를, 구조와 특징을, 가치와 가격을 밑받침하는 것)는 이 사유에 대해 과학적으로 유력한 계기(문법, 자연사, 부의 과학을 가능하게 만드는 것)를 규정한다. 이처럼 경험성의 정돈은 고전주의적 사유를 특징짓는 존재론과 연결되어 있고, 실제로 고전주의적 사유는 존재가 단절 없이 재현에 주어진다는 사실에 의해 투명해진 존재론의 내부에, 그리고 스스로 존재의 연속을 풀어놓는다는 사실에 의해 밝혀지는 재현의 내부에 애초부터 자리한다.

이제는 고전주의 시대의 에피스테메가 형이상학적으로 유력했던 바로 거기에서 과학적으로 유력한 계기가 성립되었다고, 반면에 고전주의가 인식론적 지배력을 가장 견고하게 확립한 바로 거기에서 철학의 공간이 대두했다고 말함으로써, 서양의 에피스테메 전체에서 18세기 말 무렵에 일어난 변동을 멀리에서 특징짓는 것이 가능하다. 실제로 생산의 분석은 새로운 '정치경제학'의 새로운 기획으로서, 본질적으로 가치와 가격 사이의 관계를 분석하는 역할을 하고, 유기체와 유기적 구조의 개념, 비교 해부학의 방법, 요컨대 싹트기 시작하는 '생물학'의 모든 주제는 개체에서 관찰할 수 있는 구조가 어떻게 속(屬), 과(科), 문(門)에 대해 일반적인 특징으로서 가치를 지닐 수 있는가를 설명해 주며, 끝으로 '문헌학'은 한 언어의 형식적 배치(명제를 구성할 역량)와 말에 속하는 의미를 통합하기 위해, 이제는 담론의 재현 기능이 아니라, 역사에 종속하는 일단의 형태론적 상수들 전체를 연구하게 된다. 문헌학, 생물학, 정치경제학은 일반 문법, 자연사, 부의 분석이 이전에 차지한 자리에서가 아니라, 이 지식들이 존재하지 않는 바로 거기에서, 이 지식들이 공백으로 남겨 놓은 공간에서, 이 지식들의 주요한 이론적 선분들을 갈라놓고 존재론적 연속의 웅성거림으로 가득 찬 깊은 틈에서 생겨난다. 19세기에 지식의 대상은 존재의 고전주의적 충만(充滿)이 침묵하게 된 바로 거기에서 형성된다.

역으로 새로운 철학의 공간은 고전주의적 지식의 대상들이 해체되는 자리에서 곧바로 나타나게 된다. (판단의 형식으로서의) 귀속의 계기와 (존재물의 일반적인 마름질로서의) 분절의 계기가 분리되고, 이에 따라 형식적 명제의 이론과 형식적 존재론 사이의 관계가 문제로 대두하며, 기본적인 지칭의 계기와 시간을 통한 파생의 계기 역시 분리되고, 이에 따라 본래의 의미와 역사 사이의 관계가 문제로 제기되는 공간이 열린다. 이런 식으로 근대의 철학적 성찰의 두 가지 중요한 형태가 정립된다. 첫번째 형태는 논리학과 존재론 사이의 관계를 검토하고, 형식화의 경로를 따라 나아가며, 새로운 견지에서 마테시스의 문제에 마주친다. 두 번째 형태는 의미 작용과 시간의 관계를 검토하고, 완결되지 않고 어쩌면 결코 완결되지 않을 베일 벗기기를 기도하며, 해석의 주제와 방법을 다시 부각시킨다. 그때 철학에 제기될 수 있는 가장 근본적인 물음은 아마 이 두 가지 성찰 형식 사이의 관계와 관련될 것이다. 물론 이 관계가 과연 가능한가, 어떻게 이 관계의 근거가 마련되는가를 말하는 것은 고고학에 속하지 않지만, 고고학은 이 관계가 맺어지려고 하는 영역, 에피스테메의 어느 장소에서 근대 철학이 통일성을 찾아내려고 하는가, 지식의 어떤 지점에서 근대 철학이 가장 넓은 영역을 발견하는가를 지정할 수 있는데, 그 장소는 해석을 통해 밝혀지는 유의미한 것과 (명제 이론 및 존재론의) 형식적인 것이 합류할지 모르는 곳이다. 고전주의적 사유의 본질적인 문제는 **명칭**과 **질서** 사이의 관계에 놓여 있었다. 즉 **분류학**이라 할 수 있는 **명명법**을 발견하는 것, 또는 존재의 연속성에 대해 투명할 기호 체계를 정립하는 것이었다. 근대적 사유가 기본적으로 문제시하게 되는 것은 의미가 진실의 형식 및 존재의 형식과 맺는 관계이다. 즉 우리의 성찰의 창공에는 존재론인 동시에 의미론일 담론(아마 접근이 불가능할 담론)이 군림한다. 구조주의는 새로운 방법이 아니라, 근대적 지식에 눈을 뜨고 불안해하는 의식이다.

8 욕망과 재현

17~18세기의 사람들은 부나 자연 또는 언어를 이전 시대로부터 넘겨받은 것에 맞추어서나 이윽고 드러나게 된 것의 노선을 따라 사유하지 않았다. 그들은 부와 자연과 언어에 대해 개념과 방법을 규정할 뿐만 아니라 더 근본적으로 언어, 자연의 개체, 필요와 욕망의 대상에 대해 어떤 존재 방식을 결정하는 일반적인 배치에 입각하여 사유하는데, 이 존재 방식은 바로 재현의 존재 방식이다. 따라서 공통의 토대가 나타나는데, 이 토대 위에서 과학사는 표면 효과처럼 보인다. 이는 과학의 역사를 이제부터 소홀히 다루어도 괜찮다는 것이 아니라, 지식의 연대기적 설명에 관한 성찰이 더 이상 시대의 흐름에 따라 인식의 경로를 추적하는 것으로 그쳐서는 안 된다는 것을 의미한다. 실제로 인식은 계승이나 전승의 현상이 아니며, 따라서 이전에 무엇이 인식되었고 인식이 이른바 '새롭게 가져다준' 것은 무엇인가를 서술하는 방식으로는 무엇이 인식을 가능하게 했는가를 규명할 수 없다. 지식의 역사는 오직 지식과 동시대적인 것에 입각해서만 서술될 수 있는데, 이는 결코 상호적인 영향의 관점에서 이루어지는 것이 아니다. 지식의 역사는 시간 속에서 형성된 조건

과 선험적 여건의 견지에서만 서술될 수 있을 뿐이다. 바로 이 관점에서, 고고학은 일반 문법과 자연사와 부의 분석의 **실재**를 설명할 수 있고 이에 따라 과학사, 사상사, 그리고 견해들의 역사가 한껏 까불어 댈 수 있을 균열 없는 공간을 본디의 모습으로 드러나게 할 수 있다.

재현, 언어, 자연계의 영역, 부에 대한 분석들 사이에 완벽한 일관성과 동질성이 있다 해도, 거기에는 깊은 불균형 또한 존재한다. 재현은 언어, 개체, 자연, 그리고 필요 자체의 존재 방식을 좌우하는 것이다. 그러므로 재현의 분석은 모든 경험 영역에 대해 결정적인 가치를 갖는다. 고전주의적 질서의 체계 전체, 사물들의 동일성 체계에 의해 사물들을 인식할 수 있게 해 주는 광범위한 **탁시노미아** 전체는 재현이 스스로 재현될 때 재현에 의해 자기의 내부에 열리는 공간에서 전개된다. 즉 거기에 존재 및 동일자의 장소가 있다. 언어는 그저 말의 재현이고, 자연은 단순히 존재물의 재현이며, 욕구는 필요한 것의 재현일 뿐이다. 고전주의적 사유(그리고 일반 문법, 자연사, 부의 과학을 가능하게 만든 **에피스테메**)의 종언은 재현의 쇠퇴, 더 정확히 말하자면 언어, 생물, 욕구가 재현으로부터 해방되는 사태와 동시에 일어나게 된다. 말하는 민족의 모호하나 완고한 정신, 강렬한 생명의 끊임없는 노력, 욕구의 감춰진 에너지가 재현의 존재 방식에서 벗어나게 된다. 그리고 재현 자체는 의식의 형이상학적 이면으로 제시되는 자유나 욕망 또는 의지의 엄청난 압력에 의해 도전 받고 제한되고 둘러싸이고 어쩌면 조롱거리가 되고 아무튼 외부로부터 규제되기에 이른다. 의지나 정신력 같은 것이 근대의 경험에서 곧바로 솟아올라, 아마 근대의 경험을 구성하게 될 것이며, 어쨌든 고전주의 시대와 함께, 재현하는 담론의 지배도, 잠들어 있는 사물의 질서를 일련의 말로 표명하고 자기 자신을 의미로 갖는 어떤 재현의 왕조도 조금 전에 끝났다는 것을 넌지시 알리게 된다.

이 대전환은 사드와 동시대적이다. 더 정확히 말하자면, 사드의 지칠

줄 모르는 작업에 의해 욕망의 법칙 없는 법칙과 종잡을 수 없는 재현의
면밀한 정돈 사이의 불안한 균형이 겉으로 드러난다. 여기에서 담론의
질서는 한계와 법칙을 내보이지만, 담론의 질서를 좌우하는 것 자체와
동일한 외연을 지니고 있을 만큼 여전히 강력하다. 서양 세계에서 마지
막으로 분출된(이후로는 성(性)의 시대가 시작된다.) 이 "리베르티나주"[104]의
원리는 아마 여기에 있을 것이다. 즉 리베르탱[105]은 욕망의 모든 환상과 온
갖 광란에 굴복하면서도, 명료한 재현을 의도적으로 작동시킴으로써 환
상과 광란의 가장 사소한 움직임까지 밝힐 수 있을 뿐만 아니라 밝히지
않으면 안 되는 자이다. 리베르탱의 삶을 지배하는 엄격한 원칙이 있다.
즉 모든 재현은 살아 있는 육체의 욕망 속에서 곧장 생동하는 것이어야
하고, 모든 욕망은 재현하는 담론의 순수한 빛 속에서 표명되어야 한다.
이로부터 '장면'의 엄밀한 연속이 유래하고,(사드에게서 장면은 재현에 맞
춰 정돈된 착란이다.) 또한 육체들의 결합과 근거들의 연쇄 사이의 은밀한
균형이 장면의 내부에서 생겨나게 된다. 근대 문화의 탄생에서 『쥐스틴』
과 『쥘리에트』는 아마도 르네상스 시대와 고전주의 시대 사이에서 『돈키
호테』가 차지한 것과 동일한 자리를 차지할 것이다. 세르반테스의 주인
공은 세계와 언어의 관계를 16세기 사람들처럼 해석하고 닮음의 작용에
의해서만 여인숙을 성으로, 농가의 처녀를 귀부인으로 해독하면서, 스스
로 의식하지 못한 채로 순수한 재현의 방식을 고수했지만, 이러한 재현
은 유사성만이 유일한 법칙이었기 때문에, 정신착란의 우스꽝스러운 형
태를 띨 수밖에 없었다. 그런데 이 소설의 2부에서 돈키호테는 그 재현

---

104) (옮긴이 주) libertinage. 단순히 무(無)신앙이나 방종의 의미(풍속의 교란)뿐만 아니라, 드러난
　　진실을 사유의 자유라는 이름으로 의문시하고 의심과 의혹 그리고 불신에 대한 권리를 요구하는 정
　　신의 성향을 뜻한다.
105) (옮긴이 주) libertin. '리베르티나주'의 정신을 지닌 사람이라는 의미이다. 17세기 초의 유명한 '리베
　　르탱'으로는 Gassendi, Bernier, Thophile de Viau, Saint-Evremond 등을 들 수 있다. 그들은 16세
　　기의 '회의주의자'(Montaigne, Charon 등)와 18세기의 철학자들 사이에서 다리의 역할을 한다.

된 세계의 진실과 원칙을 받아들였고, 자신이 태어났고 읽지는 않았으나 흐름을 따라야 하는 그 책으로부터, 다른 사람들에 의해 자신에게 부과된 운명을 기다리기만 하면 되었다. 그는 자신이 광기에 의해 순수한 재현의 세계로 들어가고는 마침내 어느 성에서 재현의 술책에 따라 그저 한 사람의 작중인물이 되어 살아가는 것으로 충분했다. 고전주의 시대의 끝에서, 즉 퇴조의 시기에 사드의 작중인물들은 돈키호테에 대응한다. 이것은 이제 닮음에 대한 재현의 얄궂은 승리가 아니라, 재현의 한계를 강타하는 욕망의 모호하고 반복적인 폭력이다. 『쥐스틴』은 『돈키호테』의 2부에 상응하고, 돈키호테가 자신의 의도와 상관없이 재현의 대상인 동시에 깊은 존재의 차원에서는 재현 자체이듯이, 쥐스틴은 욕망의 순수한 기원인 동시에 욕망의 한없는 대상이다. 쥐스틴의 마음속에서, 욕망과 재현은 이 여주인공이 욕망으로부터 가볍고 아련하고 외적이고 싸늘한 재현의 형태만을 인식하는 동안 그녀를 욕망의 대상으로 상상하는 타자의 현존에 의해서만 서로 연결될 수 있다. 이것이 그녀의 불운이다. 즉 그녀의 순결은 여전히 욕망과 재현 사이에서 영원한 여성 보호자처럼 작용한다. 쥘리에트는 모든 가능한 욕망의 주체이지만, 이 욕망들은 재현에 고스란히 사로잡혀 있다. 왜냐하면 재현은 **담론**으로 이 욕망들에 마땅한 근거를 제공하고 이 욕망들을 자연스럽게 **장면**으로 변화시키기 때문이다. 그래서 쥘리에트의 방대한 삶의 이야기는 욕망, 폭력, 잔혹성, 죽음을 통해, 반짝거리는 재현의 도표를 펼쳐 보여 준다. 그러나 이 도표는 매우 빈약해서, 그 안에 꾸준히 쌓이고 거기에서 조합의 힘에 의해서만 증가하는 욕망의 모든 형상에 대해 매우 투명해서, 자신은 세계와 책의 중간 경로를 따라 유사성에서 유사성으로 나아간다고 생각했지만 사실은 미궁 같은 자기 자신의 재현 속으로 점점 더 깊이 빠져든 돈키호테의 경우만큼 사리에 어긋난다. 『쥘리에트』에서는, 욕망의 온갖 가능성이 아무런 결함도 없이, 조금의 망설임이나 막힘도 없이 표면으로 드러나도록, 재현된 것의 밀도가 엷어진다.

　이 점에서, 『돈키호테』가 고전주의 시대를 열었던 것처럼, 이 이야기는 고전주의 시대를 닫는다. 그리고 이 이야기는 아직 루소와 라신의 시대에 속하는 마지막 언어라는 것이 사실이라 해도, **재현하기**, 다시 말해 **명명하기**를 시도하는 마지막 담론이라는 것이 사실이라 해도, 우리가 잘 알고 있다시피, 이 의례를 극도로 정확하게 실행하고(수사학의 공간 전체를 흐트러뜨리면서 사물을 엄밀한 이름으로 부르고) 이와 동시에(있을 수 있는 것이라면 아무리 사소하더라도 모두 욕망의 보편기호법에 따라 고찰된다는 점에서 명명함으로써) 이 의례를 무한히 연장한다. 사드는 고전주의적 담론 및 사유의 극한에 다다르고, 정확히 그 한계에 군림한다. 사드 이후로는 우리가 이제 우리의 담론, 우리의 자유, 우리의 사유로 힘닿는 한 재검토하려고 시도하는 드넓은 어둠의 층이 재현의 차원 아래에서 폭력, 삶과 죽음, 욕망, 성에 의해 곧 펼쳐지게 된다. 그러나 우리의 사유는 매우 궁하고, 우리의 자유는 매우 부실하며, 우리의 담론은 매우 장황한 만큼, 이 아래쪽의 어둠에 대한 고찰은 참으로 어림없는 일이라는 점을 솔직히 인정할 필요가 있다. 『쥘리에트』의 번영은 갈수록 더 고독한 것이 된다. 그리고 끝이 없다.

17~18세기

G. G.: 이름
H. N.: 묘사
A. R.: 교환
아르스 콤비나토리아
존재물의 구조
사물의 가치
존재물의 연속성
G. G.: 동사
H. N.: 생물의 가시성
A. R.: 필요의 대상
분절
명명법
분류학
지칭
G. G.: 기본 명사
H. N.: 종의 지칭
A. R.: 화폐 담보
귀속
존재물의
재현 가능성
파생
백과사전
속(屬)의 특징
상품의 가격
G. G.: 비유
H. N.: 존재물의 인접
A. R.: 유통과 거래
G. G.: 일반 문법
H. N.: 자연사
A. R.: 부의 분석

19세기

철학 영역
형식화
형태적
존재론
명제 이론
분절
음성학
비교해부학
생산의 분석
인식론 영역
귀속
지칭
통사론
생리학
배치의 분석
파생
의미
역사
해석

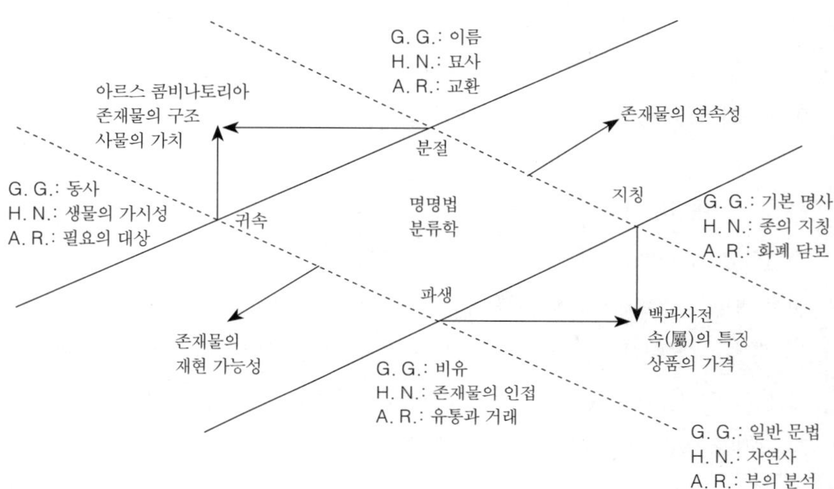

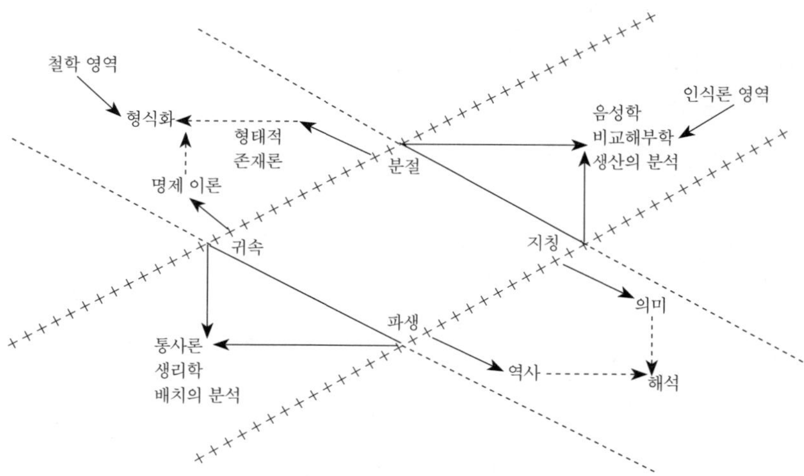

2부

7 재현의 한계

1 역사의 시대

18세기의 마지막 몇 년 동안 단절을 초래한 불연속성은 17세기 초 르네상스 시대의 사유를 무너뜨린 불연속성과 대칭을 이루는데, 그때에는 유사성을 내포한 주요한 순환 형상들이 흐트러지고 열려서 동일성들의 도표가 전개될 수 있게 된 반면, 이번에는 이 도표가 이제 곧 해체되고 지식이 새로운 공간에 자리하게 된다. 파라켈수스의 순환과 데카르트의 질서를 갈라놓는 것만큼 원칙과 초기의 파열이 불가사의한 불연속성. 인식론적 배치의 이 느닷없는 유동성, 실증성들의 상호적 변동, 더 심층적으로는 실증성들의 존재 방식에 갑자기 닥친 변화는 어디에서 기인하는 것일까? 어떻게 사유가 이전에 머무른 권역, 즉 일반 문법, 자연사, 부에서 멀어지고, 불과 20년 전까지만 해도 빛나는 인식의 공간에서 제기되고 단언된 것 자체를 오류나 망상 또는 지식이 아닌 것으로 굴러 떨어지게 하는 것일까? 갑자기 사물을 동일한 방식으로는 더 이상 지각되지도 묘사되지도 표명되지도 특징지어지지도 분류되지도 인식되지도 않게 만들고, 이제는 부, 생물, 담론이 아니라 근본적으로 다른 존재물들을, 말의 틈에서나 투명성 아래에서, 지식의 대상이 되게끔 하는 이 변동은 어떤 사건이나 법칙을 따르는 것일까? 지식의 고고학이라는 관점에서 볼 때, 연속성의 평면에 생기는 이 깊은 균열은 세심하게 분석되어야 마땅하지만, 이것을 한마디로 '설명할' 수도 없고 요약하기는 더더구나 불가능하다. 이 균열은 지식의 가시적인 표면 전체에 고루 퍼지는 근본적인 사건으로, 이 사건의 징후나 충격 또는 결과를 조금씩 추적하는 것만이 가능할 뿐이다. 이 사건의 황량한 진실이 본질적으로 무엇이었는가에 대해서는 틀림없이 사유 자체의 역사적 연원을 파악하는 사유만이 근거를 제공할 수 있을지 모른다.

고고학은 반드시 사건의 명백한 배치를 전반적으로 검토할 것이고, 각 실증성에 고유한 지형이 어떻게 변했는가를 말해 줄 것이며,(예컨대 문법의 경우에 명사가 갖게 된 중요한 역할의 소멸과 굴절 체계의 새로운 중요성을 분석하거나, 생물에서 특징이 기능에 종속되는 현상을 분석할 것이며) 실증성들을 가득 채우고 있는 경험적 존재물의 변화(언어들에 의한 담론의 대체, 생산에 의한 부의 대체)를 분석할 것이다. 또한 실증성들의 상호적인 이동(예컨대 생물학, 언어 과학, 경제학 사이의 새로운 관계)을 검토할 것이고, 끝으로 특히 지식의 일반적 공간은 이제 동일성과 차이의 공간, 양적이지 않은 질서의 공간, 보편적인 특징짓기나 일반적인 **탁시노미아** 또는 측정할 수 없는 것에 관한 **마테시스**의 공간이 아니라, 유기적 구조, 다시 말해 전체적으로 모일 때 비로소 기능을 보장받는 요소들 사이의 내적 관계로 이루어진 공간이라는 것, 그리고 유기적 구조들은 불연속적이고, 따라서 단절 없는 동시성들의 도표를 형성하지 않지만, 어떤 것들은 단선적인 계열이나 연속을 내보이는 반면, 또 어떤 것들은 동일한 층위에 속한다는 것을 보여 줄 것이다. 그래서 이 경험성들의 공간에서는 **유비**와 **연속**이 조직 원리로 솟아오른다. 즉 하나의 유기적 구조와 또 다른 유기적 구조 사이의 연결 고리는 이제 사실상 한 요소 또는 여러 요소의 동일성일 수 없고,

(가시성이 더 이상 역할을 하지 않는) 요소들 사이의 관계와 요소들이 확보하는 기능의 동일성일 가능성이 있으며, 게다가 유기적 구조들이 유난히 높은 밀도의 유비로 인해 인접한다 해도, 이는 그것들이 분류의 공간에서 서로 가까운 자리를 차지하기 때문이 아니라, 그것들이 동시적으로, 그리고 연속의 생성 속에서 잇달아 형성되었기 때문이다. 고전주의적 사유에서는 모든 가능성을 사전에 제시하는 도표의 선결되어야 할 더 근본적인 공간을 연대기의 연쇄가 가로지르기만 한 반면, 이제부터 공간 안에서 동시에 관찰할 수 있는 동시대의 닮음은 유비에서 유비로 진행되는 연속의 침전되고 고정된 형태일 뿐이게 된다. 고전주의적 질서는 사물들을 분리하고 통합하는 양적이지 않은 동일성과 차이를 영속적인 공간에 배치하는 것이었다. 즉 인간의 담론, 자연물의 도표, 부의 교환을 결정적으로지만 매번 약간씩 다른 방식과 법칙에 따라 지배하는 것은 바로 이 질서였다. 19세기부터 역사는 상이한 유기적 구조들을 서로 연결하는 유비를 시간적 배열에 따라 늘어놓게 된다. 생산의 분석, 유기적으로 구조화된 생물의 분석, 끝으로 언어 집단의 분석에 점차로 법칙을 부과하게 되는 것은 바로 이 동일한 역사이다. 질서가 연이은 동일성과 차이의 길을 열었던 것처럼, 역사는 유비에 근거한 유기적 구조에 **자리를 마련한다.**

그러나 누구나 잘 알다시피 여기에서 역사는 구성될 수 있었던 것과 같은 사실상의 연속들을 수집하는 활동으로 이해해서는 안 된다. 여기에서 역사는 경험성의 기본적인 존재 방식인데, 이 존재 방식에 입각하여 경험성들은 지식의 공간에서 잠재적인 분야 또는 가능한 과학에 소용될 것으로 단언되고 인정되고 배열되고 분산된다. 고전주의적 사유에서 질서는 사물들의 가시적 조화, 사물들의 일치나 규칙성 또는 확인된 균형이 아니라 사물들의 존재에 고유한 공간이자 사물들을 모든 실질적 인식 이전에 지식의 대상으로 확정하는 것이었던 것처럼, 19세기부터 역사는 경험적인 것의 탄생 장소, 즉 모든 확립된 연대기보다 앞서 경험적인 것의 고유한 존재가 유래하는 근원을 명확하게 규정한다. 아마 바로 이러한 이유로 역사는 사건의 경험과학과 모든 경험적인 존재물 및 우리 인간이라는 이 특이한 존재의 운명을 지배하는 근본적인 존재 방식 사이에서, 아마 통제하기가 불가능할 불확실한 상황에 따라, 그토록 일찍 분할되었을 것이다. 누구나 알고 있듯이 역사는 확실히 가장 박학하고 가장 세심하고 가장 의식적이고 어쩌면 가장 혼잡할 기억의 영역이며, 또한 모든 존재물이 불안정하게 반짝이고 실재하게 되는 밑바탕이다. 경험을 통해 우리에게 주어지는 모든 것의 존재 방식인 역사는 이처럼 우리의 사유에서 피해 갈 수 없는 것이 되었다. 이 점에서 역사는 아마 고전주의적 질서와 크게 다르지는 않을 것이다. 고전주의적 질서 역시 합의된 지식 속에 확립될 수 있었지만, 더 근본적으로는 모든 존재물이 인식으로 다가오는 공간이었고, 따라서 고전주의 시대에 형이상학은 정확히 큰 질서와 작은 질서, 동일성과 분류, 자연과 자연물, 요컨대 신의 오성 및 의지와 인간의 지각 (또는 상상력) 사이에 자리하고 있었다. 19세기에 철학은 작은 역사와 큰 역사,[1] 사건과 기원, 진화와 최초의 원천의 파열, 망각과 회귀 사이의 간격에 자리하게 된다. 그러므로 철학은 기억인 한에서만 형이상학이 되고, 필연적으로 사유에 역사가 있다는 것은 무엇인가라는 문제로 사유를 이끌게 된다. 이 문제는 헤겔에서 니체까지, 심지어 그 이후로도 철학을 줄기차게 압박한다. 이것을 자율적인 철학적 성찰의 종말로, 이전의 다른 것들에 의해 말해진 것에만 기대기에는 너무 이르고 너무 당당한 종언으로 생각하지는 말자. 또한 홀로 설 수 없고 이미 완결된 사유에 언제나 얽혀 있을 수밖에 없는 사유를 고발하기 위한 구실로 삼지도 말자. 질서의 공간으로부터 분리되어 있기 때문에 어떤 형이상학에서는 벗어나 있지만, 역사의 존재 방식에 사로잡혀 있기 때문에 시간,

---

1) (옮긴이 주) 전자는 histoire, 후자는 Histoire이다. 앞의 '큰 질서'와 '작은 질서'도 대문자와 소문자의 차이만 있을 뿐이다.

시간의 흐름, 그리고 시간의 회귀에 필연적으로 얽매일 수밖에 없는 철학을 거기에서 알아보는 것으로 충분하지 않겠는가.

그러나 18세기에서 19세기로 넘어가는 전환기에 무슨 일이 일어났는가, 즉 우리가 너무 성급하게 묘사한, 질서에서 역사로의 변동과 거의 한 세기 반 동안 그토록 많은 인접 지식을 유발한 그 실증성들(재현의 분석, 일반 문법, 자연사, 부와 거래에 관한 성찰)의 근본적인 변화가 무엇이었는가에 대해 좀 더 자세히 살펴볼 필요가 있다. 경험성에 질서를 부여하는 그 방식들, 즉 **담론**, **도표**, **교환**은 어떻게 사라졌을까? 말, 존재물, 필요의 대상은 어떤 다른 공간에서 어떤 형태로 자리를 잡고 상호적으로 배치되었을까? 이것들이 어떤 새로운 존재 방식을 받아들여야 했길래, 이 모든 변화가 가능했고, 우리가 19세기부터 **문헌학**, **생물학**, **정치경제학**이라 부르는 이제는 친숙한 지식들이 몇 년 지나지 않아 출현하게 되었을까? 이 새로운 영역들이 지난 세기에 확립된 것에 대해 우리는 인식이 더 객관적으로 이루어졌고 관찰이 더욱 정확하게 실행되었고 추론이 좀 더 엄밀하게 행해졌고 탐구와 과학적 정보 수집이 좀 더 진전된 방식으로 체계화되었고 여기에 약간의 행운과 천재성 그리고 몇몇 다행스러운 발견이 덧붙여짐으로써, 『포르루아얄의 문법』, 린네의 분류법, 상업 또는 농업의 이론과 더불어 지식이 아직 초보 단계에 머물러 있던 일종의 선사 시대에서 빠져나올 수 있었기 때문이라고 쉽게 생각하는 경향이 있다. 그러나 인식의 합리성이라는 관점에서는 선사 시대라고 말할 수 있을지라도, 실증성의 견지에서는 그저 역사라고만 말할 수 있을 뿐이다. 그리고 고전주의적 지식의 실증성이 해체되고, 아마도 우리가 아직 완전히 벗어나지는 못한 또 다른 실증성이 구성되기 위해서는 하나의 중요한 사건, 서양 문화에서 일어난 가장 근본적인 사건들 중의 하나가 분명히 필요했다.

대개의 경우 이 사건은 우리가 쉽게 파악할 수 없는데, 이는 아마 우리가 이 사건으로 접근하는 통로에 발이 묶여 더 이상 나아가지 못하고 있기 때문일 것이다. 이 사건의 엄청난 폭, 이 사건의 영향이 미친 지층의 깊이, 이 사건이 뒤엎고 재구성할 수 있었던 모든 실증성, 이 사건의 여파가 단지 몇 년 만에 우리 문화의 공간 전체로 퍼지는 사태를 가능하게 한 지고의 잠재력, 이 모든 것은 더도 덜도 아닌 우리의 근대성이 지닌 본질 자체와 관련될 거의 무한한 조사를 수행한 끝에야 평가하고 측정할 수 있을지 모른다. 그토록 많은 실증과학의 성립, 문학의 출현, 철학의 미래에 대한 철학의 자성(自省), 역사가 지식으로 출현함과 동시에 경험성의 존재 방식으로 등장하는 동향 등은 깊은 단절의 그만큼 많은 징후일 뿐이다. 즉 이쪽에서 철학, 저쪽에서 정치경제학, 또 저기에서 생물학의 형성으로 감지되고, 그만큼 지식의 공간 여기저기에 흩어져 있는 징후일 뿐이다. 또한 연대기 안에서의 분산에 지나지 않는다. 물론 이 현상 전체는 쉽게 지정할 수 있는 시기들 사이에 위치하지만,(양 극단의 시점은 1775년과 1825년이다.) 조사된 각 영역에서 우리는 대략 1795년에서부터 1800년까지를 중심으로 윤곽이 뚜렷해지는 두 가지 연이은 단계를 알아볼 수 있다. 첫 번째 단계에서는 실증성들의 기본적인 존재 방식이 변하지 않고, 인간의 부, 자연의 종(種), 언어들에 정착되어 있는 말이 여전히 고전주의 시대에서의 모습 그대로이다. 즉 그것들은 아직도 이중화된 재현이다. 재현들에 관한 동일성과 차이의 체계와 함께 질서의 일반 원칙이 솟아오르게 하기 위해, 재현들을 지칭하고 분석하고 구성하고 해체하는 역할을 하는 재현이다. 말, 종, 부가 재현의 경우와 더 이상 양립할 수 없는 존재 방식을 획득하게 되는 것은 오직 두 번째 단계에서일 뿐이다. 반대로 존스[2]나 앙크틸뒤페롱[3]의 시대에 애덤 스미스나 A.-L. 드 쥐시외

---

2) (옮긴이 주) Jones(1746~1794). 근대 인도 연구의 출발점인 아시아협회를 설립한 영국의 동양학자, 법률가.

3) (옮긴이 주) Anquetil-Duperron(1731~1805). 프랑스의 동양학자. 고대 페르시아의 언어와 종교를 열광적으로 연구하고, 인도로 가서 차라투스트라의 성스러운 책들을 얻으며, *Avesta*의 원문과 번역을 펴낸다.

또는 비크 다지르[4]의 분석부터 매우 일찍 변모하는 것은 실증성들의 지형이다. 즉 각 실증성 내에서 재현의 요소들이 상호적으로 기능하고 지칭과 분절이라는 이중의 역할을 실행하며 비교의 작용에 의해 질서를 확립하기에 이르는 방식이 변한다. 이 장에서는 바로 이 첫 번째 단계가 검토될 것이다.

2 노동의 척도

애덤 스미스는 노동의 개념이 아직 알려져 있지 않은 성찰의 영역에 노동의 개념을 끌어들임으로써, 단순히 경제학이라고 말할 수도 있는 근대 정치경제학의 기초를 다졌다고 누구나 기꺼이 단언한다. 따라서 농업 생산의 분석을 시도했다는 공적이 인정되는 중농주의만은 예외겠지만 화폐, 거래, 교환에 대한 과거의 모든 분석은 지식의 선사 시대에 속하는 것으로 치부되었을지 모른다. 애덤 스미스가 처음부터 부의 개념을 노동의 개념과 관련지은 것은 사실이다. 예를 들자면 "한 국가의 연간 노동은 생활에 필요하고 편리한 모든 물건을 연간 소비에 제공하는 기본 자산이며, 이러한 모든 물건은 언제나 노동의 직접적인 산물이거나, 다른 국가들에 노동의 산물을 주고 구입하는 것이거나 하다."[5] 또한 스미스가 물건의 '사용 가치'를 사람들의 필요와 관련짓고 '교환 가치'를 생산에 투입된 노동량과 관련지은 것도 역시 사실이다. 예컨대 "어떤 상품이건 그것을 소유하고 있으면서 자기 자신이 사용하거나 소비할 생각이 없고 다른 물건과 교환할 의사가 있는 사람에게 그것이 갖는 가치는 그것으로

---

4) (옮긴이 주) Vicq d'Azyr(1748~1794). 프랑스의 의사, 해부학자. *Médecine des bêtes à cornes*(1781), *Trait d'anatomie et de physiologie*(1786) 등의 저서가 있다.

5) A. Smith, *Recherches sur la richesse des nations*, trad. française(Paris, 1843), 1쪽.

그가 구입하거나 소비할 수 있게 되는 노동량과 동등하다."[6] 사실상 스미스의 분석과 튀르고나 캉티용의 분석 사이의 차이는 생각보다 크지 않고, 더 정확히 말해 누구나 생각하는 바로 거기에 놓여 있지도 않다. 사용 가치와 교환 가치는 캉티용 이후로, 캉티용 이전에도 이미 완벽하게 구별되었고, 또한 노동량은 캉티용 이래로 교환 가치의 측정에 이용되었다. 그러나 물가로 나타나는 노동량은 상대적이고 동시에 단순화할 수 있는 측정의 도구에 지나지 않았다. 실제로 한 사람의 노동은 작업이 지속되는 시간 동안 그와 그의 가족을 부양하는 데 필요한 음식량에 상당한다.[7] 그래서 거래 가격의 절대적 척도는 필요에 의해, 즉 의식주에 의해 최종적으로 결정되었다. 고전주의 시대 전반에 걸쳐, 등가를 측정할 수 있게 해 주는 것은 바로 필요이고, 교환 가치에 대해 절대적인 기준의 구실을 하는 것은 바로 사용 가치이며, 농업 생산물에, 밀과 토지에 모든 이가 인정한 특권을 부여하면서 가격을 계량할 수 있게 하는 것은 바로 먹을거리이다.

경제학 개념으로서의 노동이 캉티용, 케네, 콩디야크에게서 이미 발견되므로, 애덤 스미스가 노동이라는 경제학 개념을 창안한 것은 아니다. 그는 노동의 개념에 새로운 역할을 부여하지도 않는다. 왜냐하면 그도 역시 노동의 개념을 교환 가치의 척도로 이용하기 때문이다. 이를테면 "노동은 모든 상품의 교환 가능한 가치의 실제적인 척도이다."[8] 그러나 애덤 스미스는 노동의 의미를 약간 다르게 사용한다. 그는 항상 교환 가능한 부를 분석하는 기능이 노동에 있다고 생각하지만, 이 분석은 이제 교환을 필요로(그리고 거래를 물물교환의 기본 행위로) 귀결시키기 위한 무조건적인 계기가 아니다. 그는 축소할 수도 없고 뛰어넘을 수도 없는 절

---

6) A. Smith, *Recherches sur la richesse des nations*, 38쪽.

7) Cantillon, *Essai sur la commerce en général*, 17~18쪽.

8) A. Smith, *op. cit.*, 38쪽.

대적인 측정 단위를 제시한다. 따라서 부는 교환하는 물건의 비교나 필요의 대상(그리고 가장 기본적인 것, 즉 최후의 수단인 먹을거리)을 나타내는 각 물건의 고유한 특성에 대한 평가를 통해서도 등가 관계의 내적 질서를 더 이상 확립하지 못하게 되고, 부를 실질적으로 산출한 노동의 단위에 따라 분석되기에 이른다. 여전히 부는 재현의 요소로 작용하지만, 부가 결국 나타내는 것은 이제 욕망의 대상이 아니라 노동이다.

그러나 두 가지 반론이 곧바로 떠오른다. 어떻게 노동은 가변적인 가격을 갖는데도 정상적인 물가의 고정된 척도일 수 있을까? 노동은 형태가 변하고 제조업의 발전으로 인해 갈수록 더 분화되면서 끊임없이 더 생산적이게 되는데도, 어떻게 뛰어넘을 수 없는 단위일 수 있을까? 노동의 비환원성과 기본적인 특징을 명백히 밝힐 수 있는 것은 바로 이 반론과 이것의 중개에 의해서인 듯하다. 실제로 세계에는 임금이 비싼 나라가 있고, 한 나라에서도 임금이 비싼 시기가 있다. 즉 노동자가 그다지 많지 않고 임금이 높은 곳이 있는 반면, 다른 곳에서나 다른 시기에는 노동력이 넘치고 노동에 대한 보수가 좋지 않고 임금이 싸다. 그러나 이 교대 현상에서 변하는 것은 사람들이 하루의 노동으로 확보할 수 있는 음식량으로, 각 노동 단위는 상품이 적고 소비자가 많으면 빈약한 양의 식량에 의해서만 보상될 것이고, 상품이 풍부하면 반대로 넉넉한 대가를 받게될 것이다. 이는 시장 상황의 결과일 뿐이고, 노동 자체, 노동 시간, 노고, 피로는 어쨌든 동일하며, 노동 단위가 더 많이 필요할수록, 생산물은 더비쌀 것이다. "동등한 노동량들은 일하는 사람에게 언제나 가치가 동등하다."[9]

그렇지만 하나의 동일한 물건을 생산하는 데에는 제조 과정의 완벽성에 따라 (다시 말해서 새로 도입된 분업에 따라) 더 많거나 더 적은 노동이

---

9) A. Smith, *Recherches sur la richesse des nations*, 42쪽.

필요할 것이므로, 이 단위는 불변의 것이 아니라고 말할 수 있을지 모른다. 그러나 사실을 말하자면 변한 것은 노동 자체가 아니라, 노동이 유발할 수 있는 생산에 대한 노동의 관계이다. 하루의 일, 노고, 피로로 이해된 노동은 고정된 분자이다. 즉 분모(생산된 물건의 수)만이 변할 수 있다. 장식용 핀의 제조에 필요한 서로 다른 18가지 작업을 혼자 해야 한다면, 노동자는 아마 하루에 20개 이상을 만들어 내지 못할 것이다. 그러나 한 사람이 한 가지 또는 두 가지 작업만을 맡게 되면, 10명의 노동자가 하루에 4만 8000개 이상을 만들 수 있을 것이고, 따라서 각 노동자는 이 생산물의 10분의 1을 만드는 셈이므로 하루에 4800개의 핀을 만든다고 볼 수 있다.[10] 노동 생산성이 높아졌고, 하나의 동일한 단위(한 임금 노동자의 하루 노동 시간)에 제조된 물건이 늘어났다. 그러므로 제조된 물건의 교환 가치는 낮아진다. 다시 말해 각 물건으로 구입할 수 있는 노동량은 상대적으로 더 적어진다. 노동은 물건에 비해 감소하지 않았다. 노동의 단위에 비해 축소된 듯한 것은 바로 물건이다.

필요한 것이 있기 때문에 교환한다는 것은 사실이고, 필요한 것이 없으면, 거래도 노동도 특히 노동을 생산적이게 만드는 분업도 존재하지 않을 것이다. 역으로, 필요가 충족되면, 노동은 제한되고 나아지기 어렵다. 즉 "분업을 유발하는 것은 바로 교환의 힘이므로, 분업의 증가는 언제나 교환력의 범위에 의해, 달리 말하면 시장의 규모에 의해 한정되기 마련이다."[11] 필요에 부응하는 생산물의 교환과 필요는 언제나 경제의 원리이다. 다시 말해 생산물의 교환과 필요는 경제의 제1동인이고 경제를 한정하며, 노동과 노동을 조직하는 분할은 필요와 교환의 결과일 뿐이다. 그러나 교환 내에서, 등가의 영역에서 동등성과 차이를 확정하는 척도는 필요와는 다른 성질의 것이다. 이 척도는 개인의 욕망에만 연계되

---

10) A. Smith, *loc. cit.* 7~8쪽.
11) *Ibid.*, 22~23쪽.

어 있지 않고, 개인의 욕망에 따라 변하지도 않으며, 개인의 욕망처럼 가변적이지도 않다. 절대적이라는 말을 사람의 감정이나 욕구에 의해 좌우되지 않는다는 뜻으로 이해한다면, 이 척도는 절대적인 것이며, 외부로부터 인간에게 부과된다. 이를테면 그것은 인간의 시간이고 인간의 노고이다. 이전 경제학자들의 분석에 비해, 애덤 스미스의 분석에서는 본질적인 분리가 나타난다. 즉 애덤 스미스의 분석에서는 교환의 근거와 교환 가능한 것의 척도, 교환되는 것의 성격과 교환되는 것의 해체를 가능하게 하는 단위가 구분된다. 누구나 필요하기 때문에, 정확히 필요로 하는 물건을 교환하지만, 교환의 순서, 교환의 위계, 교환에서 명백히 나타나는 차이는 문제의 물건에 투입된 노동의 단위에 의해 확정된다. 인간의 경험에 비추어 볼 때, 인간의 심리라 부르게 되는 것의 차원에서는 인간에게 '필수적이거나 편리하거나 쾌적한' 것이 교환되지만, 경제학자의 관점에서는 노동(이제는 서로에 상당하는 필요한 물건들이 아니라, 변형되고 감추어지며 잊히는 시간과 노고)이 물건의 형태로 유통된다.

이 분리는 매우 중요하다. 물론 애덤 스미스도 이전의 경제학자들처럼 18세기가 '부'라고 부른 실증성의 영역을 분석하고, 이를 통해 부라는 용어를 교환의 동향과 과정 속에서 재현되는 필요한 물건으로, 따라서 어떤 재현 방식의 대상으로 이해했다. 그러나 애덤 스미스는 이 이중화의 테두리 내에서, 이 이중화의 법칙, 교환의 단위와 척도를 정하기 위해, 재현의 분석으로 축소할 수 없는 질서의 원리를 표명한다. 즉 그는 노동, 다시 말해 노고와 시간, 인간의 삶을 나누고 동시에 소모하는 하루의 노동 시간을 내세운다. 욕망의 대상들이 갖는 등가성은 더 이상 다른 대상이나 다른 욕망에 의해서가 아니라, 근본적으로 그것들에 대해 이질적인 것으로의 변화에 의해 확립된다. 부의 형태들 사이에 순서 관계가 있고, 이것으로 저것을 살 수 있으며, 금이 은보다 두 배의 가치를 갖는 것은 이제 사람들이 비교 가능한 욕망을 품고 있기 때문도, 누구나 동일한 배고픔을 몸으로 느끼거나 누구나 동일한 명성을 마음속으로 바라기 때문도 아니라, 모든 이가 시간, 노고, 피로에서, 그리고 마침내 죽음 자체에서 벗어날 수 없기 때문이다. 인간은 필요와 욕망을 느끼기 때문에 교환하지만, 인간이 교환할 수 있고 교환의 질서를 세울 수 있는 것은 인간이 시간과 외부의 커다란 필연에 예속되어 있기 때문이다. 노동 생산성으로 말하자면 그것은 개인의 솜씨나 이득의 계산에 기인한다기보다는, 노동의 재현과는 무관한 조건, 가령 산업의 발전, 분업의 증가, 자본의 축적, 생산적인 노동과 비생산적인 노동의 분할에 토대를 두고 있다. 애덤 스미스의 등장과 함께 부에 관한 고전주의 시대의 성찰이 어떻게 지정된 공간을 벗어나기 시작하는가를 여기에서 분명하게 알아볼 수 있는데, 고전주의 시대에는 부에 관한 성찰이 '관념학'(재현의 분석) 내부에 자리하고 있었으나, 이제부터 부에 관한 성찰은 관념 분석의 형식과 법칙을 다 같이 벗어나는 두 영역과 대략 비스듬히 관련된다. 즉 부의 분석은 이제 한편으로 인간의 본질(인간의 유한성, 시간에 대한 인간의 관계, 임박한 죽음)을 검토하고 인간이 직접적인 필요의 대상으로 인정할 수 없는 것인데도 나날이 시간과 노고를 투입하는 대상에 대해 의문을 품는 인간학 쪽으로 벌써 나아가며, 다른 한편으로는 더 이상 부의 교환(그리고 부의 바탕이 되는 재현의 작용)이 아니라 실제적인 부의 생산, 즉 노동과 자본의 형태를 대상으로 하게 되는 정치경제학의 아직 실현되지 않은 가능성을 넌지시 가리킨다. 관념학의 맞은편에서 가능한 역사의 차원이 관념학을 거슬러 열리고 오래지 않아 관념학을 기세등등하게 지배하게 되는 동안, 인간 자신에게 생소해진 인간을 다루는 인간학, 그리고 인간의 의식과 무관한 메커니즘을 다루는 경제학, 이 새롭게 형성된 두 가지 실증성 사이에서 어떻게 관념학 또는 재현의 분석이 이윽고 심리학에 지나지 않는 것으로 귀착하는가는 이제 누구나 이해할 수 있다. 애덤 스미스 이후로 경제학의 시간은 이제 부의 증대와 빈곤화의 순환적인 시간도, 또

318

한 물가의 상승보다 더 빠른 속도로 생산이 촉진되도록 끊임없이 화폐의 유통량을 조금씩 증가시키는 기민한 정책에 의해 달성되는 단선적인 증가도 아니라, 고유한 필연성에 따라 성장하고 그 자체의 법칙에 따라 발전하는 유기적 구조의 내적 시간, 자본과 생산의 시간이 된다.

3 생물의 유기적 구조

자연사의 영역에서 1775년과 1795년 사이에 확인할 수 있는 변모도 동일한 유형의 것이다. 무엇이 분류의 원칙에 속하는가는 재론되지 않는다. 즉 분류의 목적은 언제나 '특징'을 결정하는 것인데, 특징은 개체와 종을 좀 더 일반적인 단위들로 묶고, 좀 더 일반적인 단위들을 서로 구별하며, 끝으로 좀 더 일반적인 단위들이 서로 끼어 넣어짐으로써, 알려진 것이건 알려지지 않은 것이건 모든 개체와 모든 집단이 제각기 배치될 수 있을 도표의 형성을 가능하게 해 주는 것이다. 이와 같은 특징은 개체의 전체적인 재현으로부터 선취되고, 이 재현을 개체의 분석으로 나타냄으로써 질서를 구성할 수 있게 해 주며, **탁시노미아**의 일반적인 원칙, 즉 투른포르와 린네의 체계 그리고 아당송의 방법을 지배한 원칙은 계속해서 A.-L. 쥐시외, 비크 다지르, 라마르크, 캉돌[12]에게서도 역시 유효하다. 그렇지만 필요와 가격의 관계가 애덤 스미스에 의해 변한 것과 마찬가지로 특징, 즉 동일성의 기준과 가시적인 구조 사이의 관계를 확정할 수 있게 해 주는 기법도 변모한다. 18세기 동안 특징이 확정되는 것은 가시적

---

12) (옮긴이 주) Candolle(1778~1841). 파리에서 의학 박사 학위를 받고 몽펠리에에서 식물학 교수를 지낸 스위스의 식물학자. 제네바로 돌아와서는 자연사 교수, 식물원 원장이 된다. *Théorie élémentaire de la botanique*(1813), *Système naturel des végétaux*(첫 번째 권: 1817) 등의 저서를 남겼다.

인 구조들의 비교에 의해서였다. 다시 말해 선택한 정돈의 원칙에 따라 각각이 다른 모든 것을 나타내는 데 소용될 수 있으므로, 동질적인 요소들 사이에 관계를 설정함으로써 특징을 확정할 수 있었다. 따라서 유일한 차이는 분류학자들의 경우에는 재현의 요소가 처음부터 정해져 있는 반면 방법론자들의 경우에는 재현의 요소가 점진적인 대조를 통해 점차로 도출된다는 점에 놓여 있었다. 그러나 구조의 묘사에서 특징에 의한 분류로의 이행은 가시적인 것이 스스로에 대해 실행하는 재현의 기능이라는 층위에서만 일어났다. 쥐시외, 라마르크, 그리고 비크 다지르부터는 특징, 더 정확히 말해 구조가 특징으로 변모하는 현상이 가시적인 것의 영역과는 무관한 원리에, 즉 재현들의 상호 작용으로 축소할 수 없는 내적 원리에 바탕을 두게 된다. (경제학의 영역에서 노동에 상응하는) 이 원리가 바로 유기적 **구조**이다. 유기적 구조는 분류학의 토대로서, 서로 다른 네 가지 방식으로 나타난다.

1. 우선 특징들의 위계라는 형태로. 실제로 매우 다양한 종을 나란히 늘어놓지 않고, 탐구의 영역을 곧장 한정하기 위해, 매우 명백해서 받아들이지 않을 수 없는 커다란 분류 집단, 가령 식물의 경우에는 화본과, 국화과, 십자화과, 콩과, 또는 동물의 경우에는 애벌레, 어류, 조류, 4족류(四足類)를 인정한다면, 어떤 특징들, 예컨대 수술의 착생, 암술과 관련하여 수술이 놓여 있는 상태, 수술을 지닌 꽃부리의 착생, 종자에서 배아(胚芽)에 딸려 있는 배엽(胚葉)의 수 등은 완전히 일정하고 어느 속(屬) 또는 어느 종(種)에서나 예외 없이 확인할 수 있다는 것을 알 수 있다. 또 어떤 특징들은 하나의 과(科)에서 매우 빈번히 나타나지만, 앞의 것들과 동일한 정도로 일정하지는 않는데, 이는 그것들이 덜 중요한 기관(꽃잎의 수, 꽃부리의 존재 여부, 꽃받침이나 암술 각각의 상황)에 의해 형성되기 때문이다. 즉 그것들은 "덜 한결같은 이차" 특징이다. 끝으로 "반쯤 한결같은 삼차" 특징(꽃받침의 단엽 또는 다엽 구조, 열매에 들어 있는 방(房)의 수,

꽃과 잎의 상태, 줄기의 성격)은 일정하기도 하고 가변적이기도 하다. 따라서 이 반쯤 한결같은 특징으로 과(科)나 목(目)을 결정하는 것은 가능하지 않은데, 이는 반쯤 한결같은 특징이 모든 종에 적용될 때 일반적인 실체를 형성할 수 없기 때문이 아니라, 하나의 생물 집단에서 찾아볼 수 있는 본질적인 것과 반쯤 한결같은 특징 사이에 아무런 관련이 없기 때문이다. 자연계의 중요한 과(科)들 각각은 불가결한 조건에 의해 결정되고, 각 과(科)를 식별할 수 있게 해 주는 특징은 이 기본 조건과 가장 유사하다. 가령 생식은 식물의 주요 기능이므로, 배아는 식물의 가장 중요한 부분이고, 따라서 식물계는 떡잎 없는 식물, 외떡잎식물, 쌍떡잎식물의 세 가지 강(綱)으로 구분될 수 있다. 이와 같은 본질적인 '기본' 특징을 배경으로 다른 특징들이 나타나고, 이에 따라 더 세밀한 구분이 가능해진다. 이처럼 특징은 더 이상 가시적인 구조로부터 직접적으로 도출되지 않고, 특징의 실재 여부 이외의 다른 기준을 갖지 않으며, 생물에 특유한 기능의 실재, 그리고 이제는 묘사의 문제에 그치지 않는 중요한 관계에 근거를 두고 있다.

2. 그러므로 특징은 기능과 긴밀하게 연결되어 있다. 어떤 관점에서 보자면, 생물에서 가장 본질적인 것의 징후는 표면의 가장 가시적인 지점에 놓여 있다고 추정하는 낡은 표징 또는 표지의 이론으로 되돌아간 셈이다. 그러나 여기에서 중요한 관계는 기능상의 종속 관계이다. 떡잎의 수가 식물의 분류에 결정적으로 중요한 것은 떡잎이 생식 기능에서 결정적인 역할을 하고 바로 이 점에서 식물 내부의 유기적 구조 전체와 깊은 관계를 맺고 있기 때문이다. 떡잎은 개체의 자질 전체를 지배하는 기능의 지수(指數)이다.[13] 이 관점에서 비크 다지르는 동물의 경우에 영양 섭취의 기능이 필시 가장 중요할 것이라고 지적했다. "육식 동물에서 치

---

13) A.-L. de Jussieu, *Genera plantarium*, XVIII쪽.

아의 구조와 근육, 발가락, 발톱, 혀, 위, 장의 구조 사이에 일정한 관계가 실재하는"것은 바로 이러한 이유 때문이다.[14] 그러므로 특징은 가시적인 것 자체에 대한 가시적인 것의 관계에 의해 확정되지 않으며, 기능이 제어와 결정이라는 중요한 역할을 맡는 복잡한 위계적 조직의 가시적 끝자락일 뿐이다. 특징이 중요한 것은 관찰된 구조에서 그것이 빈번히 눈에 띄기 때문이 아니다. 특징이 자주 발견되는 것은 그것이 기능적으로 중요하기 때문이다. 퀴비에가 그 세기의 마지막 위대한 방법주의자들의 업적을 요약하면서 언급하듯이, 누구나 점점 더 일반화된 강(綱) 쪽으로 올라갈수록, "여전히 공통적인 속성은 점점 더 일정하며, 가장 일정한 관계는 가장 중요한 부분에 속하는 관계이므로, 상위 분류항의 특징은 가장 중요한 부분에서 추출될 것이다. …… 그렇기 때문에 이 방법은 기관의 중요성을 고려하는 만큼 자연스러울 것이다."[15]

3. 어떻게 생명의 관념이 자연물의 정돈에 불가결한 것이 될 수 있었는가는 이러한 조건에 비추어 이해할 수 있다. 생명의 관념은 두 가지 이유에서 그렇게 되었다. 우선 존재하고 감추어진 형태를 갖추고 있음으로써 본질적인 기능을 실행하는 기관과 표면의 기관이 연결되는 관계를 유기체의 심층에서 파악할 수 있어야 했는데, 가령 스토르[16]가 포유류를 발의 구조에 따라 분류하자고 제안하는 이유는 발의 구조가 동물의 이동 방식 및 운동 가능성과 깊이 관련되어 있는 데다가 이동 방식이 영양 섭취의 방식 및 소화계의 갖가지 기관과 상관 관계를 맺고 있다는 데에 있다.[17] 게다가 가장 중요한 특징은 가장 깊이 감추어져 있을지 모르며, 식물의 영역에서 우리가 이미 확인할 수 있었듯이, 중요한 요소는 꽃과 열

---

14) Vicq d'Azyr, *Système anatomique des quadrupèdes, 1792*, Discours préliminaire, LXXXVII쪽.

15) G. Cuvier, *Tableau élémentaire de l'histoire naturelle*, Paris, an VI, 20~21쪽.

16) (옮긴이 주) G. K. C. Storr(1749~1821). 독일의 의사 겸 자연사학자.

17) Storr, *Prodromus methodi mammalium*(Tübingen, 1780), 7~20쪽.

매, 말하자면 식물의 가장 잘 보이는 부분이 아니라, 배(胚)의 조직 및 떡잎 같은 기관이다. 이 현상은 동물의 경우에 훨씬 더 빈번하게 나타난다. 스토르는 혈액 순환의 양상에 의해 중요한 강(綱)들을 정해야 한다고 생각했고, 라마르크는 해부를 실행한 경험이 없으면서도, 가시적인 형태에만 근거를 두는 것으로 보이는 분류의 원칙을 하등 동물에는 적용하려 하지 않는다.

> 갑각류에서 몸통과 다리의 관절을 고려하기 시작하면서, 모든 자연사학자는 갑각류를 그야말로 곤충으로 간주하게 되었고, 나 자신도 오랫동안 이 관점에 공통된 견해를 따랐다. 그러나 일반적으로 인정되고 있듯이, 유기적 구조는 동물의 자연스러운 체계적 분류에 방향을 제시하고 동물들 사이의 진정한 관계를 결정하는 데 가장 핵심적인 고려 사항이므로, 갑각류는 연체동물처럼 아가미로만 호흡하고 심장이 근육으로 되어 있다는 점에서 연체동물 바로 뒤에, 그리고 거미와 같은 절지동물 및 유사한 유기적 구조를 지니고 있지 않은 곤충들 바로 앞에 놓여야 한다.[18]

그러므로 분류하기는 이제 가시적인 것의 요소들 중 하나가 다른 요소들을 나타내는 식으로, 가시적인 것의 기준을 가시적인 것 자체에 두는 것이 아니라, 분석의 방향을 바뀌게 하는 동향에 따라 가시적인 것을 그것의 깊은 근거로 간주되는 비가시적인 것과 관련짓고, 그런 다음 이 은밀한 구조에서 유기체의 표면에 나타나는 명백한 징후 쪽으로 거슬러 올라가는 것이 된다. 자연사학자로서의 피넬이 말했듯이 "명명법에 의해 지정되는 외부의 특징으로 만족하는 것은 교육의 가장 풍부한 원천을 차단해 버리고, 이를테면 자연이라는 위대한 책을 이해할 생각이 있으면서

---

18) Lamarck, *Système des animaux sans vertèbres*(Paris, 1801), 143~144쪽.

도 펼쳐 보려고 하지 않는 것이 아닐까?"[19] 이제부터 특징은 파묻힌 심
층 쪽에서 나타나기 시작하는 가시적인 징후로서의 진부한 역할을 다시
떠맡지만, 특징이 보여 주는 것은 은밀한 텍스트나 모호한 말 또는 노출
되기에는 너무나 정교한 닮음이 아니라, 전체적으로 일관성 있는 유기적
구조인데, 이 최종적인 유기적 구조의 독특한 짜임에 따라 가시적인 것
도 비가시적인 것도 재검토된다.

　4. 분류법과 명명법 사이의 병행 관계는 바로 이 사실로 인해 끊어진
다. 분류가 가시적인 공간을 점점 더 좁은 영역들로 재단하는 것인 한,
그 결과로 생겨난 집합들의 경계 획정과 명명이 함께 실현될 수 있다는
것은 쉽게 이해할 수 있을 만한 점이었다. 이름의 문제와 종류의 문제는
동형이었다. 그러나 특징에 의한 분류는 무엇보다도 먼저 개체의 유기적
구조를 참조해야만 가능하므로, '구별하기'는 이제 '명명하기'와 동일한
기준 및 작용에 따라 이루어지는 것이 아니다. 자연물을 재편성하는 기
본 집합들을 발견하려면, 표면의 기관과 가장 은밀한 기관 사이에, 은밀
한 기관과 그것이 실행하는 중요한 기능 사이에 놓여 있는 공간을 심층
적으로 탐색할 필요가 있다. 반면에 적절한 명명법은 여전히 도표의 수
평적 차원에서 이루어지게 된다. 즉 개체의 가시적인 특징으로부터 출발
하여 개체의 속명(屬名)과 종명(種名)이 발견되는 정확한 칸에 이를 필요
가 여전히 있게 된다. 유기적 구조의 공간과 명명법의 공간 사이에는 근
본적인 비틀림이 있다. 더 정확히 말해 유기적 구조의 공간과 명명법의
공간은 서로 정확히 겹치기는커녕, 이제부터 서로 직각으로 교차하고,
양 공간의 접합 지점에는 은밀하게 기능을 가리키고 표면에서 이름을 찾
아내게 해 주는 명백한 특징이 존재한다. 불과 몇 년 만에 **탁시노미아**의
우위와 자연사를 스러져 가게 만든 이 구별은 라마르크의 천재성 덕분

---

19) Ph. Pinel, *Nouvelle méthode de classification des quadrumanes*(*Actes de la Société d'histoire naturelle*, t. I, 52쪽, Daudin, *Les Classes zoologiques*, 18쪽에서 재인용).

이다. 가령 『프랑스의 식물군』이라는 책의 머리말에서 그는 식물학의 두 가지 책무를 근본적으로 상이한 대립적인 것으로 제시했는데, 그것들은 분석의 규칙을 응용하고 단순히 이원적인 방법을 사용함으로써 개체의 이름을 발견할 수 있게 해 주는 '결정'과(어느 특징이 검토 대상인 개체에 현존하고 그것을 도표의 오른쪽 부분에 위치시키려고 애써야 하거나, 특징이 현존하지 않는 경우 왼쪽 부분에서 찾아야 하거나 하는데, 이러한 작업은 최종적인 결정까지 계속된다.) 종의 유기적 구조 전체에 대한 검토를 전제로 하는 실제적인 닮음 관계의 발견이다.[20] 이름과 속(屬), 지칭과 분류, 언어와 자연은 이제 자동적으로 교차하지 않는다. 말의 질서와 존재물의 질서는 이제 인위적으로 정해진 선을 따라서만 서로 일치한다. 고전주의 시대에 자연사의 근거였고 구조를 특징으로, 재현을 이름으로, 가시적인 개체를 추상적인 속(屬)으로 이르게 했던 말과 존재물의 오랜 친화력이 해체되기 시작한다. 누구나 말과는 다른 공간에서 일어나는 사물에 관해 말하기 시작한다. 매우 일찍이 라마르크는 이 구별을 실행함으로써 자연사의 시대를 마감했고, 약 20년 후에 종의 독특한 계열과 점진적 변형이라는 이미 알려진 주제를 재검토할 때보다 훨씬 더 분명하게, 훨씬 더 확실하고 철저한 방식으로 생물학의 시대를 열었다.

고전주의 시대가 끝날 때 노동의 관념이 부의 분석으로부터 창안된 것은 아니듯이, 유기적 구조의 개념은 18세기의 자연사에 이미 존재했지만, 18세기에 이 개념은 더 기본적인 재료로부터 복잡한 개체가 구성되는 어떤 방식을 결정하는 데 소용되었을 뿐이다. 예컨대 린네는 광석을 성장시키는 "병렬 상태"와 식물이 양분을 섭취하면서 발육하는 "영양분 삽입 성장"을 구별했다.[21] 보네는 "일부는 액체이고 나머지는 고체인 거의 무한한 수의 부분을 서로 얽히게 하는 유기 고체의 구성"과 "조잡

---

20) Lamarck, *La Flore française*(Paris 1778), Discours préliminaire, XC–CII쪽.

21) Linné, *Système sexual des végétaux*, trad. français(Paris), an VI, 1쪽.

한 고체의 집합체"를 대립시켰다.[22] 그런데 18세기 말 이전에는 이 유기적 구조의 개념이 결코 자연의 질서를 위한 토대로, 자연의 공간을 결정하고 자연의 형태를 제한하는 수단으로 이용되지 않았다. 유기적 구조의 개념이 역사상 처음으로 특징 규정의 방법으로 기능하기 시작하는 것은 쥐시외, 비크 다지르, 라마르크의 저서를 통해서이다. 즉 이 개념에 의해 특징들은 서로에게 종속하고, 기능과 관련되고, 외적인 만큼이나 내적이고, 가시적인 만큼이나 비가시적인 구조에 따라 배치되고, 명칭이나 담론 또는 언어의 공간과는 다른 공간에 분산된다. 그러므로 이 개념은 이제 생물의 한 범주를 다른 범주들 사이에서 지칭하는 것으로 그치지 않고, 분류학의 공간을 가로지르는 구분선을 가리킬 뿐만 아니라, 어떤 생물들의 경우에서 구조들 가운데 어느 하나가 특징의 가치를 갖도록 해주는 내부 법칙을 결정한다. 유기적 구조는 분절하는 구조와 지칭하는 특징 사이에 끼어들고는 깊고 내적이며 본질적인 공간을 이 양자 사이로 끌어들인다.

이 중요한 변동은 자연사의 기본 원리에 여전히 영향을 미치고, 탁시노미아의 방법과 기법을 변화시키지만, 자연사의 기본적인 가능 조건을 거부하지는 않으며, 아직은 자연의 질서에 존재 방식의 변화를 불러일으키지 않는다. 그렇지만 이 변동은 주요한 결과, 즉 유기적인 것과 무기적인 것 사이의 근본적인 분할을 초래한다. 자연사가 전개한 존재물들의 도표에서는 유기 조직을 지닌 것과 그렇지 않은 것에 의해 단지 두 범주만이 규정되었을 뿐인데, 이 두 범주는 생물 및 무생물의 대립과 겹치나 반드시 일치하지는 않았다. 유기적 구조가 자연스러운 특징 규정의 기본 개념으로 떠오르고, 가시적인 구조에서 지칭으로 넘어가는 것이 유기적 구조의 개념 덕분으로 가능해지는 시기부터, 유기적 구조는 특징일 뿐이

---

22) Bonnet, *Contemplation de la nature*(*Oeuvres complètes*), t. IV, 40쪽.

기를 그치게 되어 있고, 예전에 자리하고 있던 분류학의 공간을 에워싸며, 가능한 분류의 근거를 제공할 차례가 된다. 바로 이 사실 때문에 유기적인 것과 무기적인 것 사이의 대립은 근본적인 것이 된다. 실제로 서너 가지 계(界)의 오랜 분절이 사라진 것은 1775년에서 1795년 사이의 시기부터인데, 이 두 가지 계, 즉 유기적인 것과 무기적인 것의 대립은 정확히 이 오랜 분절을 정확히 대체하지 않고, 다른 층위와 공간에서 다른 분할을 부과함으로써 오히려 이 분절을 불가능하게 만든다. 팔라스와 라마르크[23]는 이 중요한 이분법(생물과 무생물 사이의 대립과 일치하는 이분법)을 분명히 표명한다. 비크 다지르는 1786년에 "자연에는 두 가지 계만이 있을 뿐인데, 하나는 생명이 있고 다른 하나는 생명이 없다."[24]라고 말한다. 유기적인 것은 생물이 되고, 생물은 성장하고 번식하면서 생산하는 것이며, 무기적인 것은 무생물로서 자라지도 번식하지도 않으며, 생명의 한계에서 움직임도 생식력도 없는 것, 죽음이다. 그리고 무기적인 것이 생명에 섞여 있다 해도, 그럴 경우에 무기적인 것은 생명을 파괴하고 죽이는 경향이 있다. "모든 생물에는 명백히 상이하고 언제나 서로 대립하는 두 가지 강력한 힘이 있는데, 각 힘은 다른 하나가 성공적으로 산출한 결과를 영속적으로 파괴한다."[25] 어떻게 생물학과 유사한 어떤 것이 자연사의 방대한 도표를 근본적으로 허물어뜨리면서 출현할 수 있게 되는가, 그리고 어떻게 생명과 죽음의 근본적인 대립이 비샤의 분석에서 떠오를 수 있게 되는가를 여기에서 분명히 알아차릴 수 있다. 그러나 생기론이 기계론에 대해 다소간의 불확실한 승리를 거두는 것은 아니다. 생기론과 생명의 특수성을 규정하려는 생기론의 시도는 단지 이 고고학적 사건들의 표면 효과일 뿐이다.

---

23) Lamarck, *La Flore française*, 1~2쪽.

24) Vicq d'Azyr, *Premiers discours anatomiques*(1786), 17~18쪽.

25) Lamarck, *Mémoires de physique et d'histoire naturelle*(année 1797), 248쪽.

4 말의 굴절

이 사건들과 정확히 일치하는 내용이 언어의 분석 쪽에서도 발견된다. 그러나 언어의 분석에서는 아마 이 사건들이 자연사의 영역에서보다 더 소박한 형태를 띠고 더 느린 진전을 내보일 것이다. 그 이유는 어렵지 않게 찾아볼 수 있는데, 그것은 고전주의 시대 전체에 걸쳐 언어가 담론으로서, 다시 말해 재현에 대한 직접적인 분석으로서 상정되고 고찰되었다는 사실이다. 온갖 형태의 양적이지 않은 분야 중에서 언어는 가장 직접적이고 가장 자연스러우며 재현의 고유한 움직임과 가장 관계가 깊은 것이었다. 그리고 이러한 범위 내에서 언어는 존재물의 분류나 부의 교환으로부터 근거를 얻는 다른 숙고된(복잡하거나 타산적인) 영역들보다 더 굳건하게 재현과 재현의 존재 방식에 뿌리내리고 있었다. 교환 가치의 측정이나 특징 규정의 절차에 영향을 미친 것과 같은 기법상의 변모는 부의 분석이나 자연사를 엄청나게 변화시키기에 충분했다. 언어의 과학이 이와 같은 커다란 변동을 겪으려면, 서양 문화에서 재현의 존재 자체까지 변화시킬 수 있는 더 심층적인 사건이 필요했다. 17세기와 18세기에 명사의 이론은 재현에 가장 가까이 놓여 있었고, 그렇기 때문에 생물에서 구조와 특징의 분석을, 부의 영역에서 가격과 가치의 분석을 어느 정도 지배했다. 이와 마찬가지로, 고전주의 시대 말까지 가장 오랫동안 존속하다가, 재현 자체의 고고학적 체계가 가장 심층적인 층위에서 변모하는 시기에야 뒤늦게 해체되는 것은 바로 명사의 이론이다.

19세기 초까지 언어의 분석은 그다지 변화하지 않는다. 말은 언제나 재현의 가치를 근거로, 모든 말에 동일한 존재 방식을 부과하는 담론의 잠재적인 요소로서 검토된다. 그렇지만 이러한 재현의 내용은 재현을 신화적이건 그렇지 않건 절대적인 기원에 접근시키는 차원에서만 분석되는 것이 아니다. 가장 순수한 형태의 **일반 문법**에서 한 언어의 모든 말은

328

다소 감추어진, 어느 정도 부차적인 의미 작용을 지니고 있지만, 이 의미 작용의 근본적인 존재 이유는 최초의 지칭에 있었다. 모든 언어는 아무리 복잡할지라도, 시원적인 외침이 결정적으로 마련한 통로에 놓여 있었다. 다른 언어들과의 부수적인 유사점들, 이를테면 유사한 의미 작용에 적용된 비슷한 소리들은 이 깊이 파묻히고 모래로 뒤덮이고 거의 말이 없는 가치에 대한 각각의 수직 관계를 확증하기 위해서만 특기되고 받아들여졌다. 18세기의 마지막 4분기에 언어들 사이의 수평적 비교는 또 다른 기능을 획득한다. 즉 이 비교는 각 언어가 조상 전래의 기억으로부터 무엇을 가져다주는가, 바벨탑 이전의 어떤 표지가 말의 음성에 침전되었는가를 알게 해 주지 않고, 얼마만큼 언어들이 서로 유사한가, 언어들 사이에서 유사 관계의 강도가 어떠한가, 어떤 한계에서 언어들이 서로에 대해 투명한가를 헤아려 볼 수 있게 해 주게 마련이다. 18세기 말에 나타나는 다양한 언어의 폭넓은 대조는 여기에서 비롯한다. 때로는 러시아에서 제국의 언어들에 관한 명세서를 작성하기 위해 실현된 시도처럼[26] 정치적 동기의 압력 아래 대조가 이루어지기도 한다. 가령 1787년에는 페테르부르크에서 『전 세계의 비교 어휘집』의 첫 번째 권이 간행되는데, 이 책은 279개 언어, 즉 아시아의 171개 언어, 유럽의 55개 언어, 아프리카의 30개 언어, 아메리카의 23개 언어에 대한 참조를 포함하게 되어 있다.[27] 이와 같은 비교는 여전히 재현의 내용을 토대로, 재현의 내용에 따라서만 이루어진다. 가령 불변 요소의 구실을 하는 의미 작용의 한 가지 핵을 다양한 언어에서 그것이 지칭되는 데 수단이 되는 낱말과 대조하거나,(아델룽은[28] 갖가지 언어와 방언에서 파테르[29]의 500가지 변이형을 제시한다.) 하나의

---

26) Bachmeister, *Idea et desideria de colligendis linguarum specimenibus*(Pétrograd, 1773); Güldenstadt, *Voyage dans le Caucase*.

27) 네 권으로 된 두 번째 판은 1790~1791년에 간행된다.

28) F. Adelung, *Mithridates*(vol. 4, Berlin, 1806~1817).

29) (옮긴이 주) Pater. '아버지' 또는 '하느님'이라는 뜻의 라틴어.

어근을 약간씩 변이된 형태들에서 변함없이 나타나는 요소로 선택한 뒤 그것이 띨 수 있는 의미의 범위를 결정하거나 한다.(이것은 뷔테 드 라사르트의 경우와 같은 최초의 사전학적 시도이다.) 이 모든 분석에는 이미 **일반 문법**의 원리였던 두 가지 원리가 언제나 준거로 작용하는데, 하나는 본래의 어근들을 마련한 기본적인 공통어이고, 다른 하나는 언어와 무관한, 형태를 증가시키거나 뒤섞음으로써 외부로부터 언어를 굴절시키고 마멸시키고 섬세하게 만들고 유연하게 하는 일련의 역사적 사건(침입, 이주, 지식의 진보, 정치적 자유 또는 예속 상태 등)이다.

그런데 18세기 말에 언어들의 대조를 통해 내용의 분절과 어근의 가치 사이에서 매개 형태가 분명히 드러나는데, 그것은 바로 굴절이다. 물론 (자연사에서 팔라스나 라마르크 이전에 유기적 구조의 개념이, 경제학에서 애덤 스미스 이전에 노동의 개념이 알려져 있었듯이) 문법학자들은 굴절 현상을 오래전부터 알고 있었지만, 굴절은 보조적인 재현으로 간주되건, 재현들을 서로 연결하는 방식(다른 어순 같은 것)으로 여겨지건, 재현의 가치가 있기 때문에만 분석되었을 뿐이다. 그러나 쾨르두[30]와 윌리엄 존스[31]의 경우처럼 산스크리트어나 라틴어 또는 그리스어에서 에트르 동사의 갖가지 형태를 비교할 때에는, 일반적으로 인정되는 것과 반대되는 불변의 관계가 발견된다. 즉 변하는 것은 어근이고 유사한 것은 굴절이다. 산스크리트어의 아스미, 아시, 아스티, 스마스, 스타, 산티 계열은 정확히 굴절의 유사성에서만 라틴어의 숨, 에스, 에스트, 수무스, 에스티스, 순트[32] 계열에 상응한다. 아마 쾨르두와 앙크틸뒤페롱은 **일반 문법**에 대한 분석의 층위에 머물러 있었을 것이고, 따라서 이 상관 관계에서 쾨르두는 원시 언

---

30) R.-P. Coeurdoux, *Mémoires de l'Acadmie des inscriptions*, t. XLIX, 647~697쪽.

31) W. Jones, *Works*(Londres 1807, vol. 13).

32) (옮긴이 주) sum, es, est, sumus, estis, sunt. 모두 영어의 'be' 동사에 해당하는 라틴어 동사 'esse'의 변화형이다.

어의 흔적을 보았고, 앙크틸뒤페롱은 박트리아[33] 왕조 시대에 인도인과 지중해 연안인 사이에서 일어난 것으로 추정되는 역사적 혼합의 결과를 보았던 것이다. 그러나 이러한 동사 변화의 비교에서 관건은 이제 최초의 음절과 본래의 의미 사이의 관계가 아니라, 어간 변화와 문법 기능 사이의 더 복잡한 관계였다. 서로 다른 두 언어에서 일련의 한정된 형태 변화와 문법 기능, 통사적 가치 또는 의미의 변화 사이에는 일정한 관계가 있다는 것이 발견되었다.

바로 이 사실로 인해 **일반 문법**의 지형이 변하기 시작한다. 즉 일반 문법의 다양한 이론적 선분이 이제는 동일한 방식으로 연쇄되지 않고, 이 선분들을 통합하는 망이 이미 조금씩 다른 행로를 드러낸다. 보제나 콩디야크의 시대에는 형태가 매우 불안정한 어근과 재현에 따라 마름질되는 의미 사이의 관계, 또는 지칭하는 역량과 분절하는 역량 사이의 관계가 명사의 절대적인 힘에 의해 보장되었다. 이제는 새로운 요소가 개입한다. 즉 이 요소는 한편으로는 의미 또는 재현의 측면에서 부차적인, 필연적으로 이차적인 가치만을 가리키지만,(이 경우에는 지칭된 사물이나 개인에 의해 수행되는 주어 또는 보어의 역할이 문제이고, 행동의 시간이 문제된다.) 다른 한편으로는 형태의 측면에서 굳건하고 일정하며 변화가 없거나 거의 일어나지 않는 전체를 구성하는데, 이 전체의 지고한 법칙은 전형적인 어근들에 부과되어 그것들을 변화시키기까지 한다. 게다가 의미를 뚜렷이 나타내는 가치 때문에 이차적이고 형태의 일관성 때문에 근본적인 이 요소는 고립된 음절, 일종의 불변하는 어근 같은 것이 아니라, 다양한 선분이 서로 밀접한 관계를 맺고 있는 변형 체계이다. 가령 쿠르드 제블랭에 의하면 문자 e는 호흡, 생명, 삶을 의미한 반면, 문자 s는 이런 식으로 2인칭을 의미하지 않으며, 동사의 어근에 1인칭, 2인칭, 3인칭

---

33) (옮긴이 주) Bactria. 또는 Baktrianê. 오늘날의 아프가니스탄 북부에 해당하는 지방.

의 가치를 부여하는 것은 m, s, t 변화 전체이다.

이 새로운 분석은 18세기 말까지 언어의 재현 가치에 대한 탐구 속에 자리 잡는다. 관건은 여전히 담론이다. 그러나 이미 굴절 체계를 가로질러, 순수하게 문법적인 것의 차원이 나타난다. 즉 언어는 이제 재현과 소리(이번에는 재현을 나타내고 사유의 끈이 요구하는 대로 재현들 사이에 정돈되는 소리)로 구성될 뿐만 아니라, 배합되어 체계를 이루고 음성, 음절, 어근에 재현의 틀이 아닌 틀을 부과하는 형식적인 요소로도 구성된다. 이처럼 (노동이 교환의 분석에, 유기적 조직이 특징의 분석에 도입되었듯이) 재현의 틀로 환원될 수 없는 요소가 언어의 분석에 도입된 것이다. 이것의 근본적인 결과로 특기할 수 있는 것은 18세기 말에 음성학이 출현한 사실인데, 음성학은 이제 최초의 표현 가치에 대한 탐구가 아니라 음성들, 음성들의 상호적인 관계, 그리고 음성들에서 일어날 수 있는 상호적인 변형의 분석이다. 예컨대 헬박은 1781년에 모음 삼각형을 고안한다.[34] 또한 초기 상태의 비교 문법이 출현한다는 사실도 주목할 만하다. 즉 다양한 언어에서 비교를 위해 선택하는 대상은 이제 일군의 문자와 하나의 의미에 의해 형성된 짝패가 아니라, 문법적인 성격을 갖는 변형들(동사변화, 어미변화, 접사 첨가) 전체이다. 이제 언어들 사이의 비교는 낱말들이 지칭하는 것에 의해서가 아니라, 낱말들을 서로 연결하는 것에 의해 이루어지고, 언어들 사이의 소통은 언어가 재현해야 하는 익명의 일반적인 사유를 매개로 해서가 아니라, 낱말들을 상호적으로 배열하는 겉보기에 몹시 취약하나 매우 일정하고 축소될 수 없는 정교한 도구에 힘입어 직접적으로 이루어지게 된다. 몬보도[35]가 말했듯이 "언어들의 메커니즘은 낱말의 발음보다 덜 자의적이고 더 규칙적이므로, 우리는 거기에서

---

34) Helwag, *De formatione loquelae*(1781).

35) (옮긴이 주) 스코틀랜드의 철학자, 문헌학자 James Burnett(1714~1799)의 별칭이다. 주저는 *Traité sur l'origine et les progrès du langage*(1774~1792, vol. 6)이다.

언어들 사이의 친화력을 결정하기 위한 상급의 기준을 발견한다. 그래서 우리는 두 언어에서 파생, 구성, 굴절이라는 언어의 이 세 가지 과정이 동일한 방식으로 실행되는 것을 볼 때, 한 언어가 다른 언어에서 파생하거나 두 언어가 모두 동일한 근원 언어의 방언이라고 결론지을 수 있다."[36] 언어가 담론으로 규정된 이상, 언어에는 재현들의 역사 이외의 다른 역사가 있을 수 있었다. 즉 관념, 사물, 인식, 감정이 우연히 변할 때, 오직 그때만 이 변화에 정확히 비례하여 언어가 변모했다. 그러나 이제부터는 각 언어의 특수성뿐만 아니라 각 언어와 다른 언어들 사이의 닮음을 결정하는 언어 내부의 '메커니즘'이 있다. 동일성과 차이의 매개물, 인접성의 징후, 친근성의 표지로서 역사의 구체적인 실현 매체가 되는 것은 바로 이 메커니즘이다. 이 메커니즘에 의해 역사성이 말 자체의 밀도 속으로 스며들 수 있게 된다.

5 관념학과 비판론

따라서 18세기의 마지막 몇 년 무렵에 일반 문법, 자연사, 부의 분석에서는 동일한 유형의 사건이 일어났다. 재현에 달라붙는 기호, 그 시기에 확립될 수 있었던 동일성과 차이의 분석, 우글거리는 유사성에 따라 작성된 연속적이고 동시에 분절된 도표, 다양한 경험 사이에서 명확하게 규정된 질서는 이제 재현 자체에 대한 재현의 이중화에만 의거할 수 없다. 이 사건이 일어나면서부터, 욕망의 대상에 가치를 부여하는 것은 이제 욕망에 의해 재현될 수 있는 다른 대상들일 뿐만 아니라 이러한 재현으로 환원될 수 없는 요소, 즉 **노동**이며, 자연물을 특징짓게 해 주는 것은

---

36) Lord Monboddo, *Ancien metaphysics*, vol. IV, 326쪽.

이제 누구나 그것 및 다른 것들에 대해 만들어 갖는 재현에 의거하여 분석할 수 있는 요소가 아니라, 그 존재물에 내재하고 그것의 **유기적 구조**라 불리는 어떤 관계이며, 하나의 언어를 규정하게 해 주는 것은 그것이 재현을 나타내는 방식이 아니라, 어떤 내적 구성, 낱말들이 서로 차지하는 문법상의 위치에 따라 낱말들 자체를 변화시키는 어떤 방식, 다시 말해 언어의 굴절 체계이다. 이 모든 경우에서, 재현 자체에 대한 재현의 관계와 모든 양적 척도를 벗어나 이 관계에 의해 결정될 수 있는 순서 관계는 이제 실제의 재현 자체와는 무관한 조건의 제약을 받는다. 의미의 재현을 말의 재현과 연결하려면, 언어의 순전히 문법적인 규칙을 참조하고 원용해야 하는데, 이 경우에 언어는 재현을 나타내는 모든 역량을 벗어나 표음의 변화와 종합적인 종속 관계의 엄밀한 체계를 따르며, 고전주의 시대에 언어들은 재현의 잠재력을 지녔기 때문에 문법을 가졌던 반면, 이제 언어들은 문법을 출발점으로 하여 재현을 수행하는데, 이때 문법은 언어들에 대해 역사적 이면(裏面), 내적이고 필연적인 부피 같은 것이고, 재현의 가치는 이것의 반짝거리는 가시적인 외부에 지나지 않는다. 생물의 부분적인 구조와 전체적인 가시성을 결정된 특징에 따라 관련짓기 위해서는, 이제 순전히 생물학적인 법칙을 참조해야 하는데, 이 법칙은 모든 묘사적인 징후로부터 떨어지고 뒤로 물러나서 기능과 기관 사이의 관계들을 조직하며, 생물들의 닮음, 친화력, 계통은 이제 묘사 가능성의 전개에 입각하여 규정되지 않고, 생물은 가시성의 어둡고 두꺼운 내부의 이면 같은 것인 구조를 갖기 때문에, 언어에 의해 전반적으로 검토되고 규정될 수 있는 특징을 지닌다. 즉 특징이 떠오르는 것은 바로 이 은밀하나 지고한 전체의 성기고 산만한 표면에서인데, 이 전체는 이제 스스로에 묶여 있는 유기체의 주변과는 무관한 일종의 저장고이다. 끝으로 필요한 대상의 재현을 교환의 행위에서 그 맞은편에 나타날 수 있는 모든 대상과 관련짓는 것이 문제일 때는, 필요한 대상의 가치를 결정하는 노동의 형태와 양을 수단으로 동원해야 했고, 거래의 연속적인 동향에서 물건의 등급을 매기는 것은 다른 대상이나 다른 필요가 아니라, 물건을 생산하고 물건 속에 말없이 침전된 활동이며, 또한 물건의 고유한 중량과 상품으로서의 내구성 그리고 내부의 법칙, 따라서 물건의 실질 가격으로 불릴 수 있는 것을 구성하는 것은 물건의 제조나 채굴 또는 운반에 필요한 날과 시간인데, 이 본질적인 핵으로부터 교환이 이루어질 수 있게 되고 시장 가격이 변동하다가 마침내 고정점에 이르게 된다.

그러므로 다소 수수께끼 같은 이 사건, 18세기 말 무렵에 이 세 가지 영역에서 발생하여 이 영역들 모두가 하나의 동일한 단절을 겪도록 한 이 은밀한 사건은 이제 이 다양한 형태의 바탕을 이루는 동질성을 부여받을 수 있다. 이 동질성을 합리성의 증진이나 새로운 문화적 주제의 발견이라는 측면에서 탐색하는 것은 알다시피 대단히 피상적일지 모른다. 18세기의 마지막 몇 년 동안 생물학이나 언어의 역사 또는 산업 생산의 복잡한 현상은 합리적 분석의 대상에 포함되지 않았고, 그때까지도 여전히 합리적 분석의 형태와는 무관했으며, 탄생하고 있는 중이지만 뚜렷이 규명되지는 않은 '낭만주의'의 '영향'으로 생명, 역사, 사회라는 복잡한 형상에 대한 관심이 갑자기 생겨나기 시작한 것도 아니었고, 기계론의 모델, 분석의 규칙, 지성의 법칙에 종속된 합리주의가 내부 문제의 압력 때문에 퇴색한 것도 아니었다. 더 정확히 말하면, 이 모든 것은 분명히 일어났지만, 표면의 동향 같은 것이었다. 즉 문화에 대한 관심의 변모와 점진적 변화, 견해와 판단의 재배치, 과학 담론에서의 새로운 형식의 출현, 요컨대 지식의 밝은 얼굴에 처음으로 파인 주름이었다. 더 근본적으로, 그리고 인식의 실증성이 뿌리내리는 층위에서, 이 사건은 인식에서 겨냥되고 분석되며 설명되는 대상이나 심지어는 이 대상을 인식하거나 합리적으로 다루는 방식에서가 아니라, 재현에 주어지는 것에 대한 재현의 관계에서 일어난 것이다. 애덤 스미스, 최초의 문헌학자들, 쥐시외, 비크 다지르 또는 라마르크와 함께 발생한 것은 서양의 사유 전체를 흔들어 놓은 미세하지만 절대적으로 중요한 단절이다. 즉 재현의 다양한 요소를 연결할 수 있는 관련성을 재현에 입각하여, 재현의 고유한 전개 속에서, 재현을 자체적으로 이중화되게 하는 작용으로 정당화할 힘을 재현이 상실한 것이다. 이제는 어떤 구성도, 어떤 해체도, 동일성과 차이로의 어떤 분석도 재현들의 상호적인 관계에 근거를 제공할 수 없고, 질서, 질서가 공간적으로 표시되는 도표, 질서에 의해 규정되는 인접, 질서의 표면에서 질서에 의해 여러 지점 사이의 그토록 많은 가능한 행로로서 공인되는 연속, 이것들 중의 어떤 것도 이제는 재현들 또는 각 재현의 요소들을 서로 연결할 수 없다. 이 관련성의 조건은 이제 재현의 바깥에, 재현의 직접적인 가시성 너머에, 재현 자체보다 더 깊고 더 두꺼운 일종의 배후 세계에 놓여 있다. 존재물들의 가시적인 형태가 서로 맺어지는 지점(생물의 구조, 부의 가치, 말의 구문 규칙)에 도달하려면, 우리의 시선을 벗어나 사물의 핵심 자체에 파묻혀 있는 이 정점(頂點) 쪽으로, 불가결하지만 결코 접근할 수 없는 이 지점 쪽으로 나아가야 한다. 사물의 고유한 본질 쪽으로 물러나는, 사물에 활기를 부여하는 힘 안에, 사물을 지탱하는 유기적 구조 안에, 사물을 끊임없이 산출한 기원 안에 마침내 자리를 잡는 사물의 근본적인 진실은 사물이 이제 도표의 공간에서 벗어난다는 사실인데, 사물은 사물의 재현들을 언제나 형태에 따라 배열하는 항구적인 것에 지나지 않는 것이 아니라, 안으로 오므라들고, 고유한 부피를 스스로 갖추며, 우리의 재현 외부에 있는 내부 공간을 스스로에게 규정한다. 사물이 은폐하는 구조, 사물의 각 부분에 대해 지고의 은밀한 지배를 유지하는 응집력으로부터, 사물을 생겨나게 하고 사물 속에서 움직이지는 않지만 여전히 진동하는 이 힘의 깊은 바닥으로부터, 사물은 단편, 윤곽, 조각, 편린의 양태로 매우 부분적으로만 재현에 주어지게 된다. 재현은 사물의 접근할 수 없는 저장고로부터 하찮은 요소들을 하나씩 떼어

낼 뿐인데, 이 요소들의 동질성은 언제나 저편에 묶여 있다. 재현과 사물에 대해, 경험적인 가시성과 기본적인 규칙에 대해 **공통의 자리**로 구실했고, 자연의 규칙성과 상상력의 유사성을 동일성과 차이의 격자로 통합했고, 재현들의 경험적인 연속을 동시적인 도표로 펼쳐 보여 주었고, 서로 동시대적이게 된 자연의 요소들 전체를 논리적인 차례에 따라 조금씩 검토하는 것을 가능하게 했던 질서의 공간, 이 질서의 공간이 이제 곧 무너져 내리게 된다. 즉 고유한 유기적 구조, 감추어진 결을 지닌 사물, 사물을 분절하는 공간, 사물을 산출하는 시간이 있게 되고, 그러고는 재현, 즉 순수한 시간적 연속이 있게 되는데, 이 속에서 사물은 주관성에, 의식에, 인식의 특이한 노력에, 자기 자신의 역사를 바탕으로, 또는 자신에게 전수된 전통에 입각하여 알려고 시도하는 '심리적인' 개인에게 언제나 부분적으로만 알려진다. 재현은 이제 사물과 인식에 공통된 존재 방식을 규정할 수 없게 되어 가고 있는 중이다. 재현되는 것의 존재 자체는 이제 곧 재현 자체의 바깥으로 떨어지게 된다.

그렇지만 이러한 주장은 신중하지 못하다. 어쨌든 18세기 말에 아직 결정적으로 확립되지 않은 지식의 배치에 대한 섣부른 예단이다. 스미스, 쥐시외, W. 존스가 노동, 유기적 구조, 문법 체계의 관념을 사용한 것은 결코 고전주의적 사유에 의해 규정된 도표의 공간에서 빠져나오기 위한 것도, 사물의 가시성을 우회하고 스스로를 나타내는 재현의 작용으로부터 달아나기 위한 것도 아니었음을 잊어서는 안 된다. 그것은 단지 분석할 수 있고 동시에 일정하며 근거가 확실하다고 생각된 연관성의 형태를 정립하기 위해서였을 뿐이다. 그것은 여전히 동일성과 차이의 일반적인 질서를 발견하는 것이었다. 재현되는 것의 존재 자체를 재현의 이면에서 찾게 될 중요한 우회는 아직 실현되지 않았고, 다만 이 우회가 가능한 출발 장소만이 처음으로 확정되었을 뿐이다. 그러나 이 장소는 언제나 재현의 내부 배치 속에서 모습을 드러낸다. 아마 이 모호한 인식론적 지형에는 이 지형의 임박한 소멸을 가리키는 철학적 이원성이 상응할 것이다.

18세기 말에 관념학과 비판 철학의 공존, 데스튀트 드 트라시와 칸트의 공존은 오래지 않아 해체될 것이 분명한 단일성 속에서 과학에 관한 성찰이 유지해 온 것을 서로 무관하지만 동시적인 두 가지 사유의 형태로 분할한다. 데스튀트나 제랑도의 경우에 관념학은 철학이 띨 수 있는 단 하나의 합리적이고 객관적인 형태와 동시에 과학 일반 및 인식의 개별 영역들 각각에 제안될 수 있는 유일한 철학적 토대로 자처한다. 관념의 과학, 즉 관념학은 자연계의 존재물이나 언어의 말 또는 사회의 규범을 대상으로 하는 인식과 동일한 유형의 인식임이 틀림없다. 그러나 관념학의 대상이 관념들, 달리 말해 관념들이 말로 표현되고 추론의 과정에서 서로 연관되는 방식이라는 점에서, 관념학은 모든 가능한 학문의 문법 겸 논리로서의 가치를 갖는다. 관념학은 재현의 토대나 한계 또는 근원을 검토하지 않고, 재현 일반의 영역을 전반적으로 살펴보고, 거기에서 나타나는 필연적인 연속을 결정하고, 거기에서 맺어지는 관계를 규정하고, 거기에서 유지될 수 있는 구성과 해체의 법칙을 드러낸다. 관념학은 모든 지식을 재현의 공간에 위치시키고, 이 공간을 전반적으로 살펴봄으로써, 이 공간을 조직하는 법칙에 관한 지식을 표명한다. 어떤 관점에서 보자면 관념학은 모든 지식에 관한 지식이다. 그러나 관념학의 토대가 되는 이 이중화는 관념학을 재현의 장으로부터 빠져나오게 하지 못한다. 이 이중화의 목적은 모든 지식을 누구도 벗어날 수 없는 직접적인 재현에 포개 놓는 것이다.

여러분은 생각한다는 것이 무엇인가, 여러분이 무엇이건 생각할 때 무엇을 느끼는가를 일찍이 이해한 적이 있는가? …… 여러분은 하나의 견해를 갖고 있거나 판단을 내릴 때 속으로 **나는 그렇게 생각한다**고 말한다. 참이거나 거짓인 판단을 실제로 내리는 것은 사유 행위이고, 사유 행위는 관계나 관련이 존재한다고 느끼는 데 있다. …… 여러분이 알다시피, **사유한다**는 것은 언제나 **느낀다**는 것이고, 느낀다는 것 이외의 다른 어떤 것도 아니다.[37]

그렇지만 하나의 관계에 대한 생각을 그 관계에 대한 느낌으로, 또는 더 간단히 사유 일반을 감각으로 규정하는 데스튀트는 바로 그렇기 때문에 재현의 영역에서 빠져나오지 못하고 명백히 재현의 영역 전체를 포괄한다는 사실에 주목할 필요는 있으나, 그는 재현의 절대적으로 단순한 최초 형태로서의 감각, 즉 사유의 대상일 수 있는 것의 최소 내용으로 간주되는 감각이 사유를 설명해 줄 수 있는 생리적 조건의 영역으로 옮아가는 경계에 도달한다. 어느 한 관점에서 사유의 가장 하찮은 일반성으로 해석되는 것이 또 다른 방향에서 해석될 때에는 동물학적 특이성의 복잡한 결과인 것으로 보인다. 이를테면 "동물의 지적 능력을 알지 못하면, 동물에 대해 불완전한 인식만을 갖게 될 뿐이다. 관념학은 동물학의 한 부분인데, 특히 인간을 대상으로 하는 경우 이 부분은 중요하고 마땅히 깊이 파고들 만한 것이다."[38] 재현의 분석이 최대로 확대되는 시기에, 거의 인간에 관한 자연과학이 될, 더 정확히 말하자면 아직 실재하지 않는 만큼 앞으로 인간에 관한 자연과학일 영역의 가장자리로 재현의 분석이 인접한다.

칸트의 물음과 관념학자들의 물음은 형태, 양식, 목표가 아무리 다르다 할지라도, 재현들의 상호 관계를 동일한 적용 지점으로 갖는다. 그러나 재현들의 상호 관계 또는 이 관계를 밑받침하고 정당화하는 것을 칸트는 수동성과 의식의 경계로 내몰려 단지 무조건적 감각에 불과할 정도로 내용이 빈약해지기조차 한 재현의 층위에서 구하지 않고, 일반적으로 이 관계를 가능하게 만드는 것의 방향에서 검토한다. 그는 순수한 인

---

37) Destutt de Tracy, *Eléments d'Idéologie*, Ⅰ, 33~35쪽.

38) *Ibid.*, préface, 1쪽.

상만 남을 때까지 재현들 사이의 관계를 점차로 줄이는 일종의 내부 공동화(空洞化)에 의해 이 관계를 정당화하지 않고 대신에 이 관계의 보편적으로 타당한 형식을 결정하는 조건에 의거하여 이 관계를 밝힌다. 칸트는 물음의 방향을 이렇게 정함으로써, 재현과 재현으로 제시되는 것을 피해 가고, 모든 재현이 그 형태야 무엇이건 제시될 수 있는 근거 자체를 겨냥한다. 그러므로 자기로부터 전개되고 (분석에 의해) 해체됨과 동시에 (종합에 의해) 재구성될 수 있을 것은 자체의 작용 법칙을 따르는 재현이 아니다. 즉 경험에서 나온 판단과 경험적으로 확증된 사실만이 재현의 내용을 근거로 확립될 수 있다. 다른 어떤 관계이건 보편적일 수 있으려면, 모든 경험을 넘어, 그것을 가능하게 하는 선험적 여건에 근거를 두어야 한다. 중요한 것은 또 다른 세계가 아니라, 세계의 모든 재현이 일반적으로 실재할 수 있는 조건이기 때문이다.

따라서 칸트의 비판론과 동일한 시대에 제시된 관념학적 분석의 거의 완전한 첫 번째 형태 사이에는 결정적인 상응 관계가 있다. 그러나 최초의 인상에서 논리학, 산술, 자연과학, 문법을 거쳐 정치경제학까지 인식의 영역 전반으로 성찰을 확대하는 관념학은 재현의 바깥에서 구성되고 재구성되는 중인 것 자체를 재현의 형태로 재검토하고자 시도했다. 이러한 재검토는 특이하고 동시에 보편적인 기원이라는 거의 신화적인 형태로만 이루어질 수 있었을 뿐이다. 즉 고립되고 비어 있으며 추상적인 의식이 재현될 수 있는 모든 것의 광범위한 도표를 조금씩 펼쳐야 했다. 이 점에서, 『쥘리에트』가 마지막 고전주의적 이야기인 것과 어느 정도 유사하게, 관념학은 마지막 고전주의적 철학이다. 사드가 보여 주는 장면과 추론은 투명하고 결함이 없는 재현의 전개 속에서 욕망의 새로운 폭력성을 온전히 되풀이하고, 관념학이 행하는 분석은 탄생의 이야기 속에서 재현의 모든 형태를 가장 복잡한 것까지 되찾는다. 이와는 반대로 관념학의 맞은편에서 칸트의 비판론은 우리의 근대성으로 넘어가는 문턱의 표지로서, 단순한 요소에서 이것의 가능한 모든 조합으로 이르는 무한한 움직임에 따라서가 아니라 이것의 당연한 한계로부터 재현을 검토한다. 이처럼 18세기 말에 유럽의 문화에서 일어난 사건, 즉 지식과 사유가 재현의 공간 밖으로 물러난 사건은 칸트의 비판론에서 역사상 처음으로 확인된다. 그때 문제로 제기되는 것은 재현의 공간이 갖는 토대, 기원, 한계이다. 고전주의적 사유가 정립했고 관념학이 추론적이고 과학적인 방식에 따라 단계적으로 검토하고자 했던 재현의 한없는 영역은 바로 이 사실 때문에 형이상학인 것으로 보인다. 그러나 결코 외부로 나가지 않고 무지한 독단론 속에 자리하며 자기 권리의 문제를 결코 분명히 드러내지 않았을 형이상학인 것으로 보인다. 이 관점에서 비판론은 18세기의 철학이 오직 재현의 분석에 의해 축소하고자 했던 형이상학의 차원을 부각시킨다. 이와 동시에 비판론은 재현의 원천이자 기원인 것 전체를 재현의 바깥에서 검토하는 것을 목적으로 할 또 다른 형이상학의 가능성을 열어 놓으며, 19세기가 이 비판론의 선례를 따라 전개하게 되는 생의 철학, 의지의 철학, 계시의 철학을 가능하게 한다.

6 객관적 종합

이로부터 거의 무한한 일련의 결과가 쏟아져 나온다. 오늘날까지도 우리의 사유를 지배하므로 어쨌든 한없는 결과들이 초래된다. 무엇보다도 먼저 하나의 선험적 주제와 새롭거나 적어도 새로운 방식으로 배치되고 확립되는 경험 영역들의 동시적인 출현을 아마 고려해야 할 것이다. 17세기에 질서의 일반 과학으로 등장한 **마테시스**가 어떻게 수학 분야에서 토대의 역할을 했고 어떻게 일반 문법, 자연사, 부의 분석을 비롯한 다양하고 순수한 경험 영역들의 형성과 상관 관계를 맺었는가는 이미 살펴보았다. 이 영역들은 추정컨대 자연의 수학적 또는 역학적 취급에 의해 결정된 "모델"에 따라 구축된 것이 아니라 일반적인 가능성, 즉 재현들 사이에 동일성과 차이의 정연한 도표를 작성하게 해 줄 가능성을 배경으로 구성되고 배치되었을 것이다. 두 가지 새로운 사유 형태의 상관적인 출현을 야기하는 것은 바로 정연하게 배열할 수 있는 재현들의 이 동질적인 영역이 18세기의 마지막 몇 년 사이에 소멸했기 때문이다. 하나는 일반적으로 재현을 가능하게 하는 것의 측면에서 재현들 사이의 관계에 관한 조건을 검토한다. 즉 그것은 이런 식으로 선험적 영역을 드러나게 하는데, 거기에서는 (경험에 의거하지 않으므로) 결코 경험의 대상이 되지는 않지만 (지적 직관이 없으므로) 유한한 주체가 대상 x와의 관계에 따라 경험 일반의 모든 형식적인 조건을 결정하며, 재현들 사이에서 가능한 종합의 토대를 도출하는 것은 바로 이 선험적 주체의 분석이다. 맞은편에서 선험적인 것 쪽으로의 이러한 열림과 대칭을 이루는 또 다른 사유의 형태는 재현되는 존재물 자체의 측면에서 재현들 사이의 관계에 관한 조건을 검토한다. 모든 실재적인 재현의 지평에서 동질성의 토대로서 지적되는 것은 결코 대상화할 수 없는 대상, 결코 완전히 재현할 수는 없는 재현, 명백한 동시에 비가시적인 가시성, 우리에게 주어지고 우리에게로 다가오는 것에 대해 토대가 될 정도로 현실에서 사라지는 실체, 즉 노동력, 생명 에너지, 발화 능력이다. 물건의 가치, 생물의 유기적 구조, 언어의 문법 구조 및 역사적 친화력이 우리의 재현에 다다르고 우리에게 인식의 어쩌면 무한한 과업을 촉구하는 것은 바로 우리가 하는 경험의 외부 한계에서 맴도는 이 형태들로부터이다. 선험적 성찰에서는 경험 대상의 가능 조건이 경험 자체의 가능 조건과 동일시되는 반면, 이 경우에는 경험의 가능 조건이 대상의 가능 조건에서, 그리고 대상이 존재할 가능 조건에서 모색된다. 생명, 언어, 경제에 관한 과학의 새로운 실증성은 선험 철학의 정립과 상응한다.

　노동, 생명, 언어는 생물, 생산의 법칙, 언어의 형태에 대한 객관적인 인식을 가능하게 만드는 만큼 '선험적인 것'으로 보인다. 노동, 생명, 언어는 본질적으로 인식의 바깥에 놓여 있지만, 바로 그렇기 때문에 인식의 조건이 되며, 칸트에 의한 선험 영역의 발견과 상응하지만, 두 가지 핵심적인 사항에서 칸트의 선험 영역과는 다르다. 즉 노동, 생명, 언어는 대상 쪽에, 어떻게 보면 대상 너머에 자리하고, 선험적 변증법에서의 이념처럼 현상들을 전체적으로 총괄하고 다양한 경험의 **선험적 일관성**을 암시하지만, 현상들의 근거를 하나의 존재에 두는데, 이 존재의 불가사의한 실재는 모든 인식에 앞서 바로 이 존재의 실재에 관한 인식의 차원과 굴레 자체이다. 게다가 노동, 생명, 언어는 모든 가능한 경험의 선**험적 종합**이 아니라 귀납적 진실들의 영역 및 이것들에 대한 종합의 원리와 관련된다. 첫 번째 차이(선험적인 것이 대상 쪽에 놓여 있다는 사실)는 칸트 이후에 출현함에도 불구하고 '비판론 이전의' 것으로 보이는 형이상학의 탄생을 설명해 준다. 즉 이 형이상학은 실제로 선험적 주관성의 층위에서 드러날 수 있는 것과 같은 인식 조건의 분석과는 거리가 멀지만, 재현의 영역이 사전에 한정되어 있을 때만 가능한 선험적인 목적(신의 말씀, 의지, 생명)으로부터 전개되고, 따라서 비판론 자체와 동일한 고고학적 토대를 갖는다. 두 번째 차이(선험적인 것이 **귀납적** 종합과 관련된다는 사실)는 '실증주의'의 출현을 설명해 준다. 이를테면 하나의 층을 이루는 현상들 전체가 경험에 주어지는데, 이 현상들의 합리성과 상호 연관은 명백히 밝힐 수 없는 객관적인 근거에 달려 있으며, 거기에서 인식될 수 있는 것은 실체가 아니라 현상, 본질이 아니라 법칙, 존재가 아니라 존재의 규칙성이다. 따라서 비판론으로부터, 더 정확히 말하면 철학의 영역에서 최초로 칸트 철학에 의해 확증되는 재현에 대한 존재의 괴리로부터 근본적인 상관 관계가 확립된다. 즉 한편으로는 대상에 관한 형이상학, 더 정확하게는 우리의 피상적인 인식에 이르는 대상의 원천이지만 결코

대상화할 수는 없는 바탕에 관한 형이상학이 있고, 다른 한편으로는 실
증적인 인식에 주어지는 것 자체의 관찰만을 과업으로 여기는 철학이 있
다. 이러한 대립의 두 항이 어떻게 서로에게 의존하고 서로를 강화하는
가는 명약관화한데, '바탕' 또는 객관적으로 '선험적인 것'에 관한 형이
상학이 공격의 지점을 발견하게 되는 것은 바로 실증적인 인식(그리고 특
히 생물학이나 경제학 또는 철학이 제공할 수 있는 인식)의 보고(寶庫)에서이
고, 역으로 실증주의가 정당성을 발견하게 되는 것은 인식할 수 없는 바
탕과 인식할 수 있는 것의 합리성을 가르는 경계에서이다. 대상의 비판
론, 실증주의, 형이상학이 형성하는 삼각형은 19세기 초부터 베르그손까
지 유럽의 사유를 구성한다.

이와 같은 편성은 고고학적 가능성의 측면에서, 이제 재현의 내적 분
석만으로는 도저히 설명할 수 없는 경험 영역들의 출현과 깊은 관계가
있으며, 따라서 근대의 에피스테메에 고유한 몇몇 배치와 상관적이다.

우선 그때까지 표명되지 않은, 사실을 말하자면 존재하지 않은 주제가
분명히 드러난다. 관찰에 기초를 둔 과학이나 문법의 이해 또는 경제의
경험을 수학적으로 처리하려는 시도가 고전주의 시대에 이루어지지 않
았다는 것은 이상하게 보일 수 있다. 마치 자연에 대한 갈릴레이 방식의
수학적 취급과 기계론의 원리가 **마테시스**의 기획을 실현하는 데 충분하
기라도 한 듯하다. 여기에는 역설적인 것이 전혀 없다. 즉 동일성과 차이
에 따른 재현들의 분석, 항구적인 도표에 의한 재현들의 정돈으로 말미
암아 질적인 것의 과학이 당연하게도 보편적 **마테시스**의 영역에 놓이게
되었다. 그러나 18세기 말에 이르면 근본적으로 새로운 분할이 일어나는
데, 이제는 재현들을 해체하는 동향 자체로 인해 재현들 사이의 관계가
확립되지 않으므로, 분석의 분야는 종합의 수단을 동원하는 분야와 인
식론적으로 뚜렷이 구별된다. 그러므로 한편으로는 논리학과 수학에 의
존하는 선험적 과학, 순수한 형식 과학, 연역법에 의거한 과학의 영역이

344

있게 되고, 다른 한편으로는 연역의 형식을 매우 국지적인 좁은 범위에서만 단편적으로 이용하는 귀납적 과학, 경험과학이 뚜렷이 드러나게 된다. 그런데 이 분할의 결과로 마테시스와 질서의 보편 과학이 분리되면서 상실되어 버린 단일성을 또 다른 층위에서 재발견하려는 인식론적 관심이 촉발된다. 이로부터 과학에 관한 근대적 성찰을 특징짓는 몇 가지 노력, 즉 수학을 토대로 한 지식 영역들의 분류, 더 복잡하고 덜 정확한 것 쪽으로의 진전을 위해 정립되는 위계, 경험적 귀납의 방법에 대한 성찰, 이 방법에 철학적 근거 및 형식적 정당화를 제공하려는 노력을 비롯하여, 경제학과 생물학 그리고 마침내 언어학 자체를 정련하고 형식화하고 가능한 한 수학적으로 처리하려는 시도가 유래한다. 단일한 인식론적 영역을 재구성하기 위한 이 시도들과 병행하여 불가능성의 단언도 빈번히는 아니지만 어김없이 발견된다. 즉 이 단언은 생명의 축소할 수 없는 특수성(이것을 명확히 하려는 시도는 특히 19세기 초반에 빈번해진다.)에서 비롯하거나, 모든 방법론적 환원에 저항하는 것으로 여겨지는 인문과학[39]의 특이한 성격(이 저항을 명확히 규정하고 헤아려 보려는 시도는 특히 19세기 후반기에 이루어진다.)에 기인할지 모른다. 경험적인 것을 형식화할 수 있다거나 형식화할 수 없다는 교대되거나 동시적인 이 이중의 단언에서 아마 18세기 말 무렵에 종합의 가능성을 재현의 공간으로부터 분리한 심층적인 사건의 기본 도면을 알아보아야 할 것이다. 형식화 또는 수학적 취급을 근대의 모든 과학을 위한 기획의 중심부에 자리하게 하는 것은 바로 이 사건이고, 또한 경험적인 것에 대한 모든 성급한 수학적 취급이나 순진한 형식화가 '비판론 이전의' 독단론과 진부한 관념학으로의 회귀처럼 보이는 이유를 설명해 주는 것도 바로 이 사건이다.

---

39) (옮긴이 주) sciences humaines. 프랑스에서 인간을 연구하는 모든 분야(예컨대 인류학 또는 인간학, 역사, 심리학, 사회학, 언어학 등)를 폭넓게 지칭하는 용어. 이는 인류학과 심리학 그리고 사회학을 사회과학에 포함시키는 미국의 경우와는 다르다.

근대의 에피스테메가 갖는 두 번째 특징을 다시 한 번 환기할 필요가 있을지 모른다. 고전주의 시대 동안 인식들의 보편적 **마테시스**에 대한 심지어는 경험적인 지식의 항구적이고 기본적인 관계는 인식들의 마침내 통합된 **집합체**를 마련하려는, 다양한 형태로 끊임없이 재개된 기획을 정당화했고, 이 기획은 토대에 어떤 변모도 일어나지 않는 가운데, 운동에 관한 일반 과학이거나, 보편기호법이거나, 모든 분석적 가치와 모든 통사론적 가능성의 측면에서 숙고하고 재구성한 언어이거나, 끝으로 알파벳순으로나 분석적으로 편찬된 지식의 백과사전과 같은 형태를 차례로 띠었는데, 이 시도들이 완결될 수 없었다거나 본래의 의도를 완전하게는 구현하지 못했다는 것은 그다지 중요하지 않다. 즉 이 시도들은 모두 고전주의 시대가 동일성 및 차이의 분석과 도표화된 질서의 보편적인 가능성을 지식의 고고학적 기반으로 설정함으로써 정립한 심층적인 단일성을 사건과 텍스트의 가시적 표면에서 뚜렷이 드러냈다. 따라서 데카르트, 라이프니츠, 디드로, 달랑베르는 이른바 그들의 실패라고 불리는 것, 즉 그들의 중단되거나 빗나간 업적에 비추어보아서도, 고전주의적 사유를 구성하는 것에 가장 가까이 머물러 있었다. 19세기 초에는 **마테시스**의 단일성이 깨진다. 이중으로 깨진다. 우선 분석의 순수 형식과 종합의 법칙을 분할하는 선에 의해서이고, 다른 한편으로는 종합에 근거를 제공하는 것과 관련하여, 선험적 주관성과 대상의 존재 방식을 분리하는 선에 의해서이다. 이 두 가지 형태의 단절은 두 가지 계열의 시도들을 낳는데, 그것들은 보편성을 향한 어떤 분투(奮鬪) 때문에 데카르트나 라이프니츠의 작업에 대한 메아리로 여겨지는 듯이 보인다. 그러나 좀 더 자세히 들여다보면, 19세기에 이루어진 인식 영역의 단일화는 고전주의 시대의 경우와 동일한 형태도, 동일한 주장도, 동일한 토대도 갖지 않으며 가질 수도 없다는 것이 분명하게 드러난다. 데카르트나 라이프니츠의 시대에는, 철학적 사유에서 지식의 보편화가 특수한 성찰 방식을 요구하지 않을 정도로, 지식과 철학의 상호적 투명성이 완전무결했다. 칸트 이후로는 문제가 완전히 달라지는데, 지식은 이제 통합되고 통합하는 **마테시스**를 배경으로 전개될 수 없다. 한편으로는 형식의 영역과 선험적 영역 사이의 관계가 문제로 제기되고,(이 층위에서는 지식의 모든 경험적 내용이 괄호 속에 놓이고 타당성에 대한 모든 판단이 유보된다.) 다른 한편으로는 경험성의 영역과 인식의 선험적 근거 사이의 관계가 문제로 떠오른다.(이 경우 순수하게 형식적인 것의 영역은 모든 경험을, 심지어 사유의 순수 형식에 대한 경험까지도 밑받침하는 영역의 설명에 부적합한 것으로 간주되어 고찰의 대상에서 배제된다.) 그러나 이 두 가지 경우 모두에서 보편성과 관련된 철학적 사유는 실제적인 지식의 영역과는 다른 층위에 놓이고, 근거를 제공할 수 있는 순수한 성찰이거나, **장막을 벗길** 수 있는 재검토가 되거나 한다. 이러한 철학의 형태들 중에서 하나는 순수하고 보편적이고 비어 있는 사유의 법칙으로부터 선험적 영역의 전체성을 발생학적으로 연역하려는 피히테의 작업에서 처음으로 표면화되었는데, 이를 통해 모든 선험적 성찰을 형식주의에 의한 분석으로 귀결시키려고 하거나 선험적 주관성에서 모든 형식주의의 가능성을 발견하려고 하거나 하는 탐구 영역이 열렸다. 철학의 나머지 한 통로로 말하자면 그것은 무엇보다도 헤겔의 현상학과 함께 출현했는데, 그때 경험 영역의 전체성은 정신으로, 달리 말하자면 경험적이고 동시에 선험적인 영역으로 드러나는 의식의 내부로 다시 집어넣어졌다.

훨씬 나중에 후설이 떠맡게 되는 현상학의 책무가 가장 심층적인 가능성과 불가능성의 측면에서, 19세기부터 확립된 서양 철학의 운명과 깊이 연계되는 이유는 명백하다. 실제로 현상학은 한편으로 형식 논리의 당위성과 한계를 선험적인 유형의 성찰에 단단히 고정하고자 하며, 다른 한편으로 선험적 주관성을 경험 내용의 함축적인 지평에 연결하고자 하는데, 무한한 해명(解明)을 통해 이 지평을 구성하고 유지하고 열어 놓을 가능성은 오직 현상학에만 있게 된다. 그러나 현상학은 이전에 벌써 모든 변증법적 시도를 위협하여 자발적이건 강제로건 언제나 인간학으로 기울게 하는 위험에서 아마 벗어나지 못할 것이다. 인간학, 다시 말해 인식(따라서 모든 경험적 지식)의 당연한 한계가 정확히 이 동일한 경험적 지식에 주어지는 것과 같은 구체적인 실존의 형태이기도 하는 사유 방식을 적어도 조용히 야기하지 않는 상태로, 경험의 내용에 선험적 가치를 부여하거나 경험의 내용을 구성적 주관성 쪽으로 옮겨 놓는 것은 아마 불가능할 것이다.

18세기 말경에 서양의 에피스테메에서 돌발한 근본적인 사건의 가장 멀리 떨어져 있지만 동시에 우리가 가장 회피하기 어려운 결과는 다음과 같이 요약될 수 있다. 즉 부정적으로는 인식의 순수 형식이라는 영역이 고립되어, 모든 경험적 지식에 대해 자율성과 지배력을 확보하며, 구체적인 것을 형식화하고 최대한 순수 과학을 구성하려는 기획을 한없이 생겨나고 또 생겨나게 하는 반면, 긍정적으로는 경험의 영역들이 철학의 축소 또는 반(反)철학의 가치와 기능 만큼 철학의 가치와 기능도 떠맡으면서 주체성, 인간, 유한성에 대한 성찰과 연결된다.

8 노동, 생명, 언어

1 새로운 경험성들

이제 우리는 시기의 결정이 문제인 역사적 사건 너머로(서양 세계의 에피스테메를 심층적으로 분할하고 여러 경험성의 인식을 위한 어떤 근대적 방식의 도래를 우리와 분리시키는 단절의 연대기적 가장자리 너머로) 매우 멀리 나아갔다. 우리와 동시대적이고 우리가 좋건 싫건 함께하는 사유는 18세기 말 무렵에 명백히 드러난 불가능성, 즉 재현의 공간에서 종합을 정당화할 수 없다는 불가능성에 의해, 그리고 이 불가능성과 상관적이고 동시적이지만 곧장 대립하는 의무, 즉 주관성의 선험적 영역을 열고 역으로 대상을 넘어 우리에게 생명, 노동, 언어라는 '준(準)선험적인 것'을 구성할 의무에 의해 아직도 폭넓게 지배되고 있기 때문이다. 이 의무와 이 불가능성을 급격한 역사의 단절 속에서 솟아오르게 하기 위해서는 어느 깊이 갈라진 틈에서 연원하는 사유를 따라 분석이 진행되도록 해야 했다. 다시 말해 우리는 근대적 사유의 방향이 꺾일 수 있는 지점, 즉 근대의 문턱에서 형성된 사유로부터 우리에게까지 오고 우리를 둘러싸고 우리의 담론에 대해 지속적인 근거로 소용되는 것을 우리로 하여금 완전히 우회할 수 있게 해 주지는 않는다 해도 최소한 단편적으로 지배하고 약간이나마 통제할 수 있게는 해 주는 여전히 흐릿하나 어쩌면 결정적일 오늘날의 이 빛에 마침내 도달하기 위해서는 근대적 사유의 운명 또는 비탈을 급히 거슬러 올라가는 식으로 이야기를 전개해야 했다. 그렇지만 사건의 나머지 절반, 우리의 경험적 인식의 형태를 떠받치는 실증성들의 존재 자체 및 뿌리와 관련되는 만큼 아마도 더 중요할 절반은 검토가 유보되었고, 따라서 이제 분석해야 할 필요가 있는 것은 이 나머지 절반이다.

연대기적으로 1775년부터 1795년까지 걸쳐 있고 스미스, 쥐시외, 윌킨스를 통해 그 지형이 넌지시 알려질 수 있는 첫 번째 단계에서, 노동과 유기체 그리고 문법 체계라는 개념들은 재현의 분석과 지금까지 재현의 분석이 전개된 도표의 공간으로 도입되었거나 특이한 지위 때문에 재도입되었다. 아마 이 개념들의 기능은 다만 재현의 분석이 여전히 권위를 유지하게 하고 동일성과 차이의 확립을 가능하게 하며 정돈의 도구(질적 척도 같은 것)를 마련하는 것에 지나지 않았을 것이다. 그러나 노동도 문법 체계도 살아 있는 유기체도 해체되고 분석되고 재구성되고 이런 식으로 순수한 이중화 속에서 스스로를 나타내는 재현의 단순한 작용에 의해 명확하게 규명되거나 확정될 수 없었고, 따라서 분석의 공간은 자율성을 잃어버릴 수밖에 없었다. 이제부터 도표는 가능한 모든 질서의 장소, 모든 관계의 모태, 모든 존재물이 독특한 개체성에 따라 배치되는 형식이기를 그치고, 지식에 대해 얇은 피막을 형성할 뿐이며, 도표가 드러내는 인접, 도표가 한정하고 반복적으로 보여 주는 기본적인 동일성, 도표 위에 펼쳐짐으로써 식별되는 닮음, 도표에 힘입어 전반적으로 검토될 수 있는 항구성은 가시적인 것에 입각하여 정돈될 수 있는 모든 분할 너머에 자리하는 몇몇 종합이나 조직 또는 체계의 효과에 불과하다. 영속적인 구분의 격자 덕분으로 시선에 주어지는 질서는 이제 심층 위의 표면적인 반짝임일 뿐이다.

　서양에서 지식의 공간은 이제 균형을 잃고 흔들리게 된다. 즉 예전에는 탁시노미아의 광범위하고 보편적인 층이 마테시스의 가능성과 상관 관계를 맺고서 넓어지고, 탁시노미아가 지식의 가장 중요한 계기, 즉 지식의 본래적인 가능성과 동시에 지식의 최종적인 완벽성을 구성한 반면, 이제는 탁시노미아가 막연한 수직성에 따라 정돈되기에 이르는데, 이 수직성은 닮음의 법칙을 결정하고, 인접과 연속을 규정하고, 인식 가능한 배치에 근거를 제공하고, 약간 부수적인 결과의 영역 쪽으로 펼쳐지는 탁시노미아의 모든 광범위한 수평적 전개를 바꾸어 놓게 된다. 이런 식으로 유럽 문화는 깊이를 발견하는데, 거기에서 문제되는 것은 이제 동일성, 차이를 나타내는 특징, 갖가지 경로와 행로를 갖춘 연속적인 도표가 아니라, 접근할 수 없는 근원적인 핵으로부터 발현하는 주요한 숨겨진 힘들, 즉 기원, 인과 관계, 역사이게 된다. 이제부터 사물은 불명료함 때문에 흐릿해지고 애매해질 터이지만, 밑바닥에 깊숙이 감추어져 있는 활력에 의해 내부적으로 강하게 결속되고 결합되거나 분할되고 불가피하게 분류되는 상태에서, 자기 안으로 물러난 이 밀도의 안쪽으로부터만 재현에 이르게 된다. 가시적인 형상들, 이것들의 관계, 이것들을 고립시키고 이것들의 윤곽을 뚜렷이 드러내는 여백, 이 모든 것은 이제 아래쪽의 어둠 속에서 시간에 의해 유발되어 온전히 구성되고 이미 분절된 상태로만 우리의 시선에 보이게 된다.

　이에 따라 (그리고 사건의 다른 국면으로서) 지식의 성격과 양상이 확실히 변한다. 이 변동의 원인을 산스크리트어의 문법 체계, 생물에서 해부학적 배치와 유기적 기능이 맺는 관계, 또는 자본의 경제적 역할 같은 아직 알려지지 않은 대상의 발견으로 돌리는 것은 잘못일지 모르고 적어도 불충분할지 모른다. 일반 문법은 문헌학이 되었고, 자연사는 생물학이 되었으며, 부의 분석은 정치경제학이 되었다고 생각하는 것도 정확하지 않을지 모른다. 왜냐하면 이 모든 인식의 방식은 방법론을 개선하고 대상에 더욱 가까이 접근하고 개념의 합리화를 이룩하고 더 적합한 형식화의 모델을 선택했기 때문이다. 요컨대 이성 자체에 의한 일종의 자기분석을 통해 선사 시대에서 벗어났기 때문이다. 세기의 전환기에 변한 것, 돌이킬 수 없는 변화를 겪은 것은 인식하는 주체와 인식 대상 사이에서 선결되어야 할 공동의 존재 방식으로 떠오른 지식 자체이며, 생산의 비용이 검토되기 시작한 것, 가치의 형성을 분석하기 위해 이상적이고 원시적인 물물교환의 상황이 더 이상 활용되지 않는 것은 고고학의 층위에서 생산이 교환을 대신하여 지식의 공간에서 기본적인 형상으로 새롭게 부각되었고, 이에 따라 한편으로는 (자본 같은) 인식 가능한 새로운 대상이 출현하고 다른 한편으로는 (생산 양식의 분석 같은) 새로운 개념과 새로운 방법이 규정되었기 때문이다. 이와 마찬가지로 퀴비에부터 생물의 내부 조직이 연구되고 이를 위해 비교해부학적 방법이 이용되는 것은 생명이 지식의 기본적인 형상으로 떠오름으로써 (기능에 대한 특징의 관계 같은) 새로운 대상과 (상사 현상의 탐구 같은) 새로운 방법이 출현했기 때문이다. 끝으로 그림[1])과 보프가 모음 교체 또는 자음 변이의 법칙을 규정하고자 시도한 것은 지식의 방식이 담론에서 언어로 대체되었기 때문인데, 언어는 그때까지 드러나지 않았던 대상(문법 체계가 유사한 어족)을 명시하고 아직 이용되지 않았던 방법(자음과 모음의 변형 규칙에 대한 분석)을 규정한다. 생산, 생명, 언어 — 이것들을 그다지 주목받지 못하다가 마치 그 자체로 중요하기 때문인 듯이 어떤 자율적인 압력의 영향 아래 외부로부터 인식에 부과되었을 대상으로 해석해서는 안 되며, 또한 이것들을 과학이 고유한 합리성을 향해 발전하는 과정에서 새로운 방법에 힘입어 점차로 구축된 개념으로 보아서도 안 된다. 생산, 생명, 언어는 새

---

1) (옮긴이 주) Grimm(1786~1859). 독일의 언어학자. 아우와 함께 독일의 민담, 전설, 신화 연구에 일생을 바쳐 『어린이와 가정의 동화』, 『독일어 대사전』을 펴냈으며 단독으로 『독일 문법』을 쓰기도 했다.

로운 대상에 대한 과학 및 기술의 이차적이고 부차적인 상관 관계를 온전한 단일성 속에서 떠받치는 지식의 기본적인 방식들이다. 이 방식들의 구성은 아마 고고학적 지층의 두께 속에 깊이 감추어져 있을 것이다. 그렇지만 경제학의 경우에는 리카도, 생물학의 경우에는 퀴비에, 문헌학의 경우에는 보프의 저서를 통해 이 방식들의 몇 가지 징후를 뚜렷이 알아볼 수 있다.

2 리카도

애덤 스미스의 분석에서 노동에 특권이 부여된 것은 물건의 가치에 대한 항구적인 척도를 확립하는 힘이 노동에 있기 때문이었다. 노동은 필요한 물건들이 교환에서 동등한 가치를 가질 수 있게 해 주었는데, 다른 경우라면 필요한 물건들의 기준이 변화와 본질적인 상대성에서 벗어날 수 없었을 것이다. 그러나 노동은 하나의 조건을 전제로 해서만 이와 같은 역할을 맡을 수 있었다. 즉 하나의 물건을 생산하는 데 필수적인 노동량은 그 물건이 교환의 과정에서 구매할 수 있는 노동량과 동등하다는 전제가 필요했다. 그런데 이 동일성을 어떻게 입증할 수 있을까? 생산 활동으로서의 노동과 사고 팔 수 있는 상품으로서의 노동 사이에서 명확하게 밝혀졌다기보다는 오히려 막연하게 받아들여진 어떤 동일시를 통해서가 아니라면 어떻게 이 동일성을 정당화하고 무엇이 이 동일성에 근거를 제공할 수 있을까? 이 두 번째 의미에서는 노동이 항구적인 척도로 이용될 수 없다. 왜냐하면 이 경우에는 "노동과 비교할 수 있는 상품이나 물품만큼의 변이"[2]가 노동에도 일어나기 때문이다. 애덤 스미스에게

---

2) Ricardo, *Œuvres complètes*, trad. française(Paris, 1882), 5쪽.

서 찾아볼 수 있는 이 혼란의 원인은 재현에 부여된 우선권에 있었다. 즉 모든 상품은 어떤 노동을 나타냈고, 모든 노동은 일정한 양의 상품을 나타낼 수 있었다. 사람의 활동과 물건의 가치는 재현이라는 투명한 요소 속에서 서로 부합했다. 리카도의 분석이 이루어지는 현장과 그의 분석이 갖는 결정적인 중요성의 근거는 바로 여기에 있다. 리카도의 분석을 통해 최초로 경제 활동에서 노동에 중요한 지위가 부여된 것은 아니지만, 리카도의 분석에서 비로소 이 관념의 단일성이 명확하게 드러나며, 구입되고 팔리는 노동자의 체력, 노고, 시간과 물건의 가치를 낳는 활동이 역사상 처음으로 철저하게 구별된다. 그러므로 한편으로는 노동자가 제공하고 기업가가 받아들이거나 요구하고 임금으로 보수가 지급되는 노동이 있게 되고, 다른 한편으로는 금속을 채굴하고 물품을 생산하고 물건을 제조하고 상품을 운반하는 식으로 교환 가능한 가치를 형성하는 노동이 있게 되는데, 이 두 번째 의미에서의 노동 이전에는 교환 가능한 가치가 존재하지 않았고, 이 노동이 없었다면 교환 가능한 가치는 나타나지도 않았을 것이다.

물론 스미스에게나 리카도에게나 노동은 분명히 교환 경로를 거치는 상품들의 등가(等價)를 측정하는 척도일 수 있다. 이를테면 "사회의 초창기에 물건의 교환 가능한 가치 또는 하나의 물건으로 다른 물건을 얻기 위해 지불해야 하는 양을 정하는 규칙은 각 물건의 생산에 투입된 비교 노동량에만 달려 있을 뿐이다."[3] 그러나 스미스와 리카도의 차이는 다음과 같다. 즉 스미스의 경우에는 노동이 생계 일수로 분석 가능하기 때문에 (생계에 필요한 물품도 포함하는) 다른 모든 상품에 대해 공통의 단위로 구실을 할 수 있으나, 리카도의 경우에는 물건이 노동의 단위로 표시될 수 있었기 때문만이 아니라 무엇보다도 생산 활동으로서의 노동이 기

---

3) *Ibid.*, 3쪽.

본적으로 '모든 가치의 원천'이기 때문에 물건의 가치가 노동량에 의해 정해진다. 이 원칙은 이제 고전주의 시대의 경우처럼 전체적인 등가 체계로부터, 그리고 상품들이 서로를 나타낼 수 있는 역량으로부터 규정될 수는 없다. 가치는 이제 기호가 아니라 생산물이 되었다. 물건에 투입된 노동만큼의 가치를 물건이 갖게 되거나 적어도 물건의 가치가 물건에 투입된 노동과 비례하는 것은 노동이 언제 어디서나 교환 가능한 항구적인 고정 가치이기 때문이 아니라, 어떤 가치이건 기원이 노동에 있기 때문이다. 그리고 이 사실의 가장 분명한 증거는 물건을 생산하고자 한다면 물건에 들여야 하는 노동량과 더불어 물건의 가치가 증가한다는 점이지만, 물건의 가치는 다른 모든 상품처럼 노동과 교환되는 임금의 상승이나 하락에 따라 변하지는 않는다.[4] 시장에서 유통되고 서로 교환되는 가치들은 여전히 재현의 역량을 갖는다. 그러나 가치들의 이 역량은 다른 데에서, 모든 재현보다 더 근원적이고 더 근본적이며 따라서 교환에 의해 규정될 수 없는 그러한 노동에서 비롯된다. 고전주의 시대에는 거래와 교환이 부의 분석에 대해 넘을 수 없는 경계로서 구실하는 반면에,(분업이 물물교환을 기준으로 지배되는 애덤 스미스의 경우에도 그러하다.) 리카도 이후로는 노동이 교환 가능성의 기반이 된다. 따라서 이제부터 생산의 이론은 언제나 유통의 이론보다 선행할 수밖에 없게 된다.

이로부터 유념해야 할 세 가지 결과가 파생한다. 첫 번째 결과는 근본적으로 새로운 양상을 띠는 인과 계열의 정립이다. 18세기에도 경제적 결정 요인의 작용은 결코 무시되지 않았다. 즉 어떻게 화폐가 유출되거나 유입될 수 있는가, 어떻게 물가가 상승하거나 하락할 수 있는가, 어떻게 생산이 증가하거나 정체되거나 감소할 수 있는가는 그때에도 설명의 대상이었지만, 이 모든 동향은 모든 가치가 서로를 나타낼 수 있는 도표

---

4) *Ibid.*, 24쪽.

의 공간을 기초로 하여 규정되었다. 이에 따라 물가는 재현하는 요소가 재현되는 요소보다 더 빨리 증가할 때 상승했고, 생산은 재현할 물건에 비해 재현의 수단이 줄어들 때 감소했다. 더 많은 사례를 들 수 있겠지만, 도표의 공간을 기초로 한 이 모든 동향의 규정에서 중요한 것은 언제나 표면의 순환적인 인과 관계였는데, 왜냐하면 이 경우에 인과 관계는 단지 분석하는 것과 분석되는 것 사이의 상호적인 작용력과 관련되었을 뿐이기 때문이다. 그러나 리카도부터 노동은 재현과 어긋나게 되고, 재현이 이제는 영향력을 갖지 못하는 영역에 놓이게 되며, 따라서 고유한 인과 관계에 따라 조직된다. 물건의 제조(또는 물건의 수확이나 운반)에 필요하고 물건의 가치를 결정하는 노동량은 생산 양식에 달려 있다. 즉 생산은 노동에서의 분할 정도, 도구의 질과 성격, 기업가가 소유하는 총자본과 기업가가 공장의 설비에 투입하는 총량에 따라 변하는데, 어떤 경우에는 생산비가 많이 들고, 또 어떤 경우에는 생산비가 덜 든다.[5] 그러나 어느 경우에서건 이 경비(임금, 자본과 소득, 이윤)는 새로운 생산에 이미 들어간 노동에 의해 결정되므로, 생산의 계열이라는 단선적이고 동질적인 커다란 계열이 출현하는 것은 명약관화하다. 모든 노동은 하나의 결과를 낳는데, 이 결과에 의해 비용이 정해지는 또 다른 노동에 이 결과가 어느 한 가지 형태로 적용되고, 이번에는 이 새로운 노동이 가치의 형성에 관여하는 식으로 축적의 과정이 이어진다. 이 연이은 축적은 고전주의적 부의 분석에 유일하게 작용한 상호적 결정과 역사상 처음으로 단절된다. 곧 알게 되겠지만, 리카도가 사실 다가올 변화를 역사의 지연(遲延), 극단적으로는 완전한 정지(停止)로만 이해할 뿐이라 해도, 이 축적은 존재한다는 사실 자체만으로도 역사적 시간의 연속 가능성을 끌어들인다. 사유의 가능 조건이라는 차원에서 리카도는 가치의 형성을 가치의

---

5) *Ibid.*, 12쪽.

재현성으로부터 분리함으로써, 경제학과 역사의 맞물림을 가능하게 했다. '부'는 도표 위에 배열되고 이런 식으로 등가 체계를 구성하지 않으며, 그 대신에 시간적 연쇄의 양태로 조직되고 축적된다. 즉 모든 가치는 분석의 수단에 의해서가 아니라 생산의 조건에 따라 결정되고, 더 나아가 모든 가치를 생겨나게 한 생산의 조건도 해당 조건의 산출에 충당된 노동량에 의해 결정된다. 명백한 담론을 통해 경제학적 성찰이 사건이나 사회의 역사와 깊은 관련을 갖기 전에도, 역사성은 아마도 오랜 기간에 걸쳐서일 터이지만 경제학의 존재 방식에 스며들어 왔다. 경제학의 존재 방식은 이제 차이와 동일성의 동시적인 공간이 아니라 연속적인 생산의 시간과 밀접하게 연계된다.

첫 번째 결과에 못지않게 결정적인 두 번째 결과는 희소성의 개념과 관계가 있다. 고전주의적 분석에서는 희소성이 필요와 관련하여 규정되었다. 즉 필요가 증가하거나 새로운 양상을 보임에 따라 희소성이 강화되거나 희소성을 바라보는 관점이 바뀐다는 것, 가령 굶주린 사람에게는 곡물이 희소성을 갖지만 사교계를 드나드는 부자에게는 다이아몬드가 희소성을 갖는다는 것을 누구나 인정했다. 18세기의 경제 이론가들은 중농주의자이건 아니건, 토지 또는 농업 노동에 의해 적어도 부분적으로는 이러한 희소성이 극복될 수 있다고 생각했는데, 이는 토지가 경작자의 필요보다 훨씬 더 많은 것을 충족할 수 있는 경이로운 속성을 지니고 있기 때문이었다. 고전주의적 사유에서 희소성은 사람들이 지니고 있지 않은 물건을 마음에 두기 때문에 존재하지만, 부가 존재하는 것은 곧장 소비되지 않고 교환과 유통 속에서 다른 물건에 상당할 수 있는 물건을 토지가 어느 정도 풍부하게 산출하기 때문이다. 리카도는 이 분석의 항목들을 뒤바꿔 놓는다. 그에 따르면 토지의 명백한 너그러움은 사실상 토지의 증대하는 인색함 덕분이고, 근본적인 것은 필요나 사람들의 정신 속에서 이루어지는 필요의 재현이 아니라 단지 본래의 결핍일 뿐이다.

실제의 노동, 다시 말해서 경제 활동은 사람의 수가 너무 많아서 대지의 결실만으로는 먹고살 수 없게 된 시기에 비로소 세계의 역사에 출현했다. 어떤 사람들은 생계를 유지해 주는 것이 없어서 죽어 갔고, 또 어떤 사람들은 대지의 경작을 시작하지 않았다면 대부분 죽었을 것이다. 그리고 인구가 증가함에 따라 숲은 자꾸만 잠식되었고 개간되었으며 경작지로 바뀌었다. 인류는 역사의 각 시기마다 죽음의 위협 아래에서만 일할 뿐이다. 가령 모든 주민은 새로운 재원(財源)을 찾아내지 않으면 소멸할 운명에 얽매어 있고, 역으로 인간은 수가 늘어남에 따라 더 많고 더 막연하고 더 어렵고 덜 직접적으로 생산적인 일을 시도한다. 필요한 생필품이 더 얻기 어렵게 되는 것과 비례하여 죽음의 위협은 더 가공할 만한 것이 되므로, 역으로 노동은 강도가 높아지고, 더 생산적일 수 있도록 모든 수단을 이용한다. 따라서 경제학을 가능하고 필요하게 만드는 것은 영구적이고 근본적인 결핍의 상황이다. 즉 가만히 내버려두면 무기력해지고 아주 적은 부분을 제외하면 점차 고갈되는 자연에 직면하여 인간은 목숨을 건다. 경제학의 원리는 이제 재현의 작용에 놓여 있는 것이 아니라, 생명이 죽음에 직면하는 위험한 영역 근처에 자리하는 것이다. 그러므로 경제학은 이른바 인간학이라 불릴 수 있는 매우 모호한 고찰의 영역으로 넘어간다. 다시 말하자면 경제학은 사실상 리카도와 동일한 시대에 맬서스[6]가 지적했듯이 해결책이나 제약이 없을 경우 언제나 증가하는 경향이 있는 인류의 생물학적 속성과 관련되고, 또한 자연 속에서 살아가면서 삶을 보장해 줄 수단을 얻지 못할 위험이 있는 생물의 상황과도 관련되며, 끝으로 노동을 통해, 노동의 고초 자체를 통해 자연의 근본적인 결핍을 극복하고 잠시나마 죽음을 물리칠 수단을 넌지시 알려준다. 경제학의 실증성은 이러한 인간학의 빈틈에 놓여 있다. 호모 오이코노

---

6) (옮긴이 주) Malthus(1766~1834). 영국의 경제학자. 과소 소비설 및 유효 수요의 원리를 처음으로 설명하고 유명한 『인구론』(1798)을 통해 인구의 자연 증가를 억제할 것을 역설한다.

미쿠스[7]는 자기 자신의 욕구와 이 욕구를 해소할 대상을 상상하는 인간이 아니라, 임박한 죽음을 모면하면서 살아가고 생명을 사용하다가 급기야는 잃어버리는 인간이다. 경제인은 유한한 존재이다. 즉 칸트 이래로 유한성의 문제가 재현의 분석보다 더 기본적이게 되었듯이,(유한성의 문제에 비해 재현의 분석은 부수적일 수밖에 없다.) 어느 정도 명백하게 리카도부터 경제학은 유한성에 구체적인 형태를 지정하는 경향이 있는 인간학에 기초를 둔다. 18세기의 경제학은 모든 가능한 질서의 일반 과학으로 간주되는 **마테시스**와 관계가 있고, 19세기의 경제학은 인간의 **자연적인 유한성**에 관한 담론인 인간학과 관련된다. 바로 이 사실 때문에 필요와 욕망은 주체의 영역(동일한 시기에 심리학의 대상이 되어 가는 영역)으로 물러난다. 19세기 후반기에 한계효용설의 옹호자들이 유용성의 관념을 탐구하게 되는 것은 바로 거기에서이다. 그때 콩디야크나 그라슬랭 또는 포르보네는 필요를 출발점으로 삼아 가치를 분석했으므로 "이미 심리주의자"였다는 믿음이 생겨나게 되고, 이와 유사하게 중농주의자들은 리카도 이래로 생산의 경비에 입각하여 가치를 분석한 경제학의 선구자였다고 누구나 믿게 된다. 실제로 발생하게 되는 것은 케네와 콩디야크를 동시적으로 가능하게 만든 지형이 역사의 유물로 뒤에 남겨지게 된다는 사실이고, 인식의 토대를 재현의 질서에 둔 이 **에피스테메**의 지배는 끝이 나고, 그 자리에 또 다른 인식론적 배치, 즉 재현된 욕구의 심리학과 **자연적인 유한성의 인간학**을 서로 관련시키면서도 구별하는 배치가 들어서게 된다는 사실이다.

끝으로, 마지막 결과는 경제학의 변화와 관계가 있다. 리카도는 자연의 본질적인 인색함을 갈수록 끈질기게 표시하는 것을 자연이 갖는 다산성의 징후로 해석해서는 안 된다고 지적한다. 애덤 스미스에 이르기까지[8] 모든

---

7) (옮긴이 주) homo oeconomicus. '경제인'을 뜻하는 라틴어.

8) Adam Smith, *Recherches sur la richesse des nations*, I, 190쪽.

경제 이론가가 대지에 고유한 다산성의 징후로 생각한 토지 임대료는 정확히 농업 노동이 점점 더 가혹해지고 농업 노동의 수익성이 갈수록 "떨어지게" 됨에 따라서만 실재할 뿐이다. 인구가 끊임없이 증가하기 때문에 덜 비옥한 토지라도 개간할 필요가 있음에 따라, 이 새로운 곡물 단위들의 수확량은 더 많은 노동을 요구한다. 즉 더 많은 노역을 들이거나, 파종 면적을 더 넓히거나, 더 많은 비료를 사용하거나 해야 하고, 따라서 풍부하고 비옥한 토지에서 처음 획득된 수확의 경우보다는 최종적인 수확의 경우에 생산비가 훨씬 더 상승한다. 그런데 인류의 일부가 굶주림으로 죽는 것을 바라지 않는다면, 몹시 획득하기 어려운 이 소비 물자도 역시 다른 소비 물자만큼 필수 불가결하다. 그러므로 과거에 곡물이 두세 배쯤 적은 노동으로 획득되었다 할지라도, 일반적으로 곡물의 가격을 결정하게 되는 것은 가장 척박한 토지에서의 곡물 생산비이다. 이로 말미암아 경작하기 쉬운 토지의 경우에는 이윤이 증가하게 되는데, 이 증가된 이윤은 토지의 소유주가 토지를 빌려 주고 막대한 소작료를 선취하도록 유도한다. 토지 임대료는 다산의 자연이 아니라 인색한 토지에 기인한다. 그런데 토지의 인색함은 날이 갈수록 더욱 현저해진다. 즉 인구가 실제로 증가하고, 점점 더 메마르게 되는 토지가 경작되기 시작하고, 생산에 드는 경비가 늘어나고, 농산물의 가격이 상승하고, 이와 함께 토지 임대료도 상승한다. 이러한 압력 아래 노동자의 명목 임금 역시 최소 생계비가 보장되게끔 상승할 수 있고, 또 확실히 그렇게 되어야 하지만, 동일한 이유 때문에 실질 임금이 사실상 노동자의 의식주에 꼭 필요한 정도 이상으로는 상승할 수 없게 된다. 끝으로, 토지 임대료가 상승하고 노동에 대한 보수가 여전히 고정되어 있음에 따라, 기업가의 이윤이 줄어들게 된다. 심지어는 극한에 이를 때까지 한없이 줄어들지도 모른다. 실제로 어느 순간부터는 산업의 이윤이 너무 낮아서, 새로운 노동자들에게 일거리를 제공하는 것이 불가능해지고, 추가 임금의 부족으로 인력이 더 이상 늘어날 수 없게 되고, 인구가 정체되기에 이르고, 이전의 토지보다 훨씬 덜 비옥한 새로운 토지를 개간하는 것이 이제 불필요하게 된다. 즉 토지 임대료가 상한선에 이르러, 그때 안정될 수 있는 산업의 수익에 통상적인 압력이 더 이상 가해지지 않게 된다. 역사가 마침내 움직이지 않게 된다. 인간의 유한성이 결정적으로, 다시 말해 **무한한** 시간의 관점에서 명확하게 규정되기에 이른다.

역사를 이처럼 부동하는 것으로 인식하게 해 주는 것은 역설적이게도 리카도가 경제학에 도입한 역사성이다. 물론 고전주의적 사유에서 경제는 언제나 열려 있고 언제나 변화하는 미래를 갖는 것으로 이해되었지만, 이 경우에 중요한 것은 사실상 공간적 유형의 변모였다. 즉 부가 진열되고 교환되고 정돈되면서 형성한다고 추정된 도표는 분명히 확대될 수 있었고, 각 요소가 자체의 상대적인 표면을 잃어버리지만 새로운 요소들과 관계를 맺는 여전히 동일한 도표였다. 반대로 19세기부터 역사의 피폐(疲弊), 역사의 점진적인 무력증, 화석화, 궁극적으로 바위 같은 부동성을 생각할 수 있게 해 주는 것은 바로 누가(累加)하는 인구와 생산의 시간, 부단한 결핍의 역사이다. 역사와 인간학이 서로에 대해 어떤 역할을 하는지는 분명하다. 인간이 자연적인 존재로서 유한함에 따라서만, 즉 인류의 본래적인 한계와 육체의 직접적인 욕구를 훨씬 넘어서서 연장되나 문명의 발전 전체에 적어도 은밀하게는 끊임없이 수반되는 유한성에 따라서만 역사(노동, 생산, 축적, 그리고 실질 비용의 증가)가 있을 뿐이다. 인간은 세계의 중심에 안주할수록 자연을 더 많이 소유하고, 또한 유한성의 압박에 심하게 시달릴수록 죽음에 더 가까이 다가선다. 한계라는 용어에 가장 피상적인 의미가 부여된다면, 역사는 인간으로 하여금 단지 겉보기로만 애초의 한계에서 벗어나게 해 줄 뿐이지만, 인간의 근본적인 유한성을 고려한다면, 우리는 인간의 인간학적 상황으로 인해 인간의 역사가 끊임없이 더 극화되고 더 위태롭게 되며 이를테면 갈수록 더 불가능해진다는 것을 알아차릴 수 있다. 역사는 이 한계에 도달하는 순간 멈춰 서고 축 위에서 잠시 흔들거리다가 영원히 움직이지 않게 될 수밖에 없다. 그러나 이것은 서로 다른 두 가지 방식으로 일어난다. 즉 역사는 스스로 변함없이 지향하는 것, 사실상 처음부터 줄곧 역사의 모습인 것을 무한한 시간 속에서 정당화하는 안정 상태로 점점 더 현저하게 느린 속도로 접어들거나, 반대로 여태까지 연속적으로 역사의 모습이었던 것을 제거하는 한에서만 부동(不動)하게 되는 반전의 지점에 도달한다.

   (리카도의 '비관론'으로 대표되는) 첫 번째 해결책에서는 역사가 인간학적 한정에 대해 일종의 광범위한 보완 메커니즘으로 작용한다. 물론 역사는 인간의 유한성 안에 자리하지만, 거기에서 명확한 형상처럼 돋보이게 되고, 인간이 벗어날 수 없는 결핍을 인간으로 하여금 극복할 수 있도록 해 준다. 이 결핍이 날마다 더 심해지는 만큼 노동은 강도가 더 높아지고, 생산은 절대적으로 수치가 증가하지만, 이와 동시에 동일한 동향에 따라 생산의 경비, 다시 말해 동일한 제품을 생산하는 데 필요한 노동량도 증가한다. 따라서 (물품의 가격이 물품을 만드는 노동자의 식비에도 못 미치므로) 노동에 의해 물품이 생산되는데도 노동은 더 이상 고양되지 않는 시기가 불가피하게 도래한다. 생산은 이제 결핍을 메울 수 없다. 그러면 곧 희소성은 (인구의 안정화 추세에 의해) 한도가 정해지게 되고, 노동은 (부의 결정된 분배에 의해) 정확히 필요에 부합하게 된다. 이제부터 유한성과 생산은 정확히 중복되어 단 하나의 모습을 형성하게 된다. 모든 추가의 노동은 쓸모없을지 모르고, 모든 인구의 과잉은 소멸할지 모른다. 삶과 죽음은 정확히 서로 표면과 표면이 맞붙게 되고, 둘 다 움직이지 않게 되며, 상호 대립에 의해 강화되는 듯하게 된다. 역사는 인간의 유한성이 마침내 순수한 상태로 나타날 한계 지점까지 인간의 유한성을 몰아갔을 것이고, 그 결과로 이제는 자신에게서 벗어날 여지도, 미래를 준비하기 위해 노력해야 할 필요도, 미래의 사람들을 위해 열어야 할

신천지(新天地)도 갖지 않게 되며, 또한 역사의 광범위한 침식 작용 아래 인간은 자기 자신을 직접 볼 수 없게 하는 모든 것을 점차로 버리게 되고, 인간학적으로 적나라한 자신의 모습을 시간의 약속 아래 약간 흐려 놓고 교묘하게 숨기는 모든 가능한 요소를 남김없이 고찰했을 것이며, 역사는 길지만 불가피하고 강제적인 경로를 통해, 인간으로 하여금 멈춰 서서 자기 자신과 마주하도록 하는 진실 쪽으로 인간을 이끌었을 것이다.

(마르크스로 대표되는) 두 번째 해결책에서는 인간학적 유한성에 대한 역사의 관계가 반대 방향으로 해석된다. 이 경우에 역사는 부정적인 역할을 한다. 즉 필요의 압력을 두드러지게 하는 것, 결핍을 증가하게 하는 것, 이에 따라 사람들로 하여금 살아가는 데 필수 불가결한 양보다 더 많이 받지 못하고 때로는 그보다 덜 받는데도 갈수록 더 많이 일하고 생산하게끔 하는 것은 실제로 역사이다. 따라서 시간의 흐름에 따라 노동의 산물은 노동을 실행하는 사람들에게서 끊임없이 빠져나가 축적된다. 즉 노동을 수행하는 사람들은 임금의 형태로 그들에게 돌아오는 몫보다 훨씬 더 많이 생산하고, 그렇게 되어 자본은 노동을 다시 구매할 가능성을 부여받는다. 역사에 의해 생존 조건의 한계에 머물러 있을 수밖에 없는 사람의 수는 이처럼 부단히 증가하며, 바로 이 사실로 인해 그들의 생존 조건은 끊임없이 더 열악해지고 생존 자체가 불가능한 처지로 점차 빠져들며, 자본의 축적, 기업의 성장과 기업이 갖는 역량의 증대, 임금에 대한 항구적인 압박, 생산의 과잉 때문에, 노동에 대한 보수는 줄어들고 실업률은 높아지며 노동 시장은 위축된다. 빈곤에 의해 죽음의 경계로 내몰리는 계층의 사람들은 모두 필요, 굶주림, 노동이 무엇인가를 거의 적나라하게 경험한다. 다른 사람들이 자연이나 사물의 자연 발생적인 질서 탓으로 돌리는 것에서 그들은 역사의 결말과 역사의 형태를 띠지 않는 유한성으로 인한 소외를 알아볼 줄 안다. 이러한 이유로 그들은 (아니 그들만이) 인간의 본질이 갖는 이 진실을 다시 파악하여 복원할 수 있다.

그러나 이것은 현재까지 전개된 역사의 일소(一掃) 또는 적어도 반전(反轉)에 의해서만 획득될 수 있다. 즉 오직 그때에만 동일한 형태도 동일한 법칙도 동일한 흐름의 방식도 갖지 않는 시간이 비로소 나타나게 된다.

그러나 아마도 리카도의 ‘비관론’과 마르크스의 혁명적인 약속 사이에서 어느 하나를 선택하는 것은 그다지 중요하지 않을 것이다. 이와 같은 선택의 체계는 경제학이 결핍과 노동의 관념을 통해 정립하는 인간학과 역사 사이의 관계에 대한 두 가지 가능한 검토 방식만을 나타낼 뿐이다. 리카도의 경우 역사는 인간학적 유한성에 의해 마련되고 영속적인 결핍에 의해 분명히 드러나는 빈틈을 결정적인 안정화의 지점에 이를 때까지 가득 채우고, 마르크스의 해석에 의하면 역사는 인간에게서 노동을 박탈함으로써, 인간의 유한성이 갖는 긍정적인 형태(마침내 해방된 인간의 물질적인 진실)를 뚜렷이 부각시킨다. 물론 견해의 차원에서 실제의 선택들이 어떻게 배치되었는가, 왜 어떤 것들은 첫 번째 유형의 분석으로 선택된 반면에 또 어떤 것들은 두 번째 유형의 분석으로 선택되었는가를 이해하는 데는 아무런 어려움이 없다. 그러나 이것들은 그저 시종일관 찬양하기 위한 탐구 및 취급에서 유래하는 부차적인 차이일 뿐이다. 서양에서 마르크스주의는 지식의 깊은 층위에 어떤 실제적인 불연속도 끌어들이지 않았고, 충만하고 확고하고 안락하고 일시적으로는(전성기 동안에는) 진정 기대에 부응하는 모습으로 인식론적 배치의 내부에 어렵지 않게 자리를 잡았다. 서양의 인식론적 배치는 마르크스주의를 열렬히 받아들였으며,(마르크스주의에 자리를 마련해 준 것은 바로 이 배치이기 때문이다.) 반대급부로 마르크스주의는 이 배치에 전적으로 토대를 두고 있었던 만큼, 이 배치를 어지럽힐 의도가 전혀 없었고, 무엇보다 이 배치를 변화시킬 힘이 조금도 없었다. 19세기의 사유에서 마르크스주의는 물속의 물고기와 같다. 다시 말해 다른 곳이라면 어디에서건 마르크스주의는 숨을 쉴 수가 없다. 마르크스주의가 ‘부르주아’ 경제학 이론과 대립한다 해도, 또한 이 대립 속에서 마르크스주의가 역사의 철저한 반전을 기도한다 해도, 이 대립과 기도의 가능 조건은 역사 전체에 대한 재검토가 아니라, 고고학에 의해서만 정확히 규명될 수 있는 사건, 19세기의 부르주아 경제학과 19세기의 혁명적 경제학을 동일한 방식에 따라 규정한 사건이다. 이 양자 사이의 논쟁은 얼마간 파문을 일으키고 표면에 주름을 생기게 할지는 모르지만, 이는 기껏해야 찻잔 속의 폭풍일 뿐이다.

핵심은 19세기 초에 지식의 새로운 배치가 이루어졌다는 사실인데, 이 배치에서 모습을 보이는 것은 경제학상의 역사성(생산 양식과 관련하여)과 인생의 유한성(결핍 및 노동과 관련하여) 그리고 한없는 감속의 형태나 급진적인 반전의 형태를 띠는 역사의 종언이다. 역사, 인간학, 그리고 발전의 중단은 19세기의 사유에서 주요한 망들 중의 하나를 규정하는 하나의 인물에 따라 서로 연계된다. 우리는 예컨대 이 배치가 여러 인본주의의 진부한 선의(善意)를 다시 불러일으키기 위해 맡은 역할을 알고 있으며, 또한 어떻게 이 배치가 최종적인 발전의 여러 유토피아를 다시 소생시켰는가도 알고 있다. 고전주의적 사유에서 유토피아는 어느 정도 기원의 몽상으로 작용했다. 즉 세계의 싱그러움은 각 사물이 인접, 고유한 차이, 직접적인 등가를 지니고서 제자리를 차지하고 있을 도표의 이상적인 전개를 제공해야 했고, 이 최초의 빛 속에서 재현은 틀림없이 스스로가 재현하는 것의 생생하고 강렬하고 지각 가능한 현존과 아직 분리되지 않았을 것이다. 19세기에 유토피아는 시간의 여명보다는 오히려 시간의 마지막 붕괴와 관련된다. 이는 지식이 이제 도표의 방식으로가 아니라 계열, 연쇄, 발전의 방식으로 구성되기 때문이다. 이를테면 약속된 저녁과 더불어 대단원의 어둠이 찾아올 때, 역사의 느린 침식이나 격렬한 분출은 인간의 인간학적 진실을 역사의 바위 같은 부동성 속에서 돌출시키게 되고, 달력의 시간은 분명히 계속될 수 있게 되지만, 역사성이 인간의 본질과 정확히 겹쳤을 것인 만큼 비어 있는 듯하게 된다. 극적 사건, 망각,

소외의 모든 가능성을 갖는 생성의 경과는 인간학적 유한성 속으로 흘러들고, 반대로 인간학적 유한성의 명백한 표현은 소외의 모든 가능성에서 발견된다. 유한성의 진실은 시간 속에 자리하고, 그러므로 시간은 유한하다. 세계의 시초에 대한 꿈이 분류의 사유에 대해 유토피아였던 것과 마찬가지로, 역사의 종말에 대한 폭넓은 몽상은 인과성의 사유에 대해 유토피아이다.

이 배치는 오랫동안 사유를 지배했고, 19세기 말에 니체는 이 배치에 불을 지름으로써, 이 배치를 마지막으로 빛나게 했다. 그는 시간의 종말을 재검토했고 그것을 신의 죽음과 마지막 인간의 편력으로 변화시켰으며 인간학적 유한성을 다시 검토했지만, 이는 인간학적 유한성을 이용하여 초인의 경이로운 도약을 위한 발판을 마련하기 위해서였다. 그는 또한 역사의 광범위하고 부단한 연쇄를 다시 다루었지만, 이는 역사를 회귀의 무한 속으로 휘어들게 하기 위해서였다. 신의 죽음, 초인의 임박한 출현, 위대한 연도(年度)에 대한 약속과 공포(公布)는 19세기의 사유 속에 배열되고 19세기의 고고학적 망을 형성하는 요소들을 거의 하나씩 차례로 이어받는다 해도, 이 모든 안정된 형태를 불속으로 내던지고, 낯설고 어쩌면 존재할 수 없는 얼굴을 이 형태들이 남긴 시커먼 잔해로 소묘함에 변함이 없으며, 우리는 마지막 대화재의 소생하는 불길인지 혹은 새벽의 징후인지 아직 알지 못하는 빛 속에서, 오늘날의 사유 공간일 수 있는 것의 출현을 본다. 아무튼 니체는 우리가 태어나기도 전에 우리를 위해 변증법과 인간학의 뒤섞인 약속을 불태워 버린 사람이다.

3 퀴비에

스미스가 등가의 작용에 따라 물건의 정상(定常) 가격을 확정하기 위해 노동이라는 항구적인 가치를 이용했듯이, 쥐시외는 방법만큼 충실하고 체계만큼 엄밀한 분류법을 확립하려는 계획의 일환으로 특징들의 종속 규칙을 발견했다. 그리고 리카도가 모든 교환에 앞서 노동을 일반적인 생산 양식에 포함시키기 위해 노동으로부터 척도의 역할을 박탈한 것처럼, 퀴비에[9]는 모든 분류에 앞서 특징들의 종속 관계를 생물의 다양한 유기적 구조의 차원에 편입시키기 위해 특징들의 종속 관계로부터 분류학적 기능을 떨쳐냈다. 구조들을 서로 의존하게 하는 내부의 관련성은 이제 빈도의 층위에만 놓여 있지 않고, 모든 상관 관계의 토대 자체가 된다. 언젠가 조프루아 생틸레르가 "유기체는 수많은 형태를 띨 수 있는 …… 추상적인 존재물이 된다."[10]라고 말했을 때 틀림없이 표현하고자 했던 것은 바로 이러한 변위와 전도이다. 생물의 공간은 이 관념을 중심으로 돌고, 그때까지 자연사의 격자(속, 종, 개체, 구조, 기관)를 통해 나타날 수 있었던 모든 것, 시선에 주어졌던 모든 것이 이제부터는 새로운 존재 방식을 띤다.

맨 먼저, 개체별 생물체를 훑어보는 시선에 의해 맞물릴 수 있는 상이한 요소들 또는 요소 집합들이 있는데, 그것들은 기관이라 불린다. 고전주의 시대의 저자들이 행한 분석에서 기관은 구조 및 기능에 의해 규정되었고, 그 역할(예컨대 생식)로부터건 형태학적 변수(모양, 크기, 배치, 수)로부터건, 철저하게 해독될 수 있는 이중 표제어 체계와 같았다. 즉 이 두 가지 해독 방식은 정확하게 일치했지만 서로 독립적이었는데, 하나는 이용할 수 있는 것을, 다른 하나는 식별할 수 있는 것을 읽어 내는 것이었다. 퀴비에가 뒤흔들어 놓은 것은 바로 이러한 배치이다. 즉 퀴비에는 독자성의 가설뿐만 아니라 조절의 가설도 확실히 제거함으로써, 기관

---

9) 퀴비에에 관해서는 Daudin, *Les Classes zoologiques*(Paris, 1930)이라는 괄목할 만한 연구를 참조할 것.

10) Th. Cahn, *La Vie et l'oeuvre d'E. Geoffroy Saint-Hilaire*(Paris, 1962), 138쪽에서 재인용.

보다는 오히려 기능에 넓은 범위의 우선권을 부여했고, 기관의 배치를 기능의 절대적인 힘에 종속시켰다. 그는 기관의 개체성까지는 아니지만 적어도 기관의 독자성은 부정한다. 따라서 "중요한 기관에 속하는 것이라면 어떤 것이건 중요하다."라고 생각하는 것은 잘못이고, "기관보다는 오히려 기능 자체"[11]가 관심의 대상이어야 하며, 기관의 변수들에 의해 기관을 규정하기에 앞서, 기관을 그것이 실행하는 기능과 관련시켜야 한다. 그런데 기능은 호흡, 소화, 순환, 운동 등으로 비교적 많지 않다. 따라서 가시적인 구조의 다양성은 이제 변수들의 도표를 배경으로 해서가 아니라, 다양한 방식으로 실현되고 목적이 달성될 수 있는 몇 가지 중요한 기능의 단위를 배경으로 나타난다.

　　모든 동물에서 각종 기관에 공통적인 것은 매우 적은 수로 줄어들고, 각종 기관은 흔히 산출 결과에 의해서만 서로 유사할 뿐이다. 이 사실은 갖가지 종에서 구조적으로 어떤 공통점도 없을 만큼 매우 다양한 기관이 호흡의 기능을 맡는다는 점에 의해 확증되었을 것이 틀림없다.[12]

그러므로 기관이 기능과의 관계에 비추어 고찰될 때, '동일한' 요소가 전혀 없는데도 '닮음'이 나타나는 것은 분명한 사실인데, 이 경우에 닮음은 기능이 명백한 비가시성으로 넘어감으로써 구성된다. 아무튼 아가미와 허파가 형태, 크기, 수의 면에서 몇 가지 변수를 공통으로 갖는다는 사실은 그다지 중요하지 않다. 다시 말해서 아가미와 허파는 서로 유사하다. 왜냐하면 아가미와 허파는, 모든 묘사 가능한 종에 부재하지만 동물계 전체에 존재하고 **일반적으로 호흡하는** 데 소용되는, 비실재적이고 추상적이고 비현실적이고 지정될 수도 없는 기관의 두 가지 변종이기 때문

---

11) G. Cuvier, *Leçons d'anatomie comparée*, t. I, 63~64쪽.
12) *Ibid.*, 34~35쪽.

368

이다. 이처럼 생물의 분석에서 아리스토텔레스적 유형의 유비가 복원된다. 즉 물속에서 아가미가 호흡과 맺는 관계는 공기 속에서 허파가 호흡과 맺는 관계와 같다. 물론 이와 같은 관계는 고전주의 시대에 완벽하게 인식되었지만, 다만 기능을 결정하는 데에만 소용되었을 뿐이고, 자연의 공간에서 사물의 질서를 확립하는 데에는 활용되지 않았다. 퀴비에부터 기능은 도달해야 할 결과의 지각할 수 없는 형태로 규정되는 만큼, 변함없는 중간항의 구실을 하게 되고, 가시적인 동일성이 전혀 없는 요소 집합들일지라도 기능에 의해 서로 관련을 맺게 된다. 고전주의적 시선에는 그저 동일성에 병치된 차이였을 뿐인 것이 이제는 감춰진 근거인 기능상의 동질성을 기준으로 정리되고 이해된다. 동일자와 타자가 단 하나의 공간에 속할 뿐일 때에는 **자연사**가 있고, 이 평면적 단일성이 흐트러지기 시작하고, 이 단일성보다 더 깊고 더 신뢰할 수 있을 것 같은 동일성을 배경으로 차이가 두드러질 때에는 **생물학** 같은 것이 가능해진다.

기능에 대한 이와 같은 참조, 동일성의 평면과 차이의 평면 사이의 이러한 괴리는 새로운 관계, 즉 유기적 **구조**의 평면에 대한 **공존**, 내부 위계, 의존의 관계를 생겨나게 한다. **공존**은 생물에서 하나의 기관이나 한 계통의 기관들이 존재하려면 일정한 성질과 형태를 갖춘 또 다른 기관이나 또 다른 계통 또한 존재해야 한다는 사실을 가리킨다. 즉 "한 동물의 모든 기관은 모든 부분이 서로 비슷하고 서로에 대해 작용 및 반작용을 하는 독특한 체계를 형성한다. 따라서 하나의 기관에 변화가 일어나면 반드시 모든 기관에 유사한 변화가 초래되기 마련이다."[13] 소화기 계통의 내부에서 치아의 형태(치아가 절단용이거나 저작(詛嚼)용이라는 사실)는 "영양 섭취 계통의 길이, 주름, 팽창"과 동시적으로 변하거나, 또는 서로 다른 계통들 사이의 공존을 말해 주는 사례이다. 소화 기관의 변모는 사

---

13) G. Cuvier, *Rapport historique sur l'état des sciences naturelles*, 330쪽.

지(四肢)의 외형(특히 발톱의 형태)과 무관하게 이루어질 수 없는데, 가령 발톱이나 발굽이 있게 되고, 따라서 동물이 먹이를 포획하여 찢을 수 있 거나 없게 됨에 따라, 소화 기관과 '소화액' 그리고 치아의 형태도 달라 진다.[14] 이것들은 동일한 층위의 요소들 사이에 기능상의 필요를 근거로 병존 관계를 확립하는 부수적인 상관 관계이다. 가령 동물은 스스로 먹 이를 구하기 마련이므로, 먹이의 성격과 포획 방식은 저작(詛嚼) 및 소화 기관과 무관할 수 없다.(그리고 이것의 역도 성립한다.)

그렇지만 위계의 층들이 있다. 어떻게 고전주의적 분석에서 가장 중 요한 기관의 자연적인 특성이 무시되고 분류상의 효율성만이 고려되기 에 이르렀는가는 널리 알려져 있다. 이제는 독립 변수들이 아니라 상호 적으로 요구되는 계통들이 다루어지므로, 상호적인 중요성의 문제가 대 두한다. 예를 들어 포유동물의 소화 기관은 운동 기관 및 포획 기관과 잠 재적인 공동 변이의 관계를 맺고 있을 뿐만 아니라, 적어도 부분적으로 는 생식(生殖) 방법에 의해 결정되기도 한다. 실제로 생식은 태생(胎生) 의 형태를 띠는 만큼, 생식을 위해서는 직접적으로 관련된 기관뿐만 아 니라 수유 기관, 입술, 두툼한 혀도 있어야 하며, 다른 한편으로는 반드 시 따뜻한 혈액이 순환해야 하고 심장이 두 개의 심실로 구성되어야 한 다.[15] 그러므로 유기체를 분석하기 위해서는, 또한 유기체들 사이의 닮음 과 구별을 확정할 수 있기 위해서는 종(種)에 따라 변할 수 있는 요소들 의 도표가 아니라, 생물 일반에서 상호적으로 요구되고 서로를 관장하며 서로에게 명령하는 기능들의 도표, 즉 가능한 변이의 다각형이 아닌, 중 요도에 따른 피라미드가 사전에 결정되어야 한다. 처음에 퀴비에는 생존 의 기능이 관계의 기능보다 선행한다고 생각했다.("왜냐하면 동물은 먼저 존재한 연후에 느끼고 행동하기 때문이다.") 따라서 그는 다른 기관들의 배

---

14) G. Cuvier, *Leçons d'anatomie comparée*, t. I, 55쪽.

15) G. Cuvier, *Second mémoire sur les animaux à sang blanc*(*Magasin encyclopédique*), II, 441쪽.

치를 유발할 일정한 수의 기관이 생식과 혈액순환에 의해 우선적으로 결정되어야 한다고 추정했는데, 후자의 기관들은 일차 특징을, 전자의 기관들은 이차 특징을 형성할지 모른다.[16] 다음으로 혈액과 혈관은 "고등 동물에서만" 발견될 뿐이고 "하등 동물로 내려갈수록 점점 사라지는" 반면, 소화는 모든 동물에게서 나타나는 현상이기 때문에, 그는 혈액 순환을 소화에 종속시켰다.[17] 나중에 그가 모든 기관 배치의 결정 요소인 것으로 본 것은 바로 (척추의 인대가 있건 없건) 신경계이다. "사실상 신경계는 동물의 모든 것이다. 다른 계통들은 신경계를 보조하거나 유지하기 위해서만 존재할 뿐이다."[18]

한 기능이 다른 기능들에 대해 갖는 이러한 우위는 유기체 내부의 가시적인 배치가 **평면**에 따라 이루어진다는 것을 함축한다. 이러한 평면은 핵심 기능의 통제를 보장하고, 훨씬 더 느슨한 방식이긴 하지만 덜 중요한 작용을 하는 기관을 핵심 기능에 결부시킨다. 이 평면은 위계의 원칙으로서, 가장 중요한 기능을 결정하며, 이 평면을 실현될 수 있게 해 주는 해부학상의 요소들을 배치하고, 그것들을 생물체의 특정 부위에 위치시키는데, 가령 절지동물의 광범위한 군(群) 중에서 곤충 강(綱)의 경우에는 운동 기능과 운동 기관이 가장 중요한 것으로 나타나고, 다른 세 가지 강(綱)의 경우에는 반대로 생체 기능이 우위를 차지한다.[19] 덜 기본적인 기관들에 대해 유기적 구조의 평면은 국부적 통제를 실행하면서도 그만큼 결정적인 역할을 하지 않으며, 이를테면 중심에서 멀어질수록 더 느슨하게 되고, 형태 또는 가능한 활용의 측면에서 변형, 변질, 변화를 가능하게 한다. 덜 기본적인 기관들에서도 이 평면은 발견되지만, 더 유

---

16) G. Cuvier, *Second mémoire sur les animaux à sang blanc*, 1795(*Magasin encyclopédique*), II, 441쪽.

17) G. Cuvier, *Leçons d'anatomie comparée*, t. III, 4~5쪽.

18) G. Cuvier, *Sur un nouveau rapprochement à établir*(*Annales du Muséum*), t. XIX, 76쪽.

19) *Loc. cit.*

연해지고 다른 결정 방식의 영향을 더 쉽게 받는다. 이는 포유동물의 운동 방식에서 쉽게 확인되는 것이다. 운동 기능을 하는 사지(四肢)는 유기적 구조의 평면에 속하지만 이차 특징으로서만 그렇게 될 뿐이고, 따라서 결코 없어지지도 부재하지도 대체되지도 않고, "박쥐의 날개와 물개의 꼬리지느러미처럼 때때로 위장하고," 심지어는 "고래의 가슴지느러미처럼 용도가 바뀌는" 일도 일어난다. "자연은 팔로 지느러미를 만들었다. 여러분이 보다시피 위장에 따른 이차 특징에는 언제나 일종의 불변성이 있다."[20] 여기에서 어떻게 종(種)들이 서로 닮고(그 결과로 속(屬)과 강(綱) 그리고 퀴비에가 문(門)이라고 부르는 것을 형성하고) 동시에 서로 구별되는가를 누구나 이해할 수 있다. 종들을 서로 접근시키는 것은 겹쳐 놓을 수 있는 일정량의 요소가 아니라, 기능들의 상호적인 중요성을 결정하므로 가시적인 가장자리에서는 분석될 수 없는 일종의 중심적인 동일성인데, 기관들은 이 감지할 수 없는 동일성의 중심으로부터 배치되고, 이 중심에서 멀어질수록 유연성과 변이 가능성 그리고 독특한 특징을 더 많이 획득한다. 동물 종들은 주변에서는 서로 달라지고 중심에서는 서로 닮게 되며, 접근할 수 없는 것에 의해 연결되고 명백한 것에 의해 분리된다. 동물 종들의 일반성은 살아가는 데 절대로 필요한 것에 놓여 있고, 동물 종들의 특이성은 살아가는 데 부차적인 것에 놓여 있다. 더 광범위한 집단을 발견하고자 할수록, 유기체 내부의 어둠 속으로, 점점 덜 가시적인 것 쪽으로, 지각을 벗어나는 이 차원으로 더 깊이 들어가야 하며, 유기체의 개체성을 더 분명하게 파악하고자 할수록 점점 더 유기체의 표면으로 거슬러 올라가야 하고, 지각 가능한 형태들을 온전히 가시적이게끔 반짝거리도록 내버려 두어야 한다. 실제로 다양성은 명백하고 단일성은 감추어진다. 요컨대, 살아 있는 종들은 오직 살아 있기 때

---

20) G. Cuvier, *Second mémoire sur les animaux à sang blanc*.

문에만, 스스로 감추는 것에 입각해서만 개체와 종의 무질서한 우글거림에서 '벗어나고' 분류될 수 있다.

이 모든 것이 고전주의적 **분류법**과 관련하여 얼마나 엄청난 반전을 전제하는가는 이제 명백하다. 고전주의적 분류법은 전적으로 묘사의 네 가지 변수(형태, 수, 기질, 크기)를 기초로 구축되었는데, 이 변수들은 언어와 시선에 의해 거의 일률적으로 탐색되었고, 가시적인 것의 이러한 전개에서 생명은 마름질(분류상의 단순한 경계)의 효과인 것으로 보였다. 퀴비에로부터 분류의 외부적 가능성에 근거를 제공하는 것은 바로 지각할 수 없는 순수하게 기능적인 측면에서의 생명이다. 생물의 분류는 이제 광범위한 질서의 평면에서 발견될 수 없고, 분류의 가능성은 이제 생명의 심층에서, 시선으로부터 가장 멀리 떨어져 있는 것에서 생겨난다. 예전에는 생물이 자연스러운 분류의 한 장소였으나, 이제는 분류 가능하다는 사실이 생물의 한 속성이다. 따라서 일반적인 **탁시노미아**의 기획도 사라지고, 가장 단순한 것과 가장 활기가 없는 것에서 가장 활기찬 것과 가장 복잡한 것으로 끊임없이 나아갈 광범위한 자연 질서의 전개 가능성도 사라지며, 자연에 관한 일반 과학의 토양이자 기반으로서의 질서에 대한 탐구도 사라진다. 고전주의 시대 동안 자연은 '주제'로서, '관념'으로서, 지식의 무한한 원천으로서가 아니라, 무엇보다도 정리할 수 있는 동일성과 차이의 동질적인 공간으로서 실재한 만큼, 이제 '자연' 또한 사라진다.

이 공간은 이제 해체되고 깊은 틈이 벌어진 듯하다. 요소들이 서로에 대해 변별적 가치를 갖는 가시성과 질서의 단일한 영역 대신에, 우리는 두 항이 결코 동일한 층위에 속하지 않는 일련의 대립을 목격한다. 즉 한편으로는 이차 기관이 있고, 다른 한편으로는 일차 기관이 있는데, 이차 기관은 몸의 표면에서 눈에 보이고 직접적으로 곧장 지각되는 반면, 일차 기관은 본질적이고 중심적이고 감추어져 있고 해부에 의해서만, 다시 말해 이차 기관의 다채로운 외관을 실질적으로 제거함으로써만 도달할 수 있다. 또한 훨씬 더 깊은 차원에는 기관 일반과 기능 사이의 대립이 있는데, 기관은 공간적이고 견실하며 직접적으로나 간접적으로 가시적인 반면에, 기능은 지각할 수 없을뿐더러 실제로 우리가 지각하는 것의 배치를 마치 아래로부터인 듯 결정한다. 끝으로 가장 먼 극단에는 동일성과 차이 사이의 대립이 있다. 즉 동일성과 차이는 이제 동일한 바탕을 갖지도 않고, 동질적인 평면에서 상호적으로 확립되지도 않는다. 표면에서는 차이가 급격히 늘어나지만, 심층에서는 차이들이 없어지고 서로 뒤섞이고 서로 맺어지며 중요하고 신비스럽고 비가시적인 초점의 단일성에 접근하는데, 바로 이 단일성으로부터 마치 끊임없는 분산에 의해서인 듯 다수가 유래한다. 생명은 이제 기계적인 것과 어느 정도 확실히 구별될 수 있는 것이 아니라, 생물들 사이의 모든 가능한 구별에 근거를 제공하는 것이다. 사상과 과학의 역사에서 19세기 초에 생기론(生氣論)의 주제가 다시 유행하는 것은 바로 생명에 대한 분류학적인 관념에서 종합적인 관념으로의 이러한 전환을 가리킨다. 고고학의 관점에서 볼 때, 이 특정한 시기에 새롭게 확립되는 것은 바로 생물학의 가능 조건이다.

어쨌든 자연사의 공간을 해체하는 이 일련의 대립은 대단히 중요한 결과를 낳았다. 실천의 측면에서는 두 가지 상관적인 기법이 출현하는데, 이 기법들은 서로 의존하고 상호적으로 교대한다. 첫 번째 기법은 비교해부학에 의해 형성된다. 이를테면 비교해부학은 한편으로는 외피와 외각의 표층에 의해, 다른 한편으로는 무한히 작은 것의 준(準)비가시성에 의해 한정된 내부 공간을 솟아오르게 한다. 실제로 비교해부학은 고전주의 시대에 이용된 묘사 기법의 무조건적인 심화가 아니고, 아래쪽을 더 분명하고 더 자세하게 살펴보려는 것으로 그치지도 않으며, 가시적인 특징의 공간도 미소(微小)한 요소의 공간도 아닌 공간을 확립한다.[21] 거기에서 비교해부학은 기관들의 상호적인 배치, 기관들의 상관 관계, 어느 한 가지 기능의 주요 계기들이 분할되고 공간의 특성을 부여받고 서로 정돈되는 방식을 나타나게 한다. 따라서 유기체들을 전체적으로 살핌으로써 많은 차이점이 펼쳐지는 것을 보는 단순한 시선과는 대조적으로, 유기체를 실제로 절단하고 별개의 작은 조각으로 세분하며 공간적으로 분할하는 해부학은 비가시적이었던 많은 유사점을 드러나게 하고, 광범위한 가시적 분산에 잠재된 단일성을 재구성한다. 17세기와 18세기에는 폭넓은 분류 단위들(강과 목)의 형성이 언어학적 재단의 문제였다. 즉 근거가 확실한 일반적인 명칭을 찾아내야 했다. 이제 분류 단위의 형성은 **해부학적 분해**와 관련되고, 주요한 기능 체계는 별도로 검토되어야 하며, 생물의 중요한 과(科)들을 새로 맺어질 수 있게 해 주는 것은 바로 해부학의 실제적인 분할이다.

두 번째 기법은(해부학의 결과이므로) 해부학에 기초를 두지만 (해부학 없이도 가능하기 때문에) 해부학과 대립하며, 표면적이고 따라서 가시적인 요소와 생물체의 심층에 감추어져 있는 다른 요소 사이의 지시 관계를 확립한다. 누구나 유기체의 부분들이 맺는 상호적인 의존 관계의 법칙을 통해 알고 있듯이, 주변적이고 부수적인 어느 한 기관은 더 핵심적인 기관의 어느 한 구조를 내포하고, 따라서 "동물의 본질 중에서 일부를 이루는 외부 형태와 내부 형태 사이에 상응 관계를 확립하는 것"이 가능하다.[22] 예컨대 곤충의 경우에서 더듬이의 배치는 중요한 내부 조직의 어떤 것과도 상관 관계가 없으므로 특별한 가치를 갖지 않는 반면, 아래턱의 형태는 영양 섭취, 소화 등 동물의 핵심적인 기능과 깊은 관계가 있다는 점에서 내부 조직을 유사성과 차이에 따라 배치하는 데 중요한 역할을 한다. 다시 말해 "저작(詛嚼) 기관은 영양 섭취 기관, 따라서 생존 방

---

21) 퀴비에와 병리해부학자들에게서 똑같이 발견되는 이러한 현미경의 거부에 관해서는 *Leçon d'anatomie comparée*, t. V, 180쪽과 *Le Règne animal*, t. I, XXVIII쪽 참조.

22) G. Cuvier, *Le Règne animal distribué d'après son organisation*, t. I, XIV쪽.

식 및 조직 전체와 관련되어 있게 마련일 것이다."[23] 사실을 말하자면 이 방증들에 의한 기법이 반드시 가시적인 주변에서 유기체 내부의 흐릿한 형태로 나아가는 것은 아니다. 즉 생물체의 어느 한 지점에서 또 다른 어느 한 지점으로 이어지는 필연적인 망(網)이 이 기법에 의해 확립될 수 있다. 따라서 몇몇 경우에는 단 하나의 요소일지라도 유기체의 일반적인 구조를 제시하는 데 충분할 수 있고, "한 조각의 뼈, 하나의 골면(骨面)만으로도" 하나의 동물 전체를 알아보는 것이 가능하게 된다. 이는 "동물 화석에 적용할 때 매우 흥미로운 결과를 낳는 방법"[24]이다. 18세기의 사유에서는 화석이 현재 형태의 예시였고, 따라서 광범위한 시간의 연속성을 가리켰던 반면에, 이제 화석은 화석화되기 전의 실제 모습에 대한 증거가 된다. 해부학은 동일성의 동질적인 도표의 공간을 부수었을 뿐 아니라 시간의 추정된 연속성도 깨뜨렸다.

이는 이론의 관점에서 퀴비에의 분석이 자연의 연속성 및 불연속성의 조직을 전적으로 재구성하기 때문이다. 실제로 비교해부학은 생물계에서 서로 완전히 구분된 두 가지 형태 사이에 연속성을 확립하게 해 준다. 첫 번째 연속성은 대부분의 종에서 발견되는 중요한 기능(호흡, 소화, 순환, 생식, 운동……)과 관계가 있다. 즉 그것은 인간으로부터 식충류까지 점차 줄어드는 복잡성의 등급에 따라 배분될 수 있는 폭넓은 닮음을 생물계 전체에 확립하는데, 우월한 종은 모든 기능을 갖추고 있지만, 아래 등급으로 내려갈수록 기능들이 차례로 사라지다가, 마침내 식충류는 "더 이상 순환의 중심도 신경도 감각 중추도" 없고, "부위별로 흡수함으로써 영양을 취하는 듯하다."[25] 그러나 제한된 수의 핵심적인 기능에 의해 현존과 부재의 단순한 도표를 형성하는 이 연속성은 미약하고 비교적 느

23) G. Cuvier, *Lettre à Hartmann*, Daudin, *Les Classes zoologiques*, t. II, 20쪽, n. 1에서 재인용.
24) G. Cuvier, *Rapport historique sur les sciences naturelles*, 329~330쪽.
25) G. Cuvier, *Tableau élémentaire*, 6쪽 이하.

슨하다. 두 번째 형태의 연속성은 훨씬 더 긴밀하다. 즉 그것은 기관들에서 찾아볼 수 있는 다소간의 완벽성과 관련된다. 그러나 이로부터는 제한된 계열들, 급격히 중단된 국부의 연속성들만이 확립될 수 있고, 게다가 이것들은 갖가지 방향에서 서로 뒤얽히는데, 이는 다양한 종에서 "기관들 모두가 반드시 동일하게 저하되는 것은 아니기", "즉 어느 기관이 가장 높은 단계의 완벽성에 도달하느냐는 종에 따라 다르기"[26] 때문이다. 그러므로 종보다는 오히려 이런저런 기관을 대상으로 하는 부분적이고 제한된 "극소(極小) 계열"이라 부를 수 있을 것이 있고, 다른 극단에는 유기체들 자체보다는 오히려 광범위한 기본 범위의 기능을 대상으로 하는 불연속적이고 느슨한 "극대(極大) 계열"이 있다.

서로 겹치지도 들어맞지도 않는 이 두 가지 연속성 사이에 다수의 불연속적인 집단이 배치된다. 동일한 기능이 다양한 위계에 따라 정돈되고 다양한 유형의 기관에 의해 실현되는 만큼, 이 집단들은 상이한 유기적 구조의 평면을 따른다. 예컨대 "어류의 모든 기능"을 문어에게서 찾아내는 것은 쉽지만, 어류와 문어 사이에는 "어떤 닮음도, 어떤 유사한 기질도 없다."[27] 그러므로 이 집단들 각각은 그 자체로 분석되어야 하고, 하나의 집단을 또 다른 집단에 결부시킬 수 있는 유사점들의 긴밀한 맥락이 아니라, 하나의 집단을 내부적으로 긴밀하게 만드는 강한 응집력을 고찰해야 한다. 가령 보충적인 장점만을 지닐 뿐인 흰 피의 동물과 붉은 피의 동물이 동일선상에 있는지는 탐색의 대상이 아니게 된다. 붉은 피의 동물은 언제나 두개골, 척추, 사지(뱀을 제외하고), 동맥과 정맥, 간장, 췌장, 비장, 신장을 지닌다는 사실이 밝혀지게 되는데, 붉은 피의 동물이 자율성을 갖는 것은 바로 이 점에서이다.[28] 척추동물과 무척추동물은 완

---

26) G. Cuvier, *Leçon d'anatomie comparée*, t. I, 59쪽.

27) G. Cuvier, *Mémoire sur les céphalopodes*(1817), 42~43쪽.

28) G. Cuvier, *Tableau élémentaire d'histoire naturelle*, 84~85쪽.

전히 분리된 두 영역을 형성하며, 이 두 영역 사이에서 어느 한 방향 또는 다른 방향으로의 변화를 보장하는 중간 형태를 발견하기란 불가능하다. 즉 "척추가 있는 동물과 척추가 없는 동물이 어떤 식으로 정돈되건, 이 두 가지 광범위한 종류 중에서 어느 하나의 끝자락이나 다른 것의 첫머리에서도, 연결 고리의 구실을 할 만큼 충분히 유사한 두 동물은 결코 발견할 수 없을 것이다."[29] 그러므로 동일성과 차이를 포괄하는 새로운 공간의 구성과 연계되어 있는 문(門)의 이론에 의해 추가적인 분류학의 틀이 이전의 전통적인 분류에 덧붙여지지 않는다는 것은 명백하다. 본질적인 연속성이 없는 공간. 처음부터 분열의 형태로 주어지는 공간. 때로는 서로 점점 멀어지고 때로는 서로 선들이 교차하는 공간. 이러한 공간의 일반적인 형태를 보여 주기 위해서는 18세기에 보네에서 라마르크까지 관례적이었던 연속적인 사다리의 이미지를 방사(放射)의 이미지, 더 정확히 말하자면 다수의 광선을 사방으로 뻗치는 중심의 이미지로 대체할 필요가 있는데, 그럴 경우 각 존재물은 "조직된 자연을 구성하는 이 거대한 망에" 다시 놓일 수 있을지 모르지만 "이 수많은 관계를 나타내는 데에는 10개 내지 20개의 광선으로 충분하지 않을지도 모른다."[30]

이로 인해 균형을 잃고 흔들리는 것은 바로 고전주의적 차이의 경험이고, 또한 존재와 자연의 관계이다. 17세기와 18세기에 차이의 기능은 종들을 서로 연결하는 것이었고, 따라서 존재의 양 극단 사이에 벌어진 간격을 메우는 것이었으며, 차이는 "현수 가선(懸垂架線)의" 역할을 했다. 즉 차이는 가능한 한 제한되었고 미약했으며, 가장 좁은 모눈 안에 자리하고 있었고, 언제나 분할될 수 있었고, 심지어는 지각되지 않을 수도 있었다. 반대로 퀴비에로부터 차이는 증가하고, 다양한 형태들을 더하고, 유기체를 가로질러 확산되고 반향을 일으키고, 유기체를 다양하고 동시

---

29) G. Cuvier, *Leçon d'anatomie comparée*, t. I, 60쪽.
30) G. Cuvier, *Histoire des poissons*(Paris, 1828), t. I, 569쪽.

적인 방식으로 다른 모든 유기체로부터 분리하는데, 이는 차이가 이제는 존재물들의 간극에 자리하여 존재물들을 연결하지 않기 때문이다. 차이는 유기체가 '온전한 하나의 개체'를 이루어 생명을 유지할 수 있도록 유기체와 관련되어 작용하고, 존재물들 사이를 연속적인 미세한 것들로 메우지 않고, 더 커짐으로써 존재물들 사이를 더욱 벌려, 양립 가능한 다수의 유형을 따로따로 결정한다. 19세기의 자연은 살아 있는 것인 한 불연속적이다.

이 격변의 중요성은 누구나 인정할 수 있는데, 고전주의 시대에 자연적 존재들은 생물이었고 전개 중단의 이유가 없었기 때문에 연속적인 전체를 형성했다. 존재의 차원을 벗어나는 것의 재현은 가능하지 않았고, 재현의 연속(징후 및 특징)과 생물의 연속(구조들의 극단적인 근접성)은 상관적이었다. 퀴비에에 힘입어 결정적으로 무너지는 것은 바로 이 존재론적이고 동시에 재현적인 짜임이다. 즉 생물은 살아 있기 때문에 더 이상 점진적이고 단계적인 차이들의 조직을 형성할 수 없으며, 서로 완벽하게 구별되고 생명의 유지를 위한 그만큼 많은 평면 같은 일관성의 핵(核)들을 중심으로 밀집하기 마련이다. 고전주의적 존재는 결함이 없었던 반면, 생명은 가장자리도 흐릿한 음영도 없다. 고전주의적 존재는 방대한 도표 위로 퍼졌으나, 생명은 결절(結節)처럼 스스로 굳어지는 형태들을 고립시킨다. 고전주의적 존재는 언제나 분석 가능한 재현의 공간에 주어졌으나, 생명은 본질적으로 접근할 수 없는 힘, 생명이 스스로를 드러내고 유지하기 위해 여기저기에서 행하는 노력을 통해서만 파악할 수 있는 불가사의한 힘 속으로 물러난다. 요컨대 고전주의 시대 동안 생명은 넓이, 무게, 운동에 종속된 모든 유형의 생물을 동일한 방식으로 다루는 존재론의 영역에 속했고, 바로 이 점에서 자연과 특히 생물에 관한 모든 과학은 본질적으로 기계론의 소명을 지니고 있었던 반면, 퀴비에부터 생물은 적어도 처음에는 연장(延長)을 갖는 존재의 일반 법칙에서 벗어난다.

생물학적 존재는 곳곳으로 분산되고 자율적인 것이 되며, 존재의 경계에서 생명은 존재에 대해 무관한 외부이고 이와 동시에 존재 속에서 드러난다. 그리고 무생물과 생명의 관계나 생명의 물리화학적 결정이 문제로 제기된다 해도, 이는 결코 고전주의적 생명의 양태에서 조금도 벗어나지 않는 '기계론'의 노선을 따라서가 아니라, 이 두 가지 자연을 서로 맞물리게 하기 위한 전적으로 새로운 방식을 통해서이다.

그러나 생명의 유지와 생명의 조건에 의해 불연속성이 설명되어야 하므로, 유기체와 유기체로 하여금 살아 있게 해 주는 것 사이의 예기치 못한 연속성, 또는 적어도 아직 분석되지 않은 상호 작용의 영향이 어렴풋이 나타난다. 반추동물이 설치동물과 그것도 완화할 수 없는 광범위한 차이 체계 전체에 의해 구별되는 것은 반추동물이 설치동물과는 다른 치열(齒列), 다른 소화 기관, 다른 배열의 발가락과 발톱을 지니고 있고 동일한 먹이를 포획할 수 없거나 동일한 방식으로 먹이를 흡수할 수 없으며 동일한 성질의 음식을 소화할 필요가 없기 때문이다. 그러므로 생물은 확정된 특징을 갖는 작은 부분들의 어떤 결합으로만 이해되어서는 안 된다. 생물은 외부 요소들과의 부단한 관계로 유지되는 유기적 구조의 윤곽을 드러내는데, 유기적 구조는 (호흡과 영양 섭취를 통해) 스스로를 유지하거나 성숙하기 위해 외부 요소들을 이용한다. 생물을 중심으로, 더 정확히 말해 생물을 가로질러, 그리고 생물의 표면에서 일어나는 여과 작용에 의해 "밖에서 안으로, 안에서 밖으로 끊임없이 유지되면서도 어떤 한계들 사이를 벗어나지 않는 연속적인 순환"이 실행된다. 따라서 생물체는 "생기 없는 물질이 연달아 유입되어 다양한 방식으로 결합되는 일종의 화로(火爐)로"[31] 간주되어야 한다. 생물을 불연속적인 상태로 유지하는 이 동일한 힘의 작용과 절대성 때문에, 생물은 주변의 모든

---

31) G. Cuvier, *Leçon d'anatomie comparée*, t. I, 4~5쪽.

것과 연속적인 관계를 맺지 않을 수 없다. 생물이 살아갈 수 있으려면, 서로 환원될 수 없는 여러 기능적 구조가 실재해야 하며, 또한 생물이 호흡하는 공기, 마시는 물, 흡수하는 음식과 각 구조 사이에 부단한 움직임이 있어야 한다. 생명의 분할된 힘은 존재와 자연 사이의 낡은 고전주의적 연속성을 무너뜨리면서, 분산되어 있지만 하나같이 생존의 조건과 연계되어 있는 형태들을 곧 나타나게 한다. 18세기와 19세기의 전환기에 채 몇 년도 지나지 않아 유럽 문화에서 생물의 기본적인 공간화가 완전히 변모했다. 즉 고전주의 시대의 경험에서 생물은 존재의 보편적인 **탁시노미아**에 따른 하나의 또는 일련의 칸이었고, (뷔퐁의 경우처럼) 생물의 지리적 위치 결정이 기능을 하는 것은 이미 가능한 변이를 나타나게 하기 위해서였다. 퀴비에부터 생물은 고립된 개체로 개별화하고, 분류학상의 인접 관계로부터 단절되고, 드넓고 속박적인 연속성의 평면에서 빠져나오고, 스스로를 새로운 공간으로 구성하는데, 사실을 말하자면 이 공간은 내부적으로는 해부학적 일관성과 생리학적 양립 가능성의 공간이고, 외부적으로는 생물이 자신의 고유한 육체를 형성하기 위해 거주하는 요소들의 공간이므로 이중의 공간이다. 그러나 이 두 공간은 단일한 지배 아래 놓인다. 즉 지배하는 것은 이제 존재의 가능성이 아니라 생명의 조건이다.

역사상 생물과학의 선험적 여건 전체는 이런 식으로 뒤집히고 갱신된다. 발견, 논의, 이론, 또는 철학적 선택이라는 더 가시적인 층위가 아니라 고고학적 심층에 입각하여 고찰할 때, 퀴비에의 저작은 생물학의 미래가 될 것을 멀리서 굽어본다고 판단할 수 있다. 진화론이 될 것의 모습을 '미리 보여 주는' 듯한 라마르크의 '생물변이설적' 직관과 퀴비에가 줄기차게 주장했고 전통적인 선입견 및 신학상의 전제와 온전히 일치하는 낡은 생물불변설은 흔히 대립하는 것으로 간주된다. 그리고 서투르게 통제된 혼합, 은유, 유비의 작용 전체를 가로질러, 인간의 불안정한 질서를 보호하기 위해 사물의 부동성에 열정적으로 집착하는 '반동적인 사유'의 윤곽이 드러나는데, 이것이 바로 기존의 권위자인 퀴비에의 사고 방식이라고들 하며, 맞은편에서는 변동의 힘, 끊임없는 새로움, 활발한 적응에 가치를 부여하는 진보주의적 사유의 힘겨운 운명이 생생하게 이야기되는데, 바로 여기에서 혁명가 라마르크의 사고방식이 잘 나타난다고들 한다. 이러한 시각은 엄밀하게 역사적인 관점에서 사상사를 연구하겠다는 것이겠지만, 사실 순진하기 짝이 없는 것이다. 실제로 지식의 역사성에서 중요한 것은 견해도, 여러 시대를 가로질러 견해들 사이에 확립될 수 있는(어떤 진화론과 디드로나 로비네 또는 브누아 드 마예의 사상 사이처럼, 라마르크와 이 어떤 진화론 사이에도 확실히 '유사점'은 있다.) 유사점도 아니며, 정작 중요한 것, 즉 사유의 역사를 외부의 어떤 것과도 관련시키지 않고 내부적으로 분절하게 해 주는 것은 사유의 역사를 가능하게 하는 내적인 조건이다. 그런데 라마르크가 고전주의 저자들의 자연사에서 찾아볼 수 있는 연속성, 즉 존재론적 연속성을 출발점으로 해서만 종(種)의 변형을 이해했을 뿐이라는 사실을 곧장 알아차리는 데는 이 가능 조건의 분석을 시도하는 것으로 충분하다. 그는 점진적인 단계별 변화, 부단한 개량, 서로로부터 형성될 수 있을 생물의 광범위하고 끊임없는 평면을 전제했다. 라마르크의 사유를 가능하게 하는 것은 미래의 진화론에 대한 간접적인 이해가 아니라, 자연사의 '방법'에 의해 발견되고 전제된 생물의 연속성이다. 라마르크는 퀴비에가 아니라 A.-L. 드 쥐시외와 동시대인이다. 퀴비에는 생물의 고전주의적 계통도 안으로 철저한 불연속성을 끌어들였고, 바로 이 사실 때문에 생물학상의 양립 불가능성, 외부 요소와의 관계, 생존의 조건 같은 관념들을 솟아오르게 했으며, 또한 생명을 유지하게 되어 있는 어떤 힘과 생명에 죽음의 제재를 가하는 어떤 위협을 부각시켰는데, 여기에서 우리는 진화에 관한 사유 같은 것을 가능하게 하는 여러 조건을 한꺼번에 발견할 수 있다. 살아 있는 형태들의 불연속성은 장구한 시간의 흐름을 생각할 수 있게 해 주었지만, 이것에 대해 구조와 특징의 연속성은 표면적인 유비에도 불구하고 근거를 제공할 수 없었다. 공간의 불연속 덕분으로, 도표의 파열 덕분으로, 모든 자연적 존재가 질서 있게 제자리를 차지한 평면의 파탄 덕분으로 자연사가 자연의 '역사'로 대체될 수 있었다. 우리가 이미 살펴보았듯이 고전주의적 공간에서도 생성의 가능성이 배제되지 않은 것은 사실이지만, 그때의 생성은 미리 신중하게 정해진 가능한 변이들의 도표를 가로지를 수 있는 수단을 제공했을 뿐이다. 이 공간의 파열은 생명 자체에 고유한 역사성, 즉 생존의 조건에 따른 생명 유지의 역사성을 발견할 수 있게 해 주었다. 퀴비에의 '생물불변설'은 생명의 유지에 대한 분석으로서, 서양의 지식에서 생명 자체에 고유한 역사성이 처음으로 출현하는 시기에 이 역사성을 성찰하는 최초의 방식이었다.

그러므로 역사성은 이제 자연으로, 더 정확히 말해서 생물계로 도입되었지만, 있을 법한 연속의 형태를 훨씬 넘어서는 것이자, 기본적인 존재 방식 같은 것이다. 퀴비에의 시대에는 아마 진화론이 묘사하는 바와 같은 생물의 역사가 아직 존재하지 않았을 것이지만, 생물은 처음부터 생물로 하여금 역사를 갖게 하는 조건과 함께 사유된다. 이와 동일하게 리카도의 시대에 부(富)는 아직은 경제사로 공식화되지 않은 역사성의 자격을 부여받았다. 리카도에 의해 예견된 산업 소득, 인구, 지대(地代)의 증가하는 안정성, 그리고 퀴비에에 의해 단언된 종의 불변성은 피상적인 검토에 의하면 역사의 거부로 통할지 모르지만, 사실 리카도와 퀴비에는 18세기에 이해된 바와 같은 연대기적 연속의 양태를 거부했을 뿐이다. 그들은 위계적이거나 분류적인 재현의 질서에 시간이 부속하는 사태를 해소했다. 다른 한편으로 그들이 묘사하거나 예고하는 현재와 미래의 부동성은 역사의 가능성을 바탕으로 해서만 이해될 수 있었고, 그들에게 역사는 생물의 생존 조건에 의해서나 가치의 생산 조건에 의해 제시되었다. 역설적이게도 리카도의 비관론과 퀴비에의 생물불변설은 역사의 바탕 위에서만 출현한다. 즉 그들은 존재물의 안정성을 명확하게 밝히지만, 이제부터 존재물은 심층적인 양태의 차원에서 역사를 지닐 권리가 있다. 이와 반대로 부가 꾸준한 진보에 따라 늘어날 수 있다거나 종(種)들이 시간의 흐름에 따라 상호적으로 변형될 수 있다는 고전주의적 관념은 존재물의 유동성을 규정했는데, 이 경우 존재물은 모든 역사 이전에 이미 변수나 동일성 또는 등가의 체계를 따랐다. 근대적 사유로 하여금 자연의 존재물과 노동의 산물을 장악하고 뒤이어 이것들의 연속에 관한 논증적인 과학을 전개하게 해 줄 역사성을 이것들이 부여받기 위해서는 그 역사의 중단과 보류 같은 것이 필요했다. 연대순의 연쇄는 18세기의 사유에서는 단지 존재물의 질서가 갖는 속성이자 이 질서가 내보이는 다소 흐릿한 표시일 뿐이지만, 19세기부터는 어느 정도 직접적으로, 심지어는 중단되는 경우에도, 사물과 인간의 본질적으로 역사적인 존재 방식을 표현한다.

어쨌든 생물의 영역에서 역사성의 성립은 유럽의 사유에 폭넓은 영향, 아마 경제의 영역에서 역사성의 형성이 초래한 것만큼 폭넓을 영향을 끼쳤다. 많은 상상적 가치의 표면에서 이제 역사에 얽매이게 된 생명은 동물성의 형태로 표출된다. 중세 말이나 적어도 르네상스 시대 말기에는 커다란 위협이 되지 않았고 완전히 낯설지도 않았으며 마치 무장이 해제된 듯한 짐승이 19세기에는 새로운 초(超)자연력을 갖게 된다. 이두 시기 사이에서 고전주의적 자연에 의해서는 식물의 가치에 특권이 부여되었는데, 그 이유는 식물의 가시적인 형태가 모든 가능한 질서의 명백한 표지를 지니고 있다는 데 있었다. 식물계는 줄기에서 씨앗까지, 뿌리에서 열매까지 모든 모습을 펼쳐 보여 주고 비밀을 너그럽게 드러낸다는 점에서, 도표 작성으로서의 사유에 대해 순수하고 투명한 대상을 형성했던 것이다. 그러나 특징과 구조가 생명(한없이 멀리 있지만 구성 요소로 포함되는 지고의 소실점)을 향해 깊이 층층으로 쌓일 때부터, 중시되는 것은 바로 동물인데, 이는 동물의 감추어진 골격, 복잡한 기관, 그토록 많은 비가시적인 기능, 요컨대 동물의 생명을 유지하는 막연한 활력 때문이다. 생물이 존재물의 한 가지 종류라면 식물은 어떤 것보다 더 분명하게 생물의 순수한 본질을 표현하지만, 생물이 생명의 표명라면 동물은 생명의 수수께끼가 무엇인지 알아차리게 하는 데 더 적절하다. 동물은 특징의 잔잔한 이미지보다는 오히려, 호흡이나 영양 섭취에 의한 무기적인 것에서 유기적인 것으로의 부단한 전환과 죽음에 의해 야기되는 역방향의 변형, 즉 중요한 기능적 구조가 생명 없는 먼지로 변하는 과정을 우리에게 보여 준다. 퀴비에는 다음과 같이 말했다. "죽은 물질은 살아 있는 유기체 쪽으로 전달되어, 거기에서 자리를 차지하고, 상호적인 배합의 성질에 의해 결정된 작용을 실행하며, 언젠가는 살아 있는 유기체에서 빠져나와 생명이 없는 자연의 법칙을 또다시 따른다."[32] 식물은 움직임과 부동성, 감각 능력이 있는 것과 감각 능력이 없는 것의 경계를 지배한 반면, 동물은 삶과 죽음의 경계에서 살아간다. 죽음은 도처에서 동물에게로 밀어닥치고, 심지어는 동물을 내부로부터 위협하기도 한다. 그 이유는 유기체만이 죽을 수 있다는 데 있는 만큼, 죽음이 생물에 닥치는 것은 바로 생물이 지닌 생명의 밑바닥으로부터이다. 18세기 말 무렵에 동물성이 갖는 모호한 가치는 아마 이로부터 유래할 것이다. 즉 동물은 이 죽음의 보유자로 보이고, 이와 동시에 죽음에 종속되어 있으며, 생명에 의한 생명의 영속적인 소진(消盡)을 내포하고 있다. 동물은 반(反)자연의 핵을 지니고 있음으로써만 자연에 속한다. 생명의 비밀스러운 본질이 식물에서 동물로 옮아가면서, 생명은 도표화된 질서의 공간을 떠나 다시 야생적이 된다. 생명을 죽음에 운명적으로 옭아매는 이 동일한

---

32) G. Cuvier, *Cours d'anatomie pathologique*, t. I, 5쪽.

움직임에 의해 생명은 생명을 빼앗는 것으로 드러난다. 생명은 살아 있기 때문에 죽인다. 이제 자연은 좋은 것일 수 없다. 18세기와 근대에 대해 사드는 생명이 살해로부터, 자연이 악으로부터, 욕망이 반(反)자연으로부터 더 이상 분리될 수 없음을 선언했는데, 18세기의 언어는 그에 의해 고갈되어 버렸고, 근대는 그토록 오랫동안 그에게 침묵의 징벌을 선고하고자 했다. 『소돔의 120일』은 『비교해부학 강의』의 부드럽고 경이로운 이면(裏面)이다. 이 말의 무례함(누구에 대한?)을 용서하길 바란다. 어쨌든 우리의 고고학적 역법(曆法)에 의하면 이 두 저서는 동일한 시대에 속한다.

그러나 음산한 어둠의 힘으로 가득 찬 동물성의 이 상상적 지위는 19세기의 사유에서 생명이 수행하는 다양하고 동시적인 기능과 더 깊이 관련되어 있다. 생명은 재현을 통해 주어지고 분석되는 존재의 일반 법칙에서 벗어나는데, 이는 아마 서양 문화에서 역사상 처음일 것이다. 모든 사물의 다른 쪽에서, 심지어 존재할 수 있는 사물들 너머에서, 생명은 모든 사물을 출현하게 하기 위해 모든 사물을 지탱하고 죽음의 폭력으로 모든 사물을 끊임없이 파괴하는 만큼, 움직임과 부동성, 시간과 공간, 은밀한 의지와 가시적인 표시가 대립하듯이 존재와 대립하는 근본적인 힘이된다. 생명은 모든 실재의 뿌리이고, 살아 있지 않은 것과 생기 없는 자연은 그저 다시 사라진 생명에 지나지 않으며, 무조건적인 존재는 생명의 비(非)존재이다. 실제로 생명은 존재와 동시에 비존재의 핵이고, 그래서 19세기의 사유에서 생명은 근본적인 가치를 갖는다. 즉 오직 생명이 있기 때문에 존재가 있을 뿐이며, 생물에 죽음의 운명을 부여하는 근본적인 동향 속에서 한순간 안정되고 흩어지는 생물은 이 고갈되지 않는 힘에 의해 형성되고 정지하고 생명을 굳건히 하고 어떤 점에서는 생명을 죽이지만 제 차례가 되면 파괴된다. 그러므로 생명의 경험은 생물의 가장 일반적인 법칙, 생물이 존재하는 기반인 근본적인 힘의 계시로 제시되고, 모든 생물의 분리할 수 없는 존재와 비존재를 말하려고 애쓸 야생의 존재론으로 구실한다. 그러나 이 존재론은 생물을 밑받침하는 것보다는 오히려 생물을 불안정한 형태 쪽으로 한순간 이르게 하고 내부로부터 이미 은밀하게 약화시켜 급기야는 파괴하는 것을 드러낸다. 생명에 비하면 생물은 일시적인 형상일 뿐이고, 생물이 생존의 우여곡절을 겪으면서 유지하는 존재는 생물로부터 어렴풋이 추정된 것, 생물의 살아남으려는 의지에 지나지 않는다. 따라서 인식에 대해 사물의 존재는 환각, 달리 말하자면 어둠 속에서 사물을 먹어 치우는 무언의 비가시적인 폭력을 발견하기 위해 제거해야 하는 장막이다. 그러므로 생물 소멸의 존재론은 인식의 비판으로서 타당성을 갖지만, 현상에 근거를 제공하고 현상의 한계와 동시에 법칙을 말하고 현상을 가능하게 하는 유한성에 현상을 결부시키는 것이라기보다는 오히려 현상을 일소하고 생명 자체가 생물을 파괴하듯이 현상을 파괴하는 것이다. 왜냐하면 현상의 존재는 그저 겉모습일 뿐이기 때문이다.

이처럼 경제의 영역에서 역사성의 형성에 깊이 관련된 것과 거의 일대일로 대립하는 사유가 구성된다. 경제의 영역에서 역사성은 우리가 살펴보았듯이 축소할 수 없는 필요, 노동의 객관성, 역사의 종언에 대한 삼중의 이론에 근거를 두고 있었다. 이와는 반대로, 여기에서 전개되는 것은 고유한 형태와 한계 및 욕구를 갖는 개체가 그저 예정된 소멸의 과정에서 떨쳐 버려야 하는 단순한 장애물을 형성할 뿐인 불안정한 계기에 지나지 않는다는 사유, 사물의 객관성이 일소의 대상이자, 사물을 생겨나게 하고 사물을 한동안 지탱하는 현상 없는 순수한 의지로 되돌려야 할 겉모습, 지각의 망상, 환상일 뿐이라는 사유, 끝으로 시간 자체가 연대순의 구분과 준(準)공간적인 역법 때문에 아마 인식의 환상에 지나지 않을 것이므로 그만큼 더 생명에 지속의 한계를 부과할 가능성이 생명의 재(再)시작, 끊임없는 재개, 완강함에 의해 배제된다는 사유이다. 하나의 사유가 역사의 종언을 예견하는 바로 거기에서, 다른 사유는 생명의 무한을 선언하고, 하나의 사유가 노동에 의한 물건의 실제적인 생산을 인지하는 바로 거기에서, 다른 사유는 의식의 망상을 일소하며, 하나의 사유가 개체의 한계와 함께 개체의 삶에 요구되는 것을 긍정하는 곳에서, 다른 사유는 개체의 삶에 요구되는 것을 죽음의 속삭임 속으로 사라지게 한다. 이와 같은 대립은 19세기 이후로는 지식의 영역이 모든 지점에서 동질적이고 일률적인 성찰의 근거를 마련할 수 없다는 징후일까? 이제부터는 실증성의 각 형태에 적합한 '철학'이 있다고 인정해야 할까? 가령 경제학에는 필요의 징후로 표출되지만 결국에는 시간의 커다란 보상이 약속된 노동의 철학이, 생물학에는 생물을 다시 해체하기 위해서만 생물을 형성하고 따라서 역사의 모든 경계로부터 해방되는 연속성에 의해 표출되는 생명의 철학이, 언어의 과학에는 문화와 문화의 상대성 그리고 문화마다 독특한 표현 역량의 철학이 있다고 인정해야 할까?

4 보프

"그러나 모든 것을 해명해 줄 결정적인 사항은 언어의 내적 구조 또는 비교문법인데, 비교해부학이 자연사를 명확히 설명한 것과 마찬가지로, 문법은 우리에게 언어들의 계보에 관한 전적으로 새로운 해결책을 제공할 것이다."[33] 슐레겔이 잘 알고 있었듯이 문법 영역에서 역사성의 성립은 생물의 과학에서와 동일한 모델에 따라 이루어졌다. 그리고 사실을 말하자면 이 주장에는 놀랄 만한 것이 전혀 없다. 왜냐하면 고전주의 시대에는 언어를 구성한다고 생각된 낱말과 자연의 질서를 구성하고자 하

---

33) Fr. Schegel, *La langue et la philosophie des Indiens*, trad. française(Paris, 1837), 35쪽.

는 데 이용된 특징이 동일한 지위를 동일한 방식으로 부여받았기 때문이다. 즉 낱말과 특징은 저마다 보유하는 재현의 가치에 의해서만, 그리고 재현된 사물에 대해 실행할 수 있게 된 분석, 이중화, 구성, 정돈의 역량에 의해서만 실재했을 뿐이다. 우선 쥐시외와 라마르크, 뒤이어 퀴비에에게서 특징은 재현의 기능을 상실했다. 더 정확히 말해 특징이 여전히 '재현할' 수 있고 인접이나 친근성을 확정하게 해 줄 수 있었다 해도, 이는 특징의 가시적인 구조나 특징을 구성하는 묘사 가능한 요소들의 고유한 효력 때문이 아니라, 특징이 우선 전체적인 유기적 구조와 관련되었고, 또한 특징에 의해 직접적이거나 간접적인, 주요하거나 부수적인, '일차적'이거나 '이차적'인 방식으로 실행될 수 있는 기능과 관련되었기 때문이다. 거의 동일한 시대에 언어의 영역에서 낱말도 유사한 변화를 겪는다. 물론 낱말은 끊임없이 의미를 갖고 낱말을 사용하거나 이해하는 사람의 정신에 어떤 것을 '재현할' 수 있지만, 이 역할은 이제 낱말의 존재 자체, 낱말의 본질적인 구조, 그리고 말이 문장 내에서 자리를 잡고 거기에서 다소간 상이한 다른 낱말들과 연결되게 해 주는 것이 아니다. 말이 담론에 모습을 보이고 담론에서 어떤 것을 의미하는 것은 말이 본래의 권리에 의해 고유한 것으로 보유하는 직접적인 담론성에 의해서가 아니라, 낱말의 형태 자체, 낱말을 구성하는 억양, 낱말이 문법상의 기능을 맡고 있으면서 문법상의 기능에 따라 겪는 변화, 끝으로 시간의 흐름에 따라 낱말에 일어나게 되는 변모에 의해, 동일한 언어의 다른 모든 요소를 유사한 방식으로 지배하는 일정한 수의 엄밀한 법칙을 낱말이 따르기 때문이고, 그래서 낱말은 무엇보다 언어의 고유한 일관성을 결정하고 보장하는 문법 구조의 일부분인 범위 내에서만 재현과 결부된다. 낱말이 알려 주는 바를 낱말이 나타낼 수 있으려면, 낱말에 대해 일차적이고 기본적이며 결정적인 문법의 전체성에서 낱말이 벗어나서는 안 된다.

이러한 낱말의 이탈, 낱말이 재현의 기능에서 벗어나 뒤로 물러나는 이 일종의 도약은 분명히 18세기 말 무렵에 서양 문화에서 일어난 중요한 사건들 중의 하나였다. 또한 가장 눈에 띄지 않고 지나가버린 사건들 중의 하나였다. 정치경제학의 발단, 지대 및 생산비에 대한 리카도의 분석에는 누구나 기꺼이 관심을 기울인다. 즉 이 사건은 점차로 과학의 발전을 가능하게 했고 일정한 수의 경제적, 정치적 변동을 유발하기도 한 만큼 대단히 중요했다고 누구나 인정한다. 자연과학이 띠게 된 새로운 형태도 지나칠 정도로 간과되지는 않는데, 회고적 착각 때문에 퀴비에보다는 라마르크가 더 높이 평가받는 것이 사실이라 해도, ‘생명’이『비교 해부학 강의』에 힘입어 역사상 처음으로 실증성의 문턱에 도달한다는 것을 누구나 분명히 납득하지는 않는다는 것이 사실이라 해도, 그 시기부터 서양 문화가 생물의 세계를 새로운 시선으로 보기 시작했다는 것은 누구라도 막연하게나마 의식하고 있다. 반대로 인도유럽어의 구분, 비교 문법의 성립, 굴절에 대한 연구, 모음 교체 및 자음 변이에 관한 법칙의 발견, 요컨대 그림, 슐레겔, 라스크,[34] 보프의 모든 문헌학 작업은, 마치 다소 부수적이고 난해한 분야에 토대를 제공했을 뿐이기라도 한 듯이, 마치 언어(그리고 우리의 언어)의 존재 방식 전체를 사실은 변모시키지 않기라도 한 듯이, 우리의 역사의식에서 여전히 여백에 머물러 있다. 아마 변화의 중요성을 무릅쓰고서가 아니라, 반대로 변화의 중요성에 입각하여, 그리고 의례적인 해명의 빛에서 아직은 충분히 떨어져 나오지 못한 우리의 시선에는 이 사건이 여전히 간직하고 있는 것으로 보이는 맹목적인 근접성을 근거로, 이와 같은 등한시를 정당화하려고 해서는 안 될 것이다. 이 사건이 일어난 시대에도 이 사건은 비밀이 아니라면 적어도 어떤 신중함으로 감싸여 있었던 것이다. 언어의 존재 방식에서 일어난 변

---

34) (옮긴이 주) Rask(1787~1832). 비교문법의 기초를 놓은 덴마크의 언어학자. 보프 이전에 게르만어들, 그리스어, 라틴어, 리투아니아어, 슬라브어, 아르메니아어의 동족성을 입증하기도 했다.

화는 아마 발음이나 문법 또는 의미론에 영향을 미치는 변형과 같을 것이다. 즉 이 변화는 아무리 급격하다 해도, 말하는 사람의 언어에 의해 이미 퍼져 나간다 해도, 결코 말하는 사람에 의해 명확하게 파악되지 않고 이따금씩 간접적으로만 의식될 뿐이며, 그런 다음에야 부정적인 방식으로만, 즉 사용해 온 언어가 완전히 통용되지 않고 이 사실이 곧장 감지됨으로써만, 마침내 결정된 상태로 넌지시 알려질 뿐이다. 하나의 문화에서 언어가 재현에 대해 더 이상 투명하지 않게 되어 짙어지고 본질적으로 둔중해진다는 사실을 중심적인 문제로 확실히 의식하는 것은 아마 가능하지 않을 것이다. 말을 하고 있을 때, 가까스로 서투르게나마 해석되는 몇몇 막연한 징후를 통해서가 아니라면, 언어(사용되는 언어 자체)가 순수한 담론성으로 환원될 수 없는 차원을 획득하는 중이라는 것을 어떻게 알 수 있을 것인가? 아마 이 모든 이유 때문에 문헌학의 탄생은 동일한 고고학적 격변의 일부분이었는데도, 우리 문화에, 적어도 우리 문화를 전반적으로 떠받치는 지하층에는 훨씬 더 지대한 영향을 끼쳤는데도, 생물학의 탄생과 정치경제학의 탄생보다 훨씬 더 서양의 의식으로부터 감추어졌을 것이다.

이러한 문헌학의 실증성은 어떻게 형성되었을까? 우리에게 이 실증성의 성립을 알려주는 것은 『인도인의 언어와 철학』에 관한 슐레겔의 시론(試論)(1808)과 그림의 『독일어 문법』(1818) 및 『산스크리트어의 동사 변화 체계』(1816)의 시대에 생겨난 네 가지 이론적 선분이다.

1. 첫 번째 선분은 하나의 언어가 내부로부터 특징지어지고, 다른 언어들과 구별될 수 있는 방식에 관련된다. 고전주의 시대에는 한 언어의 개체성이 여러 가지 기준, 가령 단어의 형성에 이용되는 갖가지 소리 사이의 비율,(어떤 언어들은 모음이 다수이고, 또 어떤 언어들은 자음이 다수이다.) 말의 몇몇 범주에 부여된 특권,(구체적인 실사가 두드러져 보이는 언어, 추상적인 실사가 두드러져 보이는 언어 등) 관계를 나타내는 방식,(전치사에

의해 또는 어미변화에 의해) 어순을 맞추기 위해 선택된 배열(프랑스어의 경우처럼 논리적 주어를 맨 앞에 놓건, 라틴어에서처럼 가장 중요한 말에 우선권을 부여하건)에 입각하여 규정될 수 있었고, 이런 식으로 북방 언어와 남방 언어, 감정의 언어와 욕구의 언어, 자유의 언어와 예속의 언어, 야만의 언어와 문명의 언어, 논리적 추론의 언어와 수사학적 토론의 언어가 구별되었다. 즉 언어들 사이의 이 모든 구별은 오로지 언어가 재현을 분석하고 재현의 요소들을 조합할 수 있는 방식과 관계가 있었을 뿐이다. 그러나 슐레겔부터는 언어를 구성하는 고유의 언어적 요소들이 서로 연결되는 방식에 의해 언어가 적어도 가장 일반적인 유형학에 따라 규정되는데, 물론 이 요소들 중에서 어떤 것들은 재현하고, 어쨌든 가시적인 재현의 가치를 갖는 반면, 다른 것들은 어떤 의미도 지니지 않고, 담론의 단위에서 또 다른 요소의 의미를 결정하는 데 어떤 구성 때문에만 소용될 뿐이다. 언어들이 명제와 문장을 형성하기 위해 연결하는 것은 바로 명사, 동사, 낱말 일반, 또한 음절, 소리로 이루어진 재료이다. 그러나 소리, 음절, 낱말의 배열에 의해 성립하는 물질적인 단위는 재현의 요소들이 그저 조합됨으로써 이룩되는 것이 아니다. 이 단위는 언어마다 다른 고유한 원리를 갖는다. 즉 문법에 맞는 구성은 담론의 의미 작용에 대해 투명하지 않은 규칙성을 갖는다. 그런데 의미 작용은 한 언어에서 또 다른 언어로 거의 완전히 넘어갈 수 있으므로, 한 언어의 특성을 규명할 수 있도록 해 주게 되는 것은 바로 이 규칙성이다. 각 언어에는 자율적인 문법의 공간이 있는데, 이 공간들은 세분 가능한 모든 부분을 포괄하는 재현의 영역일지 모르는 공통의 '중간 지점'을 거칠 필요 없이 측면적으로, 다시 말해 언어들 사이에서 비교될 수 있다.

문법 요소들 사이의 두 가지 커다란 조합 방식을 즉시 구별해 내는 것은 어렵지 않다. 한 방식은 문법 요소들을 병치하여 그것들이 서로 결정되도록 하는 것인데, 이 경우에 언어는 서로 다른 방식으로 조합될 수 있는 일반적으로 매우 간단한 무수히 많은 요소로 이루어지지만, 이 단위들 각각은 자율성을, 따라서 문장이나 명제 안에서 또 다른 단위와 맺은 일시적인 관계를 끊을 가능성을 간직한다. 그러면 언어는 단위의 수에 의해, 그리고 담론 안에서 단위들 사이에 확립될 수 있는 모든 조합에 의해 규정되고, 따라서 "내부적인 연결 없이 소사(小詞)와 접사(接詞)의 순전히 기계적인 적응에 의해서만 …… 이루어지는 원자들의 집성(集成)"[35]이다. 한 언어의 요소들 사이에는 또 다른 연결 방식이 존재하는데, 그것은 핵심적인 음절이나 낱말(어간 형태)을 내부로부터 변모시키는 굴절 체계이다. 이 형태들 각각은 미리 결정된 일정한 수의 가능한 변이를 일으키는데, 이 경우에는 문장의 다른 낱말들에 따라, 다른 낱말들 사이의 종속 관계 또는 상관 관계에 따라, 인접과 배합에 따라 어느 한 변이 또는 어느 다른 변이가 활용될 것이다. 겉보기에 이 연결 방식은 조합 가능한 경우의 수가 훨씬 제한되어 있는 만큼 첫 번째 방식보다 더 빈약하지만, 사실상 굴절 체계는 결코 살이 없이 뼈대만 있는 순수한 형태로 존재하지 않고, 어간 내부의 변형은 굴절 체계로 하여금 내부로부터 변형 가능한 다른 요소들을 추가로 받아들이게 해 주며, 그래서 "각 어간은 일종의 살아 있는 씨앗인데, 실제로 내부의 변형에 의해 관계들이 지정되고 더 넓은 발전의 여지가 낱말에 주어지는 만큼, 낱말은 무한히 확장될 수 있다."[36]

언어 조직의 이 두 가지 주요한 유형에는 한편으로 중국어가 상응하는데, 중국어에서는 "연속적인 관념들을 지칭하는 소사들이 별도로 존재하는 단음절이고," 다른 한편으로 산스크리트어가 상응하는데, 산스크리트어의 "구조는 이를테면 어간의 굴절과 내적 변형 그리고 다양한 교차에

---

35) Fr. Schlegel, *Essai sur la langue et la philosophie des Indiens*, trad. française(Paris, 1837), 57쪽.

36) *Ibid.*, 56쪽.

힘입어 분기하는 만큼 완전히 유기적이다."[37] 이 주요하고 극단적인 모델들 사이에 다른 모든 언어가 놓일 수 있으며, 각 언어는 필연적으로 유기적 구조를 갖게 되고, 이 구조에 따라 이 두 가지 모델 중의 어느 하나에 접근하게 되거나, 이런 식으로 정의된 영역의 중간, 즉 양쪽으로부터 등거리에 자리하게 된다. 중국어와 가장 가까운 위치에는 바스크어, 콥트어, 아메리카 언어들이 있는데, 이 언어들은 분리할 수 있는 요소들을 연결 수단으로 이용하지만, 이 요소들은 언제나 자유로운 상태에 머물러 있지는 않고, 그만큼 많은 축소할 수 없는 언어의 원자처럼 "이미 낱말 속으로 녹아들기 시작하며," 아랍어는 접사 첨가의 체계와 굴절의 체계 사이에서 혼합에 의해 규정되고, 켈트어는 거의 절대적으로 굴절 언어이지만, 거기에서는 "접사 언어의 흔적"이 여전히 발견된다. 이 대립은 18세기에 이미 알려졌고, 중국어 낱말들의 조합과 라틴어 및 그리스어 같은 언어들의 어미변화 및 동사 변화 사이의 구별은 오래전부터 가능했다고 아마 누구나 말하게 될 것이다. 또한 슐레겔이 확립한 절대적인 대립은 매우 일찍부터 보프가 비판한 바라고들 반박하게 된다. 실제로 슐레겔이 근본적으로 동화될 수 없는 두 유형의 언어를 상정한 바로 거기에서 보프는 공통의 기원을 모색하며, 굴절은 기본 요소가 아니라 어간의 음절에 밀집된 소사들의 자연스러운 내부적 전개의 일종이라는 것을 확증하고자[38] 시도한다. 가령 산스크리트어에서 1인칭의 m(브하바미bhavâmi) 또는 3인칭의 t(브하바티bhavâti)는 대명사 맘(mâm, 1인칭 주어 대명사)과 탐(tâm, 3인칭 주어 대명사)이 동사의 어간에 부가된 결과이다. 그러나 문헌학의 성립에서 중요한 것은 동사 변화의 요소들이 다소 먼 과거의 시기에 자율적이고 고립된 방식으로 실재했고 이것이 동사 변화에 유리하게 작용했는가를 아는 것이 아니다. 요점은, 그리고 슐레

---

37) Fr. Schlegel, *op. cit*, 47쪽.

38) Bopp, *Ueber das Konjugationssytem der Sanskritsprache*, 147쪽.

겔 및 보프의 분석과 18세기에 그들의 분석에 대한 겉으로 드러나는 사전의 징후일 수 있는 분석을 구분하는 것은[39] 어간에서 이미 결정된 일정한 수의 규칙적인 변형 없이는 기본 음절이 (내부적 부가 또는 확산에 의해) 증가하지 않는다는 사실이다. 중국어 같은 언어에는 병치의 법칙만이 있을 뿐이지만, 어간이 증가하게 되어 있는 언어에서는(어간이 산스크리트어의 경우처럼 단음절이건 히브리어의 경우처럼 다음절이건) 언제나 내부 변이의 규칙적인 형태들이 발견된다. 그러므로 언어들을 특징짓기 위해 이제 이 내부 구조의 기준을 내세우는 새로운 문헌학은 18세기에 실행된 위계적인 분류를 그만두었으리라는 것을 이해할 수 있다. 즉 당시에는 누구나 재현의 분석이 얼마나 명확하거나 세밀한가를 기준으로 삼아, 다른 언어들보다 더 중요한 언어들이 있다고 인정했다. 이제부터 모든 언어는 동등한 가치를 갖는다. 즉 언어들은 단지 내부의 구조가 상이할 뿐이다. 그다지 널리 통용되지 않고 충분히 '문명화되지도' 않은 희귀한 언어들을 연구하려는 그 호기심은 이로부터 유래하는데, 일례로 라스크는 이 언어들의 흔적을 찾아 스칸디나비아, 러시아, 카프카스, 페르시아, 인도를 광범위하게 여행했다.

2. 이러한 내부 변이의 연구는 두 번째로 중요한 이론적 선분이다. 어원의 탐구에서 출발한 일반 문법은 바로 시간의 흐름에 따른 낱말과 음절의 변형을 검토했다. 그러나 이 검토는 세 가지 이유로 인해 제한되었다. 이 검토가 겨냥하는 것은 실질적으로 발음된 소리의 변화 방식이라기보다는 오히려 알파벳 문자의 변모였다. 게다가 이 변형은 모든 상황에서 문자들 사이의 어떤 친화력에 의해 언제 어느 때나 초래될 수 있는 결과로 간주되었고, p와 b, m과 n은 하나가 다른 것을 대신할 수 있을 정도로 상당히 유사하다고 인정되었으며, 이런저런 변화들은 이 의심스

---

39) J. Horne Tooke, *Paroles volantes*(Londres, 1798).

러운 근접과 발음이나 청취(聽取)에서 초래될지 모르는 혼동에 의해서만 유발되거나 결정되었다. 끝으로, 자음은 언어의 굳건한 뼈대를 형성하는 것으로 여겨진 반면, 모음은 언어의 가장 유동적이고 가장 불안정한 요소로 취급되었다.(예컨대 히브리어에서는 모음을 쓰지 않아도 되지 않는가?)

라스크, 그림, 보프의 등장과 함께 언어는 역사상 처음으로 일군의 음성 요소로 취급된다. 일반 문법에 의하면 입이나 입술의 소리가 글자로 바뀔 때 언어가 탄생한 반면에, 이제부터는 소리가 일련의 서로 구분된 음성으로 분절되고 분할될 때 언어가 존재한다는 것을 누구나 인정한다. 언어의 실체는 이제 온전히 음성적이다. 기록되지 않은 문학, 민간 이야기, 구어로 된 방언에 대해 그림 형제와 레누아르[40]가 내보이는 새로운 관심은 이 사실로 설명된다. 언어는 자기 자신의 모습과 가장 가까운 것에서, 즉 말에서, 문자에 의해 부동성 속으로 건조되고 응결되는 말에서 모색된다. 온전한 신비주의, 즉 음성(音聲) 언어의 신비주의, 한순간 정지되는 파동만을 뒤에 남기고 흔적 없이 지나가는 순수한 시적 광채의 신비주의가 탄생하는 중이다. 말하기는 일시적이고 깊은 울림에 의해 지고(至高)한 것이 된다. 그리고 예언자의 숨결이 일깨우는 말의 은밀한 힘은 가시적인 미궁의 중심에서 영속적으로 잠복하는 비밀을 전제하는 문자의 비의(秘義)와 (둘 사이에 어느 정도 교차를 허용한다 해도) 근본적으로 대립한다. 이제 언어는 다소 막연하면서 실물과 닮은 자의적인 기호, 『포르루아얄의 논리』에서 인물의 초상이나 지도가 직접적이고 명백한 모델로 제시된 기호가 아니다. 언어가 파동의 특성을 획득했는데, 이 특성은 언어를 가시적인 기호로부터 분리시키고 언어를 음표에 근접시킨다. 바

---

40) (옮긴이 주) Raynouard(1761~1836). 문헌학자로서 로망스어 연구의 길을 연 프랑스의 언어학자, 작가. *Grammaire comparée des langues de l'Europe latine dans leurs rapports avec la langue des troubadours*를 제1권으로 하는 *Choix de poésies originales des troubadours*(1816~1826, 6 vols.)와 *Lexique roman ou Dictionnaire de la langue des troubadours*(1836~1844, 6 vols.)를 펴냈다.

로 이러한 이유로 소쉬르는 언어의 역사적인 형태들을 넘어 언어 일반의 차원을 복원하기 위해, 또한 포르루아얄에서 마지막 관념학자들까지 부단히 이어져 온 사유 전체에 활기를 불어넣은 유구한 기호의 문제를 오랜 망각에서 구해 내기 위해, 19세기의 문헌학 전반에서 주요한 사건이었던 말의 계기를 우회해야 했다.

그러므로 소리를 옮겨 적을 수 있는 문자에서 해방된 일단의 소리로 취급되는 언어의 분석은 19세기에 시작된다.[41] 이 분석은 세 방향으로 실행되었다. 우선 하나의 언어에서 사용되는 다양한 소리의 유형학에 대한 분석이 있다. 예컨대 모음의 경우에는 단순 모음과 (â, ô에서처럼 길게 소리가 나거나 æ, ai에서처럼 이중화되는) 이중 모음 사이의 대립, 단순 모음들 사이에는 순수한 모음(a, i, o, u)과 굴절된 모음(e, ö, ü) 사이의 대립이 있고, 순수한 모음들 중에는 여러 가지 발음으로 실현될 수 있는 것(가령 o)과 한 가지 발음으로만 실현되는 것들(a, i, u)이 있으며, 끝으로 이 후자의 모음들 중에서 어떤 것은 변화하게 되어 있고 **움라우트**[42]가 붙을 수 있는 반면(a와 u), i는 언제나 변함이 없다.[43] 두 번째 방향의 분석은 한 가지 소리의 변화를 결정할 수 있는 조건을 대상으로 한다. 낱말에서 소리가 차지하는 자리는 본래 중요한 요인이다. 즉 하나의 음절은 어간을 구성할 때보다 끝에 놓일 때 지속성을 갖기가 더 어렵고, 그림이 말하듯이 어간의 문자는 수명이 긴 반면에 어미의 소리는 수명이 더 짧다. 그러나 의문의 여지가 없는 결정들도 있는데, 이는 어느 한 소리의 "유지 또는

---

41) 사람들은 흔히 그림이 글자와 소리를 혼동했다고 비난했다.(그는 f를 p와 h로 나누기 때문에 'Schrift'라는 낱말을 8개 요소로 분석한다.) 그만큼 언어를 순수한 음성적 요소로 취급하는 것은 어려웠다.

42) (옮긴이 주) Umlaut. 독일어로서 변모음(變母音) 또는 모음 변이를 표시하는 부호. 분음(分音) 부호라고도 한다. 프랑스어로는 '트레마'(tréma)이다.

43) J. Grimm, *Deutsche Grammatik*(2ᵉ éd., 1822), t. I, 5쪽. 초판(1818)에는 이 분석들이 발견되지 않는다.

변화"가 "결코 자의적이지 않기" 때문이다.[44] 이러한 자의성의 부재는 그림에 의하면 의미의 결정이었고(대단히 많은 독일어 동사의 어간에서 과거형이 현재형에 대립하듯이 a는 i와 대립한다.) 보프의 관점에서 보면 일정한 수의 법칙이 초래한 결과이다. 어떤 법칙들은 두 자음이 맞붙어 있을 때의 변화 규칙을 결정한다. 가령 "산스크리트어에서 ad-ti(먹다, 어근 ad) 대신에 at-ti(그가 먹는다)라고 말할 때, d와 t의 변화는 물리적인 법칙 때문이다." 다른 법칙들은 어간의 소리에 어미가 작용하는 방식을 결정한다. 이를테면 "내가 말하는 역학의 법칙은 주로 중력의 법칙과 특히 인칭에 따른 어미의 무게가 앞의 음절에 미치는 영향을 뜻한다."[45] 끝으로, 마지막 형태의 분석은 역사를 통한 항구적인 변형을 대상으로 한다. 예컨대, 그림은 그리스어, '고트어,' 고지(高地) 독일어를 비교하여 순음, 치음, 후두음의 대응 도표를 작성했다. 거기에서 그리스인들의 p, b, f는 각각 고트어로 f, p, b가 되거나 고지 독일어로 v, f, p가 되며, 그리스어에서의 t, d, th는 고트어에서는 th, t, d가 되고 고지 독일어에서는 d, z, t가 된다. 역사의 경로는 이 관계들 전체에 의해 규정되고, 언어들은 외부적인 척도, 즉 고전주의적 사유에 의하면 언어들의 변화를 설명하게 되어 있었던 인간 역사의 상황에 종속되지 않고, 스스로 변화의 원리를 지니고 있다. 다른 곳에서처럼 언어들에서도 운명을 결정하는 것은 바로 '해부학'[46]이다.

3. 이처럼 자음이나 모음의 변화에 관한 법칙이 규정됨으로써 새로운 어간의 이론이 확립될 수 있다. 고전주의 시대에 어근은 이중 체계의 상수(常數)에 의해, 즉 임의적인 개수의 문자(경우에 따라서는 하나의 문자만이 있었다.)를 대상으로 하는 알파벳 상수와 한없이 늘어날 수 있는 인접

---

44) J. Grimm, *Deutsche Grammatik*(z^ed., 1822), t. I, 5쪽.

45) Bopp, *Grammaire comparée*(trad. française, Paris, 1866), 1쪽, 주.

46) J. Grimm, *L'Origine du langage*(trad. française, Paris, 1859), 7쪽.

의미를 일반적인 주제 아래 통합하는 의미 작용의 상수에 의해 판별되었고, 이 두 가지 상수의 교차 지점에서, 동일한 문자나 동일한 음절에 의해 동일한 의미가 드러나게 되는 바로 거기에서 개별화되었다. 어근은 최초의 소리로부터 무한히 변형될 수 있는 생생한 핵이었다. 그러나 모음과 자음이 몇몇 조건과 몇 가지 법칙에 따라서만 변형된다면, 어간은 (몇몇 한계 사이에서) 언어학상 안정된 개체일 것이 틀림없는데, 이 개체는 잠재적인 변이들을 내포한 상태로 분리될 수 있으며, 갖가지 가능한 형태를 갖는 언어의 요소이다. 일반 문법은 한 언어의 아주 단순한 기본 요소들을 결정하기 위해, 아직 언어적이지 않은 소리가 재현의 활력에 닿아 있는 이를테면 상상적인 접촉 지점까지 거슬러 올라가야 했다. 그러나 이제부터 한 언어의 요소들은(비록 다른 언어들에서 발견된다 해도) 이 언어에 내재한다. 즉 그것들의 일정한 구성과 가능한 변형의 도표를 확립할 순수하게 언어적인 수단이 실재한다. 그러므로 어원학은 이제 자연에서 들을 수 있는 최초의 소리로 가득 찬 원시 언어 쪽으로의 끝없는 역행이기를 그치고, 낱말을 형성하기 시작하는 어근을 낱말에서 찾아내는 확실하고 제한된 분석 방법이 된다. 따라서 "낱말의 어근은 굴절과 파생의 분석이 성공한 이후에야 비로소 밝혀졌다."[47]

셈어를 비롯한 몇몇 언어에서는 어근이 두 음절(일반적으로 세 문자)로 되어 있고, 다른 언어들(인도게르만어)에서는 어김없이 단음절이라는 것이 이런 식으로 확증될 수 있는데, 어떤 어근들은 단 하나의 모음으로 구성되지만,(i는 **가다**를 뜻하는 동사들의 어간이고, u는 **울리다**를 뜻하는 동사들의 어간이다.) 이 언어들에서는 일반적으로 어근이 적어도 하나의 모음과 (끝자리를 차지하거나 첫머리에 놓일 수 있는) 하나의 자음을 포함한다. 전자의 경우에는(라틴어로 metiri, 독일어로 messen[48]을 낳는 어근 ma, mad

---

47) J. Grimm, *L'Origine du langage*, 37쪽. 또한 *Deutsche Grammatik*, I, 588쪽 참조.
48) (옮긴이 주) 둘 다 '측정(측량)하다'라는 뜻이다.

에서처럼[49]) 모음이 반드시 첫머리에 놓이고, 후자의 경우에는 모음에 대해 받침대의 구실을 하는 두 번째 자음이 모음 뒤에 올 수 있다. 또한 do가 산스크리트어 dadami와 그리스어 didômi에서, 또는 sta가 tishtami와 istémi에서 이중화되듯이, 이 단음절 어근들이 이중화되는 일도 일어난다.[50] 끝으로 무엇보다도 어근의 성격과 언어에서 기초를 이루는 어근의 역할이 완전히 새로운 방식으로 이해된다. 즉 18세기에 어근은 생겨날 때부터 구체적인 사물, 직접적인 재현, 시선이나 어느 한 가지 감각에 제시되는 대상을 지칭하는 초보적인 명칭이었다. 언어는 명사에 의한 특징 규정의 작용을 기초로 구축되었다. 가령 파생은 언어의 범위를 확장했고, 추상화는 형용사를 생겨나게 했으며, 그때 동사 변화가 가능한 낱말의 범주를 구성하기 위해서는 축소할 수 없는 다른 요소, 즉 에트르 동사의 단조롭지만 중요한 기능을 형용사에 덧붙이는 것으로, 이를테면 존재와 부가형용사를 동사의 형태로 압착하는 것으로 충분했다. 보프 역시 동사들이 어근과 에트르 동사의 응결에 의해 얻어지는 혼합물이라는 점을 인정한다. 그러나 그의 분석은 고전주의적 도식의 여러 가지 본질적인 사항에 들어맞지 않는다. 즉 그의 분석에서는 에트르 동사가 갖는 것으로 여겨지는 계사의 기능과 명제의 의미를 잠재적이고 은밀하고 비가시적인 방식으로 추가하는 것이 아니라, 무엇보다도 어간과 에트르 동사의 형태 사이에서 이루어지는 물질적인 결합이 문제이다. 가령 산스크리트어 as는 그리스어의 동사 시제 아오리스토스[51]의 시그마[52]에서, 라틴어 동사의 대과거 또는 전미래 시제의 er에서, 산스크리트어 bhu는 라틴어의 미래 및 반과거(半過去) 시제의 b에서 발견될 수 있다. 게다가 이러

---

49) J. Grimm, *L'Origine du langage*, 41쪽.

50) Bopp, *Über das Konjugationssystem der Sanskritsprache*.

51) (옮긴이 주) aoristos. 그리스어의 동사 시제로서 명확한 시점을 밝히지 않는 과거이다.

52) (옮긴이 주) 그리스어 자모의 18번째 글자.

한 에트르 동사의 부가는 본질적으로 어간에 시제와 인칭을 부여하게 해준다.(더 나아가 에트르 동사의 어간에 의해 구성되는 어미는 script-s-i에서처럼 인칭대명사를 나타내는 어간을 지니고 있다.)[53] 따라서 부가형용사를 동사로 변화시키는 것은 에트르의 부가(附加)가 아니다. 어간 자체가 동사적 의미 작용을 포함하는데, 에트르의 변화에서 파생된 어미는 이 의미 작용에 다만 인칭과 시제의 변화를 덧붙일 뿐이다. 그러므로 동사의 어근은 본래 '사물'이 아니라 행위, 과정, 욕망, 의지를 나타내며, 자체적으로 변화할 수 있는 다른 접미사를 부여받을 경우에는 굴절이 가능한 명사가 되는 반면, 에트르 동사로부터 나오는 몇몇 어미와 인칭대명사를 부여받을 경우에는 동사 변화가 가능하게 된다. 따라서 고전주의적 분석을 특징지었던 명사/에트르 동사의 양극성은 더욱 복잡한 배치, 즉 언어적 의미 작용을 하는 어근으로 대체되어야 할 필요가 있는데, 왜냐하면 어근은 서로 다른 유형의 어미를 부여받고 따라서 활용 가능한 동사나 실사를 낳을 수 있기 때문이다. 이처럼 동사(그리고 인칭대명사)는 언어의 가장 중요한 요소, 언어가 전개될 수 있는 출발점이 된다. "동사와 인칭대명사는 언어의 진정한 지렛대인 것으로 보인다."[54]

보프의 분석은 틀림없이 한 언어의 내부 구성을 무너뜨리는 데뿐만 아니라, 언어가 본질적으로 무엇이냐를 규정하는 데 매우 중요했을 것이다. 이제 언어는 다른 재현을 마름질하고 재구성할 수 있는 재현 체계가 아니라, 가장 지속적인 행위, 상태, 의지를 어근으로 지칭하는 것이고, 언어가 말하고자 하는 것은 본래 보이는 것보다는 오히려 행해지거나 감내되는 것이며, 언어가 마침내 사물을 마치 손가락으로 가리키듯 보여주는 것은 사물이 이 작용의 결과나 대상 또는 수단인 범위 내에서인데, 명사는 복잡한 재현의 도표를 마름질한다기보다는 활동의 과정을 마름

---

53) Bopp, *loc. cit.*, 147쪽 이하.
54) J. Grimm, *L'Origine du langage*, 39쪽.

질하고 중도에서 끊고 굳힌다. 언어는 지각된 사물 쪽이 아니라 활동 중인 주체 쪽에 "뿌리를 내린다." 그래서 아마 언어는 재현을 이중화하는 기억에서 비롯된다기보다는 오히려 의지와 활동력에 기인할 것이다. 누구나 기억해 냄으로써 인식하기 때문이 아니라 행동하기 때문에 말한다. 행위처럼 언어도 어떤 것에 대한 깊은 의지를 표현한다. 이로부터 두 가지 결과가 생겨난다. 첫 번째 결과는 처음 보기에 역설적이다. 즉 그것은 순수한 문법 차원의 발견에 의해 문헌학이 새롭게 확립되는 시기에 깊은 표현력이 언어에 다시 부여되기 시작한다는 점이다.(훔볼트는 보프와 동시대인일 뿐만 아니라 보프의 저서를 속속들이 알고 있었다.) 고전주의 시대에는 기원의 지점에서만, 소리가 사물을 나타낼 수 있음을 설명하기 위해 언어의 표현 기능이 요구되었을 뿐인 반면, 19세기에는 언어가 그 자체의 경로와 가장 복잡한 형태에 따라, 축소할 수 없는 표현의 가치를 갖게 된다. 이때 언어가 무언가를 표명하는 것은 언어가 사물을 모방하거나 이중화하는 것으로 보임에 따라서가 아니라, 말하는 사람의 근본적인 의지를 언어가 드러내고 해석함에 따라서이므로, 이러한 표현의 가치는 어떤 자의성에 의해서도, 문법상의 어떤 규약에 의해서도 말소될 수 없다. 두 번째 결과로 말하자면 이제는 문명이 도달한 지식의 수준(재현의 섬세한 망, 요소들 사이에 확립될 수 있는 다수의 관계)에 의해서가 아니라, 문명을 탄생시켜 문명에 활기를 불어넣고 문명 속에서 제대로 방향을 잡아 나가는 민족의 정신에 의해 언어가 문명과 연결된다는 점이다. 살아 있는 유기체의 생명을 유지하는 기능이 유기체 내부의 긴밀한 결합에 의해 나타나는 것과 마찬가지로, 민족을 계속해서 존속시키고 민족에게 모국어를 말할 능력을 부여하는 근본적인 의지가 가시적이게 되는 것은 언어에 의해, 그리고 문법의 얼개 전체를 통해서이다. 이에 따라 언어의 역사성도 그 조건이 변하지만, 변동은 이제 위로부터(우수한 학자, 소집단의 상인과 여행자, 승리한 군대, 유입된 특권 계급으로부터) 유래하지 않고 아래로부터 막연히 생겨나는데, 그 이유는 언어가 수단이나 산물(홈볼트가 말한 에르곤[55])이 아니라 끊임없는 활동(에네르게이아[56])이라는 데 있다. 하나의 언어에서 말하는 자, 들리지는 않지만 온전한 광채를 발하는 속삭임을 통해 끊임없이 말하는 자는 민족이다. 이러한 속삭임을 그림은 『고대 독일어 장인(匠人)의 노래』에 귀를 기울이면서, 레누아르는 『트루바두르[57]들의 독창적인 시』를 옮겨 적으면서 간파한다고 생각했다. 언어는 이제 사물의 인식과 연계되는 것이 아니라, 인간의 자유와 깊은 관계가 있다. 다시 말해 "언어는 인간적이다. 다시 말해 언어의 탄생과 진실은 우리의 충만한 자유 덕분이다. 언어는 우리의 역사이자 우리의 유산이다."[58] 문법의 내부 법칙이 규정되는 시기에, 언어와 인간의 자유로운 운명은 깊은 친근성으로 맺어진다. 19세기 내내 문헌학은 커다란 정치적 반향을 불러일으킨다.

4. 어근의 분석은 어족(語族) 체계의 새로운 규정을 가능하게 했다. 그리고 문헌학의 출현을 특징짓는 것은 바로 이 네 번째 중요한 이론적 선분이다. 우선 이 규정은 언어들이 서로 불연속적인 집합들로 구분된다는 것을 전제로 한다. 일반 문법은 어떤 언어의 경우에서건 두 가지 종류의 연속성을 인정함에 따라 비교를 배제했다. 즉 하나는 수직적인 것으로서, 몇 가지 변형에 의해 각 언어를 시초의 분절에 결부시키는 가장 기본적인 어근들의 묶음을 모든 언어로 하여금 자유롭게 이용할 수 있게 했고, 수평적인 것인 다른 하나는 언어들을 재현의 보편성 속에서 서로 소

---

55) (옮긴이 주) ergon. 작품, 산물, 작업, 기능을 뜻하는 그리스어로서, 하나의 활동이나 작업의 고유한 특성만큼 그러한 활동이나 작업의 결과도 의미할 수 있다.
56) (옮긴이 주) energeïa. 역능, 잠재력을 뜻하는 그리스어로서, 아리스토텔레스에 의하면 존재가 자신의 기능을 실현하는 역량의 의미를 갖는다.
57) (옮긴이 주) troubadour. 중세 남프랑스 지방의 언어인 오크어로 시를 쓴 12, 13세기의 서정시인을 지칭한다.
58) J. Grimm, *L'Origine des langues*, 50쪽.

통하게 했다. 즉 모든 언어는 매우 넓은 한계 내에서 인류 전체에 대해 동일한 것인 재현을 분석하고 해체하고 재구성해야 했다. 그래서 언어들의 비교는 오직 간접적으로만, 그리고 삼각측량법 같은 것에 의해서만 가능했고, 분석이 가능한 것은 어느 특정한 언어가 공통의 기본 어근들을 취급하고 변화시킨 방식이었으며, 또한 비교가 가능한 것은 두 언어가 동일한 재현들을 재단하고 연결하는 방식이었다. 그런데 그림과 보프로부터 가능해지는 것은 두 언어 또는 여러 언어의 직접적이고 수평적인 비교이다. 순수한 재현이나 절대적으로 기본적인 어근은 이제 고려할 필요가 없는 만큼 직접적인 비교이다. 따라서 어간의 변형, 굴절 체계, 어미의 계열을 연구하는 것으로 충분하다. 그러나 모든 언어의 공통 요소로도, 모든 언어의 생명수가 솟아나는 재현의 토대로도 거슬러 올라가지 않는 수평적인 비교이기도 하다. 따라서 다른 모든 언어를 가능하게 하는 형식이나 원리에 한 언어를 관련짓는 것은 가능하지 않으며, 모든 언어를 형태상의 근접성에 따라 분류할 필요가 있다. 즉 "닮음은 매우 많은 공통의 어근에서 발견될 뿐만 아니라, 언어들의 내부 구조와 문법에 이르기까지 확대된다."[59]

그런데 직접적인 상호 비교가 가능한 이 문법 구조들은 두 가지 특별한 성격을 내보인다. 우선 체계로서만 존속한다는 성격이 있다. 즉 단음절 어근의 경우에는 몇 가지 굴절 현상이 일어날 수 있고, 어미들의 무게에 의해 생겨날 수 있는 효과의 수와 본질이 결정될 수 있으며, 접사 첨가의 방식과 완벽하게 고정된 몇 가지 모델이 서로 대응하는 반면, 다음절(多音節) 어간에서는 모든 변형과 구성이 이와는 다른 법칙을 따른다. 이와 같은 두 가지 체계(하나는 인도유럽어족의 특징이고, 다른 하나는 셈어족의 특징이다.) 사이에서는 중간 유형도 과도기적 형태도 발견되지 않는

---

59) Fr. Schlegel, *Essai sur la langue et la philosophie des Indiens*, 11쪽.

404

다. 한 어족과 다른 어족 사이에 불연속성이 있다. 그러나 다른 한편으로 문법 체계는 여러 변화 및 변이 법칙을 규정하고 있으므로, 한 언어의 노후화(老朽化) 지표를 어느 정도 결정하게 해 주며, 어느 한 형태가 어떤 어간으로부터 나타나려면, 이런저런 변형들이 일어나야 했다. 고전주의 시대에는 두 언어가 서로 유사할 때, 두 언어를 절대적으로 근원적인 언어와 결부시키거나, 하나가 다른 하나에서 나왔다고 인정하거나,(그러나 기준은 외부적인 것이었고, 파생의 정도가 가장 심한 언어는 그저 역사상 더 최근의 시기에 나타난 것이었다.) 더 나아가 (침입, 무역, 이주를 비롯한 언어 외부의 사건으로 인한) 두 언어 사이의 교류를 인정하거나 해야 했다. 이제는 두 가지 언어가 유사한 체계를 내보일 때, 하나가 다른 하나에서 파생한 것이라거나, 두 언어가 다같이 제3의 언어에서 생겨나 부분적으로 상이하면서도 부분적으로 유사한 체계를 각각 발전시킨 것이라는 점을 결정할 수 있어야 한다. 산스크리트어와 그리스어에 대해 근원 언어의 흔적이 있다고 생각한 쾨르두의 가설과 박트리아 왕조 시대에 혼합이 일어났다고 추정한 앙크틸뒤페롱의 가설은 바로 이러한 사정으로 말미암아 잇달아 폐기되었고, 보프는 또한 "인도어는 가장 오래된 언어였고, 다른 언어들(라틴어, 그리스어, 게르만어, 페르시아어)은 전자에서 파생된 더 근대적인 언어였다."[60]라고 주장한 슐레겔을 논박할 수 있었다. 보프는 산스크리트어, 라틴어, 그리스어, 게르만어 사이에 '자매' 관계가 있는데 산스크리트어는 다른 언어들의 모어(母語)가 아니라 오히려 이 어족 전체의 기원이었을 언어에 가장 가까운 언어, 말하자면 다른 언어들의 큰 누이에 해당한다고 지적했다.

생물의 영역과 마찬가지로 언어의 영역으로도 역사성이 도입되었음은 명백하다. 존재론적 연속성의 행로만이 아닌 진화가 사유될 수 있으

---

60) Fr. Schlegel, *Essai sur la langue et la philosophie des Indiens*, 12쪽.

려면, 자연사의 부단하고 매끈한 평면이 부서져야 했고, 문(門)들의 불연속성에 의해 유기적 구조의 차원이 다양한 모습 그대로 직접 나타나야 했고, 스스로 실행되는 경향이 있는 기능에 따라 유기체들이 정돈되어야 했고, 생물과 생물을 존재할 수 있게 해 주는 것 사이의 관계가 이런 식으로 맺어져야 했다. 이와 마찬가지로 언어의 역사가 사유될 수 있으려면, 언어를 기원으로까지 단절 없이 연결하는 광범위한 연대기적 연속성에서 언어가 분리되어야 했고, 또한 붙들려 있는 재현의 넓은 공통 평면에서 풀려나야 했다. 이러한 이중의 단절 덕분으로 문법 체계들의 이질성이 고유한 분할선, 각 문법 체계의 내부 변화를 규정하는 법칙, 그리고 전개의 가능성을 결정하는 행로와 함께 드러났다. 일단 가능한 모든 형태의 연대순 연쇄로 간주된 종의 역사가 중단된 후, 오직 그때에야 생물은 역사성을 부여받을 수 있었고, 이와 마찬가지로 언어의 범주에서 일반 문법에 언제나 전제되어 있는 그 무한한 파생과 한없는 혼합의 분석이 중단되지 않았다면, 언어는 결코 내적 역사성의 영향을 받지 않았을 것이다. 산스크리트어, 그리스어, 라틴어, 독일어를 체계적인 동시성 속에서 다루어야 했으며, 이 언어들의 구조가 투명해지고 거기에서 언어들의 역사가 읽히기 위해서는 온갖 연대기를 버리고 이 언어들을 형제의 시간 속으로 끼워 넣어야 했다. 다른 곳에서처럼 여기에서도 연대순 계열 속으로의 배치는 사라지게 되어 있었고, 그때 새로운 역사, 즉 존재물과 관련하여 연속의 방식과 시간 속에서의 연쇄뿐만 아니라 형성의 양태도 표명하는 역사가 구성되었다. 이제부터 경험성에는 역사의 온전한 밀도가 스며드는데, 이는 또한 자연계의 개체와 이 개체의 명명에 사용될 수 있는 낱말의 경우에도 그대로 들어맞는다. 시간의 질서가 시작된 것이다.

그렇지만 언어와 생물 사이에는 한 가지 주요한 차이가 있다. 생물은 기능과 생존 조건 사이의 어떤 관계에 의해서만 진정한 역사를 갖는다.

그리고 생물의 경우에 역사성을 가능하게 하는 것은 사실상 구조화된 개체로서의 내부 구성이고, 생물의 역사성은 생물이 살아가는 외부 세계에 의해서만 실제의 역사가 된다. 따라서 이러한 역사가 확연하게 나타나고 담론으로 묘사되기 위해서는 생물에 작용하는 환경과 조건의 분석이 퀴비에의 비교해부학에 덧붙여져야 했다. 그림의 표현을 다시 취하건대, 언어의 '해부학'은 반대로 역사의 원리에 따라 작용한다. 왜냐하면 언어의 해부학은 가능한 변화의 해부학, 즉 기관들의 실제적인 공존이나 상호적인 배제가 아니라, 변화가 이루어질 수 있게 되거나 이루어질 수 없게 되는 방향을 서술하는 해부학이기 때문이다. 새로운 문법은 직접적으로 통시적이다. 언어와 재현 사이의 단절에 의해서만 실증성이 정립될 수 있었을 뿐인 만큼, 어떻게 통시적이지 않을 수 있었을 것인가? 언어들의 내부 구조, 즉 언어들이 기능하기 위해 허용하고 배제하는 것은 오직 말의 형식에 의해서만 다시 파악될 수 있었으나, 말의 형식이 갖는 법칙은 이전의 상태, 일어날 수 있는 변화, 결코 일어나지 않는 변형과 관련될 경우에만 표현될 수 있을 뿐이다. 확실히 언어에 의해 재현되는 것으로부터 언어가 단절됨으로써, 역사상 처음으로 언어가 출현하게 되었고, 이와 동시에 언어는 역사 속에서만 다시 파악할 수 있게 되어 있었다. 누구나 잘 알고 있듯이 소쉬르는 일반 문법의 방식으로 관념들 사이의 연결에 의해 기호를 정의하는 '기호학'을 재구성하게 될 위험에도 불구하고, 재현에 대한 언어의 관계를 복원함으로써만 문헌학의 통시적 사명에서 벗어날 수 있었다. 그러므로 동일한 고고학적 사건이 자연사와 언어의 경우에서 부분적으로 상이하게 표출된 셈이다. 분석되는 재현의 법칙으로부터 생물의 특징이나 문법의 규칙이 분리됨으로써, 생명과 언어의 역사성이 가능해졌다. 그러나 생물학의 영역에서 역사성은 개체와 환경의 관계를 표명해야 하는 보충적인 역사를 필요로 했고, 어떤 관점에서 보면 생명의 역사는 생물의 역사성과 무관하며, 그래서 진화론은 생물학 이론을 구성하지만, 이 이론의 가능 조건은 진화 없는 생물학, 말하자면 퀴비에의 생물학이었다. 이와 반대로 언어의 역사성은 언어의 역사를 곧장 직접적으로 드러나게 하며, 언어의 역사성과 언어의 역사는 내부로부터 서로 소통한다. 19세기의 생물학은 예전에 자연사학자가 시선을 집중했던 유기체의 표면을 갈수록 더 투명하게 만들면서, 생물의 외부 쪽으로, 생물 너머에 놓여 있는 것 쪽으로 점점 더 나아가는 반면, 문헌학은 문법학자가 내부의 역사를 규정하기 위해 언어와 외부의 역사 사이에 확립한 관계를 끊어 놓는다. 그리고 문헌학은 일단 객관성이 확보되면, 엄밀한 의미에서의 역사에 대해 오래전에 잊힌 사건들의 재구성을 위한 길잡이로 구실할 수 있게 된다.

5 대상이 된 언어

지금까지 분석된 네 가지 이론적 선분은 아마 문헌학의 고고학적 바탕을 이룰 것이기 때문에 일반 문법을 규정하게 해 준 이론적 선분들과 일대일로 상응하고 대립한다고 지적할 수 있다.[61] 이 네 가지 선분 중의 마지막 것에서 첫 번째 것으로 거슬러 올라갈 때 분명히 드러나듯이, 어족 관계의 이론(광범위한 어족들 사이의 불연속성, 그리고 변화 체제 안에서의 내부적인 유비)은 파생의 이론과 마주 대하는데, 파생의 이론은 외부적인 원리로서 어떤 언어에 대해서건 동일한 방식으로 작용하고 무한한 결과를 낳는 만큼, 끊임없는 마모(磨耗)와 혼합의 요인을 전제로 했다. 어간의 이론은 지칭의 이론과 맞선다. 실제로 어간은 일군의 언어에 내재하고 무엇보다 먼저 언어적 형태에 대해 핵으로 구실하는 분리 가능한 언어학적

---

61) 이 책의 184쪽 참조.

개체이다. 반면에 자연과 외침 쪽에서 언어로 침입하는 어근은 사물에 대한 최초의 명목적 마름질을 기능으로 갖는 무한히 변형 가능한 소리에 지나지 않을 정도로 무익한 것이 되었다. 또한 언어의 내적 변이에 관한 연구는 재현의 분절에 관한 이론과 맞선다. 즉 이 이론은 말을 말이 의미할 수 있는 내용과 관련시킴으로써 말을 규정했고 각각의 말에 상이한 개체성을 부여했으며, 언어의 분절은 재현의 가시적인 분석이었으나, 이제 말은 무엇보다 먼저 형태론과 각각의 소리에 일어날 수 있는 변이 전체에 의해 특징지어진다. 끝으로 특히 언어의 내적 분석은 고전주의적 사유에서 에트르 동사에 부여된 우위와 맞선다. 즉 이 동사는 낱말들 사이의 기본적인 연결 고리임과 동시에 근본적인 단언의 힘을 지니고 있었기 때문에 언어의 경계에 군림했고, 언어의 문턱을 표시했고, 언어의 특수성을 가리켰고, 언어를 사유의 형식에 끊을 수 없을 정도로 굳게 결부시켰다. 반면에 19세기부터 실행되는 바와 같은 문법 구조의 독자적인 분석은 언어를 고립시키고, 언어를 자율적인 유기적 구조로 취급하며, 언어가 판단, 귀속, 단언과 맺고 있는 결속을 깨뜨린다. 말하기와 생각하기 사이에서 에트르 동사에 의해 마련된 존재론적 통로가 제거되고, 그 결과로 언어는 고유한 존재를 획득한다. 그리고 언어를 지배하는 법칙을 보유하는 것은 바로 이 존재이다.

이제 언어의 고전주의적 질서는 다시 닫혔다. 이 질서는 지식의 영역에서 투명성과 주요한 기능들을 상실했다. 17세기와 18세기에 이 질서는 재현의 직접적이고 자연스러운 전개였고, 재현이 최초의 기호를 부여받고 공통의 특성들을 재단하고 재편성하고 동일성 또는 귀속 관계를 정립하는 것은 본질적으로 이 질서 속에서였으며, 언어는 인식이었고 인식은 당연히 담론이었다. 따라서 모든 인식과 관련하여 언어는 본질적인 것이었다. 즉 누구나 언어를 거침으로써만 세계의 사물을 인식할 수 있었다. 언어가 (르네상스 시대처럼) 세계의 일부분으로서 존재론적으로 세계와 얽혀 있었기 때문이 아니라, 언어가 세계의 재현에서 찾아볼 수 있는 질서의 첫 번째 밑그림이었고, 재현을 나타내는 기본적이고 불가피한 방식이었기 때문이다. 모든 일반성이 형성된 것은 바로 언어 안에서였다. 고전주의적 인식은 극도로 명목적이었다. 19세기부터 언어는 온전히 닫힌 것이 되고, 고유한 밀도를 획득하며, 고유한 역사와 법칙 그리고 객관성을 펼쳐 보인다. 수많은 다른 것들 사이에서, 즉 생물, 부, 가치, 그리고 사건 및 인간의 역사와 동일한 차원에서 언어는 인식의 대상이 되었다. 언어는 아마 고유한 개념들을 지니겠지만, 언어를 대상으로 하는 분석은 경험적 인식을 다루는 다른 모든 분석과 동일한 차원에 뿌리를 내린다. 일반 문법이 논리학이 됨과 동시에 논리학과 교차할 정도로 일반 문법이 돋보이던 상황은 이제 자취를 감춘다. 언어를 인식한다는 것은 이제 인식 자체에 가장 가까이 접근하는 것이 아니라, 다만 지식 일반의 방법을 객관성의 한 가지 특이한 영역에 적용하는 것일 뿐이다.

그렇지만 언어를 순수한 대상의 지위로 귀착시키는 이러한 언어의 격하는 세 가지 방식으로 보완된다. 우선 언어는 담론으로 표면화되고자 하는 모든 과학적 인식에 필요한 매개물이라는 사실에 의해서이다. 언어는 과학의 시선 아래 배치되고 전개되고 분석된다 해도, 인식하는 주체가 알고 있는 것을 표명하는 것이 관건이자마자, 언제나 이 주체 쪽에서 다시 솟아오른다. 이로부터 19세기에 변함없이 지속된 두 가지 관심사가 유래한다. 하나는 과학적 언어를, 모든 특이성이 박탈되고 우발적인 것과 부적절한 것이 정화된 상태로, 마치 이것들이 결코 언어의 본질에 속하지 않는 듯이, 언어적이지 않은 인식의 정확한 반영, 세밀한 사본, 티 없는 거울이 될 수 있을 정도로, 중화하고 매끈하게 다듬고자 하는 것이다. 아마 이것은 인식되는 것의 차원에서 조금도 벗어나지 않는 언어, 즉 퀴비에가 과학을 자연의 '복사'이게끔 하려는 계획을 제시할 때 열망한 것과 유사한 도표-언어에 대한 실증주의자들의 꿈일 것이다. 사물에 관

410

한 과학적 담론은 사물의 '도표'일 것이지만, 여기에서 도표는 18세기의 경우와는 근본적으로 다른 의미를 지닌다. 18세기에는 동일성과 차이의 일정한 도표에 의해 자연을 나누는 것이 중요했고, 언어는 이 도표에 대해 기본적이고 대략적이며 수정 가능한 격자를 제공했으나, 이제 언어는 도표라기보다는 오히려 그림인데, 이는 언어가 직접적으로 분류하는 역할을 언어에 부여하는 그 뒤얽힘으로부터 벗어나, 수동성 때문에 자연의 일부를 끌어들이고 마침내 자연의 충실한 초상이 되기 위해 자연으로부터 어떤 거리를 유지한다는 의미에서이다.[62] 첫 번째 관심사와 상관 관계가 있기는 하지만 완전히 다른 나머지 하나는 문법, 어휘, 총합적 형태,[63] 말과 무관한 논리, 즉 사유의 보편적 내포를 이것이 가려질 수 있을 구성된 언어의 특이성들로 보호하면서 분명하게 밝히고 이용할 수 있는 논리를 모색하는 것이었다. 언어가 문헌학을 위한 대상으로 떠오르는 바로 그 시기에 불[64]에 힘입어 기호논리학이 탄생한 것은 필연적이었다. 즉 표면적인 유사점과 기법상의 몇몇 유비에도 불구하고, 고전주의 시대에서처럼 보편 언어를 구성하는 것이 아니라, 모든 언어의 바깥에서 사유의 형식과 연쇄를 나타내는 것이 문제였다. 언어는 과학의 대상이 되었으므로, 언어라기보다는 상징 체계이고 그렇기 때문에 사유로 하여금 인식할 수 있게 해 주는 움직임 속에서 사유에 대해 투명할 하나의 언어를 창안해야 했다. 어떤 관점에서 보자면 **논리 대수학**과 **인도유럽 언어들**은 일반 **문법**의 해체가 낳은 두 가지 산물이었다고, 즉 인도유럽 언어들은 언어가 인식 대상 쪽으로 점진적으로 옮겨 가는 과정을, 논리 대수학은 언어로부터 이미 구성된 모든 형태를 박탈하면서 언어를 인식 행위 쪽으로 기

---

62) G. Cuvier, *Rapport historique sur les progrès des sciences naturelles*, 4쪽.

63) (옮긴이 주) formes synthétiques. 라틴어에서 찾아볼 수 있듯이 어미변화로 문법 관계를 나타내는 형태.

64) (옮긴이 주) Boole(1815~1864). 영국의 수학자, 철학자로서 디지털 컴퓨터 논리인 '불의 논리'를 창안했다.

울게 하는 움직임을 보여 주었다고 말할 수 있을지 모른다. 그러나 사실을 이처럼 순전히 소극적인 형식으로 표명하는 것은 충분하지 않을지도 모른다. 왜냐하면 고고학의 차원에서는 비언어적 논리의 가능 조건과 통시적 문법의 가능 조건이 동일한 것이기 때문이다. 이 두 가지 가능 조건은 실증성의 토대가 동일하다.

언어의 격하에 대한 두 번째 보상은 언어의 연구에 부여된 결정적인 가치이다. 치밀하고 견실한 역사적 실재가 된 언어는 전통, 말없는 사유의 관습, 민족들의 정신에 감춰져 있는 것의 장소를 형성하고, 기억으로 인식되지도 않는 숙명적인 기억을 축적한다. 인간은 자신이 통제하지 못하는 말로 생각을 표현하면서, 언어적 형태의 역사적 중요성을 의식하지 못하는데도 사유를 언어적 형태로 둘러싸면서 자신의 뜻대로 말한다고 생각하지만, 사실은 자신이 말의 요구를 따른다는 것을 알지 못한다. 한 언어의 문법적 경향은 그 언어에서 표명될 수 있는 것의 선험적 여건이다. 담론의 진실이 문헌학의 올가미에 걸려든다. 견해, 철학, 어쩌면 과학에서 이것들을 가능하게 한 말로, 더 나아가 어떤 문법의 망(網)을 통해서도 고유한 활기가 간파되지 않을 사유로 거슬러 올라갈 필요는 이로부터 유래한다. 주석의 모든 기법이 19세기에 매우 두드러지게 되살아나는 현상은 이런 관점에서 이해할 수 있다. 이 재출현은 언어가 르네상스 시대에 지녔던 불가사의한 밀도를 되찾았다는 사실에 그 원인이 있다. 그러나 이제는 언어에 파묻힌 본래의 말을 재발견하는 것이 아니라, 우리가 하는 말을 흐트러뜨리고 우리의 관념에 잡힌 문법의 주름을 드러내고 우리의 말에 활기를 불어넣는 신화를 일소하고 모든 담론이 말해질 때 담론과 함께 휩쓸려 가는 침묵의 몫을 다시 소란스럽게 들릴 수 있도록 하는 것이 관건으로 떠오르게 된다. 『자본론』의 제1권은 '가치'에 대한 주석이고, 니체의 모든 저서는 몇몇 그리스어 낱말에 대한 주석이며, 프로이트는 우리의 명백한 담론, 우리의 환상, 우리의 꿈, 우리의 몸을 지탱하는 동시에 침식하는 모든 무언의 문장에 대한 주석이다. 담론의 심층에서 말해지는 것에 대한 분석으로서의 문헌학은 비평의 근대적 형태가 되었다. 18세기 말에 인식의 한계를 정하는 것이 문제였던 바로 거기에서, 통사법의 매듭을 풀고 강압적인 말하기 방식을 깨뜨리고 말을 통해 말에도 불구하고 말해지는 모든 것을 간파하기 위해 말을 뒤적이는 것이 추구되기에 이른다. 신은 아마 지식의 저편이라기보다는 오히려 우리가 말하는 문장의 이편일 것이다. 서양인이 신과 분리될 수 없는 것은 경험의 한계를 뛰어넘으려는 어떤 거역할 수 없는 성향 때문이 아니라, 서양인의 언어가 언어 규칙의 어두운 그림자 속에서 끊임없이 신을 일으켜 세우기 때문이다. 니체의 말을 빌리자면 "우리가 여전히 문법을 믿으므로, 나는 우리가 결코 신을 떨쳐 버리지 못할까 봐 몹시 두렵다."[65] 16세기에 해석은 (사물이자 동시에 텍스트인) 세계로부터 세계에서 해독되는 신의 말씀으로 나아간 반면, 우리의 해석, 어쨌든 19세기에 형성된 해석은 인간, 신, 인식, 또는 공상으로부터 이것들을 가능하게 만드는 말 쪽으로 진행되고, 우리의 해석이 밝혀 주는 것은 본래의 담론의 절대적인 힘이 아니라, 우리가 가장 사소한 말조차 하기 이전에 이미 언어에 의해 지배되고 꼼짝달싹하지 못하게 된다는 사실이다. 근대적 비평이 열중하는 논평은 정말이지 기이한 논평이다. 왜냐하면 근대적 비평은 언어가 있다는 확인된 사실에서 언어가 의미하는 것의 발견으로 전개되지 않고, 명백한 담론의 전개에서 언어의 순수한 존재에 대한 직관적 인식으로 진행되기 때문이다.

그러므로 근대적 사유에서 해석의 방법은 형식화의 기법과 대립한다. 즉 전자는 언어 아래에서, 그리고 언어 없이 언어로 말해지는 것과 가장 가까운 곳에서 언어로 하여금 말하게 하고자 하고, 후자는 모든 잠재적

---

65) Nietzsche, *Le Crépuscule des idoles*, trad. française(1911), 130쪽.

언어를 통제하고, 말할 수 있는 것의 법칙에 의해 모든 잠재적 언어를 위로부터 지배하고자 한다. 해석하기와 형식화하기는 우리 시대의 두 가지 중요한 분석 방식이 되었다. 사실 우리는 다른 분석 방식을 알지 못한다. 그러나 우리는 주석과 형식화의 관계를 알고 있을까? 우리는 주석과 형식화를 통제하고 제어할 수 있을까? 실제로, 우리가 주석을 통해 본래의 담론으로 인도된다기보다는 오히려 언어와 같은 것의 적나라한 존재로 이끌린다면, 주석은 언어가 의미를 띠기도 전에 언어의 순수한 형태만을 알려줄 수밖에 없지 않을까? 그러나 언어라고 추정되는 것을 형식화하려면, 최소한의 주석을 실행했어야 하지 않을까? 적어도 무언가를 의미하는 것처럼 보이는 그 모든 무언의 형상을 해석했어야 하지 않을까? 해석과 형식화 사이의 분할이 오늘날 우리를 압박하고 지배하는 것은 사실이다. 그러나 이 분할은 별로 엄정하지 않고, 이 분할에 의해 어렴풋이 드러나는 분기점은 우리 문화 속으로 그다지 깊이 들어박히지 않으며, 이 분할의 두 갈래는 우리와 너무나 동시대적이어서 우리로서는 이 분할이 단순한 선택을 강요한다거나, 의미의 실재를 믿었던 과거와 의미하는 것을 발견한 현재(미래) 사이에서 우리가 어느 한쪽을 선택하도록 유도한다고 말할 수조차 없다. 사실 해석과 형식화는 두 가지 상관적인 기법인데, 이 기법들에 공통된 토대는 근대의 문턱에서 구성된 언어의 존재에 의해 형성된다. 언어의 결정적인 격상은 대상화로 인한 언어의 격하를 보상하는 것으로서, 언어가 모든 말에 내포된 순수한 인식 행위에서, 그리고 우리의 각 담론으로 인식되지 않는 것에서 멀지 않다는 것을 전제로 했다. 언어를 인식의 형식에 대해 투명하게 만들거나, 언어를 무의식의 내용에 깊이 박히게 하거나 해야 했다. 사유의 형식주의와 무의식의 발견 쪽으로, 러셀[66]과 프로이트 쪽으로 나아가는 19세기의 두 갈래 흐름은 이 사

---

66) (옮긴이 주) Russel. 프랑스어판에는 이름의 마지막 철자 'l'이 하나밖에 없으나, 영어판에는 둘로 나와 있다. 이로 미루어 현대 수학의 성과를 기초로 기호논리학을 집대성한 B. 러셀(1872~1970)이

실로 명확히 설명된다. 또한 이 두 방향을 서로 근접시키고 교차시키려 하는 경향, 예를 들어 모든 내용에 앞서 우리의 무의식에 부과되는 순수한 형식을 밝히려는 시도, 더 나아가 경험의 토대, 존재의 의미, 우리의 모든 인식에 바탕으로 구실하는 경험의 지평을 우리의 담론으로 이르게 하려는 노력 또한 이 사실로 설명된다. 여기에서 구조주의와 현상학의 고유한 경향과 함께, 구조주의와 현상학의 **공통의 장소**를 규정하는 일반적인 공간이 발견된다.

끝으로, 언어의 격하에 대한 마지막이자 가장 중요하고 가장 예기치 못한 보상은 문학의 출현이다. 이 경우에 문학은 그만한 자격을 갖춘 것으로 한정해야 하는데, 왜냐하면 우리가 지금 '문학'이라 부르는 언어의 형태는 단테로부터, 호메로스로부터 서양 세계에 분명히 존재했기 때문이다. 그러나 우리의 문화에서 고유한 존재 방식이 '문학적'인 특별한 언어는 최근에야 독립적으로 다루어진 것처럼, 문학이란 말도 최근의 것이다. 19세기 초, 즉 언어가 대상으로서의 밀도를 갖추고 지식이 언어에 속속들이 스며드는 시대에, 문학이란 말은 접근하기 어렵고 탄생이 수수께끼에 싸여 있고 순수한 글쓰기 행위에 전적으로 의존하는 독자적인 형태로 다른 곳에서 재구성되었다. 문학은 문헌학에 대한 부인(否認)이다.(그렇지만 문학은 문헌학과 쌍을 이루는 형상이다.) 즉 문학은 언어를 문법에서 적나라한 말하기의 힘으로 귀착하게 하고, 야생적이고 강압적인 말의 존재와 마주친다. 번거로운 절차로 인해 굳어 버린 담론에 대한 낭만주의의 반발에서 말의 무력한 힘에 대한 말라르메의 발견까지, 19세기에 언어의 근대적 존재 방식과 관련하여 문학의 기능이 무엇이었는지는 분명하다. 이 본질적인 상호 작용의 배경에 비하면 나머지는 그저 효과에 불과하다. 문학은 관념을 재현하는 담론과 갈수록 더 구별되고, 스스로 극

맞을 것이다.

단적인 독자성 속으로 틀어박히고, 고전주의 시대에 문학을 유통하게 할 수 있었던 모든 가치(취향, 즐거움, 자연스러움, 진실)로부터 떨어져 나오고, 이 모든 가치의 유희적인 부정(否定)을 보장할 모든 것(파렴치한 것, 추한 것, 불가능한 것)을 자신의 공간에서 생겨나게 하고, 재현의 질서에 맞추어진 형태로 규정되는 모든 "장르"와 단절되고, 다른 모든 담론을 거슬러 자신은 접근하기 어려운 존재라고 단언하는 것을 유일한 법칙으로 하는 언어의 무조건적인 발현이 되고, 마치 문학 자체의 형식을 말하는 것만이 문학 담론의 내용일 수밖에 없기라도 한 듯이, 자기 쪽으로의 영속적인 회귀를 향해 방향을 틀기만 할 뿐이다. 다시 말해 문학은 글을 쓰는 주체성으로서의 자기에게 말을 걸거나, 문학을 탄생시키는 움직임 속에서 모든 문학의 본질을 다시 파악하고자 하며, 따라서 문학의 모든 맥락은 특이하고 순간적이지만 절대적으로 보편적인 가장 미세한 극단, 즉 글을 쓰는 단순한 행위로 수렴된다. 언어가 퍼져 나가는 말로서 인식의 대상이 되는 바로 그 시기에, 우리는 언어가 이와는 전혀 상반된 양태로, 즉 말이 백지 위로 조용히 용의주도하게 침전하는 과정으로 다시 나타난다는 것을 알아차릴 수 있는데, 거기에서 언어는 억양도 대화자도 갖지 않고, 자기 외에는 말할 것이 전혀 없으며, 오로지 자기 존재의 광채로 반짝거리기만 할 뿐이다.

9 인간과 인간의 분신들

1 언어의 귀환

　문학, 주석의 재래와 형식화에 대한 관심, 문헌학의 성립으로 인해, 요컨대 다양한 급증의 양상을 띤 언어의 재출현으로 인해, 고전주의적 사유의 질서는 이제 사그라질 수 있다. 어떤 관점에서 회고해 보더라도 고전주의적 사유의 질서는 이 시기에 어둠의 영역으로 들어간다. 그렇다 해도 어둠이 아니라 약간 흐리고 거짓되게 밝고 드러내기보다는 오히려 감추는 빛에 대해 논해야 할지 모른다. 즉 고전주의적 지식은 합리주의적이고, 갈릴레이와 데카르트로부터 기계론을 매우 중시하고, 자연의 일반적인 정돈을 전제하고, 요소나 기원을 발견할 만큼 철저한 분석의 가능성을 인정하지만, 이해력의 이 모든 개념을 넘어서고 무릅써서 생명의 움직임, 역사의 밀도, 자연의 제어하기 어려운 무질서를 이미 예고한다는 것을 이해한다면, 고전주의적 지식에 관해 모든 것을 알고 있는 셈이라고 우리는 실제로 생각한다. 그러나 고전주의적 사유를 이런저런 징후들에 의해서만 식별하는 것은 고전주의적 사유의 근본적인 경향을 오해하는 것이자, 이런저런 조짐들과 이것들을 가능하게 한 원인 사이의 관계를 완전히 무시하는 것이다. 그 광범위한 망 전체가 해체되고, 필요한 것의 생산이 필요한 것에 의해 조직되고, 생물이 생명의 본질적인 기능 쪽으로 돌아들고, 말이 구체적인 역사로 무거워진 시기부터, 요컨대 재현의 동일성이 더 이상 존재물의 질서를 완전하고 확연하게 드러내지 않게 된 시기부터, 결국(까다롭고 느린 기법에 의해서가 아니라면) 어떻게 재현, 동일성, 질서, 말, 자연물, 욕망, 관심의 복잡한 관계를 재발견할 수 있을까? 재현들의 연쇄(인간의 정신 속에서 전개되는 성긴 시간상의 계열)를 끊고 세분하고 늘어놓고 영속적인 도표에 나누어 배치하기 위해 분석한 격자들의 체계 전체, 말과 담론에 의해, 특징과 분류에 의해, 등가와 교환에 의해 구성된 모든 갈짓자형 통로는 이제 그 전체가 작동할 수 있었던 방식을 다시 알아보기 어려울 정도로 완전히 폐지되었다. 마지막으로 무너진 "보루"는(이것이 사라짐으로써 우리는 고전주의적 사유로부터 영원히 단절되는데) 정확히 그 모든 격자 중 최초의 것, 즉 도표 안에서 재현의 자연 발생적이고 자연스러운 애초의 전개를 보장한 담론이다. 담론이 재현 안에서 기본적인 정돈의 수단으로서 실재하고 작용하기를 그쳤을 때, 이와 동시에 고전주의적 사유 또한 우리가 직접 접근할 수 없게 되었다.

우리가 고전주의와 근대성 사이(용어는 그다지 중요하지 않지만, 우리의 선사 시대에서 우리와 여전히 동시대적인 것까지라고 말해 두자.)의 문턱을 결정적으로 넘어선 것은 말이 더 이상 재현과 교차하지 않고 사물의 인식을 위한 자율적인 격자를 제공하지 않게 되었을 때이다. 19세기 초에 말은 수수께끼 같은 예전의 밀도를 되찾았지만, 이는 르네상스 시대에 말이 자리하고 있던 세계의 곡선을 복원하기 위한 것도, 순환적인 기호 체계 속에서 사물과 섞이기 위한 것도 아니다. 일단 재현에서 떨어져 나온 언어는 오늘날까지도 여전히 분산적으로만 존재할 뿐이다. 가령 문헌학자들에게 말은 역사에 의해 형성되고 침전된 수많은 대상과 같은 것이고, 형식화하고자 하는 사람들에게 언어는 구체적인 내용을 떨쳐 버리고

418

오직 보편적으로 타당한 담론의 형식만을 허용해야 하는 것이며, 해석하고자 하는 사람들에게 말은 말에 감추어져 있는 다른 의미가 명백히 드러나고 분명하게 보이도록 분석해야 할 텍스트가 된다. 끝으로 자기 이외의 어떤 것도 가리키지 않는 글쓰기 행위 속에서 언어가 스스로 솟아오르는 일이 일어난다. 이러한 분산으로 인해 특권적인 지위는 아니지만 적어도 노동이나 생명의 경우에 비해서는 특이한 듯한 운명이 언어에 부과된다. 자연사의 도표가 해체되었을 때, 생물은 분산된 것이 아니라, 반대로 생명의 수수께끼를 중심으로 재편되었고, 부의 분석이 사라졌을 때, 모든 경제 과정은 생산의 현상과 생산을 가능하게 만드는 것을 중심으로 재편된 반면에, 일반 문법의 단일성, 즉 담론이 사라졌을 때, 언어는 아마 단일성이 복원될 수 없을 다수의 존재 방식에 따라 출현했다. 철학적 성찰이 그토록 오랫동안 언어로부터 동떨어져 있었던 것은 아마 이러한 이유 때문일 것이다. 생명이나 노동의 영역에서 철학적 성찰의 대상이나 개념적 모델 또는 실제적으로 기본 토대라 할 만한 어떤 것이 줄기차게 모색된 것에 비하면, 언어는 거의 철학적 성찰의 관심사가 아니었다. 철학적 성찰의 주된 관심은 언어로 인해 생길 수 있는 장애를 제거하는 데 있으며, 예컨대 말을 소외하는 무언의 내용으로부터 말을 해방하거나, 아니면 언어가 이해력의 공간화에서 벗어나 생명의 움직임과 고유한 지속을 되돌려줄 수 있도록 언어를 더 유연하게 하고 내부로부터 유동적인 것 같게 만들어야 했다. 19세기 말에야 언어는 사유의 영역 안으로 직접 되돌아갔다. 그 당시 이러한 사정을 매우 잘 알고 대단히 훌륭한 책들을 펴낸 매우 명철한 독일의 문헌학자 니체가 최초로 철학의 과제를 언어에 관한 철저한 성찰과 밀접하게 관련짓지 않았다면, 20세기에야 그렇게 되었으리라고 말할 수 있을 것이다.

니체가 우리를 위해 열어 놓은 철학-문헌학의 공간에서 이제 언어는 제어해야 할 수수께끼 같은 다양성에 따라 솟아오른다. 그만큼 모든 담론의 보편적 형식화의 주제, 세계에 대한 집단적 기만을 완전히 타파하는 활동에 해당할 완전한 주석의 주제, 일반적인 기호 이론의 주제, 또한 오차 없는 변형, 즉 모든 담론이 단 하나의 말로, 모든 책이 한 페이지로, 세계 전체가 한 권의 책으로 요약되는 전적인 흡수의(아마 역사상 최초였을) 주제가 수많은 기획(또는 수많은 망상, 당분간은 누가 알겠는가?)으로 나타난다. 말라르메가 죽을 때까지 매달린 위대한 과업은 지금 우리를 지배하고 있는 것이고, 이미 초기 단계부터 오늘날 우리가 파편화된 언어의 존재에 어쩌면 불가능할 단일성을 억지로 부과하기 위해 기울이는 모든 노력을 포괄하는 것이다. 모든 가능한 담론을 말의 취약한 밀도 속으로, 종이 위에 잉크로 그은 가느다랗고 검은 물질적인 선 안으로 집어넣으려는 말라르메의 기획은 기본적으로 니체가 철학에 제기한 물음에 대한 대답에 해당한다. 니체에게 중요한 것은 선과 악이 본질적으로 무엇인가를 아는 것이 아니라, 누군가가 자기 자신을 아가토스[1]라고, 다른 사람을 데일로스[2]라고 지칭할 때 누가 지칭되는가, 더 정확히 말하면 누가 말하고 있는지를 아는 것이었다.[3] 실제로 언어가 전적으로 결집되는 것은 바로 거기, 담론을 행하고 더 심층적으로는 발언권을 갖는 사람에게서이다. 말라르메는 니체의 이 물음, 즉 누가 말하는가에 대한 물음에 말자체(말의 의미가 아니라, 말의 불안정하고 수수께끼 같은 존재)가 고독과 미약한 진동 그리고 무(無) 속에서 말한다라고 대답하며, 자신의 대답을 끊임없이 재고한다. 니체는 결국 이 물음 속으로 돌입해서 이 물음의 근거를 자기 자신, 말하고 질문하는 주체, 즉 에케 호모[4]에 두면서도, 누가 말하는가에 관한 물음을 끝까지 계속한 반면, 말라르메는 담론이 담론 자

---

1) (옮긴이 주) Agathos. '선한 사람'이라는 뜻의 그리스어.

2) (옮긴이 주) Deilos. '치졸하고 미천한 사람'이라는 뜻의 그리스어.

3) Nietzsche, *Généalogie de la morale*, I, §5.

4) (옮긴이 주) *Ecce homo*. 니체의 저서 『이 사람을 보라』이기도 하다. 여기에서는 십자가에 못 박힌 천재로서의 디오니소스, 즉 니체 자신을 함축한다.

체로 구성된 책의 순수한 의식(儀式)에서 집행자의 모습만을 보일 정도로 자신의 언어로부터 자기 자신을 끊임없이 지워 나간다. 현재 우리의 강한 호기심을 자극하는 모든 물음(언어란 무엇인가? 기호란 무엇인가? 세계에서, 우리의 행위에서, 우리의 행동, 우리의 꿈, 우리의 병(病)이라는 불가사의한 문장(紋章) 전체에서 말해지지 않는 것, 이 모든 것은 무언가를 전달하는 것인가? 그렇다면 어떤 언어로, 어떤 문법에 따라? 모든 것은 의미하는 것인가, 아니면 무엇인가? 그렇다면 누구를 위해, 어떤 규칙에 따라? 언어와 존재 사이에는 어떤 관계가 있는가? 언어, 적어도 정말로 말하는 언어가 언제나 겨냥하는 것은 과연 존재인가? 그렇다면 어떤 것도 말하지 않고 결코 침묵하지도 않으며 '문학'이라 불리는 이 언어는 도대체 무엇인가?)은 오늘날 니체의 물음과 말라르메의 대답 사이의 결코 메울 수 없는 간격 때문에 제기되는 것일지도 모른다.

우리는 이제 이 물음들이 어디로부터 우리에게 오는지 알고 있다. 이 물음들은 19세기 초에 담론의 법칙이 재현과 분리되면서 언어의 존재가 파편화된다는 사실로 인해 가능해졌지만, 니체와 말라르메에 힘입어 사유가 언어 자체 쪽으로, 언어의 독특하고 난해한 존재 쪽으로 더군다나 격렬하게 내몰렸을 때 불가피한 것이 되었다. 우리의 사유에 대한 호기심 전체는 이제 언어란 무엇이며, 언어를 실질적으로 온전히 나타나게 하려면 어떻게 언어의 윤곽을 그려야 하는가라는 문제 속에 자리한다. 어떤 관점에서 보면, 이 문제는 19세기에 생명이나 노동과 관련되었던 문제를 이어받는다. 그러나 이 탐색과 이것을 다각적으로 펼치는 모든 물음의 지위가 완벽하게 뚜렷한 것은 아니다. 이 탐색은, 아직까지 거의 예고되지는 않지만 사유, 말한다는 것이 무엇인지도 심지어 자신이 말한다는 것조차 알지 못한 채 수천 년 전부터 말하는 사유가 온전히 재(再)파악되고 존재의 섬광 속에서 다시 빛나게 된다는 것을 우리가 벌써 감지하는 날의 징후, 아니면 하늘 언저리에서 최초로 새어 나오는 미세한 빛의 전조일까? 이 탐색은 니체가 자신의 언어 안에서 인간과 동시에 신(神)을 죽이고 거기에서 신들의 되살아나는 다양한 반짝임을 회귀와 함께 약속하면서 준비한 것이 아닐까? 또는 언어에 관한 그 많은 물음은 고고학이 보여 주었듯이 18세기 말에 일어나 최초의 결과를 산출하기 시작한 사건의 지속 또는 기껏해야 정점에 지나지 않는다고 인정해야 할까? 그렇다면 언어가 문헌학적 객관성으로 넘어가는 시대에 일어난 언어의 분열은 고전주의적 질서의 단절이 야기한 결과들 중 (가장 은밀하고 가장 근본적이기 때문에) 가장 최근에 가시적이게 된 것에 불과할 것인데, 우리는 이 균열을 철저하게 파악하고 언어를 온전히 나타나게 하려고 애씀으로써, 18세기 말 무렵에 우리보다 앞서 우리 없이 일어난 것을 종결짓게 될지 모른다. 그러나 이 완결이란 도대체 무엇일까? 언어의 상실된 단일성을 재구성하기 위해 19세기의 사유라는 것을 결말짓는 것일까? 아니면 19세기의 사유와 이미 양립할 수 없는 형태를 추구하는 것일까? 언어의 분산은 사실 담론의 소멸로 지칭할 수 있는 고고학적 사건과 근본적으로 연계되어 있다. 하나의 단일한 공간에서 언어의 광범위한 작용을 재발견하는 것 또한 이전 세기에 구성된 지식의 방식을 종결하는 것이자 전적으로 새로운 형태의 사유를 향해 결정적으로 도약하는 것일지 모른다.

이 물음들에 대해 사실 나는 무슨 대답을 해야 할지, 또한 이 양자택일의 상황에서 어느 것을 선택하는 것이 합당할지 모르겠다. 언젠가는 대답할 수 있을지, 또는 어느 하나를 선택하기에 충분한 근거를 갖게 될 날이 올지 나로서는 짐작조차 할 수 없다. 그렇지만 이제 나는 왜 내가 모든 사람처럼 이 물음들을 스스로 제기할 수 있는지, 그리고 왜 오늘날 내가 이 물음들을 제기하지 않을 수 없는지 알고 있다. 나는 이것을 칸트나 헤겔보다는 퀴비에, 보프, 리카도에게서 더 분명하게 배웠는데, 읽을 줄 모르는 이들만이 이에 대해 의아스러워 할 것이다.

2 왕의 자리

그토록 많은 무지(無知)의 사례, 여전히 미해결 상태인 수많은 의문에 관해서는 아마도 오랜 숙고가 필요할 것이다. 즉 거기에서는 담론이 끝나고 고심(苦心)이 다시 시작된다고 말해야 한다. 그렇지만 아직 해야 할 몇 마디 말이 있는데, 광범위한 고전주의적 재현들의 상호 작용에서 아직 나타나지 않은 인물을 마지막 순간에 마치 인위적인 반전 때문인 것처럼 끌어들이는 것이 관건인 만큼, 해야 할 말의 위상을 정당화하기는 아마 어려울 것이다. 우리는 이 상호 작용의 선결되어야 할 법칙을 「시녀들」이란 그림에서 알아내고자 한다. 이 그림에서 재현은 각 계기에서, 즉 화가, 팔레트, 뒷면이 보이는 캔버스의 크고 짙은 표면, 벽에 걸려 있는 그림들, 구경하러 왔다가 그들을 바라보는 사람들에 의해 둘러싸이게 되는 이들, 그리고 마지막으로 중앙에, 재현의 핵심에, 본질적인 것과 가장 가까운 곳에 위치한 거울에서 드러나는데, 이 중에서 거울은 재현되는 것을, 그러나 그토록 멀리 떨어져 있고 비현실적인 공간 안에 그토록 처박혀 있으며 다른 곳에서 돌아보는 모든 시선과 전혀 무관한 반영처럼 보여 주어서, 이 반영은 재현의 가장 덧없는 중복에 지나지 않는다. 그림 내부의 모든 선과 특히 중앙의 반영에서 나오는 선들은 재현되지만 부재하는 것 자체 쪽으로 뻗어 간다. 이것은 재현된 미술가가 자신의 캔버스 위에 옮겨 그리고 있는 것이므로 대상이자, 이와 동시에 화가가 작업 중인 자기 자신을 재현하면서 눈앞에 두고 있던 것은 바로 자기 자신이었으므로, 그림 안에 형상화된 시선들은 화가의 실재 장소인 그 허구적인 왕의 자리 쪽으로 향하므로, 끝으로 화가와 군주가 한없이 명멸하는 빛 속에서 교대로 차지하는 그 모호한 자리의 주인은 시선에 의해 그림을 대상으로, 즉 그 근본적인 공백의 순수한 재현으로 변화시키는 관람자이므로 주체이다. 비록 그렇다 해도 이 그림을 공들여 분석하는 담론의 경우에서가 아니라면 이 결여는 빈틈이 아닌데, 왜냐하면 재현된 화가의 관심, 그림 속 인물들이 표하는 경의, 뒷면이 보이도록 자리한 넓은 캔버스의 현존, 그리고 이 그림이 실재하고 아주 오래전부터 전시된 목적인 우리의 시선이 입증하듯이, 실질적으로 끊임없이 채워지기 때문이다.

고전주의적 사유에서 재현이 존재하는 이유이자 재현 속에서 묘사되지만 이미지나 반영으로 식별되는 사람, 이 '그림으로서의 재현'에서 모든 선이 교차하는 사람은 결코 재현에 현존하지 않는다. 18세기 말 이전에는 인간이 존재하지 않았다. 생명의 잠재력, 노동의 생산성, 또는 언어의 역사적 밀도도 역시 존재하지 않았다. 인간은 지식의 조물주가 고작 200년 전에 손수 만들어 낸 아주 최근의 피조물이다. 그러나 인간은 너무나 빨리 늙어 버려서, 자신이 마침내 인식될 조명(照明)의 순간을 수천 년 동안 어둠 속에서 기다렸다고 누구나 쉽게 생각했다. 물론 일반 문법과 자연사 그리고 부의 분석이 어떤 관점에서는 인간의 존재를 인지하는 방식이었다고 반박하는 것은 얼마든지 가능하지만, 한 가지 구별해야 할 것이 있다. 아마 자연과학은 인간을 종이나 속에 속하는 것으로 다루었을 것이다. 인종 문제에 관한 18세기의 논의가 그 증거이다. 다른 한편으로 일반 문법과 경제학은 필요, 욕망, 또는 기억과 상상력 같은 관념들을 이용했다. 그러나 있는 그대로의 인간에 대한 의식은 없었다. 고전주의 시대의 에피스테메는 인간이라는 고유하고 특수한 영역을 결코 떼어서 다루지 않는 선들에 따라 유기적으로 구성된다. 그리고 이것으로 충분하지 않다면, 어느 시대에도 인간에게는 특권이 부여되지 않았고 더 안정적인, 더 결정적인, 담론에 부여되는 것에 버금가는 지위가 주어지지 않았다고들 반박한다면, 인간의 개념 자체와 이 개념이 작용하는 방식은 고전주의적 인간학의 어떤 가능성도 배제했다고 대답할 수 있다.

고전주의 시대의 에피스테메에서는 '자연'의 기능과 '인간'의 기능이 일대일로 대립한다는 점에 주목할 필요가 있다. 즉 자연은 실제적이고 무질서한 병치의 작용을 통해, 존재물들의 정연한 연속 속에서 차이를 솟아나게 하고, 인간은 혼란스러운 재현들의 연쇄에서 동일한 것을, 그 것도 이미지들의 진열에 의해 나타나게 한다. 자연은 실재의 풍경을 구 성하기 위한 역사의 파편화를 함축하고, 인간은 연대기적 연속의 조직을 흐트러뜨리는 비실재적인 요소들의 비교를 내포한다. 이 대립에도 불구 하고, 더 정확히 말하자면 이 대립을 통해 자연과 인간 사이의 부정하기 어려운 관계가 점점 뚜렷해진다. 실제로 자연과 인간은 동일한 요소(동 일성, 연속, 감지할 수 없는 차이, 부단한 연쇄)에 작용하고, 둘 다 분리 가능 한 동일성과 가시적인 차이를 도표 형태의 공간과 정연한 연쇄에 따라 나누어 배치할 수 있게 해 주는 일반적인 분석의 가능성을 끊임이 없는 바탕 위로 잇달아 나타나게 한다. 그러나 자연과 인간은 어느 하나가 없 으면 이 결과에 이를 수 없고, 양자 사이의 소통은 바로 이러한 방식으로 일어난다. 실제로 재현들의 연쇄는 (상상과 회상을 통해, 그리고 비교에 쏟 는 복잡한 관심을 통해) 이중화되는 힘에 의해, 대지의 무질서 아래에서 존 재물의 균열되지 않은 평면을 되찾을 수 있고, 기억은 우선 닥치는 대로 일어나는데다가 무작위로 떠오르는 재현들의 느닷없는 변화에 좌우되 지만, 실재하는 모든 것의 일람표에 점차로 고정되며, 그러면 인간은 세 계를 담론의 절대성 속으로 들어가게 할 수 있는데, 이는 담론이 세계의 재현을 나타낼 수 있기 때문이다. 말하는 행위, 더 정확히 말하자면 (고 전주의적 언어의 경험에서 찾아볼 수 있는 본질적인 것과 가장 가까운) **명명하 는** 행위를 통해, 인간은 재현이 접히면서 생기는 재현의 주름으로서, 사 유의 단선적인 연쇄를 부분적으로 상이한 존재물들의 일정한 도표로 변 화시킨다. 즉 인간의 재현들이 이중화되고 표명되는 담론은 인간을 자연 에 연결한다. 역으로 존재물들의 연쇄는 자연의 작용에 의해 인간과 연 결된다. 즉 시선에 주어지는 바와 같은 실재 세계는 존재물들의 기본적 인 연쇄의 무조건적 전개가 아니라 이 연쇄의 엉클어진(반복되고 불연속적인) 조각들을 제공하므로, 정신 속에서 재현들의 계열은 지각할 수 없는 연속적인 차이들의 연속적인 경로를 반드시 따르게 되어 있지는 않는데, 재현들의 계열에서는 양극단이 서로 마주치고, 동일한 사물이 여러 번 제시되고, 동일한 특성이 기억 속에서 중첩되고, 차이가 확연히 드러난다. 그렇게 되어 광범위하고 무한하고 연속적인 표면에는 서로 구분된 특징들, 어느 정도 일반적인 특성들, 동일시의 표지들이 새겨진다. 따라서 말이 새겨진다. 존재물들의 연쇄는 이런 방식으로 인간과 재현들의 계열에 연결되면서 담론이 된다.

대립적이지만 어느 하나가 없으면 실행될 수 없으므로 상보적인 두 기능에 입각한 이와 같은 자연과 인간의 소통은 이론에 폭넓은 영향을 미친다. 고전주의적 사유에서 인간은 다른 모든 존재물의 경우처럼 생득적으로 부여받는 국지적이고 제한되고 특수한 '본성'을 매개로 자연에 자리하지 않는다. 인간이 자연과 얽히는 것은 지식의 메커니즘과 이 메커니즘의 작용 때문이다. 더 정확히 말해 고전주의 에피스테메의 광범위한 지식 속에서 자연과 인간 그리고 이 양자의 관계는 확실하게 예견할 수 있는 기능적 계기이다. 그리고 인간은 결코 고유한 밀도를 지닌 기본적인 실재로서, 모든 가능한 인식의 까다로운 대상이자 자주적 주체로서 거기에 자리 잡고 있는 것도 아니다. 경제학, 문헌학, 생물학의 법칙들에 따라 살아가고 말하고 일하면서도, 또한 일종의 내부적인 비틀림과 중복에 의해 이 법칙들의 상호 작용을 인식하고 완전히 밝힐 권리를 획득한 개인에 관한 근대적 주제들, 우리에게 친숙하고 '인문과학'의 존속과 깊은 관계가 있는 이 모든 주제는 고전주의적 사유에서 배제되어 있다. 즉 자연을 인식하고 따라서 자기 자신을 자연적 존재로서 인식하는 것을 본성(아득한 옛날부터 이것을 결정하고 이것의 권리를 보유하고 이것에 스며드는 것)으로 갖는 존재의 기묘한 중요성이 그 시대에는 세계의 한계에서 솟아오를 수 없었던 것이다.

426

　　반대로 재현과 존재가 마주치는 지점에서, 자연과 인간이 교차하는 바로 거기에서, 인간의 근본적이고 반박할 수 없고 수수께끼 같은 삶을 오늘날 우리가 알아본다고 생각하는 그 자리에서 고전주의적 사유에 의해 솟아나게 되는 것은 바로 담론의 힘이다. 다시 말해 재현하는 범위 내에서의 언어, 이를테면 명명하고 재단하고 조합하고 말의 투명성 속에서 사물들을 보게 하면서 사물들의 매듭을 맺고 끊는 언어의 힘이다. 이 역할에 따라 언어는 지각들의 연쇄를 도표로 변화시키고, 역방향으로 존재물들의 연속을 특징으로 마름질한다. 담론이 존재하는 바로 거기에서, 재현들은 펼쳐지고 나란히 놓이며, 사물들은 모이고 맞물린다. 고전주의적 언어의 깊은 소명은 자연스러운 담론의 형태로건, 진실의 자료집, 사물의 묘사, 정확한 지식의 모음집 또는 백과사전의 형태로건, 언제나 '도표'5)를 만들어 내는 것이었다. 그러므로 고전주의적 언어는 투명하기 위해서만 존재할 뿐이고, 16세기에 해독해야 할 말로 언어를 짙게 하고 언어를 세계의 모든 사물과 얽히게 한 은밀한 일관성을 상실했으며, 오늘날 우리가 자문하는 복합적인 존재를 아직 획득하지 못했다. 즉 고전주의 시대에 담론은 존재물이 정신의 시선에 나타날 때, 이를테면 존재물의 진실이 재현에 의해 가시적이게 될 때, 재현과 존재물이 반드시 통과하게 되어 있는 반투명 지대(地帶)이다. 고전주의 시대의 경험에서 사물의 질서와 사물을 인식할 가능성은 말의 제국(帝國)을 통과한다. 즉 말은 정확히 (르네상스 시대의 경우처럼) 해독해야 할 표지도 (실증주의 시대의 경우처럼) 어느 정도 충실하고 통제할 수 있는 도구도 아니고, 오히려 존재물들이 드러나고 재현들이 정돈되는 출발점인 무색의 망을 형성한다. 언어에 관한 고전주의적 성찰이 부의 분석 및 자연사와 동일한 이유로 일반적인 배치에 일부분으로 포함되면서도, 부의 분석과 자연사에 대

---

5) (옮긴이 주) 영어판에는 '도표(table)'에 '그림(picture)'이라는 말이 병기되어 있다.

해 길잡이 역할을 수행한다는 사실의 근거는 아마 여기에 있을 것이다.

그러나 핵심적인 결과는 재현과 사물의 **공통 담론**, 자연과 인간이 교차하는 장소로서의 고전주의적 언어로 인해, '인간 과학'[6]일지 모르는 어떤 것이 완전히 배제된다는 점이다. 이 언어 안에서 맺어지는 것은 재현과 존재이므로, 서양 문화에서 이 언어를 사용하는 한, 인간의 삶을 그 자체로 문제시하는 것은 불가능했다. 17세기에 "나는 생각한다."와 생각하기를 시도하는 "나는 존재한다."를 서로 연결하는 담론은 명백하게 고전주의적 언어의 본질 자체였다. 왜냐하면 고전주의적 언어 안에서 당연히 맺어지는 것은 재현과 존재였기 때문이다. "나는 생각한다."에서 "나는 존재한다."로의 이행(移行)은 담론의 내부에서 자명성의 빛 아래 실현되었는데, 이 담론의 영역 및 작용 전체는 재현되는 것과 존재하는 것을 서로 맞물리게 하는 데 있었다. 그러므로 이 이행에 대해 존재가 일반적으로 사유에 포함되지 않는다거나 "나는 존재한다."에 의해 지칭되는 이 특이한 존재가 그 자체로 검토되지도 분석되지도 않는다고 반박할 필요가 없다. 더 정확히 말해 이러한 반박은 정말로 제기될 수도 있고 관심을 끌 수도 있지만, 그럴 가능성은 재현과 존재의 관련성을 존재 이유로 갖지 않는 매우 상이한 담론으로부터만 생겨날 뿐이며, 재현을 피해 가는 문제의식만이 이와 같은 반박을 표명할 수 있게 된다. 그러나 고전주의적 담론이 지속되는 한, **코기토**에 함축되어 있는 존재 방식에 관한 검토는 명료하게 표명될 수 없었다.

---

6) (옮긴이 주) science de l'homme. D. 흄의 경험 철학에서 유래한 개념으로서, 인간의 본성에 관한 과학을 뜻한다. 감각과 인상 그리고 관념뿐만 아니라 상상력, 정념, 정의, 사회 등 인간 본성의 모든 측면에 대한 이해를 지향한다.

3 유한성의 분석론

　자연사가 생물학으로, 부의 분석이 경제학으로, 특히 언어에 관한 성찰이 문헌학으로 바뀌고 존재와 재현의 공통의 장소인 고전주의적 **담론**이 사라질 때, 이와 같은 고고학적 변동의 깊은 동향 속에서, 인간은 지식의 대상인 동시에 인식의 주체라는 모순적인 입장을 띠고 출현한다. 즉 인간은 왕에게 속하는 자리에서, 노예화된 군주, 주시 당하는 구경꾼으로 나타난다. 이 왕의 자리는 「시녀들」에 의해 미리 인간에게 지정되었지만, 인간의 실질적인 현존은 오랫동안 왕의 자리에서 배제되었다. 벨라스케스의 그림 전체가 향하고 있지만, 오직 거울이라는 우연한 요소를 통해 불법 침입에 의해서인 듯이 반영될 뿐인 그 비어 있는 공간에서, 교차의 대상이자 상호적인 배제의 대상으로서 현란하게 뒤얽혀 있으리라고 짐작되는 모든 인물(모델, 화가, 왕, 관람객)이 미묘한 춤을 갑자기 그치고, 하나의 완전한 인물로 굳어지며, 재현의 공간 전체에 대해 마침내 하나의 육체적 시선과 관련되기를 요구하기라도 하는 듯하다.

　이 새로운 현존의 동기, 이 새로운 현존에 고유한 양태, 이 새로운 현존을 가능하게 하는 에피스테메의 특이한 경향, 이 새로운 현존에 의해 말, 사물, 그리고 말과 사물의 질서 사이에 확립되는 새로운 관계, 이 모든 것은 이제 명백히 밝혀질 수 있다. 퀴비에와 그의 동시대인들은 생명에 의해, 생명의 심층에서 생물의 가능 조건이 규정되어야 한다고 확신했고, 이와 동일하게 리카도는 노동에서 교환, 이윤, 생산의 가능 조건을 찾았으며, 또한 최초의 문헌학자들은 심층적인 언어의 역사에서 담론과 문법의 가능성을 모색했다. 이로 인해 재현은 생물, 필요, 말에 대해 본래의 장소와 진실의 근원적 소재지로 더 이상 유효하지 않게 되었으며, 이제부터 생물, 필요, 말에 대해 하나의 효과, 이것들을 파악하고 재구성하는 의식 속에 자리하는 다소 흐릿한 대응물에 지나지 않는다. 누구나 사물에 대해 스스로 만들어 갖는 재현은 이제 지고의 공간에서 사물들의 정돈을 위한 도표를 전개할 필요가 없으며, 인간이라는 경험적 개체 쪽에서 보자면 사물 자체와 사물의 내부 법칙에 속하는 질서의 현상, 아마 현상이라고 하기도 곤란할 겉모습이다. 재현 속에서는 이제 존재물의 동일성이 아니라, 존재물과 인간 사이에 확립되는 외부적인 관계가 드러난다. 생물, 교환의 대상, 말이 그때까지 말의 당연한 현장이었던 재현을 떠나 사물의 심층 속으로 물러나고 생명, 생산, 언어의 법칙에 따라 자체 안으로 들어박힐 때, 인간은 자기 자신의 고유한 존재와 함께, 재현의 능력을 지니고서, 생물과 교환의 대상 그리고 말이 떠나 버린 빈 공간에서 솟아오른다. 말하는 것은 인간이므로, 인간은 명백히 동물들 사이에 존재하므로,(그리고 인간은 특권적일 뿐만 아니라 동물계 전체를 주관하는 자리를 차지하므로, 즉 진화의 최종 산물로 이해되지 않는다 해도 긴 계열의 한 극단으로는 인정되므로) 끝으로 필요와 인간이 이를 충족시키는 수단 사이의 관계는 필연적으로 모든 생산의 원리이자 수단이기 마련이므로, 인간은 생명, 생산, 언어 모두의 한가운데에서 이것들이 형성하는 고리에 의해 압력을 받는 상태로 이것들에 의해 지칭되고 게다가 요구되기까지 한다. 그러나 이 단호한 지칭에는 모호한 면이 없지 않다. 어떤 관점에서 인간은 노동, 생명, 언어의 지배를 받는다. 즉 인간의 구체적인 삶은 노동, 생명, 언어에 의해 결정되고, 무엇보다도 먼저 인간이 하는 말, 인간의 육체, 인간이 제조하는 물건에 (어쩌면 이것들에만) 마치 진실이 들어 있는 듯이, 인간의 말과 육체와 물건을 통해서만 인간에게 접근할 수 있고, 인간은 사유하는 순간부터, 필연적으로 감추어져 있는 밀도와 완강한 선행성(先行性)의 측면에서 이미 생물이자 생산 수단이며 인간 이전에 존재하는 말을 위한 매개 수단이라는 존재의 형태로만 인간 자신의 눈앞에 드러난다. 인간의 지식을 통해 인간에 대해 외부적이고 인간의 탄생보다 더 오래된 것으로 인간에게 밝혀지는 이 모든 내용은, 마치 인간이 자연의 대상 또는 역사 속에서 사라지기 마련인 얼굴에 지나지 않는 듯이, 인간을 앞지르고 인간 위에 매우 견고하게 버티면서 인간을 굽어보고 인간에게 스며든다. 인간의 유한성은 지식의 실증성 속에서 그것도 긴급하게 예고되고, 우리는 뇌의 해부학적 구조나 생산비의 메커니즘 또는 인도유럽어족의 동사 변화 체계를 알고 있는 것과 마찬가지로 인간이 유한하다는 것을 알고 있다. 더 정확히 말해 우리는 이 모든 견실하고 실증적이고 완전한 형태들의 투명 무늬에서 이것들이 부과하는 유한성과 한계를 지각하고, 이것들이 불가능하게 만드는 모든 것을 이것들의 비어 있는 이면 같은 곳에서 감지한다.

그러나 유한성에 대한 이 최초의 발견은 사실상 불안정하고, 어떤 것도 유한성을 그 자체로 포착하게 해 주지 않는다. 따라서 현실의 체계를 따른다면 유한성은 무한을 거부하면서 동시에 약속한다고 가정해 볼 수 있지 않을까? 인류의 진화는 아마도 완결되지 않았고, 생산과 노동의 형태는 끊임없이 변모하며, 언젠가는 인간이 노동에서 소외의 원리를 발견하지도, 필요에서 끊임없이 환기되는 한계를 느끼지도 않을 것이다. 또한 역사상의 언어들에서 찾아볼 수 있는 오랜 불투명성을 충분히 해소할 만큼 순수한 상징 체계를 인간이 찾아내지 못하리라는 증거도 없다. 확실한 것으로 예고된 인간의 유한성은 무한의 역설적인 형태로 모습을 드러내고, 엄밀한 한계보다는 오히려 단조로운 진전을 가리키는데, 아마 이 진전에는 한계가 없을 터이나, 희망이 없지도 않을 것이다. 그렇지만 이 모든 내용은 감추어지는 것과 또한 시간의 극한을 향하게 되는 것 때문에 지식의 공간에서 실증성을 갖지 못하며, 온전히 유한성과 연결되어서만 인식 가능한 대상이 될 뿐이다. 실제로 이 모든 내용을 통해 발견되는 인간이 동물로 넘어가는 어둡고 직접적이고 행복한 무언의 통로에 붙들려 있다면, 이 모든 내용을 부분적으로 비추는 빛 속에는 결코 이 모든 내용이 존재하지 않을 것이며, 인간이 무한한 이해력의 섬광 속에서 이 모든 내용을 속속들이 가로지를 수 있다면, 이 모든 내용 자체에 이 모든 내용이 놓이지도 않을 것이다. 그러나 인간의 경험에는 인간의 육체, 이를테면 모호하지만 사물의 공간과 맞물리는 불가능한 공간성을 갖는 일부분의 공간이 주어지고, 또한 모든 사물이 가치, 그것도 상대적인 가치를 띠는 데 근거가 되는 근본적인 욕구로서의 욕망이 주어지며, 모든 시대의 모든 담론, 모든 연속, 모든 동시성을 꿸 수 있는 언어가 주어진다. 바꿔 말하면 이 실증적인 형태들 각각에서 인간은 자신이 유한하다는 것을 터득할 수 있고, 따라서 이것들 각각은 인간 자신의 유한성을 배경으로 해서만 인간에게 주어질 뿐이다. 게다가 인간의 유한성은 실증성의 가장 완벽하게 정화된 순수한 본질이 아니라, 실증성이 나타날 수 있는 출발점이다. 생명의 존재 방식, 그리고 생명의 형태를 내게 지정하지 않고는 생명이 존재하지 않게 하는 것조차도 기본적으로 나의 육체를 통해 내게 주어지고, 생산의 존재 방식과 나의 생활을 결정하는 생산의 무게도 나의 욕망을 통해 내게 주어지며, 언어의 존재 방식, 그리고 말을 입밖으로 내는 순간과 어쩌면 더욱 감지할 수 없는 시점에서 말로 인해 빛나게 되는 역사의 자취 전체도 내 생생한 사유의 가느다란 사슬을 따라서만 내게 주어진다. 우리는 모든 경험적 실증성의 바탕에서, 그리고 인간의 삶에 대한 구체적인 제한으로 밝혀질 수 있는 모든 것의 바탕에서 유한성을 간파하는데, 이것은 어떤 관점에서 보자면 동일한 유한성이지만, 즉 육체의 공간성, 욕망의 벌어진 틈새, 언어의 시간에 의해 표시되지만, 근본적으로는 다른 유한성이다. 즉 여기에서 한계는 (인간이 본성이나 역사를 지니고 있기 때문에) 외부로부터 인간에게 부과되는 한정으로서가 아니라, 오직 사실로서 실재한다는 점에만 달려 있고 모든 구체적인 한계의 실증성 쪽으로 열려 있는 근본적인 유한성으로 나타난다.

따라서 경험성의 핵심 자체에서 유한성의 분석론[7]으로 거슬러 올라가거나 누구나 바라게 되듯이 내려갈 의무가 드러나는데, 거기에서 인간의 존재는 인간이 무한하지 않다는 것을 인간에게 보여 주는 모든 형태의 실증성에 근거를 제공할 수 있게 된다. 그리고 유한성의 분석론이 인간의 존재 방식에 부여하는 최초의 특성, 더 정확히 말해 유한성의 분석론이 온전히 펼쳐지게 되는 공간은 반복의 공간, 이를테면 실증적인 것과 근본적인 것 사이에서 찾아볼 수 있는 동일성과 차이의 공간이 된다. 즉 생물의 일상적인 생존을 익명으로 갉아먹는 죽음은 바로 나의 경험적 삶이 내 자신에게 주어지는 바탕으로서의 근본적인 죽음과 동일한 것이고, 경제 과정의 중립성 속에서 사람들을 연결하고 갈라놓는 욕망은 내가 모든 사물을 탐하는 근원인 것과 동일한 욕망이며, 언어를 지탱하고 언어 안에 자리하고 급기야 언어를 닳게 하는 시간은 내가 나의 담론을 입 밖으로 내기도 전에 나의 담론을 누구도 제어할 수 없는 연속 속으로 끌어들이는 시간이다. 경험의 한쪽 끝에서 다른 쪽 끝까지 유한성은 유한성 자체에 호응하며, 동일자의 형상을 띠고서 실증성과 실증성의 토대 사이에 존재하는 동일성과 차이이다. 어떻게 근대적 성찰이 이 분석론의 시초부터 동일자에 대한 어떤 사유, 차이가 동일성과 같은 것인 사유를 향해, 고전주의적 지식에 강요된 것과 같은 도표의 형태로 피어나고 펼쳐지는 재현을 우회하는가는 명백하다. 근대적 사유의 미래와 매우 깊은 관계가 있는 이 유한성의 분석론이 곧 보게 되는 것은 바로 근본적인 것 내에서 실증적인 것의 반복에 의해 열린 이 좁고도 드넓은 공간 안에서이다. 즉 선험적인 것이 경험적인 것을, 코기토가 사유되지 않은 것을, 기원의 회귀가 기원의 후퇴를 반복하는 것을 우리가 연속적으로 곧 보게 되는 것도 바로 거기에서이며, 고전주의적 철학으로 환원할 수 없는 동일자에 대한 사유가 곧 명확히 드러나게 되는 것도 바로 거기에서이다.

유한성의 관념이 밝혀지기 위해 19세기를 기다릴 필요는 없었다고 아

---

7) (옮긴이 주) analytique. 칸트적 의미로 사용된 용어로, 지성의 형식에 대한 탐색을 목적으로 하는 비판철학의 일부분이다.

마 말하게 될지도 모른다. 19세기에 유한성의 관념은 더 복잡하고 더 모호하고 더욱 회피하기 어려운 역할을 하게 되면서 아마 사유의 공간에서 그저 이동하는 데 그쳤을 것이 사실이다. 왜냐하면 17세기와 18세기의 사유에서 인간에게 동물적 삶을 영위하고 스스로 땀 흘려 일하게 하며 불투명한 말로 사유하도록 강요하는 것은 바로 인간의 유한성이었고, 인간이 육체의 메커니즘, 욕구를 충족할 수단, 온통 관습과 상상력으로 짜인 언어의 위험스러운 도움 없이 사유하기 위한 방법을 온전히 인식하지 못하도록 방해하는 것도 역시 인간의 유한성이었기 때문이다. 인간의 한계는 무한에 부적합한 것으로서, 경험 내용을 직접적으로 인식하는 것의 불가능성뿐만 아니라 경험 내용의 실재도 설명해 주었다. 따라서 무한에 대한 부정적인 이해 방식은 창조나 전락 또는 영혼과 육체의 결합으로 이해되었건, 무한한 존재 안에서의 한정이나 독특한 전체성의 관점 또는 재현과 인상의 관련성으로 이해되었건, 인간의 경험성과 인간이 자신의 경험성에 관해 얻을 수 있는 인식보다 선행하는 것으로 제시되었다. 인간의 경험성은 육체, 욕구, 말의 존재에 대해, 그리고 절대적인 인식을 통해 이것들을 통제하는 것의 불가능성에 대해 동시적으로, 그러나 양자 사이의 상호적인 참조도 순환성도 없는 가운데 근거가 되었다. 19세기 초엽에 형성되는 경험으로 인해 유한성은 이제 무한에 관한 사유의 내부가 아니라, 유한한 지식에 의해 유한한 삶의 구체적인 형태로 제시되는 경험 내용의 핵심에서 발견된다. 이로부터 이중화된 준거의 끝없는 작용이 유래한다. 즉 인간의 지식이 유한한 것은 인간이 언어, 노동, 생명의 실증적인 내용 속에 갇혀 해방될 가능성을 갖지 못하기 때문이고, 역으로 생명과 노동 그리고 언어가 실증적으로 주어지는 것은 인식이 유한한 형태를 띠기 때문이다. 달리 말하면 고전주의적 사유에서 (무한으로부터 실증적으로 구성된 한정으로서의) 유한성은 육체, 욕구, 언어, 그리고 이것들에 관한 가능하고 한정된 인식인 부정적인 형태들을 설명해 주는 반면,

근대적 사유에서 (존재 방식, 역사성, 고유한 법칙을 갖는) 생명, 생산, 노동의 실증성은 인식의 제한된 성격을 생명, 생산, 노동 사이의 부정적인 상관 관계로 정당화하며, 역으로 인식의 한계는 비록 언제나 한정된 경험 속에서이지만 생명, 노동, 언어가 무엇인가를 알 가능성에 확실히 근거를 제공한다. 경험 내용이 재현의 공간에 놓여 있는 한, 무한의 형이상학이 가능했을 뿐만 아니라 요구되기도 했다. 즉 경험 내용은 실제로 인간의 유한성이 띠는 명백한 형태여야 했지만, 경험 내용의 장소와 진실은 재현의 내부에 자리할 수 있어야 했고, 무한의 관념과 유한성 속에서 무한이 한정된다는 관념은 서로를 가능하게 했다. 그러나 경험 내용이 재현과 분리되고 경험 내용의 존재에 관한 원칙이 경험 내용 자체에 내포되었을 때, 무한의 형이상학은 쓸데없게 되었고, 바로 그때부터 유한성은 (내용의 실증성에서 인식의 제한까지, 인식의 제한된 실증성에서 내용에 관한 한정된 지식까지) 자기 이외의 다른 어떤 준거도 갖지 않게 되었다. 그때 서양에서 사유의 전 영역이 전도되었다. 예전에 재현과 무한의 형이상학 그리고 생물, 인간의 욕망, 인간의 언어에서 사용되는 말의 분석이 상관 관계를 맺고 있던 바로 거기에서 유한성 및 인간의 **분석론**이 구성된다는 것, 그리고 이 분석론과 맞서는 (그러나 상관적으로 맞서는) 생명, 노동, 언어의 **형이상학**을 구성하려는 경향이 빈번히 나타난다는 것은 이제 누구나 알아차릴 수 있다. 그러나 이 양자는 곧장 반박되고 이를테면 내부로부터 잠식되는 경향들에 지나지 않는다. 왜냐하면 척도가 인간의 유한성으로 귀착한 형이상학, 즉 인간에 국한되지는 않을지라도 인간에게 집중되는 생명의 형이상학, 인간이 노동에서 해방되도록 하는 노동의 형이상학, 인간이 자신의 문화에 대한 의식을 통해 다시 자기 것으로 할 수 있는 언어의 형이상학만이 논의의 관건일 수 있기 때문이다. 그래서 근대적 사유는 형이상학적 진전을 이룸에 따라 반론에 봉착하고, 생명과 노동 그리고 언어가 유한성의 분석론으로서 가치를 지니는 한 생명, 노동, 언어에 관한 성찰에 의해 형이상학의 종언이 표면화된다는 것, 즉 생명의 철학은 형이상학을 환상의 장막이라고, 노동의 철학은 형이상학을 소외된 사유와 이데올로기라고, 언어의 철학은 형이상학을 문화의 부차적인 현상이라고 비난한다는 것을 보여 주게 된다.

그러나 형이상학의 종언은 서양의 사유에서 일어난 훨씬 더 복잡한 사건의 부정적인 양상일 뿐이다. 이 사건은 바로 인간의 출현이다. 그렇지만 인간이 우리의 지평에 느닷없이 솟아나서, 우리가 뜻밖에 인간의 육체, 노동, 언어라는 엄연한 사실을 어리둥절히 성찰하게 되었다고 생각해서는 안 된다. 형이상학이 그토록 급격하게 축소된 것은 인간에게 실증성이 결여되어 있기 때문이 아니다. 인간이 인체 내부에, 두개골 안에, 사지의 뼈대 사이에, 생리 조직 속에 존재하기 시작할 때, 인간이 노동의 중심에서 노동의 원리에 의해 지배되고 노동의 산물을 얻지 못할 때, 인간의 사유가 훨씬 더 유구한 언어의 주름 속에 설정되는 까닭에, 인간이 언어의 의미를 집요한 말로 되살릴 수 있다 해도 제어할 수는 없을 때, 아마 겉모습의 층위에서 근대성이 시작될 것이다. 그러나 더 근본적으로는 유한성 자체에 대한 한없는 참조 속에서 유한성이 사유되었을 때 비로소 우리 문화는 우리가 근대성을 알아보기 시작하는 문턱을 넘어섰다. 상이한 지식들의 층위에서 유한성은 언제나 구체적인 인간과 인간의 삶에 지정될 수 있는 경험의 형태로부터 지정되는 것이 사실이라 해도, 각 지식의 역사적이고 일반적인 선험적 여건을 찾아내는 고고학의 층위에서 근대인, 이를테면 육체를 지니고서 노동하고 말하는 삶을 영위하게 되는 인간은 유한성의 형상으로서만 존재할 수 있을 뿐이다. 근대 문화는 유한한 것을 인간 자신으로부터 사유하기 때문에 인간을 사유할 수 있다. 이러한 상황을 고려해 볼 때, 고전주의적 사유와 그 이전의 모든 사유에서 정신과 육체, 인간, 세계에서 인간에게 할당되는 극히 한정된 자리, 인간의 인식이나 자유를 한정하는 모든 한계가 논의될 수 있었지만 근대적 지식에 주어지는 바 그대로의 인간이 결코 인식될 수 없었다는 것은 당연하다. 르네상스 시대의 '인본주의'와 고전주의 시대의 '합리주의'에서 인간은 분명히 세계의 질서에 따라 특권적인 자리를 할당받을 수 있었으나 사유의 대상일 수는 없었다.

4 경험적인 것과 선험적인 것

모든 인식을 가능하게 만드는 것에 대한 인식이 인간 안에서 획득되는 만큼, 유한성의 분석론에서 인간은 기묘한 경험적-선험적 이중체(二重體)를 이룬다. 그러나 18세기에 경험주의자들이 말한 인간도 동일한 역할을 하지 않았을까? 사실 당시에 그들이 분석한 것은 인식 일반을 가능하게 하는 재현의 속성과 형태였으나,(콩디야크는 재현이 인식으로 전개되는 데 필요하고도 충분한 작용, 즉 상기, 자기의식, 상상, 기억을 바로 이런 식으로 정의했다.) 이제는 재현이 아니라 유한한 인간이 분석의 장소이므로, 인식에 주어지는 경험 내용으로부터 인식의 조건을 밝히는 것이 중요하다. 경험 내용이 어디에 위치했는가는 근대적 사유의 일반적인 동향에 비해 그다지 중요하지 않다. 즉 경험 내용이 자기반성에서 탐색되었는가, 아니면 다른 분석 형태들에서 탐색되었는가를 아는 것은 주안점이 아니다. 실제로 우리가 근대성의 문턱을 넘어서는 것은 객관적인 방법을 인간에 대한 연구에 적용하려는 움직임이 일기 시작한 때가 아니라, 인간이라 불리는 경험적-선험적 이중체가 구성되었을 때다. 그때 두 가지 종류의 분석이 발생한다. 우선 육체의 공간에 한정되고 지각, 감각의 메커니즘, 운동 신경의 도식, 사물과 유기체의 공통된 맞물림의 연구에 의해 일종의 선험적 미학으로 작용한 분석은 인식이 해부생리학적 조건을 갖는다는 점, 인식이 육체의 구조 내에서 점진적으로 형성된다는 점, 육체에서 인식이 특권적인 지위를 차지하리라는 점, 그러나 인식의 형태가 인식의 독특한 기능과 분리될 수 없다는 점, 요컨대 가능한 인식의 형태를 결정하면서 동시에 인식에 고유한 경험 내용을 통해 드러날 수 있는 인식의 본질이 인간에게 존재한다는 점을 발견하는 데로 이르렀다. 또한 인간에 관한 어느 정도 오래되고 다소 극복하기 어려운 환상의 연구에서 일종의 선험적 변증법으로 구실하는 분석도 있었는데, 이 분석이 보여 주는 것은 인식에 역사적, 사회적 또는 경제적 조건이 있다는 점, 인간들 사이에 얽히는 관계의 내부에서 인식이 형성된다는 점, 그리고 사람들이 여기저기에서 띨 수 있는 특별한 모습과 인식이 서로 무관하지 않다는 점, 요컨대 인간에 관한 인식의 역사가 있는데 이 역사는 경험적 지식에 주어지고 경험적 지식의 형태를 규정할 수 있다는 점이었다.

그런데 이 두 가지 유형의 분석은 서로를 전혀 필요로 하지 않아 보인다는 점, 더 나아가 분석론(또는 주체의 이론)의 도움을 전혀 받지 않아도 된다는 점이 특이하다. 즉 내용 자체가 선험적 반성으로 작용하므로, 두 가지 분석 모두 결코 바깥의 다른 근거에 기대지 않고자 한다. 그러나 사실상 인식의 본질이나 역사에 대한 탐구는 비판의 고유한 차원을 경험적 인식의 내용 쪽으로 몰아간다는 점에서 어떤 비판의 사용을 전제로 하는데, 이 비판은 순수한 반성의 실행이 아니라 일련의 다소 막연한 분할의 결과이다. 우선 비록 자의적일지라도 비교적 명료하게 해명되는 분할들이 있다. 즉 초보적이고 불완전하고 균형이 잘 잡혀 있지 않고 싹트기 시작하는 인식을 완전하다고는 말할 수 없지만 적어도 안정적이고 결정적인 형태로는 구성된 인식으로부터 구별하는 분할,(이 분할에 의해서는 인식의 본래적 조건에 대한 연구가 가능해진다.) 진실에 대한 환상이나 관념적인 망상을 과학적인 이론으로부터 구별하는 분할(이 분할은 인식의 역사적 조건에 대한 연구를 가능하게 한다.)이 있다. 그러나 더 모호하고 더 근본적인 분할도 있는데, 이것은 진실 자체의 분할이다. 실제로 대상과 동

438

일한 질서에 속하는 진실, 육체와 기초적인 지각을 통해 점차로 윤곽이 잡히고 형성되고 안정되고 표현되는 진실, 또한 환상이 일소되고 역사가 소외로부터 해방된 지위를 확보함에 따라 나타나는 진실이 반드시 존재하고, 또한 담론의 질서에 속하는 진실, 즉 인식의 본질이나 역사를 다룰 때 참된 언어를 말할 수 있게 해 주는 진실도 존재하기 마련이다. 여전히 모호한 것은 바로 이 참된 담론의 지위이다. 둘 중 하나이다. 즉 참된 담론이 경험적 진실의 본질과 역사에서 경험적 진실의 유래를 되짚어 가는 가운데 경험적 진실에서 참된 담론의 근거와 본보기가 발견되고(대상의 진실은 대상의 형성을 묘사하는 담론의 진실을 결정한다.) 그래서 실증주의적 유형의 분석이 행해지거나, 참된 담론에 의해 진실의 본질과 역사가 규명되는 가운데 진실을 참된 담론이 앞지르고 사전에 개략적으로 묘사하고 멀리에서 유발하고 그래서 종말론적 유형의 담론이 말해지거나 한다.(철학 담론의 진실은 형성 중인 진실이다.) 사실을 말하자면 이는 양자택일이라기보다는 오히려 선험적인 것의 차원에서 경험적인 것을 강조하는 모든 분석에 내재하는 동요이다. 콩트와 마르크스는 바로 (인간에 관한 담론의 다가올 객관적 진실로서의) 종말론과 (대상의 진실을 토대로 명시되는 담론의 진실로서의) 실증주의가 고고학적으로 불가분의 관계를 맺고 있다는 사실의 증인이다. 즉 경험적인 동시에 비판적이고자 하는 담론은 실증주의적인 동시에 종말론적일 수밖에 없고, 거기에서 인간은 축소되고 약속된 진실로서 출현한다. 거기에서는 전(前)비판적 순진성이 전면적으로 퍼진다.

그래서 바로 이 순진한 담론으로부터 근대적 사유는 축소의 범주에도 약속의 범주에도 속하지 않을 담론, 즉 내적 긴장에 의해 경험적인 것과 선험적인 것을 분리 상태로 유지하지만 이 양자를 동시에 지향하게 하는 담론, 인간을 주체로서, 다시 말해 경험적이긴 하지만 경험적 인식을 가능하게 하는 것과 가능한 한 밀접하게 관련된 인식의 장소로서, 또한 경험적 인식의 내용에 직접적으로 현존하는 순수한 형태로서 분석할 수 있게 해 줄 담론, 요컨대 이 준(準)미학 및 준(準)변증법과 관련하여 주체의 이론을 통해 근거를 제공하고 이와 동시에 어쩌면 육체의 경험과 문화의 경험이 다같이 뿌리를 내리고 있을 제3항을 매개로 이 양자를 맞물릴 수 있게 해 줄 분석론으로 구실할 담론의 장소를 모색하지 않을 수 없었다. 근대적 사유에서 그토록 복잡하고 그토록 필요한 역할은 체험의 분석에 맡겨졌다. 사실상 체험은 모든 경험 내용이 경험의 대상으로 주어지는 공간이자 또한 경험 내용을 일반적으로 가능하게 하고 경험 내용의 근본적인 정착을 가리키는 최초의 형태이며, 육체의 공간과 문화의 시간, 자연의 한정과 역사의 중력을 소통하게 하지만, 여기에는 확고부동한 공간성의 경험에 육체와 이를 통해 자연이 먼저 주어지고 역사를 지니고 있는 문화는 우선 퇴적된 의미의 직접성 속에서 경험된다는 조건이 따른다. 누구나 쉽게 이해할 수 있듯이, 근대적 반성에서 체험의 분석은 실증주의와 종말론의 철저한 부인(否認)으로서 확립되었고, 소홀히 취급된 선험적인 것의 차원을 복원하고자 했으며, 경험적인 것으로 축소된 순진한 진실의 담론과 인간이 결국 경험되기에 이르리라고 순진하게 약속하는 예언적 담론을 물리치고자 했다. 그래도 역시 체험의 분석은 혼합적인 성격의 담론이다. 즉 체험의 분석은 특수하나 모호한 지층을 겨냥하는데, 이 지층은 꽤 구체적이어서 누구나 이 지층에 면밀하고 묘사적인 언어를 적용할 수 있으면서도, 이 지층은 사물의 실증성에 대해 상당히 뒤로 물러나 있어서 누구나 이에 입각하여 순진성을 모면하고 순진성에 의문을 제기하며 순진성의 토대를 탐구할 수 있다. 체험의 분석은 육체를 통해 윤곽이 잡히는 본래의 경험과 자연에 대한 인식의 가능한 객관성을, 또한 실제의 경험을 통해 감추어지고 동시에 밝혀지는 의미의 밀도와 가능한 문화의 역사를 서로 맞물리게 하고자 한다. 그러므로 체험의 분석은 인간에게서 경험적인 것이 선험적인 것을 대신하도록 하려하려는 시도가 이루어지면서 다급하게 요구된 바를 더 세심하게 충족하기만 할 뿐이다. 실증주의적이거나 종말론적인 유형의 사유들(마르크스주의는 이것들 중에서 첫 번째 서열을 차지한다.)과 현상학에 의해 고취된 성찰들을 연결하는 망이 겉보기와는 달리 얼마나 긴밀하게 짜여 있는가는 명백하다. 최근에 일어난 이 양자 사이의 접근은 뒤늦은 화해 같은 것이 아니다. 즉 고고학적 지형의 차원에서 그것들은 인간학의 전제가 구성된 순간부터, 다시 말해 인간이 경험적-선험적 이중체로서 출현한 순간부터 서로를 필요로 했다.

따라서 실증주의와 종말론에 대한 참된 이의 제기는 (사실을 말하자면 오히려 실증주의와 종말론을 뿌리내리게 하면서 공고히 하는) 체험으로 회귀하는 데 있지 않지만, 만일 이의 제기가 가능하다면, 이는 아마 엉뚱해 보일 문제로부터일 것이며, 그만큼 이 이의 제기는 우리의 사유 전체를 역사적으로 가능하게 만든 것과 어울리지 않는다. 이 문제는 인간이 정말로 존재하는지 자문하는 데 있을 것이다. 인간이 존재하지 않는다면 세계와 사유 그리고 진실은 무엇일 수 있을까 하고 한순간이라도 상상하는 것은 상식 밖의 일이라고들 생각한다. 이는 최근에 이루어진 인간의 출현에 우리가 너무나 눈이 멀어서, 세계와 세계의 질서 그리고 인류가 존재했지만 인간은 존재하지 않았던 시대를 그리 오래전이 아닌데도 이제는 기억할 수 없기 때문이다. 오래지 않아 더 이상 인간이 아니라 초인이 존재할지 모른다고 임박한 사건의 형태로, 약속 겸 위협의 형태로 예고한 니체의 사유가 왜 전복의 힘을 지닐 수 있었고 지금까지도 여전히 간직하고 있는지 쉽게 이해되는데, 회귀의 철학에서 이는 인간이 아주 오래전부터 이미 사라지기 시작했고 끊임없이 사라지고 있었다는 것, 그리고 인간에 대한 우리의 근대적 사유, 인간에 대한 우리의 염려, 우리의 인본주의가 천둥처럼 요란하게 울려오는 인간의 비(非)존재 위에서 평온하게 잠자고 있었음을 의미한다. 우리에게 속해 있고 인식에 의해 세계의 진실을 활짝 열어 주는 유한성에 우리 자신이 묶여 있다고 우리는 생각하지만 사실은 호랑이 등에 올라탄 것이 바로 우리의 처지라는 것을 잊지 말아야 하지 않을까?

5 코기토와 사유되지 않은 것

만일 인간이 세계에서 정말로 경험적-선험적 이중화의 장소라면, 만일 인간이 이 역설적인 모습을 띠게 되어 있고 이에 따라 경험적 인식의 내용을 가능하게 한 조건이 이 내용 자체로부터 솟아난다면, 인간은 코기토의 직접적이고 지고한 투명성 속에 자리할 수도 없으며, 또한 당연히 자기의식에 이르지 못하고 앞으로도 결코 이르지 못할 것의 타성적 객관성 속에 놓여 있을 수도 없다. 코기토를 통해 숙고되지 않은 인간 자신의 한 부분에서 인간이 이 부분을 파악하는 사유 행위로 확장되고 반대 방향으로 이와 같은 순수한 파악에서 경험의 혼란, 무질서한 내용의 축적, 끊임없이 인간 자신에게서 벗어나는 경험의 무게, 비(非)사유의 모래사장에 주어지는 것의 말없는 지평 전체로 확장되는, 이를테면 언제나 열려 있고 결코 결정적으로 경계가 정해지지 않고 한없는 횡단이 이루어지는 차원을 수용하는 존재 방식이 바로 인간이다. 인간은 경험적-선험적 이중체이기 때문에 또한 몰이해의 장소이다. 즉 인간의 사유가 인간 자신의 존재에 의해 휩쓸릴 위험에 끊임없이 노출되고 이와 동시에 인간이 자신을 벗어나는 것으로부터 자기 자신을 상기하게 되는 몰이해의 장소이다. 따라서 근대적 형태의 선험적 반성에서 필연성의 지점은 칸트의 경우처럼 자연과학(이것은 철학자들의 끝없는 논쟁 및 불확실성과 대립한다.)이 존속한다는 점이 아니라, 인간에게 자기인식을 끊임없이 요구하는 미지의 것이 말은 없지만 말할 준비를 갖추고 잠재적인 담론으로 은밀히 가득한 것 같은 상태로 존속한다는 점에 있다. 이제는 어떻게 자연의 경험이 필연적인 판단을 야기할 수 있는가가 아니라, 오히려 어떻게 인간이 스스로 사유하지 않는 것을 사유하고, 자신에게서 벗어나는 것에 말없는 점유의 방식으로 자리하며, 완강한 외재성의 형태를 띠는 자신의 이 형상에 거의 완강할 정도로 활기를 불어넣을 수 있는가가 문제이다. 생명은 인간에게 직접적으로 주어지는 경험을 생리 조직망, 박동, 감춰진 힘으로 한없이 넘어서는 것인데, 어떻게 인간이 생명일 수 있겠는가? 노동은 인간에게 요구와 법칙을 생소한 가혹 행위처럼 부과하는 것인데, 어떻게 인간이 노동일 수 있겠는가? 언어는 아주 오래전부터 인간 없이 형성되어 왔고, 언어의 체계는 인간의 이해를 넘어서고, 언어의 의미는 인간의 담론이 한순간 반짝이게 하는 말에서조차 아무런 방해도 받지 않는다는 듯이 잠들어 있고, 인간의 말과 사유는 마치 그 수많은 가능성의 망에서 한 부분을 잠깐 동안 자극하기만 하는 듯이, 처음부터 언어 안에 위치하지 않을 수 없는데, 어떻게 인간이 언어의 주체일 수 있겠는가? 이제는 진실이 아니라 존재가, 자연이 아니라 인간이, 인식의 가능성이 아니라 근본적인 몰이해의 가능성이, 과학과 맞선 철학 이론의 불확실한 성격이 아니라 인간이 자신을 인식하지 못하는 설명되지 않은 경험의 영역 전체를 명철한 철학적 의식으로 재검토하는 것이 관건인 만큼 칸트의 입장에 대한 4중의 전위가 일어난다.

선험적 문제의 이 전위로부터 오늘날의 사유는 코기토의 주제를 되살리지 않을 수 없었다. 데카르트는 오류, 환각, 꿈, 광기, 즉 설명할 수 없는 모든 사유의 경험으로부터 이것들이 사유되지 않는다는 불가능성을 발견했고, 그래서 잘못 사유된 것, 참되지 않은 것, 공상적인 것, 순전히 상상적인 것에 대한 사유는 모든 경험의 가능한 장소이자 반박할 수 없는 최초의 증거로서 떠오르지 않았을까? 그러나 우리의 선험적 반성이 칸트의 분석에서 멀리 떨어져 있는 만큼 근대적 코기토도 데카르트의 코기토와 다르다. 실제로 데카르트는 우리가 오류 또는 환각이라 부르는 그 모든 생각을 성찰의 막바지에 되찾고 설명하고 그러고는 방지하기 위한 방법을 마련할 각오로, 오류 또는 환각의 위험을 몰아낼 수 있도록 오류 또는 환각의 가장 일반적인 형태로서의 사유를 밝히고자 했다. 반대로 근대적 코기토에서 관건은 사유에서 사유되지 않은 것에 뿌리를 내리는 것과 자기의식적 사유를 분리하고 동시에 연결하는 거리에 가장 높은 가치, 가장 큰 중요성을 부여하는 것이며, 근대적 코기토는 축소할 수도 뛰어넘을 수도 없는 외재성에 따라, 사유 안에서 사유를 중심으로 사유 아래에서 사유되지는 않지만 그렇다고 사유와 무관하지도 않은 것과 사유 사이의 맞물림을 가로지르고 이중화하고 재활성화할 필요가 있다.(그래서 근대적 코기토는 명백한 진실의 발견이라기보다는 오히려 언제나 다시 떠맡아야 할 부단한 책무이다.) 그러므로 이 형태의 코기토는 어떤 사유이건 사유라는 느닷없는 계시적 발견이 아니라, 어떻게 사유가 여기와는 다른 곳에, 그렇지만 스스로와 가장 가까운 곳에 자리 잡는가, 어떻게 사유가 비(非)사유의 형태로 **존재**할 수 있는가를 알기 위한 끊임없이 되살아나는 질문이 된다. 근대적 코기토가 사물의 존재를 사유로 귀착시킬 때마다 한결같이 사유의 존재는 누구도 사유하지 않는 비활성적인 것들의 망으로까지 퍼져 나가게 된다.

근대적 코기토에 고유한 이와 같은 이중의 움직임은 왜 근대적 코기토의 경우에 "나는 생각한다."가 "나는 존재한다."라는 자명한 사실로 이르지 못하는가를 설명해 주는데, 실제로 "나는 생각한다."가 온전한 밀도의 코기토 속에서 반쯤 졸리는 어렴풋한 상태로 모습을 보이고 이에 따라 코기토가 활기를 띠기 시작하자마자 "나는 존재한다."라는 단언이 곧장 뒤따르게 되는 일은 이제 일어날 수 없다. 즉 내 자신을 나는 내가 말하는 이 언어라고, 나의 사유가 모든 고유한 가능성의 체계를 찾아낼 정도로 미끄러져 들어가지만 결코 전적으로는 구현할 수 없게 되는 느린 퇴적 작용 속에서만 존속할 뿐인 이 언어라고 확실히 말할 수 있을까? 내 자신을 나는 내 손으로 행하지만 내가 끝냈을 때뿐만 아니라 시작하기 전에도 나로부터 벗어나는 이 노동이라고 말할 수 있을까? 내 자신을 나는 나의 깊숙한 곳에서 느끼지만 생명과 나란히 나아가고 한순간 나를 정점으로 올려놓는 불가항력의 시간과 동시에 나에게 죽음을 명하는 임박한 시간으로 나를 감싸는 이 생명이라고 말할 수 있을까? 나는 내가 이 모든 것이라고도 이 모든 것이 아니라고도 말할 수 있으며, 코기토는 존재의 단언으로 이르는 것이 아니라, 존재와 관련된 다음과 같은 일련의 물음으로 이른다. 내가 나에 의해 사유되지 않는 것이려면, 나의 사유가 나 아닌 것이려면, 사유하는 나, 나의 사유인 나는 무엇이어야 할까? 코기토의 열린 틈에서 반짝이고 깜박거릴 뿐, 코기토 속에서 코기토에 의해 결정적으로 제시되지는 않는 이 존재는 도대체 무엇일까? 존재와 사유 사이의 관계 및 힘겨운 상호 귀속은 도대체 무엇일까? 인간의 존재는 무엇이며, '사유할 줄 알고' 유일하게 사고력을 보유했다는 점으로 쉽게 특징지어지는 이 존재가 어떻게 사유되지 않은 것과 뿌리 깊은 근본적인 관계를 맺을 수 있는 것일까? 데카르트 철학과 칸트의 분석으로부터 아주 멀리 떨어진 반성의 형태, 즉 사유가 사유되지 않은 것을 겨냥하고 사유되지 않은 것과 맞물리는 이 차원에서 인간의 존재를 역사상 처음으로 끌어들이는 반성의 형태가 확립된다.

이것은 두 가지 결과를 낳는다. 첫 번째 결과는 부정적이고, 전적으로 역사의 영역에 속한다. 현상학은 코기토라는 데카르트 철학의 주제와 칸트가 흄의 비판에서 도출해 낸 선험적 동기를 결합한 것으로 보일 수 있고, 따라서 후설은 순수 철학을 첨예화한 것이자 순수 철학 자체의 역사를 위한 가능성의 토대일 반성 속에서 서양의 **라티오**를 서양의 라티오에 의해 탐구함으로써 서양의 라티오가 지닌 가장 깊은 소명을 되살렸을지 모른다. 사실을 말하자면 선험적 분석의 적용점이 바뀌고(이 적용점은 자연과학의 가능성에서 인간이 자기 자신을 사유할 가능성으로 이동한다.) 코기토의 기능이 변함에 따라서만(이 기능은 사유가 실행되는 어디에서건 명확히 드러나는 사유로부터 명백한 실재로 이르는 것이 아니라, 어떻게 사유가 사유 자체로부터 벗어나고 따라서 존재에 관한 급증하는 다면적 물음으로 이르는가를 보여 주는 것이다.) 후설은 이 결합을 실행할 수 있었다. 그러므로 현상학은 서양의 오랜 합리적 목표를 되찾은 것이라기보다는 오히려 18세기가 19세기로 전환될 때 근대의 에피스테메에 발생한 깊은 단절에 관해 극히 신중하고 정밀하게 작성된 조서(調書)이다. 현상학은 생명, 노동, 언어의 발견, 또한 지금으로부터 불과 두 세기 전에 처음으로 인간이라는 해묵은 이름 아래 출현한 새로운 형상, 그리고 인간의 존재 방식 및 사유되지 않은 것에 대한 인간의 관계를 문제시하는 물음과 굳게 맺어져 있다. 그래서 현상학은 본질적으로 반(反)심리주의를 통해, 더 정확히 말하면 반심리주의와는 대립적으로 선험적 여건과 선험적 동기의 문제를 다시 솟아오르게 한 범위 내에서 윤곽이 잡혔을지라도, 인간에 대한 경험적 분석과의 은밀한 유사성 또는 기대되나 동시에 불길한 근접성을 결코 타파할 수 없었고, 또한 코기토로의 환원에 의해 시작되었으면서도 언제나 물음으로, 전형적인 존재론의 물음으로 이끌렸다. 우리의 눈앞에서 현상학의 기획은 끊임없이 매듭이 풀려 본래의 취지에도 불구하고 경험적인 체험의 묘사와 "나는 생각한다."의 우위를 회로 밖으로 몰아내는 사유되지 않은 것의 존재론으로 변모한다.

두 번째 결과는 긍정적인 것이다. 그것은 사유되지 않은 것에 대한 인간의 관계, 더 정확히 말하자면 서양 문화에서 인간이 사유되지 않은 것과 쌍둥이처럼 출현하는 현상과 관련된다. 누구나 쉽게 느낄 수 있듯이, 인간이 지식의 영역에서 실증적 형상으로 구성된 시기부터 반성적 인식, 사유 자체를 사유하는 사유의 오랜 특권은 어김없이 사라질 수 있었지만, 바로 이 사실로 말미암아, 인간의 반성이나 인간의 의식에 결코 제시될 수 없는 것, 즉 어렴풋한 메커니즘, 드러나지 않는 결정, 직접적으로나 간접적으로 무의식이라 불리는 온전한 어둠의 풍경을 발견할 위험을 무릅쓰더라도, 인간을 객관적인 형태의 사유에 의해 전체적으로 고찰하는 것이 가능해졌다. 무의식은 인간이 더 이상 반성의 방식으로 자기 자신을 사유하지 않을 때 인간이 자기 자신에게 적용하는 과학적 사유에 필연적으로 수반되는 것이 아닐까? 사실상 무의식을 비롯하여 일반적으로 사유되지 않은 것의 형태들은 인간에 대한 실증적 지식에 보상으로 제공된 것이 아니었다. 고고학의 층위에서 인간과 사유되지 않은 것은 동시대의 산물이다. 사유가 어둠의 요소, 즉 사유를 파묻는 언뜻 보아 활발하지 못한 밀도, 전적으로 사유에 포함되어 있으면서도 사유가 붙들려 있는 사유되지 않은 것을 사유의 안팎이나 사유의 여백 또는 사유의 씨줄과 날줄에서 발견하지 않았다면, 인간은 에피스테메에서 뚜렷한 형상으로 출현할 수 없었다. 사유되지 않은 것은 (우리가 그것에 어떤 이름을 부여하건) 오므라든 자연이나 여러 층으로 이루어져 있을 역사처럼 인간 속에 자리하지 않는다. 사유되지 않은 것은 인간에 대해 타자, 즉 인간으로부터나 인간 속에서가 아니라 동일한 새로움과 어쩔 수 없는 이원성 속에서 인간과 동시에 탄생한 쌍둥이 형제 같은 타자이다. 인간에게서 찾아볼 수 있는 한없이 깊은 영역이나 인간의 역사에 우뚝 솟은 유난히 견고한 요새로 서슴없이 해석되는 이 모호한 범위는 이와는 전혀 다른 방식으로 인간과 연결되며 인간과 무관한 동시에 인간에게 불가결하다. 즉 이 범위는 어떤 점에서는 인간이 지식의 영역에 갑자기 출현할 때 드리운 그림자이고, 또 어떤 점에서는 인간을 인식할 가능성이 생겨나는 맹점이다. 어쨌든 사유되지 않은 것은 19세기부터 인간의 은밀하고 부단한 동반자였다. 사유되지 않은 것은 요컨대 끈질긴 분신에 지나지 않았으므로, 결코 자율적인 방식으로는 숙고되지 않았고, 무언가의 타자이자 그림자로서 무언가로부터 보충적인 형태와 전도된 명칭을 부여받았는데, 가령 헤겔의 현상학에서는 대자(Für sich)와 마주하는 즉자(An Sich)였고, 쇼펜하우어의 경우에는 무의식적인 것(Unbewusste)이었고, 마르크스의 경우에는 소외된 인간이었고, 후설의 분석에서는 암묵적인 것, 비현실적인 것, 침전된 것, 실행되지 않은 것이었다. 어쨌든 사유되지 않은 것은 인간의 진실한 모습이 흐릿하게 비치는 투영처럼 반성적 지식에 제공되지만, 또한 인간이 자신의 진실에 이르기까지 생각을 집중하고 자기 자신을 상기해야 하는 일에서 출발점이 되는 선결되어야 할 바탕의 역할을 한다. 실제로 이 분신은 아무리 가깝다 해도 역시 낯설고, 사유의 역할, 사유의 고유한 자발성은 이 분신을 사유 자체에 가능한 한 가까이 접근시키는 것이 되며, 근대적 사유 전체에는 사유되지 않은 것을 사유할 필요성, 즉 대자의 형식을 통해 즉자의 내용을 숙고할, 인간을 인간 자신의 본질과 화해시킴으로써 인간을 소외로부터 해방할, 경험에 대해 직접적이고 무장 해제된 자명성의 배경이 되는 지평을 명확하게 밝힐, 무의식의 장막을 걷어낼, 무의식의 침묵에 정신을 집중할, 또는 무의식의 한없는 웅성거림을 애써 포착할 필요성이 스며든다.

근대의 경험에서 인간을 지식의 대상으로 새롭게 확립할 가능성과 에피스테메의 영역에서 일어나는 이 새로운 형상의 단순한 출현은 사유를 내부로부터 끊임없이 따라다니는 명령을 끌어들이는데, 그것이 도덕이나 정치 또는 인본주의의 형태로 유포되느냐, 아니면 서양의 운명을 책임질 의무 또는 역사 속에서 관료 정치의 책무를 수행하려는 무조건적인 의식의 형태로 유포되느냐는 그다지 중요하지 않다. 요점은 사유가 그 자체로 자기 작업의 밀도 속에서 지식인 동시에 스스로 알고 있는 것에 대한 변경이고, 반성인 동시에 스스로 숙고하는 것의 존재 방식에 대한 변형이라는 점이다. 사유는 대상이 되는 것이라면 무엇이나 움직이게 한다. 즉 사유는 사유되지 않은 것을 곧장 자기에게로 접근시키지 않는 한, 아니 어쩌면 사유되지 않은 것을 더 멀리 밀어내지 않는 한, 아무튼 사유와 사유되지 않은 것 사이의 간격 속에서 인간의 존재가 펼쳐지므로 바로 이 사실에 의해 인간의 존재를 변화시키지 않는 한, 사유되지 않은 것을 발견하거나 사유되지 않은 것 쪽으로 움직일 수조차 없다. 여기에 우리의 근대성과 깊이 관련된 뭔가가 있다. 즉 서양에는 종교상의 도덕을 별도로 친다면 아마 두 가지 형태의 윤리만이 있었을 것인데, (스토아주의나 에피쿠로스주의의 모습으로 나타난) 옛 형태의 윤리는 세계의 질서와 긴밀히 관련되었고, 세계의 법칙을 찾아냄으로써 지혜 또는 도시 국가의 구상으로부터 세계의 원리를 연역할 수 있었으며, 18세기의 정치적 사유조차도 여전히 이 일반적인 형태에 속한 반면, 근대적 형태의 윤리는 모든 명령이 사유 속에, 그리고 사유되지 않은 것을 되찾기 위한 사유의 움직임 내부에 자리하므로 어떤 도덕도 표명하지 않으며,[8] 윤리적인 것의 내용과 형식을 구성하는 것은 바로 반성, 의식화, 말, 침묵하는 것의 해명, 말없는 것에 회복된 말, 인간을 자기 자신으로부터 떼어 놓는 어두운 부분에 대한 조명, 활기 없는 것의 소생, 이 모든 것, 오직 이 모든 것이다. 사실을 말하자면 근대적 사유는 도덕을 제안할 수 없었다. 그러나 이것은 근대적 사유가 순수한 사변이기 때문이 아니라, 반대로 근대적 사유가 처음부터 자체의 밀도로 인해 어떤 행위 방식이기 때문이다. 사유를 숨어 있는 곳에서 끌어내고 사유의 정수를 뽑아내려는 사람들이 무슨 말을 하건 그대로 내버려 두자. 모든 약속을 넘어 미덕의 부재 속에서 도덕을 구성하고자 하는 사람들이 있다면, 원하는 대로 하라고 그냥 내버려 두자. 근대적 사유의 경우에는 어떤 도덕도 가능하지 않는데, 실제로 19세기부터 이미 사유는 자체의 고유한 존재로 인해 스스로로부터 '나갔고' 이제 이론이 아니며, 작동하자마자 손상시키거나 화해시키고 접근시키거나 멀어지게 하고, 단절시키고, 분리하고, 잇거나 다시 잇고, 해방

---

8) 칸트의 계기는 이 두 가지 형태의 윤리 사이에서 결정적인 전환점의 구실을 한다. 즉 그것은 주체가 이성적인 한, 보편적인 법칙인 자기 자신의 법칙을 자기 자신에게 부과한다는 사실의 발견이다.

시키거나 예속시키지 않을 수 없다. 사유는 미래를 규정하고 개괄적으로 소묘하고 해야 할 것을 말하기도 전에, 권고하거나 그저 경고하기도 전에 실재의 층위에서 움트기 시작할 때부터 본질적으로 행위, 위험한 행위이다. 이 사실을 모든 이가 무시하는 와중에서도 사드, 니체, 아르토, 바타유는 이해했으며 헤겔, 마르크스, 프로이트가 이 사실을 알고 있었다는 것 역시 확실하다. 지극히 어리석게도 정치적 선택이 없다면 결코 철학이 존재할 수 없다고, 어떤 사유이건 '진보적'이거나 '반동적'이라고 단언하는 사람들은 이 사실을 모르고 있다고 말할 수 있을까? 그들은 모든 사유가 계급의 이데올로기를 '표현한다'고 믿는다는 점에서 어리석지만, 그들도 역시 무의식적인 심층에서는 사유의 근대적 존재 방식을 지적하고 있다. 피상적인 차원에서 인간에 대한 인식은 자연과학과는 달리 가장 어렴풋한 형태에서조차 언제나 윤리 또는 정치와 깊은 관계가 있다고 말할 수 있지만, 더 근본적으로 근대적 사유는 인간의 타자가 반드시 인간과 동일한 것으로 변하게 되어 있는 방향으로 나아간다.

6 기원의 후퇴와 회귀

인간의 존재 방식과 동시에 인간에 대한 성찰을 특징짓는 마지막 요소는 기원에 대한 이해 방식이다. 고전주의적 사유가 이상적인 생성 속에서 확립하고자 시도한 것과는 매우 다른 이해 방식이다. 18세기에 기원으로 돌아간다는 것은 재현의 순수한 이중화로부터 가장 가까운 곳에 다시 자리를 잡는다는 것이었다. 가령 물물교환에서는 쌍방이 각각 자신의 소유물과 상대방의 소유물에 대해 갖는 두 가지 재현의 가치가 동등하다는 점에서 경제학은 물물교환으로부터 사유되었다. 요컨대 쌍방의 소유물은 거의 동일한 두 가지 욕망을 충족시키므로 매우 '비슷했다.' 자연의 질서는 모든 파국 이전에 도표처럼 사유되었는데, 도표에서는 존재물들이 매우 단단히 짜인 순서와 아주 연속적인 조직에 따라 서로 이어졌을 터인 만큼, 준(準)동일성 내에서 이러한 연속의 한 지점이 다른 지점으로 이어졌을 것이고, '비슷한 것들'이 펼쳐지는 매끄러운 평면에 의해 하나의 극단이 다른 극단으로 이르게 되었을 것이다. 언어의 기원은 사물의 재현과 사물에 동반되는 외침, 소리, 몸짓(동작 언어)의 재현 사이에서 찾아볼 수 있는 투명성으로 이해되었다. 끝으로 인식의 기원은 재현들의 순수한 연속 쪽에서 모색되었는데, 재현들의 연속이 매우 완벽하고 단선적이어서, 첫 번째 재현이 두 번째 재현에 의해 대체되어도 양자가 동시에 존재하지 않았고, 양자 사이에 차이를 확정하는 것이 가능하지 않았고, 누구나 다음 것을 앞의 것과 '비슷한' 것으로만 느낄 수밖에 없었으므로 이와 같은 대체는 전혀 의식되지 않을 정도였고, 하나의 감각이 다른 모든 감각보다 바로 앞의 감각과 더 '비슷한' 것으로 보일 때만 상기가 작용할 수 있었고 상상력이 재현을 다시 재현할 수 있었으며 이러한 이중화에서 인식의 확고한 기반이 확보될 수 있었다. 이와 같은 탄생이 허구적인 것으로 간주되었느냐, 아니면 실제적인 것으로 간주되었느냐, 설명을 위한 가설의 가치를 지녔느냐, 아니면 역사상의 사건으로서 가치를 지녔느냐는 거의 중요하지 않았다. 사실을 말하자면 이 구별은 우리에게만 존재할 뿐이다. 연대순의 발전이 도표의 내부에 자리하고 하나의 경로만을 구성할 뿐인 사유에서는 출발점이 실제적 시간의 바깥쪽에 있는 동시에 안쪽에 놓여 있다. 즉 역사상의 모든 사건을 일어날 수 있게 하는 것은 바로 이 근본적인 주름이다.

근대적 사유에서는 이와 같은 기원이 더 이상 이해될 수 없다. 어떻게 노동, 생명, 언어가 고유한 역사성을 획득하여 각각의 역사성 안으로 잠겨 들었는가는 앞에서 이미 살펴보았는데, 노동과 생명 그리고 언어의 역사 전체가 내부로부터 기원 쪽을 향할지라도 노동, 생명, 언어의 기원은 결코 정확하게 표현될 수 없었다. 역사성을 낳는 것은 이제 기원이 아니며, 역사성에 내재하고 동시에 역사성과 무관할지 모르는 기원의 필요성이 바로 역사성 자체의 구조 속에서 어렴풋이 드러나게 된다. 이 경우에 기원은 모든 차이, 모든 분산, 모든 불연속이 빠짐없이 모여들어 동일성의 단일한 지점이자 동일자의 만져지지 않는 형상만을 형성할 뿐이지만 스스로 폭발하여 타자가 될 힘을 지니고 있는 원뿔의 가상 꼭짓점 같은 것이다.

　인간은 이 역사성들과의 상관 관계 속에서 스스로의 안쪽으로 잠겨 들고 겉으로 드러나 보임으로써, 그러나 고유한 법칙에 의해 기원의 접근할 수 없는 동일성을 가리키는 이 모든 사물과의 상관 관계 속에서 19세기 초에 구성되었다. 그렇지만 인간이 자신의 기원과 관련되는 것은 이와 동일한 방식으로가 아니다. 이는 인간이 사실상 이미 이루어진 역사성과 연관되어 있을 때만 드러날 수 있기 때문인데, 즉 시선을 벗어나면서도 사물의 시간을 통해 윤곽이 드러나는 기원과 인간은 결코 동시대에 속하지 않기 때문인데, 인간은 자기 자신을 생물로 정의하려고 시도할 때 자신보다 훨씬 이전에 시작된 생명을 배경으로 해서만 자기 자신의 시초를 찾아낼 뿐이고, 자신을 노동하는 존재로 파악하려고 시도할 때 사회에 의해 이미 제도화되고 제어된 인간의 시간과 공간 내부에서만 겨우 자기 존재의 가장 기초적인 형태를 밝힐 수 있을 뿐이며, 실질적으로 구성된 모든 언어의 안쪽에서 말하는 주체를 자신의 본질로 규정하려고 시도할 때 모든 언어와 언어 활동 자체를 존재할 수 있게 한 바탕으로서의 더듬거리는 소리, 즉 최초의 말이 아니라 이미 전개된 언어 활동의 가능성만을 발견할 뿐이다. 인간에게 기원으로서 가치가 있는 것을 인간이 사유할 수 있는 것은 언제나 이미 시작된 것을 배경으로 해서이다. 그러므로 인간에게 기원은 결코 시초, 역사에서 나중의 획득물이 축적되기 시작할 출발점으로 구실하는 일종의 첫 새벽이 아니다. 기원은 훨씬 더 일찍 인간 일반이 어떤 인간이라도 이미 시작된 노동, 생명, 언어와 긴밀히 관련되는 방식으로서, 수천 년 전부터 만들어져 온 세계를 인간이 아주 순진하게 가공하고 최초로 형성된 유기체들에 뿌리를 둔 생명을 인간이 자신의 독특하고 새롭고 불안정한 실재의 넘치는 생기 속에서 영위하며 인간이 모든 기억보다 더 유구한 말을 사용함으로써 이전에 결코 말해지지 않은 문장(비록 세대에서 세대로 되풀이되었을지라도)을 구성하는 주름 속에서 모색되어야 한다. 이러한 관점에서 볼 때 인간에게 기원적인 것의 층위는 아마 인간과 가장 가까운 것, 즉 인간이 언제나 역사상 처음으로 순진하게 가로지르고 이제 막 눈을 뜨고서 자신의 시선만큼 미숙한 형상들, 비록 반대의 이유 때문이지만 인간 자신보다 더 오래된 것일 수 없는 형상들을 발견하는 표면일 것인데, 이는 이 형상들이 여전히 그렇게 미숙하기 때문이 아니라, 인간과 동일한 척도도 동일한 근거도 갖지 않는 시간에 이 형상들이 속하기 때문이다. 그러나 우리의 삶 전체를 따라 뻗어 있고 우리의 삶을 결코 떠나지 않는(특히 우리의 삶이 이와는 반대로 거의 적나라하게 드러나는 죽음의 순간에도) 기원적인 것의 얇은 표면은 직접적인 탄생의 장소가 아니고, 노동과 생명 그리고 언어에 의해 역사 속에서 형성되고 침전된 복잡한 매개물들로 온통 가득하게 되며, 그래서 단순한 접촉으로 인해 최초의 대상이 다루어지고 가장 단순한 욕구가 표출되며 가장 중립적인 말이 발설되는 순간부터 인간이 자신도 모르게 되살리는 것은 인간을 거의 무한히 지배하는 시간의 모든 매개물이다. 이는 인간이 알지 못하는 채로이지만 얼마간 알려지게 되어 있다. 왜냐하면 사람들이 서로 소통하기 시작하고 이미 구축된 이해의 망 안에 놓이는 것은 바로 이 수단에 의해서이기 때문이다. 그렇지만 이러한 지식은 말하고 살아가고 일하는 사람들에게 노동, 생명, 언어의 진실(과 기원)을 감추는 광대한 어둠의 영역에 의해 사방으로 둘러싸여 있는 만큼 한정되어 있고 대각선적이고 부분적이다.

　　그러므로『정신현상학』이래 근대적 사유가 끊임없이 묘사해 온 이와 같은 기원적인 것은 고전주의 시대가 재구성하려고 시도한 이상적인 생성과 전혀 같지 않고, 또한 존재물의 역사성을 가로질러 일종의 회고적이고 초연한 시선에 모습을 드러내는 기원과도 (비록 기본적인 상관 관계에 의해 기원과 관련된다 해도) 다르다. 인간에게서 기원적인 것은 동일성의 실제적이거나 잠재적인 정점으로 이르거나 단순히 향하기는커녕, 타자의 분리가 아직 작용하지 않은 동일자의 계기를 보여 주기는커녕, 처음부터 인간 자신과 다른 것에 인간을 관련짓는 것이고, 인간보다 더 오래되고 인간이 제어하지 못하는 내용과 형식을 인간의 경험 속으로 끌어들이는 것이며, 인간을 교차되어 있고 때로는 상호 대체될 수 없는 연대기들에 연결함으로써 시간을 가로질러 인간을 분산시키고 사물의 지속 한가운데에 인간을 붙들어 매는 것이다. 역설적이게도 인간에게서 기원적인 것은 인간이 탄생하는 시기나 인간의 경험에서 가장 오래된 핵심을 예고하지 않는다. 즉 그것은 인간 자신과 동일한 시대에 속하지 않는 것에 인간을 연결하고, 인간과 동시대적이지 않은 모든 것을 인간에게서 해방하며, 사물이 인간보다 훨씬 이전에 시작되었다는 사실, 그리고 바로 이 동일한 이유 때문에 인간의 경험이 또한 사물에 의해 전적으로 구성되고 제한되는 만큼 누구도 인간에게 기원을 지정할 수 없으리라는 사실을 항상 새로운 방식으로 끊임없이 보여 준다. 그런데 이러한 불가능성은 두 가지 양상을 띤다. 즉 한편으로 사물의 기원은 인간이 모습을 보이지 않는 책력으로 거슬러 올라가는 만큼 언제나 뒤로 물러난다는 것을 의미하지만, 다른 한편으로 인간은 반짝이는 탄생의 밀도가 시간 속에서 저절로 감지되는 사물과는 대조적으로 기원 없는 존재, '출생지도 탄생일도 없는' 존재, 탄생이 결코 '일어나지' 않았기 때문에 결코 접근하기 쉽지 않은 존재라는 것을 의미한다. 그러므로 기원적인 것의 직접성 속에서 예고되는 것은 인간을 인간 자신의 삶과 동시대적이게 만드는 기원으로부터 인간이 분리된다는 점이다. 따라서 시간 속에서 생겨나고 아마도 시간 속으로 사라질 모든 사물의 한가운데에서 인간은 모든 기원으로부터 분리된 채로 이미 현존한다. 그래서 사물(인간 위로 불쑥 솟아오른 동일한 사물)의 시초가 발견되는 것은 바로 인간에게서이다. 즉 인간은 어느 순간에 절단된 지속의 부분이라기보다는 오히려 시간 일반이 재구성될 수 있고 지속이 가능해지고 사물이 적절한 시기에 출현할 수 있는 통로이다. 경험의 영역에서 사물이 인간에 대해 언제나 뒤로 물러나 있고 그래서 원점에서 파악될 수 없다 해도, 인간은 기본적으로 사물의 이 물러섬에 대해 뒤로 물러나 있으며, 바로 그렇기 때문에 사물은 자체의 견실한 선행성으로 직접적인 기원의 경험을 내리누를 수 있다.

이로 인해 사물의 기원에 이의를 제기할, 그러나 시간의 가능성이 구성되는 방식을 재발견함으로써, 이를테면 모든 것이 존재하기 시작하는 출발점이지만 기원도 시초도 없는 사물의 기원에 근거를 제공하기 위해 사물의 기원에 이의를 제기할 책무가 사유에 주어진다. 이 책무는 시간이 생겨나는, 연대기도 역사도 없는 갈라진 틈이 나타나도록, 시간에 속하는 모든 것, 시간 속에서 형성된 모든 것, 시간의 유동적인 요소 속에 자리하는 모든 것이 문제시되어야 함을 함축한다. 그렇다면 시간은 사유 속에서 정지될 것인데, 그럼에도 불구하고 사유는 기원과 결코 동시대적이지 않으므로 시간으로부터 벗어날 수 없지만, 시간의 정지는 기원과 사유의 상호 관계를 변화시킬 힘을 지닐 것이고, 시간이 자기 자신을 축으로 삼아 회전할 것이므로, 기원은 사유가 여전히 사유해야 할, 그것도 언제나 다시 사유해야 할 것이 되는 만큼 갈수록 더 가까워지지만 결코 실현되지는 않는 임박성 속에서 사유에 약속되어 있을 것이다. 이 경우에 기원은 다시 도래하는 중인 것, 사유가 향하는 반복, 언제나 이미 시작된 것의 재래, 시간의 시초부터 반짝거리고 있던 빛의 근접이다. 이처럼 세 번째로 기원은 시간을 통해 어렴풋이 모습을 보이지만 이번에는 미래 속으로의 후퇴, 사유가 받아들여 스스로에게 부과하는 명령, 즉 끊임없이 사유를 가능하게 한 것을 향해 비둘기 걸음으로 나아가고 자기 앞에서, 자기 지평의 언제나 물러나는 선(線) 위에서 사유의 탄생과 풍요로운 도래를 가만히 기다리라는 명령이다.

근대적 사유는 18세기에 묘사된 기원을 공상이라고 비난할 수 있게 된 바로 그 시기에 매우 복잡하고 혼란스러운 기원의 문제의식을 새롭게 확립했는데, 이 문제의식은 우리의 시간 경험에 토대의 구실을 했으며, 19세기부터 인간의 영역에서 시작과 재시작, 시초의 부재와 현존, 재래와 종말이 무엇일 수 있는가를 파악하려는 모든 시도는 바로 이 문제의식으로부터 비롯되었다. 실제로 근대적 사유는 기원과 관련하여 인간의 경우와 사물의 경우에 서로 반대되는 이해 방식을 확립했다. 따라서 근대적 사유는 시간의 단일성이 회복되고 존재물의 연속적인 계열에서 인간의 기원이 하나의 날짜, 하나의 주름에 지나지 않도록(인간의 기원과 함께 문화의 출현, 문명의 여명기가 생물학적 진화의 동향 속에 위치하도록) 인간의 역사를 사물의 역사에 편입시키려는 실증주의의 시도를 가능하게 했지만, 이의 제기의 힘을 사전에 포기하여 실증주의의 시도에 적용하려 들지 않았고, 또한 인간이 사물에 대해 갖는 경험, 인간이 사물에 관해 얻는 인식, 따라서 인간이 구성할 수 있는 과학을 인간의 역사에 따라 정렬하려는 정반대의 보완적인 노력을 가능하게 했으며,(그래서 인간의 모든 시초가 사물의 시간 속에 놓여 있다 해도, 인간의 개인적 또는 문화적 시간은 사물의 진실한 모습이 역사상 처음으로 드러나는 계기를 심리적 또는 역사적 발생으로 규정할 수 있게 해 준다.) 이 두 가지 정렬선 각각에서 사물의 기원과 인간의 기원은 서로에게 종속되어 있긴 하지만, 양립 불가능한 두 가지 정렬선이 있을 수 있다는 단순한 사실만으로도 기원에 대한 근대적 사유를 특징짓는 근본적인 비대칭이 드러난다. 게다가 근대적 사유는 사실을 말하자면 어떤 기원도 현존하지 않았지만 가능한 기억을 위해 기억 없는 사물의 시간이 시초 없는 인간의 시간에 의해 표면화되었던 기원적인 것의 어떤 지층을 마지막 빛 속으로, 본질적으로 불확실한 밝음 같은 것 속으로 끌어들이는데, 이로부터 이중의 유혹이 유래한다. 즉 모든 인식을 어떤 것이건 심리학의 영역으로 끌어넣고 심리학을 모든 과학에 대한 일종의 일반 과학으로 만들거나, 역으로 모든 실증주의를 벗어나는 방식으로 이 본래의 지층을 묘사하고 이를 기초로 모든 과학의 실증성을 혼란에 빠뜨리며 이겨 낼 수 없는 경험의 근본적인 특성을 모든 과학의 실증성에 대항하기 위한 무기로 이용하려는 유혹이 생겨난다. 그러나 근대적 사유는 기원적인 것의 영역을 복원하려는 책무를 스스로 떠맡음으로써 거기에서 곧장 기원의 후퇴를 발견하고, 역설적이게도 기원의 후퇴가 실현되고 끊임없이 심화되는 방향으로 나아갈 것을 해결책으로 제안하며, 기원의 후퇴를 물러남 자체에 의거하는 근대적 사유의 받침대로서, 근대적 사유의 가장 가시적인 가능성으로부터 가장 가까이 놓여 있는 것으로서, 근대적 사유 내에서 임박한 것으로서 경험의 저쪽에 나타나게 하고자 시도하는데, 기원의 후퇴가 이처럼 매우 명백하게 제시된다면, 기원은 시원의 왕조에서 풀려나고 그 자체로까지 거슬러 올라가지 않을까? 따라서 근대적 사유는 불변의 기이한 불안에 온통 옭매여 회귀에 대한 커다란 관심, 재시작에 대한 배려, 반복을 반복할 의무를 강요받는다. 가령 헤겔에서 마르크스와 슈펭글러까지 한 가지 사유의 주제가 전개되었는데, 이 사유는 실현의 움직임, 이를테면 도달된 전체성, 극단적인 궁핍에서의 강렬한 평정, 태양의 몰락에 의해 스스로에 대해 숙고하고 스스로 충만하게 빛나고 스스로 순환을 완결하고 자기 편력의 온갖 낯선 모습에서 스스로를 알아보고 대양에서 솟아나 다시 대양 속으로 사라질 것을 감수하며, 행복하지는 않지만 완전한 이 회귀의 맞은편에서는 휠덜린, 니체, 하이데거의 경험이 발견되는데, 그들의 경험에서는 기원의 극단적인 후퇴 속에만, 신(神)들이 돌아서 있고 사막이 확장되고 "테

크네"[9]의 거침없는 지배가 확립된 바로 거기에만 회귀가 자리하며, 따라서 그들의 경험은 결코 어떤 완료나 곡선이 아니라 오히려 기원이 물러나는 바로 그만큼만 기원을 해방하는 부단한 파열이고, 그래서 극단은 가장 가까운 것이다. 그러나 근대적 사유가 인간을 발견한 동향 자체에서 근대적 사유에 의해 밝혀진 기원적인 것의 지층이 실현과 완전한 충만의 기한을 약속하건, 기원의 공백 이를테면 기원의 후퇴에 의해 마련된 공백과 기원의 접근에 의해 생겨난 공백을 복원하건, 근대적 사유가 사유로 규정하는 것은 '동일자' 같은 어떤 것이다. 즉 자연과 생명의 시간과 역사 및 문화의 침전된 과거에 인간의 경험을 긴밀히 관련짓는 기원적인 것의 영역을 가로질러 근대적 사유는 동일성을 회복한, 이를테면 그토록 충만하거나 아무것도 아닌 인간, 반복을 불가능하게 만들면서도 우리로 하여금 반복을 사유하지 않을 수 없게 하는 역사와 시간, 그리고 있는 그대로의 존재로 되돌아가고자 애쓴다.

이로 인해 자기와 가장 가깝고도 가장 먼 기원을 사유해야 하는 무한한 책무 속에서 사유는 인간을 존재하게 만드는 것 또는 인간이 존재하는 데 출발점으로 구실하는 것과 인간이 동시대적이지 않다는 것, 그러나 인간을 분산시키고 인간을 인간 자신의 기원으로부터 멀어지게 하지만, 곧 닥칠 것 같으면서도 아마 여전히 닥치지 않을 방식으로 인간에게 기원을 약속하는 힘의 안쪽에 인간이 붙들려 있다는 것을 밝히는데, 이제 이 힘은 인간과 무관하지 않고, 인간을 벗어나 영원하고 끊임없이 되살아나는 평온한 기원에 자리하지 않는다. 왜냐하면 그럴 경우에는 기원이 실질적으로 주어질 것이기 때문이다. 이 힘은 인간에 고유한 존재의 힘이다. 시간, 그러나 인간 자신인 시간은 인간이 솟아오른 새벽으로부터도, 인간에게 여전히 다가올 것으로 약속된 새벽으로부터도 인간을 떼어 놓

---

9) (옮긴이 주) τεχνη. 기술(技術), 무언가를 만드는 솜씨, 수단이나 방책, 기술의 산물이나 예술 작품 등을 뜻하는 그리스어.

는다. 이 근본적인 시간, 시간이 경험에 주어질 수 있는 기반으로서의 시간이 재현의 철학에서 작용한 시간과 얼마나 다른가는 분명하다. 그때 시간은 재현에 단선적인 연속의 형태를 부과한 만큼 재현을 분산시켰지만, 재현은 상상력을 통해 그 자체로 재구성될 수 있었고 이에 따라 완벽하게 이중화될 수 있었고 시간을 극복할 수 있었으며, 이미지는 시간을 고스란히 재포착하고 연속에 부여된 것을 되찾고 영원한 이해력의 경우만큼 참된 지식을 구축하게 해 주었다. 이와 반대로 근대의 경험에서는 바로 기원을 통해 경험이 반짝이고 경험의 실증성이 밝혀지므로, 기원의 후퇴는 모든 경험보다 더 근본적이며, 사물이 사물에 고유한 시간과 함께 인간에게 제시되는 것은 인간이 자기 자신의 존재와 동시대적이지 않기 때문이다. 그리고 여기에서 유한성이라는 애초의 주제가 재발견된다. 그런데 유한성은 무엇보다 먼저 인간에 대한 사물의 중압에 의해, 인간이 생명, 역사, 언어에 의해 지배받는다는 사실에 의해 표출되었으나 이제는 더 근본적인 층위에서 드러난다. 즉 유한성은 인간의 존재가 시간과 맺는 극복 불가능한 관계이다.

이처럼 근대적 사유는 기원의 검토를 통해 유한성을 재발견함으로써, 18세기 말엽에 서양의 에피스테메가 전체적으로 흔들릴 때 그려지기 시작한 커다란 사변형을 다시 닫는다. 즉 유한성에 대한 실증성의 관계, 선험적인 것 속에서 이중화되는 경험적인 것, 사유되지 않은 것에 대한 코기토의 끊임없는 관계, 기원의 후퇴와 회귀는 우리에게 인간의 존재 방식을 명시한다. 19세기부터 반성이 지식의 가능성에 대해 철학적 근거를 제공하고자 하는 것은 이제 재현의 분석이 아니라 바로 이 존재 방식의 분석을 통해서이다.

7 담론과 인간의 존재

이 네 가지 이론적 선분(유한성, 경험적-선험적 반복, 사유되지 않은 것, 기원의 분석)은 고전주의 시대에 다 같이 언어의 일반 이론을 구성한 부수적인 네 영역과[10] 어떤 관계를 맺고 있다는 것을 지적할 수 있다. 그것은 언뜻 보기에 닮음과 대칭 같은 관계이다. 앞에서 이미 지적했듯이 동사의 이론은 어떻게 언어가 자체의 경계 밖으로 넘쳐나 존재를, '에트르' 동사가 적어도 은밀한 형태로 이미 존재하는 곳에서만 언어가 확립되고 언어의 공간이 열릴 수 있는 만큼 역방향으로 언어의 존재 자체가 보장되는 움직임 속에서 단언할 수 있는가를 설명해 주었는데, 이와 동일한 방식으로 유한성의 분석은 어떻게 인간에 대해 외부적이고 인간을 사물의 밀도와 연결하는 실증성에 의해 인간의 존재가 결정되는가, 게다가 역방향으로 어떻게 유한한 존재가 자신의 확실한 진실이 나타날 가능성을 모든 한정에 부여하는가를 설명해 준다. 분절의 이론은 말과 말에 의해 재현되는 사물의 마름질이 어떤 방식으로 한꺼번에 이루어질 수 있는가를 보여 준 반면, **경험적-선험적 이중화**의 분석은 어떻게 경험에 주어지는 것과 경험을 가능하게 하는 것이 끝없는 흔들림 속에서 서로 상응하는가를 보여 준다. 언어의 기본적인 **지칭**에 대한 탐구는 낱말, 음절, 소리의 망각된(그리고 더 정확한 사유, 더 경이로운 시의 힘을 획득하기 위해 다시 밝혀내야 하며 다시 말하고 노래하게 해야 하는) 알맹이를 형성하는 잠들어 있는 재현을 낱말, 음절, 소리 자체의 가장 은밀한 중심으로부터 끌어내는 것이었는데, 이와 유사한 방식으로 근대적 반성에서도 **사유되지 않은 것**의 활기 없는 밀도에는 여전히 코기토가 어느 정도 깃들어 있으며, 사유되지 않는 것 속에 반쯤 잠들어 있는 사유를 다시 북돋우고 "나는

---

10) 이 책의 184쪽.

생각한다."의 절대적인 힘 속으로 잡아당길 필요가 있다. 끝으로 언어에 관한 고전주의적 숙고에는 파생의 이론이 있었다. 즉 언어의 역사가 시작될 때부터, 어쩌면 언어의 기원이 비롯되는 순간에, 언어가 말하기 시작하는 바로 그 단계에서 어떻게 언어가 자기 자신의 공간 안으로 미끄러져 들어가고, 자신의 기본적인 재현으로부터 떨어져 나와 스스로를 축으로 돌며, 말이 수사학의 문채(文彩)를 따라 이미 전개될 때에만 말을 가장 오래전의 것일지라도 제시하는가를 파생의 이론은 보여 주었는데, 이 분석에는 언제나 이미 달아나는 '기원'을 사유하려는 노력, 인간 자신에 대해 인간의 존재가 언제나 유지되는 방향 쪽으로, 인간을 구성하는 간격과 거리 안으로 나아가려는 노력이 상응한다.

그러나 이 상응 현상들의 작용에 현혹되어서는 안 된다. 고전주의적 담론의 분석이 단지 대상만 바뀌었을 뿐 아무런 변화도 없이 계속되었고 그토록 많은 인접한 변동에도 불구하고 어떤 역사적 중력의 영향으로 동일한 상태를 유지했다고 생각해서는 안 된다. 사실상 일반 문법의 공간을 나타내는 네 가지 이론적 선분은 보존되지 않았다. 즉 18세기 말에 재현의 이론이 사라졌을 때, 그것들은 서로 분리되었고 기능과 층위가 바뀌었으며 타당성의 전 영역이 변모되었다. 고전주의 시대에 일반 문법의 기능은 어떻게 언어가 연속적인 재현들의 연쇄 내부에 끼어들 수 있는가를 보여 주는 것이었는데, 언어는 담론이라는 단순하고 완전히 박약한 선으로 표면화되면서도 동시성의 형태들(존재와 공존의 단언, 재현된 사물의 마름질과 일반성의 형성, 말과 사물의 지울 수 없는 본래적인 관계, 수사학적 공간에서 이루어지는 말의 전위)을 전제로 했다. 이와 반대로 19세기부터 전개된 것과 같은 인간의 존재 방식에 대한 분석은 재현의 이론 안에 자리를 잡지 않는다. 이 분석의 과업은 어떻게 사물 일반이 재현에 주어질 수 있는가, 어떤 조건에서, 어떤 근거에서, 어떤 한계 내에서 사물이 지각의 다양한 양상보다 더 깊은 실증성을 띠고서 나타날 수 있는가

를 보여 주는 것이며, 그러므로 재현에 의해 열리는 광범위한 공간의 전
개를 통해 인간과 사물의 이 공존 속에서 드러나는 것은 인간의 근본적
인 유한성, 인간을 기원으로부터 떼어 놓고 동시에 인간에게 기원을 약
속하는 분리, 시간의 극복할 수 없는 거리이다. 인간의 분석론은 담론의
분석을 다른 곳에서 구성되고 전승에 의해 전해진 그대로 재개하는 것이
아니다. 재현의 이론이 현존하느냐 부재하느냐 하는 문제, 더 정확히 말
하자면 이 이론의 기본적인 성격 또는 부차적인 위치는 체계의 균형을
완전히 변화시킨다. 재현이 당연히 사유의 일반적인 요소인 이상, 담론
의 이론은 모든 가능한 문법의 토대와 동시에 인식의 이론으로서 가치를
갖는다. 그러나 재현의 우위(優位)가 사라지자마자, 담론의 이론은 해체
되고, 누구나 두 가지 별개의 차원에서 이 이론의 비(非)물질화되고 변모
된 형태에 마주칠 수 있다. 경험의 차원에서 네 가지 구성 선분이 재발견
될 수 있지만, 그것들이 실행하는 기능은 완전히 뒤집힌다.[11] 즉 동사의
특권, 담론을 담론의 한계 밖으로 나가게 하고 담론을 재현의 존재 속에
뿌리내리게 하는 동사의 역량이 분석된 바로 거기에서 각 언어에 내재하
고 각 언어를 자율적인 존재물, 달리 말해서 자체에만 근거가 있을 뿐인
존재물로 구성하는 내부적인 문법 구조의 분석이 발견되는 것과 마찬가
지로, 말과 사물에 공통된 분절의 분석은 굴절의 이론, 말에 고유한 변이
법칙의 탐구로 대체되었고, 전형적인 어근의 분석은 어간의 이론으로 대
체되었으며, 끝으로 한없는 파생의 연속성이 모색된 바로 거기에서는 언
어들의 방계(傍系)가 밝혀졌다. 달리 말하자면 (재현되는 그대로의) 사물
과 (재현의 가치를 갖는) 말 사이의 관계에 작용한 모든 것이 이제는 언어
속으로 다시 끌려들었고 언어에 내적인 적법성(適法性)을 제공할 책무를
부여받았다. 담론의 이론을 구성하는 네 선분은 토대의 차원에서도 여전

---

11) 이 책의 408쪽 참조.

히 재발견된다. 즉 고전주의 시대의 경우처럼 그것들은 새로운 인간의 분석론에서도 여전히 사물과의 관계를 나타내는 데 소용된다. 그러나 이번에는 변모가 이전의 경우와 정반대이다. 이제 관건은 그것들을 언어의 내부 공간으로 되돌리는 것이 아니라, 그것들이 붙들려 있던 재현의 영역으로부터 그것들을 해방하고, 인간이 유한하고 한정되어 있고 인간에 의해 사유되지 않는 것의 밀도 속에 붙들려 있고 본질적으로 시간의 분산에 종속되어 있는 것으로 보이는 외재성의 차원에서 그것들을 작용하게 하는 것이다.

고전주의적 담론의 분석은 재현의 이론과 더 이상 연속적이지 않을 때부터 둘로 쪼개진 듯했다. 즉 한편으로는 문법 형태들의 경험적인 인식으로 빠져들었고, 다른 한편으로는 유한성의 분석론이 되었다. 그러나 기능이 전적으로 뒤집히지 않았다면 이 두 가지 전이 중의 어떤 것도 일어날 수 없었다. 이제 우리는 (의심되지 않은 재현의 자명성에 근거를 둔) 고전주의적 담론의 실재와 근대적 사유에 제시되는 인간의 삶(그리고 근대적 사유에 의해 가능하게 되는 인간학적 숙고) 사이의 현저한 양립 불가능성을 밑바닥까지 이해할 수 있다. 즉 인간의 존재 방식에 관한 분석론 같은 것은 재현하는 담론의 분석이 일단 해체되고 전이되고 뒤집힐 때에야 비로소 가능해졌다. 또한 우리는 수수께끼와도 같은 단일성과 존재를 지니고 있는 언어의 재출현으로 인해 이처럼 규정되고 설정된 인간의 존재가 오늘날 어떤 위협에 직면하는가를 짐작할 수 있다. 우리 앞에 놓여 있는 책무는 지금까지 우리 문화에 알려지지 않은 사유 방식, 즉 인간의 존재와 동시에 언어의 존재를 연속성도 모순도 없이 성찰할 수 있게 해 줄 사유 방식 쪽으로 나아가는 것이 아닐까? 만약 그렇다면, 우리는 고전주의적 담론의 이론으로 고지식하게 회귀하는 것일지 모르는 모든 것을 최대한 조심스럽게 피할 필요가 있다. (이미 오래전부터 구성되어 있는 재현의 이론은 언어의 존재가 자리하고 순수한 작용을 통해 해소되는 장소를 우리에게 제공하는 반면에 우리는 반짝이지만 생경한 언어의 존재를 사유할 준비가 갖추어져 있지 않기 때문에, 이 회귀의 유혹은 그만큼 더 크다는 사실을 반드시 지적해야 한다.) 그러나 언어의 존재와 동시에 인간의 존재를 사유할 권리가 영원히 박탈될 수도 있고, 사라지지 않을 벌어진 틈(바로 우리가 존재하고 말하는 틈)이 있을 수도 있으며, 그래서 언어의 존재가 문제일 모든 인간학, 인간의 고유한 존재를 따라잡고 드러내고 해방하고자 할, 언어 또는 의미 작용에 관한 모든 이해 방식을 망상으로 치부해 버려야 할지도 모른다. 아마 바로 이 대목에서 우리 시대의 가장 중요한 철학적 선택, 미래의 반성이라는 시금석(試金石)을 통해서만 행해질 수 있을 뿐인 선택이 뿌리를 내릴 것이다. 실제로 어떤 쪽으로 길이 열려 있는가를 우리에게 미리 일러 줄 수 있는 것은 하나도 없다. 우리가 당분간 확실히 알고 있는 유일한 것은 서양 문화에서 인간의 존재와 언어의 존재가 공존할 수도 서로 맞물릴 수도 없었다는 점이다. 이 양자의 양립 불가능성은 우리의 사유가 지닌 본질적인 특성의 하나였다.

그렇지만 담론의 분석이 유한성의 분석론으로 바뀌는 변화는 또 다른 결과를 가져다준다. 매우 긴밀하고 치밀한 연쇄로 잇달아서 좀처럼 구별되지 않고 설사 구별되더라도 구별의 정도가 그다지 두드러지지는 않는 재현들이 어떻게 안정된 차이와 한정된 동일성의 영속적인 도표 안에 진열될 수 있는가를 기호와 말에 관한 고전주의적 이론은 보여 주어야 했고, 이 이론의 관건은 비슷한 것의 은근히 다양한 단조로움으로부터 발생하는 차이였다. 유한성의 분석론은 정확히 반대의 역할을 한다. 즉 인간이 한정된 존재라는 점을 밝힘으로써 이 한정의 토대가 근본적으로 한계를 갖는 인간의 존재 자체라는 점을 드러내려 하고, 또한 경험 내용이 이미 경험 내용 자체의 조건이라는 것, 경험 내용에서 벗어나고 사유가 끊임없이 되찾고자 하는 사유되지 않은 것에 사유가 사전에 붙들려 있다는 것을 드러내게 되어 있으며, 결코 인간과 동시대적이지 않은 기원이 어떻게 인간에 대해 뒤로 물러나고 동시에 임박한 것으로 주어지는가를 보여 준다. 요컨대 유한성의 분석론에서 변함없는 관건은 어떻게 타자 또는 먼 것이 또한 가장 가까운 것이자 동일자인지를 보여 주는 것이다. 이처럼 우리는 차이의 영역에 대한 성찰에서(반성이 전제하는 분석, 연속의 존재론, 그리고 형이상학을 전제로 하는 요구, 즉 충만하고 단절이 없고 완벽하게 전개되는 존재물에 대한 요구와 함께) 자체의 모순으로 인해 여전히 정복되어야 할 동일자의 사유로 이동했는데, 후자는(이미 언급된 윤리 외에도) 변증법을 내포하고, 또한 연속을 필요로 하지 않고 제한된 형태나 간격에 따라서만 존재에 관해 성찰해야 하므로 형이상학 없이 논의될 수 있고 반드시 그렇게 되어야 하는 존재론의 형태를 내포한다. 근대적 사유를 가로질러, 근대적 사유의 역사를 따라 변증법적 상호 작용과 형이상학 없는 존재론은 서로 부르고 서로 어울린다. 왜냐하면 근대적 사유는 결코 완결되지 않을 차이의 형성 쪽으로가 아니라, 끊임없이 실현되어야 할 동일자를 드러내는 쪽으로 나아가는 사유이기 때문이다. 그런데 분신의 동시적 출현, 그리고 후퇴와 회귀, 사유와 사유되지 않은 것, 경험적인 것과 선험적인 것, 실증성의 영역에 속하는 것과 근거의 영역에 속하는 것에서 와 또는 과라는 조사가 내포하는 미세하나 반박할 수 없는 간격이 없다면, 이와 같은 드러냄은 실현될 수 없다. 어떤 관점에서는 동일성에 내재하지만 또 어떤 관점에서는 동일성을 구성하는 간격 때문에 온전하지 않은 동일성, 그리고 동일한 것을 논거로 제시하지만 동일한 것과 거리를 두는 반복은 아마 시간을 발견한 것으로 몹시 성급하게 간주되는 근대적 사유의 핵심에 놓여 있을 것이다. 사실 좀 더 세심하게 관찰한다면 고전주의적 사유에서 사물을 도표로 공간화할 가능성은 순수한 재현의 연속이 자기로부터 상기되고 이중화되고 연속적인 시간으로부터 동시성을 구성하는 속성과 관련되었다는 것을 알아차릴 수 있다. 즉 시간은 공간의 근거가 되었다. 근대적 사유에 의하면 사물의 역사 및 인간에 고유한 역사성의 토대에서 드러나는 것은 동일자의 내부에 빈틈을 초래하는 간격, 동일자를 내부의 양 끝으로 분산시키고 결집시키는 간격이다. 근대적 사유가 여전히 시간을 사유할 수 있는 것, 시간을 연속으로 인식하고 시간을 완결이나 기원 또는 회귀의 약속으로 간직할 수 있는 것은 바로 이 깊은 공간성 덕분이다.

8 인간학의 잠

우리가 상당한 정도까지 인간학으로부터 여전히 자유롭지 않은 만큼 인간학은 인간의 분석론으로서 확실히 근대적 사유를 구성하는 역할을 했다. 재현이 종합과 분석의 상호 작용을 독자적인 움직임에 따라 결정할 힘을 잃었을 때 인간학은 불가피한 것이 되었다. "나는 생각한다."의 지고성 내에서가 아니라 다른 곳에서 감각적 직관의 종합이 확보되어야 했다. 감각적 직관의 종합은 틀림없이 이 지고성이 정확히 한계에 이르는 바로 거기에서, 즉 인간의 유한성, 살아가고 말하고 일하는 개인의 것이기도 하고 의식의 것이기도 한 유한성에서 요구되었을 것이다. 이는 칸트가 『논리학』에서 자신의 삼부작(三部作)에 하나의 궁극적인 물음을 덧붙였을 때 이미 표명한 것이었다. 따라서 세 가지 중요한 물음(나는 무엇을 알 수 있을까? 나는 무엇을 해야 할까? 나에게는 무엇을 희망하는 것이 허용되어 있을까?)은 인간이란 무엇인가?라는 네 번째 물음과 관련되고 이를테면 '이 물음의 계정(計定)에' 들어 있다.

우리가 이미 살펴보았듯이 이 물음은 19세기 초부터 사유에 스며드는데, 이는 분할되어 있다고 칸트가 밝힌 경험적인 것과 선험적인 것의 혼동을 이 물음이 사전에 은밀히 야기하기 때문이다. 근대 철학을 특징짓는 중간 층위의 반성이 이 물음에 의해 구성되었다. 근대 철학이 인간에 대해 갖는 관심, 담론에서뿐만 아니라 비애감(悲哀感) 속에서 인간을 살아가는 존재나 일하는 개인 또는 말하는 주체로서 규정하려고 시도하는 근대 철학의 세심한 배려는 인간의 지배가 마침내 재래했음을 고결한 소수(少數)에게 고지할 뿐이지만, 사실 인간의 지배는 더 산문적이고 덜 도덕적인 일로서 자연이나 교환 또는 담론의 인간을 인간 자신의 유한성에 대한 근거로 내세우기 위한 경험적-선험적 이중화이다. 이 주름 속에서 선험적 기능은 경험성의 무기력한 잿빛 공간을 강압적인 망으로 덮지만, 역으로 경험 내용은 활기를 띠고 점차로 다시 곧추서며 경험 내용의 선험적 가정을 멀리 나르는 담론에 곧장 포섭된다. 따라서 철학은 이 주름 속에서 새로운 잠에, 이번에는 독단론의 잠이 아니라 인간학의 잠에 빠져들었다. 모든 경험적 인식은 만약 인간과 관련된다면 인식의 근거, 인식의 결정적인 한계, 요컨대 모든 진실의 진실이 반드시 밝혀질 가능한 철학의 장으로서 가치가 있다. 근대 철학의 인간학적 지형은 독단론을 양분하는 데에서, 독단론을 서로에 대해 근거가 되고 서로 한정하는 두 가지 다른 층위로 나누는 데에서 비롯한다. 즉 인간이란 본질적으로 무엇인가에 관한 전(前)비판적 분석은 인간의 경험에 일반적으로 주어질 수 있는 모든 것의 분석론이 된다.

이와 같은 잠으로부터, 역설적이게도 사유가 각성 상태로 느끼고, 따라서 자신의 근거를 자신에게서 찾기 위해 이분되는 독단론의 순환 논리적 특성이 근본적으로 철학적 사유의 경쾌함 및 불안과 혼동될 정도로 사유를 깊은 잠으로부터 깨어나게 하기 위해서는, 사유가 가장 일찍 깨어날 가능성을 불러들이기 위해서는 인간학의 '사변형'을 철저하게 허물어뜨리는 것 이외의 다른 방법이 없다. 인간학의 분야를 가로지르고 인간학의 분야가 표명하는 것을 기초로 인간학의 분야에서 빠져나오고 세련된 존재론이나 존재에 관한 철저한 사유를 재발견하려는 것이건, 심리주의와 역사주의뿐만 아니라 인간학적 선입견의 모든 구체적인 형태도 거부함으로써 사유의 한계를 재검토하고 따라서 일반적인 이성 비판의 기획을 부활시키려는 것이건, 새로이 사유하려는 모든 노력은 정확히 인간학의 사변형을 공격한다는 것을 어쨌든 우리는 잘 알고 있다. 오늘날의 사유가 필시 인간학의 근절을 위해 기울일 최초의 노력은 아마 니체의 경험에서 찾아보아야 할 것이다. 왜냐하면 문헌학적 비판을 통해, 어떤 형태의 생물학주의를 통해 니체는 인간과 신이 서로에게 속하고 신의 죽음이 인간의 사라짐과 같은 뜻을 지니고 약속된 초인의 출현이 무엇보다도 먼저 인간의 임박한 죽음을 온전히 의미하는 지점을 발견했기 때문이다. 이 점에서 니체는 이 미래를 우리에게 약속과 동시에 책무로 제시하면서, 현대 철학이 다시 사유하기 시작할 수 있는 문턱을 가리키며, 아마 앞으로도 오랫동안 철학의 진전을 계속해서 지배하게 될 것이다. 회귀의 발견이 정말로 철학의 종언이라면, 인간의 종말은 철학의 새로운 시작이다. 오늘날 인간의 사라짐에 의해 남겨진 공백 이외의 다른 곳에서 사유하는 것은 이제 가능하지 않다. 실제로 이 공백은 결여를 야기하지 않고, 채워져야 할 빈틈을 규정하지 않는다. 이 공백은 사유하기가 마침내 다시 가능한 공간의 전개 이상의 것도 이하의 것도 아니다.

아마 인간학은 칸트로부터 우리에게 이르기까지 철학적 사유를 지배하고 이끈 기본적인 경향일 것이다. 이 경향은 우리 역사의 일부분을 형성하므로 매우 기본적이지만, 우리가 이 경향을 가능하게 만든 통로의 망각과 동시에 곧 다가올 사유를 끈질기게 가로막는 장애물을 거기에서 알아보고 비판적으로 고발하기 시작하는 만큼 우리의 눈앞에서 해체되고 있는 중이다. 인간이나 인간의 지배 또는 인간의 해방에 관해 여전히 말하고자 하는 모든 이에 대해, 인간이 본질적으로 무엇인가에 관해 여전히 자문하고 있는 모든 이에 대해, 진리에 도달하기 위해 인간을 출발점으로 삼고자 하는 모든 이에 대해, 다른 한편으로 모든 인식을 인간 자신의 진실로 귀착시키는 모든 이에 대해, 인간학으로의 편입 없이는 형식화하고자 하지 않고 미망의 타파 없이는 신화화하기를 바라지 않으며 사유하는 것은 바로 인간이라고 곧바로 생각하지 않고는 사유하려고 들지 않는 모든 이에 대해, 이 모든 어색하고 뒤틀린 형태의 성찰에 대해 우리는 철학적 웃음, 일정 부분 조용한 웃음으로 대답할 수밖에 없다.

10 인문과학

1 지식의 3면체(三面體)

근대적 사유에서 구성된 인간의 존재 방식은 인간으로 하여금 두 가지 역할을 할 수 있게 한다. 즉 인간은 모든 실증성의 바탕을 이룸과 동시에 특권적이라고 말할 필요조차 없는 방식으로 경험적 사물의 고유 영역에 현존한다. 이 사실은 결코 인간의 본질 일반이 아니라 그저 19세기부터 우리의 사유에 대해 거의 자명한 토대의 구실을 하는 역사상의 선험적 여건으로서, '인문과학'에, 즉 경험적인 실체로서의 인간을 대상으로하는 인식의 자료집(그러나 이 말조차도 아마 너무 강할 것이다. 뭐랄까 좀 더중립적으로 담론의 자료집이라고 하자.)에 부여되는 지위의 문제에 대해 아마 결정적일 것이다.

무엇보다 먼저 확인해야 할 것은 이미 윤곽이 드러나고 어쩌면 전체적으로 측량되지만 아직은 미개간 상태로 남아 있으며 실증적인 방법과마침내 과학적이게 된 개념으로 공들여 다듬는 것이 책무일 어떤 영역을인문과학이 유산으로 이어받지 않았다는 점인데, 18세기는 외부로부터한정되지만 여전히 비어 있으며 답사하고 분석하는 것이 나중에 인문과학의 역할이게 될 공간을 인간이나 인간성의 이름으로 인문과학에 물려 주지 않았다. 인문과학에 의해 전반적으로 고찰되는 인식론의 장은 사전에 지정되지 않았다. 즉 17~18세기에는 어떤 철학도, 어떤 정치적 또는 도덕적 선택도, 어떤 경험과학도, 인간의 육체에 관한 어떤 관찰도, 감각이나 상상 또는 정념의 어떤 분석도 인간 같은 것에 마주치지 않았고, 실제로 인간은 (생명, 언어, 노동과 마찬가지로) 존재하지 않았으며, 인문과학은 어떤 열렬한 합리주의, 아직 해결되지 않은 어떤 과학의 문제, 어떤 실제적인 관심의 영향 아래 (좋건 싫건 어느 정도 성공적으로) 인간이 과학의 대상들 사이에, 인간을 과학의 대상들 사이에 온전히 놓을 수 있는지는 아마 아직도 입증되지 않았을 것이지만, 확고하게 포함되었을 때가 아니라, 서양 문화에서 인간이 사유되어야 할 것이자 인식될 수 있는 것으로 구성되었을 때 출현했다. 이론적이거나 실천적인 범주의 문제나 요구 또는 장애에 의해 인문과학의 각 분야가 생겨났다는 것은 확실히 의문의 여지가 없다. 가령 19세기 동안 서서히 심리학이 과학으로 성립하는 데에는 확실히 산업 사회가 개인에게 부과하는 새로운 규범이 필요했고, 사회학적 유형의 성찰이 출현하기 위해서는 아마 대혁명 이래 사회의 균형과 심지어 부르주아지에 의해 확립된 균형에 매우 강한 압력을 가하는 위협이 필요했을 것이다. 그러나 왜 이런저런 결정된 상황에서 이런저런 구체적인 문제에 대응하여 인문과학이 유기적으로 구성되었는가를 이와 같은 여러 준거에 의해 분명히 설명할 수 있다 해도, 인문과학의 본질적인 가능성, 다시 말해서 사회를 이루어 살아가는 인류가 존재한 이래 역사상 처음으로 인간이 개별적으로나 집단적으로 과학의 대상으로 등장했다는 적나라한 사실은 견해의 현상으로 간주될 수도 다루어질 수도 없다. 즉 그것은 지식의 질서를 뒤흔든 사건이다.

그리고 이 사건 자체는 에피스테메가 전반적으로 재배치되면서 생물이 재현의 공간을 떠나 생명의 특수한 심층에, 부가 생산 양식의 점증(漸增)

에, 말이 언어의 생성에 자리를 잡을 때 일어났다. 인간에 대한 인식은 과학의 목적에 따라 생물학, 경제학, 문헌학과 동시대적이고 동일한 기원을 갖는 것으로 보이며, 그래서 당연하게도 인간에 대한 인식이 서양 문화의 역사에서 경험적 합리성에 의해 이룩된 가장 결정적인 진보의 하나로 간주된 것은 이 조건들에 비추어 필연적이었다. 그러나 재현의 일반 이론이 동일한 시기에 사라지고 그 대신에 인간의 존재를 모든 실증성의 토대로서 검토할 필요성이 불가피한 것으로 대두된 만큼 불균형이 초래되지 않을 수 없었다. 즉 인간은 모든 인식이 직접적이고 의문의 여지없는 자명성 속에서 구성될 수 있게 해 주는 토대가 되었고, 더 나아가 인간의 모든 인식에 의문을 제기할 수 있게 해 주는 것이 되었다. 이로부터 불가피한 이중의 논쟁이 유래하는데, 첫 번째는 우선 인문과학과 엄밀한 의미에서의 진정한 과학 사이의 끝없는 논쟁을 형성하는 것으로서, 이에 의하면 인간 과학은 스스로 진정한 과학의 토대라고 완강하게 주장하는 반면, 진정한 과학은 '심리학주의'와 '사회학주의' 그리고 '역사주의'를 거슬러 자체적으로 근거, 방법의 정당화, 역사의 정화(淨化)를 끊임없이 모색하지 않을 수 없으며, 두 번째는 스스로 근거를 마련하겠다고 하는 인문과학의 순진함에 이의를 제기하는 철학과 예전이라면 철학의 영역을 구성했을 것을 자신의 당연한 대상으로 요구하는 인문과학 사이의 끝없는 논쟁을 형성하는 것이다.

그러나 이 모든 확증된 사실이 필연적이라고 해서, 이 사실들이 순수한 모순의 원리 내에서 전개되는 것은 아니고, 이 사실들의 실재와 한 세기 전부터의 꾸준한 되풀이가 문제의 한없이 열려 있는 영속성을 나타내지도 않으며, 이 사실들은 역사 속에서 매우 분명하게 결정된 뚜렷한 인식론적 경향을 돌아보게 한다. 고전주의 시대에는 분석의 기획에서 마테시스 유니베르살리스의 주제까지 지식의 영역이 완전히 동질적이었다. 즉 모든 인식은 어떤 종류의 것이건 차이의 확립에 의해 정돈을 실행했고 질서의 정립에 의해 차이를 규정했는데, 이것은 수학의 경우에도, 또한 (넓은 의미에서의) **분류학**과 자연과학의 경우에도 사실이었고, 또한 최소한의 담론 구성이나 일상적인 교환 과정에 작용하는 그 모든 막연하고 불완전하고 대부분 자연 발생적인 인식의 경우에도 사실이었으며, 끝으로 철학적 사유와 관념학자들이 비록 다른 방식으로이지만 데카르트나 스피노자에 못지않게 가장 단순하고 가장 명백한 관념을 가장 복합적인 진리로 이끌기 위해 확립하고자 한 그 길고 정연한 연쇄의 경우에도 사실이었다. 그러나 19세기부터는 인식론의 장이 파편화된다. 더 정확히 말해서 갖가지 방향으로 파열한다. 콩트의 방식으로 이루어지는 단선적인 분류와 위계의 우위(優位)에서 벗어나기는 어렵다. 그러나 수학을 기초로 근대적 지식의 모든 부문을 정렬시키려고 하는 것은 각 지식 부문의 실증성, 각 지식 부문의 존재 방식, 역사 속에서 각 지식 부문에 대상과 동시에 형태를 부여하는 가능 조건에 각 지식 부문이 뿌리를 내리는 현상 등에 관한 문제를 오직 인식에서의 객관성이라는 관점에만 종속시키는 것이다.

고고학의 층위에서 검토할 때 근대 에피스테메의 장은 완전한 수학화의 이상에 따라 정돈되지도 않고, 내려갈수록 경험성이 점차로 증가하는 인식들의 긴 연쇄를 순수한 형식의 토대 위에서 펼치지도 않는다. 오히려 근대 에피스테메의 영역은 세 가지 차원으로 열린 방대한 공간이라고 상정할 필요가 있다. 한 차원에는 수학과 물리학이 위치할 터인데, 수학과 물리학에서 질서는 언제나 명백하거나 입증된 명제들의 연역적이고 단선적인 연쇄이며, 또 다른 차원에는 불연속적이지만 유사한 요소들을 서로 관련짓고 그것들 사이에 인과 관계와 구조적인 상수를 확립할 수 있는 과학(가령 언어, 생명, 부의 생산과 분배에 관한 과학)이 자리할 것이다. 이 두 가지 차원 사이에서 공통의 평면, 즉 고찰의 방향에 따라 이 경험과학들에 대한 수학의 적용 분야 또는 언어학, 생물학, 경제학에서 수학으로 편입될 수 있는 것의 영역으로 보일 수 있는 평면이 뚜렷이 드러난다. 이 세 번째 차원으로 말하자면 그것은 동일자의 사유로서 전개되는 철학적 반성의 차원일 것이고, 언어학, 생물학, 경제학의 차원과 공통의 평면을 형성하는데, (갖가지 경험 영역에서 생겨난 개념 및 문제가 철학으로 옮겨 갈 때) 거기에서는 생명, 소외된 인간, 상징적인 형태의 다양한 철학이 출현할 수 있고 실제로 출현했으며, 또한 경험성의 근거가 철저하게 철학적인 관점에서 검토될 때마다 생명과 노동 그리고 언어의 고유한 본질을 규정하려고 시도하는 영역별 존재론도 거기에서 출현했다. 끝으로 철학의 차원이 수학 분야의 차원과 함께 또 다른 공통의 평면, 즉 사유의 형식화라는 평면을 결정한다.

인문과학은 적어도 이 인식론적 3면체와 이처럼 명확해진 평면들에서 전혀 발견되지 않는다는 점에서 이 3면체로부터 배제된다. 그러나 인문과학이 자리하는 곳은 바로 이 지식들 사이의 벌어진 틈, 더 정확히 말해 이 지식들의 세 가지 차원에 의해 결정된 부피이므로, 인문과학은 이 3면체에 포함된다고도 말할 수 있다. (어떤 관점에서 보면 부차적이고 또 어떤 관점에서 보면 유난히 중요한) 이와 같은 상황으로 인해 인문과학은 다른 모든 형태의 지식과 관계를 맺는다. 즉 수학적 형식화를 어느 한 층위에 설정하거나 어쨌든 이용할 어느 정도 지연되나 항구적인 계획을 세우기도 하고, 생물학이나 경제학 또는 언어의 과학에서 빌려온 모델이나 개념을 좇아 나아가기도 하며, 끝으로 스스로는 인간의 존재 방식이 경험적으로 드러나는 양상을 고찰하고자 하면서, 다른 한편으로는 철학이 근본적인 유한성의 층위에서 사유하려고 시도하는 인간의 존재 방식을 겨냥하기도 한다. 인문과학의 위치를 정하기가 그토록 어렵고 인식론의 영역에서 인문과학의 위치가 불가피하게 불안정하며 인문과학이 위험하고 동시에 위태로운 것으로 보이는 것은 아마 3차원 공간 안에서의 이 흐릿한 산포(散布) 때문일 것이다. 여기에서 위험하다고 한 이유는 인문과학이 다른 모든 지식에 대해 영속적인 위험 같은 것의 전형이기 때문이다. 다시 말하자면 물론 연역적 과학도 경험적 과학도 철학적 반성도 각각의 고유한 차원에 머물러 있다면 인문과학으로 '넘어가거나' 인문과학의 불순함에 의해 오염될 위험이 없지만, 인식론의 공간에서 세 차원을 서로 연결하는 매개 평면들의 확립에 때때로 어떤 난관이 따르는가는 누구나 알고 있으며, 사유는 이 엄밀하게 결정된 평면들로부터 조금이라도 벗어나면 인문과학이 차지하고 있는 영역으로 굴러 떨어지기 때문이다. 이로부터 '심리학주의'나 '사회학주의' 또는 한 마디로 '인간학주의'라고 불릴 수 있을 것의 위험이 생겨나는데, 예컨대 사유와 형식화의 관계가 올바르게 성찰되지 않자마자, 또는 생명과 노동 그리고 언어의 존재 방식이 온당하게 분석되지 않자마자, 이 위험은 위협이 된다. '인간학으로의 편입'은 오늘날 지식 내부의 커다란 위험이다. 인간은 창조물의 중심도 공간의 중간도 아니고 어쩌면 생명의 정점 및 최종 지점도 아닐 것이라는 사실을 알아차린 이후로 자기 자신으로부터 해방되었다고 누구나 쉽게 믿어 버리는 경향이 있지만, 인간이 세계의 왕국에서 이제는 최고의 존재도 아니고 존재의 중심에 군림하지도 않지만, '인문과학'은 지식의 공간에서 위험한 매개물이다. 그러나 사실을 말하자면 인문과학은 이러한 처지로 인해 운명적으로 본질적인 불안전성에 처해 있다. '인문과학'의 난관, 불안정, 과학으로서의 불확실성, 철학과의 위험한 친숙성, 인문과학이 지식의 다른 영역들에 막연히 기대는 현상, 인문과학의 언제나 이차적이고 부차적인 성격, 또한 보편성에 대한 인문과학의 주장을 설명해 주는 것은 인문과학의 대상이 갖는다고 흔히들 말하는 극단적인 밀도도, 인문과학에서 말하는 인간의 형이상학적 지위 또는 지울 수 없는 초월성도 아니라, 인문과학이 위치해 있는 인식론적 지형의 복잡성, 인문과학에 공간을 부여하는 세 차원에 대한 인문과학의 지속적인 관계이다.

2 인문과학의 형식

이제 이 실증성의 형식을 소묘해 볼 필요가 있다. 통상적으로 이 실증성을 규정하려는 시도는 수학의 견지에서, 즉 인문과학에서 수학적으로 처리할 수 있는 모든 것을 면밀하게 조사하고 이와 같은 형식화의 가능성이 없는 모든 것은 아직 과학적 실증성을 부여받지 못했다고 추정하여 이 실증성을 수학에 가능한 한 가까이 접근시키고자 하는 것이거나, 이와는 반대로 해석의 장소일 것이기 때문에, 특히 이해의 방법이 적용될 것이기 때문에, 지식을 위한 직접적인 관찰의 극점 주위에 감겨 있을 것이기 때문에 수학화의 대상으로 축소할 수 없을 다른 영역과 수학적으로 다룰 수 있는 것의 영역을 세심하게 구분하고자 하는 것이다. 이와 같은 분석들은 진부한 데다 특히 타당성이 없기 때문에 지루한 것이다. 물론 인간에게 적용할 수 있는(그리고 우리가 어떤 관점에서, 그리고 어떤 한계 내에서 '과학'이라고 말할 수 있는지 알기도 전에 관례에 따라 여전히 '인문과학'이라 부를 수 있는) 이 경험적 지식의 형태가 수학과 관계가 있다는 것은 확실하다. 즉 지식의 다른 모든 영역처럼 인문과학도 몇몇 조건 아래 수학의 도구를 이용할 수 있고, 인문과학의 몇몇 방식과 결과는 형식화될 수 있다. 수학의 도구를 아는 것, 형식화를 실행할 수 있는 것, 형식화가 실행될 수 있는 층위를 명확하게 규명하는 것은 확실히 매우 중요하며, 어떻게 콩도르세가 확률론을 정치학에 적용할 수 있었는가, 어떻게 페히너[1]가 감각의 증대와 흥분의 고조 사이에서 대수(代數) 관계를 규정했는가, 어떻게 오늘날의 심리학자들이 정보 이론을 이용하여 학습 현상을 이해하는가를 알아내는 것도 아마 역사적으로 흥미로운 작업일 것이다. 그러나 제기된 문제들의 특수성에도 불구하고 수학과의 관계(수학화

---

1) (옮긴이 주) Fechner(1801~1887). 육체와 영혼의 상응을 심리학 법칙으로 내세운 독일의 철학자, 심리학자.

의 가능성, 또는 형식화를 위한 모든 시도에 대한 저항)에 의해서는 인문과학
의 특이한 실증성이 그다지 구성될 것 같지 않다. 여기에는 두 가지 이유
가 있다. 즉 이 문제들은 분야에 따라 다른 양상을 띠기는 하지만 본질적
으로 다른 많은 분야(가령 생물학, 유전학)에도 걸쳐 있기 때문이고, 특히
인문과학을 역사적으로 가능하게 한 선험적 여건에서 고고학적 분석으
로 밝혀진 것은 인문 영역에서 새로운 형태의 수학이 나타났다거나 수학
의 갑작스러운 진전이 이룩되었다는 사실이라기보다는 오히려 마테시스
의 후퇴 같은 것, 마테시스의 단일한 장(場)이 해체되었다는 사실, 그리
고 가능한 한 작은 차이들의 단선적인 질서로부터 생명, 언어, 노동 같은
경험적 범주들이 풀려났다는 점이기 때문이다. 이 관점에서 인간의 출현
과 인문과학의 성립은(설령 기획의 형태로 등장했거나 성립되었다 해도) 일
종의 '탈(脫)수학화'와 상관 관계가 있을지 모른다. 전체적으로 마테시스
로 이해된 지식이 (천문학과 몇몇 물리학적 논점의 경우를 제외하고는) 결코
실질적인 수학화로 이르지 않았다는 매우 타당한 이유 때문에, 이 지식
의 해체는 수학의 후퇴가 아니었다는 반박이 충분히 제기될 수 있는데,
이 문제의 지식은 사라지면서 오히려 수학이 매 순간 제한되고 통제되는
상태로일지언정 적용될 여지를 자연과 경험성의 영역 전체에 남겼다. 수
리물리학(數理物理學)의 커다란 발전, 확률론의 대대적인 활용은 계량화
할 수 없는 영역의 일반 과학을 직접적으로 구성하는 일이 포기된 시기
부터 가능해지지 않았을까? 마테시스가 (적어도 잠정적으로는) 포기됨으
로써 지식의 몇몇 영역에서 질(質)이라는 장애물이 제거될 수 있었고 수
학의 도구가 아직 활용되지 않는 곳에서 이 도구의 적용이 가능해졌다
는 것은 부인할 수 없는 사실이다. 그러나 물리학의 층위에서 마테시스를
만들어 내고자 하는 기획의 분열이 수학을 위한 새로운 적용의 발견과
정확히 동일한 것으로 귀착했다 해도 지식의 모든 영역에서 사정이 이
와 동일한 것은 아니었다. 예컨대 생물학은 양적 영역들의 과학을 벗어

나 기관과 기능 사이의 관계에 대한 분석, 구조와 균형에 관한 연구, 개체 또는 종(種)의 역사적 형성과 발달에 대한 탐구로서 성립되었는데, 그럼에도 불구하고 생물학은 여전히 수학을 활용했고, 수학은 과거보다 훨씬 더 폭넓게 생물학에 적용되었다. 그러나 생물학이 자율성을 획득하고 생물학 특유의 실증성이 명확하게 규정된 것은 수학과 생물학의 관계를 통해서가 아니다. 인문과학의 사정도 마찬가지였다. 즉 인간으로 하여금 자기 자신을 지식의 대상으로 구성할 수 있게 해 준 것은 수학의 전진이 아니라 마테시스의 후퇴이고, 이 새로운 영역의 출현을 외부로부터 결정한 것은 노동, 생명, 언어의 자율적인 개별화이며, 인문과학에 특유의 형세(形勢)를 부여하는 것은 이 경험적-선험적 존재, 사유와 사유되지 않은 것이 한없이 얽히는 이 존재, 임박한 회귀를 통해 기원이 약속되나 끊임없이 기원으로부터 떨어져 나가는 이 존재의 출현이다. 다른 분야들에서처럼 인문과학에서도 수학의 적용은 서양의 지식에서 19세기 초에 일어난 모든 변화 때문에 용이해졌을지(그리고 갈수록 더 용이해질지) 모른다. 그러나 확률론을 정치적 견해의 현상에 적용하고 증대하는 감각의 강도를 측정하기 위해 대수를 활용하고자 할 때 인문과학의 가장 철저한 기획이 세워졌고 인문과학의 실증적인 역사가 시작되었다고 생각하는 것은 표면적인 역효과를 근본적인 사건으로 착각하는 것이다.

달리 말하자면 인문과학에 특유의 공간을 제공하고 인문과학이 덩어리로서 실재하는 부피를 인문과학에 마련하는 세 가지 차원 중에서 수학의 차원은 아마 가장 덜 의심스러울 것인데, 아무튼 인문과학은 수학과 가장 분명하고 가장 평온하고 이를테면 가장 투명한 관계를 맺는다. 실제로 수학을 어떤 형태로건 수단으로 동원하는 것은 언제나 인간에 관한 실증적 지식에 과학적인 양식(樣式)과 형식 그리고 정당화를 제공하는 가장 간단한 방식이었다. 다른 한편으로 가장 근본적인 난점, 즉 인문과학이란 본질적으로 무엇인가를 최선으로 규정할 수 있게 해 주는 난점은 지식의 다른 두 가지 차원, 즉 유한성의 분석론이 전개되는 차원과 언어, 생명, 노동을 대상으로 하는 경험과학들이 배치되는 차원 쪽에 놓여 있다.

사실상 인문과학은 살아가고 말하고 생산하는 범위 내에서의 인간을 겨냥한다. 인간은 바로 생물로서 성장하고, 기능과 욕구를 지니고, 인간 자신에게서 맺어지는 유동적인 좌표들의 공간이 열리는 것을 보고 일반적으로 육체적 삶에 의해 생물계의 나머지와 철저하게 얽히며, 물건과 도구를 생산하고 자신이 필요로 하는 것을 교환하고 자신에 의해 소비될 수 있는 것이 유통되고 자신이 중계 지점으로 규정되는 온전한 망을 조직하는 만큼 살아가면서 다른 사람들과 직접적으로 뒤얽히는 것으로 보이며, 끝으로 언어를 사용하기 때문에 자기 자신을 위해 온전한 상징 세계를 구성할 수 있는데, 이 상징 세계 내에서 과거, 사물, 타자와 관계를 맺고 또한 이 상징 세계로부터 지식(특히 인간이 자신에 관해 얻고 인문과학에 의해 가능한 형태들 가운데 하나가 명확해지는 지식) 같은 것을 구축할 수 있다. 그러므로 인문과학은 생명, 노동, 언어가 문제인 과학들의 근방, 직접적 경계, 범위 전체에 걸쳐 있을지 모른다. 생명, 노동, 언어는 역사상 처음으로 인간이 실증적 지식의 가능성에 내맡겨지는 바로 그 시대에 형성되지 않았을까? 그렇지만 생물학도 경제학도 문헌학도 인문과학의 으뜸가는 분야나 가장 기본적인 분야로 간주되어서는 안 된다. 인간 이외의 많은 생물을 대상으로 하는 생물학의 경우에는 이 점이 어렵지 않게 인정되는 반면, 인간의 특수한 활동만을 고유한 영역으로 갖는 경제학이나 문헌학의 경우에는 이 점을 인정하기가 더 어렵다. 그러나 인간을 대상으로 한 생물학이나 생리학, 언어 중추인 대뇌 피질의 해부학이 왜 결코 인문과학으로 간주될 수 없는가에 대해서는 아무도 의아하게 생각하지 않는다. 이는 인문과학의 대상이 결코 생물학적 작용(또한 생물학적 작용의 특이한 형태와 생물학적 작용이 인간에게로 이어지는 현상 같은 것)

의 존재 방식을 따르지 않기 때문인데, 인문과학의 대상은 오히려 생물학적 작용의 이면이나 음각(陰刻)된 표지이고, 생물학적 작용의 효력이나 결과가 아니라 생물학적 작용의 고유한 실체가 가로막히는 바로 거기에서, 참된 것이건 틀린 것이건, 분명하건 모호하건, 완전히 의식적이건 어느 정도 깊이 잠들어 있건, 직접적으로 관찰할 수 있건 간접적으로 관찰할 수 있건, 인간 자신에 의해 표명되는 것을 통해 드러나건 외부로부터만 눈에 띌 뿐이건 재현들이 해방되는 바로 거기에서 발단한다. 대뇌 피질 내에서 일어나는 언어적 통합의 갖가지 중추(청각, 시각, 운동의 중추들) 사이의 연결에 대한 탐구 역시 인문과학의 영역에 속하지 않지만, 말의 공간, 말이 갖는 의미의 현존이나 망각, 사람들이 말하고자 하는 바와 이 의도가 투입되는 분절, 즉 말하는 주체가 아마 의식하지는 못할 것이나, 만약 이 동일한 주체가 재현들을 갖지 않는다면 어떤 존재 방식도 지정 받을 수 없을 분절 사이의 간격이 물음의 대상이자마자 인문과학은 작용의 공간을 확보하게 된다.

더 일반적으로 인문과학에서 인간은 아주 특별한 형태(매우 특별한 생리와 거의 유일한 생체 구조)를 갖는 생물이 아니라, 자신이 온통 속해 있고 자신의 존재 전체로 스며드는 생명의 내부로부터 재현들을 구성하는 생물인데, 재현들 덕분으로 인간은 살아가고, 재현들로부터 인간은 생명을 상상할 수 있는 이상한 능력을 보유한다. 이와 마찬가지로 세계에서 인간이 유일하게 노동하는 종(種)은 아닐 터이나, 적어도 인간의 경우에는 재화의 생산, 분배, 소비가 그토록 큰 중요성을 띠었고 그토록 많은 분화된 형태를 획득했음에도 불구하고, 경제학은 인문과학에 속하지 않는다. 경제학은 생산의 메커니즘(가령 자본의 축적 또는 급여액과 원가 사이의 관계)에 여전히 내재하는 법칙을 규정하기 위해, 생산의 메커니즘에 근거가 되는 인간의 행태(이기심, 최대 이익의 추구, 절약의 성향)와 재현에 기댄다는 반론이 제기될지 모르지만, 이 과정에서 경제학은 재현을 (실제로 명백한 인간의 활동을 거치는) 작동의 필요조건으로 활용하고, 다른 한편으로 생산과 교환의 과정에서 개인이나 집단이 스스로에게 상대방을 재현하는 방식, 이 기능과 개인이나 집단이 이 기능에서 차지하는 위치를 밝히거나 무시하거나 숨기는 방식, 이 기능이 생겨나는 사회를 개인과 집단이 스스로에게 재현하는 방식, 개인과 집단이 스스로 사회에 통합되어 있다거나 고립되어 있다고, 종속적이고 유순하다거나 자유롭다고 느끼는 방식이 검토되지 않는다면, 어떤 인문과학도 존재하지 않을 것이며, 인문과학의 대상은 세계의 여명기나 황금시대의 첫 외침 이래로 노동을 하지 않을 수 없는 인간이 아니라, 자신의 삶 전체를 지배하는 생산 양식 속에서 욕구 및 사회의 재현을 형성하고 사회를 통해, 사회와 함께, 또는 사회를 거슬러 욕구를 채우고 이를 기초로 마침내 경제 자체의 재현을 자기 자신에게 부여할 수 있는 존재이다. 언어의 경우에도 사정은 동일하다. 즉 세계에서 인간이 유일하게 말하는 존재일지라도 음성의 변이, 언어들 사이의 친족 관계, 점진적 의미 변화의 법칙을 인식하는 것은 결코 인문과학이 될 수 없는 반면, 개인이나 집단이 스스로에게 말을 재현하고 말의 형태와 의미를 사용하고 실제의 담론을 구성하고, 어쩌면 자신도 모르는 사이일 터이지만 스스로 바라는 바 이상으로나 이하로 생각하고 말하는 것을 실제의 담론으로 드러내고 감추며, 어쨌든 해독해야 하고 재현의 생기로 가능한 한 되살려야 할 생각들의 언어적 흔적을 남기는 방식을 규정하려고 할 때 비로소 이를 두고 인문과학이라 할 수 있게 된다. 그러므로 인문과학의 대상은 언어(인간에 의해서만 말해지는 것일지라도)가 아니라, 언어로 둘러싸인 가운데 언어의 내부로부터 자신이 하는 말이나 명제의 의미를 자기 자신에게 말하면서 재현하고 마침내 언어 자체의 재현을 스스로 마련하는 존재이다.

따라서 인문과학은 인간이 본래 무엇인가에 관한 분석이 아니라, 오히려 실증적으로(살아가고 일하고 말하는 존재로서) 인간이란 무엇인가라는 물음에서 생명이란 무엇인가, 노동의 본질과 법칙은 무엇에 있는가, 이 존재는 어떤 방식으로 말하는가를 무엇이 이 동일한 존재로 하여금 알게 (또는 알려고 하게) 하는가라는 물음으로 확장되는 분석이다. 따라서 인문 과학은 생물학, 경제학, 문헌학이 인간의 존재 자체와 관련될 가능성으로부터 분리되는(그렇다고 연결되지 않는 것은 아닌) 간격의 공간을 차지한다. 그러므로 인문과학을 생물학의 메커니즘이 인류, 복잡한 인체, 인간의 행동과 의식으로 연장되어 내재화되는 과정으로 간주하는 것은 잘못일 것이고, 또한 경제 및 언어의 과학(이것들이 인문과학으로 축소될 수 없다는 점은 순수한 경제학과 언어학을 성립시키기 위한 노력에 의해 분명히 드러난다.)을 인문과학 내에 배치하는 것도 이에 못지않은 잘못일 것이다. 사실상 인문과학은 이 과학들을 인간의 주관성 쪽으로 편향시킴으로써 이 과학들에 내재성을 부여하지 않는 것과 마찬가지로 이 과학들 내에 존재하지도 않는다. 인문과학은 오히려 이 과학들을 외부적 측면에서 파악하고 불투명한 상태로 내버려두고, 이 과학들이 따로 떼어 내 다루는 메커니즘과 작동을 사물로 받아들이고, 이 메커니즘과 작동은 무엇인가가 아니라 재현의 공간이 열릴 때 이 메커니즘과 작동은 더 이상 무엇이 아니게 되는가의 관점에서 이 메커니즘과 작동을 살핌으로써 이 과학들을 재현의 차원에서 재검토하고, 이와 같은 토대 위에서 어떻게 이 과학들에서 현재 모습의 재현이 탄생하고 전개될 수 있는가를 보여 준다. 인문과학은 인간이 인식하는 사물과 인간의 존재가 어떻게 관련될 수 있고 인간의 존재 양태를 실제로 결정하는 사물을 인간이 어떻게 인식할 수 있는가를 보여 주는 유한성의 분석론 쪽으로 생명, 노동, 언어의 과학을 은밀하게 이끈다. 그러나 자신의 유한성이 오직 자기 자신으로부터만 유래하는 존재의 내면성 또는 적어도 깊은 귀속에 따라 분석론이 요구하는 것을 인문과학은 인식의 외재성에 따라 전개한다. 그래서 인문과학을 특징짓는 것은 인문과학이 어떤 내용(특이한 대상, 인간)을 겨냥한다는 점이 아니라, 오히려 순전히 형식적인 특징, 즉 인간이 (경제학과 문헌학의 경우에는 배타적이고 생물학의 경우에는 부분적인) 대상으로 주어지는 과학에 대해 인문과학이 이중화의 입장에 있고 더구나 인문과학에서는 이 이중화가 유효할 수 있다는 단순한 사실이다.

이러한 입장은 두 가지 층위에서 감지될 수 있다. 즉 인문과학은 인간의 생명, 노동, 언어를 가장 높은 투명성에 따라서가 아니라 품행, 행동, 태도, 이미 실행된 행위, 이미 말해졌거나 쓰인 문장의 층위에서 다루는데, 이 층위에서는 처신하고 행동하고 교환하고 일하고 말하는 사람들에게 인간의 생명, 노동, 언어가 사전에 처음으로 주어졌고, 또 다른 층위(이것은 여전히 동일하지만 가장 극단적이고 가장 예외적인 지점까지 전개된 형식상의 속성이다.)에서는 어떤 개인들이나 몇몇 사회의 경우에 생명, 생산, 언어에 관한 사변적인 지식 같은 것(극단적으로 생물학, 경제학, 문헌학)이 존재한다는 사실을 인문과학(심리학, 사회학, 문화사나 사상사 또는 과학사)의 방식으로 다루는 것이 언제나 가능하다. 아마 이것은 좀처럼 실현되지 않고 어쩌면 경험성의 층위에서 많은 가치를 산출할 수는 없을 한 가지 가능성의 표시에 지나지 않을 것이지만, 이 가능성이 잠재적인 간격으로서, 인문과학으로 하여금 자체의 연원(淵源)으로부터 멀어져 잠겨들도록 하는 공간으로서 실재한다는 사실, 또한 이 작용이 인문과학 자체에 적용될 수 있다는 사실(인문과학의 인문과학, 심리학의 심리학, 사회학의 사회학 등을 행하는 것은 언제나 가능하다.)은 인문과학의 특유한 지형을 보여 주기에 충분하다. 그러므로 생물학, 경제학, 언어과학에 비해 인문과학은 정확성이나 엄밀성이 결여되어 있지 않고 오히려 이중화의 과학으로서 '메타-인식론적' 입장에 놓여 있다. 그렇지만 이 접두사는 아마 적절하게 선택된 것이 아닐 것이다. 왜냐하면 일차 언어의 해석 규칙을 규정하는 것일 경우에만 메타-언어라고 말하기 때문이다. 여기에서 인문과학은 언어, 노동, 생명의 과학을 이중화할 때, 가장 첨예한 극점에서 스스로 이중화될 때, 형식화된 담론의 확립을 겨냥하지 않고, 반대로 대상으로 삼는 인간을 유한성, 상대성, 전망 쪽으로 이를테면 시간의 한 없는 침식 쪽으로 밀어낸다. 인문과학의 입장에 관해서는 "아나"[2] 또는 "이포-인식론적"[3] 입장이라 하는 것이 아마 더 적절할 것인데, 이 마지막 접두사는 경멸의 함의(含意)가 제거된다면 필시 사정을 적절하게 설명해 줄 것이다. 즉 그것은 거의 모든 인문과학에 따라붙는 불명료성, 부정확성, 모호성의 부인할 수 없는 인상이 그저 인문과학의 실증성을 규정할 수 있게 해 주는 것의 표면 효과라는 사실을 이해하게 해 줄지 모른다.

3 세 가지 모델

처음 보기에 인문과학의 영역은 세 가지 '과학'에 의해, 더 정확히 말하면 내부적으로 세분되어 있으면서 서로 교차하는 세 가지 인식론적 영역에 의해 포괄된다고 말할 수 있다. 이 영역들은 인문과학 일반이 생물학, 경제학, 문헌학과 맺는 삼중의 관계에 의해 결정된다. 예컨대 '심리학적 영역'은 생물의 기능, 신경-운동의 도식, 생리의 조절이 연장되는 범위에 따라, 또한 이것들이 방해받고 제한되는 중단 상태 속에서 생물이 재현의 가능성으로 넘어가는 바로 거기에서 성립되었다고 인정할 수 있을 것이고, 이와 동일하게 '사회학적 영역'는 일하고 생산하고 소비하는 개인이 이 활동의 공간인 사회, 이 활동을 나누어 실행하는 집단과 개인, 이 활동을 뒷받침하거나 조절하는 명령, 제재, 의례, 축제, 신앙에 관한 재현을 갖는 바로 거기에서 성립되었을 것이며, 끝으로 언어의 법칙과 형식이 지배하지만 이제 막 성립하려 하고 인간으로 하여금 재현의

---

2) (옮긴이 주) ana-. '뒤'라는 의미의 접두사.
3) (옮긴이 주) hypo-épistémologique. 접두사 'hypo-'의 의미는 '아래'로서 'meta-'와 반대이다.

작용을 거기로 끌어들일 수 있게 해 주는 영역에서는 문학과 신화의 연구, 모든 구전 표현과 문서의 분석, 요컨대 문화 또는 개인이 남길 수 있는 언어적 흔적의 분석이 생겨난다. 이 구분은 매우 간략하나 아마 지나치게 부정확하지는 않을 것이다. 그렇지만 이 구분은 두 가지 근본적인 미해결의 문제를 남긴다. 하나는 인문과학에 고유한 실증성의 형태(인문과학을 조직하는 개념들, 인문과학의 준거가 되고 인문과학을 지식으로 구성되게 하는 합리성의 유형)와 관계가 있고, 다른 하나는 재현에 대한 인문과학의 관계(그리고 인문과학은 재현이 있는 바로 거기에서만 행해질 뿐이면서도 무의식의 메커니즘, 형태, 과정, 어쨌든 의식의 외부 극한을 겨냥한다는 역설적 사실)와 관련된다.

인문과학의 영역에서 특수한 실증성의 탐색으로 인해 유발된 논쟁, 즉 발생의 분석이냐 구조의 분석이냐, 설명이냐 이해냐, '하부 구조'의 원용(援用)이냐 독서의 층위를 벗어나지 않는 해독이냐는 너무나 잘 알려져 있다. 사실을 말하자면 인문과학은 인간을 독특한 접근 방식이 아직 발견되지 않았거나 여러 접근 방식이 차례로 이용되지 않을 수 없었을 정도로 매우 복잡한 대상으로 다루었을 것이기 때문에, 이 모든 이론상의 논의가 인문과학의 역사를 따라 시작되거나 계속된 것은 아니다. 사실 이 논의들은 인문과학의 실증성이 세 가지 서로 다른 모델의 전이에 동시적으로 기대는 범위 내에서만 실재할 수 있었다. 인문과학의 경우에 이 전이는 주변적인 현상(일종의 지지하는 얼개, 어떤 외부의 이해 가능성에 의한 우회, 이미 형성된 과학 쪽에서의 단언)도 아니고, 또한 인문과학의 역사에 속하는 하나의 제한된 국면(인문과학이 생겨난 지 얼마 되지 않아서 인문과학의 개념과 법칙이 확고하게 결정될 수 없던 시기에 일어난 형성의 위기)도 아니다. 반대로 이 전이는 인식론의 공간에서 인문과학의 고유한 경향에 영원히 결부되어 있는 엄연한 사실의 문제이다. 실제로 인문과학에 의해 활용되는 두 가지 종류의 모델(형식화의 모델은 별도로 치고)은 구별되어야 한다. 한편으로는 인식의 또 다른 영역으로부터 차용된 것으로서, 차용될 때 이미 모든 실제적인 효력을 잃어버리고 이미지로서만 구실할 뿐인 개념들(19세기 사회학에서의 사회유기체론적 은유, 자네[4])에게서 찾아볼 수 있는 에너지론적 은유, 르윈[5]의 경우에 나타나는 기하학적이고 역학적인 은유)이 존재했고 흔히는 아직도 존재한다. 또한 인문과학에 대해 형식화의 기법도 아니고 최소의 비용으로 작업 방법을 고안하기 위한 간단한 도구도 아닌 구성 모델들도 있는데, 이 모델들은 현상 집합들을 가능한 지식의 그만큼 많은 '대상'으로 형성할 수 있게 해 주고, 경험의 영역에서 현상 집합들의 연결을 보장하지만, 현상 집합들을 이미 모조리 연결된 상태로 경험에 제공한다. 이 모델들은 인문과학에 특유한 지식의 영역에서 '범주'의 역할을 한다.

이 구성 모델들은 생물학, 경제학, 언어의 연구라는 세 가지 영역에서 끌어온 것이다. 인간이 기능을 갖는 이를테면(생리적일 뿐만 아니라 사회적이고 상호-인간적이고 문화적인) 자극을 받고, 자극에 반응을 보이고, 환경의 요구에 적응하고 변하고, 순응하고, 환경이 강요하는 변모와 타협하고 불균형을 없애려 애쓰고, 규칙성에 따라 행동하는, 요컨대 자신의 기능을 수행하게 해 주는 보통의 조절 규범을 삶의 조건 속에서 발견할 수 있는 존재로 보이는 것은 바로 생물학의 투영면 위에서이다. 경제학의 투영면에서 인간은 욕구와 욕망을 갖고 욕구와 욕망을 채우려 하고, 따라서 이해관계를 갖고 이득을 노리고 다른 사람들과 대립하는 것으로 보이며, 요컨대 축소할 수 없는 갈등 상황 속에서 드러나고, 갈등을 회피하거나 갈등으로부터 도피하거나 갈등을 지배하기에 이르거나 적어도 하

---

4) (옮긴이 주) Janet(1859~1947). 프랑스의 철학자, 정신의학자.

5) (옮긴이 주) Lewin(1890~1947). 독일어식으로 읽으면 '레빈'이다. 독일 출신의 미국 심리학자. 게슈탈트 심리학설의 영향을 받아 인격과 동기부여, 인종적 선입견, 사회 집단들 사이의 갈등, 공장 노동(특히 변화에 대한 노동자들의 저항) 등을 연구했다.

나의 차원에서 한동안은 갈등의 모순을 완화하는 해결책을 발견하기에 이르고, 갈등의 제한이자 동시에 새로운 전개인 일단의 **규칙**을 새롭게 확립한다. 끝으로 언어의 투영면에서 인간의 행동은 어떤 것을 말하고자 하는 시도로 보이고, 인간의 몸짓은 아무리 사소한 것이라도, 반사적(反射的)인 메커니즘과 좌절조차도 의미를 띠며, 인간이 자신의 주위에 배치하는 모든 물건, 의례, 습관, 담론, 인간이 뒤에 남기는 모든 자취는 일관성 있는 전체와 기호 **체계**를 구성한다. 따라서 기능과 **규범**, 갈등과 **규칙**, **의미 작용**과 **체계**라는 이 세 가지 짝패는 인간에 관해 인식될 수 있는 것의 전 영역을 온전히 포괄한다.

그렇지만 이 짝패 개념들이 저마다 출현할 수 있었던 투영면에 국한되어 있다고 추정할 필요는 없을지 모른다. 즉 기능과 규범이 오로지 심리학적 개념인 것도 아니고, 갈등과 규칙이 전적으로 사회학적 영역에만 적용되는 것도 아니며, 의미 작용과 체계가 오직 언어와 어느 정도 가까운 현상들에 대해서만 타당한 것도 아니다. 이 모든 개념은 인문과학에 공통된 온전한 부피의 구석구석에서 나타나고, 이 부피 안에 포함된 영역들 각각에서 효력을 발휘한다. 심리학, 사회학, 문학 및 신화의 분석에 고유한 대상들 사이뿐만 아니라 방법들 사이의 경계를 확정하는 데 따르는 난점은 이로부터 유래한다. 그렇지만 심리학은 기본적으로 기능과 규범(갈등과 의미 작용, 규칙과 체계로부터 이차적인 방식으로 해석될 수 있는 기능과 규범)의 관점에서 수행되는 인간의 연구이고, 사회학은 기본적으로 규칙과 갈등의 관점에서 행해지는 인간의 연구이며, (그러나 갈등은 해석될 수 있고, 마치 갈등이 자율적이고 유기적인 듯이 기능으로부터, 마치 갈등이 기록되거나 말해진 텍스트인 듯이 의미 작용 체계로부터 끊임없이 이차적으로 해석되기에 이른다.) 끝으로 문학과 신화의 연구는 본질적으로 의미 작용과 의미하는 체계의 분석에 속하지만, 누구나 잘 알고 있듯이 기능상의 일관성이나 갈등과 규칙의 견지에서 재검토될 수 있다. 따라서 모든 인문과학이 서로 교차하고 언제나 상호적으로 해석될 수 있고, 인문과학의 경계들이 흐릿해지고, 중간적이고 혼합적인 분야가 무한히 늘어나고, 인문과학의 고유한 대상이 마침내 소멸하기도 한다. 그러나 분석의 성격과 분석의 적용 영역이 무엇이건, 무엇이 심리학의 층위에 속하고 무엇이 사회학의 층위에 속하며 무엇이 언어 분석의 층위에 속하는가를 알기 위한 형식적인 기준이 있는데, 그것은 기본 모델의 선택, 그리고 문학과 신화의 연구가 어느 순간에 '심리학으로'나 '사회학으로' 편입되는가, 또는 어느 순간에 텍스트의 심리학적 해석이나 사회학적 분석이 실행되는가를 알게 해 주는 이차 모델들의 위치이다. 그러나 이 여러 모델의 중첩은 방법상의 결함이 아니다. 모델들이 정돈되어 있지도 않고 상호적으로 명백하게 연관되어 있지도 않을 경우에만 결함이 있을 뿐이다. 기표와 의미 작용의 분석에 바탕을 두고 사회학의 모델이 활용됨으로써 인도-유럽 신화의 놀랍도록 정확한 연구가 얼마나 찬탄할 만하게 정확한 방식으로 수행될 수 있었는가는 누구나 알고 있다. 다른 한편으로 이른바 '임상' 심리학을 구축하려는 여전히 평범한 기도(企圖)가 어떤 진부한 절충주의로 이르렀는가도 널리 알려져 있다.

이 구성 모델들의 교차는 근거가 있고 통제되건, 혼란 속에서 실행되건, 위에서 언급된 방법들에 관한 논의를 설명해 준다. 방법에 관한 논의의 기원과 정당화는 인간의 고유한 특징일지 모르는 때때로 모순적인 복합성이 아니라, 세 가지 모델 각각을 나머지 두 모델과 관련하여 규정할 수 있게 해 주는 대립에 놓여 있다. 발생을 구조에 맞세우는 것은 기능을 (발전, 점차로 다양해지는 작용, 시간 속에서 획득되고 균형을 이루는 적응의 측면에서) 갈등과 규칙, 의미 작용과 체계의 동시성에 맞세우는 것이고, '하부 구조'에 의거한 분석을 대상의 층위에서 유지되는 분석에 맞세우는 것은 (인간의 기본적인 욕구가 생겨나면서부터 형성된 본래의 기본적인 여건으로서의) 갈등을 엄밀하게 실행되는 그대로의 기능과 의미 작용에 맞세우는 것이며, 이해를 설명에 맞세우는 것은 갈등의 결과와 함께 갈등을 설명할 수 있게 해 주거나 하나의 기능이 기관들에 따라 띨 수 있는 형태 및 겪을 수 있는 변형을 설명할 수 있게 해 주는 기법에 의미하는 체계로부터 의미를 해독할 수 있게 해 주는 기법을 맞세우는 것이다. 그러나 더 멀리 나아갈 필요가 있다. 누구나 알다시피 인문과학에서 불연속성의 관점(자연과 문화 사이의 문턱, 각 사회나 각 개인에 의해 발견된 균형 또는 해결책의 상호적인 환원 불가능성, 중간 형태의 부재, 공간이나 시간 속에 주어지는 연속의 비존재)은 연속성의 관점과 대립한다. 이 대립의 실재는 모델들의 양극성에 의해 설명된다. 즉 연속성에 주안점을 두는 분석은 (연속적인 적응을 가능하게 하고 뿌리내리게 하는 동일성 속에서 생명의 심층으로부터 발견되는) 기능의 영속성, 갈등의 연쇄,(갈등이 아무리 다양한 형태를 띠어도 갈등의 바탕 잡음은 결코 그치지 않는다.) (서로 연결되고 담론의 연속 평면 같은 것을 구성하는) 의미 작용들의 얼개에 의거하는 반면에, 불연속성의 분석은 오히려 의미하는 체계의 내적 일관성, 규칙 집합의 특수성, 규칙에 의해 통제되어야 할 것과 관련하여 규칙이 띠는 결정의 성격, 기능의 변동을 넘어서는 규범의 출현을 부각시키고자 한다.

19세기부터 인문과학의 역사는 아마 이 세 가지 모델을 근거로 온전히 서술될 수 있을 것이다. 이 세 가지 모델의 특권이 보장되는 왕조는 한 세기 이상 전부터 추적될 수 있는 만큼 이 세 가지 모델은 사실상 인문과학의 생성 전체를 포괄했다. 즉 처음에는 생물학 모델의 지배,(인간, 인간의 정신, 인간 집단, 인간 사회, 인간이 말하는 언어, 이 모든 것은 낭만주의 시대에 실제로 살아 있기에 생물로서 존재하고 존재 방식이 유기적이며 기능의 관점에서 분석된다.) 다음으로는 경제학 모델의 지배가 도래하고,(인간과 인간의 활동 전체는 갈등의 장소이자 갈등의 어느 정도 명백한 표현임과 동시에 어느 정도 성공적인 해결이다.) 끝으로 콩트와 마르크스 이후에 프로이트가 등장하는 것처럼, (감춰진 의미의 해석과 발견이 문제일 때는) 문헌학 모델, (의미하는 체계를 구조화하고 명료하게 드러내는 것이 문제일 때는) 언어학 모델의 지배가 시작된다. 그러므로 광범위한 변동에 따라 인문과학은 생물학 모델의 비중이 더 큰 형태에서 언어로부터 차용된 모델에 더 기울어진 또 다른 형태로 이르게 되었다. 그러나 이 점진적인 변화에는 또 다른 변화, 즉 구성 짝패들 각각의 첫 번째 항(기능, 갈등, 의미 작용)을 물러나게 하고 두 번째 항(규범, 규칙, 체계)의 중요성을 더욱 부각시키는 변화가 병행되었는데, 골드슈타인이나[6] 모스[7] 또는 뒤메질[8]은 대략적으로 각 모델에서 이 반전이 실현된 시기를 대표하는 인물일 것이다. 이와 같은 반전은 두 가지 계열의 주목할 만한 결과를 가져다준다. 즉 기능의 관점이 규범의 관점보다 우세한 이상,(기능의 실현을 이해하려는 노력이 규범을 결정하는 활동의 내부에서 규범으로부터 이루어지지 않은 한) **사실상** 정상적인 작동과 정상적이지 않은 작동을 분명히 나눌 필요가 있었고, 따라서 정상 상태의 바로 옆에서 병리심리학이 맞아들여졌지만, 결과적으로 병리심리학은 정상 상태의 전도된 이미지 같은 것을 형성했고,(리보[9] 또는 자네에게서 해체라는 잭슨의 도식이 중요해지는 것은 이러한 이유 때문이었다.) 또한 사회병리학(뒤르켐[10])이나 신앙의 비합리적이고 거의 병적인 형태에 관한 병리학(레비브륄,[11] 블롱델[12])도 맞아들여졌고, 이와 마찬가지로 갈등의 관점이 규칙의 관점보다 우세한 이상 어떤 갈등은 극복될 수 없

---

6) (옮긴이 주) Goldstein(1878~1965). 독일 출신의 미국 신경심리학자, 정신의학자.

7) (옮긴이 주) Mauss(1872~1950). 프랑스의 사회학자, 인류학자. 에밀 뒤르켐의 조카이자 제자로서, 프랑스 민족학의 주요한 선도자들 가운데 한 사람이다.

8) (옮긴이 주) Dumézil(1898~1986). 비교 신화학, 인도유럽인들의 원시 종교를 전문 분야로 하여 신들의 3원 체제와 배타적 계급 집단들로의 조직을 도출해 낸 프랑스의 종교사가.

9) (옮긴이 주) Ribot(1839~1916). 프랑스의 철학자, 심리학자.

10) (옮긴이 주) Durkheim(1858~1917). 사회 현상의 특수성 확립에 힘쓴 프랑스의 사회학자.

11) (옮긴이 주) Lévy-Bruhl(1857~1939). 주로 '원시 심성'과 '근대 심성'의 차이에 관해 성찰한 프랑스의 철학자, 사회학자.

12) (옮긴이 주) Blondel(1861~1949). 프랑스의 철학자.

고 개인과 사회는 갈등에 빠질 위험이 있다고 추정되었으며, 끝으로 의미 작용의 관점이 체계의 관점보다 우세한 이상 유의미한 것과 무의미한 것 사이의 분할이 일어났고, 인간의 행동이나 사회 공간의 어떤 영역에는 의미가 있고 다른 데에는 의미가 없다고 인정되었다. 그래서 인문과학은 영역의 분할이 불가피했고, 언제나 양극과 음극 사이에서 확장되었고, 언제나 타자성(他者性)을 (게다가 인문과학에 의해 분석되는 연속성에 입각하여) 드러냈다. 반면에 규범, 규칙, 체계의 관점에서 분석이 이루어질 때, 각 영역은 나름대로의 일관성과 타당성을 부여받았고, 환자들에 관해 '병적 의식'이라고 하는 것도, 역사에 의해 버림받은 사회에 관해 '원시 심성'이라고 하는 것도, 부조리한 이야기나 명백히 일관성이 없는 전설에 관해 '무의미한 담론'이라고 하는 것도 더 이상 가능하지 않았다. 체계, 규칙, 규범의 영역 안에서는 모든 것이 사유될 수 있다. 체계들이 고립되어 있으므로, 규칙들이 닫힌 전체를 형성하므로, 규범들이 자율적인 것으로 제시되므로 인문과학의 영역은 다원화하면서 단일화되었다. 그래서 인문과학의 영역은 이제 이전의 가치 이분법에 따라 분할되지 않았다. 그리고 프로이트는 다른 누구보다도 인간에 관한 인식을 문헌학적이고 언어학적인 모델에 접근시켰다는 것, 또한 긍정적인 것과 부정적인 것(정상적인 것과 비정상적인 것, 이해 가능한 것과 소통 불가능한 것, 유의미한 것과 무의미한 것)의 분할을 철저하게 없애려고 시도한 최초의 사람이라는 것을 생각한다면, 어떻게 그가 기능, 갈등, 의미 작용에 중점을 두는 분석에서 규범, 규칙, 체계에 중점을 두는 분석으로의 변화를 예고하는가는 쉽게 알아차릴 수 있는 바이고, 바로 이런 곡절로 서양 문화에서 인간의 어떤 이미지를 한 세기에 걸쳐 설정하는 데 테두리로 구실한 이 지식 전체는 서양 문화의 기본적인 경향을 벗어나지는 않지만 프로이트의 작품을 중심으로 방향을 전환한다. 그러나 우리가 나중에 살펴보겠지만, 정신분석학의 가장 결정적인 중요성은 여기에 있지 않다.

어쨌든 규범, 규칙, 체계의 관점이 떠오름으로써 우리는 아직 해결되지 않은 문제, 즉 인문과학에서 재현이 맡는 역할의 문제에 접근하게 된다. (인문과학을 생물학, 경제학, 문헌학에 맞세우기 위해) 인문과학을 재현의 공간에 포함시키는 것은 이미 논쟁의 여지가 많은 것으로 보일 수 있었으며, 따라서 명료한 의식의 계기를 거치지 않고서도 기능이 실행될 수 있고 갈등의 결과가 상술될 수 있고 의미 작용의 이해 가능성이 인정될 수 있다는 것을 강조할 필요가 있지 않았을까? 그리고 이제 규범에 의해 결정되는 기능, 규칙에 의해 규제되는 갈등, 체계에 의해 가능해지는 의미 작용에 비해 규범과 규칙 그리고 체계의 속성은 의식에 주어지지 않은 것이라는 사실을 인정해야 하지 않을까? 이미 따로 검토한 두 가지 역사의 기울기에 세 번째 것을 덧붙이고, 19세기부터 인문과학은 재현의 심급이 미결 상태인 이 무의식의 영역으로 끊임없이 근접했다고 말해야 하지 않을까? 사실상 재현은 의식이 아니고, 의식 자체에 결코 있는 그대로 주어지지 않는 요소나 구조의 해명에 의해 인문과학이 재현의 법칙을 벗어날 수 있다고 입증해 줄 수 있는 것은 하나도 없다. 의미 작용이라는 개념의 역할은 실제로 어떻게 언어 같은 것이 비록 명료한 담론은 아니고 의식을 위해 전개되지도 않지만 일반적으로 재현에 주어질 수 있는가를 보여 주는 것이고, 체계라는 보충 개념의 역할은 의미 작용보다 선행하고 의미 작용의 실제적인 기원을 이루며 의미 작용을 통해 단편적이고 개략적인 방식으로 조금씩 주어지는 체계에 비해, 어떻게 의미 작용이 결코 일차적이거나 본래적이지 않고 언제나 이차적이고 파생적인 것 같은가를 보여 주는 것이며, 의미 작용에 대한 의식에 비해, 체계는 의미 작용 이전에 이미 존재한 만큼, 의미 작용을 내포하고 유효하게 만드는 만큼, 그러나 미래의 의식 쪽으로 늘 열려 있고 아마 미래의 의식에 의해 결코 전체적으로는 파악되지 않을 것이기 때문에 언제나 무의식적이다. 달리 말하면 의미 작용―체계의 짝패는 (문헌학자와 언어학자에 의해 분석되는 텍스트 또는 구조로 간주되는) 언어의 재현 가능성과 동시에 (유한성의 분석론을 통해 인간의 존재 방식으로 표면화되는 것과 같은) 기원의 가깝지만 뒤로 물러나는 현존을 보장하는 것이다. 이와 마찬가지로 갈등의 관념은 어떻게 욕망 또는 관심이 비록 의식에 주어지지도 않고 의식에 의해 감지되지도 않지만 재현 속에서 구체화되는가를 보여 주는 것이고, 규칙이라는 전도된 개념의 역할은 격렬한 갈등, 겉보기에 우발적인 욕구의 심급, 법칙 없는 무한한 욕망에 규칙을 부과할 뿐만 아니라 규칙으로부터 이것들을 가능하게 만드는 사유되지 않은 것이 어떻게 이것들을 사실상 이미 조직하는가를 보여 주는 것이다. 갈등-규칙의 짝패는 욕구(경제학이 노동과 생산에서 객관적인 과정으로 연구하는 욕구)의 재현 가능성과 유한성의 분석론에 의해 드러나는 사유되지 않은 것의 재현 가능성을 보장한다. 끝으로 기능 개념의 역할은 어떻게 생명의 구조가 (의식적이지는 않더라도) 재현을 유발할 수 있는가를 보여 주는 것이고, 규범 개념의 역할은 어떻게 기능이 가능 조건과 실행의 한계를 갖는가를 보여 주는 것이다.

따라서 왜 이 폭넓은 범주들이 인문과학의 전 분야를 구조화할 수 있는가를 이해할 수 있다. 즉 그 이유는 이 범주들이 인문과학 분야를 처음부터 끝까지 가로지르고 서로 거리를 두고 있으며 또한 (역사적으로 인간을 가능한 지식의 형상으로 분리하기 시작한) 생명, 노동, 언어의 경험적 실증성과 (재현이 일반적인 인식의 공간을 더 이상 규정하지 않을 때 성립된 것과 같은) 인간의 존재 방식을 특징짓는 유한성의 형태를 서로 연결한다는 데 있다. 그러므로 이 범주들은 몹시 광범위한 일반성을 갖는 단순한 경험적 개념이 아니라 가능한 지식에 인간이 내맡겨질 수 있는 근거이고, 인간이 지식의 대상일 수 있는 영역 전체로 퍼져 나가며, 이 영역의 경계를 이루는 두 가지 차원에 이 영역을 단단히 맞물리게 한다.

그러나 이것이 전부는 아니다. 이 범주들은 또한 인간에 관한 오늘날의 지식 전체를 특징짓는 분리, 즉 의식과 재현 사이의 분리를 가능하게 한다. 이 범주들은 경험성이 의식에 현존하지 않는 형태로이지만 재현에 주어질 수 있는 방식을 명시하고,(기능, 갈등, 의미 작용은 바로 생명, 욕구, 언어가 재현 속에서, 그러나 완전히 무의식적일 수 있는 형태로 이중화되는 방식이다.) 다른 한편으로는 근본적인 유한성이 재현에 실증적이고 경험적이지만 순진한 의식에는 명료하지 않은 형태로 주어질 수 있는 방식을 결정한다.(규범도 규칙도 체계도 일상적인 경험에는 주어지지 않는다. 즉 이것들은 일상의 경험에 퍼지고 부분적인 의식을 유발하지만, 반성적인 지식에 의해서만 전적으로 밝혀질 수 있을 뿐이다.) 그래서 인문과학은 재현 가능한 것의 구성 요소를 통해서만, 그러나 의식적–무의식적 차원, 즉 체계와 규칙 그리고 규범의 영역을 밝히려는 시도가 이루어지기 때문에 그만큼 더 두드러지게 되는 차원에 따라 말한다. 마치 정상적인 것과 비정상적인 것의 이분법이 의식과 무의식의 양극성에 자리를 내주고 사라지는 경향을 띠는 듯하다.

그러므로 무의식의 점점 더 현저해지는 중요성에도 불구하고 재현의 우위는 결코 위태로워지지 않다는 점을 잊어서는 안 된다. 그렇지만 재현의 우위는 중요한 문제를 유발한다. 이제는 생명, 노동, 언어에 관한 지식 같은 경험적 지식이 재현의 법칙에서 벗어나고, 인간의 존재 방식을 재현의 영역 밖에서 규정하려는 시도가 이루어지는 이상, 재현은 인간 내에서 일어나고 그러한 것으로서 분석될 수 있을 경험 차원의 현상이 아니라면 무엇일까? 그리고 재현이 인간의 마음속에서 생겨난다면, 재현과 의식 사이에는 어떤 차이가 있을까? 그러나 재현은 인문과학을 위한 대상일 뿐만 아니라, 우리가 방금 살펴보았듯이 인문과학 분야 자체이고, 인문과학의 최대 범위에 걸쳐 있으며, 이 형태의 지식을 떠받치는 일반적인 근거, 이 형태의 지식을 가능하게 하는 토대이다. 이로부터 두 가지 결과가 초래된다. 하나는 역사 차원의 것으로서, 인문과학이 19세기부터의 경험과학과는 달리, 그리고 근대적 사유와는 달리 재현의 우위를 피해갈 수 없었다는 사실이다. 인문과학은 고전주의적 지식 전체처럼 재현 내에 자리하지만, 지식의 지형 전체가 변모한 데다 이전에는 에피스테메의 장(場)에 실재하지 않았던 존재가 인간과 더불어 출현함에 따라서만 탄생한 것이므로 결코 고전주의적 지식의 계승 또는 존속이 아니다. 그렇지만 왜 사람들이 철학하기 위해, 인간이 문제인 바로 거기에서 터득할 수 있었던 것을 사유의 공간에서 뒤집어 보기 위해 인문과학을 이용할 때마다, 18세기의 철학을 인간의 자리가 없었는데도 모방하는가는 쉽게 이해되는데, 이는 사람들이 인간에 관한 지식의 영역을 무한히 확장하면서 재현의 지배도 역시 확대하고 고전주의적 유형의 철학에 재차 안주하기 때문이다. 두 번째 결과는 (의식적이거나 무의식적인 형태로) 재현인 것을 다루는 인문과학이 사실은 인문과학 자체의 가능 조건인 것을 대상으로 취급하고 있다는 점이다. 그러므로 인문과학은 일종의 선험적 유동성에 의해 늘 활기를 띤다. 인문과학은 스스로에 관해 비판적인 재검토를 끊임없이 실행한다. 인문과학은 재현에 주어지는 것에서 재현을 가능하게 하는 것으로 나아가지만, 재현을 가능하게 하는 것도 여전히 재현이다. 그래서 인문과학은 다른 과학들처럼 일반화와 명확성을 추구하기보다는 오히려 부단히 기만에서 깨어나고자, 즉 직접적이고 통제되지 않는 명증성에서 덜 투명하나 더 근본적인 형태로 넘어가고자 한다. 이 거의 선험적인 과정은 언제나 베일 벗기기의 형태로 진행된다. 인문과학이 개별 현상들을 사유하기에 족할 정도로 일반화되거나 정교해질 수 있는 것은 바로 베일 벗기기에 의해서이다. 모든 인문과학의 지평에는 인간의 의식을 실제의 조건으로 귀착시키려는 기획, 달리 말해 인간을 태어나게 하고는 인간의 의식에서 빠져나가는 내용과 형식에 인간의 의식을 복원하려는 기획이 존재하고, 그래서 무의식, 이를테면 무의식의 가능성과 지위 그리고 존재 방식, 무의식을 인식하고 드러내는 수단은 인문과학에 내재하고 인문과학의 전개에 따라 불거질 문제일 뿐만 아니라, 인문과학의 존재 자체와 궁극적으로 동일한 외연을 갖는 문제이다. 인문과학 전체를 구성하는 것은 비(非)의식의 베일 벗기기로 방향이 바뀐 선험적 차원의 상승이다.

인문과학의 본질적인 속성을 파악할 수단은 아마 여기에서 발견될 것이다. 어쨌든 인문과학의 이 특유한 속성을 드러내는 것은, 누구나 잘 알다시피, 인간이라는 특권적이고 유난히 흐릿한 대상이 아니다. 인문과학을 구성하고 인문과학에 특수한 영역을 마련하는 것은 인간이 아니라는 타당한 이유 때문에, 인문과학의 자리를 마련하고 인문과학을 불러들이며 인문과학을 정립하는 것, 따라서 인문과학으로 하여금 인간을 인문과학의 대상으로 설정하게 해 주는 것은 바로 에피스테메의 일반적인 경향이다. 그러므로 어디건 인간이 문제되는 곳이 아니라, 의식의 형식과 내용을 위한 조건을 의식에 드러내는 규범, 규칙, 유의미한 집합이 무의식에 고유한 차원에서 분석되는 곳이라면 어디에나 '인문과학'이 존재한다고 말할 수 있게 된다. 이 이외의 다른 모든 경우에 대해 '인문과학'이라는 말을 쓰는 것은 완전히 언어의 남용이다. 따라서 이런저런 인식이 실제로 과학적이라고 말해질 수 있는지, 또한 이런저런 인식이 실제로 과학적이게 되려면 어떤 조건을 따라야 할 것인지에 관한 모든 거추장스러운 논의가 얼마나 헛되고 무익한 것인지를 헤아려볼 수 있다. '인문과학'은 화학이나 의학 또는 이런저런 다른 과학과 동일하게, 또는 문법과 자연사가 고전주의 시대의 에피스테메를 이루는 일부분이었던 것처럼 근대 에피스테메의 일부분이다. 그러나 인문과학이 인식론 영역의 일부분이라고 말하는 것은 다만 인문과학의 실증성이 거기에 뿌리를 내리고 있다는 것, 인문과학의 존재 조건이 거기에 있다는 것, 따라서 인문과학은 그저 견해, 관심, 믿음의 차원에서 고취되는 환상이나 사이비-과학적인 망상일 뿐만이 아니라는 것, 인문과학은 다른 사람들이 '이데올로기'라는 야릇한 이름으로 부르는 것이 아니라는 것을 의미한다. 그렇다고 해서 인문과학이 과학이라는 것을 의미하는 것도 아니다.

어떤 과학이건 고고학의 층위에서 검토되고 실증성의 근거를 명확히 밝히려는 노력이 이루어질 때는 언제나 출현 가능성의 인식론적 지형을 드러내는 것이 사실이기는 하나, 다른 한편으로 모든 인식론적 지형은 실증성을 완벽하게 할당받을 수 있다 해도 얼마든지 과학이 아닐 수 있다. 그렇지만 이 사실로 인해 모든 인식론적 지형이 사기(詐欺)로 귀착되지는 않는다. 세 가지 사항을 세심하게 구별할 필요가 있다. 우선 과학적이라고 주장되는 주제들이 있는데, 이 주제들은 견해의 차원에서 마주칠 수 있는 것으로서 한 문화의 인식론적 망에 속하지 않는다.(또는 더 이상 속하지 않는다.) 예컨대 17세기부터 자연 마법[13]은 더 이상 서양 에피스테메에 속하지 않았지만, 신앙과 정서의 상호 작용에 오랫동안 영향을 미쳤다. 다음으로 고고학적 유형의 분석에 의해 윤곽, 위치, 작동이 실증적으로 복원될 수 있는 인식론적 형상들이 있는데, 이번에는 이 형상들이 두 가지 상이한 방식으로 조직될 수 있다. 즉 어떤 형상들은 객관성과 체계성의 특징을 내보임에 따라 과학으로 규정될 수 있는 반면에, 다른 형상들은 이 기준에 부합하지 않는다. 다시 말해서 이 후자의 인식론적 형상들에서는 일관성의 형식과 대상에 대한 이해 방식이 오직 실증성에 의해서만 결정된다. 이 형상들은 과학적 인식의 명백한 기준을 지니고 있지는 않지만, 확실히 실증적 지식의 영역에 속한다. 따라서 이 형상들을 견해의 현상으로 분석하는 것은 역사나 비판을 통해 이 형상들을 엄밀한 과학의 형성과 대조하는 것만큼 무의미할지 모르고, 이 형상들을 '합리적인 요소'와 합리적이지 않은 요소가 가변적인 비율에 따라 뒤섞여 있는 것으로 취급하는 것은 훨씬 더 사리에 어긋날지 모른다. 이 형상들을 가능하게 하고 당연히 이 형상들의 형식을 결정하는 실증성의 층위로

---

13) (옮긴이 주) 자연적 수단에 의해 초자연적인 듯한 효과를 산출하는 과정으로서 자연의 기적과 같은 의미인데, 오늘날의 관점에서 보면 단순한 물리 실험과 유사할 것이다.

이 형상들을 되돌려 놓을 필요가 있다. 따라서 고고학은 이 형상들에 대해 두 가지 책무를 갖는다. 즉 고고학은 이 형상들이 에피스테메에 뿌리를 내리고 배치되는 방식을 결정해야 하고, 또한 이 형상들의 지형과 엄밀한 의미로 이해된 과학의 지형이 어떤 점에서 근본적으로 다른가를 보여 주어야 한다. 이 형상들에 특유한 지형을 부정적인 현상으로 취급할 이유는 없다. 왜냐하면 이 형상들을 과학적 형식의 문턱에서 좌초하게 하는 것은 장애물의 현존도, 어떤 내부적 결함도 아니기 때문이다. 이 형상들은 고유한 모습 그대로 과학과 나란히 동일한 고고학적 토대 위에서 지식의 **다른** 지형을 이룬다.

우리는 일반 문법이나 고전주의적 가치의 이론에서 이런저런 지형들의 사례에 이미 마주쳤는데, 그 지형들은 데카르트의 수학과 동일한 실증성의 근거를 지녔지만, 적어도 당시의 사람들 대부분이 보기에는 과학이 아니었다. 이러한 사정은 오늘날 인문과학이라 불리는 것의 경우에도 마찬가지인데, 인문과학은 고고학적으로 분석될 때 완전히 실증적인 지형의 윤곽을 제공하지만, 이 지형과 이것이 근대의 에피스테메 내에서 배치되는 방식이 결정되자마자, 우리는 왜 인문과학이 과학일 수 없는가를 이해할 수 있다. 즉 인문과학을 실제로 가능하게 하는 것은 생물학, 경제학, 문헌학(또는 언어학)과 관련되는 어떤 '인접' 상황이고, 인문과학은 이 분야들 쪽에, 더 정확히 말하면 이 분야들이 아래로 투영되는 공간에 자리를 잡음에 따라서만 존재할 뿐이다. 그렇지만 이 분야들과 인문과학은 두 '관련' 또는 '유사' 과학 사이에 확립될 수 있는 것과는 근본적으로 다른 관계를 맺는다. 다시 말해 이 분야들과 인문과학 사이의 관계는 실제로 외부 모델이 무의식 및 의식의 차원으로 전이되는 현상과 외부 모델이 유래하는 바로 그 장소 쪽으로 비판적 반성이 역류하는 현상을 전제로 한다. 그러므로 '인문과학'을 사이비 과학이라고 말하는 것은 부질없는 일이다. 인문과학은 전혀 과학이 아니다. 인문과학의 실증성을 규정하고 인문과학을 근대의 에피스테메에 뿌리내리게 하는 지형은 동시에 인문과학을 과학일 수 있는 상태 밖으로 몰아내는 것이기도 하며, 그런데 왜 인문과학은 이 칭호를 얻었을까 하고 묻는다면, 과학에서 차용된 모델을 인문과학이 요구하고 받아들이는 것은 인문과학의 정착에 대한 고고학적 규정에 부합한다는 점을 상기시키는 것으로 충분할 것이다. 그러므로 인간을 과학의 대상이 되지 못하게 가로막는 것은 인간의 환원 불가능성, 인간의 반박할 수 없는 초월성으로 지칭되는 것도 아니고 인간의 과도한 복잡성도 아니다. 단 한 가지 근거들의 상호 작용 때문에 지식의 실증적 영역이게 되어 있고 과학의 대상일 수 없는 존재를 서양 문화는 인간이라는 이름으로 설정한 것이다.

4 역사

우리는 인문과학에 관해 말했고, 심리학과 사회학 그리고 문학 및 신화의 분석에 의해 어느 정도 경계가 정해지는 넓은 영역들에 관해 말했다. 역사는 모든 인간 과학 중에서 최초의 것이자 모든 인간 과학의 어머니 같은 것이고 아마 인간의 기억만큼 유구할 터인데도, 우리는 아직 역사를 언급하지 않았다. 더 정확히 말하면 바로 이 이유 때문에 우리는 지금까지 역사를 말없이 지나쳤다. 어쩌면 역사의 자리는 실제로 인문과학 가운데나 인문과학 옆에 있지 않을 것이다. 아무래도 역사는 기묘하고 무한하고 뗄레야 뗄 수 없고 공통 공간에서의 인접 관계보다 더 근본적인 관계를 인문과학과 맺는 듯하다.

인문과학의 성립보다 훨씬 이전에 역사가 존재한 것은 사실이다. 서양 문화에서 역사는 아득한 그리스 시대부터 몇 가지 주요한 기능, 즉 기억, 계시와 전례(典例)의 전달, 전통의 매개 수단, 현재에 대한 비판 의식, 인

500

류의 운명에 대한 해석, 미래에 대한 예측 또는 회귀의 약속을 수행해 왔다. 이러한 역사를 특징지었던 것, 적어도 우리의 역사와는 대조적으로 이러한 역사의 일반적인 특징을 규정하는 데 소용될 수 있는 것은 (스토아학파의 철학자들에게서처럼 일종의 광범위한 우주 연대기에 따라) 인간의 시간을 세계의 생성에 맞춰 정돈하거나 역으로 (약간 기독교적인 섭리의 방식으로) 인간 문명의 원리와 움직임을 자연의 가장 작은 부분으로까지 확대함으로써, 인간을 포함하여 사물과 동물을, 각 생물과 무생물을, 심지어 대지의 가장 평온한 모습까지도 동일한 변동, 동일한 전락 또는 동일한 상승, 동일한 주기 속으로 끌어들였을 매끄럽고 한결같은 광범위한 역사가 구상되었다는 사실이다. 그런데 19세기 초에 서양의 **에피스테메**에서 일어난 동요로 인해 무너진 것은 바로 이 단일성이다. 즉 자연에 고유한 역사성이 발견되었고, 생물의 폭넓은 유형들 각각에 대해 환경에의 적응 형태, 나중에 각 유형의 진화 조건을 규정할 수 있게 해 줄 형태가 규정되기도 했으며, 더 나아가 노동이나 언어만큼 유난히 인간적인 활동도 사물과 인간에게 공통된 광범위한 이야기 안에 놓일 수 없는 역사성을 내포한다는 것이 밝혀질 수 있었다. 가령 생산은 발전의 방식을, 자본은 축적의 방식을, 물가는 자연의 법칙을 따르지도, 인류의 일반적인 흐름으로 환원되지도 않는 변동과 변화의 법칙을 갖는다. 이와 마찬가지로 언어는 이주, 무역, 전쟁과 더불어서나 인간에게 일어나는 것 또는 인간이 창안할 수 있는 것에 따라서라기보다는 오히려 언어를 구성하는 음성이나 문법 형태에만 속할 뿐인 조건에 따라 변모하며, 다양한 언어가 생겨나고 사용되고 쇠퇴하고 힘을 상실하고 마침내 사라진다고 말할 수 있었다 해도, 이 생물학적 은유는 다양한 언어의 역사를 생명의 시간일 시간 속으로 녹아들게 하기 위한 것이라기보다는 오히려 다양한 언어에도 역시 내부의 작동 법칙이 있다는 점, 그리고 무엇보다도 특이한 일관성을 띠는 시간에 따라 다양한 언어의 역사가 전개된다는 점을 강조하기 위한 것이다.

19세기는 다분히 정치적이고 사회적인 이유 때문에 인간의 역사에 더욱 첨예한 관심을 기울였다고, 시간의 순서 또는 연속 평면의 관념 그리고 부단한 진보의 관념은 포기되었다고, 부르주아지는 자기 계급의 상승을 이야기하고 싶었지만, 승리의 과정에서 제도의 역사적 밀도, 관습과 믿음의 중력, 투쟁의 격렬함, 성공과 실패의 교대에 직면했다고들 일반적으로 생각하는 경향이 있다. 그리고 이에 입각하여 인간이 만들어 낸 물건, 인간이 말하는 언어, 그리고 생명으로까지 인간에게서 발견된 역사성이 확장되었다고들 추정한다. 이러한 관점에 따르면 경제의 연구, 문학과 문법의 역사, 급기야 생물의 진화는 인간에게서 먼저 발견된 역사성이 점점 더 멀리 떨어진 인식의 변경으로 퍼져 나가는 효과에 지나지 않을지 모른다. 그러나 실제로 발생한 것은 사실상 정반대의 사태이다. 사물이 먼저 고유한 역사성을 부여받았는데, 사물의 역사성은 동일한 연대기를 인간과 사물에 부과하는 연속 공간으로부터 사물을 풀어놓았다. 그래서 인간은 자신의 역사를 이루는 가장 명백한 내용을 거의 박탈당했다. 즉 자연은 이제 인간에게 세계의 창조나 종말에 관해, 인간의 종속이나 임박한 심판에 관해서가 아니라 본래의 시간에 관해서만 말할 뿐이고, 세계의 부(富)는 이제 인간에게 황금시대가 오래전부터 있었다거나 곧 재래(再來)할지 모른다는 것을 넌지시 비치기는커녕 역사 속에서 변모하는 생산의 조건에 관해서만 말할 뿐이며, 언어는 이제 바벨탑 이전의 표지나 숲에서 울려 퍼졌을지 모르는 최초의 외침이 아니라 언어 자체의 계통을 나타내는 문장(紋章)을 지니고 있다. 인간은 이제 역사를 갖지 않는다. 더 정확히 말해서 인간은 말하고 일하고 살아가는 만큼, 인간의 고유한 존재에는 인간에 대해 종속적이지도 동질적이지도 않은 역사들이 온통 뒤얽혀 있다. 고전주의적 지식이 연속적으로 확대되어 나간 이 공간의 세분화 때문에, 분리된 각 영역의 자율적인 전개 때문에, 19세기 초에 출현하는 인간은 '탈역사화'된다.

그때 과거가 갖게 된 상상적 가치, 그 시기에 역사의식을 둘러싼 서정의 후광 전체, 시간이 뒤에 남겨놓았을 문서나 흔적에 대한 날카로운 호기심, 이 모든 것은 인간이 역사 없는 처지에 놓였지만 자기 존재의 심층과 자신의 이미지를 비춰 보일 수 있는 모든 사물에서(다른 사물들은 잠잠해졌거나 안으로 웅크러 들었다.) 자신과 본질적으로 깊이 연관된 어떤 역사성을 이미 찾아내기 시작했다는 단순한 사실의 표출이다. 그러나 이 역사성은 즉시 모호해진다. 인간은 말하고 일하고 살아감에 따라서만 실증적 지식의 대상이 될 뿐인 만큼, 인간의 역사는 인간과 무관하고 서로 이질적인 갖가지 시간이 착잡하게 얽혀 있는 매듭 이외의 다른 것일 수 있을까? 다시 말해 인간의 역사는 생활 조건(기후, 토지의 비옥도, 문화의 양상, 자원 개발)의 변화와 경제(따라서 사회와 제도)의 변모 그리고 언어의 형태 및 용법의 계승에 공통된 일종의 변조(變調) 이상의 것일까? 그런데 이 경우에 인간 자신은 역사적이지 않다. 즉 시간은 인간 자신으로부터가 아니라 다른 곳으로부터 인간에게로 다가오므로, 인간은 생물의 역사, 사물의 역사, 말의 역사가 중첩됨으로써만 역사의 주체로 구성된다. 인간은 이 역사들이 내포하는 순수 사건들에 종속되어 있다. 그러나 이 단순한 수동성의 관계는 곧장 뒤집힌다. 왜냐하면 언어로 말하는 것, 경제 체제 속에서 일하고 소비하는 것, 인간의 삶 속에서 살아가는 것은 인간 자신이기 때문이며, 그렇기 때문에 인간도 역시 생성에 대해 생물과 사물의 경우만큼 확실하고 이에 못지않게 자율적이고 어쩌면 이보다 더 근본적일 권리가 있다. 즉 인간으로 하여금 모든 생물처럼 적응하고 (그러나 다른 어떤 생물에도 속하지 않는 도구, 기법, 조직 덕분으로) 진화할 수 있게 해 주는 것, 인간으로 하여금 생산 양식을 고안할 수 있도록 해 주는 것, 언어가 매 순간 언어 자체와 조금씩 접촉하게 하는 일종의 내부 압력을 언어에 인간이 말할 때마다 가할 수 있게 해 주는 것은 인간에게 고유하고 인간의 존재 속에 깊이 각인된 역사성이 아닌가. 이처럼 실증성들의 역사 뒤에서 또 하나의 더 근본적인 역사, 즉 인간 자신의 역사가 출현한다. 인간은 온통 '역사'로 '둘러싸여' 있지만 인간 생활의 역사, 경제의 역사, 언어들의 역사는 인간 자신의 고유한 역사성을 통해 모습을 드러낸다는 것이 사실로 밝혀지는 만큼 이제 인간의 존재 자체에 연관되어 있는 역사가 나타난다. 따라서 매우 깊은 층위에는 인간의 역사성 자체의 역사이고 또한 다른 모든 역사의 근거가 되는 근본적인 분산일 인간의 역사성이 있을 것이다. 19세기는 모든 것을 역사화하고 모든 것의 일반 역사를 쓰고 시간 속에서 끊임없이 거슬러 올라가고 가장 안정된 사물들을 시간의 흐름 속에 풀어놓으려는 의도에서 바로 이 기본적인 침식(浸蝕)을 탐구했다. 여기에서도 아마 역사의 역사를 쓰는 전통적인 방식에 대한 재검토가 필요할 것인데, 우리는 사건들의 순수한 연대기, 개인과 사건만이 우글거릴 뿐인 과거의 단순한 기억이 19세기와 함께 종언을 고했으며 생성의 일반 법칙이 탐색되었다고 말하는 데 익숙해져 있다. 사실 고전주의 시대에, 세계와 인간이 하나의 단일한 역사 속에서 일체를 이루었을 때 역사는 가장 '설명적'이었고 일반 법칙과 불변 요소에 더 관심을 기울였다. 19세기에 밝혀지는 것은 인간의 역사성이 갖는 단순한 형식, 인간 자신이 사건에 노출된다는 사실이다. 이로부터 이 순수한 형식에 대해 법칙을 발견하려고 하거나(스펭글러의 철학을 비롯한 여러 철학의 경우) 인간이 살아가고 일하고 말하고 사유한다는 사실에 입각하여 이 형식을 규정하려고 하는 경향이 유래하는데, 이 경향들은 살아 있는 종으로 고찰되는 인간에 입각한, 또는 경제의 법칙이나 집단의 문화에 입각한 역사의 해석이다.

어쨌든 인식론의 공간에서 이러한 역사의 성격은 인문과학에 대한 역사의 관계에 대단히 중요하다. 역사적 인간이란 살아가고 일하고 말하는 인간이므로, 역사의 모든 내용은 어떤 것이건 심리학이나 사회학 또는 언어의 과학에 속한다. 그러나 역으로 인간은 처음부터 끝까지 역사적이게 되었으므로, 인문과학에 의해 분석되는 내용은 어떤 것이건 본질적으로 안정적일 수도 없고 역사의 동향에서 벗어날 수도 없다. 그것도 두 가지 이유 때문이다. 즉 심리학과 사회학 그리고 철학이 동시대적인 대상, 다시 말해서 인간에게 적용될 때조차 이 분야들을 구성하고 가로지르는 역사성 내에서의 공시적인 마름질만을 겨냥할 뿐이기 때문이며, 인문과학의 연속적인 형태들, 인문과학에 의한 대상의 선택, 인문과학에 적용되는 방법이 역사에 의해 주어지고 끊임없이 옮겨지고 역사에 따라 변하기 때문이다. 역사는 스스로 뿌리를 박고 있는 역사성을 넘어서려고 시도할수록, 기원 및 선택의 역사적 상대성을 넘어 보편성의 영역과 합류하고자 할수록 역사적 탄생의 흔적을 더 뚜렷이 지니고, 자신이 일부분인 역사를 더욱 명백하게 나타나게 하며,(그리고 이것은 또 다시 스펭글러와 모든 역사 철학자에게서 찾아볼 수 있다.) 역으로 역사 자체의 상대성을 받아들이고 역사 자체가 이야기하는 것과 공통되는 움직임 속으로 더 깊이 잠겨들수록 더욱더 빈약한 이야기를 지향하며, 그래서 인문과학을 통해 역사가 얻는 실증적인 내용은 모조리 흩어진다.

그러므로 역사는 인문과학을 위해 특권적인 동시에 위험한 수용의 환경을 조성한다. 역사는 각 인간 과학에 확립의 배경을 제공하고 각 인간 과학의 토대와 이를테면 본향(本鄕)을 결정한다. 즉 역사는 이 지식이 타당성을 갖는다고 인정할 수 있는 문화의 범위, 연대기적이고 지리적인 경계를 결정하지만, 인문과학을 분명하게 제한하고, 보편적으로 타당하다는 인문과학의 주장을 처음부터 망쳐 놓는다. 따라서 역사는 인간이 심리학, 사회학, 언어의 분석에 의해 드러날 수 있는 한정에 자신도 모르게 이미 언제나 종속되었지만 그렇다고 해서 적어도 당위적으로는 영원한 것으로 생각될지 모르는 지식의 초시간적인 대상은 아니라는 것을 보여 준다. 인문과학은 역사에 대한 모든 언급을 회피할 때조차, 하나의 문화 단계를 또 다른 문화 단계(인문과학이 자신의 대상인 양 열중하는 문화의 우여곡절과 인문과학의 존재, 존재 방식, 방법, 개념이 뿌리를 내리고 있는 문화 단계)에 관련짓기만 하며(이런 이유로 역사는 인문과학에 포함될 수 있다.) 공시성에만 매달린다 해도, 연원(淵源)이 되는 문화 단계 자체를 온전히 간직한다. 그래서 인간이 실증적인 형상으로 출현할 때는 언제나 인간의 실증성이 역사의 무한에 의해 곧장 한정된다.

여기에서 우리는 인문과학의 영역 전체를 내부로부터 활기차게 만든 것과 유사한 동향이 재구성되는 것을 목격한다. 즉 앞에서 이미 분석된 동향 속에서 인간의 존재를 결정하는 몇몇 실증성은 출현의 동인으로 구실한 유한성으로 끊임없이 회부되었고, 그래서 인문과학은 커다란 동요에 사로잡혔지만, 이번에는 의식에서 무의식으로 끊임없이 나아가고자 함으로써 이 동요를 인문과학 자체의 실증성이 갖는 형식에 의거하여 재검토했다. 그런데 이제 역사의 경우에도 유사한 동요가 다시 시작되지만, 이 경우에 역사는 대상으로 간주된(그리고 노동, 생명, 언어에 의해 경험적으로 드러난) 인간의 실증성과 인간의 근본적인 한계 사이에서가 아니라 노동, 생명, 언어의 특이한 형태들을 결정하는 시간적 한계와 인식에 의해 노동, 생명, 언어로 접근하는 주체의 역사적 실증성 사이에서 작용한다. 여기에서도 주체와 대상은 어쩔 수 없이 상호적으로 문제시되지만, 이 문제시는 이전에는 실증적 인식 자체 내에서 의식에 의한 무의식의 점진적인 베일 벗기기에 의해 이루어진 반면, 여기에서는 대상과 주체의 외부 경계에서 행해지며, 대상과 주체가 순탄하게 뿌리내린 결정적인 실증성에서 떨어져 나가면서 겪게 되어 있는 침식, 대상과 주체 사이에 틈을 벌리는 분산의 징후가 된다. 인문과학은 무의식을 가장 기본적인 대상으로 내세움으로써, 이미 명백한 수준으로 사유된 것에도 여전히 사유할 여지가 있다는 것을 보여 주었고, 역사는 시간의 법칙을 인문과학의 외부 한계로 삼음으로써, 사유되는 모든 것이 아직 밝혀지지 않은 사유에 의해 여전히 사유되리라는 것을 보여 준다. 그러나 유한성 자체가 유한성의 근거라는 것이 밝혀지면서 19세기에 인간의 형상을 출현하게 한 유한성의 두 측면은 아마 여기에서도 무의식과 역사라는 구체적인 형태 아래 여전히 간직되어 있을 것이다. 즉 무한 없는 유한성은 아마 결코 완료되지 않은 유한성, 스스로에 대해 언제나 뒤로 물러나고 스스로 사유하는 순간에도 아직 사유할 것이 남아 있고 스스로 사유한 것을 다시 사유할 시간이 늘 남아 있는 유한성일 것이다.

근대적 사유에서 역사주의와 유한성의 분석론은 서로 맞선다. 역사주의는 역사와 인문과학 사이에 끊임없이 작용하는 위태로운 관계를 그 자체로 내세우는 방식이다. 그러나 역사주의는 이 관계를 실증성의 층위에서만 확립할 뿐이다. 즉 인간에 관한 실증적 인식은 인식하는 주체의 역사적 실증성에 의해 제한되고, 그래서 유한성의 계기는 벗어날 수 없고 절대로서의 가치를 갖는 상대성의 작용 속에서 해소된다. 유한하다는 것은 지각 또는 이해의 유형에 대한 어떤 파악을 가능하게 함과 동시에 이 파악이 언젠가는 보편적이고 결정적인 이해력의 작용으로 이어지는 것을 가로막는 원근법의 법칙에 얽매어 있는 상태에 지나지 않을지 모른다. 모든 인식은 역사를 갖는 생명, 사회, 언어에 뿌리를 내리며, 다른 형태의 생명, 다른 유형의 사회, 다른 의미 작용과 소통하는 것을 가능하게 하는 요소를 바로 역사 자체에서 찾아낸다. 그래서 역사주의는 언제나 (레벤스벨트[14]의 요소 속에서) 활기를 띠는 이해, (사회의 조직을 배경으로 한) 인간의 상호적인 소통, (담론의 명백한 의미를 통해 이차적인 동시에 일차적인, 다시 말해 감추어져 있지만 가장 중요한 의미를 되찾는) 해석학의 어떤 원리나 적어도 어떤 방법론을 전제로 한다. 따라서 역사에 의해 형성되고 역사에 침전된 갖가지 실증성은 서로 접촉할 수 있고, 인식의 형태로 서로를 둘러쌀 수 있

---

14) (옮긴이 주) Lebenswelt. 독일어로 '생활 세계'라는 뜻이다. 후기 후설의 개념으로 의식철학과 대립한다.

으며, 실증성들 자체 속에 잠들어 있는 내용을 풀어놓을 수 있는데, 그때 절대적인 엄밀성을 띠고 나타나는 것은 한계 자체가 아니라 부분적인 전체들, 사실상 한정된 것으로 판명되는 전체성, 경계가 어느 정도까지는 달라질 수 있지만 결코 최종적인 분석의 공간으로 넓어지게 되지도 않고 절대적인 전체성의 지위로 올라서게 되지도 않는 전체성이다. 그래서 유한성의 분석은 역사주의가 간과한 부분을 역사주의에 대항하기 위한 무기로 끊임없이 사용하고, 즉 모든 실증성을 가능하게 하는 유한성이 모든 실증성에 앞서 모든 실증성의 토대 위로 솟아오르도록 하는 것을 목적으로 하고, 유한성의 분석론은 생명이나 사회의 형태 또는 언어의 의미 작용에 의해 존재 방식이 사전에 결정되어 있는 한정된 전체성들 사이의 구체적인 관계에 대해 역사주의가 그 가능성과 정당화를 모색한 바로 거기에서, 유한성의 표지가 되면서 실증성들의 구체적인 존재 방식을 가능하게 하는 존재에 대한 인간의 관계를 검토하고자 한다.

5 정신분석학, 민족학

정신분석학과 민족학은 우리의 지식에서 특권적인 위치를 차지한다. 이는 아마 정신분석학과 민족학의 실증성이 다른 모든 인문과학의 경우보다 더 분명히 확립되었을지도 모르고 진정으로 과학적이고자 하는 오랜 기획이 정신분석학과 민족학에서 마침내 실현되었을지도 모르기 때문이라기보다는 오히려 인간에 관한 모든 인식의 경계에서 정신분석학과 민족학이 경험과 개념의 고갈되지 않는 확실한 보고(寶庫), 특히 다른 관점에서는 후천적인 것으로 보일 수 있었던 것에 대한 관심, 검토, 비판, 논쟁의 영속적인 원리를 형성하기 때문일 것이다. 그런데 여기에는 이유가 있는데, 그것은 정신분석학과 민족학의 개별적인 대상에 기인하

508

지만, 이보다는 오히려 정신분석학과 민족학이 차지하는 지위와 정신분석학과 민족학이 에피스테메의 일반적인 공간에서 실행하는 기능에 기인한다.

실제로 정신분석학은 우리가 이미 살펴보았듯이 인문과학 전체에 내재하는 결정적인 기능에 가장 가까이 자리한다. 정신분석학의 책무는 의식을 가로질러 무의식의 담론을 말하도록 하는 것이었고 이에 따라 정신분석학은 재현과 유한성의 관계가 작용하는 기본 영역으로 나아간다. 인문과학 전체는 무의식에 등을 돌리면서만, 의식의 분석이 마치 거꾸로인 듯이 이루어짐에 따라 무의식이 드러나기를 기대하면서만 무의식 쪽으로 나아갈 뿐인 반면에, 정신분석학은 확고하게 무의식 쪽으로, 이를테면 암묵적인 것의 점진적인 해명을 통해 점차로 명확하게 밝혀지게 되어 있는 것 쪽으로가 아니라, 여기 있는 것, 멀어지는 것, 사물이나 자체적으로 닫혀 있는 텍스트 또는 가시적인 텍스트에서 공백으로 남아 있는 빈틈 등의 끈질긴 침묵과 더불어 존재하는 것, 따라서 탐색의 노력에 저항하는 것 쪽으로 직접 나아간다. 프로이트의 접근 방법이 의미의 해석과 저항 또는 방해의 역학을 구성하는 요소라고 추정해서는 안 된다. 인문과학과 동일한 경로를 따라가면서도 시선을 반대 방향으로 돌리는 정신분석학은 의식의 내용이 인간의 유한성과 맞물리는, 더 정확히 말해서 인간의 유한성 쪽으로 벌어져 있는, 부연하자면 정의상 인간에 관한 모든 이론적 인식으로는, 의미나 갈등 또는 기능에 입각한 모든 연속적 파악으로는 접근할 수 없는 계기 쪽으로 나아간다. 다시 말해 뒤돌아 무의식 쪽으로 나아가면서도 여전히 재현 가능한 것의 공간에 머물러 있는 인문과학과는 달리, 정신분석학은 진전을 이룩하면서 재현을 건너뛰고, 유한성 쪽으로 재현을 벗어나며, 따라서 규범을 지니고 있는 기능, 규칙으로 가득 찬 갈등, 체계를 이루는 의미 작용이 기대되던 바로 거기에서 체계(따라서 의미 작용), 규칙(따라서 대립), 규범(따라서 기능)이 존재할 수 있다는 단순한 사실을 솟아오르게 한다. 그리고 재현이 미결 상태로 가장자리에 머물러 있는 이 영역에서, 유한성의 닫힌 경계 쪽으로 열려 있는 이 영역에서 세 가지 형상이 모습을 드러내는데, 이것들에 의해 생명은 생명의 기능 및 규범과 함께 죽음의 말없는 반복에서, 갈등과 규칙은 벌거벗은 욕망의 통로에서, 의미 작용과 체계는 동시에 법칙이기도 한 언어에서 근거를 획득한다. 어떻게 심리학자들과 철학자들이 이 모든 것을 프로이트 신화라고 불렀는지 우리는 알고 있다. 프로이트의 접근 방법이 그들에게 이렇게 보인 것은 명백히 필연적이었는데, 재현 가능한 것 속에 자리하는 지식의 경우에서 재현의 가능성 자체를 외부로부터 제한하고 규정하는 것은 신화 이외의 다른 것일 수 없다. 그러나 누구라도 정신분석학의 움직임을 그대로 따라가거나 인식론의 공간을 전체적으로 훑어볼 때면, 근시안적 시선에는 아마 비현실적일 이 형상들이 사실상 근대적 사유에서 분석되는 것과 같은 유한성의 형태라는 것을 분명히 알아차릴 수 있다. 가령 죽음은 지식 일반을 가능하게 하는 근거가 아닐까? 그래서 정신분석학 쪽에서 죽음은 인간의 존재 방식을 유한성에 따라 특징짓는 그 경험적-선험적 **이중화**의 형상일지 모른다. 욕망은 사유의 핵심에서 여전히 **사유되지 않은** 채로 남아 있는 것이 아닐까? 그리고 말하게 하려고 정신분석학이 그토록 애쓰는 법칙-언어(말과 동시에 말-체계)는 의미 작용 자체보다 더 아련한 기원을 모든 의미 작용에 부여하는 것이자 또한 분석의 행위 자체로 회귀하리라고 약속된 것이 아닐까? 이 죽음도 이 욕망도 이 법칙도 인간의 경험 영역을 실증성의 견지에서 고찰하는 지식의 내부에서 결코 서로 마주칠 수 없다는 것은 명백히 사실이지만, 그 이유는 죽음과 욕망 그리고 법칙이 인간에 관한 모든 지식의 가능 조건을 지정한다는 데 있다.

그리고 이 언어가 벌거벗은 상태로 나타나지만 이와 동시에 마치 광범위하고 비어 있는 전체적 체계인 듯이 모든 의미 작용을 벗어날 때, 마치 욕망의 엄밀한 법칙에 의해 모든 대립이 해소되는 듯이 욕망이 야생의 상태로 군림할 때, 죽음이 모든 정신 기능을 지배하고 유일한 파괴적 규범으로서 모든 정신 기능 위에 군림할 때, 바로 그때 우리는 현존하는 형태의 광기, 근대의 경험에 주어지는 바 그대로의 광기를 광기의 진실과 타자성으로 인정한다. 경험적인 것이긴 하지만 우리가 경험할 수 있는 모든 것과 무관하고 또한 생소한 이 형상에서 우리의 의식은 이제 16세기의 경우와는 달리 또 다른 세계의 흔적을 찾아내지 못하고, 탈선한 이성의 방황을 알아보지 못하고, 마치 우리의 실존에서 움푹한 공동(空洞)이 갑자기 두드러지게 드러나 보이는 듯이 위험스럽게도 우리와 가장 가까운 것이 솟아오르는 것을 보며, 우리가 존재하고 사유하고 인식하는 데 근거가 되는 유한성은 현실적이고 동시에 불가능한 실존, 우리가 사유할 수 없는 사유, 언제나 지식을 위한 것이지만 우리의 지식을 벗어나는 대상으로서 갑자기 우리 앞에 존재한다. 그래서 정신분석학의 내밀하고 가장 완강한 골칫거리는 정신의학자들이 정신분열증이라고 부르는 전형적인 광기에서 발견된다. 왜냐하면 일반적으로 정신분석학이 환자의 언어를 통해 자발적-비(非)자발적으로 제공받는 것으로부터 끊임없이 (그리고 한없이) 향해 가는 유한성의 형태들은 이 광기에서 완전히 명백하고 완전히 뒤로 물러난 양상을 띠기 때문이다. 그래서 정신분석학은 바로 이 정신병들에 마주칠 때 '권한이 있'지만 그런데도 (더 정확히 말하자면 바로 이 이유 때문에) 좀처럼 이 정신병에 접근하지 못한다. 마치 분석이 힘겹게 달성해야 하는 것을 정신병이 가혹한 조명에 의해 명백하게 드러내고 너무 아련한 방식으로가 아니라 정확히 너무 임박한 방식으로 제시하는 듯하다.

그러나 인문과학의 영역에서 모든 지식 일반을 가능하게 하는 것에 대한 정신분석학의 이 관계는 또 다른 결과를 가져다준다. 그것은 정신분석학이 인간에 관한 순수한 사변적 인식이나 일반 이론으로 전개될 수 없다는 점이다. 정신분석학은 세심한 관찰을 기초로 구축된 경험과학의 형태로서, 재현의 전 영역을 가로지르거나, 이 영역의 경계들을 우회하려고 시도하거나, 또는 가장 기본적인 것 쪽으로 나아갈 수 없으며, 그 돌파구는 우리가 인간에 관해 얻는 인식뿐만 아니라 인간 자신, 부연하자면 고통 속에서 작용하는 죽음, 대상을 상실한 욕망, 법칙이 조용히 유기적으로 구성되는 수단이자 경로인 언어를 지닌 인간이 연루되는 실천의 테두리 내에서만 마련될 수 있다. 그러므로 모든 정신분석학적 지식은 어쩔 수 없이 실천, 즉 두 개인 사이의 그 숨 막힐 듯 긴밀한 관계와 깊이 관련되어 있는데, 두 개인 중에서 한 사람은 다른 사람의 언어에 귀를 기울이고, 따라서(그로 하여금 대상의 상실을 이해하게 만들면서) 다른 사람의 욕망을 상실된 욕망의 대상으로부터 자유롭게 풀어놓으며, (그로 하여금 자신이 언젠가는 죽을 것이라는 사실을 이해하도록 유도함으로써) 죽음의 언제나 반복되는 근접으로부터 그를 풀려나게 한다. 그래서 인간에 관한 일반 이론이나 인간학 같은 것보다 더 정신분석학과 무관한 것은 없다.

정신분석학이 무의식(인문과학의 전 영역을 내부로부터 흔들어 대는 위험한 생기)의 차원에 자리하는 것처럼, 민족학은 역사성(인문과학 자체의 역사 때문에 외부로부터 끊임없이 인문과학에 이의가 제기되게 하는 영속적인 동요)의 차원에 자리를 잡는다. 전통적으로 민족학은 역사 없는 민족들에 관한 인식인 만큼 역사성과 근본적인 관계를 맺는다고 주장하기는 아마 어려울 것이나, 어쨌든 민족학은 (일관된 선택과 동시에 기록의 결여 때문에) 사건들의 연속보다는 오히려 문화의 구조적 상수를 연구한다. 민족학은 우리가 우리 자신의 문화를 내부적으로 성찰하는 데에 수단이 되는 오래된 "역사" 담론을 보류하고 대신에 다른 문화 형태들 안에서의 공시적인 상관 관계를 솟아오르게 한다. 그렇지만 민족학 자체는 (우리가 우리 자신의 사회에 대해 민족학을 완벽하게 연구할 수 있다는 것은 당연하므로) 우리의 역사성과 동시에 민족학의 대상일 수 있는 모든 인간의 역사성이 관련되어 있는 어떤 상황 또는 완전히 특이한 사건으로부터만 가능하다. 따라서 정확히 우리 문화의 역사에, 더 나아가 모든 역사와 우리 문화 사이의 근본적인 관계에 속하고 우리의 문화를 순수하게 이론적으로 다른 문화와 연결되게 해 주는 가능성에 민족학은 사실상 뿌리를 내린다. 서양의 라티오에 대한 어떤 입장이 있는데, 이 입장은 역사적으로 형성되었고 다른 모든 사회, 심지어는 이 입장이 역사적으로 출현한 사회에 대해 이 입장이 지닐 수 있는 이해 방식의 근거가 된다. 명백히 이는 식민지화 상황이 민족학에 불가결했으리라는 의미가 아니다. 즉 의사라는 환상적인 인물로 인한 환자의 소외도 최면(催眠)도 정신분석학을 구성하지 않지만, 의사와 환자 사이의 특이한 관계와 이로 인해 초래되는 전이의 조용한 폭력 속에서만 정신분석학이 펼쳐질 수 있는 것처럼, 민족학은 유럽적 사유와 유럽적 사유를 다른 모든 문화 및 유럽식 사유 자체에 맞서게 할 수 있는 이해 방식의 언제나 억제되지만 변함없이 실재하는 역사적 지배력에 의해서만 고유한 차원을 획득한다.

그러나 (민족학이 이 이해 방식을 해소하려고 하지 않고 반대로 이 이해 방식에 결정적으로 안주함으로써 이 이해 방식을 심화함에 따라) 이 이해 방식은 민족학을 역사주의에 고유한 작용과 반작용의 순환 체계에 가두지 않고, 오히려 이 순환 작용을 낳은 움직임을 반전시켜서 민족학으로 하여금 이 순환 작용의 위험을 피할 수 있게 한다. 즉 민족학은 사실상 심리학이나 사회학 또는 문학 및 신화의 분석에 의해 드러날 수 있는 것과 같은 경험 내용을 지각하는 주체의 역사적 실증성에 경험 내용을 관련짓지 않고, 그 대신 각 문화의 특이한 형태, 각 문화를 다른 문화들에 맞세우는 차이, 각 문화를 규정하고 일관성 있게 둘러싸는 한계를 세 가지 중대한 실증성(생명, 필요와 노동, 언어) 각각에 대한 각 문화의 관계가 맺어지는 차원에 배치한다. 가령 민족학은 주요한 생체 기능들의 표준화, 교환과 생산 그리고 소비의 모든 형태를 가능하거나 필수적이게 만드는 규칙, 언어 구조의 모델을 중심으로 또는 이 모델에 의거하여 조직되는 체계가 하나의 문화에서 어떻게 발생하는가를 보여 준다. 그러므로 민족학은 어떤 높이에서 인문과학을 굽어보고 있는지 우리가 이미 살펴본 생물학, 경제학, 문헌학, 언어학에 인문과학이 맞물리는 영역 쪽으로 나아간다. 그래서 모든 민족학의 일반적인 문제는 바로 자연과 문화 사이의 (연속적이거나 불연속적인) 관계의 문제이다. 그러나 이 검토 방식에서 역사의 문제는 거꾸로 뒤집히는데, 왜냐하면 이 경우에 관건은 각 문화에서 어떤 종류의 역사 생성이 가능한가를 활용된 상징 체계에 따라, 규정된 규칙에 따라, 선택되고 제시된 기능적 규범에 따라 결정하는 것이기 때문이며, 민족학은 각 문화에서 출현할 수 있는 역사성의 양태, 그리고 각 문화에서 필연적으로 역사가 누적적이거나 순환적이게 되고, 점진적이게 되거나 변동 및 조절의 대상이 되고, 자연 발생적인 조정의 능력을 갖거나 위기의 영향을 받게 되는 원인을 철저하게 파악하고자 한다. 따라서 역사 변동의 토대가 밝혀지는데, 이 역사 변동 내에서 갖가지 인문과학은 타당성을 획득하고 어느 하나의 문화와 공시적 범위에 적용될 수 있다.

정신분석학처럼 민족학도 인문과학에서 출현할 수 있는 그대로의 인간 자신이 아니라, 인간에 관한 지식을 일반적으로 가능하게 하는 영역을 검토하고, 이 지식의 영역 전체를 한계에 이르는 경향이 있는 움직임에 따라 가로지른다. 그러나 정신분석학은 유한성의 구체적인 형상을 정신분석학적 언어 및 실천의 극단에서 드러내는 욕망, 법칙, 죽음이 재현의 외부 한계에서 간파되도록 전이라는 특이한 관계를 이용하는 반면에, 민족학은 서양의 **라티오**가 다른 모든 문화와 맺는 특이한 관계의 내부에 자리하고, 이에 입각하여 인간이 하나의 문명에서 자기 자신에 관해, 자신의 생명에 관해, 자신의 욕구에 관해, 자신의 언어에 침전된 의미에 관해 가질 수 있는 재현들을 우회하며, 이 재현들 뒤에서 규범, 규칙, 체계가 솟아오르는 것을 보는데, 인간은 규범에 입각하여 생명의 기능을 실행하지만 생명의 직접적인 압력을 밀어내고, 규칙을 통해 욕구를 느끼고 유지하며, 체계의 바탕 위에서 모든 의미가 인간에게 주어진다. 따라서 민족학과 정신분석학이 오묘한 수수께끼, 인간의 가장 비밀스러운 부분을 꿰뚫어 보기 위해 내보였을 어떤 관심에서 민족학과 정신분석학의 특권, 민족학과 정신분석학이 내보이는 깊은 관련성의 이유를 찾아서는 안 된다. 사실 민족학과 정신분석학에 의해 담론의 공간에서 번쩍거리게 되는 것은 오히려 모든 인간 과학의 역사에서 찾아볼 수 있는 선험적 여건, 이를테면 서양의 에피스테메에서 인간의 윤곽을 드러내고 인간을 가능한 지식의 대상으로 배치한 중요한 중간 휴지(休止), 깊은 주름, 분할선이다. 그러므로 민족학과 정신분석학은 인간의 의식 아래에 있는 것으로 이르기 때문이 아니라, 인간을 넘어서서 무엇이 인간의 의식에 주어지거나 인간의 의식에서 벗어나는가를 실증적으로 알게 해 주는 것 쪽으로 나아가기 때문에 둘 다 필연적으로 무의식의 과학일 수밖에 없었다.

이로부터 우리는 몇 가지 결정적인 사실을 이해할 수 있다. 첫 번째 사실은 정신분석학과 민족학이 인문과학의 일부분이라기보다는 인문과학의 전 영역에 걸쳐 있는 것이어서, 인문과학의 전 영역에 전반적으로 활기를 불어넣고, 모든 부문에 개념들을 퍼뜨리며, 어느 부문에 대해서건 해독 방법과 해석을 제안할 수 있다는 점이다. 어떤 인문과학도 정신분석학과 민족학에 대해 빚이 없다거나, 정신분석학과 민족학이 밝혀낼 수 있었던 것과 완전히 무관하다거나, 어떤 방식으로로건 결코 정신분석학과 민족학의 영역에 속하지 않는다고 확신할 수 없다. 그러나 정신분석학과 민족학의 발전에는 특별한 점이 있는데, 그것은 아무리 정신분석학과 민족학이 거의 보편적인 '영향력'을 발휘한다 해도 인간의 일반 개념에는 근접하지 못한다는 사실이다. 즉 인간에게 있을 수 있는 특수하고 다른 것으로 돌릴 수 없고 인간이 경험의 대상으로 주어지는 곳이라면 어디에서나 한결같이 타당한 것을 정신분석학과 민족학은 어떤 순간에도 파악하지 못하는 경향이 있다. '정신분석학적 인간학'의 관념, 민족학에 의해 복원된 '인간'의 관념은 실현 가능성이 없는 소원에 지나지 않는다. 정신분석학과 민족학은 인간의 개념을 필요로 하지 않을 뿐만 아니라 인간의 개념을 거쳐 갈 수도 없다. 왜냐하면 정신분석학과 민족학은 언제나 인간의 외부 한계인 것을 겨냥하기 때문이다. 레비스트로스가 민족학에 관해 말한 것은 정신분석학과 민족학 모두에 적용될 수 있다. 즉 정신분석학과 민족학은 인간을 해체한다고 말할 수 있다. 이는 인간의 더 분명하고 더 순수하고 말하자면 더 해방된 상태를 찾아내는 것이 정신분석학과 민족학의 관건이기 때문이 아니라, 정신분석학과 민족학이 인간의 실증성을 유발하는 것 쪽으로 거슬러 올라가기 때문이다. '인문과학'에 비해 정신분석학과 민족학은 오히려 '대항과학'인데, 이는 정신분석학과 민족학이 다른 분야들보다 덜 '합리적'이라거나 덜 '객관적'이라는 의미가 아니라, 정신분석학과 민족학이 인문과학을 시대의 흐름에 역행하여 이해하고 인문과학 자체의 인식론적 토대로 다시 이끌어 가며 인문과학을 통해 실증성을 획득하고 회복하는 바로 그 인간을 끊임없이 '해체한다'는 의미이다. 여기에서 우리는 정신분석학과 민족학이 근본적인 상관관계 속에서 서로 마주하여 성립되었다는 것을 마침내 이해할 수 있다. 즉 『토템과 터부』이래 정신분석학과 민족학에 공통될 영역의 새로운 확립, 불연속성 없이 하나에서 다른 하나로 통할 수 있을 담론의 가능성, 문화의 무의식에 의거한 개인의 역사와 개인의 무의식에 의거한 문화의 역사성이 뒤얽히는 이중의 맞물림은 아마 인간에 관해 제기될 수 있는 가장 일반적인 문제를 열어젖혔을 것이다.

지금까지와는 달리 역사 없는 사회의 연구에 의해 우선적으로 규정되기는커녕 어느 한 문화의 체계를 특징짓는 무의식적 과정 쪽에서 의도적으로 대상을 모색할 민족학의 위세와 중요성이 어떠할지는 누구나 짐작

516

할 수 있는데, 가령 민족학은 정신분석학이 언제나 전개되었던 차원 내에서 민족학 일반을 구성하는 역사성의 관계를 작용하게 할 것이다. 그렇게 하면서 민족학은 한 사회의 메커니즘과 형태를 집단적 환상의 압력 및 억압과 동일시할 것이고, 따라서 개인의 층위에서 분석을 통해 밝힐 수 있는 것을 비록 더 큰 규모로이지만 찾아낼 것이며, 신화의 담론을 유의미하게 만들고 욕구를 규제하는 규칙에 일관성과 필연성을 부여하고 실제의 물건과는 다른 방식으로 순수한 생체 기능과는 다른 곳에서 생활 규범의 근거를 제공하는 형식상의 구조들 전체를 문화 무의식들의 체계로 규정할 것이다. '문화심리학'의 확립에 의해서나 개인의 층위에서 명백히 드러나는 현상의 사회학적 설명에 의해서가 아니라, 무의식 역시 어떤 형식적 구조를 갖는다는, 더 정확히 말해서 무의식은 본질적으로 어떤 형식적 구조라는 사실의 발견에 의해 나름대로 민족학의 차원을 공유할지 모르는 정신분석학의 유사한 중요성도 누구나 짐작할 수 있는 바이다. 이로 인해 민족학과 정신분석학은 서로 겹치거나 어쩌면 서로 합쳐지는 것도 아니라, 서로 다른 방향의 두 선분처럼, 즉 신경증에서 기의가 명백히 생략되는 현상으로부터 의미하는 체계에서의 빈틈, 즉 의미하는 체계가 우연히 드러나게 되는 빈틈으로 나아가는 선분과 (예컨대 신화에서의) 다양한 기의의 유사성으로부터 형식상의 변화를 통해 이야기의 다양성을 풀어놓을 구조의 단일성으로 나아가는 선분처럼 교차하게 될 것이다.

따라서 정신분석학과 민족학이 서로 긴밀히 관련될 수 있는 것은 흔히들 생각했듯이 개인과 사회 사이의 관계라는 층위에서가 아닐 것이며, 이 두 가지 형태의 지식이 서로 유사한 것은 개인이 집단의 일부분을 이루기 때문도 아니고, 하나의 문화가 개인을 통해 어느 정도 굴절된 방식으로 반영되거나 표현되기 때문도 아니다. 사실을 말하자면 정신분석학과 민족학은 하나의 지점만을 공유할 뿐이지만, 그것은 본질적이고 불가피한 지점, 즉 정신분석학과 민족학이 직각으로 교차하는 지점이다. 실제로 개인의 독특한 경험을 구성하는 연쇄는 형식적 체계와 수직을 이루는데, 이 체계로부터 한 문화의 의미 작용이 조직된다. 즉 매 순간 개인의 경험에 고유한 구조는 사회의 제도들에서 일정한 수의 가능한 선택(그리고 배제된 가능성)에 마주치고, 역으로 언어의 단선적인 구조가 어느 특정한 순간에 여러 단어 또는 여러 음소(音素) 중의 가능한 선택을 언제나 야기하는(그러나 다른 모든 것은 배제하는) 것과 마찬가지로 사회의 구조는 선택 지점들 각각에서 일정한 수의 받아들일 만한 개인(그리고 그럴 만하지 않은 다른 개인들)에 마주친다.

따라서 이렇게 이해된 민족학과 정신분석학에 형식의 모델을 제공할지 모르는 순수한 언어 이론의 주제가 형성된다. 가령 인문과학에 테두리를 두르는 실증성에 인문과학을 관련짓는 민족학의 차원과 동시에 인간에 관한 지식에 근거를 제공하는 유한성에 이 지식을 관련짓는 정신분석학의 차원을 하나의 동향으로 포괄하는 분야가 존재할 것이다. (순수한 언어가 문제이므로) 인간과 무관한 실증성의 범주에서 완벽한 근거를 갖추고 (사유가 사유할 수 있는 것은 언어 안에서 언어를 통해서이고, 그래서 언어는 본질적으로 기본적인 것으로서의 가치를 갖는 실증성이므로) 인문과학의 전 공간을 가로지르면서 유한성의 문제를 재발견하게 될 과학이 언어학에 힘입어 생겨날 것이다. 민족학과 정신분석학을 넘어서는, 더 정확하게는 민족학 및 정신분석학과 뒤얽히는 제3의 '대항과학'이 인문과학의 구성된 영역 전체로 퍼지고 거기에 활기를 불어넣고 동요를 일으키게 될 것이며, 실증성의 측면에서와 동시에 유한성의 측면에서 인문과학의 영역 밖으로 넘쳐나면서, 인문과학의 영역에 대한 가장 일반적인 이의 제기를 형성할 것이다. 두 가지 다른 대항과학처럼 이 대항과학도 인문과학의 경계-형태들을 산만한 양상으로 나타나게 만들 것이고, 이 대항과학의 경험도 인간에 관한 지식이 두 가지 다른 대항과학을 가능하게 하는 것과의 관계를 무의식과 역사성의 형태로 실행하는 그 온건하거나 위험한 분야들에 놓여 있을 것이다. 이 세 가지 대항과학은 인간을 인식될 수 있게 한 것 자체를 '드러내 놓으'면서 위태롭게 한다. 따라서 인간의 운명은 바로 우리의 눈앞에서 실처럼, 그러나 반대 방향으로 뽑혀 나오는데, 인간은 이 이상한 방추(紡錘)들에 의해 탄생의 형태 쪽으로, 자신을 존재할 수 있게 한 근원으로 다시 이끌린다. 그러나 이는 인간을 종말로 이끄는 방식이 아닐까? 왜냐하면 언어학은 인간에 관해 정신분석학이나 민족학보다 더 많이 말하지 않기 때문이다.

19세기와 20세기 초엽에 생물학이나 경제학에서 차용한 개념들로 인문과학을 단일화하려는 시도가 행해졌을 때 언어학은 이 역할을 수행하면서 예전에 생물학이나 경제학의 것이었던 기능을 이어받기만 할 뿐이라고들 할지 모른다. 그러나 언어학은 훨씬 더 근본적인 역할을 맡을 가능성이 있다. 여기에는 여러 가지 이유가 있다. 우선 언어학은 내용 자체의 구조화를 가능하게 하기 때문이다. 어쨌든 가능하게 하려고 애쓰기 때문이다. 따라서 언어학은 다른 곳에서 획득된 인식들의 이론적인 재검토, 현상에 대한 이미 이루어진 해독(解讀)의 해석도 아니고, 인문과학에서 관찰된 사실의 '언어학적 설명'을 제안하지도 않으며, 그렇다기보다는 오히려 기본적인 해독의 원리인데, 언어학으로 무장된 시선 아래에서 사물은 의미하는 체계의 요소를 형성할 수 있음에 따라서만 존재하기에 이른다. 언어학적 분석은 설명이라기보다는 오히려 지각이다. 다시 말해서 분석의 대상이 분석 자체에 의해 구성된다. 게다가 구조가 이처럼 (요소들 전체 내에서의 불변 관계로서) 출현함으로써 수학에 대한 인문과학의 관계가 완전히 새로운 차원으로 다시 열리는데, 이제 관건은 결과를 계량화할 수 있는가 또는 인간의 행동이 측정 가능성의 장(場)으로 들어갈 수 있는가를 아는 것이 아니라, 구조의 개념을 진지하게 사용할 수 있는가 또는 적어도 수학과 인문과학에서 동일한 구조가 논의되는가를 아는 것이고, 즉 중심적인 문제는 누구나 타당성 있는 형식화의 가능성과 권리, 조건과 한계를 인식하고자 하는지를 아는 것이고, 인문과학의 공간에서 경험적 언어의 실증성과 유한성의 분석론에 대한 인문과학의 관계가 또한 솟아오르는 터이므로, 형식적이고 선험적인 분야들의 축에 대한 인문과학의 관계, 측정할 권리와 동일시하려는 시도가 행해진 이상 그때까지 본질적이지 않았던 관계가 명백하게도 다시 활기를 띠고 아마 중요한 것으로 부각될 것이며, 따라서 인문과학에 고유한 부피를 결정하는 세 가지 축은 인문과학에 의해 제기되는 문제들을 통해 거의 동시적으로 드러나게 된다. 끝으로 언어학 및 인간의 인식에 대한 언어학의 적용이 중시되면서, 우리 문화의 근본적인 문제와 얼마나 깊은 관계가 있는지 이미 살펴본 바 있는 언어의 존재라는 문제가 불가사의할 정도로 끈질기게 다시 떠오른다. 본질적으로 말도 담론도 아닌 것을 이처럼 구조화하고 인식의 순수한 형태와 맞물리기 위해서는 언어가 무엇이어야 하는가를 이제부터는 자문해야 하므로, 이 문제는 계속적으로 확대되는 언어학 범주들의 활용으로 인해 점점 더 중요해진다. 훨씬 더 길고 훨씬 더 느닷없는 경로를 통해 우리는 니체가 "누가 말하는가?" 하고 묻고 말라르메가 말 자체에서 반짝거리는 대답을 보았을 때 그들이 가리킨 장소로 다시 이끌린다. 언어란 본질적으로 무엇인가에 관한 검토가 다시 한번 다급한 과제로 다가온다.

언어의 문제가 그토록 강렬한 다원적 결정에 따라 다시 솟아오르고 인간의 형상(예전에 고전주의적 담론의 자리를 차지한 바로 그 형상)을 사방으로 포위하는 듯한 이 지점에서 오늘날의 문화는 문화의 현재에, 어쩌면 문화의 미래에도 막대한 영향을 미치고 있다. 한편으로는 예전에 이 모든 경험 영역으로부터 멀리 떨어져 있는 듯했던 문제들이 이 영역들과 매우 가까운 곳에서 다소 갑작스레 나타나며, 즉 이 문제들은 사유 및 인식의 일반적인 형식화에 관한 것이며, 이 문제들을 논리학과 수학의 견지에서만 풀어야 한다고들 생각한 시기에, 이 문제들은 형식 언어의 구성에 의해 낡은 경험적 이성을 정화하고 수학적 선험성의 새로운 형태에 입각하여 순수 이성에 대한 두 번째 비판을 실행할 가능성과 책무로 이어진다. 그렇지만 우리 문화의 다른 극단에서는, 아마 언어의 문제를 끊임없이 제기해 왔을 것이나 스스로에게 제기하기는 이번이 역사상 처음인 그 표현 형식에 언어의 문제가 맡겨지게 된다. 오늘날의 문학이 언어의 존재에 매혹되는 것은 종말의 징후도 첨예화의 증거도 아니다. 이것은 우리의 사유와 지식의 구조 전체가 모습을 드러내는 매우 광범위한 지형에 필연성의 뿌리를 내리고 있는 현상이다. 그러나 형식 언어의 문제가 실증적 내용을 구조화할 가능성 또는 불가능성을 내세운다면, 언어를 깊이 파고들고자 하는 문학은 유한성의 기본 형태들이 띠는 경험적 활기를 강조한다. 언어로서 경험되고 고찰되는 언어의 내부로부터, 극단까지 뻗치고 작용하는 언어의 가능성들을 통해 예고되는 것은 인간이 '끝났다'는 것, 그리고 인간이 모든 가능한 말의 정점에 이르면서 인간 자신의 중심이 아니라 인간을 제한하는 것의 가장자리에, 즉 죽음이 맴돌고 사유의 불꽃이 꺼지고 기원의 약속이 한없이 뒤로 물러나는 영역에 도달한다는 것이다. 문학의 이 새로운 존재 방식은 아르토와 루셀의 것과 같은 작품에서 아르토와 루셀 같은 사람에 의해 밝혀지게 되어 있었는데, 아르토의 작품에서는 언어가 담론으로 인정되지 않고 충격의 조형적 폭력성에 사로잡히고 외침, 고통 받는 육체, 사유의 물질성(物質性), 육체의 욕구에 맡겨지며, 루셀의 작품에서는 조직적으로 마련된 우연에 의해 언어가 가루의 상태로 귀착하고 죽음의 반복과 갈라진 기원의 수수께끼를 한없이 이야기한다. 그런데 마치 언어 안에서 유한성의 형태들을 이처럼 실험하는 것이 감내될 수 없는 듯이, 또는 이것이 불충분한 듯이,(아마 이 불충분함은 그 자체로 견딜 수 없는 일이었을 것이다.) 이것은 바로 광기 속에서 표면화되었는데, 유한성의 형상은 이처럼 언어를 통해, (언어에서 드러나는 것으로) 또한 언어 이전에 언어보다 선행하는 것으로, 말하자면 언어가 해방될 수 있는 그 말없고 하찮은 무정형의 영역으로 주어진다. 바로 이런 식으로 밝혀진 이와 같은 공간에서 문학은 우선 (비록 여전히 변장된 형태로이지만) 초현실주의에 힘입어, 다음으로 점점 더 순수하게도 카프카, 바타유, 블랑쇼에 힘입어 경험으로, 즉 죽음(그리고 죽음의 요소 속에서)과 사유할 수 없는 사유(그리고 이것의 접근할 수 없는 현존 속에서)와 반복(언제나 언어와 가장 가까이 있으면서도 여전히 언어의 가장 먼 한계에 자리하는 본래적 결백)의 경험으로, 유한성의(이 유한성의 개방과 속박에 붙들려 있는) 경험으로 제시되었다.

우리의 문화에서 이러한 언어의 '귀환'은 명백히 갑작스러운 중단의 의미를 갖지 않고, 결코 오래전부터 파묻혀 있는 자명한 이치의 뜻하지 않은 발견도 아니며, 사유를 모든 내용으로부터 해방하는 동향에 따라 사유가 사유 자체를 검토하는 현상도, 말해야 할 것으로부터 마침내 해방되어 이제부터는 오직 자신이 벌거벗은 언어라는 사실에 관해서만 말할 뿐인 문학의 자기도취도 나타내지 않는다. 사실상 언어의 귀환은 19세기 초에 서양 문화가 스스로 설정한 필연성에 따른 엄밀한 전개이다. '형식주의'라고 부를 수 있는 표지, 우리의 경험을 가리키는 이 일반적인 표지에서, 충만한 내용을 파악할 역량이 박탈된 사유의 메마름이나 희박성의 징후를 보는 것은 잘못일 것이고, 이 표지를 처음부터 새로운 사유와 새로운 지식의 지평에 놓는 것도 이에 못지않게 잘못일 것이다. 오늘날 이 경험의 가능성이 발견된 것은 바로 매우 빈틈없이 짜이고 일관성 있는 근대 에피스테메의 윤곽 내에서이며, 이 경험을 자체의 논리에 의해 유발하고 철저히 구성하고 필연적으로 실재하게끔 한 것은 바로 근대의 에피스테메이다. 리카도, 퀴비에, 보프의 시대에 일어난 것, 경제학과 생물학 그리고 문헌학의 출현에 힘입어 새롭게 확립된 지식의 형태, 칸트의 비판론이 철학의 책무로 규정한 유한성의 사유, 이 모든 것은 여전히 우리에게 직접적인 반성의 공간을 제공한다. 우리는 이 장소에서 사유한다.

 그렇지만 완료와 종말의 인상, 우리의 사유를 싹트게 하고 우리의 사유에 활기를 불어넣고 어쩌면 우리의 사유를 용이한 약속으로 무디어지게 할 것이고 우리로 하여금 지평선 아래에서 한 줄기 미약한 빛만이 짐작될 뿐이지만 무언가 새로운 것이 시작되는 중이라고 믿게 하는 막연한 느낌, 이 인상과 느낌은 아마 근거가 없지 않을 것이다. 19세기 초엽부터 이 인상과 느낌이 실재하고 끊임없이 새롭게 표명되었다고들 말하게 되며, 또한 횔덜린, 헤겔, 포이어바흐, 마르크스는 모두 하나의 사유와 어쩌면 하나의 문화가 끝나가고 아마 메울 수 없을 깊은 간격으로부터, 새벽의 희미한 빛, 정오의 찬란한 광휘, 또는 끝나가는 날의 불화(不和) 속에서 또 다른 것이 다가오고 있다는 확신을 느꼈다고들 말하게 된다. 그러나 우리가 오늘날 두려움 속에서 예감하고 위험한데도 맞이하는 이 가깝고 험난한 절박성은 아마 바로 앞에서 언급된 것과 동일한 범주에 속하지 않을 것이다. 방금 전에 언급된 예고(豫告)가 사유에 엄명한 것은 신들이 멀어졌거나 사라진 이 땅에서 인간에게 안정된 체류를 확보해 주는 것이었다. 여기에서도 다시 한번 니체가 멀리에서 전환점을 가리키는데, 오늘날 단언되는 것은 신의 부재나 죽음이 아니라 인간의 종말(인간의 유한성이 인간의 종말이게 하는 그 미미하고 감지되지 않는 이탈, 동일성의 형태 속으로의 그 후퇴)이고, 따라서 이제 신의 죽음과 최후의 인간이 이해관계를 같이한다는 것은 명백해진다. 즉 신을 죽였다고 알리고, 따라서 자신의 언어, 사유, 웃음을 이미 죽은 신의 공간에 자리하게 하고 신을 죽인 자로 자처하고 이 살해의 자유와 결정을 삶으로 구현하는 것은 최후의 인간이 아닐까? 그렇기 때문에 최후의 인간은 신의 죽음보다 더 늙고 동시에 더 젊으며, 신을 죽였으므로 자기 자신의 유한성에 대해 책임을 져야 하지만, 최후의 인간이 말하고 사유하고 살아가는 것은 바로 신의 죽음 속에서이므로, 그의 살해 자체는 희미해지기 마련이고, 새로운 신들, 동일한 신들은 벌써 미래의 대양을 부풀리고 있으며, 인간은 곧 사라질 것이다. 신의 죽음을 넘어, 더 정확히 말해서 이 죽음의 자국 속에서 이 죽음과의 깊은 상관 관계에 따라 니체의 사유가 예고하는 것은 신을 살해한 자의 종말이고, 웃음으로 인한 얼굴의 파열이자 가면의 재래이고, 인간으로 하여금 자신을 실어 간다고 느끼게 했고 인간이 사물의 존재 자체에서 어렴풋이 압력을 짐작한 깊이 흐르는 시간의 분산이고, 동일자의 회귀와 인간의 완전한 분산 사이에서 찾아볼 수 있는 동일성이다. 19세기 동안 철학의 종언과 다가올 문화의 약속은 아마 유한성이 사유되고 인간이 지식의 영역 안으로 출현하는 현상과 완전히 일체를 이루었을 것인 반면에, 오늘날 철학이 여전히 그리고 또다시 끝나가고 있다는 사실과 아마 철학 내에서일 터이지만 그보다는 오히려 철학 밖에서 철학을 거슬러 반성의 형태에서도 문학에서도 언어의 문제가 제기된다는 사실은 아마 인간이 사라지고 있는 중이라는 증거일 것이다.

근대의 에피스테메, 18세기 말 무렵에 형성되었고 아직도 우리의 지식에 대해 확실한 근거로 구실하는 것, 인간의 특이한 존재 방식과 인간을 경험적으로 인식할 가능성을 구성한 것, 이 **에피스테메** 전체는 담론과 담론에 의한 단조로운 지배의 사라짐, 언어가 객관성 쪽으로 기울어지는 점진적 변화, 그리고 언어가 복합적인 형태로 재출현하는 사태와 밀접한 관계가 있었다. 우리가 사유해야 하지만 아직은 사유할 수 없는 단일성 속에서 이 동일한 언어가 오늘날 점점 더 끈질기게 솟아오르는 것은 이 지형 전체가 이제 막 동요하리라는 징후, 그리고 언어의 존재가 우리의 지평에서 더 강렬하게 빛남에 따라 인간은 사라지고 있는 중이라는 징후가 아닐까? 언어가 필연적으로 분산되게 마련이었을 때 구성된 인간은 언어가 단일성을 되찾게 될 때 분산되지 않을까? 만일 이것이 사실이라면, 우리가 하는 현재의 경험을 인간의 영역에 대한 언어 형태들의 적용으로 해석하는 것은 오류, 이제 사유되어야 할 것을 우리에게 감출 터이므로 그만큼 더 심각한 오류가 아닐까? 오히려 우리는 언어에 대한 우리의 관심과 인간 사이의 상관 관계를 고려하면서, 인간에 관해 사유하기를, 또는 더 엄밀하게 말하자면 인간의 사라짐에 관해, 그리고 모든 인문 과학의 가능 근거에 관해 가장 면밀하게 사유하기를 단념해야 하지 않을까? 언어가 다시 현존하므로, 인간은 예전에 자신이 담론의 강압적인 단일성에 의해 계속 잠겨 있던 그 잔잔한 비(非)존재로 돌아가리라는 것을 인정해야 하지 않을까? 인간은 언어의 두 가지 존재 방식 사이에 존재하는 형상이었다. 더 정확히 말해서 언어가 재현의 내부에 위치하고 이를테면 재현 속에서 용해된 후에, 파편화를 대가로 치르고서만 그 상황으로부터 해방되었을 때 비로소 인간은 구성되었다. 즉 인간의 형상은 파편화된 언어의 갈라진 틈들에서 형성되었다. 물론 이는 단언이 아니고 기껏해야 대답이 가능하지 않은 물음일 뿐이며, 따라서 제기되는 바로 거기에 미결 상태로 내버려둘 수밖에 없지만, 그래도 이 물음을 제기할 가능성에 의해 미래의 사유가 열릴지 모른다는 것만큼은 알고 있어야 한다.

6 결론을 대신하여[15]

어쨌든 한 가지는 확실하다. 즉 인간은 지식에 제기된 가장 유구한 문제도 가장 지속적인 문제도 아니다. 누구라도 비교적 짧은 역사와 제한된 지리적 마름질(16세기부터의 유럽 문화)을 검토한다면, 거기에서 인간은 최근에 발견되었다고 확신할 수 있다. 지식이 그토록 오랫동안 어둠 속에서 헤맨 것은 인간과 인간의 비밀을 중심으로해서가 아니다. 사실상 사물과 사물의 질서에 관한 지식, 동일성과 차이, 특성과 등가(等價) 그

---

15) (옮긴이 주) 원본에는 이 제목이 없다.

리고 말에 관한 지식에 영향을 미친 모든 변동 중에서, 요컨대 동일자의 그 깊은 역사가 내보이는 모든 국면 중에서 150년 전에 시작되었고 어쩌면 이제 종결되고 있는 중일 단 하나만이 인간의 형상을 출현하게 했다. 그것은 오랜 불안으로부터의 해방, 먼 옛날부터의 막연한 근심에 대한 날카로운 자각, 개인적인 신념이나 사고방식의 올가미에 오랫동안 걸려 있던 것의 객관적인 검토가 아니었다. 즉 그것은 근본적인 지식의 배치에서 일어난 변화의 결과였다. 사유의 고고학이 분명히 보여 주듯이 인간은 최근의 시대에 발견된 형상이다. 그리고 아마 종말이 가까운 발견물일 것이다.

만약 그 배치가 출현했듯이 사라지기에 이른다면, 18세기의 전환점에서 고전주의적 사유의 밑바탕이 그랬듯이 만약 우리가 기껏해야 가능하다고만 예감할 수 있을 뿐이고 지금으로서는 형태가 무엇일지도, 무엇을 약속하는지도 알지 못하는 어떤 사건에 의해 그 배치가 뒤흔들리게 된다면, 장담할 수 있건대 인간은 바닷가 모래사장에 그려 놓은 얼굴처럼 사라질지 모른다.

해설

1 푸코의 언어

미셸 푸코(1926~1984)는 결코 구조주의자가 아니다. 어느 대담에서 당신은 구조주의자가 아니냐고 반문하자 그는 화를 내기까지 했다. 실제로 그의 저서들에서는 구조의 개념이나 구조의 분석을 거의 찾아볼 수 없다. 이는 아마 구조라는 용어가 갖는 고착성 또는 안정성, 달리 말하자면 지나친 질서의 함의 때문일 것이다. 그의 관점에서는 현실의 모든 것이 본질적으로 유동적인 듯하다. 그렇다고 해서 그를 무정부주의자라고 부를 수 있을까? 결코 그럴 수 없다. 사유의 행로가 기존의 사유 체계에 대해 비스듬하고 횡단 또는 대각선의 관계를 맺고 있기 때문에, 일종의 '탈주선'을 그리기 때문에, 언뜻 전복적인 사상가로만 비칠 뿐이다. 사실을 말하자면, 사유의 차원에서 그는 고체적인 질서의 공간과 기체적인 무질서의 공간 사이를 파고든다. 이 액체적인 '중간 지대'를 지향하는 제3의 몸짓이 푸코의 사유 방식을 특징짓는다. 이 공간은 『말과 사물』의 서문에서 언급된 것으로서, 푸코의 후기 저작 『쾌락의 활용』에서 첫머리에 주장된 '다르게 생각하기'의 터전이다. 이처럼 푸코가 시종일관 자리하고

자 하는 이 공간을 어떻게 구체적으로 그려 볼 수 있을까? 그는 이 공간을 무엇이라 했으며, 어떤 발판 또는 손잡이에 의지하여 거기로 들어간 것일까? 거기에는 무엇이 있을까?

우선, 그곳으로 접근하기 위해서는 자아의 소거가 필요하다. 그러니까 처음에는 무엇이 있는가라고 묻기보다는 무엇이 없는가라고 묻는 것이 더 유용하다. 왜냐하면 그곳은 장소라기보다는 비-장소에 가까운 추상의 공간, 게다가 무명까지는 아니더라도 익명의 공간으로 보이기 때문이다. 가령 내가 말할 때 과연 나는 '말하는 주체'일까? 일상생활에서는 그렇지만 거기에서는 그렇지 않다. 그렇다면 거기에서는 누가 말하는가? 누구나 말한다. 즉 거기로부터는 불특정한 다수의 커다란 웅성거림이 들려온다. 이 차원에서는 말하는 주체가 전혀 문제되지 않는다. 누구나의 자리 자체에 비하면, 누구나 말한다는 것, 즉 언어의 존재에 비하면 말하는 주체 나는 기껏해야 이것에서 파생하는 부차적인 기능에 지나지 않는다. Moi＝무아(無我)라는 말장난이 그저 우스개만은 아닌 것이다. 말하는 주체에 대한 언어의 우선성, 푸코의 저작 전체를 관통하는 이 우선성과 관련하여 푸코 자신은 『말과 사물』에서 다음과 같이 단언한다. "인간은 자신이 통제하지 못하는 말로 생각을 표현하면서, …… 자신의 뜻대로 말한다고 생각하지만, 사실은 자신이 말의 요구를 따른다는 것을 알지 못한다."

다음으로, 푸코의 탐구가 자리 잡는 공간은 그의 언어가 확립되는 과정을 통해 구체화될 수 있는데, 이 과정은 문학으로부터 비롯한다. 실제로 푸코의 문학 비평은 바로 자기 언어의 확립이라는 문제에 초점이 맞추어져 있다. 특히 모리스 블랑쇼에 관한 글 「바깥의 사유」에 의하면, 푸코가 즐겨 원용하는 문학, 즉 블랑쇼 이외에도 사드, 횔덜린, 말라르메, 아르토, 바타유, 클로솝스키, 레몽 루셀 등의 근대 문학은 자기 언어의 탐색이 공통의 주제이다. 푸코가 말하는 엄밀한 의미에서의 문학은 문학의 이중화 또는 자기-지시적 성격, 즉 문학이 이제는 문학 자체에 관한 언표일 뿐일 정도의 극단적인 내면화나 자기성찰에서 생겨난 것이 아니라, '바깥의 경험'에 의해 성립된 것이다. 그런데 일반적으로 말해서 새로운 문학은 언제나 새로운 언어였고 앞으로도 그럴 것이다. 문학에 관한 상식적인 관점에서 보더라도 어느 특정한 작가의 작품은 곧 그만의 독특한 언어 자체일 수밖에 없다. 따라서 푸코가 말하는 바깥의 경험은 각 작가가 자신만의 독특한 언어를 비록 자기 시대의 조건들 아래에서이지만 몸으로 익히는 과정 전체의 축소판이다. 이 습득 또는 체득의 과정을 사건화한 것이 바로 바깥의 경험이고, 작가가 무대 뒤에서의 이 경험을 작품의 무대로 올린 것이 바로 진정한 의미에서의 근대 문학인 것이다. 근대 문학의 출현이나 탄생은 사실상 무대 바로 뒤쪽의 막후에서 공연 이전에 일어나는 사건이다. 그렇지만 이는 거기에 연출자나 감독이 있어서가 아니라 언어가 특이한 방식으로 존재하기 때문이다.

이처럼 바깥의 경험이 이루어지는 곳은 공연을 준비하는 막후의 공간이지 사건의 현장과 무관한 극장의 바깥이 아니다. 그곳이 바로 질서와 무질서 사이의 중간 지대로서, 거기에서는 말하는 주체가 사라지고 언어 자체가 뭐라 말하기 어려운 순수한 모습으로 존재한다. 이 단계에서는 말하는 주체와 언어의 존재가 결코 양립할 수 없다. 즉 말하는 주체의 소멸이나 적어도 부차적 기능으로 격하되는 현상에 의해 언어의 존재가 가시적이게 된다. 그리고 언어가 작가에 따라 독특한 표현으로 명명되기에 이른다. 예컨대 블랑쇼에게서 언어의 존재는 뒤돌아보는 "오르페우스의 망각" 또는 그 순간에 언뜻 보인 에우리디케의 사라짐이자 세이렌들의 노래를 듣기 위해 귀를 막지 않고 자기 자신을 돛대에 묶도록 한 "오디세우스의 기다림"이고, 언어는 "바깥의 언제나 흐트러지는 형태"나 "무형의 웅성거림 겸 졸졸거림" 또는 정말로 불렀는지 안 불렀는지 알 수 없는 세이렌들의 노래이다. 니체-차라투스트라의 경우에는 언어가

"누구나 자기 안에 지니고 있는 카오스"와의 춤으로 존재하고, 언어는 "카오스와 함께 춤추는 별"로 표현된다. 말라르메에게서 언어의 존재는 어느 소네트에서 확인할 수 있듯이 "무"나 "거품"과의 인접성이자 "암초"의 통과이고, 동일한 소네트에서 언어는 "무, 이 거품"으로부터 탄생하는 "시(vers)"이자 "고독"에서 "암초"를 지나서야 가시적이게 되는 총총한 "별"로 형상화된다. 바깥의 사유는 결코 말하는 주체가 아니라 언어 자체 쪽으로 통하고, 언어는 일정한 형태를 갖지 않는 익명의 중얼거림 같은 것으로 존재하며, 바깥의 경험은 질서의 공간도 무질서의 공간도 아닌 중간 지대(무대 뒤의 막후 공간) 또는 아슬아슬한 경계나 한계에서 가능하다는 점을 이 세 가지 예는 밑받침한다.

끝으로, 푸코의 언어는 무엇이고 어떤 모습으로 존재하는가를 알아보기 위해서는, 초기의 문학 비평에서 『광기의 역사』와 『말과 사물』 그리고 『지식의 고고학』을 거쳐 『감시와 처벌』로 이르는 행로가 이 문제에 대한 해결의 노정이라고, 이 문제의 해결이 『감시와 처벌』에서 온전히 이루어진다고 인정할 필요가 있다. 물론 푸코의 이 행로를 얼마든지 다른 시각에서 바라볼 수는 있지만, 쓰는 기술 또는 저자나 작가로의 확립이라는 관점에서는 이 문제의 해결만큼 중요한 것도 없을 것이다. 그런데 이 노정에서 결정적인 계기는 이제 푸코가 자신의 탐구를 위치시키고자 하는 공간에 무엇이 없는가가 아니라 무엇이 있는가이다. 한마디로 거기에는 힘들이 있다. 더 정확히 말해 '힘들의 관계'가 있다. 바로 여기에 1960년대의 푸코와 1970년대의 푸코를 갈라놓는 매우 중요한 단절이 놓여 있다. 이제 바깥의 경험이 일어나는 중간 지대는 익명의 중얼거림이 울려나오는 텅 빈 공간이 아니라 힘들이 상호 작용하는 장(場)이 되며, 사회의 장과 외연이 일치할 가능성을 획득한다는 점에서 덜 문학적이고 더 현실적이게 된다. 달리 말하자면 이 단절의 시기에 푸코는 비로소 문학의 영향에서 벗어나 자기만의 언어를 확립하고 '권력 관계'를 축으로 자신의 이론과 사회의 다양한 장치 사이에서 이 양자의 상호 개입을 실현한다. 그렇지만 힘이라는 용어가 갖는 의미의 폭이 매우 넓고 힘들의 관계에 구체성이 결여되어 있기 때문에, 이는 얼른 납득하기가 쉽지 않고, 그래서 몇 가지 예로써 이를 뒷받침할 필요가 있으며, 그런 연후에 푸코의 언어와 언어의 존재를 규정하는 것이 바람직한 논의의 순서일 것이다.

첫째, 톨스토이의 『전쟁과 평화』에서 안드레이 볼콘스키 공작이 죽는 장면에는 누구나 죽기 직전에 경험한다고 하는 현상, 즉 자신의 몸에 단단히 매어 있던 힘의 소멸과 이로 인한 어떤 해방의 가벼움이 명확히 표명되어 있다. 이 작중인물은 죽기 며칠 전에 병상에서 꿈을 꾸는데, 꿈속에서 그는 부상당하지 않은 건강한 모습으로 여러 사람과 일상적인 대화를 나누고 그들이 하나둘 사라진 후에 문 쪽으로 다가가 문을 닫으려 하지만 발이 떨어지지 않는다. 그는 시간이 없다는 것을 알고서 죽음의 공포를 느낀다. 죽음은 문 뒤에 서 있다. 죽음은 힘으로 문을 밀치고 그는 마지막 힘을 모아 문을 다시 닫고자 하지만, 결국에는 문이 활짝 열리고 죽음이 들어선다. 이 순간 안드레이 공작은 죽는다. 그는 죽는 순간에 자신이 자고 있다는 것을 기억한다. 꿈에서 깬 것이다. 바로 이때 그는 예의 힘에서 해방된 "기묘한 가벼움"을 느끼고 이 느낌은 며칠 후 죽을 때까지 그를 떠나지 않는다. 이 기억할 만한 장면은 힘들의 관계에 관해 두 가지 시사점을 던져 준다. 우선 이로부터 힘은 결코 단수가 아니라 언제나 다수로 존재한다는 것을 알 수 있다. 일개 개인도 삶의 힘(생명력)과 죽음의 힘이 상호적으로 균형을 이루거나 부침을 거듭하고 갑자기 병이 들거나 노화가 스멀스멀 진행되고는 급기야 죽음의 힘이 필연적이지만 언제나 극적인 방식으로 압승을 거두는 장인 것이다. 개인의 생로병사가 그러할진대 삶의 과정에서 개인이 겪게 되는 숱한 사건은 더 말할 나위도 없이 온갖 종류의 힘이 얽히고설켜 나타난 효과일 것이다. 더 나아가 이 장면은 러시아 귀족 가문들 및 국가들 사이의 다면적인 관계뿐만 아니라 『전쟁과 평화』라는 작품 전체에 대해서도 깊은 통찰을 제공한다. 실제로 이 소설을 거듭해서 읽으면 자연스럽게 작중인물이나 줄거리에서 장면들의 배치를 거쳐 최종적으로는 힘들이 모이고 부딪히고 흩어지는 다양한 무형 또는 무정형의 차원으로 독서의 초점이 옮아가게 되어 있다. 요컨대 『전쟁과 평화』라는 장편 소설은 적지 않은 군더더기를 빼고 하나의 독특한 배치로, 특이한 힘들의 관계로 파악할 때 전체적으로 밀려왔다 밀려가는 파도의 리듬을 느끼게 한다.

둘째, 서산대사가 죽기 직전에 남겼다는 게송〔生也一片浮雲起 死也一片浮雲滅 浮雲自體本無實 生死去來亦如是〕에서 뜬구름은 형태를 갖추고는 있지만 일시적일 뿐이다. 뜬구름의 형태는 일정하지 않고 끊임없이 변한다. 우리는 다만 입자들이 모였다 흩어지기를 반복하는구나 하고 짐작할 뿐이다. 그 속에서 무슨 일이 일어나는지, 어떤 힘이 입자들을 모으고 흩트리는지 아무도 모른다. 뜬구름은 일종의 블랙박스다. 실체가 없는 뜬구름은 또한 개인의 생사를 넘어 만물의 오고 감, 즉 과거와 미래도 포괄하고 있다는 점에서 생성과 사건의 발동기, 시간이 흐름을 시작하는 장소로도 해석될 수 있다. 이러한 결집과 분산의 양태, 이에 의한 시간의 탄생을 내포하는 뜬구름의 공간은 바로 『전쟁과 평화』의 배치, 힘들의 관계라는 차원과 완벽하게 일치한다. 서산대사의 열반송도 톨스토이의 소설이 함축하고 있는 것과 같은 무형이거나 무형적인 힘들의 뒤얽힘이 바로 삶 자체라는 것을 일러 준다.

셋째, 카를 마르크스의 『루이 보나파르트의 무월(霧月) 18일』은 더 적절한 예가 될 수 있다. 왜냐하면 1830년에 성립한 루이 필립의 7월 왕정을 무너뜨린 1848년의 2월 혁명에서 제2 제정의 시작을 알리는 루이 나폴레옹 보나파르트(나폴레옹 1세의 조카)의 쿠데타(1851년 12월 2일)까지 약 4년 동안 이합집산을 거듭한 계급들의 복잡한 관계에 대한 지도로 간주할 수 있기 때문이다. 마르크스는 "보잘것없고 괴상한 인물" 루이 보나파르트가 우스꽝스러운 일개 사기꾼, "룸펜프롤레타리아의 우두머리"에 지나지 않는데도 영웅으로 여겨지고 2월 혁명이 전제 정치로, 제2 공화정이 제2제정으로 귀착하는 과정을 나폴레옹의 전설과 후광, 분할지 농민의 지지, "의회의 저능" 등에 입각하여 일목요연하게 보여 주고 있는데, 이는 이데올로기의 차원, 이를 밑받침하는 물질적 조건의 차원, 계급투쟁의 차원이 서로 빈틈없이 맞물리고 있다는 점에서 대단한 설득력을 갖는다. 그렇지만 루이 보나파르트라는 인물로 결집하는 힘들을 무시하기만 해서도 안 될 것이다. 온갖 조롱에도 불구하고 프랑스 국민은 실제로 속아 넘어갔다. 오를레앙가(家) 재산의 압류에 대해 "독수리의 첫 번째 비상"이라고(여기에서 비상 vol은 또한 도둑질을 의미한다.) 비꼬고, 루이 보나파르트는 독수리라기보다는 오히려 까마귀라고 비웃고, 국고에서 돈을 끌어내 장교와 하사관에게 향응을 베풀어 군대를 자기편으로 끌어들이고 "디-데상브르"(12월 10일)회의 방탕아, 부랑자, 협잡꾼, 건달, 탈출한 유형수와 도형수, 소매치기, 약장수, 넝마주이, 걸인, 엉터리 작가 등 룸펜프롤레타리아에게 돈을 뿌리는 행태를 조롱하고, 산업과 무역의 발전, 중산층에 대한 당근의 제공, 농민에 대한 부조 등등 모든 계급을 만족시키려는 의지를 상호 모순적인 것으로 비판한다고 해서 역사가 쿠데타에 의한 전제 정치의 탄생으로 치닫는 퇴보의 흐름을 막을 수 있었는가? 물론 마르크스의 결론은 프롤레타리아가 패배한 역사를 곱씹고 프롤레타리아의 한계와 실행력에 관해 최대한의 교훈을 이끌어 낼 필요에 있을 것이지만, 계급(정통왕조파, 루이 필립 지지파, 공화파, 산악당, 보나파르트 지지파, 금융 귀족, 산업 부르주아지, 소부르주아지, 프롤레타리아, 룸펜프롤레타리아, 농민 등)의 차원에서, 그리고 돈, 군대, 언론, 의회, 행정부 등의 차원에서 사유하는 한, 이익을 얻는 편의 교체는 상상할 수 있어도 진정한 변화는 상상하기 어렵다는 생각이 든다. 그러나 여기에서 한걸음 더 나아간다면 『루이 보나파르트의 무월 18일』은 투쟁의 주체가 계급들이 아니라 힘들이라고 간주할 여지가 없지 않다. 만약 독자가 이 실체의 제한을 넘어서고 또한 적용의 영역을 정치뿐만 아니라 사회의 장 전체로 확대한다면, 마르크스의 이 책은 푸코에게서 읽어 낼 수 있는 힘들의 차원에서 그다지 멀리 떨어져 있지 않을 뿐 아니라 푸코가 말하는 권력 관계에 대한 사전의 예증이 될 만하다.

어느 특정한 시대의 집단 또는 조직에서, 더 넓게는 국가 기구나 사회의 장에서, 심지어는 개인에게서까지 힘들의 관계를 나타낼 수 있는 푸코의 용어, 즉 디아그람(diagramme)은 뜬구름 같은 무정형의 것으로서, 바로 특이한 야생의 힘들이 모이고 마주치고 흩어지는 바깥의 차원과 거의 직접적으로 맞닿아 있는 듯이 소통한다. 힘은 원래 형태가 없으며 또한 무언이고 맹목이며 다만 크기나 방향을 갖고 있을 뿐이다. 또한 힘은 다수로 존재하기 때문에 하나의 힘에는 반드시 다른 힘이 작용하게 되어 있다. 그런데 형태가 없는 힘들의 저장소라고 말할 수 있는 바깥의 공간에서는 힘들의 관계가 관계라고 할 수 없는 관계이고 역사가 아니라 순수한 생성만이 일어날 뿐이다. 바깥의 공간은 가령 『말과 사물』의 첫머리에서 중국 백과사전의 동물 분류 또는 실어증 환자들의 털실 분류로부터 짐작할 수 있는 카오스적 공간, 기존의 질서가 무너져 내리는 "비-장소"(장소 아닌 장소)와 유사하다. 거기에는 아직 말도 사물도 없다. 말과 사물이 존재하기 시작하는 것은 이 바깥의 힘들이 디아그람을 매개로 역사 구성체 안으로, 어느 특정한 시대의 사회 안으로 스며들 때이다. 그래야 비로소 계급 투쟁도 성립할 수 있는 것이다. 『말과 사물』에서 푸코는 아직 디아그람이라는 용어를 사용하지는 않는다. 그렇지만 바깥의 공간과 질서의 공간 사이에 중간 지대를 설정하고 있다는 점에서 충분히 디아그람의 싹을 짐작해 볼 수 있다. 이 중간 지대가 『감시와 처벌』에서는 바로 디아그람이라는 용어로 지칭되는 것이라고 볼 수 있다. 그렇다면 『말과 사물』은 이 중간 지대, 즉 디아그람으로부터 시작되는 셈이다. 바깥의 공간과 『말과 사물』이라는 지식의 공간 사이에 놓여 있는 디아그람은 『말과 사물』의 전제 및 목적임과 동시에 지식의 영역에만 한정한다면 푸코의 이 저서가 그려 내고자 하는 시대별 '에피스테메'의 배후이기도 하다.

게다가 『말과 사물』에서 시대 구분의 가장 중요한 기준은 언어의 존재이다. 푸코는 이 기준을 2장 「세계의 산문」의 5절 "언어의 존재"에서 피력하고 있는데, 고전주의 시대는 언어가 "재현 기호들의 일반 체재" 속에서만 존재하게 되면서 막이 오르고, 근대적 사유는 언어의 존재가 "의미와 의미 작용"의 공간에만 한정되면서 시작된다. 그러나 르네상스 시대까지만 해도 "언어와 세계의 깊은 귀속 관계" 및 "문자의 우위"가 확립되어 있었고, "순수한 언어의 존재"가 친숙한 것으로 살아 숨 쉬고 있었다. 푸코에 의하면 이 언어의 존재가 다시 반짝이는 것은 오직 횔덜린에서 아르토까지의 문학에서뿐이다. "바깥의 사유"를 재론하건대 이것은 횔덜린에서 아르토까지의 문학이 한없이 더듬는 "공허하고 근본적인 공간"의 사유이고, 이 공간의 경험은 작가별로 언어의 존재와 언어에 대한 고유의 표현을 낳는다. 바로 이 관점에서 푸코에게 언어의 존재는 무엇이고 언어는 어떻게 규정되는가라는 물음을 제기할 수 있고, 이 물음에 대해 『감시와 처벌』에 이르러 비로소 푸코는 자기 언어를 분명하게 명명하게 된다고 대답할 수 있다. 우선 언어의 존재는 힘들의 관계를 함축하는 디아그람이다. 디아그람은 바깥의 경험에서 드러나는 언어의 존재, 즉 커다란 웅성거림이라는 언어의 존재와 동일한 차원의 것이다. 다음으로 푸코의 언어는 『감시와 처벌』의 마지막 말, 즉 "으르렁대며 싸우는 소리"이다. 이 소리는 사나운 짐승의 포효이건 전투의 포성이건 하늘의 우렛소리이건 모두 전투가 존재한다는 사실의 증거이지만, 누구나 들을 수 있는 분명한 것이 아니라 들릴 듯 말 듯한 것이다. 이 은은한 소리(grondement)는 바깥의 사유, 구름의 사유, 디아그람의 사유, 이를테면 힘들의 관계는 필연적으로 전투나 싸움(마르크스의 관점에서는 계급 투쟁)

이라는 점에 입각한 사유를 통해서만 포착될 수 있는 것이다. 그것은 누구나 말한다고 할 때 짐작해 볼 수 있는 익명의 웅성거림 같은 것, 바깥의 경험을 통해 접근할 수 있는 언어를 암시한다.

어느 특정한 시대의 사회장 전체와 외연이 동일한 힘들의 디아그람과 전투의 은은한 포성은 둘 다 힘들의 관계를 전제로 하고 있으며, 이 전제에 의해 서로 연결되어 푸코에게 특유한 언어의 존재 및 언어를 가리킨다. 즉 푸코에게 힘들의 디아그람은 언어의 존재이고, 전투의 은은한 포성은 바로 푸코의 언어, 푸코의 말과 글 도처에서 울려오는 언어인데, 여기에서 전투는 본질적으로 힘들의 상호 작용에 기인한다. 푸코에게 고유한 언어의 존재 및 언어가 힘들의 디아그람과 전투의 은은한 포성이라는 추정에 대한 간접적인 증거의 하나는 푸코가 『감시와 처벌』을 자신의 첫 번째 책이라고 한 사실이다. 왜냐하면 이 사실의 근거는 그가 『감시와 처벌』의 시기에 비로소 자신의 언어를 확립했다는 데에 있다고 볼 수 있기 때문이다. 다음으로 『감시와 처벌』에서 실행된다고 하는 "권력의 미시물리학"이라는 용어에서 접두사 미시-(micro-)는 자세하다는 의미를 넘어, 힘들의 디아그람이라는 비정형의 차원을 대상으로 함축하고 있는데, 이 점도 디아그람과 포성이라는 언어의 존재와 언어에 대한 경험과 명명의 간접적인 근거가 될 수 있다. 끝으로 푸코가 자신의 저서들을 '허구'라고 규정한 것도 또 하나의 간접적인 증거로서, 이는 전투의 포성이 은은하게 울려 나오는 디아그람의 차원과 자신의 저서들이 결부되어 있다는 말이지, 결코 자신의 저서들이 상상의 소산이라는 뜻은 아니다. 실제로 이 차원은 무정형이고 추상적이지만 그렇다고 현실적이지 않은 것이 아니라 반대로 매우 현실적이어서 초현실적이라고까지, 다른 현실을 만들어 낸다고까지 말할 수 있는 것이다.

앞에서 누가 말하는가와 관련하여 이미 피력했지만, 푸코의 언어에서 전투는 결코 개인들이나 집단들 또는 계급들이나 국가들 사이에서 이념이나 시대정신 또는 세계관을 위해 벌어지는 것이 아니다. 겉으로는 그렇게 보이는 것도 사실이다. 그러나 진정한 전투의 주체와 대상은 바깥으로부터 오는 힘들이다. 권력을 형성하는 힘들의 관계에서 개인, 집단, 계급, 국가, 이념, 시대정신, 세계관은 이 관계의 일시적인 매듭이나 입체 교차로 또는 '전체적인 효과'에 지나지 않는다. 그렇지만 이러한 사유 방식은 힘을 행사하는 편의 책임을 모호하게 만들어 회피하게 하는 것이 아니라 반대로 실체의 지위를 낮춤으로써 힘의 행사에 따르는 책임을 더 확실하게 떠맡도록 하는 것이며, 탐구와 분석의 목표를 실체나 관념의 차원에서 무형 또는 무정형(추상)의 차원으로 옮김으로써 현실을 다르게 또는 새롭게 보자는 데 본래의 뜻이 있다.

2 푸코의 방법

세포학에서 앙도시토즈(endocytose)는 바깥의 물질을 안으로 끌어들이는 세포의 활동이다. 이 활동의 핵심은 특정 부분의 세포막이 바깥의 물질을 감싸면서 주머니 모양을 이루고는 세포질 안으로 함입하고 그런 다음에 주머니가 터지면서 바깥의 물질이 세포 안으로 들어오게 되는 과정, 즉 세포질의 공포화(空胞化)이다. 신경과학에서 화학적 시냅스의 경우에는 앙도시토즈와 방향이 반대인 에그조시토즈(exocytose)를 통해 소포들에서 신경 전달 물질이 먼저 바깥으로 나오고 이어서 맞은편 축삭(軸索)의 끝에서 예의 앙도시토즈 작용에 의해 갈라진 틈을 통해 신경 전달 물질이 다시 소포들 안으로 들어감으로써 뉴런들 사이의 정보 전달이 이루어진다. 이 앙도시토즈 작용은 지극히 간략하게 요약한 것이지만, 푸코의 방법을 설명하는 데 매우 유용하다.

푸코의 사유 방식은 기본적으로 3원적이다. 푸코 이론은 우선 위로는 힘들의 저장소라 할 수 있는 무형의 바깥으로부터 오는 힘들의 관계 전체를 특이성들의 발현으로 제시하는 부정형의 디아그람, 다음으로 아래로는 역사 구성체의 지층, 달리 말하자면 위에서의 전투가 남기는 흔적들의 퇴적층, 그리고 이 지층의 양쪽을 이루는 서로 이질적인 두 형태, 즉 담론 구성체와 비-담론 구성체로, 즉 이 세 꼭짓점을 연결한 삼각형으로 도식화될 수 있다.

　푸코의 고고학은 지층들을 형성하는 역사 구성체의 탐색 방법이다. 『광기의 역사』에서는 담론 구성체와 비-담론 구성체가 어느 정도 균형 있게 다루어지고, 『임상의학의 탄생 — 의학적 시선의 고고학』에서는 비-담론 구성체가 문제되고, 『말과 사물 — 인문과학의 고고학』에서는 담론 구성체가 과학적 인식의 문턱 또는 틀이나 조건을 결정짓는 에피스테메의 개념에 입각하여 분석되고, 『지식의 고고학』에서는 언표(énoncé)의 개념을 중심으로 고고학적 방법이 체계화된다. 고고학이라는 방법은 바로 언표들의 규칙성을 밝히는 것인데, 언표들의 규칙성은 『말과 사물』에서의 에피스테메, 예컨대 르네상스 시대의 닮음, 고전주의 시대에 일반 문법, 자연사, 부의 분석을 밑받침하는 재현과 다르지 않고, 따라서 언표는 특이성들 또는 특이점들의 발현을 전제하는 개념으로서 이것들을 연결하는 곡선의 형태로, 이를테면 음표들을 잇는 멜로디의 선과 같은 것으로 나타난다. 고고학에서 언표가 가장 중요한 기능이고 여러 실증성에서 도출된 언표들 사이의 관계가 주로 검토되고 언표에 비하면 언표의 주체나 지시 대상은 부차적인 기능에 지나지 않고 제도, 정치적 사건, 경제 과정 등의 비-담론 구성체는 언표에 대해 물질적 환경일 뿐이라는 점을 감안할 때, 고고학의 시기에 언표는 계보학이 도입된 시기의 디아그람과 거의 동일한 지위를 갖는다고 볼 수 있다. 그러니까 1960년대에는 푸코의 삼각형에서 밑변의 두 꼭짓점 중에서 하나가 비-담론 구성체로 부정적인 명칭을 갖는 만큼 주로 담론 구성체라는 형태에, 에피스테메나 언표에 탐구가 편중되어 있는 것이 사실이다.

　그러나 『감시와 처벌』부터는, 즉 디아그람의 개념이 모든 실증성의 내재적 원인 같은 것으로, 그리고 바깥이 언어의 존재 공간을 넘어 언표가 전제로 하는 특이성들의 발원지로 확립되면서부터는 역사 구성체라는 밑변이 가시적인 것과 언술 가능한 것, 그림—묘사와 언표—곡선, 들뢰즈에 의하면 '내용의 형태'와 '표현의 형태'로 확실하게 구분되고, 이 두 형태를 포괄하는 용어로 역사 구성체가 아니라 장치(예컨대 권력의 장치, 성생활의 장치)가 사용된다. (장치는 들뢰즈에게서 배치가 된다. 장치 또는 배치는 기본적으로 양형(兩形)의 것이다.) 그러므로 밑변의 어느 한쪽으로 편중된 연구 방법이 계보학의 시기에 이르러 비로소 장치 또는 배치의 서로 독립적인 두 형태로 인해 온전한 3원성을 갖게 된 것이다. 푸코의 체계를 언뜻 추상적인 디아그람과 구체적인 장치 또는 배치의 2원적인 것으로 볼 수 있는데도 굳이 디아그람—가시성—언표의 3원적인 것으로 단정하는 것은 그만큼 두 형태가 엄격하게 구분된 별개의 것이자 역사적으로 다르게 전개되는 이질적인 것이기 때문일 뿐 아니라, 이러한 자율성과 이질성으로 말미암은 두 형태 사이의 간극 또는 틈에서 디아그람에 의한 두 형태의 '상호 전제'와 '공동 각색'이 일어나고 이로써 푸코의 사유 체계에 유동성이 확보되기 때문이다. 이 3원성은 차원에 따라 언술 가능한 것—가시적인 것—디아그람, 언어의 존재(언표들의 분포 또는 분산 환경)—빛의 존재(가시성의 분포 또는 분산 환경)—힘의 존재(바깥), 지식—권력—자기 등으로 변이된다. 게다가 통시적으로나 공시적으로나 사회의 장들만큼 디아그람도 다수이고 언술 가능한 것도 다수이며 가시적인 것도 다수이다. 이 중에서 어느 것을 선택하느냐에 따라 무수히 많은 삼각형이 얻어질 수 있다.

　그렇지만 어떤 요소들의 삼각형이건 표현의 형태와 내용의 형태, 언술 가능한 것과 가시적인 것 사이의 이질성과 자율성, 그리고 후자에 대한 전자의 우위로 인해 생겨나는 간극이 중요하다. 예를 들어『광기의 역사』에서 구빈원에서 정신병원으로 이르는 내용의 형태와 정신의학의 담론이라는 표현의 형태는 상이한 역사를 따라 전개되었고,『말과 사물』에서 고전주의 시대의 재현에 대한 재현으로 제시되는 벨라스케스의 그림「시녀들」, 이 그림에서 도출되는 빛의 선들, 가시성의 환경인 빛의 존재와 일반 문법, 자연사, 부의 분석을 통해 분석되는 고전주의적 담론, 이 담론에서 도출되는 언표—곡선, 언표들의 환경인 고전주의적 언어의 존재는 서로 별개의 것이었고,『감시와 처벌』에서 형법의 담론과 감옥의 제도는 직접적인 상호 관계 없이 개별적으로 발전했고,『이것은 파이프가 아니다』에서도 확인할 수 있듯이 그림과 글 사이에는 메울 수 없는 간격이 존재한다. 또한 추상적인 디아그람과 구체적인 장치 또는 배치 사이에는 원인과 결과, 기능과 효과의 관계가 있다는 것도 분명한 사실이다. 디아그람은 장치 또는 배치의 조직으로 모세 혈관에 이르기까지 구현된다. 이 실현의 과정은 바로 장치 또는 배치의 빈틈을 통해 이루어지는데, 즉 이 빈틈으로 무정형의 디아그람이 흘러드는데, 바로 이 빈틈이 가시적인 것과 언술 가능한 것의 개별성과 이질성에 의해 마련되는 것이다. 다시 말해 모든 구체적인 장치 또는 배치에는 장치 또는 배치를 이루는 두 형태 사이의 개별성과 이질성으로 인한 갈라진 간극이 있고, 디아그람은 이 벌어진 틈을 따라 장치 또는 배치의 두 형태로 분화되면서 실현된다. 이 과정에서 두 형태 사이의 틈이 바로 앙도시토즈에서 함입되는 특정 부분의 세포막에 대응한다. 그리고 디아그람이 두 형태로 분화된다는 점에서 이 과정은 또한 DNA의 이중 나선에서 양쪽의 염기들이 서로 맞물려 배치되는 것과 유사하다고도 볼 수 있다. 또한 디아그람은 장기 지속의 역사에, 장치 또는 배치는 단기 지속의 역사에 속한다고도 말할 수 있는데, 이 경우에 푸코의 삼각형은 역사의 흐름 속에서 대위법적으로 전개되는 셈이다. 이처럼 대위법적 3원성을 갖는 푸코의 방법은 고고학 시기의 저서들에서도 그 편린이 엿보이기는 하지만 이것이 온전히 확립되어 『감시와 처벌』로 구현되는 것은 푸코가 니체의 계보학을 끌어들여 자기 것으로 삼은 데에 힘입어서이다. 특히 1971년에 발표된 「니체, 계보학, 역사」는 고고학에 계보학이 덧붙여짐으로 푸코의 방법이 계보학적 고고학으로 되어 가는 과정을 살펴보고 이 방법 자체를 이해하는 데 필수적인 내용을 담고 있다.

계보학은 무엇보다도 먼저 '유래(Herkunft, provenance)의 분석'이다. 일반적으로 말해서 현재 위세를 떨치고 있는 어떤 것의 계보를 파헤치다 보면 그것을 포장하고 있는 전설과 신화의 후광은 사라지고 엉뚱한 것이 밝혀지는 경우가 흔하다. 개인이나 집단의 경우도 도덕이나 감정의 경우도 그렇다. 이처럼 오늘날 가치가 있거나 거룩하거나 존경할 만하다고 간주되는 것의 유래를 따져 들어가는 활동이 가장 초보적인 의미에서의 계보학인데, 이러한 '유래의 분석'에 의해서는 흔히 어떤 것의 단일한 자기 동일성이 흐트러지고 그것을 형성해 온 잡다한 것, 이를테면 "사라진 많은 사건" 또는 무수히 우글거리는 "우연한 일, 사소한 일탈, …… 오류, 잘못된 평가, 틀린 계산"이 우스꽝스러운 모습으로 드러난다. 이 점에서 계보학은 진전된 계몽의 방식이자 역사적 유산에 대한 회의와 풍자의 정신에서 비롯하는 비판이다.

계보학의 두 번째 탐구 대상은 출현(Entstehung, émergence)이다. 더 정확히 말하자면 출현의 가능 조건인 힘들이다. 왜냐하면 출현이 일어나는 것은 "언제나 힘들의 어떤 상태에서"이기 때문이다. 따라서 어떤 것의 출현은 힘들의 출연, 힘들이 무대 뒤에서 무대로 침투하는 것이고, 어떤 것이 출현한다고 할 때, 그것은 결코 출현의 주체가 아니라 힘들에 의해 조건이 제약되고 힘들의 관계에 따라 나타나는 효과에 지나지 않는다. 힘들은 서로에게 작용한다는 점에서 언제나 싸움의 상태에 있고, 출현의 무대는 힘들이 서로 맞서고 "투쟁이 전개될 닫힌 장"이자, 출현이 사실은 힘들 사이에서 일어난다는 점에서 비가시적 유령의 장소, 즉 "비-장소"이다. 이와 아울러 덧붙일 필요가 있는 것은 사건이라는 용어가 단순한 역사적 사실이라는 의미에서 복잡한 역사적 결정의 구체화라는 의미로 격상되고 구조와 대립하는 것으로 내세워진다는 점이다. 고고학의 시기에서와는 달리 사건은 이제 담론에서뿐 아니라 힘들의 관계에서 일어나는 변화, 필연적이지 않은 특이성의 느닷없는 분출을 가리킨다. 이러한 의미의 사건이라는 용어를 고리로 마침내는 단절의 의식화라는 의미의 사건화라는 용어가 사용되기에 이른다. 가령 『광기의 역사』에서 루이 14세에 의해 반포되는 대대적인 감금의 칙령이나 이와는 별개이지만 이것에 의해 나타나게 되는 정신병의 범주, 『말과 사물』에서 시대 구분의 이정표인 세르반테스의 『돈키호테』나 사드의 작품들을 부각시키는 것이 바로 사건화이다. 그렇다면 사건화는 고고학적 방법에 의해 이미 실행된 것이지만, 이것이 사건화라는 용어로 명확히 명명된 것은 계보학의 시기에 이르러서이다. 더 나아가 「계몽이란 무엇인가?」라는 두 편의 글에서 드러나듯이 이 용어는 역사의 사건화를 넘어 당대(actualité)의 사건화로 현재를 겨냥하게 되면서 첨예화된다. 사건이라는 용어의 새로운 의미와 사건화라는 용어의 첨예화는 푸코가 현재의 역사가로 평가받게 되는 계기로서, 「니체, 계보학, 역사」에서 "역사의 계보학"을 논하는 마지막 부분과 밀접한 관계가 있다. 이 마지막 부분에서 푸코는 니체의 여러 저작, 즉 『우상의 황혼』, 『즐거운 지식』, 『계보학』, 『선과 악을 넘어』, 『여행자와 그의 그림자』, 『인간적인, 너무나 인간적인』, 『반시대적 고찰』, 『여명』을 역사의 계보학이라는 시각에서 검토한다. 그의 목적은 바로 역사의 올바른 사용법과 바람직한 역사 감각을 도출하는 데 있다. 이 목적을 위해 그는 우선 역사가의 유래와 역사의 출현에 대한 니체의 계보학적 주장을 제시한다.

첫째 역사가는 출신이 천하고, 모든 것을 알고 이해하고 받아들여야 한다는 의무를 스스로 짊어지고, 취향이라 할 만한 것이 전혀 없고, 조잡하고 천한 것을 발견하는 데에서 만족을 느끼고, 저속한 호기심을 품고, 선동가처럼 "누구도 당신들보다 더 위대하지 않다."거나 "선한 당신들을 오만하게도 이기려고 드는 이들은 악하다."거나 "어떤 과거도 당신들의 현재보다 더 위대하지 않다."라고 말하고, 자신의 "면밀한 지식"을 과시하면서 역사상의 위대한 것을 깎아내리고, 소크라테스처럼 원한을 품고 있으면서도 위선적이게도 "보편의 가면 아래" 그것을 감추고, 자신의 관점 또는 개성이나 기호를 거슬러 "객관성, 사실의 정확성, 부동의 과거"를 신주처럼 모시는 자이다. 니체-푸코는 역사가를, 심지어는 "역사의 음탕한 환관, 금욕주의적 이상(理想)의 매춘부"라고까지 매도한다. 조롱에 가까운 이러한 비판을 역사가에게 퍼부을 권리는 어디에 기인하는 것일까? 역사가는 겉으로는 지식과 지혜를 과시하나 사실은 피곤하고 무기력한 지식인의 모습을 보인다는 것, 이와 같은 생명력의 결핍이 바로 역사가에 대한 니체-푸코의 계보학적 비판에 대해 근거로 작용한 듯하다.

둘째 역사의 출현은 19세기의 유럽에 대한 비판이다. 18세기 말~19세기 초는 고전주의 시대가 끝나고 근대가 시작되는 시기로서, 그 표지들 중의 하나는 『말과 사물』에서 확인할 수 있다시피 역사가 온갖 지식의 영역으로 몰려든다는 점이다. 그 결과로 19세기는 역사의 시대가 된다. 그런데 역사의 시대라는 것은 사실상 위대한 시대가 아니라는 말이기도 하다. 왜냐하면 위대한 시대는 이전 시대에 대한 호기심도 존경도 품지 않을 것이기 때문이다. 니체-푸코는 역사의 시대인 19세기를 "힘들의 쇠퇴, 창조의 불가능성, 작품의 부재, 이전 및 다른 곳의 것에 기대려는 성향, 천민의 저속한 호기심" 등으로 특징짓는다. 니체-푸코가 19세기의 유럽에서 보는 것은 상스러운 원한에 젖어 불멸로 자위하는 소크라테스와 다른 출구의 탐색에 좌절하고 소크라테스에 대한 정당화의 길로 들어서는 플라톤의 아테네, 우민 정치의 아테네이다. 여기에서 중요한 것은 역사의 계보를 거슬러 올라가서 원인을 캐려는 입장이 아니라, 현재를 거스르고 당대를 비판하려는 의도이다.

자신의 시대를 비판하는 이러한 "반시대적 고찰"에서 니체-푸코는 역사의 주인이 되는 길, "역사의 비판적 사용"과 동시에 "역사 감각의 해방"을 위한 길을 찾아낸다. 이 길은 세 가지 요소에 의해 열리는데, 그것들은 "기념비적 역사"의 패러디, "골동품상적 역사"의 전도, 인식 주체의 가면 벗기기라고 명명할 수 있다. 첫 번째 요소는 기억에 기대어 위대한 숭배의 대상들을 기리고 되살린다고 하면서 사실은 "생명의 당대적 강도와 창조"에 빗장을 지르는 "기념비적 역사" 자체를 우스꽝스러운 흉내로 보고 이것을 극단까지 밀고 나감으로써 웃음을 유발하는 익살 광대의 태도이고, 두 번째 요소는 잡다한 것을 모으면서도 단일한 정체성의 뿌리와 "현재가 뿌리박고 있는 연속성"을 드러내고 존중의 대상으로 삼아 비싸게 팔려는 "골동품상적 역사"를 반대 방향으로, 즉 골동품 가게의 어지러운 배치에 어울리게끔 되돌림으로써 정체성의 문화적 다원성과 동시에 서로 이질적이고 모순적인 여러 불연속성을 보여 주려는 것이 목적이며, 세 번째 요소는 역사의식 자체에 "본능, 정념, 꼬치꼬치 캐묻는 악착같은 열정, 몹시 세련된 꾸밈새, 악의"가 스며들어 있다는 것, 중립적이고 불편부당할 것 같은 앎의 본능이 사실은 불공정하고 "인간의 행복을 위해 어떤 것도 할 수 없고 하고자 하지도 않으며" 앎의 본능에는 "위협적인 뭔가가 있다."는 것, 요컨대 "지식의 의지에 고유한 불의"를 폭로함으로서, "오늘날 인간이 보유하고 있는 진리에 의한 과거 불의의 비판"을 떨쳐버리고 이와 동시에 인식 주체를 날려 버리자는 입장이다. 그렇게 되면 웃음, 생명력, 분산과 불연속성, 주체의 격하, 당대 비판, 대항 기억 등이 남는데, 이것들은 바로 푸코의 계보학을 구성하는 주요한 특징으로서, 권력의 계보학에서 유감없이 구현된다.

그러나 여기에서는 권력의 계보학이 아니라 푸코의 방법이 논의의 초점이므로, 푸코의 방법을 계보학적 고고학이라고 부를 수 있는 단초가 마련된 것으로 만족하고, 권력과 저항 사이의 상관관계를 살펴보는 것이 중요하다. 권력은 소유되기 이전에 행사된다. 즉 부추기고 유발하고 생산하고 확대하고 제한하는 것이 권력의 범주들이다. 이런 식으로 현실을 만들어 가는 과정에는 반드시 세력들 사이의 충돌이 전제되어 있다. 전략이 마련되고 투쟁이 벌어진다. 이 매우 자연스러운 현상에서 투쟁의 양편을 물리학적으로 작용과 반작용이라 할 수 있는데, 푸코의 "권력의 미시물리학"에서는 권력과 저항이라 불린다. 따라서 권력과 저항은 필연적으로 서로를 불러들이거나 필요로 하게 되어 있다. 흔히들 똑같으니까 싸운다고 하는데, 이 말은 권력과 저항의 불가분성, 즉 대항 권력도 권력이라는 사실을 시사한다. 권력이 있는 바로 거기에 저항이 있고, 둘 사이에 자리바꿈이 일어나기도 한다. 저항도 권력과 마찬가지로 조직되고 응집되고 새로운 권력 관계의 동인이 되고, 새로운 권력 관계는 또다시 새로운 형태의 저항을 유발한다. 권력과 저항은 하나의 덩어리로 간주될 만큼이나 철저하게 상관적이다. 사실상 권력 관계에 의해 열린 공간에서 저항은 권력 자체에 대해서가 아니라 어떤 권력의 효과나 특정한 지배의 상태에 대한 투쟁이고, 이 투쟁의 과정 끝에서 결국에는 기존 권력 관계의 자리에 새로운 권력 관계가 들어선다. 이것은 양쪽이 서로 싸우면서 이익을 독점하는 과정으로서 명백히 악순환이다. 어떻게 이 거의 숙명적인 악순환의 고리를 끊을 수 있을까? 마지막 푸코의 고심은 바로 이 문제에 놓여 있지 않았을까? 실제로 마지막 푸코의 사유는 권력에 맞섰다기보다는 그저 권력이 행사되는 자리에 있다가 "불행과 격분 속에서 권력과 교환하는 담론"만을 남기고 흔적도 없이 사라진 멀쩡한 사람들의 삶에 대한 현양으로부터 출발한다. 예컨대 18세기 초에 샤랑통이나 비세트르에 갇힌 과대망상증자나 환속한 수도사의 수용 등록부에 적힌 짤막한 삶의 흔적(「명예를 박탈당한 사람들의 삶」 참조)을 "불명예의 담론"인문학에 버금가는 것으로 그는 평가하는데, 바로 여기로부터 어떤 돌파구를 뚫을 수 있다고 그는 생각한 것이다.

그러나 푸코가 "문학의 이 특이한 입장"에 관해 "잊어서는 안 된다."라고 덧붙이듯이 그것은 "서양에서 담론의 경제와 진실의 전략을 가로지르는 어떤 권력 장치의 효과일 뿐"인 만큼, 이 "불명예 담론"은 돌파구 발견의 출발점에 지나지 않는다. 물론 저항의 격상이 유일한 해결책일 것이지만, 이를 위해서는 현실을 생산하는 만큼 기존의 디아그람에서 벗어나지 못하는 권력과는 달리 저항에는 대항 권력으로서 권력이 되는 속성을 지니고 있으면서도 기존의 디아그람에 대해 변화의 동인으로 작용할 수 있다는 것, 즉 권력은 디아그람 안에 온전히 머물러 있는 반면에 저항은 고유한 이중성으로 인해 디아그람의 테두리 내에서 일어남과 동시에 권력에 비하면 디아그람의 발원지인 바깥과 더 직접적인 관계를 갖는다는 것을 입증해야 한다. 다시 말해 비실체적인 권력을 계보학적으로 분석하고 변화를 가능하게 하는 일차적 기능으로 저항을 내세우기 위해서는 바깥으로부터 오는 힘에, 힘들의 디아그람에 이미 저항의 잠재력이 있다고 가정할 필요가 있다. 또한 권력 관계의 출현 조건과 효과,(법적 지위, 경제적 부, 언어나 문화, 수완이나 능력 등의 차이) 개인들 서로에 대한 작용의 목적,(특권의 유지, 이익의 증대, 직무의 수행 등) 수단의 양태, 제도화, 합리화 등이 고려되어야 한다. 요컨대 극단적인 예로 지록위마(指鹿爲馬)의 경우처럼 진실의 효과를 낳는 권력에 대해 외부적이고 이질적이면서도 이른바 '공모 관계'를 맺고 있는 지식뿐만 아니라, 권력 관계가 사회의 육체(사회체)의 모세 혈관까지 속속들이 퍼지는 경로들 중의 하나라고 할 수 있는 주체화 또는 예속화 과정이 권력과 함께 검토되어야 한다.

이로부터 푸코의 방법과 관련된 마지막 삼각형, 즉 지식―권력―자기의 삼각형이 구성되는데, 이 삼각형에서 바깥의 힘은 자기를 매개로 지식과 권력 사이의 벌어진 틈으로 들어와서는 양쪽으로 나뉘어 흘러든

다. 여기에서도 역시 자기를 세포막으로 하여 사회적 앙도시토즈 작용
이 일어나는 것이다. 이로부터 떠오르는 가장 중요한 문제는 자기가 어
떤 방식으로 형성되느냐, 즉 주체화 과정이다. 그래서 마지막 푸코의 지
적 노력은 자기가 저항의 발생원일 수 있는 길의 제시에 집중된다. 그는
고대 그리스인들에게서 자기에 대한 관계가 바깥과의 관계이자 "바깥의
내면화"이고 "타자의 이중화"라는 것을 예증한다. 그렇지만 오늘날의 주
체화 방식은 극단적 자본주의, 신자유주의적 시장의 세계화에 의해 거의
예속화에 가까운 것이 되어 있는데, 어떻게 자기가 저항의 발생원일 수
있겠는가! 과거를 참조할 수는 있어도 과거를 되살리기는 어려울 것이
다. 푸코의 뜻이 과거로의 회귀에 있지 않음은 물론이다. 그가 역설하는
것은 바깥과의 절대적인 관계에 의해 힘을 끊임없이 받아들이는 것만이
유일한 출구라는 점이다. 이를 위한 방법은 무엇일까? 앙도시토즈 과정
이 끊이지 않고 계속된다면 적어도 힘의 통로는 막히지 않을 것인데, 현
대인에게 이를 보장하는 근거는 무엇일까?

　하나는 지식―권력―자기의 삼각형에 말하기―보기―생각하기의
삼각형을 겹쳐 볼 때 드러나는데, 후자의 삼각형 역시 서로 이질적이고
외부적이지만 상관관계와 상호 전제가 없지 않은 말하기와 보기 사이의
틈으로 사유가 흘러드는 유동성을 내포하는 것으로서, 푸코의 방법을 처
음부터 끝까지 관류하고 있다. 그럴 경우 자기는 생각하기와 통할 것이
고, 따라서 자기를 저항의 발생원으로 형성하기는 "바깥의 사유"가 귀착
하는 "저항의 사유" 또는 "다르게 생각하기"에 의해, 들뢰즈가 쓴 책의
제목을 빌리자면 "차이와 반복"에 의해, 다시 말해서 차이의 반복에 의
해 가능해질 것이다. 사실 푸코에게 사유는 힘이 있는 "위험한 행위"이
다. 그는 변화의 "위험"을 내포하는 힘찬 생각을 권하는 셈이다. 위험한
행위로서의 사유는 자기를 저항의 발생원으로 만들어 가기 위한 조건이
된다. 더군다나 사유를 행위가 될 정도로 끝까지 밀고나갈 필요가 있다

는 것을 푸코는 자신의 지적 행로 자체에 의해 입증해 냈다. 과연 19세기에 카를 마르크스가 그랬듯이 20세기에 푸코는 저항의 사유에 입각한 자신의 이론을 현실에 끼워 넣는 데(많은 이로 하여금 자신의 이론으로 현실을 보게 하는 데) 성공했다고 평가할 수 있다. 그만큼 푸코의 방식으로 생각하는 것이 굳건히 자리 잡았다고 볼 수 있다. 그렇지만 이는 결과론적 추론일 뿐이다. 다르게 생각하기 또는 저항의 사유는 의식적으로 노력해야 가능해지는 것이 아닐까? 이것을 자연스럽고 본질적인 것으로 확립할 수 있어야, 달리 말해 사유를 하게 되면 필연적으로 다르게 생각하게 된다는 것이 성립해야 비로소 푸코의 자기가 저항의 발생원이라는 주장은 온전한 설득력을 지니게 될 것이다.

　바로 이로부터 더 본질적인 다른 하나의 근거를 추론해 낼 수 있다. 들뢰즈는 『푸코』에서 "끊임없이 변하고 자취를 감추고 확산되는 힘들의 관계는 〔역사 구성체의〕 지층 바깥에 있지 않지만 지층의 바깥"이라고 말한다. 이 말은 언뜻 생각하기에는 모순인 듯이 보이지만 앙도시토즈 과정에 비추어 보면 지극히 당연하다. 이 과정에 의해 바깥은 안이 되기 때문이다. 안의 바깥은 분명히 존재한다. 그러나 앙도시토즈 작용이 끝나면 안의 바깥은 안에 동화되어 버린다. 안의 바깥이 계속 존재하려면 이 작용이 끊임없이 일어나야 한다. 안이 바깥 자체에 의해, 바깥의 움직임에 의해 생겨나는 공간, 다시 말해 바깥의 작용으로 안이 존재하게 된다면, 바깥이 존재하는 한 안도 계속 존재할 것이고, 바깥으로부터 오는 힘은 바깥의 안을 통해 들어올 것이다. 즉 앙도시토즈 작용이 지속적으로 일어날 것이다. 따라서 야생의 힘들이 무수히 엇갈리는 바깥은 위장의 연동 운동이나 지층의 습곡 작용처럼 무수한 주름을 형성하고 이 주름에 의해 안의 공간을 구성하는 사유의 위상 공간이지 않으면 안 된다. 실제로 이러한 주제는 이미 『말과 사물』에서, 더 정확하게는 근대적 지식의 영역에 인식의 주체 겸 대상으로 출현한 인간에게 필연적으로 달라붙은 "인간의 분신들"에 관한 대목에서, 특히 그것들 중의 하나인 사유되지 않은 것(impensé)과 관련하여 분명하게 찾아볼 수 있다. 사유되지 않은 것은 사유가 생각하지 않거나 생각할 수 없는 것으로서, 근대인의 사유에 운명처럼 따라다니는 그림자 같은 것이고, 따라서 사유에 대해 바깥이지만 사유와 동떨어진 바깥에 있는 것은 아니다. 예컨대 무의식의 발견에서 정신 분석이 유래한 것은 의식의 바깥인 무의식이 의식 안으로 구부러진 결과라고 볼 수 있다. 근대가 시작되면서부터 인간의 바깥에서 발견된 유한성(생명, 노동, 언어)의 주름에 의해 바깥이 구부러짐으로써 유한성의 힘이 인간 안으로 들어오고 뒤이어 인간 안의 유한성이 근대적 지식의 선험적 여건으로 확립되었다는 것, 즉 근대적 실증성의 영역에서 인간이 출현하는 두 단계에 대한 푸코의 설명도 사유되지 않은 것과 사유의 관계가 바깥과 안의 위상기하학적 관계라는 것을 예증한다. 또 하나의 예를 들자면 『광기의 역사』에서 르네상스 시대에 광인은 배에 태워져 도시 밖으로 내쫓겼다. 모든 도시가 그랬다. 따라서 광인은 외부의 내부, 내부의 외부에 놓여 있는 "전형적인 통로의 수인(囚人)"이었다. 들뢰즈는 이러한 광인의 처지에서 사유의 고유한 존재 방식을 읽어 내고, 안이 바깥의 주름으로 형성되는 위상 공간의 주제가 푸코의 사유에서 줄곧 지속된 것 같다고 말한다. 이 세 가지 예에 비추어 볼 때 사유되지 않은 것 또는 사유 불가능한 것으로부터 새로운 사유가 비롯한다는 생각에 모순은 없는 듯하다.

그렇지만 이것이 사유의 본질이라는 것은 푸코만의 생각이 아닐까? 누구나 일단 생각을 하면 푸코가 주장하는 것처럼 다르게 생각하게 되는 것일까? 그렇게 되어 예속화 아닌 진정한 주체화 과정에 따라 자기를 저항의 발원지로 함양할 뿐 아니라 저항의 사유에 따라 현재를 거슬러 과거를 생각하고 미래를 기쁘게 맞이할 수 있는 것일까? 결코 모두가 그런 것은 아닌 듯이 보인다. 그러나 바깥의 힘들은 새롭게 대두하고 있는 것이 사실이고, 언젠가는 이 힘들에 의해 사람들의 생각도 바뀔 것이다. 따라서 사유는 본질적으로 바깥에 주름을 잡기, 바깥의 주름에 의해 바깥과 외연이 동일한 안을 생성하기, 이를테면 바깥의 처녀 생식(단성 생식)이라는 점, 바깥에서 온다는 점에서 힘과 동등한 것이라는 점, 자기 실험이자 자기에 대한 문제화이고 자기 안의 타자에 대한 인정일 뿐만 아니라 사유 자체에 대한 문제화, 사유 주체 자신에 대한 사유 주체의 문제화라는 점, 자기의 함양은 자기로부터 벗어나기라는 점에 대해, 늘 안전한 행위로서의 사유만 하고 있는 사람이라면 몰라도 삶을 바꾸고자 하거나 창조적 삶을 살고자 꿈꾸는 이라면 푸코만의 생각이라고 반박하기는커녕 적극적으로 동의하리라고 생각한다.

3 옮기고 나서

문화 이론이나 문화사의 연구자에게 필수적인 책이라고들 하는 『말과 사물』의 주요한 주제들, 예컨대 시대별 서양 지식의 지형도, 근대 서양의 지식 공간에 출현하는 인간의 형상, 이 형상의 특이성들, 지식의 공간으로 밀려오는 바깥의 힘들에 의해 힘들 중의 힘인 인간이 언젠가는 사라질지 모르고 적어도 인간의 형상이 바뀌리라는 푸코의 단언, 현상학과 존재론 사이를 하이데거처럼 단번에 건너뛰지 않고 지식, 권력, 힘의 세 경로 또는 단계를 통해 접근한 푸코의 전반적인 행로에서 이 책이 갖는 의의 등에 관해서는 다음 기회에 논하기로 하고, 후기를 몇 마디 덧붙이고자 한다. 우선 번역은 외국어 원서를 우리말로 '의미가 통하도록' 옮기는 작업이다. 그래서인지는 몰라도 으레 번역서는 원서에 비해, 번역 작업은 저자나 작가의 글쓰기 작업에 비해 열등할 것이라고들 생각한다. 많은 번역서가 원서에 충실하기는커녕 지리멸렬한 것이 사실이기 때문에 이런 생각에 대해 뭐라 할 말이 없다. 그러나 다른 관점에서 보자면 번역서와 번역 작업이 더 우월할 수 있다. 왜냐하면 번역은 두 언어 사이의 이동일 뿐만이 아니라 저자나 작가가 지향하는 방향(이것은 분명히 존재한다. 저자나 작가의 의도를 부차적인 것으로 폄하하는 사람에게는 텍스트가 지향하는 도달점이라고 해 두자.)으로 저자나 작가보다 한걸음 더 나아가야 하고 실제로 나아가는(저자나 작가는 이렇게 하지 못한다.) 작업이기 때문이다. 그러려면 대상 텍스트의 세부적인 부분들 전체를 이 방향으로 모아들여야 하는데, 이 점에서도 번역서는 수많은 오류의 발생 가능성에도 불구하고 원서보다 진전된 것일 수 있다. 여기에 번역의 이상이 있다. 그러나 언어는 신과 같은 존재이고 더구나 번역자는 두 언어를 섬기는 자이므로, 어쩌면 번역은 두 언어 — 신 사이의 싸움일지 모르고, 이 사이에서 번역자는 번역의 이상에 한걸음 더 접근하기는커녕 고래 싸움에 새우 등 터지는 꼴이 되기 십상이다.

다음으로 번역과 인문학 연구의 관련성에 관해 한마디 하고 싶다. 인문학의 연구자로서 인문학도 자전거 타기나 헤엄치기 또는 어느 악기의 연주처럼 기술이라는 생각이 든다. 인문학이 읽고 생각하고 쓰는 기술이라는 생각은 인문학을 깎아내릴 것인가? 반대로 인문학을 탄탄한 기반에 올려놓을 것인가? 어느 쪽이건 인문학에 기술의 측면이 없지 않다는 것은 누구나 인정할 것이다. 특히 외국 문학의 연구자는 이 사실을 절감할 것이다. 하나의 외국어를 익혀 어느 정도 읽어 내는 기술의 연마조차 매우 오랜 기간이 걸린다. 그런 데다가 생각하고 쓰는 기술은 모국어로 익혀야 하는데, 이것은 더욱 긴 기간을 잡아먹는다. 그렇지만 두 언어 사이의 호되고 오랜 시련에서 얻는 것도 적지 않다. 이 과정에서 틀린 부분이 수도 없이 발견되기 때문에 겸손해진다는 점도 있지만, 가장 큰 이득은 언어를 신과 같은 존재로 보게 되기 때문에 세계적인 저자나 작가에 대해서도 지적 동등성의 자각이 일깨워지고 대결의 의지가 북돋워진다는 점이다. 두 언어 사이를 분주히 오가면서 늘 그만두고 달아날 궁리를 하지 않은 것은 아닐 것이지만, 달아나 보았자 두 언어 사이인 만큼, 참된 용기가 있어 쓸데없는 싸움을 삼가는 연구자라면 결국은 도피의 행각을 접을 것이고, 진정한 대결 의식을 견지하고 전투력을 보존하는 것이 상책이라는 생각을 하게 될 것이며, 그러다 보면 언제부턴가는 아무리 어려운 프랑스어 책의 경우에도, 물론 대개의 경우 오래 붙들고 있어야 하지만, 저자나 작가에 대해 지성의 동등을 느낄 수 있게 될 것이다. 그래도 몹시 무거운 추를 발목에 달고 프랑스어 저자나 작가와 달리기 경주를 하는 처지라는 끔찍한 사실은 변함이 없지만, 갈수록 추의 근수가 상당히 줄어든 것 같은 가벼움을 느끼게 되리라는 것도 부인하기 어렵다. 원래 가장 높은 목적에 도달하는 것은 일반적인 생각과는 반대로 난관과 시련을 통해서만 가능한 법이다. 힘겨운 번역의 경험은 기술로서의 인문학 공부이자 푸코의 방법을 문학의 연구에 적용할 가능성, 즉 바깥에서 오는 사유의 힘 또는 정신의 기를 문학의 분야에서 확인할 가능성이기도 하다.

끝으로 덧붙일 말은 다음의 두 인용문으로 갈음한다. 하나는 『루이 보나파르트의 무월 18일』에 인용된 이솝의 말, "Hic Rhodus, hic salta!(여기가 바로 로도스라네, 여기서 도약의 실력을 발휘해 보시지!)"이고, 다른 하나는 아이들의 말, "술래잡기 할 사람 여기 모여라!"이다.

번역 원본은 Michel Foucault, *Les mots et les choses*, Gallimard, 1966이고 영어 번역본 *The Order of Things An archeology of the Human Sciences*, New York: Vintage Books A Division of Random House, Inc, 1994를 참조했다.

2012년 1월

이규현

이규현

서울대학교 불어불문학과 졸업, 같은 대학원에서 박사 학위를 취득하였다. 프랑스 부르고뉴 대학교에서 철학 DEA 과정을 마쳤다. 현재 서울대학교와 덕성여자대학교에 출강하고 있다.
역서로는『성의 역사 I — 앎의 의지』(미셸 푸코),『기호의 정치 경제학 비판』(장 보드리야르),『광기의 역사』(미셸 푸코),『천사들의 전설 — 현대의 신화』(미셸 세르),『삼총사』(알렉상드르 뒤마),『헤르메스』(미셸 세르) 등이 있다.

현대사상의 모험 27

말과 사물

전면 개역판 1쇄 펴냄 2012년 2월 29일
전면 개역판 16쇄 펴냄 2024년 11월 13일

지은이   미셸 푸코
옮긴이   이규현
발행인   박근섭·박상준
펴낸곳   (주)민음사

출판등록   1966. 5. 19. 제16-490호
주소   서울특별시 강남구 도산대로1길 62(신사동) 강남출판문화센터 5층 (06027)
대표전화   02-515-2000 | 팩시밀리   02-515-2007
홈페이지   www.minumsa.com

한국어판 ⓒ (주)민음사, 2012. Printed in Seoul, Korea

ISBN   978-89-374-8441-4 (94160)
       978-89-374-1600-2 (세트)

' 말과 사물 팡권(4)